贵州省瓮安县地方志丛书

瓮安县国土资源志

WENG AN XIAN GUO TU ZI YUAN ZHI

瓮安县国土资源志编纂委员会　编

方志出版社
Publishing House of Local Records

《瓮安县国土资源志》编纂委员会

主　　任：吴广文

副 主 任：黄中奎　樊启和　李荣进　吴进华

委　　员：乔　毅　唐学梅　邓安辉　谭华东　陈廷友　苏　琼
张　键　方　艳　张　勇　谢绍先　李刚桥　曾俊霖
贺燕斌　李伦喜　任雨菊　吕开元　冉茂坤　孟　勇
赵仁端　陈　斌　刘学达　陈　艳　杨小翠　吴明忠
丁忠祥　聂奇伟　黄　尧

办公室主任：黄中奎

《瓮安县国土资源志》编辑部

主　　编：李荣进

整理资料：刘学达　田　源　方　艳　谢绍先　张　勇　李跃琴
李刚桥　贺燕斌　候　叶　丁忠祥　李佳佳　梁光辉
邱　静　吴明忠　刘　文　孟　勇　冉茂坤

审　　定：吴广文　黄中奎　樊启和　乔　毅　唐学梅　邓安辉
谭华东　陈廷友

序

中共黔南州委常委
中共瓮安县委书记　张文强

盛世修志，传承历史，是中华民族的优秀传统，是功在当代、利在千秋的伟业。在《土地管理法》《矿产资源法》颁布30周年之际，《瓮安县国土资源志》付梓在即！这既是瓮安国土资源开发、利用和管理的真实记录，也是瓮安经济社会发展的重要见证。

瓮安地处黔中腹地，国土资源十分丰富，品类甚多。改革开放后，国土资源的开发、利用和保护逐步迈上依法、统一、全面和科学管理的轨道。多年来，县国土资源部门忠于职守，认真贯彻执行基本国策和相关法律法规，紧紧围绕县委、县政府中心工作，坚持土地管理与经济建设并重，资源保护与科学发展并重，生态建设与社会发展并重，国土资源管理工作取得了显著成就，为全县经济社会跨越发展作出了巨大贡献。

《瓮安县国土资源志》以翔实丰富的史料，图文并茂的形式，全面客观地记述了瓮安土地资源、矿产资源状况，瓮安改革开放以来土地管理、矿产管理、测绘管理、地质环境管理等工作及国土资源部门机构设置、机关建设等情况，具有鲜明的时代特点和行业特色，是一部全面了解、宣传瓮安县国土资源管理事业弥足珍贵的资料书、参考书、工具书，对各有识之士了解瓮安、投资瓮安、开发瓮安具有积极意义。

历史在发展，社会在进步。今天，国土资源管理工作已经站立在新的起点上，保护资源、保障发展任重而道远。编纂出版《瓮安县国土资源志》，希望全县各级各有关方面特别是国土资源工作者，读志用志，充分发挥志书的资治作用，为推动瓮安国土资源事业向前发展，作出新的贡献！

是为序。

2016年3月18日

序

中共瓮安县国土资源局党组书记
瓮安县国土资源局局长　吴广文

历经两年，在国土资源局干部职工及编纂人员的努力下，《瓮安县国土资源志》编纂完成。这是瓮安国土资源管理事业的一件大事，是献给《土地管理法》《矿产资源法》颁布30周年的一份厚礼！也是献给国土资源管理机构独立设置30年的一份厚礼！

国土资源工作范围广泛，任务艰巨，责任明确，涉及各级各有关方面。瓮安国土资源管理事业的发展，倾注了各级党委、各级政府、各相关部门和全县人民的共同心血。《瓮安县国土资源志》正是以科学的方法和实事求是的观点，客观公正、全面系统地记述了解放以来特别是《土地管理法》《矿产资源法》颁布以来国土资源管理的历史，内容涵盖了资源状况、使用改革、规划编制、开发利用、保护实施、征地安置、矿权设置、地灾防治、机关建设等各个方面。该志书是首部集土地管理、矿产管理、测绘管理、地质环境管理于一身的部门志，为开启今后国土资源部门志的续编打下了坚实基础。

《瓮安县国土资源志》共18章70节，50余万字。志书在编纂过程中，相关单位积极配合，对查阅档案提供资料给予了积极支持。县国土资源局及时研究编志，加强编志工作领导，有效保障了编志进展。各科室抽出人力，系统收集整理提交本科室史料，防止了国土资源重要史料的遗漏。编纂人内外查阅档案、书籍、资料，收集大量史料，并认真取舍，去粗取精，去伪存真，精心编纂，确保了志书的质量。《瓮安县国土资源志》的面世，对进一步了解、认识、研究、深化国土资源管理，进一步保护、开发、利用丰富的土地资源、矿产资源，留下了宝贵的借鉴史料。

国土资源事业方兴未艾，国土资源管理任重道远。愿《瓮安县国土资源志》成为全县国土资源工作者和社会各界人士的案头之书，以志为鉴，择善承优，共同开创瓮安国土资源事业的崭新未来，共同谱写瓮安社会经济发展的壮丽诗篇！

借此，谨向全体编纂人员及支持、关心《瓮安县国土资源志》编纂的领导和同志们，致以诚挚谢意！

2016年3月20日

凡 例

一、本志以马克思主义为指导，坚持辨证唯物主义与历史唯物主义观点，实事求是地记述境内国土资源及其管理的历史与现状。是首部全面涵盖土地、矿产、测绘、地质环境等国土资源历史的部门志。

二、本志记事，上溯自有可靠史料记载之时，重点为1986年后，下限至2014年，部分内容根据关联需要延至2015年。

三、本志由图（照）、概述、大事记、专志、附录组成。按章、节、目次序排列。

四、本志中华人民共和国成立前用历史纪年括注公元纪年，民国时期采用阿拉伯数字民国纪年括注公元纪年，中华人民共和国成立后采用阿拉伯数字公元纪年。公元纪年省略“公元”二字。

五、本志以1949年10月1日中华人民共和国成立为界，之前称解放前，之后称解放后。以1949年12月11日瓮安解放为界，之前称瓮安解放前，之后称瓮安解放后。

六、本志地名、机构名称，按史事发生时的地名、机构名称记载。古地名括注今地名。贵州省、黔南布依族苗族自治州、瓮安县，分别简称省、州、县；中共贵州省委、中共黔南州委、中共瓮安县委、中共瓮安县国土资源局党组，分别简称省委、州委、县委、局党组；贵州省人民政府、黔南布依族苗族自治州人民政府、瓮安县人民政府，分别简称省政府、州政府、县政府；中共瓮安县委办公室、瓮安县人民政府办公室，分别简称县委办、县政府办；部分其他机构名称，过长的第一次出现时用全称，之后亦用简称；省国土资源厅、州国土资源局、县国土资源局在一段内常用时分别简称省厅、州局、县局。

七、《中华人民共和国土地管理法》《中华人民共和国矿产资源法》《中华人民共和国测绘法》，本志分别简称《土地管理法》《矿产资源法》《测绘法》。其他常用法律法规名称较长者，第一次出现时用全称，之后用简称。

八、本志资料，主要来源于县国土资源局档案、相关部门档案及专志、专著、县志、县内相关网站等，资料来源不注明出处。

九、本志涉及名词术语及度量衡单位，按原有资料记述。度量衡单位确需换算才便于进表和避免杂乱的，方予以换算。

十、同一时期相关部门使用不同的县境土地总面积数据，而据其派生的有关数据亦不尽相同，本志采用有关数据时未作改动。

十一、本志小数点后数据除个别表内数据外，均采取四舍五入保留两位小数。

十二、2011年后县内行政区划变化极大，涉及国土资源规划、调查、统计等未按新置政区仍按前置政区进行的，志书据其实际记载。

瓮安县行政区划现状图

审图号：黔S（2013）014号
二〇一二年十二月

贵州省瓮安县国土资源局
贵州省第三测绘院
编制

贵州省瓮安县矿产资源分布示意图

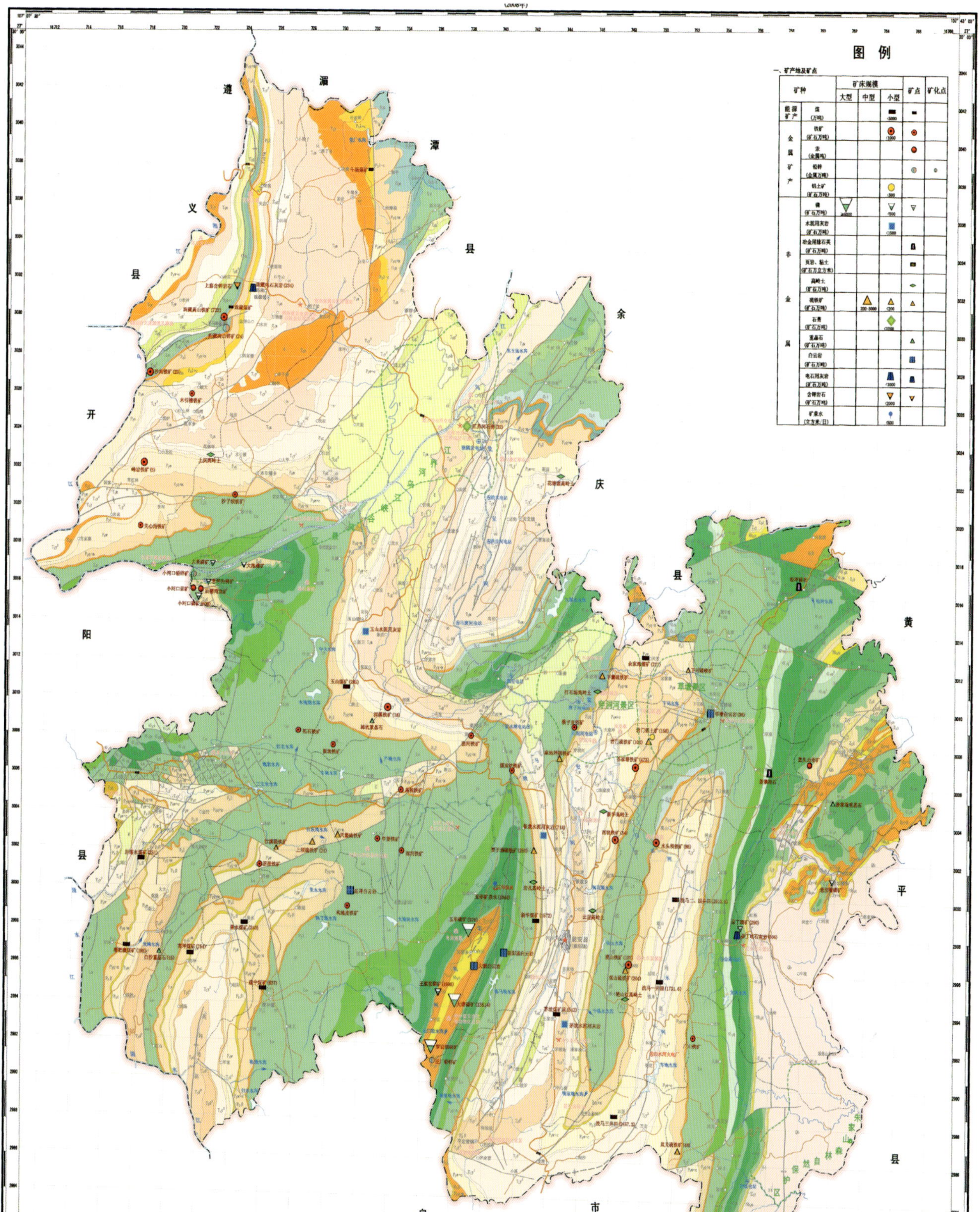

瓮安县城（2014年摄）

中心城区土地利用规划图

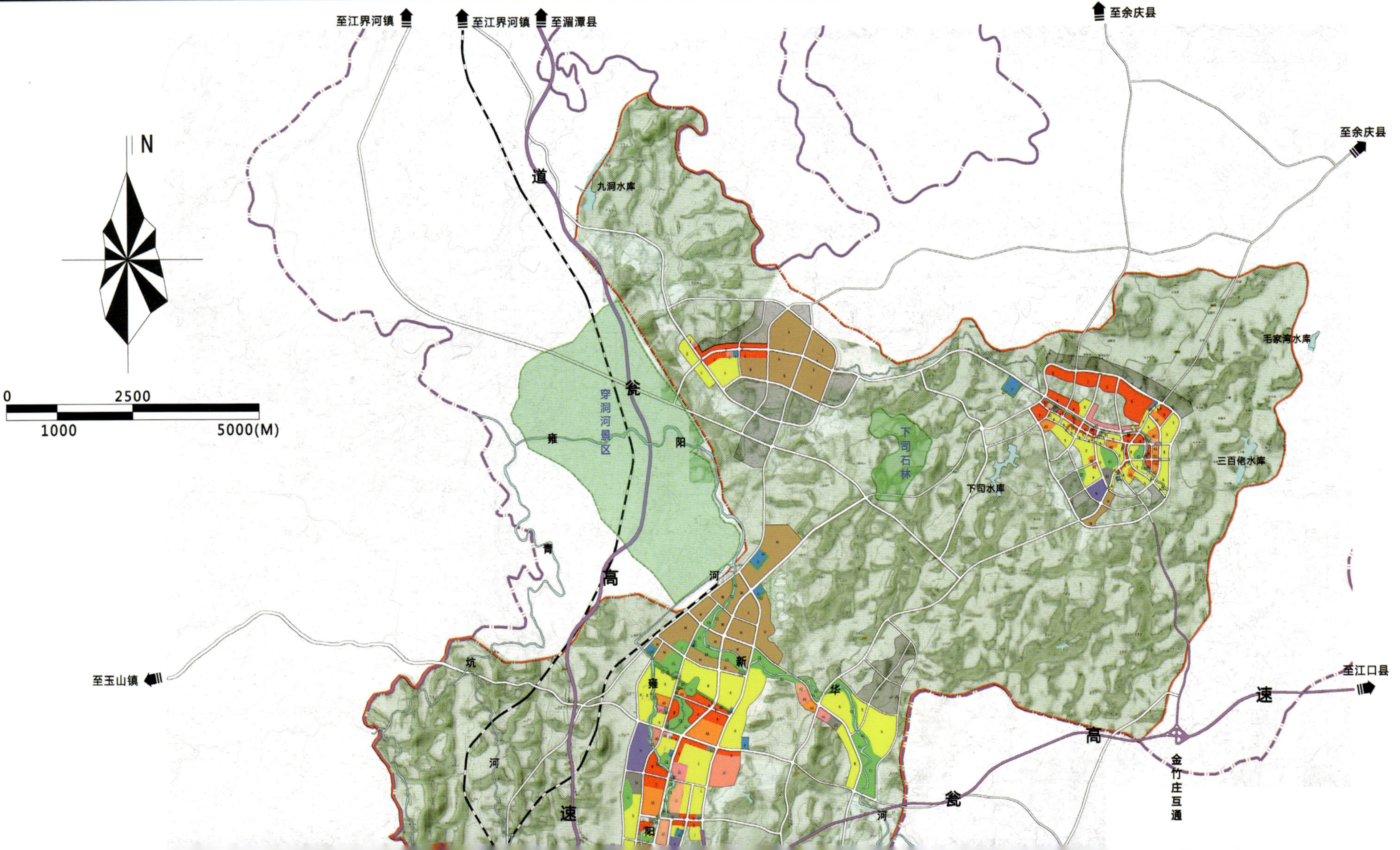

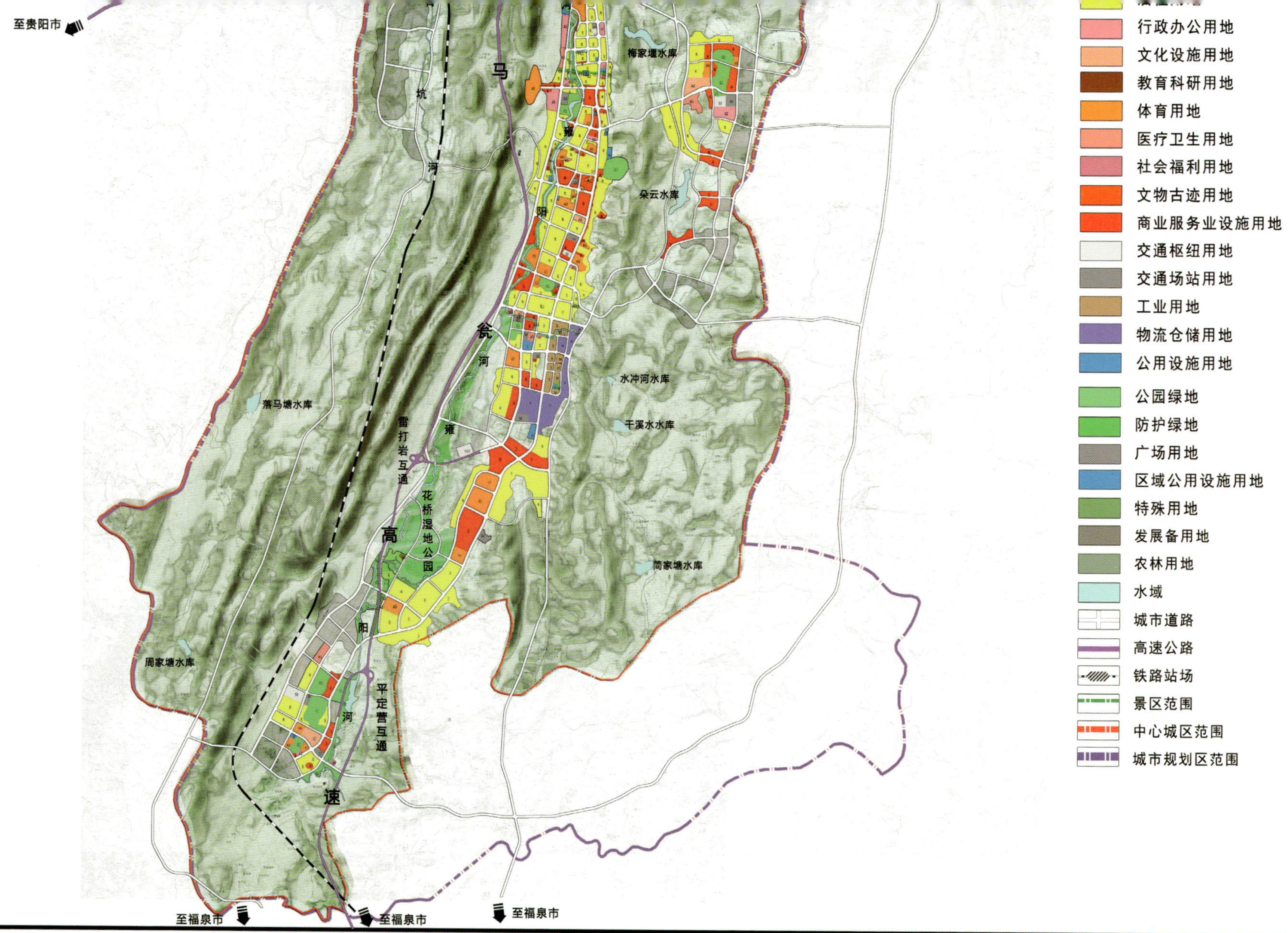

组织单位：瓮安县人民政府
The People's Government of Wengan county

编制单位：贵州省城乡规划设计研究院
Urban-Rural Planning&Design Institute Of GuiZhou Prov.

◀乌江（江界河段，2013年摄）

▲朱家山自然保护区（2010年摄）

▲平定营梭罗大坝（2014年摄）

▲天文四弯、新寨坪田园（2013年摄）

▲永和红梅梯田（2012年摄）

▲岚关茶海村茶园（2015年摄）

▲白岩磷矿大塘矿区（2012年摄）

▲完成基建剥离的白岩磷矿穿岩洞矿区（2015年摄）

▲探明储量亚洲第一的白岩背斜磷矿勘查区一角（2013年摄）

▲北斗山生物群化石产地（2009年摄）

▲2015年3月，中科院南京地质古生物研究所朱茂炎课题组公布，产于瓮安县北斗山的“贵州始杯海绵”标本

▲穿洞河喀斯特地质地貌（2012年摄）

◀地质景观老鹰洞（2014年摄）

▶地质景观下司石林（2013年摄）

▲地质景观仙桥山（2015年摄）

▲2009年6月10日，省委书记、省人大常委会主任石宗源(左三)视察河西新区建设

▲2011年4月4日，省委副书记、省长赵克志(前右三)视察瓮安工业园区建设

▲2014年10月16日，省委副书记、省长陈敏尔（左二）在金正大磷资源循环产业项目建设点调研

▲2012年5月8日，副省长慕德贵（前排右三）在瓮安调研白岩背斜磷矿整装勘查

▲2011年6月23日，省国土资源厅厅长朱立军（前排左二）在瓮安检查建设用地增减挂钩工作

▲2015年9月15日，省国土资源厅厅长朱立军（右一）视察玉华地质灾害防治工作

▲2014年5月14日，州委书记龙长春（右三）在岚关乡调研茶产业发展

▲2014年3月9日，州委书记龙长春（右五）在江界河镇调研向山要地建设小城镇

▲2012年6月11日，参加第17届国际寒武系内部再划分会议的美、德、俄、日等12国的70多位专家考察瓮安北斗山生物群化石

▲2011年9月2日，瓮安中学举行新校区落成典礼，省教育厅厅长霍健康（右二）和州委副书记、瓮安县委书记陈昌旭（左二）为“贵州省瓮安中学”揭牌

◀2012年3月8日，省国土资源厅总规划师董晓峰（右二）在瓮安调研农村集体土地确权登记发证工作

▶2014年5月14日，州委常委、副州长、县委书记蒋映生（前排右三）在玉山镇深溪村调研坝子禁止建设区和村民集中建设点划定工作

◀2015年8月29日，州委常委、县委书记张文强（右三）在猴场镇调研古邑区项目建设

▲1992年5月24日，国家土地管理局政策法规司司长天承（前排左五）在瓮安检查工作合影

◀2009年3月18日，国土资源部监察局局长张璞（前排左二）在玉华矿区调研

▶2012年11月2日，省勘测规划院副院长夏青波（右二）在瓮安检查低丘缓坡开发试点工作

◀2013年6月24日，国家土地督察武汉局贺楚华处长（前排左二）在瓮安督察土地保护执法

▶2010年11月2日，省国土资源厅巡视员彭显刚（左二）在瓮安检查土地开发

◀2014年5月21日，州国土资源局局长袁先顺（左三）在猴场镇检查坝子禁止建设区标牌设立

▶2015年5月14日，县委副书记、县长黄桂林（右一）一行在贵州源翼矿业集团有限公司调研

◀2012年12月7日，省国土资源厅储备交易局局长尹晓勤（前排右二）在玉华检查矿产资源勘查

▶1951年11月18日至12月2日，县委、县政府召开干部大会进行土地改革总结，大会结束后第三区（中坪区）玉山乡全体土改工作队员留影

◀2011年“4·22”地球日法律法规宣传

▶2011年“6·25”土地日法律法规宣传

◀珠藏镇开展土地法律法规咨询（1999年摄）

▲2000年5月13日，县政府与乡镇政府签订耕地保护责任书

▲1991年8月，在瓮安召开瓮安县土地资源详查省级验收会议

▲2013年8月7日，全省征地拆迁现场观摩会及高速公路建设3年会战8月份调度会在瓮安召开

◀2011年9月29日，国土资源部支援贵州抗旱找水打井启动仪式在雍阳镇桐木村举行

▶2011年4月2日，县政府与省矿权局签订磷矿铝土矿整装勘查合同

▲2011年8月4日，省国土资源厅在玉华举行白岩背斜磷矿整装勘查启动仪式

▲2009年3月23日，县国土资源储备、交易中心挂牌，县长谢晓东（前排右五）等领导参加挂牌仪式

◀2002年6月5日，县国土资源局在中坪镇举行国有土地使用权出让拍卖

▶2010年5月10日，县国土资源交易中心举行土地挂牌现场交易

▲1983年县城

◀旧县城区域改造后新貌（2015年摄）

▶草塘古邑区（2015年摄）

▲建设中的县城南片区（2015年摄）

▲建设中的银盏工业园区一角（2014年摄）

◀钱家院贵瓮、道瓮、江瓮、马瓮高速公路互通（2015年12月摄）

▲2009年4月9日河西新区行政中心主楼奠基仪式

▶河西大道（2011年11月摄）

▲河西新区北片区（2015年摄）

▲锦美地产（2015年摄）

▲绿城地产（2014年摄）

◀2011年11月1日，县国土资源局领导在龙翔明都房地产项目开发部调研

▶2014年5月26日，县领导带队在银盏镇就宅基地集中建设区征求群众意见

◀2009年10月27日，县国土资源局在雍阳镇金龙社区开展征地拆迁动员

▲银盏工业园区征地丈量（2011年1月摄）

▲河西安置房（2010年摄）

▲2012年5月5日，在瓮水街道新庄片区实施失地农民门面安置落实

▲2014年12月25日，雍阳街道办事处召开七星三号桥片区失地农民门面安置大会

▲2013年度省级高标准基本农田建设项目开工启动仪式在猴场镇举行

▶建成的高标准基本农田（2011年摄）

▲银盏工业园区低丘缓坡未利用地开发利用（2008年6月摄）

▶花竹山荒山开发利用（2014年摄）

▲岚关乡乡镇企业废弃地复垦后（2013年摄）

◀岚关乡乡镇企业废弃地复垦前（2012年摄）

▶2010年3月8日，宋家寨土地开发项目通过验收

▲玉华磷矿露天开采（2012年摄）

▲穿岩洞磷矿露天开采（2015年摄）

◀洗马河矿区夹山井煤矿开采（2014年摄）

▶岩门铝土矿开采（2009年摄）

▲磷化工企业芭田生态工程有限公司厂区一角（2015年摄）

◀磷化工企业金正大诺泰尔化学公司厂区一角（2015年摄）

▲2014年7月20日，金正大诺泰尔公司举行60万吨硝基复合肥项目投产典礼

▶2015年5月28日，标志中国水溶肥规模化发展的金正大诺泰尔公司一期建设项目20万吨水溶肥投产

▶银堂煤矿厂区（2011年摄）

◀2008年冬，白沙乡秉老头发生山体滑坡

▶2011年1月6日，玉华乡马坡发生山体崩塌

▲2015年5月22日，县国土资源局领导巡查建中镇白沙村洞边地质灾害滑坡隐患点

▲2011年4月25日，在玉华乡举行新寨、棉花寨地灾搬迁安置工程启动仪式

▲玉华地质灾害点移居安置房（2014年摄）

▲▶2008年12月17日，县地灾防治领导小组在雍阳镇桐木小学进行突发性地灾应急演练

▲穿岩洞采场矿山环境恢复治理（2015年摄）

◀省国土资源厅专家验收老坟嘴乡枫香树滑坡治理项目（2012年摄）

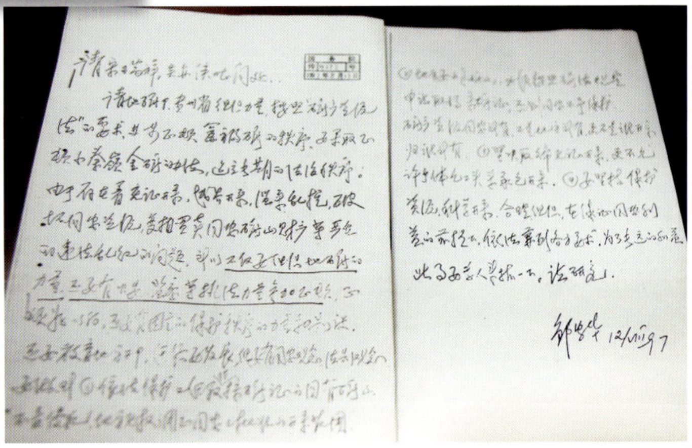

▶1997年8月12日，国务院副总理邹家华对《关于瓮福磷矿区矿业秩序的情况汇报》一文的批示

▶炸封无证开采小煤窑（2012年摄）

◀查封非法开采矿井（2012年摄）

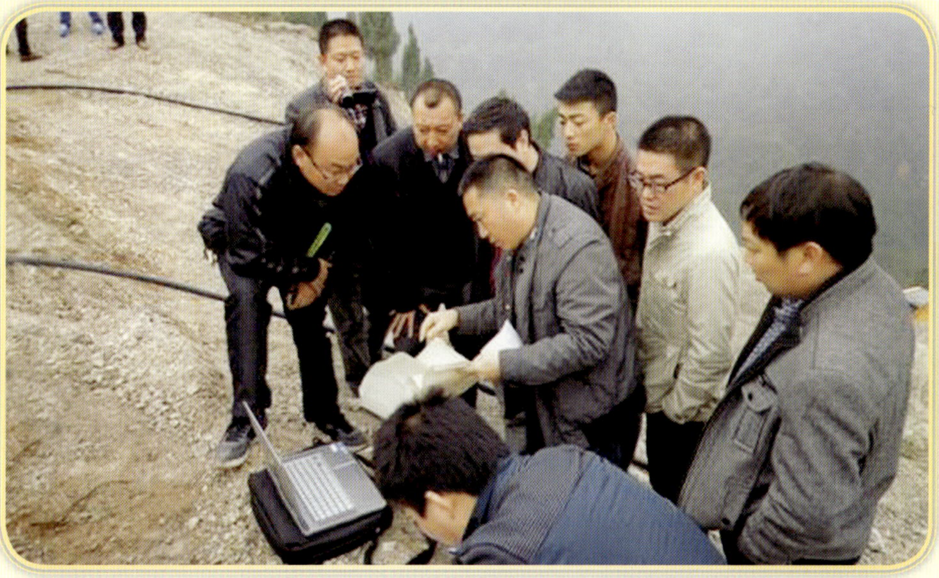

▶调处矿界纠纷（2012年摄）

◀违法占耕地建私房拆除（1986年3月摄）

▶违法占地建房拆除（2011年12月摄）

◀1989年9月，全县召开清理干部职工“三违”建私房动员大会

▶地图市场检查（2011年9月摄）

◀2002年6月14日，县人事局等部门组织评委对县国土资源局股级干部公开竞岗进行评判

▶2011年1月7日，县国土资源局召开述职述廉大会

▲2012年2月16日，县国土资源局进行大学生测绘知识考试

▲2010年“三八”妇女节，瓮安、罗甸、天峨3县国土资源局妇女开展联谊活动

▲2009年11月6日，县国土资源局举办国土资源系统第一届文体活动开幕式

▲2012年8月11日，县国土资源系统参加“灵江杯”篮球比赛

▲县国土资源局办公楼（2013年摄）

▲《瓮安县国土资源志》编纂委员会成员及编纂人员合影

目　录

概　述

一

瓮安县位于贵州省中部、黔南布依族苗族自治州北端，与遵义、湄潭、余庆、黄平、福泉、开阳6县（市）接壤，辖10镇、1乡、2街道、82村、15社区、2居委会、1803村民小组。境域处北纬26°53′～27°29′、东经107°07′～107°42′之间，南北长56公里，东西宽51公里，土地总面积1962.735平方公里（2944102.5亩）。按2009年全县453568人计算，人均土地6.49亩，人口密度每平方公里231人，密度高于全国、贵州省、黔南布依族苗族自治州平均值。

县境地势东南高，西北低，中部平缓。最高点花竹山海拔1566.81米，最低点乌江沿江渡479米（构皮滩电站蓄水将水位提高到海拔630米后原最低点被淹没），相对高差1087.81米。全县海拔630米以下的土地面积为2.58万亩，630米～800米的12.52万亩，801米～1000米的87.34万亩，1001米～1200米的131.61万亩，1201米～1400米的58.68万亩，1401米～1567米的1.68万亩，分别占土地总面积294.41万亩的0.88%、4.25%、29.67%、44.7%、19.93%、0.57%。地貌主要有山地、丘陵、盆地3大基本类型。山地分3个亚类：浅切割低中山，面积约399.52平方公里，占土地总面积的20.36%；中切割低中山，面积约645.64平方公里，占土地总面积的32.89%；中山，面积约15.7平方公里，占土地总面积的0.8%。丘陵分2个亚类：浅丘面积约74.38平方公里，占土地总面积的3.79%；深丘面积约735.84平方公里，占土地总面积的37.49%。盆地面积约91.66平方公里，占土地总面积的4.67%。

境内有大小河流70余条（含过境河流），河流总长570公里。主要有乌江、清水江、湘江、瓮安河、沅水等。乌江横贯北部，将县境切割成南北两块，其中南块面积占五分之四。乌江水系在县内流域面积占全县土地总面积的92.37%，沅江水系在县内流域面积占全县土地总面积的7.63%。全县拥有水资源总量9.54亿立方米，其中地表水8.18亿立方米，占水资源总量的85.7%。

县境出露地层有前震旦系、震旦系、寒武系、奥陶系、二叠系、三叠系、下第三系、第四系。地球在漫长的地质历史演变过程中，形成千姿百态的地质遗迹，境内地质景观及动物群（生物群）化石极负盛名。地质景观主要有穿洞瀑布、老鹰洞、仙桥山、下司石林、震天动、大丰洞、擦耳岩、后观岩、席子河峡谷、封神洞等。动物群化石主要为玉华北斗山寒武纪陡山沱组含磷地层中富含的微体化石。1998 年 2 月 5 日，美国华盛顿、英国伦敦、中国南京三个地方同时举行发布会，公布中科院南京地质古生物所教授陈均远和台湾地区“清华大学”教授李家维在中国贵州瓮安地区发现大量距今约 5.8 亿年前的微型多细胞动物及其胚胎化石。它所代表的时代比展示寒武纪生命大爆发的中国澄江动物化石群早 5000 多万年，比澳大利亚埃迪卡拉生物化石群早 2000 多万年。2004 年 6 月 3 日和 7 月 9 日，美国《科学》杂志、英国《自然》杂志分别公布和发表陈均远教授在瓮安动物化石群中对两侧对称动物“贵州小春虫”的发现，此成果被列为 2004 年的国际重大科学发现之一。2015 年 3 月 10 日，《美国科学院院报》以长篇文章的形式在线发表了南京古生物所研究员、973 项目首席科学家朱茂炎课题组的最新研究进展：在贵州瓮安生物群中发现了一枚 6 亿年前的原始海绵动物化石——“贵州始杯海绵”。这是迄今为止全球发现的最古老的可靠海绵化石的记录。该发现不仅将海绵动物在地球上出现的实证记录从寒武纪向前推进了 6000 万年，还意味着复杂的多细胞动物起源的时间可能远远早于古生物学家的传统推测。瓮安动物化石群填补了前寒武纪多细胞动物化石的空白，为科学家研究早期动物的起源和演化提供了科学依据。以“贵州小春虫”“贵州始杯海绵”为代表的瓮安动物群化石是大自然赐予瓮安的最特殊的厚礼，吸引了大批国内外专家及学者前来考察。2015 年，瓮安开始在县城清莲湖筹建动物群化石博物馆，以此作为人民群众科普教育基地和为专家学者提供研究考察场所。

瓮安资源富集，地理环境优越。土地、矿产的充分开发利用，极大地推动了县域经济的跨越式发展。1949 年，工农业生产总值 2863.66 万元，至 1980 年，增加到 9446.91 万元，增长 2.3 倍。至 1990 年，增加到 19725.71 万元，在 1980 年基础上增长 1.09 倍。2012 年，全县实现县内生产总值 605714 万元，比 1990 年的 30156.31 万元增长 19.09 倍。瓮安县经济开发区，是省委、省政府重点打造的全省 3 个千亿元（产值）级工业园区之一，至 2014 年，开发区“三纵三横”路网骨架基本形成，入驻企业 124 户，投产 86 户，当年完成工业总产值 136.05 亿元。入驻企业中不乏金正大、芭田、源翼矿业等省级“四个一体化”的磷煤化工重点项目。在快速发展经济的同时，瓮安交通瓶颈问题也逐年改善。2015 年，随着马瓮、贵瓮、江瓮、道瓮高速公路相继完工投入使用，大大缩短了瓮安至贵阳、都匀、凯里、遵义等城市的距离，同时也打通了进入两湖两广及川渝滇的方便之门，使瓮安发展开始逐步融入到周边经济发达区内。

二

漫长的封建社会，实行封建土地所有制，土地为剥削阶级所有。土地改革前，境内人均耕地 2.15 公顷。其中地主人均耕地 12.42 公顷；富农、半地主式富农人均耕地 5.58 公顷；贫农人均耕地只有 0.4 公顷；处于贫困线下的佃贫农、雇农等，人均耕地不足0.1公顷。1950年6月30日，中央人民政府颁布《中华人民共和国土地改革法》，它规定废除地主阶级封建剥削的土地所有制，实行农民的土地所有制。1951年6月，瓮安开始开展土地改革运动，至1953年4月经多次复查，瓮安土地改革取得彻底胜利。经过土地改革，全县无地少地的农民分得土地，实现了耕者有其田。土地改革后，全县开始兴办农业互助组，实行农民个体土地所有制下的土地经营合作。在互助组基础上兴办初级农业生产合作社，随后兴办高级农业生产合作社，高级社实行计划管理，把农民以土地为主的生产资料私有制变成了社会主义的生产资料公有制，基本完成了对农业的社会主义改造。1958年秋开始，全县贯彻中共中央《关于在农村建立人民公社问题的决议》，开始建立人民公社，年内即全面实现公社化。人民公社土地所有制关系，先后经历了人民公社所有、人民公社三级所有以生产大队所有为基础、人民公社三级所有以生产队所有为基础等三个阶段。1962年《农村人民公社工作条例修正草案》颁布，最终将土地、劳力、牲畜、农具“四固定”到生产队，形成分别以生产大队和生产队为基本单元的农村经济管理格局，直至20世纪70年代后期。1980年7月，全县开始普遍实行农村家庭联产承包责任制。1984年，社员承包土地的期限由3～5年延长为20年。1998年，按照省发〔1997〕24号文件规定，耕地承包期从1994年起再延长50年。2002年，农村土地集体所有长期不变，集体土地家庭承包经营长期不变的方针政策，以法律形式载入了《农村土地承包法》。集体土地家庭承包经营，推动了生产力向前发展。

境内的土地资源，解放后开发利用大幅提高。1949年，全县耕地仅321783公顷，至1963年达到410000公顷（控制面积），比1949年增加88217公顷，增长27.42%。实际耕地面积，2009年完成的第二次全国土地调查为886347.45公顷，更比解放前成倍增加。非耕农用地开发，解放后也取得突破性进展，全县林、果、茶面积大幅增加，森林覆盖率2014年增至50%。通过多年的土地开发、整治，不仅增加耕地，有效改善了土壤质量和耕作条件。而且有效平衡了各类建设用地占用耕地的矛盾。2014年，全县耕地883794.6公顷，园地37859.55公顷，林地1356500.25公顷，草地157022.7公顷，城镇村及工矿用地105229.5公顷，交通运输用地35942.7公顷，水域及水利设施用地59819.4公顷，其他土地307933.8公顷。2014年较之1996年，除退耕还林还牧等原因至耕地减少25721.1公顷外，其他园地增加21854.85公顷，增长136.55%，林地增加58846.65公顷，增长4.53%，草地增加86700.3公顷，增长123.3%，城镇村及工矿用地增加11814.3公顷，增长12.65%，交通运输用地增加17707.65公顷，增长97.11%。

耕地保护是一项基本国策，《土地管理法》颁布实施后，县委、县政府将以耕地保护为主的土地保护列入各级政绩考核内容，并运用行政、经济、法律的综合措施制止乱占耕地。1986年至2014年的近30年间，全县广泛宣传《土地管理法》及其配套法规，逐步树立了广大人民群众的土地保护意识；普遍建立健全州、县、乡、村土地目标管理责任，保障了保护目标的具体落实；长期开展非农业用地的动态巡查、专项清查及依法处理，及时打击制止了违法用地的蔓延势头；积极开展土地利用规划、基本农田保护区设立、坝子禁止建设区设立和农村宅基地集中建设点划定，实现了土地利用和耕地保护的有计划调控；严格实行土地用途管制，坚持耕地占补平衡，推行建设用地增减挂钩，有效推进了建设用地的良性发展。《土地管理法》颁布30年来，各级各相关部门正是靠全面推进各项保护措施，从而保障了耕地保有量及基本农田保护面积始终控制在各时期上级下达的保护目标范围内，实现了既保建设发展又保不占耕地红线的目标。

解放后，瓮安建设用地一直处于无偿供给状态，直到20世纪90年代初，国有土地有偿使用才开始启动。1993年，全县经营性建设用地开始由行政划拨改为有偿出让，至1998年，5年间以县城文峰大道一带为主的国有土地使用权出让取得积极成果，其中县城建筑用地达30多万平方米，完成了5公里长的文峰大道新修。瓮安煤矿、北斗山磷矿等42个单位在县城买地242449平方米建房，400多户富裕农民进城买地建房，500多户进城购买商品房。2002年，境内首次在中坪镇等地推行国有土地使用权公开拍卖和挂牌出让。2003年，在土地利用总体规划确定的建设用地范围内，全县开始实行统一规划、统一征用、统一开发、统一供应、统一管理的土地“五统一”管理，经营性项目用地一律实行招标、拍卖或挂牌出让。2004－2014年，全县国有土地使用权出让成交945宗，其中挂牌（拍卖）出让426宗，面积431.83公顷，价款321517万元；协议出让519宗，面积60.06公顷，价款5651万元。学府雅苑、文峰路二转盘等处的部分地块，创造了每平方米单价3700多元的成交记录。国有土地使用权有偿出让，为瓮安城市建设提供了经济保障。2014年，县城建成区面积达19平方公里，实现城镇化率达47.58%。全县逐步形成了以县城为主、周边集镇为辅的优势互补县域城镇体系布局。

农村集体土地有偿使用，20世纪90年代开始也得以逐步发展。1996年，境内首届非耕地使用权拍卖现场会在鱼河乡召开，现场对养马村关山坡等非耕地7宗进行了拍卖，成交金额44500元。之后，境内部分非耕地均按此方式出让使用权，使一批未充分利用土地得以开发。2010年，县政府出台《瓮安县森林林木林地流转招标拍卖挂牌办法（试行）》《瓮安县农村土地经营权流转奖励办法（试行）》，之后，全县上百个产业业主通过土地流转实现了规模性经营。在推行土地经营权流转的同时，农村集体建设用地使用权有偿出让也开始试行。2014年，全县通过县公共资源交易中心共成功挂牌流转集体建设用地使用权81宗，成交面积8591.53平方米，为集体土地所有权人收取流转金591.14万元。集体建设用地使用权流转，实现了集体土地所有权人对土地的收益、占有、处分的权利，盘活了集体建设用地，推动了新农村建设和小城镇发展。

在积极推行土地有偿使用的同时，国家建设征收土地，对失地农民的补偿安置机制也日趋完善。20世纪90年代开始，县政府根据国家有关政策多次调整征地补偿标准。瓮安“6·28”事件后，为保障被征地农民生活水平不降低，长远生计有保障，解除失地农民后顾之忧，本着“和谐征地、以人为本”原则。瓮安先后制定出台《瓮安县被征地农民就业和社会保障实施办法（暂行）》等一系列文件，在单一货币补偿的基础上，探索出小城镇安置、社会保障安置、用工安置等多种安置方式。2008年10月至2013

年，据不完全统计，仅县城区域内就征收土地3968.19公顷，涉及农户3244户，兑现征地补偿款1.08亿元。瓮安经济开发区共征收土地11780公顷，涉及农户3000余户，兑现征地补偿款3.42亿元，与失地农户签订失地安置合同467户，安置门面16000多平方米，办理社会保险4000多人。县委、县政府对征地补偿安置的及时调整和多方式选择，最大限度地化解了矛盾，保障了瓮安城市建设用地及工业建设用地的需要。

三

瓮安矿产资源丰富，主要分布于县境中部、中南部及西部，以沉积矿产为主。2008年后，随着勘查力度加大，境内发现矿种、矿床、矿点及探明资源储量有进一步增加，已发现的矿种有20多种，已探明或部分探明储量的主要有磷、煤、铁、铝土矿、硫铁矿、钒矿、钼矿等。磷、煤是瓮安的支柱产业。磷矿主要有白岩磷矿、白岩背斜磷矿、小河口磷矿，垛丁－庙湾磷矿、菜家院磷矿、腊水磷矿等。白岩磷矿探明审批上储量表磷矿资源共48518万吨，其中玉华矿段700万吨，大塘矿段14319万吨，王家院矿段5120万吨，穿岩洞矿段28379万吨（部分在福泉市境内）。白岩背斜磷矿通过整装勘查，成果报告通过评审新增磷矿资源29.59亿吨，矿层平均厚20.23米，矿石平均品位（P_2O_5）26.5%，为世界级超大型磷矿床，储量排名亚洲第一。煤矿主要分布在永和、岚关、雍阳、平定营、木老坪、银盏、中坪、白沙、建中、玉山、珠藏、猴场、天文等地。煤质较好的洗马河煤矿区，探明储量8309万吨，其中一井田东平硐地段2235万吨，一井田陡山槽地段1057万吨，三井田2159万吨，二、四井田2858万吨。除磷、煤资源，境内铁矿、硫铁矿、钒矿、钼矿、铝土矿、锌矿、石膏矿、高岭土、白云石矿、电石灰岩、汞矿、重晶石、硅石、含钾岩石、大理石、冰洲石、海绿石、水泥用灰岩、冶金用灰岩、页岩、矿泉水、地热等，通过初步勘查或调查，均拥有可观储量，极具开发价值。

境内矿产开发，清代即有记载。光绪十六年（1890年），蓝家关（今岚关）一带出产的煤炭已成为贵州第一家使用机器生产的工厂镇远青溪铁厂炼铁的专用煤。民国时期，境内煤炭进一步开发，先后出现过数十处开采点。铁矿开采，清代木引槽炉子沟已建有土高炉冶炼毛铁。民国18年（1929年），全省有产量较大的铁厂47处，其中瓮安5处，土地堂铁窑为全省产量最高铁窑。民国25年，李进方等为首合资在建中水尾鸭屁股开办合计铁厂，雇工百余人，年产毛铁15万公斤。解放后，瓮安矿产资源逐步得到全面开发，1958年，县重工业科在玉华乡白岩组织县工业中学师生和当地农民开采磷矿，时为手工开采，人挑马驮运输，但由此拉开瓮安磷矿资源开采的序幕。随着瓮安煤矿、洗马煤厂、瓮安磷矿、玉华磷矿、县磷化公司等一批早期骨干企业的开办，引领了瓮安采矿业及其矿产品加工业的不断向前发展。

20世纪80年代末至90年代初，瓮安采矿企业已发展到一定规模，1990年时乡镇采煤企业就发展至165个。90年代中后期，全县采矿业向持证开采和规模开采发展，使矿山企业有所减少，但矿石产量则大幅上升。21世纪开始，瓮安采矿权授予开始逐步采取招标、拍卖、协议等出让方式取得。出让价款除县级发证的砂石等较低外，煤矿采矿权出让价款一般在150万元至700万元之间，最高银堂煤矿达3704万元。磷矿出让价款一般为数百万元至数千万元。最高瓮安磷矿达4767万元。2012年，全县在册开矿企业共143个，均通过有偿出让方式取得采矿权，其中煤矿39个，磷矿12个，铁矿3个、硫铁矿3个，铅锌矿1个，铝土矿1个，水泥用灰岩3个，重晶石2个，高岭土4个，方解石1个，建筑石料用灰岩60个，建筑石料用白云石11个，砖瓦用页岩3个。随着大批矿山企业及其矿产品深加工精加工企业的兴办，为瓮安经济腾飞注入了活力。2012年全县实现工业总产值95.02亿元，其中采矿业53.15亿元，煤及煤化工产值26.34亿元，磷及磷化工产值39.03亿元。规模以上工业产品原煤产量235.16万吨，焦煤产量15.64万吨，磷矿石产量736.45万吨，化肥折纯产量1.37万吨，水泥产量74.19万吨。全县煤及煤化工、磷及磷化工产值共65.37亿元，占工业总产值95.02亿元的68.8%。

矿产资源保护是《矿产资源法》颁布实施以来各级政府和矿产资源主管部门常年长抓不懈的一项重要工作，其保护措施包括建立健全目标责任、强化动态巡查机制、大力整顿矿业秩序、加大对非法采矿的依法行政、积极推进开采行业关井压产及开发整合等。20世纪90年代初，全县开展对无证采矿的大清查、大整顿，设立矿产品检查站禁止无证开采的矿产品流通，实现了无证开采逐步向有证开采的历史性转化。1993－1998年，境内全面开展矿业秩序整顿，专门抽调人员开展对瓮福磷矿矿区、珠藏铁矿矿区、瓮安煤矿矿区的整顿，使全县基本实现了矿业秩序全面好转，国有矿区、重点矿种无证采矿基本取缔，采矿证持证率从90年代初30%上升到98%。1999－2000年，全县实施煤炭行业关井压产，共关闭不合理布局煤矿40对，合并矿井17对，压产42万吨，全县煤炭矿井从150个减少到61个。2007年开始，全县按要求及时推进矿山企业的开发整合、兼并重组，至2014年底，部分资源储量不清、开采规模较小的矿山企业实施了关闭，其他矿山企业则分别完成了整合或兼并重组，使全县矿山开采企业在2012年还尚有140多个基础上最终减少为108个，其中磷矿开采企业12个，煤矿开采企业34个，其他矿产开采企业62个，改变了“小、散、多、乱、差”状况，优化了矿产资源的开发利用，既保护了资源，又提高了产能。

瓮安地质构造复杂，地势相对高差大，加上矿产资源开采、公路建设等，地质灾害隐患比较严重。主要地灾有山体滑坡、崩塌、地面塌陷等。20世纪90年代后期，全县开始建立汛期值班和地灾报告制度。2002年开始，地质灾害防治被列入各级政府的重要议事日程，县政府出台《瓮安县地质灾害应急预案》，并成立地质灾害防治工作领导小组，编制《瓮安县地质灾害防治方案》，推行县、乡、防灾重点村及乡村监测巡查员的层层目标责任制，使全县范围内基本构建起群测群防体系，形成县、乡镇、村、组（组一级主要针对隐患点）四级群测群防信息网络。在加强防范的同时，全县积极开展《瓮安县地质灾害防治规划》《瓮安县矿山地质环境保护与治理恢复规划》的编制与实施，开展地质灾害群测群防“十有县”建设及地质灾害防治高标准“十有县”建设，积极推进矿山环境治理恢复保证金缴存，及时实施对地质灾害应急处理及治理。至2014年，全县完成地质灾害及隐患点较大搬迁和工程治理30余处，投入资金亿元以上，涉及受益对象800余户6000多人，有效保障了人民生命财产安全。

四

瓮安解放至1986年11月，无常设独立的国土资源管理机构，土地、矿产等一直处于多头管理和兼管状态。其间，除县、乡两级政府统筹管理外，具有土地管理部分职能的主要有县民政部门、县计划部门、县农业部门、县林业部门等；具有矿产管理部分职能的主要有县社队企业管理局等相关部门及资源所在地的集体经济组织等。1986年12月，瓮安县土地管理局成立，其后更名为瓮安县国土局；1987年，瓮安县矿产开发管理局挂牌，实行与乡镇企业局两块牌子一套人马，其后改设瓮安县矿产资源管理办公室，再改设瓮安县地质矿产局；2002年，瓮安县国土局与瓮安县地质矿产局合并，新组建瓮安县国土资源局。30年来，随着国土资源管理机构的建立健全，结束了瓮安国土资源多头管理和兼管状态。

县国土资源主管部门是县政府的重要职能机构，30年来，其管理职能不断扩展强化，内设机构、下设机构、派出机构、管理单位不断调整充实，管理制度不断健全完善，机关作风不断整顿改进，信息化建设不断强化提高，干部职工队伍不断发展壮大。2014年5月，县国土资源局在编在职干部职工达到123人。至2015年10月，尽管因推进乡镇行政管理体制改革部分干部职工划转乡镇国土资源和规划建设环保办公室，县国土资源局仍有在编在职干部职工80人，其中中共党员44人、硕士研究生3人，大学本科45人、大专30人、中专2人。随着国土资源管理队伍知识化、专业化水平的不断提升，机关办事效率大大提高，有效推动了土地、矿产、测绘、地质环境等各项管理职能的全面履行。30年中，县国土资源主管部门及不少干部职工，多次受到上级表彰。其获国土资源部、人事部和省人民政府表彰的先进集体达12个（次）、先进个人达18人（次）。瓮安国土资源主管部门及其干部职工，为促进瓮安经济发展，发挥了极其重要的作用。

国土资源管理任重道远。在《土地管理法》《矿产资源法》颁布及国土资源管理机构建立30周年之际，国土资源工作从未呈现当今如此重要的程度。未来国土资源的开发利用，尚需全县人民的不懈努力。未来土地、矿产、测绘、地质环境的管理，尚需各级各部门和全体国土资源工作者的艰辛奋斗。历史翻过了国土资源工作极其重要的一页，必将谱写国土资源工作更加光辉灿烂的另一页！

大事记

明

万历二十九年（1601年）

四月二十九日（5月30日） 改土归流，以瓮水、草塘、重安3安抚司及平越卫右所干平、干溪等15堡地建瓮安县，隶平越军民府。

清

康熙六十年（1721年）

奉行编审，原额成熟田土61351.1亩，其中田56321.2亩、土5029.9亩，赋额50年不变。

咸丰元年（1851年）

六月五日（7月3日） 磨坪坝山崩，毁田土数十亩。

光绪十六年（1890年）

蓝家关（今岚关）一带出产的煤炭，成为贵州第一家使用机器生产的工厂镇远青溪铁厂炼铁的专用煤。

中华民国

民国3年（1914年）

县知事李退谷与地方士绅合资，雇工数十人，在县城西郊吊钟坡开办朱砂厂。

民国 4 年（1915 年）

瓮安、平越、湄潭、余庆各县相互划拨部分插花地，黄平县木老坪及北区边界地和紫江（今开阳）县乌江清水口外乌鸦、岩底划入瓮安县。

民国 18 年（1929 年）

全省有产量较大的铁厂 47 处，其中瓮安有土地堂、瓮水司、花竹山、陡山槽、高楼共 5 处铁窑。土地堂铁窑为全省产量最高铁窑。

民国 25 年（1936 年）

李进方等为首合资开始在建中水尾鸭屁股开办合计铁厂，雇工百余人，炼铁铸造铧口、铁锅。

民国 26 年（1937 年）

国民政府举办土地陈报，瓮安设土地陈报处及联保土地陈报处。

民国 28 年（1939 年）

6 月　全县开始土地陈报编查工作，民国 29 年 1 月完成。全县土地面积为 168058 亩，赋额由陈报前的 15184.21 元增为 55227.58 元。

民国 29 年（1940 年）

贵州矿产探测团成立，多次派罗纯武等人对瓮安等地产出的煤矿进行勘查。1941 年 11 月，罗纯武编写成《瓮安花竹山煤田地质》。

民国 30 年（1941 年）

瓮安县三江、水源 2 联保（原牛场全区及桅杆坪等处）与平越县中坪、建中 2 联保（原中坪全区）及深溪等处互换管辖。瓮安县核桃园等地拨隶湄潭县；湄潭县土岩坝、螃蟹井、虾子溪拨隶瓮安县。

民国 33 年（1944 年）

11 月 11 日　黄平县属大山等地划归瓮安县管辖。

民国 36 年（1947 年）

瓮安县地政科成立，科长欧天举。

全县辖 4 镇 14 乡的土地。

民国 37 年（1948 年）

上半年 自然概况调查，全县面积 2015784 亩，其中水田 146973 亩、旱地 89004 亩、园地 37800 亩、林地 1135100 亩、牧地 157000 亩、池塘 340000 亩、其他 109909 亩。

8 月 30 日 县地政科与县田赋征收管理处共同审批因公征用全县 230 户农民的土地。

是年 瓮安地籍整理办事处和土地测量分队（又称土地利用规划组），负责办理全县土地登记、土地测量和土地规划等工作，直隶县政府领导。

中华人民共和国

1949 年

12 月 省借征稻谷 86.35 万公斤。

1950 年

2 月 境内开征 1949 年公粮，头年借征稻谷列作公粮扣除。

6 月 第四区（珠藏区）划入遵义县，是年 12 月划回县境，改名第五区。

10 月 6 日 省财政厅厅长边裕鲲和副厅长尹痴生率省财政厅、农林厅、粮食局部分干部及西南革命大学贵阳分校第 8、9 班师生共 400 多人，组成省政府工作队抵达县城，参加瓮安“五大任务”和土地改革运动。后省委通知，边裕鲲任县委书记，尹痴生任县委副书记。

1951 年

4 月 11 日 县委派出工作组在第一区五星村、第二区太坪村进行土改试点，5 月下旬试点工作基本结束。

6 月 1 日 第 1 期土地改革运动开始，在第一、二区的 5 个乡（镇）69 个村（街）进行，7 月 15 日结束。

8月1日 第2期土地改革运动开始，在第三、四、五区的9个乡（镇）87个村进行，10月15日结束。经过年内组织的两期土地改革及其后对土地改革的复查处理，全县无地、少地的农民分得了耕地，实现了耕者有其田。

冬 县内开始试办农业生产互助组，至1954年春发展到3450个，入组农户26901户，占总农户的82.53%。互助组实行“自愿、互利、民主管理”的原则，土地和收入归私人所有，劳动力、耕牛、大农具调剂使用，等价交换。

1952年

1月20日 县委发出《关于第一区土改后斗争地主的情况通报和对全县土改复查工作的意见》。

2月1日 县委、县政府遵照省委关于“凡是已经土改的地区均予进行一次复查”的指示，组织力量对全县102个村的土改进行复查。是年3月底，复查基本结束。

1953年

3月25日至4月20日 县委、县政府组织力量在21个第3类村重点进行土改复查，经过复查后按政策处理了遗留问题。

9月26日 黄平县青池、纳水2行政村划入县境。

冬 县委、县政府派出工作组在花桥乡、营定乡、新何乡试办初级农业生产合作社。到1956年春，初级社发展到692个，入社农户29972户，占总农户的89.5%，初级社进行集体经营，土地、耕牛和大农具统一使用，劳动力统一安排评工计分，分配实行劳动分红与土地分红相结合的制度。

1955年

冬 县以花桥乡冷家堡、新庄两个初级社为基础，试办“五星”“红旗”两个高级农业生产合作社。

1956年

4月15日 高级社发展到115个，至1957年春发展调整为116个，入社农户34224户，占总农户的99.81%。高级社实现了个体农民土地所有制向集体土地所有制的转化。

是年 贵州开始进入大面积普查找煤时期，至1958年，贵州地质局瓮安队等，分别对瓮安的煤矿进行了普查与勘探。

1958年

5月 贵州地质局开阳队到瓮安，发现白岩矿区的寒武纪磷矿及震旦纪磷矿，之后开始普查。

6月　全县召开“大炼钢铁”会议。之后，县、区、乡、社一齐开矿“大炼钢铁”。因盲目发展，造成人力、物力、财力浪费。

7月　贵州地质局开阳队对白岩矿区最有远景的东翼及南段进行系统揭露和深部控制。

9月6日　县境第1个人民公社——金星人民公社建立。下旬，全县实现人民公社化，116个高级社合建为31个公社。

10月　省属瓮安煤矿建立。

12月3日　瓮安县改隶黔南布依族苗族自治州，福泉县撤销并入瓮安县。1961年8月13日，福泉县恢复。

是年　县重工业科在玉华乡白岩组织县工业中学师生和当地农民开采磷矿，为境内开采磷矿先河。时为手工开采，人挑马驮运输。

瓮安兴办县磷肥厂生产磷肥，初以土炉10余座配套手拉风箱生产磷肥。年内产磷肥5吨。

1959年

3月　县委召开万人大会，对无偿调用生产队的土地、现金和各种资金进行清理退赔，共赔偿现金907.77万元，并恢复了社员自留地，“人民公社化”运动失误得到初步纠正。

6月　贵州地质局开阳队提交《瓮安磷矿白岩矿区详查评价报告》，完成探槽4000立方米、钻孔2个计672米、采样测试458件，探明磷块岩储量2.7亿吨。

1960年

1月　县人委设煤炭科（9月撤销）

1961年

8月13日　福泉县恢复，其行政区域从瓮安划出。

1969年

1月28日　县革委组织县、区、公社、生产大队干部220人赴山西大寨参观农田基本建设。

1971年

12月13日　县矿业管理公司成立，负责管理全县煤、铁、磷等矿产品的销售调拨。

1974 年

6 月 14 日 115 地质大队开始开展白岩矿区（含大塘、穿岩洞、玉华 3 矿段）的磷矿勘查。

7 月 106 地质大队开始开展王家院矿段的勘查。

冬 全县投入 80000 多人（占农业劳动力 81%）进行土改田、坡土改梯土、瘦地改肥地的“三改”农田基本建设。

1976 年

1 月 省属瓮安磷矿和新华磷肥厂建立。

1977 年

3 月 县革委设社队企业管理局，非国营矿山企业的矿产开发及矿产品销售等由该局进行指导性管理。

是年 全县开展农田基本建设大会战，11 月会战进入高潮时上工劳动力达 64000 多人，占劳动力总数的 62.5%。全县完成土改田、坡土改梯土 3600 多亩，改造低产田 5800 多亩，平整土地 1000 多亩。

1978 年

4 月 10 日 省地质局开始组织瓮福磷矿勘探会战，以 115 队为主，102 队、106 队抽调力量参加勘探会战。

5 月 25 日 中共贵州省地质局党组为加强对瓮福磷矿勘探会战的领导，决定成立瓮福磷矿会战临时党委，魏志刚任第一书记。

1979 年

2 月 3－14 日 县委召开三级干部会议，学习中共中央颁发的《关于加快农业发展若干问题的决定（草案）》，会后，恢复和发展小段包工、定额管理等经营管理制度。

是年 境内少数农村生产小队开始出现自发包产到组、包产到户。

1980 年

春 全县生产队调整为 2678 个。农村生产队自发包产到组、包产到户、包产到劳力进一步发展。

4 月 27 日 雍阳区冷水沟煤厂瓦斯爆炸，死亡 14 人，直接经济损失 2 万多元。

6 月 10 日 新华公社上场坪煤厂发生瓦斯爆炸，死亡 10 人，重伤 5 人，直接经济损失 13000 多元。

7 月 18－25 日 县委召开三级干部会议，确定实行家庭联产承包责任制，耕地按人口划分到户承包。月内全县有以队核算包产到组的生产队 774 个，包产到户的生产队 241 个，包产到劳力的生产队 62 个，直接包产到组的生产队 349 个，包产到户的生产队 591 个。

9 月 16 日 县委印发《关于认真处理“两包”到户中各种具体问题的意见》。

1981 年

1 月 3 日 县委、县政府发出紧急通知，重申耕地不准转让、典当、买卖和出租，不准擅自占用耕地修建房屋。

8 月 2 日 全县开始进行确定山林所有权、划定农民自留山、制定集体山林管理责任制的林业“三定”工作，1982 年冬基本结束。

9 月 106 地质大队编写提交《瓮安磷矿白岩矿区王家院矿段初步勘探地质报告》，探明储量 5119 万吨。

是年 全县土地承包经营责任制基本完成。

1982 年

3 月 16 日 城镇开始对违章建筑进行整顿。

10 月 20 日 城镇违章建筑整顿基本结束，共查处违章建筑 299 起，买卖土地 77 起。

1983 年

2 月 3 日 全县开始对滥占耕地建房进行清查处理，并推行“占田还田，占土还土”政策。凡占地多又是好田的，搬房还田；占地少属劣地的，以宅基地或自留地还地。

是月 115 地质大队编写提交《瓮安白岩矿区穿岩洞矿段详细勘探地质报告》，经审查，批准储量 2.84 亿吨。

4 月 24 日 白沙公社龙滩煤厂发生瓦斯爆炸，死亡 8 人，重伤 4 人。

6 月 全县城镇居民住宅用地开始执行国务院颁布的《城镇个人建造住宅管理办法》，凡在城镇的正式户口，住房确有困难的居民和职工，可以申请建造住宅。

8 月 5 日 根据贵州省人民政府通知，县民政局将原征用土地工作移交县农牧局，由该局农经股兼管。

11 月 全县开始第二次土壤普查。

1984 年

8 月 1 日 县人民政府成立土地资源、综合农业区划等 13 个专业组，开展农业区划及土地调查等工作。

9 月 18 日 农牧局设土地管理股，负责办理土地所有权、使用权的登记和发放土地证，处理土地纠纷，承办国家建设和农村各项生产建设征拨用地，配合有关部门和单位做好征地的补偿和安置等工作。

10 月 115 地质队编写提交《瓮安磷矿白岩矿区大塘矿段（900 米标高以上）详细勘探地质报告》，经审查，批准 900 米标高以上储量 1.43 亿吨。

是年 在稳定 1981 年第一轮土地承包的基础上，土地承包延长至 20 年。在承包期内，实行“增人不增地、减人不减地”的政策。

1985 年

5 月 20 日 县政府批复县农牧局关于城乡建设征地收取管理费和对非法占地单位与个人实行罚款的请示报告。

6 月 县设乡镇企业管理局，非国营矿山企业的矿产开发及矿产品销售由其管理。

8 月 《瓮安县综合农业区划》编写完成。

11 月 全县第二次土壤普查基本结束，查清全县土地总面积为 1966 平方公里，耕地面积为 805265 亩，全县土壤类型共 5 个土类、11 个亚类、37 个土属、177 个土种。

1986 年

1 月 25 日 县政府成立清理非农业建设用地领导小组。县委农工部、县农牧局组织联合调查组，以茅坡、高家坳两村为重点，开展清理非法买卖和清占土地建私房等工作。

3 月 16 日 县政府在两岔河乡召开全县区领导干部现场会，对刘科仁非法占耕地建房进行撤除，影响邻近 4 户占地建房户主动撤除。

9 月 1 日 县政府出台《关于违法占用土地若干问题处理的规定》。

11 月 15 日 县政府下发《关于清理非农业用地中处理违法占地收费标准的通知》（瓮政〔1986〕44 号）。

12 月 23 日 瓮安县土地管理局成立，李报忠任局长。

27 日 瓮安县第九届人大常委会第十三次会议通过关于认真贯彻实施《土地管理法》的决议。

是年 瓮安开始开展 1982 年 5 月以来的非农业用地专项清理，共清出各种非农业建设用地 1922.6 亩。

1987年

2月27日 县编制委员会下发《关于县土地管理局人员编制的通知》，明确县土地管理局人员编制为18人。其中区镇8人，属事业编制。

4月1日 境内按国务院规定开始开征耕地占用税。

是日 雍阳区打铁槽煤厂发生瓦斯爆炸重大事故，死亡13人。

9月28日 县成立以副县长徐银芳为组长的土地资源详查领导小组，全县开始土地资源详查。

10月28日 县政府下发通知委派各乡（镇）兼职土地管理员。乡（镇）兼职土地管理员受同级政府领导，业务上受县土地管理局指导。

11月25日 县政府下发《瓮安县人民政府关于加强农村建设用地管理的通知》，规定乡（镇）村企业及乡（镇）村公共设施等建设，须按有关程序报审并经县级及以上人民政府批准。

12月10日 胡良才、李光玉被任命为县土地管理局副局长。

是年 县政府设县矿产开发管理局，与县乡镇企业局实行两块牌子一套人马。向华忠被任命为乡镇企业局（矿产开发管理局）局长，何明发、周远明被任命为副局长。

1988年

1月13日 县政府下发《瓮安县人民政府关于进一步完善土地承包管理制度的意见》（瓮政〔1988〕3号）。

21－22日 县委、县政府召开全县区（镇）书记、区（镇）长会议，正式把土地管理列入区（镇）百分制考核范围。

6月 县土地管理局在7区1镇建立土地管理所，每所定编2人。9月20日，县委组织部、县人事局任命各区（镇）土管所所长。

8月10日 县矿产开发管理局印发《关于转发〈贵州省全民所有制矿山企业采矿登记管理实施办法〉的通知》，明确矿山企业需按实施办法至县矿产开发管理局办理采矿登记手续。雍阳区水源冲煤厂成为瓮安持有采矿许可证的第一个矿山企业。

22日 县政府下达《关于瓮安县城镇开展国有土地使用权申报登记工作的通知》，全县城镇国有土地使用权申报登记启动。

秋 县委组织农经干部配合州委工作组在中坪、高枧两地进行土地适度规模经营试点，重点改土地无偿使用为有偿承包，允许土地转让。

是年 县土地管理局被评为全国土地管理系统先进单位，获国家土地管理局表彰。

1989年

3月8日 省土地管理局将瓮安县作为贵州省土地管理局土地监察工作试点县。

是月　县政府为实施玉华地区磷矿资源统一规划与管理，组建县磷化公司开采经营磷矿。

8月8日　县政府印发《瓮安县土地开发暂行规定》，明确了9条土地开发鼓励措施。

20日　县政府下发《关于认真贯彻省委〔1989〕13号文件的意见》，建立清房工作领导小组，全县开始干部职工“违法、违章、违纪”三违建私房的专项清房工作。

10月26－27日　省州土地管理局在瓮安召开黔南州12个县（市）土地管理局长和法规监察股长会议，对土地监察瓮安试点进行验收。时瓮安全县已形成县、区、乡、村四级土地监察网络。

是年　城镇土地使用税开始在雍阳、草塘两镇开征。

乡镇集体矿山企业和个体采矿开始按省的有关规定缴纳矿产资源开发管理费。

1990年

1月　瓮安被评为全国土地管理先进县，获国家土地管理局奖旗。

5月10日　省土地管理局批准瓮安县颁发第一批300宗国有土地使用证。

19日　县政府印发《瓮安县划拨土地使用权管理暂行规定》，明确自该规定公布之日起，全县发生的土地转让、出租、抵押均需交纳出租、转让金。

6月13－15日　县境连续遭受暴风雨袭击，受灾大小煤厂121个，冲走原煤45100吨、焦炭456吨。

是月　曾宪源被任命为县土地管理局局长。

李荣进被任命为乡镇企业局（矿产开发管理局）局长，何明发被任命为副局长。

7月23日　羊关乡农林村农民100余人拿着镰刀将遵义县三星场乡农民种植的玉米砍10多亩，三星场乡也聚集100多人在乌江对岸对峙，使60年代开始积聚的土地纠纷矛盾激化。此次事态经双方政府暂时制止后，10月12日　省政府在贵阳召开协调会议，对三星场土地纠纷作出裁定：土地所有权属瓮安县，允许遵义三星场乡承包使用到2000年。

9月　冷应平被任命为乡镇企业局（矿产开发管理局）副局长。

29－31日　贵州省土地资源调查办公室组织对瓮安县土地资源详查进行验收，省土地管理局局长蔡恩水、黔南州副州长兰天权、州农工部部长杨贯恩、州土地管理局局长钟元相等领导参加验收。

是月　瓮安县召开首批颁发“国有土地使用证”大会，参会300多人。

11月20－21日　黔南州土地详查工作会议在瓮安召开，会议听取了瓮安土地详查经验介绍，参观了瓮安县土地详查成果资料展览。

是年　瓮福磷矿开工建设，其一期矿山在福泉县境内，二期在瓮安县境内。

1991年

3月 境内开始《瓮安县土地利用总体规划（1990－2000年）》编制。

4月15日 毕少明被任命为县土地管理局副局长。

5月13日 县政府下发《瓮安县人民政府关于清查处理乡镇企业非法用地的通知》，全县开始对乡镇企业乱占滥用土地进行专项清查。

22日 新华乡大寨坪仓边煤厂发生特大瓦斯爆炸，死亡10人，重伤1人。

6月 全县开展对无证煤厂的大清查、大整顿。

8月16日 县政府下发《瓮安县人民政府关于加强干部职工建房管理的规定》，全县干部职工建房审批用地限额开始从严。

是月 干部职工“三违”建私房专项清房工作结束，共清理出建房210户，审定为“三违”建房并进行处理132户，占地面积4117.5平方米，其中县级干部4人、区局级干部15人、一般干部职工113人。

11月 县土地管理局组织力量对土地隐形市场进行调查，调查出转让、出租、抵押地上建筑物和附着物的共695宗。

全县建镇并乡撤区，行政区划变为8镇15乡，所有23个乡镇均分别组建土地管理所，配备专职人员，全县结束了各乡镇土地管理工作兼管的局面。

12月5日 县政府下发《瓮安县城镇居民建房用地管理暂行办法》，对建房对象、用地限额、审批程序、有偿使用费缴纳等均作出具体规定。

是年 县成立土地使用制度改革领导小组，国有土地和集体土地有偿使用在境内开始施行。

1992年

1月16日 县委下发《中共瓮安县委瓮安县人民政府关于推行农村集体土地有偿使用的意见》，决定从1992年起在全县逐步推行农村土地有偿使用制度。并明确了承包土地、乡镇企业用地、农村宅基地等收费标准。

3月19－20日 县委、县政府召开瓮安县土地管理政治思想工作会议，157人参会。

4月3日 县政府下发《瓮安县人民政府关于在全县范围内开展“三无”乡镇活动的通知》，全县“无违法批地、无违法管地、无违法用地”的“三无”乡镇创建活动启动。

5日 全县开始对土地市场进行清理整顿，至7月5日清理整顿结束，共查出转让、出租、抵押地上建筑物和附着物共906宗，处理兑现865宗。

是月 全县开始开展农村宅基地申报登记，为推进工作开展，县土地管理局先后下发《关于农宅登记验收标准的通知》及《关于加强农村宅基地申报登记发证工作的意见》。

5月18日 全县开始对违法办矿的乡镇煤厂、焦场进行清理整顿。

24日 国家土管局监察司刘天成司长一行到瓮安检查土地管理工作。

9月11日 全州土地使用制度改革工作会议在瓮安召开。会议肯定瓮安清理土地隐形市场、实行土地有偿使用的经验，研究布置了全州土地使用制度改革相关工作。

11月4日 县政府印发《瓮安县人民政府关于加强基本农田保护区土地管理的暂行规定》，明确保护基本农田的“六个不准”。

21日 县政府召开县城建设用地专题会议，明确县城建设新区东抵塔坡沿山脚，北以新仓路为界，西至老城。新区内的土地由城建委按法定程序统征统拨。

12月14－16日 省、州、县三级组成的检查验收组对松坪乡、天文镇、龙塘乡创建“三无”乡镇活动进行验收，均达省级验收标准，被授予省级1992年度“三无”乡镇称号。

是年 县政府下发《瓮安县人民政府关于开展划定基本农田保护区工作的通知》，并组建领导班子抽调人员开展此项工作。年内，此项工作完成。

《瓮安县土地利用总体规划（1990－2000年）》编制获国家土地管理局、人事部土地利用规划三等奖，省土地管理局土地利用总体规划优秀成果二等奖。

县土地管理局被评为土地管理工作先进集体，获国家土地管理局、人事部表彰；获土地利用规划三等奖，获国家土地管理局表彰。

全县中小学开展“土地在我心中”“爱我中华、珍惜土地”有奖征文活动，老坟嘴小学唐丽均荣获第一名。开展“爱我中华、珍惜土地”演讲比赛，瓮福磷矿团支部张宛丽荣获第一名。

1993年

1月 胡良才被任命为县土地管理局党组书记。

2月 县土地管理局获国家人事部、国家土地管理局授予“全国土地管理系统先进集体”奖牌。

4月3日 县政府批准建立瓮安县土地管理局文峰土管所，胡良才兼所长。文峰大道建成后文峰土管所撤销。

6月19日 吴洪明被任命为县土地管理局局长，田丰被任命为副局长。

28日 县政府发布《瓮安县耕地占用税征收管理办法》，自1993年7月1日起施行。

是月 设立瓮安县矿产资源管理办公室，李荣进被任命为县矿产资源管理办公室主任。

8月1日 县城文峰大道动工修建，大道长3.67公里，宽30米，计划总投资2296万元。

11月1日 全州开始实行矿产品购销登记凭证制度，从事开采和经营矿产品企业无

“采矿许可证”“矿产品经营凭证”和“贵州省黔南州矿产品购销登记凭证”的运矿车辆一经查出，矿产品予以罚没处理。

12月23日 草塘镇石家寨村红岩煤厂发生瓦斯爆炸，死亡10人，重伤1人。

是月 曾宪源、江洪、蔡方学、邓彩霞、邓安辉、石德方、刘汉兴、王太军获国家土管局“瓮安县土地利用规划三等奖”。

是年 县政府对国有土地使用权出让价款及出让期限作出具体规定。县城文峰大道一带建设用地平方米地价，均按一类120元、二类100元、三类80元、四类60元收取出让费。

1994年

2月 县进行二级机构改革，瓮安县土地管理局与瓮安县矿产资源管理办公室合并组建瓮安县国土资源局，由于省州尚未进行机构改革，此次改革未能实施。

4月 县土地管理局被国家人事部、国家土地管理局定为适应公务员制度过渡培训试点单位并进行培训。

7月 省土管局、省人事厅将瓮安县土地管理局列为土地管理人员培训试点县。

11月14日 国家人事部、国家土地管理局在瓮安设立公务员培训考点，参加监考有国家土地管理局及省人事、土管部门有关干部。县土地管理局考试结果：62名参考人员全部考试合格，获公务员培训合格证。

1995年

1月 县土地管理局被国家土地管理局评为“全国土地管理‘三无’乡镇活动先进县”。

3月26日 瓮府发〔1995〕11号文件决定，在全县范围内继续开展“三无”乡镇活动。

6月14日 省财政厅、省地质矿产局黔财预字（95）第44号文件明确，从1994年4月1日起征矿产资源补偿费。征收的资补费中央与省按“四、六”比例（中央四）分成，中央返还省的资补费分配：省财政10%，县财政40%，用于建立矿产资源勘查基金40%，省矿产资源保护及地矿行政管理工作经费10%。

8月19日 国家土地管理局法规监察司霍处长、省国土厅法规监察处贺处长、州国土局刘丽生副局长到瓮安，对“三无”乡镇工作进行复查、核实。

10－12月 全县组织对构皮滩水库淹没区蓄水位630米海拔标高以下的土地、房屋等各项实物指标进行全面调查。淹没区共涉及5个乡镇、10个村、24个村民组共655户2979人，其中农业人口2969人。

12月6日 国家土管局公布天文镇为全国“三无”模范乡镇，瓮安县为全国“三无”先进县，并授予奖牌。

是月 县人民政府成立非耕地使用权拍卖领导小组，并抽调人员组成工作组，全县开始推进非耕地使用权拍卖。其拍卖范围为县境内可开发利用的荒山、荒坡、荒滩、荒水及29°以上退耕还林还草的非耕地等。拍卖期限一般为30年至60年。

是年 县水利水电工程土地确权划界工作全面开展并完成，被评为全州第一名。省水电厅、省国土厅授予瓮安县“水利水电工程土地确权划界先进集体”奖牌。

1996年

1月1日 境内在县城、瓮安煤矿等工矿区及草塘、中坪、永和、珠藏、玉山、天文、平定营镇政府所在地开始征收城镇土地使用税。

3月25日 县首届非耕地拍卖现场会在鱼河乡高枧烟叶站召开，参会有县四大班子的主要领导、县直属有关部门主要负责人、各乡镇长等500多人，现场拍卖非耕地7宗，面积1112.9亩，每亩基价20元，使用年限50年，参加竞买者14人，经多次竞相报价，最后总成交金额44500元。中买者当场付款签订开发协议书，政府发给其土地使用证。

4月 县政府成立瓮安县治理整顿矿业秩序领导小组，副县长周建琨任组长；下发《关于治理整顿矿业秩序的通知》；县政府与各乡镇签订治理整顿责任状。全县治理整顿矿业秩序全面铺开。

26日 《瓮安县人民政府关于实施土地使用权抵押登记有关问题的通知》下发，从1996年5月1日起，可以以土地使用权进行信贷和实行抵押登记。

6月27日 县委、县政府召开矿业秩序整顿及安全生产会，会上对无证开采的桂花树煤厂负责人宣布进行拘留，对不准“先上车后补票”及机关不准办矿进行强调。

是月 县委宣传部、县土地管理局联合举办纪念《土地管理法》颁布10周年座谈会，县四大班子领导参加座谈；全县在中学生中开展“但存方寸心，留与子孙耕”作文竞赛，评出优秀作文56篇。

8月20日 县委、县政府召开有各矿山企业、乡镇领导、机关共1000多人参加的矿业秩序整顿大会，会上法院现场开庭审判了田弯弯无证煤厂导致7人死亡的负责人，并判刑6年。

8月21日 根据瓮编〔1996〕05号文件，县土地管理局增设测绘管理股。

11月20－21日 县委、县政府召开全县安全生产暨矿业秩序整顿会议，会议通报近一年全县发生安全事故42起，死亡68人，死亡人数创历史最高纪录的情况。会议作出狠抓安全生产和查处无证采矿，把矿业秩序整顿作为一项长期任务的重要部署。

是年 根据国家土地管理局《关于完成全国土地普查将土地详查数据变更到1996年10月31日同一时点的紧急通知》，县土地管理局在土地变更调查中将国家要求退耕还林还牧的部分坡耕地及土地详查时计入耕地中的裸岩等进行了变更处理，变更后全县土地总面积1967.7平方公里，其中耕地61534.38公顷。

1997 年

1 月 15 日 县委、县政府召开坡改梯工作会议，对“九五”期坡改梯工程进行部署。

2 月 25 日 县委、县政府向州委、州政府提交《关于穿岩洞矿段有关问题的报告》，报告对瓮福磷矿准备将境内穿岩洞矿段、王家院矿段、大塘矿段纳入其规划区提出意见。

3 月 20 日 县政府召开全县土管工作会议，传达省、州国土会议精神，县政府、国土局与各乡镇人民政府和乡镇土管所签订 1997 年《目标责任书》。

是日 聂启文调县土地管理局任局党组副书记兼纪检组长。

4 月 5 日 县委、县政府向省人民政府提交《关于保障瓮安磷化工企业生存保足瓮安磷矿石生产基地的报告》，提出对县磷化公司在穿岩洞矿段的南堡采场请充分考虑予以保留等 5 个方面的意见。

5 月 12 日 撤县矿产资源管理办公室，设县地质矿产局。李荣进被任命为县地质矿产局局长。

6 月 12 日 根据省政府楼继伟副省长批示及省政府办公厅函告，针对省地矿厅〔1997〕21 号文件《关于从调整资源规划入手进一步整顿瓮福磷矿区矿业秩序的意见》，县四家班子研究后，县委、县政府向省政府提交了相关报告，提出了瓮安对磷矿资源划分的两套方案意见。

是月 省政府将瓮安作为县级行政区域试点勘界县起动勘界。

县地质矿产局获省人民政府“整顿矿业秩序先进单位”表彰。

县地质矿产局李荣进获省人民政府“整顿矿业秩序工作先进个人”表彰。

7 月 11 日 银盏乡雷家槽煤矿发生透水事故，死亡 7 人，直接经济损失 11.85 万元。

23 日 县政府成立县瓮福磷矿区矿业秩序整顿工作组。

8 月 12 日 国务院副总理邹家华对《关于瓮福磷矿区矿业秩序的情况汇报》一文作出批示：要求地矿部、贵州省组织力量，按照矿产资源法的要求，进一步整顿瓮福矿的秩序，要采取整顿小秦岭金矿的办法，建立长期的法制秩序。

15 日 省政府出台《贵州省实现矿业秩序根本好转三年规划》，其中规定 1997 年内完成瓮福矿区矿业秩序整顿。10 月 9 日，州政府办印发《黔南州实现矿业秩序根本好转三年规划》，其中明确整顿重点为瓮福磷矿区、白水河煤矿区。

31 日 中科院南京地质古生物所教授陈均远邀请台湾“清华大学”细胞生物学家李家维至瓮安北斗山磷矿采区考察，后发表研究成果报告——《前寒武纪海绵和海绵构造》。

9 月 30 日 省长吴亦侠对贯彻落实邹家华副总理批示作出批示，要求黔南州政府落实副总理批示，坚决取缔无证开采、滥挖滥采。明确省里请继伟组织地矿、公安、监察等执法单位参加整顿。

是月 县成立以分管副县长任组长的土地利用总体规划领导小组，开始《瓮安县土地利用总体规划（1996－2010年）》编制。

省政府抽调省检察院、公安厅、地质矿产厅人员组成联合工作组，开始对瓮安玉华磷矿区开采秩序进行整顿，至11月查封了旱米田以南、雷打坡以北整个西翼矿段的全部采矿场地。

10月27日 州档案局评定小组对瓮安国土局档案进行检查验收，以94分成绩，达到一级档案管理标准，后报经省档案局批准，颁发一级档案管理合格证。

10－12月 州地矿局在瓮安开展矿产储量登记试点工作。

11月24日 县政府下发《瓮安县实现矿业秩序根本好转三年规划》，规划明确全面开展矿法宣传、取缔重点矿区重点矿种无证采矿、采矿许可证持证率达到90%以上、矿产品经营凭证持证率达80%以上、清除机关及机关干部参与办矿、完成重点矿区国营矿区矿业秩序整顿及乡镇维护矿业秩序目标责任等内容。

12月 李成银被任命为县地质矿产局副局长

是年 境内完成《瓮安县基本农田保护区规划》，全县划定基本农田保护区面积752373.9亩。

县政府下发《关于开展非农业建设用地大清查工作的意见》，成立非农业建设用地清查工作领导小组，全县清理出1991年1月至1994年12月期间各类非农业建设用地共8063宗、占地面积269.06公顷。

1998年

2月5日 美国华盛顿、英国伦敦、中国南京同时举行发布会，公布生命科学界的重大发现成果：中国贵州瓮安地区发现大量距今约5.8亿年前的微型多细胞动物及其胚胎化石。瓮安动物群化石的重大发现引起国内外新闻界、科学界的关注和报道。瓮安动物化石群所代表的时代比展示寒武纪生命大爆发的中国澄江动物化石群早5000多万年，比澳大利亚埃迪卡拉生物化石群早2000多万年。

13日 县委召开常委会，县四大班子领导参加，会议对整顿水钢珠藏铁矿作出布置，并组织工作组进驻珠藏铁矿。

18日 县地质矿产局按法律程序对水钢珠藏铁矿矿区私挖乱采锌矿老板进行拆除设施、封闭矿井、停止生产、没收采出锌矿处罚。19日，数百挖矿民工对执法人员进行围攻，对装矿车辆进行阻拦，多数挖矿人员继续强行下井采矿，珠藏镇派出所10多名警员参与维护执法但无法控制局面。20日，县委、政府从县紧急组织30多名警员包括部分武警上山保护地矿部门依法行政，在强大整顿压力下，依法行政得以施行。

3月31日 省地矿厅下达《关于进一步加强水钢珠藏铁矿矿业秩序整顿工作的通

知》，明确继续加大整顿力度。

4月6日 县委、县政府领导赴都匀，向州委、州政府汇报珠藏铁矿整顿情况，并播放珠藏铁矿整顿纪录片。9日，州政府向省政府提交《关于水钢公司珠藏铁矿矿业秩序整顿情况的报告》，2至4月的整顿中，瓮安投入资金8万多元，拆除烧毁工棚200多个，查封矿井300多口，炸毁矿井100余口，没收锌矿4000多吨，县地矿局收缴上解县财政罚没款157万元。

9－10日 省地矿厅副厅长吴道生带队，由省地矿厅、冶金厅、劳动厅和省环保局组成的工作组到水钢珠藏铁矿，对水钢珠藏铁矿矿业秩序整顿进行检查和听取汇报，并召开专门会议对有关问题进行协调处理。

5月12日 县成立瓮安县延长土地承包期工作领导小组，组长由县委副书记、县长担任，副组长及成员由县四大班子有关领导及相关部门领导担任。

26日 旦光俊被任命为县国土局局长，次月任命为党组书记。

29日 江洪被任命为县国土局副局长，吴进华被任命为县地质矿产局副局长。

是月 聂启文被任命为县国土局党组副书记，次月被任命兼任县国土局纪检组长。

6月5日 设县地质矿产局党组，李荣进被任命为党组书记。

30日 县政府审议地矿局1998－2002年五年规划。7月14日，县地质矿产局向县政府签订《地矿局1998－2002年任期目标责任状》。

9月9日 县下发《中共瓮安县委、瓮安县人民政府关于稳定和完善农村土地承包关系的实施意见》，并制定《瓮安县稳定和完善农村土地承包关系若干问题的处理办法》。全县从1994年起，耕地承包期再延长50年，非耕地资源开发承包期再延长60年。年内，全县签订土地延包合同书86448份。

13日 平定营镇龙蒿村天声煤厂发生瓦斯爆炸重大责任事故，死亡9人。

16日 省国土厅麻少玉副厅长一行6人代表省政府，至瓮安对水土流失和整治情况进行调查。

是月 县人大、县政府举办《矿产资源法》培训班，省、州地矿部门领导到会讲课，参培160多人，参考矿山企业负责人108名。

10月27日 省政府召开确定瓮福磷矿区资源规划调整方案会议，瓮安县委书记李国庆、副县长刘晓红、地矿局长李荣进及磷化公司经理陈荣华参加。会议根据省长办公会确定原则和地矿部复函意见，最终明确大塘矿段12勘探线以南至穿岩洞矿段17.5勘探线，瓮安磷矿规划使用：东翼12线至14线、TC65以东16线＋100米至16线＋260米和西翼16线至17线＋150米，储量约5098万吨；瓮安县规划使用：东翼14线至16线＋100米、西翼15线至16线和F15～TC63～TC65，储量约3638万吨；大信集团规划使用：TC63以东16线＋260米至17线＋150米，储量约1224万吨。

11月21日 县委书记、县人大主任、县长、县政协副主席带领有关部门负责人20多人赴珠藏现场办公解决珠藏铁矿各类遗留问题。当天会议形成县委《关于水钢珠藏高山矿山恢复生产的会议纪要》(〔1998〕23号),就水钢珠藏铁矿欠各种税费270多万元等遗留问题及恢复生产问题提出了具体意见。

12月8日 《瓮安县土地利用总体规划(1990－2010年)》修编及《土地利用现状分析》《土地供需预测》《土地开发整理复垦规划》《土地利用总体规划与城镇规划相协调的专题研究》《基本农田保护区规划》通过省、州验收合格。

是月 县国土局况祥获省人民政府"非农业建设用地大清查先进个人"表彰。

是年 全县完成146个矿山企业的地质检测和近200个企业的储量登记,结束了矿山企业开矿无基本地质资料的历史。

1999年

3月5日 县政府成立县关闭非法和布局不合理煤矿领导小组。

15日 县政府下发《关于切实抓好煤炭行业关井压产工作的通知》。18日,全县召开关井压产大会。随后,11个产煤乡镇相继成立关井压产领导小组,全县煤炭行业关井压产工作启动。

4月28日 县政府召开全县土地管理工作会议,布置土地管理工作,各乡镇人民政府与县人民政府签订1999年度耕地保护目标责任书。

是月 全省矿业秩序治理整顿经验交流现场会在福泉召开,县地质矿产局在会上作题为《履行地矿管理职能,推进矿业秩序整顿》经验交流发言。

6月 县国土局通过与有关单位协作,开始县城基准地价评估并于年内完成。

是月 在"动物多样性起源"的国际讨论会期间,陈均远及10多个国家的部分科学家走进瓮安,寻访、考察瓮安动物化石群。

全县基本农田保护区划定工作完成,共划定保护区面积752373.9亩,占1998年耕地总面积的81.51%。

8月20日 瓮安县乡级土地利用总体规划全面完成。26日,由省、州、县有关专家及技术人员组成的评审验收组对23个乡镇资料成果进行评审验收,评审认定乡镇规划符合审批条件要求予以通过,并颁发了"土地利用总体规划评审合格证书"。

是月 瓮安县实现矿业秩序全面好转三年规划任务基本完成,县政府向州人民政府提交《实现矿业秩序全面好转三年规划完成情况的自查总结报告》。

9月10日 县政府下发《关于土地有偿使用收费及补偿标准的通知》(瓮府发〔1999〕31号),具体规定征地收费项目及标准,通知自1999年9月15日起施行。

10月16日 省国土厅、州国土局组成验收组,对瓮安测量标志调查保护工作进行验收,验收后认定合格。

11月12日 省国土厅麻少玉副厅长和州国土局刁玉跃副局长一行7人组成基准地价评估验收小组,对瓮安县城基准地价评估进行验收,验收认定合格。

26日 雍阳、中坪两镇通过上级组织的"三无"乡镇活动达标验收。至此,实现了全县23个乡镇的全部达标验收通过。

2000年

2月28日 县政府向州政府提交《关于创建土地执法模范县的申请报告》。其后向省国土厅提交《关于开展创建土地执法模范县试点活动工作方案的报告》。7月3日，省国土厅对瓮安县创建工作方案予以批复。

5月13日 县政府召开全县国土管理工作会议，县委书记王勇、副县长何林海作重要讲话。会上各乡镇政府与县政府签订2000年度耕地保护目标责任书。县委、县政府对1999年耕地保护目标完成较好的9个乡镇和“三无”达标的2个乡镇进行表彰。

7月1日 瓮安县关井压产通过国家级验收。煤炭行业关井压产共关闭不合理煤矿40对，合并矿井17对，压产42万吨，全县煤炭矿井从150个减少到61个。

3日 省国土厅成立瓮安县开展创建土地执法模范县试点活动指导小组，国土厅副厅长李在文任组长，副厅长伍成华任副组长，相关处室领导及州国土局负责人任成员。4日，县政府成立了以常务副县长况志华为组长，副县长何林海为副组长，有关单位主要负责人为成员的创建土地执法模范县工作领导小组。

17日 港安公司煤矿井下发生瓦斯爆炸，4人死亡，3人重伤。

19日 县政府办公室印发开展创建土地执法模范县试点活动工作方案，全县创建活动启动。

26日 县国土局、县地质矿产局分别开展“讲学习、讲政治、讲正气”的三讲教育活动。

11月20日 县政府下发《关于确定县城规划区和各乡镇所在地规划区非农业建设用地土地所有权的通知》，明确县城规划区和各乡镇所在地规划区内已经用作城乡建设的各类非农业建设用地的土地所有权属国家所有。此后发展城乡建设需要依法征用的集体土地，从征用之日起，其土地所有权属国家所有。

2001年

1月1日 全县开始实施《贵州省土地管理条例》，农村村民建住宅用地限额控制为：城市郊区、坝子地区每户不得超过130平方米；丘陵地区每户不得超过170平方米；山区、牧区每户不得超过200平方米。对住宅用地面积达到规定标准及出卖、出租原住房的不予批准建房。

4月15－16日 省国土资源厅副厅长麻少玉一行10人到瓮安检查指导创建“土地执法模范县”工作。

5月9日 县政府颁布《瓮安县县城房屋拆迁管理暂行办法》第27号令，县政府办印发《瓮安县县城房屋拆迁货币补偿实施细则》。

是日 县政府办转发国土局等部门制定的《瓮安县县城房屋自拆自建（联建）管理

暂行办法》，允许在县城规划区域内，按城市建设规划不利于整体开发的国有土地，房屋产权人可以自行拆除房屋及其附属物，按照统一规划、统一设计、合理布局、因地制宜、配套建设的原则，进行自建或联合建房。

是月 瓮安与湄潭县、遵义县、开阳县、余庆县、福泉市、黄平县6条县界划界工作全面完成，共363.5公里，结束了多年县与县行政区域没有明确分界线的历史。

6月28日 县国土局、县地质矿产局开始开展“三个代表”重要思想学习教育活动，至9月22日结束。

20－21日 州国土局在瓮安举办有县四大班子领导、县人武部、瓮安磷矿、瓮安煤矿、10个县市参加的“国土杯”游泳运动会，200多人参加。

7月 国土局开展行风整顿和民主评议行风的工作，至12月结束。

10月19日 县政府成立县矿产资源管理秩序治理整顿工作领导小组，组织开展治理整顿（2002年6月整顿结束）。

11月1日 县委、县政府下达县级机构改革实施意见，明确将县国土局、县地质矿产局独立建制撤销，合并组建县国土资源局。

12日 县委、县政府下达乡镇机构改革实施意见，明确23个乡镇设国土资源管理所，定编46名（每个乡镇2名），为股级事业单位。

18－19日 受省人民政府委托，省国土资源厅、黔南州人民政府组成验收组，省国土资源厅副厅长麻少玉任组长，带队对瓮安县创建“土地执法模范县”工作进行验收。经验收达到优秀等级，予以通过。

是月 旦光俊被任命为县国土资源局局长，田丰、李成银、吴进华被任命为副局长；李荣进被任命为县国土资源局党组书记，旦光俊、聂启文被任命为党组副书记。

12月 县国土资源局获省人民政府“土地执法模范县创建合格单位”称号。

况祥获国土资源部“全国国土资源执法监察先进个人”表彰。

2002年

3月 县政府编制完《瓮安县地质灾害防治方案》，并成立瓮安县地质灾害防治工作领导小组。

4月 县开始《瓮安县矿产资源规划》编制（2003年9月编制完成，2005年6月省国土资源厅进行同意批复）。

6月14日 县国土资源局开展股级干部公开竞争上岗，县组织人事部门组织评委对竞争上岗者进行了公开评分。

26日 县国土资源局在中坪镇政府召开中坪镇国有土地使用权拍卖会，对中坪镇中坪加油站对面的4宗国有土地进行公开拍卖。

7月1－2日 州矿业秩序治理整治工作验收小组对瓮安县矿业秩序治理整顿进行验收，瓮安通过州级验收。

10 月 10 日 县国土资源局制定《关于开展政务公开工作的实施意见》。公开范围包括局机关及基层国土资源机构，内容包括用地审批、采矿权审查审批、案件查处、土地登记、收费操作、地价评估等。

是年 县国土资源执法监察人员 84 人参加省、州统一组织的业务知识和党纪党风的培训学习、考试，参考率 100%，合格率 100%。

境内首次对中坪镇 3 个采石采砂矿山企业进行挂牌出让。

2003 年

4 月 旦光俊被任命为县国土资源局党组书记。

5 月 白沙乡翁腊村秉老头带地质灾害隐患防治工程启动。

6 月 4 日 州国土资源局派人调查界定白沙乡翁腊村秉老头带地质灾害隐患，县决定实施对 29 户 99 人搬迁避让。

10 月 28 日 州检查组检查全县土地市场秩序治理整顿，评分 98.5 分。

12 月 刘翔获国土资源部“全国矿产资源补偿费征管工作先进工作者”表彰。

2004 年

4 月 25 日 县国土资源局印发《瓮安县地质灾害速报制度》，对地质灾害分级、速报原则、速报程序、速报内容、地灾隐患速报等进行明确。

27 日 全县召开基本农田保护大检查工作动员会，会后全县签订保护责任书 247 份，落实保护责任人 82741 户，划定基本农田保护 21836 块。

6 月 3 日 美国《科学》杂志，继后英国《自然》杂志，分别公布和发表陈均远教授在瓮安动物化石群中对两侧对称动物“贵州小春虫”的发现。成果被列为 2004 年的国际重大科学发现之一。

8 日 《瓮安县地质灾害应急预案》出台，该预案共 7 章 32 条，预案对地质灾害等级划分、应急抢险机构及职责、应急准备、应急响应、应急行动、事后处理等均作出明确规定。

13 日 县政府成立规划修编领导小组，开始《瓮安县土地利用总体规划（2006－2020 年）》编制。

8 月 28 日 县政府成立瓮安县国有土地使用权招标拍卖挂牌出让委员会（后改成立为瓮安县国有土地使用权招标拍卖挂牌出让工作领导小组）。

12 月 人事部、国土资源部授予瓮安县国土资源局“国土资源管理系统先进集体”称号。

是年 黔组通〔2004〕76 号文件明确，县国土资源局领导干部实行双重领导，以上一级国土资源主管部门党组管理为主，地方党委协助管理。

县国土资源局投资 12.8 万元建成局机关局域网。

2005年

1月 根据国家取消农业税规定，是月起全县农民不再上交公余粮。

5月 《瓮安县坚决整顿关闭不具备安全生产条件和非法煤矿的实施方案》《瓮安县矿业秩序治理整顿实施方案》相继出台。县成立以副县长任组长的矿业秩序治理整顿工作领导小组，并从相关职能部门抽人组成联合执法组开始相关整顿。

6月 县国土资源局获国土资源部“全国矿产资源规划优秀成果二等奖”。旦光俊、吴进华、刘翔获国土资源部“瓮安县矿产资源规划二等奖”。

11月24日 瓮编〔2005〕27号文件明确乡镇国土资源所为县国土资源局派出机构，实行国土资源局与乡镇人民政府双重领导、以县国土资源局为主的管理体制。

12月 县国土资源局获国土资源部“国土资源系统推进依法行政先进单位”表彰。

2006年

1月 县政府办印发《瓮安县全面整顿和规范矿产资源开发秩序的实施方案》，县成立整顿和规范矿产资源开发秩序工作领导小组专抓此项工作，至10月整顿和规范结束。

5月 县国土资源局开始《瓮安县钼镍钒矿勘查与开发专项规划》编制，至6月完成。

7月 县政府办印发《瓮安县炸封取缔非法采煤窝点实施方案》，县政府成立炸封取缔非法采煤窝点领导小组，此次炸封取缔活动18日开始至当年12月结束。

7－10月 县国土资源局与监察局联合对2004年11月1日至2006年7月31日期间新增建设用地进行清查，共清出新增建设用地总量1192宗，面积21.167公顷，其中查处违法建设用地111宗，面积23.4公顷。

是年 县国土资源局开展职业道德教育及治理商业贿赂专项工作，建立了治理商业贿赂的工作机制。

全县完成各类矿山企业的基础储量统计上表和新办矿山企业占用储量的统计工作，其信息进入数据库。

2007年

3月10日 凌晨6时30分，玉山镇大坪村宏远磷矿和轿顶山磷矿矿区发生山石崩落地质灾害，致3人死亡1人重伤。

29日 黔府函〔2007〕37号批复同意《瓮安县县城总体规划》，该规划建设用地总规模2010年604.3公顷，2020年912.4公顷。规划确定以南北主干道为主轴沿线发展。规划人均建设用地70.18平方米，人均居住用地27.8平方米，人均公共绿地10.74平方米。

5 月 省国土资源厅在瓮安召开古生物化石群保护现场会。会后，省国土资源厅组织专家开展制定保护措施和方案。

《贵州省矿山环境治理恢复保证金管理暂行办法》发布。

6 月 25 日 县成立第二次土地调查领导小组。

8 月 9 日 县政府召开全县第二次土地调查工作动员大会。

11 月 2 日 陈均远一行到瓮安，与县委、县政府领导就“瓮安动物群”化石产地的保护、化石资源的开发利用等进行磋商，并应邀向全县副科级以上领导干部作“动物世界黎明的第一刻”科普专题讲座。

26 日 县国土资源局制定《关于在全县乡镇国土资源所开展向监管服务对象述职述廉工作的实施方案》，开始开展述职述廉工作。至 12 月 7 日，全县 23 个乡镇共 920 名服务对象参加了对县国土资源局述职述廉的测评。

是月 刘晓勇被任命为县国土资源局党组书记、局长。

是年 县国土资源局机关局域网实现与省、州网络连接，机关电子政务系统开始运行。

县政府办印发《瓮安县 2007 年整顿和规范矿产资源开发秩序工作方案》，全县全年查处无证采矿点 132 个，炸封取缔非法矿洞 33 个（次），遣散从业人员 600 余人。

县政府根据国土资源厅等六厅局印发的关于煤炭行业整合的相关调整方案，决定将 45 个煤矿整合调整为 20 个，另对 18 个煤矿企业进行扩能扩界。

2008 年

3 月 12 日 县政府成立县矿权招标拍卖挂牌出让工作领导小组，矿权出让步入常态化正规化轨道。

20 日 县政府办印发《瓮安县整顿和规范矿产资源开发秩序“回头看”行动实施方案》。之后在回头看中开展了强大的炸封取缔非法矿洞活动，至 10 月无证矿山从 163 个减少到 20 个。

4 月 20 日 县委组织部、县国土资源局等 6 部门联合行文，开展全县 247 个行政村党支部书记和村委会主任的国土资源法律知识培训。年底，培训结束。

6 月 12 日 瓮安县龙腾焦化有限责任公司银堂煤矿通过协议出让取得采矿权，该矿矿区面积 11.44 平方公里，资源储量 2365 万吨，批准开采期 10 年，投资规模 12000 万元，出让价 3704 万元。

23 日 瓮安县国土资源交易中心成立，主要职责是实施国有土地使用权、采矿权、探矿权的招标、拍卖、挂牌出让工作。

7 月 3 日 省委在贵阳召开瓮安“6·28”事件阶段性处置情况汇报会，省委书记石宗源指出瓮安“6·28”事件深层次原因是瓮安县在移民安置、矿产开发等过程中部分社会矛盾长期积累，多种纠纷相互交织，导致干群关系紧张等因素造成的。

是月 黄中奎、贺太忠被任命为县国土资源局副局长。

县委成立矿群纠纷化解组专门处理矿群纠纷矛盾。

县成立规划编制工作领导小组，组织开展《瓮安县矿产资源规划（2008－2015年)》编制（2009年年底编制完成)。

10月 县政府成立县地质灾害防治规划编制领导小组，组织开展《瓮安县地质灾害防治规划》编制（2009年8月编制完成)。

11月18日 县政府印发《瓮安县县城新区征地拆迁补偿安置方案》，对被征地农民和拆迁户实施对应安置的货币安置、小城镇安置、社会保障安置、划地安置作出具体规定。

19日 白沙乡翁腊村秉老头带崩塌搬迁避让项目获省级批准，项目总经费预算786.2万元，省专项补助275万元，搬迁避让涉及白沙乡翁腊村秉老头、路边、三格田、青山湾4个组共199户718人。

是月 刘晓勇被任命兼任国土资源储备中心主任。

12月1日 县政府组织县国土、公安、检察、安监、供电等部门采取地毯式方式开始对煤、磷、铁、钼、镍、钒、铝土、硫铁矿等开采秩序进行集中整顿（2009年3月6日整顿结束)。

29日 县政府印发《瓮安县和谐矿区建设基金征管暂行办法》，明确依法从事矿产资源开采的单位和个人为建设基金征收对象。

是月 县国土资源局聘请贵州省地矿建设工程施工公司编制的《瓮安县矿山地质环境保护与治理恢复规划（2009－2020)》完成，州国土资源局批准予以实施。

冬 白沙乡秉老头发生山体滑坡。

是年 陈均远倡议，全国17名政协委员联名提案，呼吁加强对瓮安动物群化石产地的保护。县委、县政府启动产地保护的规划，在动物化石群保护区设立了保护碑。

电子政务全面推行，网上收办文、矿权多级审批、图形数据入库等业务运行正常，电子政务建设中各种管理规定初步形成。

县政府颁布《瓮安县矿山环境恢复治理保证金制度》。

州国土资源局对袁山村等8个规划设计土地开发项目予以批复（2010年该批项目竣工，共完成土地开发185.42公顷，总投资778.77万元)。

2009年

3月18日 国土资源部监察局局长张璞等到瓮安调研。

4月9日 河西新区行政中心主楼举行奠基仪式。

是月 县成立矿业权核查领导小组，全县开始开展矿业权核查（2010年实地核查完成并通过省、州两级验收)。

5 月 31 日 县政府发布《瓮安县个人建房用地管理规定》，全县农村村民建住宅开始按该管理规定执行。

是月 省政府批准《瓮安县县城总体规划局部调整（2008－2020 年）》，共规划居住用地 363.87 公顷，公共设施用地 175.34 公顷，工业用地 26.18 公顷。

6 月 县国土资源局与贵州仁和行不动产评估有限公司完成《瓮安县基准地价更新技术报告》，重新确立了县城规划区及各乡镇基准地价。

7 月 1 日 县财政局、国土资源局、物价局印发《瓮安县地质灾害治理专项资金管理暂行办法》，规定专项资金来源每年包括：县级财政预算安排 100 万元，采矿权使用费及价款县级部分的 10%，矿产资源补偿费县级部分的 10%，煤炭价格调节基金县级部分的 10%。

8 月 2 日 县委办、县政府办印发《瓮安县专项整治县城规划区内非法经营房地产和违法建设清理处置活动实施方案》。3 日，县政府印发《瓮安县整治非法经营房地产及违法建设暂行规定》。

15－27 日 国务院第二次全国土地调查领导小组办公室组织对瓮安县第二次土地调查成果进行全面核查。

17 日 县委、县政府制定出台《瓮安县构建和谐矿区实施意见》。

9 月 3 日 通过出让瓮安磷矿取得采矿权，该矿矿区面积 0.427 平方公里，保有资源储量 2761 万吨，批准开采期 20 年，投资规模 5000 万元，出让价 4767 万元。

4 日 19 时 45 分，瓮安县平峰矿业有限责任公司尾矿库发生溃坝事件，3 万多立方米尾矿渣涌入下游，100 亩耕地受影响，15.5 亩耕地被淹没，矿渣流入江界河上游玉华河段，导致水体呈现褐红色。

10 月 12 日 瓮安县国土资源执法监察大队机构规格由股级升格为副科级。

是月 《瓮安县地质灾害防治规划（2008－2015）》编制完成。

11 月 9 日 通过协议出让方式县磷化公司取得白岩矿区玉华磷矿采矿权，该矿矿区面积 0.4596 平方公里，保有资源储量 659 万吨，开采期 20 年，投资规模 1319 万元，出让价 4731.5 万元。

是月 县政府制定《瓮安县白沙乡秉老头崩塌带整体搬迁实施方案》，明确崩塌带隐患区 188 户 688 人整体搬迁。

12 月 8 日 县委、县政府成立瓮安县高标准农田建设领导小组，州委常委、县委书记龙长春任组长。

31 日 瓮安完成二调以 2009 年 12 月 31 日为标准时点的汇总调查数据：全县耕地 59089.83 公顷、园地 2573.25 公顷、林地 91210.26 公顷、草地 10819.9 公顷、城镇村及工矿用地 6269.11 公顷、交通运输用地 1769.27 公顷、水域及水利设施用地 3990.56 公顷、其他土地 20551.32 公顷。合计土地总面积 196273.5 公顷。

是月 卢光金获国土资源部“全国‘十有’县地质灾害优秀群测群防员”称号。

是年 国土资源部启动地质灾害防治“十有县”建设工作，瓮安县被确定为贵州省第一批地质灾害群测群防“十有县”建设的县。

县成立城乡建设用地增减挂钩试点工作领导小组，开始开展城乡建设用地增减挂钩试点工作。

州国土资源局对太坪坳等8个规划设计土地开发项目予以批复（2013年该批项目竣工，共完成土地开发139公顷，总投资671.67万元）。

2010年

1月1日 获省国土资源厅批复的平定营镇营定街土地整理项目动工，8月1日竣工，完成土地整理124.6公顷，总投资701万元。

3月24日 县政府印发经州政府批准的《瓮安县被征地农民社会保障暂行办法》，该办法共七章32条。其中明确保障范围为境内城乡规划区内2006年4月10日国发办〔2006〕29号文件发布后因政府统一征用农村集体土地后失去全部或大部分承包土地，且在征地时享有农村集体土地承包权的农业在册人口年龄在18周岁以上的人员。

3月 吴进华任命为县国土资源局常务副局长（正科级）。

4月 黄碧勇被任命为县国土资源储备中心副主任（副科级）。

5月12日 县委、县政府召开全县土地矿产卫片执法检查工作会，开启了此后每年一度的卫片检查。

是月 《瓮安县城乡建设用地增减挂钩试点项目专项规划（2010－2020）》完成。

陈廷友获国土资源部“国土资源执法先进个人”表彰。

8月2日 瓮府办印发《瓮安县森林林木林地流转招标拍卖挂牌办法（试行）》，规定本县行政区域内依法取得的国有和集体森林、林木、林地流转，应当招标、拍卖、挂牌。

10月8日 县政府出台《瓮安县农村土地经营权流转奖励办法》，对规模性流转土地发展茶叶、蔬菜、生猪、肉牛等主打种养业和特色种养业等的奖励作出具体规定。

19日 县政府成立矿产资源整装勘查工作领导小组，县委副书记、县政府县长谢晓东任组长，县委常委、县政府副县长夏清波及县政府副县长张仁德、刘华龙任副组长，县相关单位负责人任成员。

11月24日 黔国土资耕保函〔2010〕667号批复的瓮安县2010年高标准农田建设土地整治项目动工（2014年2月25日竣工并经省国土资源厅验收，完成高标准农田建设土地整治219.89公顷，总投资945.95万元）。

12月31日 瓮安县国土资源储备中心升格为县国土资源局管理的副科级事业单位。

是月 刘根友被任命为县国土资源局总工程师（副科级）

是年 在专项整治县城规划区内非法经营房地产和违法建设清理处置中，依法对25名犯罪嫌疑人公开执行逮捕和刑事拘留，受理各类申报违法建设共3463户，违法建筑总面积79.3万多平方米、7318套，非法交易金额2100多万元，涉及公职人员527户（人）。立案查处重点违法占地案件319件，涉及面积28713平方米，收缴罚款416万元。

省国土资源厅下达城乡建设用地增减挂钩周转指标300亩，项目拆旧区以岚关乡岚关村大坪农村居民点、玉华乡岩根河村南堡地质灾害搬迁点、珠藏镇鹤亭村黄泥坡组为挂钩示范点。

2011年

1月1日 县政府发布《瓮安县被征地农民社会养老保险实施办法（试行）》。规定参加社会养老保险对象为2011年1月1日起因征用其承包集体土地而失去土地的在征地时享有土地承包经营权的农业在册人口，且年满16周岁，该户被征地后剩余承包耕地人均在0.5亩及以下的农民。

14日 县政府发布《瓮安县工业园区征地拆迁补偿安置方案（试行）》，是日起，工业园区征地拆迁安置方式采取社会保障安置、货币安置、划地安置、统建安置四种对应安置方式。

3月 银盏工业园区至猴场主干道开工（2013年9月完工投入使用），该主干道长14.38公里，宽36米，获批供地53.3078公顷。

6月23－24日 省国土资源厅厅长朱立军到瓮安县检查指导增减挂钩工作。

是月 樊启和获国土资源部“矿业权实地核查先进个人”表彰。

7月27日 县政府办印发《瓮安县人民政府办公室关于印发瓮安县矿产资源节约集约模范县创建活动实施方案的通知》，县政府成立瓮安县矿产资源节约集约模范县创建工作领导小组负责该项工作。

是月 全县开始《瓮安县土地整治规划（2011－2020）》编制（2012年6月编制完成，9月25日通过州级评审）。

8月4日 省国土资源厅在玉华举行贵州省瓮安县白岩背斜磷矿整装勘查启动仪式，省国土资源厅厅长朱立军等领导出席启动仪式。

16日 通过协议出让宏福公司取得白岩矿区大塘矿段采矿权，该矿区面积3.3平方公里，保有资源储量10795万吨，批准开采期30年，投资规模57304万元，出让价4729万元。

23－24日 瓮安特邀陈均远教授指导瓮安动物群化石博物馆的建设。

9月29日 国土资源部支援贵州抗旱找水打井启动仪式在雍阳镇桐木村朵云组举行，国土资源部地质环境司副司长陶庆法，省国土资源厅厅长朱立军，州委副书记、瓮安县委书记陈昌旭等领导出席。

是月 县国土资源局新修的位于河西新区办公大楼投入使用，房屋建筑面积4600多平方米。

10 月　张勇被任命为县纪委派驻县国土资源局纪检组长。

11 月　刘晓勇被任命为中共瓮安县人民政府党组成员。

12 月 2 日　县政府对县国土资源局组织编制的《瓮安县“十二五”基础测绘规划》予以批复，要求加大宣传，组织实施。

19 日　樊启和被任命为县国土资源局执法监察大队大队长（副科级）。

是年　县政府办印发《瓮安县关于建立国土资源共同管理责任机制的实施意见》，明确建立国土资源共同管理联席会议制度并规定了各成员单位的具体职责。

省国土资源厅下达城乡建设用地增减挂钩周转指标 300 亩，项目拆旧区以鱼河、永和、中坪、白沙 4 个乡镇 10 个村为挂钩示范点。

《瓮安县土地利用总体规划（2006－2020 年）》编制完成。规划目标 2010 年耕地保有量 56687 公顷，基本农田保护面积 49224 公顷；到 2020 年耕地保有量 56564 公顷，基本农田保护面积 49224 公顷。

2012 年

2 月　县国土资源局完成《瓮安县低丘缓坡土地综合开发利用试点项目实施方案》，县政府成立推进低丘缓坡土地综合开发利用试点工作领导小组，开始在银盏工业园区实施低丘缓坡土地综合开发利用试点。

3 月 7 日　全县开始施行县政府批准的《瓮安县个人住宅建设用地管理办法》，原《瓮安县个人建房用地管理规定》停止执行。

5 月 3 日　县成立以县委书记任组长、县长任常务副组长、分管副县长任副组长、相关部门主要负责人为成员的农权改革试点工作领导小组。

8 日　省国土资源厅领导陪同副省长慕德贵在瓮安调研，慕德贵副省长指示要在瓮安形成地质找矿大会战。

25 日　省人民政府批准瓮安工业园区设立为贵州瓮安经济开发区，与福泉工业园区共同列为省委省政府重点打造的全省 3 个千亿元（产值）级工业园区之一。

30 日　省国土资源厅在瓮安召开瓮安地区磷矿铝土矿整装勘查推进会。

31 日　国土资函〔2012〕374 号批准道真至新寨高速公路瓮安至马场坪段（瓮安段）建设项目，批准总用地 78.52 公顷，其中农用地 72.63 公顷（耕地 37.86 公顷）。

6 月 11 日　在凯里参加 17 届国际寒武系内部再划分野外工作会议暨凯里生物群发现 30 周年国际会议的代表、专家到瓮安“贵州小春虫”古生物群化石保护区实地考察，其来自美国、德国、加拿大、意大利、瑞典、捷克、波兰、英国、俄罗斯、日本、韩国及中国等 12 国的专家共 70 多位。

28 日　省矿权储备交易局与省地矿局 115 地质大队签订磷矿整装勘查合同。

7 月 31 日　县政府发布实施新《瓮安县被征地农民就业和社会保障实施办法（暂行）》，规定保障对象为县级以上人民政府依法征收承包耕地后，被征地户人均剩余耕地面积与2009年农业人口人均耕地面积0.9亩的比例（简称人均剩余耕地比）不足70%，且征地时年满16周岁以上的在册农业人口以及征地后农转非人员。

8月29日 县国土资源局发布《关于实施贵州省瓮安县土地利用总体规划（2006—2000年）的公告》，该规划经省政府批复特公告实施。

31日 县政府办印发《瓮安县永久基本农田划定工作方案》，明确将《瓮安县土地利用总体规划（2006—2020年）》规划的基本农田指标49224公顷划定为永久基本农田。

9月15日 县国土资源局委托贵州省第一测绘院对瓮安县一城三区107平方公里进行航空摄影，对瓮安县一城三区189平方公里进行三维场景数据制作。

10月24日 县政府下发《瓮安县人民政府关于加快推进农村产权制度改革试点工作实施意见》，县以雍阳街道云星村为试点开展农权改革。

11月2日 省勘测规划院副院长夏青波到瓮安县检查低丘缓坡试点工作。

是年 全县近百个产业业主通过土地流转实现规模性经营农畜产业面积共计4万余亩，其中承包耕地面积近2万亩、荒山2万余亩。

县国土资源局把服务群众、服务基层、服务企业的“三服”工作作为全局工作的首要任务，将所有审批办理事项累计办理时限从244个工作日缩短到145个工作日。

瓮安完成《瓮安县县城总体规划》修编，将县城规划区面积从9.12平方公里扩展到60平方公里。年末，修编至75平方公里。

省国土资源厅下达城乡建设用地增减挂钩周转指标300亩，项目拆旧区以建中、永和、岚关3个乡镇5个村居民点整理为挂钩示范点。

全县开始开展节约集约模范县创建活动。

2013年

2月25日 县政府办印发《瓮安县煤矿企业兼并重组工作方案（试行）》。

3月 非农业建设占用耕地耕作层剥离利用试点工作启动。

5月3日 《瓮安县防震减灾应急预案》出台，应急预案对组织指挥体系与职责、预警和预防机制、应急响应、后期处置、保障措施等均作出具体规定。

7月1日 建中、永和、岚关3乡镇5个村的土地复垦工程开工，10月30日完工，建设规模316.57亩，新增农用地面积303.85亩，新增耕地290.54亩。

9日 吴广文被任命令为县国土资源局党组书记、局长。9月任命兼任县国土资源储备中心主任。

9月6日 县国土资源局联合相关部门对县城区多家书店的漏绘“钓鱼岛”政治性问题地图和“无审图号、无出版单位、无编制单位”三无地图及书籍进行检查，共查处没收问题地图及书籍100余张（本）。

10月 白岩背斜磷矿整装勘查基本结束，提交磷矿资源储量298509万吨，新增资源量297091.58万吨。储量排名亚洲第一，为磷矿大型矿床下限的60倍。

11月1日 县国土资源局获国土资源部“国土资源管理系统推进依法行政中期检查先进单位”表彰。

30日 国土资函〔2013〕877号批准道真至新寨高速公路流河渡至陆家寨（瓮安段）建设项目，批准总用地222.67公顷，其中农用地201.2公顷（耕地136.59公顷）。

是年 全县开展违法违规用地专项整治，共查处2012年度违法违规用地7宗，涉及土地面积133.78亩（耕地面积123.79亩）。

境内增设35个E级GPS点，实现了全县11个乡镇和2个街道平面测量坐标体系全覆盖，至此全县共有可利用测量标志I级三角点1个，II级水准点9个，C级GPS点10个，E级GPS点48个。

珠藏高山铁矿和瓮安煤矿夹山矿区纳入省、州“矿山复绿”工程安排。高山铁矿规划项目治理资金150万元，综合治理面积3.14公顷，夹山矿规划项目治理资金300.23万元，综合治理面积2公顷。

省国土资源厅下达城乡建设用地增减挂钩周转指标300亩，项目拆旧区以江界河镇河新村、玉山镇苟家庄村、永和镇白水河村、建中镇凤凰村、白沙村和岚关乡章阁村的10个地块为挂钩示范点。

黔国土资耕保函〔2013〕22号批复永和镇后坝、白水河2012年度省级高标准基本农田建设土地整治项目，批复建设规模486.66公顷，投资金额1647万元。

2014年

1月14日 县国土资源局设置机关党委。

16日 县政府办印发《瓮安县禁止建设区划定工作实施方案》，全县开始开展禁止建设区和农村宅基地集中建设点划定工作。

2月25日 省级专家验收组对银盏镇木老坪、红灯堡两个土地整理项目进行验收并获通过，两项目总建设规模面积420.63公顷，总投资1452.51万元。

3月 江浩被任命为县国土资源局副局长；乔毅被任命为县纪委派驻县国土资源局纪检组长。

4月10－23日 省矿权储备交易局受省国土资源厅的委托，对玉华小高寨磷矿探矿权进行网上公开挂牌出让。贵州芭田以最高报价人民币3.43亿元竞得勘探探矿权。

11日 县召开地质灾害防治工作高标准“十有县”建设工作推进会，县委常委、副县长邓忠学出席会议并作重要讲话。

21日 国土资函〔2014〕93号批准贵阳至瓮安高速公路建设项目（瓮安段），批准总用地195.72公顷，其中农用地185.7公顷（耕地84.55公顷）。

是日 国土资函〔2014〕98号批准江口至瓮安高速公路项目（瓮安段），批准总用地144.34公顷，其中农用地134.19公顷（耕地58.28公顷）。

是月 樊启和被任命为县国土资源局副局长，邓安辉、陈廷友被任命为县国土资源储备中心副主任（副科级），唐学梅被任命为县国土资源局机关党委书记（副科级），谭华东被任命为县国土资源执法监察大队大队长（副科级）。

5 月 21 日 州国土资源局党组书记、局长袁先顺等调研组一行到瓮安对 2014 年基本农田保护坝子禁止建设区划定工作情况进行调研。

是月 瓮安县开始《瓮安县地质灾害防治规划（2014－2020）》编制，8 月编制完成，9 月州国土资源局对该规划予以批复同意公布实施。

6 月 10 日 县政府印发《瓮安县农业转移人口市民化实施细则（试行）》，明确农业户籍家庭自愿放弃农业人口一户一宅权利，并对宅基地进行复垦的，可获 200 元/平方米复垦补助费。集中居住在一个自然村寨 10 户以上联户复垦的每户可获得奖励资金 10000 元。宅基地复垦后的耕地所有权归村集体经济组织，经营权归复垦农户。

30 日至 7 月 1 日 松坪、小河山、老坟嘴等片区遭遇特大暴雨，12 个行政村受严重影响，受灾群众 2689 户，影响人口 11424 人，134 户房屋不同程度受损。

7 月 19 日 省国土资源厅副厅长王赤兵一行到瓮安检查指导磷资源开发和保护工作。

20 日 金正大诺泰尔 60 万吨硝基复合肥项目正式投产。

9 月 3 日 省国土资源厅副厅长肖才忠到江界河镇江界河滑坡地灾隐患点实地勘察。

11 日 根据贵州省关于开展乡镇行政管理体制改革试点工作的意见，10 镇 1 乡撤销国土资源所，设置国土资源和规划建设环保办公室。是月，为促进乡镇行政管理体制改革，县国土资源局将农村宅基地审批等 9 项行政审批事项委托下放到乡镇。

30 日 黄中奎被任命为县国土资源局常务副局长（正科级）

是年 在江界河镇、中坪镇开展集体建设用地与国有建设用地同权同价试点，两镇共挂牌出让集体土地 29 宗，面积 5. 38 亩，成交价款 356. 4 万元。

县国土资源局根据中央、省委、州委和县委有关文件精神，组织开展党的群众路线教育实践活动。活动分学习教育听取意见、查摆问题开展批评、整改落实建章立制三个阶段。教育实践活动结束后，经组织验收达到要求。

县国土资源局完成非税收入 90288 万元，入库 62502 万元。

全县开展坝子禁止建设区划定和集中建设区划定，共划定禁止建设区 58 块 63544 亩，涉及 41 个村，划定集中建设区 86 个点 3960 亩，涉及 11 个乡镇 59 个村，覆盖除瓮水、雍阳街道外的所有乡镇。

省国土资源厅下达城乡建设用地增减挂钩周转指标 400 亩，项目拆旧区以平定营镇、玉山镇、岚关乡的 5 个地块为挂钩示范点。

煤矿企业兼并重组基本完成，全县 34 个煤矿企业除福兴煤矿外，其余 33 个兼并重组在贵州省瓮安煤矿有限公司名下 18 个，兼并重组在贵州弘达矿业投资有限公司名下 12 个，兼并重组在贵州省瓮安县龙腾焦化有限责任公司名下 3 个。

第一章　境域　行政区划

第一节　境　域

瓮安县位于贵州省中部、黔南布依族苗族自治州北端、乌江中游。东邻黄平县，南连福泉市，西接开阳县，西北抵遵义县，北交湄潭县，东北邻余庆县。辖10镇、1乡、2街道。县城距省城贵阳（乌当区李资村）89公里、州政府驻地都匀106公里、黄平县城80公里、福泉县城46公里、开阳县城86公里、遵义市144公里、湄潭县城100公里、余庆县城70公里。县境处北纬26°53′～27°29′、东经107°07′～107°42′之间，南北长56公里，东西宽51公里，土地总面积1962.735平方公里（2944102.5亩）。以2013年全县户籍总人口466865人计算，人均土地6.3亩，人口密度每平方公里238人，密度高于全国、贵州省、黔南州平均值。

瓮安地域开拓较早，上溯至商周，瓮安为且兰地，自秦汉便有史记载。秦朝时，设牂牁郡，瓮安地域归属其下，直到两晋南北朝。随朝的牂州郡万寿县、唐朝的牂州郡建安县，即今瓮安县，直到宋代。元代旧州、草塘等处安抚司，辖今瓮安县地域。明代置草塘、瓮水安抚司，建平越卫右所干平、干溪、梭罗等15堡，地域为今瓮安县。明万历二十九年四月二十九日（1601年5月30日），改土归流，以瓮水、草塘安抚司和平越卫右所15堡地域合置瓮安县。

清代，瓮安县境域东至黄平州老鲊河，南至平越（今福泉）州高坪司界，西至开州（今开阳）界，北至黄平州三岔水，东南至平越州杨义司界，西南至平越州中坪司界，西北至湄潭县界，东北至黄平州马鬃岭。

民国初年，县境东至马鬃岭交黄平县界，南至牛场牛王庙与平越县卡龙桥分界，西至界牌关交紫江（今开阳）县界，北至流水溪交湄潭县界，东南至尖坡下堡交平越县界，西南至高坪司交平越县界，西北至羊岩河交遵义县界，东北至西堰交黄平县界。

民国4年（1915年），黄平县木老坪及北区边地，紫江县乌江清水口外乌鸦、岩底划入县境。民国30年（1941年），县境三江（今福泉市牛场）、水源2联保及桅杆坪等地，与平越县中坪、建中2联保及深溪等地互换管辖。县境核桃园等地划入湄潭县。湄潭县土岩坝、螃蟹井、虾子溪等地划入县境。民国33年（1944年），黄平县大山（今小河山）等地划入县境。

解放后，县境第四区（珠藏区）于1950年6月划入遵义县，是年12月，划回县境，改名第五区。1953 年 9 月 26 日，黄平县青池、纳水 2 行政村划入县境。1959 年 1 月 13 日，福泉县并入县境，1961 年 8 月 13 日，福泉县恢复。

1997 年，省政府决定从 1998 年起用 5 年时间完成县级行政区域勘定任务，勘界工作被正式列入“九五”计划。瓮安作为试点勘界县于 2007 年起始勘。是年 6 月 9 日，第一条县界线——瓮安、湄潭两县县级行政区域界线全部勘毕，长 42.3 公里。瓮安界线北从乌江与湘江的交汇河中心起，向东偏东南延伸到天文镇云中村老鹰岩村民组乌江河东岸 100 米处，全线立双面界桩 1 根。是日，第二条县界线——瓮安、遵义两县县级行政区域界线亦全部勘毕，长 20.1 公里。瓮安界线北起乌江与湘江交汇中心向东北方向，沿湘江而上到人渡偏东北延伸到鲤鱼塘大桥，全线立双面界桩 2 根（A、B）。7 月，第三条县界线——瓮安、开阳两县县级行政区域界线全部勘毕，长 81.4 公里。瓮安界线南起建中镇白水村清水河中游中心，向北延伸到珠藏镇乌江与湘江的交汇处，全线立双面界桩 1 根。12 月 15 日，第四条县界线——瓮安、余庆两县县级行政区域界线全部勘完，长 84.9 公里。瓮安界线西起天文镇云中村老鹰岩村民组乌江河东岸 100 米处，向东南延伸到松坪乡余家嘴村九龙山，接壤地名三角桩，全线共立双面界桩 2 根。

1998 年 9 月，第五条县界线——瓮安、福泉两县市行政区域界线全部勘完，长 76.8 公里。瓮安界线东起岚关乡龙塘村烂草坳处三个小山包交汇点，向西延伸到清水河中游中心，全线共立双面界桩 4 根。

1999 年 9 月 2 日，第六条县界线——瓮安、黄平两县县级行政区域界线全部勘毕，长 58 公里。瓮安界线北起松坪乡余家嘴村九龙山梁子大路马鞍处，向南延伸到岚关乡龙塘村烂草坳三个小山包交汇点，全线共立双面界桩 3 根。至 2001 年 5 月，全线 6 条县界划界工作全面完成，共 363.5 公里，结束多年县与县行政区域没有明确分界线的历史。

中华人民共和国成立后，除瓮安县与福泉县合并期外，县境土地面积曾使用过 1974 平方公里、1966 平方公里、1966.7 平方公里等几种不同数据。2009 年境内完成的第二次土地调查，核定土地面积 1962.735 平方公里，是年起，国土资源主管部门开始使用该数据成果。2014 年 9 月 16 日，省国土资源厅、省统计局发布《贵州省第二次土地调查主要数据成果公报》，指出第二次土地调查是党中央、国务院部署的重大国情国力调查，全省二调首次采用统一的土地利用分类国家标准，首次采用政府统一组织、各地具体实施、国家掌控质量的组织模式，首次采用覆盖全省遥感影像的调查底图，实现了图、数、实地一致。

第二节　行政区划

一、清末行政区划

清末，县辖 6 里 136 团 786 寨（街）：附郭里，辖 16 团、75 寨（街），今县城隶属附郭里本城团；干溪里，辖 11 团、111 寨；牛场里，辖 11 团、135 寨；荆竹里，辖 35 团、160 寨；草塘里，辖 23 团、97 寨；瓮水里，辖 40 团、208 寨（街）。

二、民国时期行政区划

民国初年，沿袭清制，县仍辖 6 里 136 团 786 寨（街）。民国 4 年，撤里、团，建区、保、甲、牌。全县辖 8 区。民国 20 年 4 月，区以下撤保、甲、牌，建乡（镇）、闾、邻。全县建 84 乡 22 镇 436 闾 2217 邻。

民国 25 年，区以下实行保甲制，撤乡（镇）、闾、邻，建联保、保、甲。全县建 28 联保 129 保 1538 甲。28 年调整为 4 区、19 联保、147 保、1637 甲。

民国 29 年、30 年，联保以下行政区划分别调整为 144 保 1365 甲。31 年实行“新县制”，撤联保建乡镇，撤第一区，由县直辖其所辖乡（镇）。全县建 14 乡 4 镇，仍辖 145 保 1316 甲。

民国 32 年，撤区，乡（镇）以下行政区划调整为 145 保 1311 甲。下半年，县以下行政区划调整为 7 乡 4 镇 142 保 1199 甲。34、35、36 年，甲分别调整为 1166 个、1167 个、1202 个。

民国 38 年，全县为 7 乡、4 镇、141 保、1216 甲。7 乡 4 镇分别为：

永和乡：乡公所驻垛丁西街，辖 14 保、133 甲。所辖区域垛丁街、岚关街、老坟嘴、洗马塘、田香寨、大路边、石板坪等地。

松坪乡：乡公所驻权坪南街，辖 9 保、75 甲。所辖区域松坪街、大山、黄家堡、冉家塘、新川等地。

天文乡：乡公所驻天文街，辖 15 保、127 甲。所辖区域文武天文街、云南寨、木老坪、桐梓园、平坝等地。

铜锣乡：乡公所驻瓮水司，辖 10 保、82 甲。所辖区域瓮水司、铜锣田、新寨、牛场坝、神仙洞等地。

建中乡：乡公所驻鸡场，辖 10 保、83 甲。所辖区域鸡场街、白沙井、果水、旧地等地。

平兴乡：乡公所驻银定街，辖 13 保、98 甲。所辖区域平定营、银（营）定街、中兴槽、茅坡场等地。

玉山乡：乡公所驻岩坑街口，辖 15 保、129 甲。所辖区域岩坑街、鱼溪坝、竹冲（杜仲）河、麻池坝、兴隆等地。

雍阳镇：镇公所驻县城表忠路，辖 14 保、1149 甲。所辖区域县城、五里街、银盏街、飞练坝等地。

草塘镇：镇公所驻草塘中街，辖 15 保、120 甲。所辖区域草塘街、红屯（灯）堡、挪乡、石家寨、宋家寨等地。

中坪镇：镇公所驻中坪西街，辖 13 保、108 甲。所辖区域中坪街、高枧、茶店、新寨、水二（耳）屯、艾州等地。

珠藏镇：镇公所驻珠藏北街，辖13保、1112甲。所辖区域珠藏街、高水田、大坝、岩底、滨江、南屏等地。

三、解放后行政区划

解放初期，暂时沿用旧制，县仍辖7乡4镇141保1216甲。1950年1月，在乡镇之上设四区：第一区，区政府驻雍阳，辖2乡（平兴乡、永和乡）、1镇（雍阳镇）、41保、380甲。第二区，区政府驻草塘，辖2乡（松坪乡、天文乡）、1镇（草塘镇）、39保、322甲。第三区，区政府驻中坪，辖2乡（建中乡、玉山乡）、1镇（中坪镇）、38保、320甲。第四区，区政府驻珠藏，辖1乡（铜锣乡）、1镇（珠藏镇）、23保、194甲。6月，第四区划入遵义县，全县为3区、6乡、3镇、118保、1022甲。10月10日，永和乡从第一区划出，建新第四区。此期间，全县行政管辖区域有所调整。12月，第四区永和乡分建永和、岚关2乡。原第四区从遵义县划回，改名第五区。此时，全县为5区、9乡、4镇、141保。

1950年8月，乡镇之下已开始建立行政村（街）、组，逐渐取代保甲。年底全县保甲全部废除，共建144村12街。

1951年5月，永和乡分建永和、老坟嘴2乡。

是年8－11月，全县先后撤销乡镇，合并部分行政村（街），时全县为5区、9街、107村。

1952年4月，从第三区划出16村建立第六区，区政府驻岩坑；从第二区划出12村建立第七区。此时，全县为7区、9街、100村。6月，第二区和平、民主2街合建草塘镇，此时，全县为7区、1镇、7街、100村。

1953年春，合并行政村（街）建乡（镇），全县建7区、2镇、52乡。5月，全县调整为7区、2镇、77乡。10月，调整为7区、2镇、78乡。

1955年4月24日，据省人民委员会〔55〕会民民字第35号文件通知，各区取消数字排列名称，统一冠用地名，为雍阳、草塘、中坪、永和、珠藏、玉山、天文区。

1957年9月5日，据省人民委员会5月16日批准，城关乡级镇改为区级镇，时全县为6区、1区级镇、49乡、1乡级镇。

1958年12月3日，原福泉县4区、1区级镇、35乡、3乡级镇划入瓮安县，时全县为12区（镇）、88乡（镇）。中旬，实行“区为公社”“政社合一”，全县12区（镇）改为雍阳、平定营、草塘、中坪、永和、珠藏、玉山、福泉、马场坪、陆坪、道坪、牛场12人民公社，公社下设生产大队231个，生产队1830个。

1959年初，以原来的乡（镇）为基础并进行个别调整，改建生产管理区，全县建87个管理区，其中原瓮安县为7个公社、51个管理区、104个生产大队、1076个生产队。

1961年8月13日，原福泉县地域划出。之后，县境陆续撤销公社、管理区，建7区31乡级公社。再后，公社、生产大队、生产队均有调整。

1963 年 2 月 6 日，据州人民委员会〔63〕州办班字第 49 号文件批准，全县调整为 48 个公社。时生产大队为 227 个，生产队为 2106 个。雍阳区辖城关、银盏、玉华、太文、平定营、茅坡、营定 7 公社；草塘区辖草塘、金星、下司、太平、新华、松坪、小河山、青池 8 公社；中坪区辖中坪、柏香、白沙、建中、高坪、果水 6 公社；永和区辖垛丁、长林、洗马、岚关、尖坡、老坟咀、木孔 7 公社；珠藏区辖珠藏、阳关、高水、丰岩、木引、同乐、桂花、牛场、荣院 9 公社；玉山区辖岩坑、小开洲、龙塘、龙蟠、渔河、高枧 6 公社；天文区辖天文、玉屏、平坝、木老坪、两岔河 5 公社。

1975 年 4 月，城区从城关公社划出，建立城关街道办事处（乡级），辖 4 街 14 条路，隶属雍阳区。

1981 年 10 月 7 日，垛丁、长林、老坟咀、丰岩、同乐、阳关、渔河、小开洲公社，分别正名为垛丁、长岭、老坟嘴、峰岩、铜锣、羊关、鱼河、小开州公社。

1983 年冬至 1984 年夏，公社、生产大队、生产队先后改为乡镇、村、村民小组。1983 年 12 月 13 日，因在全州内重名，下司、太平、高坪、洗马、牛场、木引公社分别更名为下司街、金竹、青龙山、洗马塘、牛场坝、木引槽公社。

1984 年 5 月 17 日，撤销城关公社（含城关街道办事处），建立雍阳镇（区级镇）；撤销草塘公社，建立草塘镇（乡级镇）。至 1990 年底，全县为 7 区 1 区级镇、46 乡、1 乡级镇。

1991 年 9 月 12 日，省政府作关于瓮安县建镇并乡撤区行政区域变更的批复：撤销雍阳区、草塘区、中坪区、永和区、珠藏区、玉山区、天文区；撤销雍阳镇、茅坡乡，合并建立雍阳镇（科局级），雍阳镇人民政府驻地设在雍阳，辖原雍阳镇的 7 个居委会、7 个村委会，原茅坡乡的 7 个村委会；撤销平定营乡、营定乡，合并建立平定营镇（科局级），平定营镇人民政府驻地设在平定营，辖原平定营乡的 10 个村委会，原营定乡的 4 个村委会；撤销草塘镇、下司街乡、金星乡，合并建立草塘镇（科局级），草塘镇人民政府驻地设在草塘，辖原草塘镇的 4 个居委会、4 个村委会，原雍阳镇的 1 个居委会，原下司街乡的 3 个村委会，原新华乡的 4 个村委会，原金星乡的 1 个村委会；撤销中坪乡、柏香乡，合并建立中坪镇（科局级），中坪镇人民政府驻地设在中坪，辖原中坪乡的 1 个居委会、12 个村委会，原柏香乡的 5 个村委会；撤销垛丁乡、洗马塘乡、长岭乡，合并建立永和镇（科局级），永和镇人民政府驻地设在永和，辖原垛丁乡的 6 个村委会，原洗马塘乡的 6 个村委会，原长岭乡的 3 个村委会；撤销珠藏乡、羊关乡、荣院乡，合并建立珠藏镇（科局级），珠藏镇人民政府驻地设在珠藏，辖原珠藏乡的 1 个居委会、10 个村委会，原羊关乡的 3 个村委会，原荣院乡的 4 个村委会；撤销岩坑乡、龙蟠乡、小开州乡，合并建立玉山镇（科局级），玉山镇人民政府设在玉山，辖原岩坑乡的 8 个村委会，原龙蟠乡的 3 个村委会，原小开洲乡的 5 个村委会；撤销天文乡、平坝乡、玉屏乡，合并建立天文镇（科局级），天文镇人民政府驻地设在天文，辖原天文乡的 5 个村委会，原平坝乡的 6 个村委会，原玉屏乡的 3 个村委会；撤销玉华乡、太文乡，合并建立玉华乡（科局级），乡人民政府驻地设在玉华，辖原玉华乡的4个村委会，原太文乡的3个村委会，原雍阳镇的1个居委会；撤销松坪乡、青池乡，合并建立松坪乡（科局级），松坪乡人民政府驻地设在松坪，辖原松坪乡的7个村委会，原青池乡的3个村委会，原金星乡的3个村委会；撤销金竹乡、小河山乡，合并建立金竹乡（科局级），金竹乡人民政府驻地设在金竹，辖原金竹乡的6个村委会，原小河山乡的3个村委会；撤销建中乡、果水乡，合并建立建中乡（科局级），建中乡人民政府驻地设在建中，辖原建中乡的6个村委会，原果水乡的3个村委会；撤销白沙乡、青龙山乡，合并建立白沙乡（科局级），白沙乡人民政府驻地设在白沙，辖原白沙乡的6个村委会，原青龙山乡的3个村委会；撤销岚关乡、尖坡乡，合并建立岚关乡（科局级），岚关乡人民政府驻地在岚关，辖原岚关乡的3个村委会，原尖坡乡的5个村委会；撤销老坟嘴乡、木孔乡，合并建立老坟嘴乡（科局级），老坟嘴乡人民政府驻地设在老坟嘴，辖原老坟嘴乡的4个村委会，原木孔乡的4个村委会；撤销高水乡、丰岩乡，合并建立高水乡（科局级），高水乡人民政府驻地设在高水，辖原高水乡的6个村委会，原峰岩乡的5个村委会；撤销铜锣乡、桂花乡，合并建立铜锣乡（科局级），铜锣乡人民政府驻地设在铜锣，辖原铜锣乡的5个村委会，原桂花乡的4个村委会；撤销鱼河乡、高枧乡，合并建立鱼河乡（科局级），鱼河乡人民政府驻地设在鱼河，辖原鱼河乡的5个村委会，原高枧乡的5个村委会；撤销木老坪乡、两岔河乡，合并建立木老坪乡（科局级），木老坪乡人民政府驻地设在木老坪，辖原木老坪乡的3个村委会，原两岔河乡的3个村委会。银盏乡、木引槽乡、牛场坝乡、龙塘乡4乡的规格升为科局级，乡的行政区域和乡人民政府驻地不变。时全县8镇15乡247村（居）委会。

1992年4月，撤销金竹乡，所辖原金竹乡6个村委会划隶草塘镇；恢复小河山乡，其规格升为科局级，乡行政区域和乡人民政府驻地不变。

2000年6月，撤销建中乡设立建中镇，镇所辖行政区域为原建中乡行政区域，人民政府驻地建中村。时全县辖9镇、14乡、247村（居）。

2009年5月撤并村，全县247村（居）、2563组并为89村、6社区、2居委会、2533组。雍阳镇辖茅坡、城南、桐木、仙桥4村，花竹、广场、金龙、鼓楼、河滨5社区；平定营镇辖细沙、营定街、平定营、三合、梭罗5村；玉华乡辖太文、岩根河2村；银盏乡辖飞练、穿洞、银盏、太平4村；中坪镇辖艾州、中坪、水耳、新土、茶店5村，中坪街1居委会；建中镇辖果水、凤凰、鑫隆坪3村；白沙乡辖高坪、保护、白沙3村；天文镇辖玉屏、天文、乌江3村；木老坪乡辖天堂、木老坪、印山、新寨4村；永和镇辖白水河、后坝、洗马塘、萍水、垛丁、长岭6村；岚关乡辖茶海、岚关、章阁3村；老坟嘴乡辖木孔、观溏、红岩3村；玉山镇辖玉山、白花、荀家庄、新庄、龙蟠、小开洲、中火7村；鱼河乡辖深溪、新场、高枧3村；龙塘乡辖尖坡、樱桃2村；猴场镇辖八一、金竹、猴场、河滨、大寨坪、新华、迎宾7村，猴场1社区；松坪乡辖松坪场、金龙井、大金星、青池、马场坪5村；小河山乡辖大田坝、大河、石板坪3村；珠藏镇辖桐梓坡、珠藏、荣院、羊关、鹤亭5村，珠藏1居委会；高水乡辖市湾、高龙、清香、丰岩、高寨坪5村；铜锣乡辖河兴、群心、三新3村；木引槽乡辖新兴、沿江2村；牛场坝乡辖新华、羊鹿2村。

2010年2月9日，草塘镇更名为猴场镇，其隶属关系、镇政府驻地和管辖范围保持不变。

2012年3月27日，省政府《关于同意黔南州瓮安县部分乡镇行政区划调整的批复》《关于同意瓮安县撤销雍阳镇设立瓮水街道和雍阳街道的批复》撤销银盏乡、木老坪乡、松坪乡、猴场镇，设银盏镇、猴场镇。银盏镇辖原银盏乡飞练、穿洞、银盏、太平4村，原木老坪乡木老坪、印山、新寨3村，原猴场镇大寨坪、新华2村；猴场镇辖原猴场镇八一、金竹、猴场、河滨、迎宾5村和猴场社区，原松坪乡松坪场、金龙井、大金星、清池、马场坪5村，原木老坪乡天堂村。撤销龙塘乡、铜锣乡，设江界河镇。江界河镇辖原龙塘乡尖坡、樱桃2村，原铜锣乡河兴、群心、三新3村。撤销雍阳镇，设立瓮水街道办事处、雍阳街道办事处。瓮水街道办事处辖原雍阳镇金龙、鼓楼、广场、花竹、中心、新庄、花桥7个社区和茅坡村，共89个村（居）民组；雍阳街道办事处辖原雍阳镇部分区域和原银盏乡部分区域，即河滨、文峰、城北3个社区和仙桥、云星2个行政村，共75个村（居）民组。是年底，全县共10镇、9乡、82村、2居委会、15社区、1803村民组。

2013年6月24日，省政府黔府函〔2013〕142号《关于同意瓮安县部分乡镇行政区划调整的批复》：同意撤销瓮安县猴场镇、小河山乡建制，设置新的猴场镇，以原猴场镇、小河山乡地域为新设置的猴场镇行政区域，镇人民政府驻草塘社区；同意撤销瓮安县永和镇、老坟嘴乡建制，设置新的永和镇，以原永和镇、老坟嘴乡地域为新设置的永和镇行政区域，镇人民政府驻垛丁村；同意撤销瓮安县建中镇、白沙乡建制，设置新的建中镇，以原建中镇、白沙乡和玉华乡太文村（除白溪组、民寨组、下朵良组、高白溪组、酸枣坪组外）地域为新设置的建中镇行政区域，镇人民政府驻凤凰村；同意撤销瓮安县珠藏镇、牛场坝乡和高水乡建制，设置新的珠藏镇，以原珠藏镇、牛场坝乡、高水乡和木引槽乡新兴村地域为新设置的珠藏镇行政区域，镇人民政府驻珠藏村；同意撤销瓮安县木引槽乡建制，将原木引槽乡新兴村划入新设置的珠藏镇，沿江村划入江界河镇；同意撤销瓮安县玉华乡建制，将原玉华乡岩根河村和太文村白溪组、民寨组、下朵良组、高白溪组、酸枣坪组划入银盏镇，将太文村（除白溪组、民寨组、下朵良组、高白溪组、酸枣坪组外）划入新设置的建中镇；同意撤销瓮安县鱼河乡建制，将原鱼河乡深溪村划入玉山镇，高枧村划入中坪镇，新场村划入银盏镇。

截至2014年底，瓮安县辖10镇、1乡、2街道，即银盏镇、江界河镇、猴场镇、珠藏镇、中坪镇、平定营镇、永和镇、玉山镇、天文镇、建中镇、岚关乡、瓮水街道、雍阳街道。时全县共82个村、2个居委会、15个社区。

第二章　地质　地貌　水文

第一节　地　质

解放后，国家曾多次组织开展境内的区域地质、矿产地质、水文地质等调查，其成果主要有1970年贵州省地矿局108地质大队完成的《区域地质、矿产地质调查报告（1:200000瓮安幅）》及20世纪70年代中期中国人民解放军建字732部队完成的《区域水文地质调查报告（1:200000瓮安幅）》等。

一、地层

县境出露地层有前震旦系、震旦系、寒武系、奥陶系、二叠系、三叠系、下第三系、第四系。

前震旦系　出露不全，仅有板溪群清水江组。分布于白岩背斜核部及老坟嘴至金豆山一带。主要由灰绿、黄绿色中至厚层变余层纹状玻屑凝灰岩、层纹状凝灰岩夹变余石英砂岩及绢云母板岩等组成，厚约600米。

震旦系　出露不全，分布面积小。

下统，仅有南沱组第三段出露，分布于上塘背斜西翼。白岩背斜也有断续分布，为灰绿夹紫红色冰碛砾石，下部常夹1～2层数米厚的板岩或含砾变余砂岩，厚度数米至1米以下或缺失。

上统，分2组：陡山沱组和灯影组。陡山沱组分布范围大致与南沱组相似，在垛丁一带，上为紫红、灰绿色页岩与灰黄色泥云岩互层，夹白云透镜体；下为角砾状磷质硅质岩。往西至白岩背斜，为磷块岩及含磷白云岩替代。垛丁一带数米厚，白岩一带10～52米（一般30米）。灯影组分布范围较陡山沱组广，以虎场—瓮安一线为界，东部为浅灰至灰色中厚层夹薄层细至微粒白云岩，其厚度从南西往北东由140米变为数十米。西部上部为浅灰色中厚层夹厚层细粒白云岩，夹硅质条带状白云岩，厚140米左右；下部为灰白色厚层夹块状细至微粒白云岩，局部具砾状构造，富产球状藻类化石。在白岩一带，中部夹含磷白云岩或磷块岩，一般厚100米。

寒武系　发育完整，分布最广。主要由碳酸盐岩建造和碎屑岩建造组成，厚1589～2712米，产磷、汞、铝、锌、硫铁矿等。

下统，总厚575～1161米，分4组（以玉山—瓮安—牛场一线为界，分东、西2

区）：（一）牛蹄塘组，西区厚12～29米，为炭质页岩。底部常为深灰色薄层含磷硅质岩、磷块岩、硅质岩。东区厚35～158米，为黑色炭质页岩。底部常为灰黑色硅质岩和磷块岩。局部地区顶部炭质页岩中夹大量重晶石团块。（二）明心寺组，西区厚220～320米，为灰黄、灰绿色页岩，砂质页岩夹薄层中厚层砂岩，泥质砂岩，泥质粉砂岩。在岩上至白岩一带，顶部常为灰至深灰色薄层灰岩、泥质灰岩夹页岩和钙质页岩。东区厚200～375米，底部为灰黄、灰绿色含粉砂质泥岩、页岩夹多层灰色薄至中厚层灰岩、泥灰岩。中部为灰、深灰色薄至厚层灰岩夹少量深灰色页岩、钙质页岩。上部为灰黑色薄层粉砂质泥灰岩夹泥质灰岩。（三）金顶山组，西区厚151～284米，上部为灰、灰黄色薄至厚层砂岩夹灰绿、黄绿色页岩、砂质页岩及灰色薄至中厚层状灰岩，海绿石灰岩、泥灰岩等。下部为灰色中至厚层灰岩、泥质灰岩。东区垛丁一带，下部为浅灰色中至厚层灰岩夹瘤状泥质灰岩，厚46米。上部为灰、灰黄色薄至中厚层砂岩，夹砂质页岩、页岩，厚100米左右。（四）清虚洞组。西区厚198～269米，第一段为灰绿、灰黄色页岩夹薄至厚层灰岩、泥质灰岩、鲕状灰岩。第二段为灰、深灰色厚层及块状含白云质灰岩，常夹中至厚层白云岩及鲕状灰岩。第三段为灰、浅灰色中至厚层白云夹灰色厚层白云质灰岩及灰岩。下部常夹3～4米钙质泥云岩或含云母片白云质泥岩。东区厚245～273米，底部为灰绿、黄绿色页岩夹灰色薄层鲕状灰岩、泥质灰岩和砂岩。中部为灰色厚层、块状含泥质及白云质灰岩。上部为灰色薄至厚层白云岩夹灰岩和薄层钙质砂岩。

中、上统，分2组：（一）高台组，厚205～298米。中、上部为灰色薄至中厚层致密至微粒白云岩夹泥质白云岩、角砾状白云岩。下部为灰黄色薄层泥质白云岩或灰绿色页岩。（二）娄山关群，厚767～1305米。上段为浅灰、灰色厚层细至中粒白云岩，下部常夹鲕状白云岩；上部常夹燧石团块和硅质白云岩。下段为灰色薄至中厚层夹厚层微至细粒白云岩夹角砾状白云岩、鲕状白云岩、泥质白云岩；顶部常含大量燧石团块。

奥陶系　仅草塘以北有下统分布，分3组：（一）桐梓组，厚0～180米。上部为浅灰色微至细粒白云岩，夹少量白云质灰岩，底部夹一层蓝灰色页岩。下部灰色中厚层夹薄层微至细粒白云岩，含少量燧石结核及条带。（二）红花园组，一般厚50米。为灰色厚层细粒灰岩夹白云质灰岩及白云岩，含少量燧石结核。（三）大湾组，上部以灰、紫红色中厚层及薄层灰岩或瘤状灰岩为主，夹灰绿、紫红、黄绿等杂色黏土页岩及少量砂质页岩、钙质粉砂岩，厚0～190米，一般厚70米。下部为灰绿、紫红等杂色页岩夹薄层至中厚层细粒灰岩或泥质生物灰岩，厚0～11米，一般厚60米。

二叠系　上、下统发育完好，主要由浅海相碳酸盐建造，次为滨海相或海陆交替相的硅质岩及页岩夹煤层等组成，总厚447～734米。

下统，分3组：（一）梁山组，主要由页岩、石黄砂岩、黏土页岩及黏土岩等组成。局部地段含少量煤层及高岭土、赤铁矿、硫铁矿、铝土矿等，厚0～26米。（二）栖霞组，上部为灰、深灰色中厚层致密灰岩，含不规则之条带状泥质及少量燧石结核，厚约

70 米。下部深灰、灰黑色中厚层致密灰岩及透镜状灰岩。局部地段富含燧石条带，厚约 50 米。（三）茅口组，为深灰至浅灰色厚层、块状灰岩，夹中厚层灰岩，含燧石结核或团块，部分含白云质，厚 15 ~213 米。

上统，分 4 组：（一）峨嵋山玄武岩，大致分布于中坪—草塘一线之南及坝子—龙昌堡一线之北，为深绿至灰绿色厚层、块状拉斑玄武岩，厚 0 ~35 米。（二）吴家坪组，由海陆交替相——滨海边缘沼泽含煤建造和浅海相碳酸盐——硅质岩建造组成，厚 103 ~307 米。上部以褐黄色页岩及灰色薄层含泥质硅质岩和钙质硅质岩为主，常夹灰岩透镜体。下部以深灰、灰色中至厚层状含燧石结核灰岩为主，常夹 1 ~2 层页岩、硅质岩。在毛栗铺—玉山一线以南，均夹有 1 ~2 层煤或煤线，为上二叠统主要含煤岩系。（三）长兴组，由深灰、灰黑色中厚层至厚层燧石灰岩、沥青质灰岩组成。瓮安一带夹少量页岩、硅质岩，厚 13 ~60 米。（四）大隆组，厚 0 ~4.9 米，灰色薄层至中厚层硅质岩夹灰黄色页岩、杂色黏土页岩，零星分布于县城边。

三叠系　仅有下、中统分布。

下统，分 2 组：（一）夜郎组，上部为紫红色黏土页岩，局部含砂质及泥灰岩透镜体。中部为浅灰、灰色厚层至块状致密、质纯之灰岩。下部为灰黄、黄绿色黏土页岩。共厚 397 米。（二）茅草铺组，上为浅灰、灰带红色厚层至块状微粒白云岩。下为浅灰色厚层夹中厚层致密灰岩，局部地区夹白云质灰岩。共厚 350 ~480 米。

中统，仅有关岭组底部及中部地层分布。第一段为灰色厚层夹薄层微粒含钙质白云岩及泥质白云岩，底部常为 0.20 ~1.50 米鲜绿色含石英颗粒之水云母黏土岩“绿豆岩”，厚 150 米左右。第二段为紫红、灰绿、浅灰绿等杂色页岩或泥页岩，与灰、黄灰色薄至中厚层泥质灰岩或瘤状灰岩互层，厚 200 ~278 米。江界河一带，为杂色页岩夹含钙质、泥质白云岩，并夹石膏数层。

下第三系　由砾岩——含泥质钙质粉砂岩等组成，分布于木老坪、茶园（桂花乡）等地，高枧、茶店亦有零星分布，厚约 150 米。

第四系　不发育，仅在河谷、山涧、盆地有零星分布。沉积物以黏土、沙土、沙、砾石为主，褐铁矿团块及石灰华次之，厚约 0 ~20 米，一般厚 3 ~5 米。

二、地质构造

县境地质构造属贵州东部南北向构造带与东西向构造的黔中隆起横跨、反接、重叠地区。其中以南北向构造形迹最为显著，岩层走向与山形水势都有极明显反映。

南北向构造带　主要由一系列南北向褶皱及其伴生的南北向冲断层组成。县境南北向褶皱有：上塘复背斜、瓮安复向斜、白岩复背斜、平寨复向斜。一般背斜平缓、宽广，向斜窄陡，属隔槽型之褶皱。

上塘复背斜，位于瓮安、黄平两县边界附近，背斜西部在瓮安境内。核部出露前震旦系板溪群地层。翼部为寒武系地层，产状较陡，地层倾角一般为 40 度。

瓮安复向斜，核部出露三叠系地层，东西两翼为二叠系、寒武系地层。地层倾角

30～50 度。瓮安一带，黄家巷向斜、营定街背斜及鱼井向斜等次级褶皱发育。由于新华夏系扭动构造影响，轴线呈 S 形。

白岩复背斜，位于白岩至福泉县巴巴箐一线。核部出露前震旦系板溪群及寒武系地层，两翼为二叠系、三叠系地层。褶轴在北部白岩一带，方向为北北东 25 度，南部巴巴箐之南，轴向近南北，整个背斜略呈反 S 形。两翼完整，南部、北部东翼较陡，地层倾角 30～50 度；西翼略缓，地层倾角 10～20 度。中部相反，西翼较陡，地层倾角 40～60 度；东翼略缓，地层倾角 20～30 度。

平寨复向斜，县境只有北端部分。轴向北东 20～60 度；核部出露三叠系地层，翼部为二叠系、寒武系地层。

东西向构造 被南北向构造带横跨、反接、重叠而隐伏。黔中隆起表现为东西向的隐伏背斜，瓮安背斜为隐伏背斜的一部分。

华夏系构造 不如南北向构造发育，仅零星分布。主要由一系列北东 40～60 度方向冲断面组成。规模较大的有葛蒡—象家坝断层、顶兆断层等。

新华夏系构造 广泛发育，特别是一系列第三纪盆地的分布，多以北北东走向成多字形排列。主要有桂花乡茶园盆地、木老坪盆地及茶店附近的枫桥盆地之一部等。

扭动构造 有花坡帚状构造及茶店帚状构造之一小部。

第二节 地质遗迹

地球在漫长的地质历史演变过程中，由于内外力的地质作用，形成了千姿百态的地质遗迹，境内动物群（生物群）化石及地质景观，极负盛名。

一、动物群化石

地处贵州腹地的玉华北斗山，其寒武纪陡山沱组地层中蕴藏着丰富的磷矿资源，由于含磷地层富含微体化石，吸引不少古生物学家前来从事古生物学的研究。

1986 年，陈孟莪和刘魁梧首次报道瓮安三维微型球状化石的发现，之后，来瓮安从事古生物研究的古生物学家逐渐多起来。1989 年后，北京大学的张昀教授和袁训来教授等多次发表文章，报道产自贵州瓮安的三维保存多细胞藻类化石以及与现生红藻类果胞囊和精子囊相类似的有性生殖结构的发现。

薛耀松、唐天福和余从流是从事含磷沉积研究的专家，不仅对瓮安含磷地层有着极大的兴趣，而且对含磷地层中所保存的化石也十分关注。1992 年后，陆续发表文章报道产自瓮安含磷地层中的化石。他们在 1992 年发表的一篇文章中，首次介绍了微型动物化石的发现。

北京大学张昀、袁训来等所报道的贵州瓮安陡山沱组海藻化石引起了中科院南京地质古生物所教授陈均远的注意。1997 年 8 月，陈均远邀请台湾“清华大学”细胞生物学家李家维参与动物世界溯源之旅的计划，在贵州工学院赵元龙的陪同下，于 8 月 31 日早晨从牛场瓮福磷矿招待所驱车前往位于瓮安北斗山的磷矿采区考察。

1998 年 2 月 5 日，美国华盛顿、英国伦敦、中国南京三个地方同时举行发布会，公布生命科学界的重大发现成果：中国海峡两岸古生物研究学者携手合作在早期动物演化研究领域获得一项重大突破，中科院南京地质古生物所教授陈均远和台湾“清华大学”教授李家维在中国贵州瓮安地区发现大量距今约 5.8 亿年前的微型多细胞动物及其胚胎化石。是日，中央电视台《新闻联播》报到了这一消息。6 日，美国《科学》杂志、英国《自然》杂志发表了陈均远教授和李家维教授于 1997 年 8 -9 月在瓮安县联合考察发现动物群化石的研究成果报告——《前寒武纪海绵和海绵构造》。瓮安动物群化石的重大发现引起国内外新闻界、科学界的关注。《人民日报》《中国科学报》《科技日报》《中国青年报》《贵州日报》《台湾联合报》中央人民广播电台和美国华盛顿邮报等新闻单位相继报导。北京大学教授张昀、贵州工业大学教授赵元龙和德国柏林大学教授埃德曼等专家专程到现场考察。

1999 年 6 月，在“动物多样性起源”的国际讨论会期间，陈均远带着来自十多个国家的部分科学家走进瓮安，寻访、考察瓮安动物群的故地。

2004 年 6 月 3 日和 7 月 9 日，美国《科学》杂志、英国《自然》杂志分别公布和发表陈均远教授在瓮安动物化石群中对两侧对称动物“贵州小春虫”的发现，此次发现再次在生命科学界激起惊涛巨浪，此成果被列为 2004 年的国际重大科学发现之一。

2006 年，陈均远与北京高能物理研究所教授冼鼎昌合作，通过同步辐射装置研究胚胎化石的内部结构，开辟“瓮安动物群”化石的新途径、新领域。6 月 16 日，陈均远的研究成果《中国西南部前寒武纪磷酸盐岩化具极叶胚胎化石》在《科学》杂志发表。

2012 年 6 月 11 日，在凯里参加第 17 届国际寒武系内部再划分野外工作国际会议的美国、德国、加拿大、意大利、瑞典、捷克、波兰、英国、俄罗斯、日本、韩国及中国等 12 国的 70 多位专家一起深入瓮安“贵州小春虫”古生物群化石保护区进行了实地考察。

2015 年 3 月 10 日，《美国科学院院报》（PNAS）以长文的形式在线发表了南京古生物所研究员、973 项目首席科学家朱茂炎课题组的最新研究进展：在贵州瓮安生物群中发现了一枚 6 亿年前的原始海绵动物化石——“贵州始杯海绵”。这一化石十分微小，体积只有 2 ~3 立方毫米，但保存了精美的细胞结构和完好的水沟系统，是迄今为止全球发现的最古老的可靠海绵化石的记录。该发现不仅将海绵动物在地球上出现的实证记录从寒武纪向前推进了 6000 万年，还意味着复杂的多细胞动物起源的时间可能远远早于古生物学家的传统推测。

瓮安生物群产自境内玉华北斗山磷矿区地层内（埃迪卡拉纪陡山沱组上部），距今约 6 亿年。多年的研究发现，瓮安生物群主要由三维立体保存的多细胞藻类、大型带刺疑源类和后生动物胚胎等多种化石组成。其中的动物胚胎化石作为迄今最古老的后生动物化石记录，为研究动物在“寒武纪大爆发”之前的起源和早期演化历程提供了独一无二的实证材料。自1998年首次发现动物化石以来，瓮安生物群一直受到全球科学界的极大关注。但由于瓮安生物群中已经研究发表的、解释为动物化石的标本以未分裂的受精卵和早期分裂的动物胚胎为主，而数量稀少的动物成体化石并未被学术界广泛接受，一些西方学者对瓮安生物群中到底存不存在胚胎动物提出了质疑。“贵州始杯海绵”这一“成年”动物化石的发现，使得瓮安生物群中是否有真正的动物化石这一疑问有了一个肯定的答案。《美国科学院院报》审稿人评价，“这是一个激动人心的新发现”。

6亿年前的瓮安，曾是充满生机的生命乐园。在丰富多样的瓮安生物群化石中，研究发现的几种生物最具代表性：

最原始的多细胞动物——海绵 海绵为古老的滤食性多细胞动物，适应固着生活方式，生物体没有分化成真正的组织和器官，组成海绵体的细胞均具有全息性，类似一群分布在胶质内的细胞团，这一细胞团由钙质或硅质骨针、或角质海绵丝所支撑，动物学家称海绵为附生生物，是与其他多细胞动物平行的一个盲支，19世纪中叶之前曾被生物学家误认为是植物。海绵是瓮安动物化石群常见的生物类型之一，海绵内具有大量单轴双射骨针，有些骨针的两端保存了卵形细胞构造，这种卵形细胞构造可以与现生海绵的造骨细胞进行对比。

最古老的水螅虫化石——“瓮安水螅虫” 在瓮安发现的水螅集合化石大小只有一毫米，科学家将其命名为“瓮安水螅虫”。这一化石由营养个体和生殖个体两个不同类型螅状体所组成。水螅属于双胚层类型腔肠动物门，水螅集合体具有多态性，由不同功能性的个体组成，这些个体分别执行取食、生殖和防护不同的功能。

最古老的群体珊瑚化石——“贵州圆圆茎” 薛耀松等1992年首次在瓮安陡山沱组含磷地层发现群体珊瑚化石，科学家命名为“贵州圆圆茎”。珊瑚虫是一类海生腔肠动物，由螅状体所组成。“贵州圆圆茎”化石是目前所发现珊瑚虫化石的唯一代表，这一群体珊瑚大小只有1毫米。圆圆茎为一种均双分生长的群体珊瑚，珊瑚体远基端为珊瑚虫生活室，被称为萼。萼体深，萼的基部保存了深黑色软体构造，其边缘向外伸出触手状构造，很可能为处于收缩状态的珊瑚虫螅体。

腔肠类原肠胚化石 瓮安腔肠动物原肠形式主要由单极内陷和分层两种不同方式形成。原肠作用导致外胚层、内胚层和中胚层的形成，但腔肠动物原肠只有外胚层和内胚层，原肠作用是胚层分化和决定器官原基发育的关键阶段，而现生腔肠动物具有较为丰富多样的原肠形成方式。

腔肠动物的幼体和幼虫化石 动物从胚胎孵化到性成熟之间存在着一个未成熟发育的阶段，未成熟动物由幼体和幼虫两种不同类型所组成。凡形态和生活方式与成年个体相似的未成熟个体成为幼虫。从幼虫到成体之间存在变态过程。浮浪幼虫是腔肠类非常常见的一种幼虫，呈卵球形或纺锤形，辐射对称，体表具纤毛。浮浪幼虫根据食性进一步分为取食性和卵养性两种。幼虫无口，肠胃腔在变态之前开始形成。在形成成体之前大多经过螅状幼虫的中间过渡阶段，这一过渡阶段称为钵口幼体。类似于浮浪幼虫化石在瓮安动物群化石中十分常见。

最古老的两侧对称动物化石——“贵州小春虫” 瓮安动物群化石中最引起轰动、最有研究价值、最具代表性的就是最古老的两侧对称动物化石，由于这一微型动物诞生于地球大冰期过后早春来到的瞬间，科学家们将它命名为“小春虫”，因发现地是贵州瓮安，所以称其为“贵州小春虫”。“贵州小春虫”个体微小，只有0.2毫米，两侧对称，呈亚卵型，背部突起，腹部可能是宽平的，产于贵州瓮安前寒武纪陡山沱组瓮安含磷段。尽管这一古老动物个体很小，却由外胚层、内胚层和完全中胚层等多层结构所组成，保存了一对体腔成对排列在身体两侧的感觉窝等两侧对称构造，是迄今为止已知最古老的真体腔两侧对称动物的化石代表。这一动物消化道前端具有向腹部张开的口和紧接在口之后的咽道，咽道由多层构造的咽壁所包绕。这一动物构造的复杂性表明，它已经处于成年期的发育阶段。这一化石的发现首次将两侧对称动物可靠化石记录的历史前推到寒武纪之前4000万年。

最古老的具极叶胚胎化石 陈均远等科学家于2006年6月16日在美国《科学》杂志公布具极叶胚胎化石的发现，这一发现不仅为两侧对称动物在前寒武纪的存在提供了新的可靠证据，而且进一步证明两侧对称在寒武纪之前4000万年已经开始分化。这些动物通过形成极叶将某些遗传物质集中到胚胎的某一部分，导致胚胎遗传物质分布的不对称。现生一些软体动物和某些环节动物仍然采用同样方法导致遗传物质分布的不对称性。具极叶胚胎化石证明：两侧对称动物在寒武纪之前4000万年已经开始分化。

最古老原始动物化石——“贵州始杯海绵” “贵州始杯海绵”由中国科学院南京地质古生物所研究所博士殷宗军等人在瓮安生物群发现，该研究第一完成人、南京古生物所殷宗军博士介绍，上世纪70年代，“贵州海绵化石”与其他古生物化石一道从瓮安带到南京，“养在深闺人未识，一直放在化学剂中进行保存，直到5年前，才发现了它的与众不同”。“贵州始杯海绵”是保存细胞结构的三维动物成体化石，不是胚胎期化石。该化石是以磷酸盐化的形式呈三维立体的状态保存在白云质磷块岩中。殷宗军博士等通过使用化学溶蚀法将白云质围岩剥离后得到了完整的化石标本，然后借助大型科学装置同步辐射光源，使用最先进的三维无损成像方法——相位衬度显微断层成像技术，重建了该化石标本的三维结构。结果显示化石整体外观呈缠绕的管状，由三个独立的腔室共用一个实体基座组成，每一个腔室都有一个向上的开口。配合扫描电镜观察，发现标本保存了精美的细胞结构。同步辐射技术和扫描电镜观察均表明生物体已经发生了明显的细胞分化，而且标本表面的扁平细胞和现代海绵表面的扁平细胞无论是细胞形态还是细胞之间的连接方式都十分一致。化石表面不同区域覆盖的细胞具有不同的形态和定向，细胞之间发育了数量众多的小孔，这些小孔直通有开口的腔室，在腔室内壁上还发现了类似现代海绵的领细胞结构。这些小孔和腔室一起形成了简单的水沟系统，为生物体提供了与外界进行物质交换的通道。以上这些生物学特征表明它是一种与现代海绵动物非常相似的原始动物，固着在浅水区的海底通过简单的水沟系统进行滤食生活。

海绵动物是整个动物界中最原始的类群，它们没有真正的组织和器官，而只有细胞分化，因此在化石中识别海绵动物最理想的情况则是找到保存了细胞结构和完整水沟系统的标本。“贵州始杯海绵”的发现满足了这一要求，精美保存的细胞和完整的水沟系统使得该标本成为目前为止最古老的海绵化石，其发现将海绵动物的化石记录向寒武纪之前推进了6000万年。结合现有的动物谱系树和分子钟推断，所有动物共同祖先的出现还远在6亿年之前。

二、地质景观

穿洞瀑布　全国十大水帘洞之一，位于县城北15公里。旧志称“飞练飘霞”“飞练泉”“水心洞”。此处河宽50余米，河床落差10余米，河水随河床陡然跌落，直泻渊潭，状如白练垂悬。水大时，气势磅礴，银浪滔天，声振山谷；水小时，平缓从容，白练飘逸，声如抚琴。瀑布壁有一横洞，贯通两岸，布从横洞顶飞流直下，故称穿洞。洞长50多米，宽2～3米，高3～4米，洞底平坦，行人可扛柴挑草从中通过，人从河中走，水不打湿脚。昔为天文至县城交通要道。横洞中段，有断崖3处，形成平列的大小不等的3个水帘洞。正中一个，宽约11米，高约4米。行人洞内观瀑，只见洞顶缕缕银练飞泻直下，水雾蒙蒙，响声震耳欲聋。

老鹰洞　位于县城东北14公里处的红灯堡。洞阔幽深，长数公里，高数十米。从洞口拾级而下，钻巷道，过栈桥，即达一厅，正前方一道流瀑，前行是一条数百米长的暗河。随小舟轻曳，沿途钟乳石星罗棋布，形态各异。弃舟登岸，又达一厅，厅呈仙界般田园风光，一层层盛水梯田，清澈见底，一丛丛钟乳，仿佛五谷丰登。踏过小溪跳蹬，来一水厅，荡舟其间，四壁钟乳如莲，登岸上行，一条蜿蜒迂回溶洞峡谷，高30～50米，宽5～10米，一色白玉般钟乳。过峡谷又至一厅，珠光宝气，钟乳晶莹剔透，熠熠生辉，仪态万千。此洞山重水复，峰回路转，深邃神秘，步步皆景，景景殊异，令人目不暇接。

仙桥山　位于县城南4.5公里，山势陡峻，海拔1355米，顶端天然石桥凌空飞架，巍峨险绝。贵州巡抚郭子章游此题书誉为“播南首景”，旧志称“石巩天桥”。站在桥下仰望桥顶，如巨梁横亘天际，青崖黛壁，辉映云天。天衣无缝的“桥身”和两边的“桥墩”，浑然一体，构成跨度40米、高35米、宽20米的石拱仙桥。桥下，北面有形状各异的石洞，曲径相通。洞壁有形似人脚石脚印。桥东坡度平缓，石级小路蜿蜒其间；桥西石岩陡峭如斧劈，悬崖深谷，飞鸟绝迹，令人毛骨悚然。扶岩上桥，仿佛置身九天，风掀衣帽，云飘脚底。极目远眺，连绵群山如波涛汹涌的大海。贵州巡抚郭子章游此题曾作诗《过仙桥有感》，并题书“播南首景”四个大字刻于桥身，今字迹已泯没。

下司石林　位于猴场镇下司，距县城10余公里，离草塘镇5公里。石林绵延十里，蜿蜒起伏，为聚散式分布，以小岩头、石门坎、龙洞湾3片为主石，3片形断意连，显得起伏跌宕，异彩纷呈。小岩头石林长约1公里，呈扇形分布排列，共分6组，每1组多的有100余株，少的约20余株，石高6～15米，单组结构严谨，各组间疏密有致。石门坎距小岩头约500米，两地间偶有石笋相连，这片石林兀立平岗，为密集型布局，石高8~16米，气势恢弘，雄奇伟岸。龙洞湾离前景300米，石林依山而上，石柱粗大高耸，高约8~18米，石间藤萝树木，相映成趣。越至山上，石林排列成谷，景象森然，幽险悉备。纵观全景，下司石林构成一个自然和谐的组合体，造型鬼斧神工，千奇百怪。

震天动 位于县城北44公里江界河镇的乌江上，民国《瓮安县志》称“浪挟风霆”。两岸笔直垂立，如天刀劈切。河床在此骤缩至50米，在数百米长的河段内猛然跌降3级，每级落差3米许，激流奔腾汹涌，冲击礁岸，声震天谷，如“过百万之兵车”，“伐三千之战鼓”，故名“震天动”。远隔十公里，能闻其隆隆巨声，响彻不绝。构皮滩电站蓄水后，水位上升100多米，震天动万马奔腾、声响云天的景观不复存在，取而代之的是平缓静谧、鸟飞鱼跃的水面景象。但震天动一带的峡谷、奇石、山峰，使乌江天险韵味犹存。北岸峰峦叠嶂，壁立千仞，18座山峰形似排笔，被誉为“江天文笔”“十八学士”。南岸花龙口瀑布，悬崖绝壁，一弘飞瀑，上百米落差，令人叹为观止。震天动一带的江界河景区，总面积311平方公里。1995年，被评为省级风景名胜区，2009年12月，成功申报为国家级风景名胜区。

大丰洞 位于县城东5公里的映山红景区。洞口宽4.5米，高3米，洞口斜向下，渐平广。洞内钟乳石云集，入洞百步，有神坛、石钟、石鼓等；再进，但见怪石森立，狰狞万状，相传冰雹多从此出，每逢岁旱，莅坛祈雨，多有应验。现洞中尚存清代光绪年间有关祈雨摩崖石刻四幅，记载瓮安知县到此求雨的情况和许多清朝时代的古诗，计254字。1934年12月28日红军长征一部到此，曾在大丰洞宿营。大丰洞是县级文物保护单位之一。

擦耳岩 位于县城东35公里，系猴场通往黄平旧州要道。此处山势险峻，岩高数度百米，岩陡如削，仅有一石级小路逶迤而上，人行其间，傍壁而行，擦身挂耳，故而得名。1934年12月30日，中央红军在此知取山隘，击溃猴场团丁，属红军战斗遗址。

玉华山 位于县城南24公里的白溪。玉华山主峰高1166米，西有长安营，北有二坡营，东有太平山，南有高白溪，数个山头互为犄角。玉华山悬崖绝壁，以深壑峡谷与各山相隔。山下仰望，奇峰高耸，似在云际。山顶开阔，奇石遍布。有一古井，名“言池”，泉水不绝。玉华山“言池如月，而上势之佳如玉之华也”。明代贵州巡抚郭子章游览此山，题“玉华捧月”，属明、清瓮安八景之一。《贵州名胜古迹概说》也载之为名胜。由于其山巍峨险峻，清咸丰五年至同治七年（1855－1868），农民起义军何德胜、王廷英率众于玉华山安营扎寨，凭险据守，与清廷抗衡达13年之久。

羊岩关 位于县城北55公里的珠藏镇羊关村，此关下临湘江（乌江支流）羊岩河渡口，上盘千仞峭壁，雄奇险峻，自古为兵家必争之地，有石墙踞岭锁隘，故名羊岩关。经此通遵义、四川。羊岩关一带原有许多碑刻仅存路碑2块、残碑2段、摩岩1处，年代清至民国初年。摩岩刻有33个盐行商家字号，当地俗称“盐巴路”。

后观岩　位于猴场镇北2公里，平畴之中突兀一石山，高约30米，面积4000平方米，绿树掩隐，玲珑秀美。此山中空，东西贯通，洞中钟乳，形态奇异，状如龙鳞，形成独特的洞天福地。从山脚上入观，穿过20余米的飞龙洞，出洞豁然开朗，四周怪石嶙峋，如笔、如笋、如柱、如屏、如钟、如鼓、如狮、如鹤，千姿百态。山顶平缓处，元、明时期曾建有真武殿、文昌阁、三清殿、三元阁等道观。石壁所刻“何异蓬莱”“天然钟鼓”等摩岩清晰可见。

席子河峡谷　位于县城以北20余公里，瓮安河进入席子河段后，两岸危岩高耸，河床突然变窄，宽不过10米，在5公里长的河谷间，因水涨水枯，河水在如席如毡般岩石河床上冲淘出数以千计的石凼，石凼如坛子一般，肚大口小，终年坛中清水满盈，河风吹过，石坛发出款款轻声。整个河谷山环水绕，构成别具一格的峡谷风光。

封神洞　位于县城北14公里，洞分前后两部分，人称两厅，可容万人。进口处为大厅，高约15米，宽约50米，深约200米，洞底平缓，洞顶悬乳吊钟，势如坠天之云。洞壁石幔下垂，形若落地帷帘。二厅高宽与大厅相似，深约150米，洞顶乳石怪异万状，厅堂有巨大钟乳石柱数株。四壁岩浆凝结物千姿百态，如蜂房燕窝，如飞鸟展翅，如烈马奔腾，如罗汉打坐，种种百异。洞底微起微伏，低处有洞通阴河，潺潺水声可闻。

石笋石鹅　位于县城以西10公里的岩根河村，石笋生在地开的小山上，如倒悬之笔，直指青天。石鹅生在地开半山，与石笋两两相对，由一截石柱和一只石鹅构成，石头立于石柱顶端，嘴向上丛村，尾向飞练坝。

龙耳朵　位于县城北75公里高龙村，龙耳朵呈马蹄状，马蹄崖高万仞，蹄顶两端各有1个高耸的山峰，人称龙耳朵或双乳峰。蹄内左有清泉流淌，中间有莲花池，池深3米，每隔10余分钟清泉上涌声如雷鸣，蹄下有一高10余米的悬崖绝壁，雨时构成4～6米宽的水帘，雄伟壮观。

第三节　地　貌

县境地处贵州高原第二梯级地带，乌江横贯北部，属黔中北部溶丘洼地高原区。地势东南高，西北低，中部平缓。最高点花竹山海拔1566.81米，最低处乌江沿江渡630米（构皮滩电站蓄水将原最低点479米淹没），相对高差936.81米。全县海拔630米以下的土地面积为2.58万亩（多为构皮滩电站蓄水后淹没区），630～800米的12.52万亩，801～1000米的87.34万亩，1001～1200米的131.61万亩，1201～1400米的58.68万亩，1401～1567米的1.68万亩，分别占土地总面积294.41万亩的0.88%、4.25%、29.67%、44.70%、19.93%、0.57%。

一、地貌特征

（一）县境地貌受横贯贵州中部的纳雍—瓮安深大断裂的分割和影响，山脉走向多与南北和北东构造线相一致。南部多为南北向，北部多为北东向，向斜谷背斜山的特点明显。

（二）由于岩性差异，山地的性质截然不同，由砂页岩、浅变质岩组成的山地、丘陵与碳酸盐岩发育的岩溶化溶丘形成明显的对照。

（三）由于乌江及其支流的切割影响，侵蚀基面下降，地表的冲刷正切和地下水的溶蚀过程逐渐增强，特别是中沿较近的岸坡地带，古老的高原面受到破坏，已演化为崎岖的山地，而岩溶作用向深性发展，则漏斗和落水洞较多。

（四）县境古老的地块虽久经侵蚀，但至今有广泛的高原残存面貌，许多地方有较厚的第四纪红色风化壳，多数地区相对起伏不大。

二、地貌类型

县境地貌有山地、丘陵、盆地3大类型。

（一）山地

县境山地根据切割深度和地表物质组成情况分为3个亚类：

浅切割低中山 主要分布于玉华、太文、营定街、平定营、青池、新华、松坪、洗马塘、牛场坝、鱼河、天文、玉屏、平坝、木老坪等地的部分地区。面积约399.61平方公里，占全县土地总面积的20.36%。海拔800～1400米。切割深度200～500米。坡度15～25度。地表组成物质，主要有碳酸盐岩、夹层岩、页岩、砂页岩及轻变质岩等。山体沿构造线呈条带状分布，或因岩性不同，山势有明显差别。因河流侵蚀下切，地势起伏较大，山体日趋破碎，在不同岩性的分界处往往出现陡崖；在山坡顶部和边坡地带风化残积物较薄，多有基岩裸露。山地间沟谷发育，谷地宽窄不一，底部有冲积、洪积的砾石、砂土和亚砂土层。由于岩性的差异，成土条件较为复杂。在碳酸盐岩为主的地区，山地自然土层薄，零星分散，多为腐殖质含量较高的黑色、黄色石灰土。而山麓地带及溶蚀洼地土层增厚，因地面缺水多为旱作土，以大土泥为主。在砂页岩、轻变质岩为主的地区，基岩中硅铝质含量较高，风化层稍厚并还将有较多的半风化碎块，自然土多为薄至中厚层硅铝质黄壤。耕作土有黄泥、黄沙泥、火石砂土等。在页岩和黏土岩分布较多的地区，母岩为不透水层，土壤质地黏重，水田分布较多，具有山高水高的特点，层层梯田直至山顶。

瓮安县主要山峰表

表2－1

山峰名称	所在地	海拔高度（米）	山峰名称	所在地	海拔高度（米）
王家岩	瓮水街道	1364.9	大脑顶	平营定镇	1516.5
苏家山	瓮水街道	1318	高山二道岩	平营定镇	1503
燕子岩	银盏镇	1273.3	鸡公山	平营定镇	1465.4
马路山	银盏镇	1462	燕子坪大坡	平营定镇	1385.4
白斗山	银盏镇	1440	癞子山	平营定镇	1341.9

续表 2－1

山峰名称	所在地	海拔高度（米）	山峰名称	所在地	海拔高度（米）
白　岩	银盏镇	1394	水银山	瓮水街道	1485.3
和尚关	银盏镇	1381	瓮脚岩	雍阳街道	1364
雷打坡	银盏镇	1356	高坡山	猴场镇	1341.4
大树垭	银盏镇	1344.2	高粱山	猴场镇	1320.8
石　笋	银盏镇	1315	九龙山	猴场镇	1207.8
马鞍山	银盏镇	1312	马蜂坳	猴场镇	1356.9
尖山坡	银盏镇	1411.7	滑石板	猴场镇	1318.7
雷翁山	银盏镇	1371	云雾山	猴场镇	1410
老鸹山	建中镇	1357	盖头山	猴场镇	1455.2
营盘顶	银盏镇	1330	麻阳石顶上	猴场镇	1382
簸槽坳顶	银盏镇	1321	啄啄山	猴场镇	1320
玉华山	银盏镇	1166	老青林	猴场镇	1330
北燕山	平定营镇	1515	鸡冠山	中坪镇	1369
铅厂大坡	平定营镇	1455	青蛇山	中坪镇	1310
泡木山	平定营镇	1451	轿顶山	中坪镇	1232
老虎头	平定营镇	1408	鸡叫山	建中镇	1213
大坡顶	平定营镇	1377	尖　坡	建中镇	1330.5
登云山	平定营镇	1377	木易坡	建中镇	1403
任家大坡	平定营镇	1367	大　坡	建中镇	1402
对门坡	平定营镇	1357	贵州山	建中镇	1381
花竹山	平定营镇	1566.81	旗子山	建中镇	1340
马枧槽	建中镇	1306	羊脑壳	岚关乡	1341
人头坡	建中镇	1414	后山坡	永和镇	1397
旗子坡	建中镇	1403	观音山	永和镇	1324
高老山	建中镇	1374	牛坡岭	永和镇	1334
旗子山	建中镇	1370	尖山	永和镇	1279
大岩坡	建中镇	1360．1	高山	珠藏镇	1300．4
野鸡井	建中镇	1355	方家山	珠藏镇	1222．9
营盘坡	建中镇	1343	人万大山	珠藏镇	1192
应家湾大坡	永和镇	1343	千马山	珠藏镇	1191
观　山	永和镇	1435．8	九仓银	珠藏镇	1101
獐子岩	永和镇	1411	文笔峰	江界河镇	904
野鸡坡	永和镇	1407	腊头大坡	玉山镇	1321
花尖坡	永和镇	1379	奶头山	玉山镇	1312．5
大　坡	永和镇	1360	鸡爬坡	银盏镇	1119．4

续表 2-1

山峰名称	所在地	海拔高度（米）	山峰名称	所在地	海拔高度（米）
矿　山	永和镇	1357	狮子脑	银盏镇	1392
高　山	岚关乡	1466	燕子山	银盏镇	1370
四方岩	岚关乡	1460	营盘坡	银盏镇	1359
鹰嘴岩	岚关乡	1447	底楼大坡	银盏镇	1324.5
大岩脚	岚关乡	1361	燕子岩	玉山镇	1148.8
马头山	岚关乡	1357	空壳树山	玉山镇	1054.7
三台坡	岚关乡	1325	金钟山	江界河镇	1035.4
邱家屋基	岚关乡	1320	高洞山	天文镇	1355.3
一光山	岚关乡	1302	大岩顶	天文镇	1301
分水岭大坡	岚关乡	1462	银星坪	天文镇	1277.4
金豆山	岚关乡	1393	青　山	银盏镇	1215.3
朱家山	岚关乡	1392.1	升子山	银盏镇	1204.9

中切割低中山　主要分布在小河山、白沙、青龙山、建中、老坟嘴、木孔、长岭、尖坡、岚关、木引槽、丰岩、高水、羊关、龙塘、龙蟠、小开州、平坝等地的部分地区。即乌江其支流和沅江支流的岸直地带，面积约645.54平方公里，占全县土地总面积的32.89%。河流切割深度在500米以上，尤其是乌江的震天动、瓮安河的猴跳岩、湘江的鲤鱼塘等地，河谷深狭，两岸陡直。由于侵蚀基准面急剧下降，地表水冲刷切割、地下水渗透溶蚀十分强烈，岩溶过程向深处发展，出现许多洼地、漏斗、落水洞。河谷岸坡常有巨石崩落。地面坡度陡，旱地在25度以上，悬崖峭壁达70~80度。风化坡残积物保存很少，耕地零星多为旱作土。永和片区东部及草塘片区小河山乡一带，尽管坡陡土薄，因母岩具有不透水层，故水田仍较多，土壤多为黄沙泥。

中　山　主要分布于县境南部花竹山、高山二道岩一带，面积约15.7平方公里，占全县土地总面积的0.8%。海拔1400米~1566米，地表物质组成有碳酸盐岩、砂页岩等。裸露岩山高土坡之上，山麓带残坡积物较厚，石灰性土与黄沙泥相间分布。

（二）丘　陵

县境丘陵地貌普遍，海拔800~1400米，属中丘陵。根据相对高度分为2个亚类：

浅　丘　主要分布于银盏、草塘、下司街、金星、金竹、松坪、新华等地的部分地区，面积约74.39平方公里，占全县土地总面积的3.79%。此类地区相对高度在100米以下，坡度缓和，地表覆盖土层较厚，丘间平地较多，河谷水流平缓，水源、日照条件好，稻田多且肥沃，旱作土连片。稻田多为大眼黄泥、斑粉黄泥。旱作土多为黄小土泥、正黄泥土和粉黄泥土。坡地自然土多为硅铝质黄壤，有成片马尾松林。

深　丘　主要分布于新华、建中、柏香、果水、中坪、垛丁、尖坡、岚关、铜锣、桂花、珠藏、牛场坝、荣院、高枧、岩坑、小开州、龙塘、两岔河、木老坪、天文等地的部分地区，面积约735.83平方公里，占全县土地总面积的37.49%。在新华、中坪、建中、柏香、果水、垛丁、尖坡、岚关一带，白云岩经长期风化，坡麓地带及宽浅的洼地、盆地中有较厚的第四纪红色黏土堆积，其土壤一般为铁铝质黄壤。在珠藏、牛场坝、荣院、铜锣、桂花、岩坑、高枧、小开州、龙塘、天文、两岔河、木老坪一带，因受河谷深切的影响，岩溶发育，溶蚀洼地、盲谷、干谷、落水洞、漏斗等较为普遍。风化土层多聚集于洼谷之中，土壤有机质含量较高，整个土层显中性至碱性反应。由于地下水位低，地表缺水，故旱作土多。广大岩山、丘陵基岩裸露半裸露，多有黑色石灰岩，植被为有刺灌丛。

（三）盆　地

县境盆地有岩溶盆地和河谷盆地，海拔800米~1400米，属中丘陵盆地，面积约91.66平方公里，占全县土地总面积的4.67%。主要有瓮安、犹家坝两大河谷盆地。瓮安盆地，南起平定营，北至银盏，南北长20公里左右，东西宽1~2公里。盆地地质构造处于向斜轴部，出露三叠系地层，页岩、泥质白云岩较多，易风化。瓮安河沿构造北流，经长期侵蚀、堆积而成盆地，盆底有较厚的坡积层和冲积层。因地下水位高，水田集中，土壤为不同性质的冰积土，经长期耕作，肥力较高。犹家坝为典型的冲积盆地，因构皮滩电站蓄水水位上升已全部淹没。

第四节　水　文

一、地表水

包括县内水资源和入境水资源在内，全县拥有水资源总量9.54亿立方米，其中地表水8.18亿立方米，占水资源总量的85.7%。乌江及其支流湘江、清水江产水7.55亿立方米，占地表水总量的92.3%；沅江水系产水0.63亿立方米，占地表水总量的7.7%。

全县年均降雨量1055毫米，地区和年际变差在900~1200毫米之间，东南部大于西北部。东南部的小河山、老坟嘴、岚关、永和等地年均降水大于1100毫米，北部珠藏、天文、龙塘等乡镇沿乌江和湘江河两岸的部分地区降水少于1000毫米，中部的雍阳、猴场、鱼河、中坪、松坪、银盏等地降水在1000~1100毫米之间。

年径流变差系数在0.28~0.29之间，多年平均径流变差系数在0.44~0.5之间，县内平均0.46，东部大于西部，迎风坡大于背风坡。

年内降水受高原地形和季风气候的影响，四季分布不均，变率较大。夏季降水较为集中，季均降水474.5毫米，占年降水量的41.3%，降水变率为45%，易出现旱涝不均的现象。春季降水364.2毫米，占年降水量的30.2%，降水变率为34%。秋季降水250.4毫米，占年降水量的21.8%，降水变率在38%。冬季降水77.1毫米，占年降水量的6.7%，降水变率为43%，易出现干冬和烂冬现象。

二、地下水

县境内的地下水共分4类：一类是碳酸盐岩溶水及岩溶裂隙水，二类为碳酸盐与碎屑岩互层岩溶水及岩溶裂隙水，三类是碎屑岩溶裂隙水，四类是变质岩裂隙水。三、四类在县内分布较少，约占全县总面积的15%，泉涌量一般小于每秒1升；一、二类约占全县总面积的85%左右，分为瓮安复向斜板块、平寨复向斜板块、天文向斜板块、白岩复背斜板块、瓮安复向斜翼部板块和平寨复向斜翼部板块，涌泉量一般在每秒10~100升不等。

地下水的补给和地表水一样，靠降雨补充，呈季节性变化，泉流量一般4－10月较大，11月至次年3月较小。按水文、地质、岩性和外来地下水补给的75%折算，全县地下水净储量为1.36亿立方米。

境内草塘、高水、县城等多个点的地下水曾得到水文地质单位的勘查，玉华温泉等多处地下水并得到开发利用。玉华温泉位于雍阳镇岩根河村，距县城9公里。海拔1075米。水温34.5℃，流量15升/秒，昼夜出水量1296吨，矿化度小于1克，全硬度9.13德国度，总碱度8.4度，pH值7.35度，属碳酸氢钙—碳酸氢镁（HCO3—Ca、Mg）型水，为中热温泉。目前开发仅用于饮用矿泉水。

三、河流水系

瓮安属长江流域，大部分为乌江水系，小部分为沅水上源。乌江水系在县内流域面积为1816平方公里，占全县总面积的92.37%，沅江水系在县内流域面积为150平方公里，占全县总面积的7.63%。

境内有大小河流70余条（含乌江、湘江过境水），河流总长570公里。主要河流有38条。流域面积在20平方公里~49平方公里以内的有27条，50平方公里~99平方公里以内的有3条，100平方公里~199平方公里内的有5条，200平方公里~299平方公里内的有清水江1条，300平方公里以上的有乌江、瓮安河2条。

乌　江　乌江是瓮安境内第一大河流。发源于贵州威宁县，在遵义、开阳和瓮安三县交界的三星场附近进入瓮安。该河流自西南流向东北，流经县内的珠藏、高水、木引槽、玉山、龙塘、铜锣、天文等地，将全县划分为南北两片，在袁家渡下游500米处进入湄潭、余庆境内，自然落差为58.4米。干流在境内海拔高度较低，对农灌和人饮作用不大。县境内有干、支流35条，多年平均降水量为700毫米~900毫米，平均流量为698立方米每秒，最大洪峰流量为14200立方米每秒。其二级支流有湘江、任家坪、天生桥、民权、桂花、木引等10条，流域面积319.1平方公里，河流总长68.8公里。

清水江　清水江在开阳境内又名洛旺河，是乌江南岸一级支流，位于县境内西面，是瓮安、开阳两县界河。发源于贵州平坝县凯坝乡的白泥田，流经贵阳、开阳、福泉等县（市），县境内自东南流向西北，流经建中、白沙，在开阳和瓮安交界的清水口注入乌江。县内流域面积为254.8平方公里，多年平均流量为119立方米每秒，流程20公里，自然落差72米。干流海拔高度低，对农灌和人饮作用不大。支流有中坪、朱沙坑、大屋基、果水、沙坝、马路等二级支流6条，流域面积272平方公里，流程72.8公里。

湘　江　乌江北岸一级支流。于湄潭、遵义、瓮安3县交界处的龙洞塘附近流入县境，经原珠藏、高水、木引槽3乡镇边缘，在遵义、开阳、瓮安3县交界处的三星场注入乌江，境内长约20公里。

瓮安河　瓮安河位于县内中南部，是乌江南岸一级支流，发源于福泉煤炭冲，于瓮、福两县交界的花江进入瓮安。干流自南向北流经原平定营、雍阳、银盏、鱼河、玉山、龙塘、天文等乡镇。流域面积884平方公里，县内占776平方公里，自然落差695米，县内为670米，多年平均流量为14立方米每秒，年径流总量为4.41亿立方米，是县内重点开发河流。

沅水诸河　沅水位于县境内东南部，永和片区的下坝、尖坡、长岭、冷水沟及上寨诸水，都属沅水水系，有10公里以上河流3条。下坝、尖坡、长岭等河，流域面积129.6平方公里，汇入㵲阳河。南端的卜岩、清塘诸水，在县内流域面积20.4平方公里，汇入黄平县的重安江。此外，还有老坟嘴、小河山、金薅、红梅、木孔、木龙水、腊水、芭蕉冲等大小支流8条，流域面积191平方公里，自西向东流入黄平县，汇入乌江。

瓮安县境内河流特征统计表

表2－2

水系	河流名称	流域面积（平方公里）	平均流量（立方米/秒）	自然落差（米）	水能藏量（万千瓦）	河长（公里）
乌江	乌江	1816	698	58.4	26.87	56
乌江	天生桥河	34.3	0.59	313	0.108	10.2
乌江	瓮安河	776	14	695	5.38	62.2
乌江	龙塘河	38.2	0.58	652	0.186	17.8
乌江	桂花河	113.6	1.93	431	0.41	21
乌江	民权河	32.8	0.47	222	0.052	10
乌江	龙蟠河	24.1	0.46	579	0.131	13.4
乌江	木引河	32.2	0.46	362	0.082	7.6
乌江	小开洲河	28.8	0.58	600	0.171	14.8
乌江	清水江	254.8	119	72	3.78	20
乌江	湘江	66.2	77.1	63.6	2.37	20
乌江	中坪河	98.1	1.65	646	0.526	21.3
乌江	沙坝河	35.5	0.54	142	0.038	7.2

续表 2-2

水系	河流名称	流域面积（平方公里）	平均流量（立方米/秒）	自然落差（米）	水能藏量（万千瓦）	河长（公里）
乌江	果水河	55.5	0.84	646	0.268	17.8
乌江	马路河	33.3	0.5	390	0.142	6
乌江	大屋基河	19.8	0.31	311	0.049	9.2
乌江	任家坪河	22.4	0.89	74.5	0.329	9.2
乌江	朱沙坑河	29	0.44	268	0.058	11.3
乌江	平坝河	29	0.46	520	0.168	7.6
乌江	鱼溪坝河	20	0.32	346	0.057	13.2
乌江	岩根河	195.4	4.12	263	0.857	30.2
乌江	龙水河	32	0.48	463	0.103	13
乌江	青坑河	24.5	0.39	359	0.07	15.5
乌江	高枧河	42.5	0.66	311	0.101	10.2
乌江	白溪河	22.5	0.36	241	0.043	7.6
乌江	跳墩河	27.8	0.43	225	0.055	10.5
乌江	九洞水河	18.6	0.46	210	0.047	7.4
乌江	草塘河	119.2	2.16	117	0.124	19.5
乌江	白水河	109.3	1.78	190	0.166	30.9
乌江	堰坪河	20	0.32	160	0.025	8.6
乌江	瓮脚河	6.7	0.34	46	0.0063	4.5
乌江	松坪河	48.2	0.78	166	0.046	10.7
乌江	老坟嘴河	134.2	2.39	413	0.482	20.9
乌江	小河山河	45	0.87	479	0.171	13.6
乌江	水尾河	23.3	0.36	216	0.083	8.7
沅水	下坝河	42.9	0.72	459	0.3	20.5
沅水	长岭河	30.7	0.6	312	0.092	14.7
沅水	尖坡河	37.2	0.68	350	0.117	10.5

第三章　土地资源

第一节　土　壤

1983 年 11 月至 1985 年 11 月，根据全国第二次土壤普查技术《规程》和省、州统一部署，县政府组织农业等部门在全县范围内开展土壤普查，查清县境土壤总面积 2793891 亩，占土地总面积（按 2949000 亩计算）的 94.74%。境内属亚热带黄壤地带区，土壤类型有黄壤土、石灰土、紫色土、潮土和水稻土 5 个土类，11 个亚类，37 个土属，177 个土种。由于地质、地貌、气候、水文等自然条件和人为活动的影响，土壤分布较为复杂。

黄壤土类　黄壤土是县境面积最大的地带性酸性土壤，全县各地均有分布，共 1844275 亩，占土壤总面积的 66.01%。黄壤土类分为黄壤、粗骨黄壤 2 个亚类，有 11 个土属，45 个土种。黄壤亚类分布在各地低山缓坡、山谷盆地、丘陵上。粗骨黄壤亚类与黄壤亚类呈复区分布。黄壤土成土母质主要为第四纪红色黏土、砂岩、页岩等。此土类是亚热带湿润季风气候和常绿阔叶林或常绿落叶混交林发育的土壤，土壤熟化程度不高，氮、磷、钾含量较为缺乏，但对农、林、牧生产适应性较广，尤其适应松、杉和茶树的生长。旱作土适宜种植玉米、大豆、烤烟、油菜、小麦、甘薯等。

石灰土类　石灰土是县境主要岩成土，分布也较广，共 560064 亩，占土壤总面积的 20.05%。主要分布在珠藏、玉山、天文等乡镇。石灰土类分为黄色石灰土、石灰土和石卡拉土 3 个亚类，有 7 个土属，29 个土种。黄色石灰土主要分布于山麓坡地、山间洼地及缓坡地带。石卡拉土与黄色石灰土成复区分布，一般坡度较大，基岩裸露占 60% 以上。石灰土成土母质主要为寒武系、奥陶系、三叠系的石灰岩和白云岩。此土类矿物风化程度轻，铁的水化作用明显，土体呈黄色或黄棕色，土质含碳酸钙丰富，利于腐殖质的钙凝作用，有机质及氮、磷、钾含量较高，是烤烟生产较为理想的土壤。

紫色土类　紫色土是县境主要岩性土之一，分布多在低山丘陵中上部地段，共 40315 亩，占土壤总面积的 1.44%。主要分布于珠藏、高水、木引槽、铜锣、玉山、龙塘、鱼河、木老坪等地。成土母质主要为三叠系、下第三系的紫红色角砾岩、钙质紫色岩、紫色泥页岩、中性紫色岩、酸性紫色岩等。此土类由于质地松脆，颜色较深，易于吸热升温，因而物理风化强烈，成土迅速，风化物时常更新，土壤处于发育很浅的幼年阶段。其母质抗化学风化能力强，土壤层次分化不明显，颜色为均一的紫色，有机质含量低，矿物质含量高。紫色土分钙质紫色土、中性紫色土、酸性紫色土3个亚类，有5个土属，17个土种。钙质紫色土由钙质紫色岩和紫色角砾岩风化发育而成，土层浅薄，有不同程度的岩石裸露。中性紫色土主要由中性紫色岩和钙质紫色泥页岩风化发育而成，土层厚薄不一，肥力高低不等。酸性紫色土由酸性紫色岩和紫色角砾岩风化发育而成，土层深厚，土质疏松，含矿物质丰富，宜种性广。

瓮安县土壤分类表

表3－1

土壤	亚类	土属	土种
黄壤	黄壤	铁质黄壤	薄腐中土铁质黄壤、薄腐厚土铁质黄壤、绵黄泥土
		硅铁质黄壤	薄腐薄土硅铁质黄壤、薄腐中土硅铁质黄壤、薄腐厚土硅铁质黄壤、粉黄泥土、死粉黄泥土、油粉黄泥土、黄轻粉白鳝泥土
		硅铝质黄壤（黄砂泥土）	厚腐中土硅铝质黄壤、黄砂泥土、偏黄泥土、熟偏黄泥土、寡黄砂泥土、薄腐中土硅铝质黄壤、薄腐薄土硅铝质黄壤
		硅质黄壤（黄砂土）	薄腐薄土硅质黄壤、薄腐中土硅质黄壤、黄砂土、寡黄砂土、黄粉砂土
黄壤	黄壤	黏土质黄壤（黄胶泥土）	正黄泥土、死正黄泥土、油正黄泥土、薄腐中土黏土质黄壤、薄腐厚土黏土质黄壤、厚腐厚土黏土质黄壤
		紫色岩黄壤	薄腐厚土紫色岩黄壤、脱紫黄泥土、脱紫黄砂泥土
		冰碛黄壤	薄腐中土冰碛黄壤
	粗骨黄壤	铁质粗骨黄壤	薄腐中土铁质粗骨黄壤
		铁质粗骨黄壤（砾质粉黄泥土）	薄腐中土硅铁质粗骨黄壤、砾质粉黄泥土、砾石粉黄泥土、砾身粉黄泥土
		硅铝质粗骨黄壤（砾质黄砂泥土）	薄腐薄土硅铝质粗骨黄壤、砾质黄砂泥土、砾石黄砂泥土、轻黄偏砂土、砾身黄砂泥土
		硅质粗骨黄壤	薄腐中土硅质粗骨黄壤、砾质黄砂土、砾石黄砂土
石灰土	黄色石灰土	泥质黄色石灰土（黄大土泥土）	薄腐中土泥质黄色石灰土、黄大土泥土、黄大胶泥土、砾质黄大土泥土、砾石黄大土泥土、砾身黄大土泥土
		砂泥质黄色石灰土（黄大砂泥土）	薄腐中土砂泥质黄色石灰土、黄大砂泥土、黄大砂土、砾质黄大砂泥土、砾石黄大砂泥土、砾身黄大砂泥土
	石灰土	泥质淋溶黄色石灰土	薄腐中土泥质淋溶黄色石灰土、表酸黄大土泥土
		胶泥质次生黄色石灰土（黄小土泥土）	先潴黄小土泥土、心酸黄小土泥土、心酸黄小胶泥土、黄小土泥土、砾质黄小土泥土、薄腐厚土胶泥质次生黄色石灰土
		砂泥质次生黄色石灰土（黄小砂泥土）	薄腐薄土砾泥质次生黄色石灰土、黄小砂泥土、砾质黄小砂泥土
	石卡拉土	白云岩黄石卡拉土（黄岩砂泥土）	黄岩砂泥土、砾质黄岩砂泥土、砾石黄岩砂泥土
		石灰岩黄石卡拉土（黄岩泥土）	黄岩泥土、砾质黄岩泥土、砾石黄岩泥土

续表3－1

土壤	亚类	土属	土种
紫色土	钙质紫色土	钙质紫色泥土	黄紫大土泥土、黄重羊肝石土、黄轻羊肝石土
		钙质紫色砂泥土	黄紫大砂泥土、黄紫大砂土、砾身黄紫大砂泥土
	中性紫色土	中性紫色泥土（中紫泥土）	薄腐厚土中性紫色泥土、黄中紫泥土、砾心黄中紫泥土、砾身黄中紫泥土、先潜黄中紫泥土、黄轻猪肝石土
		中性紫砂泥土	黄中紫砂泥土、黄中紫砂土、砾质黄中紫砂泥土、砾身黄中紫砂泥土
	酸性紫色土	酸性紫色泥土	黄马血泥土
潮土	河潮土	河潮泥土	河潮泥土
水稻土	渗育型水稻土	淡黄泥田	淡绵黄泥田、淡粉黄泥田、淡正黄泥田、淡偏黄泥田、死粉黄泥田、淡粉黄胶泥田、淡黄砂泥田、寡黄砂泥田、淡黄砂田、心碱淡黄泥田、黄轻偏砂田、黄轻火石砂田
		淡紫泥田	黄羊肝泥田、黄羊血砂田、黄砾质中紫泥田
		大土泥田	黄大土泥田、黄大胶泥田、黄大砂泥田、黄大土泥田、砾质黄大土泥田、砾心黄大土泥田、砾身黄大土泥田
		淡潮砂田	砾心黄潮砂泥田
	潴育型水稻土	斑黄泥田	斑绵黄泥田、斑粉黄泥田、斑正黄泥田、斑偏黄泥田、油绵黄泥田、油偏黄泥田、斑粉黄胶泥田、斑黄砂泥田、黄重白鳝泥田、黄中白鳝泥田、黄轻白鳝泥田、黄熟白鳝泥田、黄重白砂田、黄中白砂田、心碱斑黄泥田、心碱斑黄砂泥田、砾心斑黄泥田、砾身斑黄泥田
		斑紫泥田	斑紫泥田、黄油紫泥田、黄紫砂泥田、黄油紫油泥田
		大眼泥田	黄大眼泥田、黄血筋大眼泥田、黄大眼胶泥田、黄灰砂泥田、大眼黄泥田、大眼黄胶泥田、白鳝心大眼黄泥田、白鳝心黄灰砂泥田、砾身黄大眼泥田、砾质大眼黄泥田、砾心大眼黄泥田、砾心黄眼泥田
		斑潮泥田	黄潮泥田、黄潮砂泥田、黄油潮砂泥田、胶泥心黄潮砂泥田、白鳝心黄潮砂泥田、砾心黄潮泥田
	潜育型水稻土	青黄泥田	重轻绵黄泥田、重轻粉黄泥田、重轻正黄泥田、中轻绵黄泥田、中轻粉黄泥田、中轻黄砂泥田、重轻黄砂泥田、深足黄烂泥田、浅足黄烂泥田、表潜黄泥田
		青紫泥田	黄重轻紫泥田、深足黄烂紫泥田、浅足黄烂紫泥田
		鸭屎泥田	黄湿大鸭屎泥田、黄干大鸭屎泥田、黄烂小鸭屎泥田、黄湿小鸭屎泥田、黄干小鸭屎泥田、黄甜小鸭屎泥田
		青潮泥田	深足黄烂潮泥田
		青矿毒田	煤锈田、煤浆田

潮土类 潮土是县境面积最小的土类，只1个亚类，1个土属，1个土种，即河潮泥土，仅178亩，占土壤总面积的0.01%，主要分布于江界河两岸河谷盆地。此土类由近代河流冲积物发育而成。土层较厚，质地偏砂，呈酸性至中性反映，颜色较浅，结构多为粒状和小块状，土质疏松，易于耕作，通气性好，微生物活动旺盛，有机质含量高。土体含砾较多，易漏水漏肥，土温变化大，理化性质和生产性能较差。

水稻土类 水稻土是县境最主要的耕作土壤之一，全县各地均有分布，共349059亩，占土壤总面积的12.49%。水稻土是由自然土或旱作土经人工水耕，使土体进行季节性的干湿交替、氧化还原交替和林溶淀积，改变起源母土成土方向和土壤属性发育而成。广泛分布于各个土带的山麓、槽谷、坝子、盆地、洼地、坡膀、河流阶地和河漫滩上。其中水源条件好的河谷盆地、山间盆地和坝子，连片集中。水稻土分为渗育型水稻土、潴育型水稻土和潜育型水稻土3个亚类，有13个土属，85个土种。

渗育型水稻土主要分布在远离村寨的坡膀、洼地边缘较高处和丘陵顶部、低中山中上部。此类土壤质地较轻，水分易渗透，水耕时间短，熟化程度低，剖面层次分化不明显，土体中氮化态占优势，主色较淡，锈文斑淀积物不发达，多呈块状结构，生产力低，多为缺水的高膀田和望天水田。共23090亩，占水稻土的6.62%。此亚类分4个土属，22个土种。

潴育型水稻土主要分布在村寨附近坝子、河谷盆地、山间盆地、缓丘及低中山下部。此类土壤为渗育型水稻土进一步水耕熟化而成，质地较重，剖面构型分化明显，主色较深，绣纹斑和灰色胶膜发达，棱柱状或棱块状结构发育·潴育层颜色斑杂，新生体形成较多。犁底层的形成增强了土壤的保水、保肥能力。此土类土壤多为排灌条件好、宜于水旱轮作、生产力高的基本良田。共217820亩，占水稻土类总面积的62.4%。此亚类分4个土属，41个土种。

潜育型水稻土主要分布在槽谷、洼地、河沟边等排水条件差的地段。此类土壤形成原因，一是受地下潜水的影响，在常年地下水位线以下部位形成潜育层段。二是地下水位高，加上排水不良，地下水和地表水终年交替，使土壤剖面全程潜育化。三是土质黏重或土体某一层段较为黏重，透水性差，水耕时水饱和，排水后失水慢，来年未干透又被水淹没，从而形成常年滞水层而发育为潜育层位。此类土壤多为低产的冷、烂、锈水田，共108149亩，占水稻土总面积的30.98%。此亚类分5个土属，22个土种。

2006－2012年，全县实施农业部测土配方施肥项目，按农业部和省土壤分类系统，根据成土母质、地形、地貌以及耕作熟化程度，境内将土壤分类归并划分为5个土类、14个亚类、31个土属、84个土种（其中旱耕作土土种31个、水稻土土种34个、自然土土种19个）。按照新的归并划分，5个土类分别为黄壤土类、粗骨黄壤土类、石灰土土类、紫色土土类、水稻土土类。

黄壤：为县境主要地带性土壤类型，分布最广，各乡镇、村均有不同数量分布。全县黄壤土类总图斑面积148.19万亩，占全县总土地面积的50.25%。黄壤的成土母质主要有第四纪黏土、砂岩、砂页岩、泥页岩、页岩等，一般土壤呈酸性或强酸性反应。分2个亚类、7个土属、28个土种。

粗骨黄壤：与黄壤呈复区分布，图斑面积32.12万亩，占全县总土地面积的10.89%。分2个亚类、2个土属、4个土种。

石灰土：境内主要岩成土，图斑面积53.47万亩，占全县总土地面积的18.13%。分2个亚类、2个土属、8个土种。

紫色土：县境主要岩性土之一，分布广，呈零星地带段。图斑面积3.97万亩，占全县总土地面积的1.35%。分3个亚类、3个土属、8个土种。

水稻土：全县各地均有分布，为最主要的耕作土壤之一。图斑面积为35.07万亩，占全县总土地面积的11.89%。水稻土是自然土和旱作土经水耕熟化而成的一类独特性土壤类型，在成土过程中受到人为生产耕作活动的影响最深。分5个亚类、17个土属、35个土种。

第二节 耕 地

一、耕地面积

清初，有熟田熟土65111亩（田59050亩，土6061亩）。康熙六十年（1721年）编审，有熟田熟土61351亩（田56321亩，其中上田12747亩、中田20873亩、下田22701亩；土5030亩）。乾隆五年（1740年），有耕地65282亩（熟田熟土61696亩），其中田59221亩（熟田56666亩，荒芜田2555亩），土6061亩（熟土5030亩，荒芜土1031亩）。光绪三年（1877年），有耕地66554亩（熟田熟土4394亩），其中田60493亩（熟田59319亩，内有上田12747亩，中田23746亩，下田22826亩；荒芜田1174亩），土6061亩（熟土5075亩，荒芜土986亩）。

民国29年（1940年）1月，土地陈报结束，有耕地168048亩，其中田112521亩（水田68451亩，旱田44070亩），土55527亩（熟土53613亩，荒土1914亩）。民国38年（1949年），有耕地321783亩（田146520亩，土175263亩）。

解放后，1950－1958年，耕地连年增加，年均增加8346亩。1959年减少10000亩。之后，至1962年，无增减。1963年，增加1500亩。之后，至1972年，无增减。1973－1976年，连年减少，年均减少1950亩。1977－1980年，有增有减，增减相抵，年均增加3675亩。1981－1990年，连年减少，年均减少461亩。全县农业人口每人平均占有耕地，1949－1967年的18年间，为2.01～2.79亩，最高年为1951年；1968－1990年的23年间，为1.15～1.93亩，最低年1990年。人均耕地减少的原因，主要是人口增加和基建占地增多。但1990年409795亩耕地（田181330亩，土228465亩），仍比清光绪三年、民国29年、38年，分别增加5016倍、1.44倍、27.35%。

瓮安县1949－1990年耕地表

（统计部门控制面积）

表3－2　　单位：亩

年份	耕地面积	田	土	农业人口人均	年份	耕地面积	田	土	农业人口人均
1949	321783	146520	175263	2.37	1970	410000	185850	224150	1.78
1950	321827	146505	175302	2.31	1971	410000	190000	220000	1.71
1951	327512	147082	180430	2.79	1972	410000	185280	224720	1.67
1952	334112	148331	185781	2.31	1973	407005	184696	222309	1.59
1953	339178	149981	189197	2.25	1974	402893	184198	218695	1.52
1954	344560	151494	193066	2.72	1975	402884	184198	218686	1.47
1955	346000	152145	193846	2.14	1976	402201	184133	218069	1.45
1956	398345	159329	239018	2.40	1977	416901	183091	233810	1.47
1957	400299	163895	232404	2.35	1978	412933	182672	230261	1.44
1958	405000	192000	213000	2.44	1979	412017	182198	229819	1.41
1959	395000	188000	207000	2.67	1980	414409	182573	231836	1.38
1960	395000	188000	207000	2.55	1981	413839	182322	231517	1.34
1961	395000	188000	207000	2.41	1982	412753	182162	230591	1.31
1962	395000	188000	207000	2.26	1983	412661	181989	230672	1.29
1963	410000	190000	220000	2.32	1984	412338	181986	230352	1.29
1964	410000	190000	220000	2.25	1985	411895	181360	230535	1.26
1965	410000	190000	220000	2.16	1986	411527	181340	230187	1.25
1966	410000	191000	219000	2.10	1987	410503	181652	228851	1.22
1967	410000	186000	224000	2.01	1988	410015	181410	228605	1.19
1968	410000	186000	224000	1.93	1989	409911	181354	228557	1.17
1969	407767	185915	221852	1.85	1990	409795	181330	228465	1.15

据1984年完成的有关土地资源调查，全县土地总面积为1966平方公里（2949000亩），耕地毛面积805265亩（田349058亩，土456207亩），净面积567428亩（田244937亩，土322491亩）。是年县统计部门耕地控制面积412338亩（田181986亩，土230352亩）。调查耕地净面积比控制面积增长37.61%，其中田增长34.6%，土增长40%。

1987－1990年，境内完成土地详查（一调），至1996年，根据国家有关精神，瓮安在土地变更调查中将土地详查时大于25度的坡耕地等进行调整，确定了1996年土地利用现状的有关数据（即1990年一调结束后土地利用最终成果数据），时全县土地总面积2951555.3亩（196770.35公顷），耕地面积923015.7亩，其中田347730.2亩，占耕地面积的37.67%；土575285.5亩，占耕地面积的62.33%。在水田中，坝子田占37.5%，槽谷田占31.7%，梯田占30.8%。在旱地中，平土占6.82%，坡土占93.1%，其中

5～25度坡度的占66.2%，26～35度坡度的占22.38%，大于35度坡度的占11.42%。全县耕地视其产量水平，按上、中、下3个等级划分，上等地101918亩，占耕地面积的11.04%；中等地470264.7亩，占耕地面积的50.95%；下等地350833亩，占耕地面积的38.01%。

2007－2009年，境内完成第二次全国土地调查（二调），全县土地总面积196273.5公顷，以2009年12月31日为标准时点的汇总调查数据：耕地59089.83公顷，其中田22799.94公顷，占耕地面积的38.59%；土36289.89公顷，占耕地面积的61.14%。二调成果与一调比较，土地总面积减少496.85公顷，耕地面积减少2444.55公顷。

2014年，全县耕地面积59819.64公顷，其中田22263.09公顷，占耕地面积的37.22%；土36656.55公顷，占耕地面积的61.28%，农业人口416125人，人均耕地0.14公顷（2.15亩）。

瓮安县1990－2014年耕地面积表

（国土部门统计上报数）

表3－3　　单位：公顷

年份	耕地面积	其中			年份	耕地面积	其中		
		田	水浇地	土			田	水浇地	土
1990	61534.38	23182.01		38352.37	2003	60482.79	23115.95		37366.83
1991	61534.38	23182.01		38352.37	2004	56656.48	23053.13		33603.35
1992	61534.38	23182.01		38352.37	2005	56614.17	23039.82		33574.350
1993	61534.38	23182.01		38352.37	2006	56585.56	14004.69	9050.41	33530.45
1994	61534.38	23182.01		38352.37	2007	56570.3	13999.67	9049.64	33520.99
1995	61534.38	23182.01		38352.37	2008	56071.17	13822.34	8995.55	33253.28
1996	61534.38	23182.01		38352.37	2009	59089.83	22799.94		36289.89
1997	61519.33	23193.32		38326.21	2010	59203.63	22779.55		36424.08
1998	61494.47	23182.01		38312.46	2011	59280.16	22716.98		36563.18
1999	61487.2				2012	59310.17	22616.76		36693.41
2000	60922.94	23153.33		37769.61	2013	59090.94	22492.01		36598.93
2001	60740.14	23125.41		37614.73	2014	59819.64	22263.09		36656.55
2002	60740.14	23125.41		37614.73	2015				

注：1990年一调数据1996年最终定案，故期间数据相同

二、耕地坡度级

县境地处贵州高原斜坡，地形地貌复杂，耕地坡度级也较为明显。以草塘、下司、金星为代表的坝子区，耕地主要分布在15度以下的坡度级；以银盏、鱼河等地为代表的丘陵地区，耕地主要分布在2～25度坡度级；以玉华、小河山为代表的山区，耕地主要分布在6～35度坡度级。

1997年，据瓮安县坡度分级统计，全县耕地共923015.7亩，小于2度耕地59568.4

亩，2～6 度 415278.4 亩，6～15 度 252033.9 亩，15～25 度 108073.2 亩，25～35 度 61265.4 亩，大于 35 度 26796.6 亩。其中：灌溉水田 210135.4 亩，小于 2 度 45457 亩，2～6 度 76861.9 亩，6～15 度 69182.8 亩，15～25 度 14266 亩，25～35 度 4193.5 亩，大于 35 度 174.2 亩；望天田 135.61137594.8 亩，小于 2 度 11160.7 亩，2～6 度 32733 亩，6～15 度 66038.4 亩，15～25 度 20643.7 亩，25～35 度 6645.5 亩，大于 35 度 373.5 亩；旱地 574927.9 亩，小于 2 度 2939.3 亩，2～6 度 305519.5 亩，6～15 度 116801 亩，15～25 度 72997.5 亩，25～35 度 50421.7 亩，大于 35 度 26248.9 亩；菜地 357.6 亩，小于 2 度 11.4 亩，2～6 度 163.8 亩，6～15 度 11.7 亩，15～25 度 166 亩，25～35 度 4.7 亩。

2013 年耕地坡度分级情况统计表

表 3－4　　　　单位：公顷

名称	耕地面积	平地	梯田及坡地面积					
		<=2°	2°～6°			6°～15°		
		面积	合计	梯田	坡地	合计	梯田	坡地
瓮安县	59090.94	4495.63	9284.21	5211.46	4072.75	21670.1	7454.90	14215.2
雍阳镇	2484.62	193.39	449.32	311.86	137.46	999.39	316.83	682.56
平定营镇	2930.52	426.21	540.66	352.03	188.63	970.67	281.89	688.78
猴场镇	4009.68	429.42	905.62	571.05	334.57	1598.70	739.21	859.49
中坪镇	3650.67	303.36	737.03	381.11	355.92	1526.79	653.80	872.99
建中镇	3109.69	96.20	363.52	130.59	232.93	1099.68	228.63	871.05
永和镇	3502.71	190.99	548.08	370.02	178.06	1176.44	614.04	562.40
珠藏镇	3200.66	266.72	394.91	249.41	145.50	1213.45	382.99	830.46
玉山镇	2803.36	209.86	342.76	219.56	123.20	914.92	331.12	583.80
天文镇	3579.32	305.75	444.89	219.65	225.24	1406.04	409.35	996.69
玉华乡	2573.95	117.59	314.00	140.33	173.67	819.26	227.04	592.22
银盏乡	1594.24	71.64	310.33	203.94	106.39	607.92	248.28	359.64
松坪乡	3539.59	460.86	848.63	501.81	346.82	1050.15	334.58	715.57
小河山乡	1478.42	4.17	70.39	35.95	34.44	289.68	122.51	167.17
白沙乡	2520.97	144.98	282.44	90.20	192.24	998.44	294.64	703.80
岚关乡	2767.64	167.14	629.92	412.15	217.77	866.13	304.13	562.00
老坟嘴乡	1675.45	36.74	33.82	28.98	4.84	377.95	234.43	143.52
高水乡	2118.88	86.05	345.01	87.29	257.72	910.41	146.46	763.95
木引槽乡	1747.53	142.15	258.48	84.91	173.57	692.86	180.70	512.16
铜锣乡	2467.86	154.25	292.04	109.77	182.27	1094.46	246.52	847.94
牛场坝乡	1655.93	106.54	106.72	49.41	57.31	806.23	168.53	637.70
鱼河乡	2755.28	254.14	577.97	314.43	263.54	1244.82	583.10	661.72
龙塘乡	1297.62	200.19	218.41	139.64	78.77	468.79	161.52	307.27
木老坪乡	1626.35	127.29	269.26	207.37	61.89	536.92	244.60	292.32

续表 3-4

名称	耕地面积	梯田及坡地面积					
		15°~25°			>25°		
		合计	梯田	坡地	合计	梯田	坡地
瓮安县	59090.94	15569.80	4434.54	11135.26	8071.20	2261.15	5810.05
雍阳镇	2484.62	539.39	105.53	433.86	303.13	18.22	284.91
平定营镇	2930.52	684.74	131.01	553.73	308.24	58.37	249.87
猴场镇	4009.68	851.76	380.30	471.46	224.18	95.60	128.58
中坪镇	3650.67	827.74	236.07	591.67	255.75	84.24	171.51
建中镇	3109.69	1127.80	205.62	922.18	422.49	101.02	321.47
永和镇	3502.71	903.23	435.68	467.55	683.97	258.42	425.55
珠藏镇	3200.66	846.42	185.82	660.60	479.16	142.30	336.86
玉山镇	2803.36	928.24	360.40	567.84	407.58	143.42	264.16
天文镇	3579.32	1013.17	219.40	793.77	409.47	72.05	337.42
玉华乡	2573.95	633.04	94.27	538.77	690.06	88.48	601.58
银盏乡	1594.24	427.39	116.28	311.11	176.96	54.77	122.19
松坪乡	3539.59	772.34	286.85	485.49	407.61	168.37	239.24
小河山乡	1478.42	466.36	251.07	215.29	647.82	207.26	440.56
白沙乡	2520.97	796.12	126.52	669.60	298.99	24.06	274.93
岚关乡	2767.64	648.08	180.46	467.62	456.37	152.10	304.27
老坟嘴乡	1675.45	718.06	370.85	347.21	508.88	316.49	192.39
高水乡	2118.88	521.54	132.94	388.60	255.87	51.31	204.56
木引槽乡	1747.53	409.11	50.38	358.73	244.93	47.19	197.74
铜锣乡	2467.86	755.90	108.68	647.22	171.21	27.46	143.75
牛场坝乡	1655.93	403.05	101.95	301.10	233.39	47.00	186.39
鱼河乡	2755.28	459.00	169.15	289.85	219.35	63.44	155.91
龙塘乡	1297.62	306.14	86.18	219.96	104.09	13.49	90.60
木老坪乡	1626.35	531.18	99.13	432.05	161.70	26.09	135.61

2013 年，全县耕地坡度分级情况为：耕地总面积 59090.94 公顷，小于 2 度耕地 4495.63 公顷；2~6 度 9284.21 公顷，其中梯田 5211.46 公顷、坡地 4072.75 公顷；6~15 度 21670.1 公顷，其中梯田 7454.9 公顷、坡地 14215.2 公顷；15~25 度 15569.8 公

顷，其中梯田4434.54公顷、坡地11135.26公顷；大于25度8071.2公顷，其中梯田2261.15公顷、坡地5810.05公顷。

第三节　土地利用

以1984、1996、2009、2014四年为例，全县土地利用情况如下：

一、1984年利用现状

1984年，农业自然资源调查确立县境土地总面积1966平方公里（294.90万亩），按其利用现状分为耕地、园地、林地、牧地、居民用地、工矿用地、交通用地、水域和难利用地等9类。

耕　地　图斑面积805265亩，占土地总面积的27.31%。其中田349058亩，占耕地图斑面积的43.35%；土456207亩，占56.65%。

园　地　图斑面积6314亩，占土地总面积的0.21%。其中果园2562亩，占园地总面积的40.58%；茶园3752亩，占59.42%。

林　地　图斑面积1203198亩，占土地总面积的40.80%。其中有林地366717亩，占林地总面积的30.48%；灌木林地163154亩，占林地总面积的13.56%；疏林地133150亩，占11.06%；苗圃217亩，占0.02%；未成林造林地7466亩，占0.62%；无林地532494亩，占44.26%。

牧　地　图斑面积665762亩，占土地总面积的22.24%。

居民用地　图斑面积64429亩，占土地总面积的2.18%。其中城镇居民用地2905亩，占居民用地总面积的4.51%；农村居民用地61524亩，占95.49%。

工矿用地　图斑面积2879亩，占土地总面积的0.1%。

交通用地　图斑面积27780亩，占土地总面积的0.94%。

水　域　图斑面积23679亩，占土地总面积的0.8%。其中河流11559亩，占水域总面积的48.82%；水库3940亩，占16.64%；坑塘1898亩，占8.01%；沟渠6116亩，占25.83%；堤坝166亩，占0.7%。

难利用地　图斑面积159694亩，占土地总面积的5.42%。其中石山地159562亩，占难利用地总面积的99.92%；石砾地132亩，占0.08%。

二、1996年利用现状

1990年，境内完成第一次土地资源详查，详查土地总面积1967.7平方公里（折合2951555.3亩）。1996年，根据国家土地管理局《关于完成全国土地普查将土地详查数据变更到1996年10月31日同一时点的紧急通知》，全县以详查数据为基数统一变更到10月31日。是年，土地利用现状分耕地、园地、林地、牧草地、城乡居民及工矿区用地、交通用地、水域、未利用地8大类。

耕　地　面积923015.7亩，占土地总面积的31.27%。其中水稻田347730.2亩，占耕地面积的37.36%；旱地575285.5亩，占62.33%。

园　地　面积16004.7亩，占土地总面积的0.54%。其中果园2247.2亩、茶园13524.2亩、桑园221.5亩、其他园地11.6亩，分别占园地总面积的84.5%、14.40%、1.38%和0.38%。

林　地　面积1297653.6亩，占土地总面积的43.97%。其中有林地368397.3亩，占林地面积的28.33%；灌木林724731亩，占55.83%；疏林地66701.4亩，占5014%；其他林137823.9亩，占10.7%。

牧草地　面积70322.4亩，占土地总面积的2.38%。

城乡居民及工矿用地　面积93415.2亩，占土地总面积的3.16%。其中建制乡镇2250亩、农村居民点82423.9亩、独立工矿区7719.5亩、特殊用地1021.8亩，分别占居民及工矿用地的2.41%、88.23%、8.26%和1.1%。

交通用地　面积18235.05亩、占土地总面积的0.62%。其中公路6180.4亩，占交通用地面积的33.89%。

水　域　面积33336.9亩，占土地总面积的1.13%。其中河流水面17738.2亩、水库水面6076.2亩、坑塘水面3141.7亩、滩涂995.7亩、沟渠5185.5亩、水工建筑199.6亩，分别占水域总面积的53.21%、18.23%、9.42%、2.99%、15.55%和0.6%。

未利用地　面积499571.7亩，占土地总面积的16.93%，主要为石山等难利用地。

三、2009年利用现状

2009年，境内完成第二次土地调查，确立土地总面积为1962.735平方公里（196273.5公顷），土地利用现状分8大类。

耕　地　面积59089.83公顷，占土地总面积的30.11%。

园　地　面积2573.25公顷，占土地总面积的1.31%。

林　地　面积91210.26公顷，占土地总面积的46.47%。

草　地　面积10819.9公顷，占土地总面积的5.51%。

城镇村及工矿用地　面积6269.11公顷，占土地总面积的3.19%。

交通运输用地　面积1769.27公顷，占土地总面积的0.9%。

水域及水利设施用地　面积3990.56公顷，占土地总面积的2.03%。

其他土地　面积20551.32公顷，占土地总面积的10.47%。

按照土地利用现状分类衔接关系，2009年，全县农用地合计171395.37公顷，占土地总面积196273.5公顷的87.32%；建设用地合计6956.2公顷，占土地总面积的3.54%；其他土地17921.93公顷，占土地总面积的9.13%。

2014年乡镇村土地利用现状表（按原23个乡镇统计）

表3－5 单位：公顷

名称	耕地	其中水田	园地	林地	草地	城镇村及工矿用地	交通运输用地	水域及水利设施用地	其他土地
瓮安县	58919.64	22263.09	2523.97	90433.35	10468.18	7015.30	2396.18	3987.96	20528.92
木老坪乡	1617.85	660.10	3.54	1644.83	104.89	120.90	54.94	26.05	453.28
新寨村	337.23	152.13	0.67	688.92	17.20	22.88	21.83	9.53	102.94
印山村	450.83	204.29	1.68	201.06	27.92	36.75	11.83	2.50	119.24
木老坪村	453.46	153.50	1.19	514.54	41.13	34.16	13.46	10.03	127.28
天堂村	376.33	150.18		240.31	18.64	27.11	7.82	3.99	103.82
龙塘乡	1295.12	553.65	282.84	2711.45	203.20	143.24	43.41	433.75	378.47
樱桃村	758.00	398.22	57.75	1112.05	71.51	73.18	19.19	52.18	210.06
尖坡村	537.12	155.43	225.09	1599.40	131.69	70.06	24.22	381.57	168.41
鱼河乡	2792.23	1294.35	339.13	3615.02	610.55	254.85	70.37	110.85	814.63
高枧村	1185.74	513.46	197.41	1252.18	233.29	76.02	30.70	37.12	335.00
新场村	1215.69	576.88	141.72	1764.65	240.34	129.75	31.34	65.05	320.96
深溪村	390.80	204.01		598.19	136.92	49.08	8.33	8.68	158.67
牛场坝乡	1655.93	432.15	25.53	1943.63	178.21	173.80	51.11	9.63	703.25
新华村	958.28	260.13	17.03	1006.25	55.86	99.60	25.90	4.98	414.02
羊鹿村	697.65	172.02	8.50	937.38	122.35	74.20	25.21	4.65	289.23
铜锣乡	2467.58	598.68	67.57	4830.59	196.86	284.47	109.20	201.18	1094.73
三新村	470.70	119.91	30.35	493.37	73.77	77.08	10.24	13.45	189.42
群心村	1001.22	226.05	36.20	2572.47	15.00	82.90	57.81	85.60	531.34
河新村	995.66	252.72	1.02	1764.75	108.09	124.49	41.15	102.13	373.97
木引槽乡	1747.52	412.43	47.34	3621.62	145.18	156.00	63.04	368.79	614.19
沿江村	958.98	209.66	39.65	2468.88	85.06	70.14	35.85	367.56	309.65
新兴村	788.54	202.77	7.69	1152.74	60.12	85.86	27.19	1.23	304.54
高水乡	2118.83	482.60	11.78	3557.03	431.77	191.66	62.53	460.26	918.33
高寨坪村	309.72	75.97		312.47	8.54	22.79	6.50	1.49	126.09
丰岩村	353.32	64.49	7.60	1234.20	229.64	33.26	15.39	358.72	137.06
青杠林村	471.90	98.64	0.33	812.71	63.39	44.63	15.55	46.04	143.56
高炉村	383.35	85.77	3.85	489.67	23.07	33.21	10.58	30.94	251.14
市湾村	600.54	157.73		707.98	107.13	57.77	14.51	23.07	260.48
老坟嘴乡	1675.20	987.08	88.82	2796.28	184.88	147.05	66.34	17.59	764.45
红岩村	500.04	296.82	34.29	949.97	22.28	51.46	17.89	7.72	244.32
观塘村	590.04	295.24	11.28	1055.28	122.06	50.41	24.39	5.61	241.41
木孔村	585.12	395.02	43.25	791.03	40.54	45.18	24.06	4.26	278.72
岚关乡	2790.65	1185.86	88.89	6379.03	618.97	257.57	72.22	43.60	837.27
章阁村	874.83	431.25	30.19	1946.38	229.05	73.01	23.47	3.57	337.15

续表 3－5

名称	耕地	其中水田	园地	林地	草地	城镇村及工矿用地	交通运输用地	水域及水利设施用地	其他土地
岚关村	1143.04	453.64	40.89	3590.78	227.28	102.07	33.22	22.85	321.03
茶海村	772.78	300.97	17.81	841.87	162.64	82.49	15.53	17.18	179.09
白沙乡	2504.63	596.68	36.72	4141.01	453.91	253.17	110.05	100.74	768.56
白沙村	1029.40	307.25	15.69	1765.02	242.22	128.42	35.67	37.75	317.04
保护村	534.19	60.33	12.14	1169.74	69.31	37.91	24.35	54.42	137.70
高坪村	941.04	229.10	8.89	1206.25	142.38	86.84	50.03	8.57	313.82
小河山乡	1463.62	611.23	108.26	2279.79	182.34	74.72	76.15	13.76	669.28
大河村	511.33	212.67	53.67	833.76	29.86	26.12	21.08	5.50	203.82
石板坪村	386.93	269.68	18.40	555.55	74.57	18.95	27.65	1.70	250.55
大田坝村	565.36	128.88	36.19	890.48	77.91	29.65	27.42	6.56	214.91
松坪乡	3538.65	1652.90	45.72	4770.33	256.68	290.24	72.99	49.13	954.39
马场坪村	344.56	180.84	0.27	300.71	15.60	36.45	7.05	3.03	68.96
青池村	825.84	399.38		1501.29	30.98	52.12	14.67	7.88	277.30
金星村	733.23	332.05		727.15	24.24	65.66	16.28	13.86	147.51
金龙井村	566.66	312.43	0.83	674.82	167.44	43.46	10.35	6.05	136.38
松坪场村	1068.36	428.20	44.62	1566.36	18.42	92.55	24.64	18.31	324.24
银盏乡	1482.94	594.65	34.56	2328.91	167.28	533.93	184.83	81.84	527.35
太平村	229.88	121.94	9.63	232.66	39.76	131.18	40.44	21.68	71.24
银盏村	567.92	179.15	0.13	850.68	54.24	83.34	66.07	16.48	199.92
飞练村	275.11	145.32	16.18	206.55	37.88	261.41	27.75	16.33	111.96
穿洞村	410.03	148.24	8.62	1039.02	35.40	58.00	50.57	27.35	144.23
玉华乡	2565.32	581.60	215.03	4733.80	784.83	262.72	133.10	101.14	716.62
岩根河村	926.82	251.89	122.18	1399.77	176.93	150.76	44.84	49.13	310.54
太文村	1638.50	329.71	92.85	3334.03	607.90	111.96	88.26	52.01	406.08
天文镇	3522.95	1124.21	83.52	5372.33	537.54	301.43	215.05	580.43	1062.61
乌江村	1567.00	471.37	45.46	2677.56	321.60	122.90	97.70	526.32	402.30
天文村	931.56	325.23	13.50	1273.45	114.08	101.04	64.48	13.80	332.72
玉屏村	1024.39	327.61	24.56	1421.32	101.86	77.49	52.87	40.31	327.59
玉山镇	2801.17	1222.57	108.35	5332.77	858.09	357.53	77.35	615.09	999.31
中火村	506.32	211.83	63.64	1058.41	51.24	43.85	16.39	37.47	144.14
小开洲村	522.61	229.40	3.09	1019.18	39.58	53.69	16.00	446.29	172.46
龙蟠村	486.60	216.18	12.71	1158.80	60.55	45.78	10.69	111.34	164.60
新庄村	537.16	259.20	10.48	593.86	74.22	64.50	10.75	4.15	188.82
白花村	292.17	132.42		655.35	131.62	29.89	9.27	8.79	113.47
苟家庄村	290.01	102.49	2.19	656.62	337.52	57.67	6.06	4.27	111.48

续表3－5

名称	耕地	其中水田	园地	林地	草地	城镇村及工矿用地	交通运输用地	水域及水利设施用地	其他土地
玉山村	166.30	71.05	16.24	190.55	163.36	62.15	8.19	2.78	104.34
珠藏镇	3203.48	1158.33	31.48	5501.94	144.20	362.30	117.29	262.34	1851.55
鹤停村	626.58	236.88		294.77	32.55	61.51	17.04	4.48	427.89
荣院村	810.65	254.33	15.41	1569.13	22.41	83.03	33.21	56.30	392.51
羊关村	543.41	212.26	0.57	1913.54	38.02	44.97	22.27	185.77	182.43
珠藏村	706.83	282.30		853.24	31.94	110.49	21.23	12.42	427.19
桐梓坡村	516.01	172.56	15.50	871.26	19.28	62.30	23.54	3.37	421.53
永和镇	3494.97	1803.05	34.19	6161.12	849.53	407.68	129.08	73.61	1349.75
长岭村	693.83	396.38	2.43	2868.27	103.94	38.70	15.44	22.31	311.19
垛丁村	616.63	341.54		627.83	118.65	64.45	17.38	7.71	227.20
萍水村	738.94	449.17	2.93	765.05	67.39	53.56	41.14	5.84	267.95
洗马塘村	696.88	291.38	28.39	723.09	103.29	97.26	23.41	8.82	252.82
后坝村	407.88	162.31	0.44	765.55	100.50	44.37	17.72	4.11	150.35
白水河村	340.81	162.27		411.33	355.76	109.34	13.99	24.82	140.24
建中镇	3160.73	723.45	12.37	4247.50	289.66	231.32	97.68	101.55	896.62
鑫隆坪村	827.00	182.85	4.68	1329.46	84.18	71.13	19.09	34.31	265.83
凤凰村	1161.22	199.62	4.45	1223.65	154.77	99.69	45.51	12.93	296.01
果水村	1172.51	340.98	3.24	1694.39	50.71	60.50	33.08	54.31	334.78
中坪镇	3703.83	1542.49	131.01	5447.18	1003.09	453.27	118.09	129.82	1075.20
茶店村	536.02	200.78	33.75	868.04	96.92	68.94	16.12	17.77	189.20
新土村	594.33	276.78	19.61	864.09	73.43	78.89	21.67	10.36	181.70
水耳村	995.92	383.73	12.00	1444.52	531.36	83.54	24.43	28.78	296.03
中坪村	697.46	333.26	35.60	691.69	133.51	120.43	23.78	21.74	185.44
艾州村	880.10	347.94	30.05	1578.84	167.87	101.47	32.09	51.17	222.83
猴场镇	3975.90	2073.71	39.51	2700.58	670.18	545.70	166.65	76.42	1174.05
金竹村	866.62	540.57	4.84	530.72	358.62	60.95	39.22	8.34	282.13
八一村	477.81	248.83	12.13	267.28	88.22	53.43	10.15	7.11	132.00
河滨村	466.32	198.42	17.15	119.58	23.92	131.33	14.05	3.61	83.73
迎宾村	664.67	370.98	1.72	656.97	134.04	39.54	23.72	32.25	205.18
猴场村	519.13	254.74	2.53	145.21	3.85	88.28	22.52	2.69	119.70
新华村	647.95	282.27	1.14	556.74	51.31	84.61	28.70	12.37	203.55
大寨坪村	333.40	177.90		424.08	10.22	87.56	28.29	10.05	147.76
平定营镇	2925.16	1103.26	1.34	2873.18	926.86	333.32	163.66	44.81	1122.54
梭罗村	568.93	274.41		345.12	69.24	37.59	36.07	11.16	261.77
三合村	541.58	228.57		456.92	348.45	70.78	35.40	10.50	268.29

续表 3－5

名称	耕地	其中水田	园地	林地	草地	城镇村及工矿用地	交通运输用地	水域及水利设施用地	其他土地
平定营村	625.75	245.05		536.48	74.92	75.95	29.93	11.86	258.46
营定街村	511.68	202.12	1.34	643.19	21.29	49.81	39.69	2.41	171.33
细沙村	677.22	153.11		891.47	412.96	99.19	22.57	8.88	162.69
雍阳镇	2415.38	868.06	686.47	3443.43	669.48	878.43	141.05	85.58	782.49
金龙社区	40.51	18.77		47.71	36.89	135.14	4.55	3.48	14.05
鼓楼社区	15.23			26.19	13.74	33.16	0.61	0.04	12.45
河滨社区	109.15	40.16	42.87	274.79	10.60	177.09	16.90	10.93	56.48
花竹社区	43.97	9.59	3.33	65.97	20.00	168.82	1.74	2.87	12.60
仙桥村	681.07	230.72	484.32	805.90	48.26	58.35	22.69	13.76	201.10
桐木村	719.47	264.26	141.51	1075.19	91.48	78.08	20.90	30.01	197.56
城南村	214.49	120.27	12.72	219.19	65.54	107.69	32.63	10.47	55.40
茅坡村	591.49	184.29	1.72	928.49	382.97	120.10	41.03	14.02	232.85

四、2014 年利用现状

2014 年土地利用现状具体情况为：

耕　地　面积 58919.64 公顷，占土地总面积的 30.02%。其中水田 22263.09 公顷，占耕地面积的 37.79%；旱地 36656.55 公顷，占 62.21%。

园　地　面积 2523.97 公顷，占土地总面积的 1.29%。其中果园 1546.56 公顷，茶园 970.22 公顷，其他园地 7.19 公顷，分别占园地总面积的 61.27%、38.44% 和 0.28%。

林　地　面积 90433.35 公顷，占土地总面积的 46.08%。其中有林地 56439.4 公顷，占林地面积的 62.41%；灌木林 26890.21 公顷，占 29.73%；其他林地 7103.74 公顷，占 7.86%。

草　地　面积 10468.18 公顷，占土地总面积的 5.33%。

城镇村及工矿用地　面积 7015.3 公顷，占土地总面积的 3.57%。其中建制镇占地 964.35 公顷，占城镇村及工矿用地 13.75%；村庄占地 5432.08 公顷，占 77.43%；采矿用地 656.74 公顷，占 9.36%；风景名胜及特殊用地 52.13 公顷，占 0.74%。

交通运输用地　面积 2396.18 公顷，占土地总面积的 1.22%。其中公路用地 993.28 公顷，占交通运输用地面积的 41.45%；农村道路用地 1402.9 公顷，占 58.55%。

水域及水利设施用地　面积 3987.96 公顷，占土地总面积的 2.03%。其中河流水面 3222.85 公顷，占水域及水利设施用地的 80.81%；水库水面 290.98 公顷，占 7.3%；坑塘水面 271.33 公顷，占 6.8%；沟渠用地 167.11 公顷，占 4.19%；水工建筑用地 35.69 公顷，占 0.89%。

其他土地　面积 20528.92 公顷，占土地总面积的 10.46%。其中设施农用地 40.79

公顷，占其他土地的 0.2%；田坎 16586.81 公顷，占 80.8%；裸地 3901.32 公顷，占 19%。

第四节　土地资源评价

一、土地资源特点评价

1984－1985 年进行的全县综合农业区划及其后完成的《瓮安县综合农业区划》一书，对土地资源特点进行了论述。

（一）土地资源类型多样，利用率高。土地总面积 294.9 万亩，土地利用分耕地、林地、园地、草地、水域、城乡居民点用地、工矿用地、交通用地、难利用地 9 类，其中能用于发展农、林、牧、渔业的面积为 2692418 亩，占土地面积的 91.3%。县境内整个地势南高北低，相对高差悬殊，地势起伏大。复杂的地质构造与古老的地块久经溶蚀、侵蚀和河流冲刷切割的影响，使河道纵横，坑塘、水库星罗棋布，沟、谷、槽、坝相间，山地、盆地、丘陵交错分布。多种类型的土地资源，为农业生产的发展提供了优势的条件。

（二）耕地数量少，后备资源缺。耕地控制面积 412338 亩（统计局数据），其中田 181986 亩，土地 230352 亩，人均当时耕地为 1.18 亩。土壤普查耕地耕地图斑面积 805265 亩，有效耕地面积为 567428 亩（田 244937 亩、土 322491 亩），人均 1.62 亩。耕地中 25 度以上的坡耕地达 66999 亩，急需退耕。耕地后备资源缺，是较为突出的矛盾。

（三）农耕地坝地少，坡地多。一般沟、谷、槽、坝多为田，丘、坡缺水处多为土。全县 244937 亩田中，坝子田面积为 91852 亩，占 37.5%；槽谷田面积为 77645 亩，占 31.7%；剩下的 75440 亩为高度不同的坡榜梯田，占 30.8%。旱土中，平土仅 22018 亩，占 6.82%；坡土 300473 亩，占 93.18%，其中，分布在 5～25 度的坡土 213474 亩，占 66.2%；25～35 度的坡土 65714 亩，占 20.38%；分布在大于 25 度的坡土 21285 亩，占 6.6%。从耕地的垂直分布状况看，低于 600 米范围的耕地 3510 亩，占耕地面积的 0.61%，其中稻田 1902 亩，土 1608 亩；600～800 米范围的耕地 38003 亩，占耕地面积的 6.7%，其中稻田 17043 亩，土 20960 亩；800～1200 米范围的耕地 458527 亩，占耕地面积的 80.81%，其中稻田 209452 亩，土 249075 亩；1200 米以上的耕地 67387 亩，占耕地面积的 11.88%，其中稻田 16539 亩，土 50848 亩。

（四）土地资源分布不均，生产差异较大。雍阳、草塘等不少地方，地势平坦，人口稠密，田多土少，田土质量高，生产条件较好。太文、营定街、木引、峰岩等地，山高坡陡，地广人稀，生产条件较差。就林地而言，分布也不均匀。松坪、青池、长岭、岚关一线，遍生松、杉，用材林多，而珠藏、天文、玉山等北部地区，则多灌木。

二、土地资源质量等级评价

（一）1984－1985 年期间对土地资源质量评价

1984－1985 年进行的土壤普查、综合农业区划，对土壤肥力、农耕地等级、土地资源评级等作了如下相关测定和具体划分。

1.土壤养分状况：通过土壤普查测定，全县耕作土壤有机质含量在 2% 以下的占 11. 3%，2%～3% 的占 39%，3% 以上的占 49. 7%。土壤耕层全氮含量大于 2% 的面积为 171068 亩，占耕地面积的 30. 1%；0. 15%～0. 2% 的面积为 234609 亩，占耕地面积的 41. 35%；0. 1%～0. 15% 的面积为 139172 亩，占耕地面积的 24. 52%；0. 1% 以下的面积为 22559 亩，占耕地面积的 3. 98%。土壤耕层有效磷在 10ppm 以上的面积共 513478 亩，占耕地面积的 90. 52%；5～10ppm 的面积为 50798 亩，占耕地面积的 8. 92%，小于 5ppm 的于仅有 3152 亩，只占耕地面积的 0. 58%。有效钾含量在 10ppm 以上的耕地面积有 274413 亩，占耕地总面积的 48. 36%，其中田为 134304 亩，占稻田面积的 54. 8%；有效钾含量在 50～100ppm 的面积为 260702 亩，占耕地面积的 45. 95%；有效钾含量在 50ppm 以下的面积有 32313 亩，仅占耕地面积的 5. 96%。

2.土壤质地与酸碱度：全县 pH 值在 5. 5～7. 5 的土壤占 76. 6%，pH 值在 5. 5 以下或 7. 5 以上的过酸过碱土所占比例较小。全县土壤质地以中壤为多，占 53. 92%，其次是重壤和轻壤，分别占 22. 93% 和 17. 6%，砂壤土仅占 5. 3%，轻黏占 0. 23，轻砂仅占 0. 02。

3.土壤耕层厚度：耕层厚度 10～15 厘米的占农耕地总面积的 42. 1%，超过 15 厘米的占 56. 5%，10 厘米以下的仅占 1. 4%。

4.农耕地等级状况：按照产量水平，土壤养分含量及水源情况把农耕地有效面积划分为上、中、下三个等级。上等地 56547 亩，占总耕地的 9. 97%，其中田 23076 亩，旱土为 33471 亩，分别占田土面积的 9. 4% 和 10. 4%。中等地 316139 亩，占总耕地的 56. 71%，其中田 125197 亩，旱土为 190960 亩，分别占田土面积的 51. 2% 和 59. 2%。下等地 194742 亩，占总耕地的 34. 32%，其中田 96682 亩，旱土 98060 亩，分别占田土面积的 39. 4% 和 30. 4%。境内大量田土处于中产和低产水平。

5.土地资源评级：本县土地除城乡居民点、工矿、交通用地，水域和田土坎等农隙地外的 2592397 亩土地（占总面积的 87. 9%），按照全国土地分级标准，分为 8 级：

一级地 13165 亩，占全县土地总面积的 0. 53%，全为水田，分布零星，多为坝区寨脚田。该类地光温水利条件好，地势平坦，土壤熟化度高，无不良层次，耕层深厚，质地轻壤至中壤，供肥力强，宜种性广，旱涝保收，一年两熟，稳产高产。

二级地 118678 亩，占全县土地总面积的 4. 02%，其中田 81329 亩，土 37349 亩。二级地地势平缓，土壤熟化程度中上等，水源条件基本保证，严重干旱作物受害，养分含量中上等，供肥力强，宜种性广，一年两熟，本级地属中上等稻田和上等土，主要分布在河谷盆地、缓丘坝地、山间坝子和岩溶洼地。

三级地285660亩，占全县土地总面积的9.68%，其中田125353亩，土160307亩。水稻田熟化度中下等，土熟化度中等，养分含量较缺，水源不足，质地黏重，耕性较差，易涝易旱，排水不良，耕层较薄，县内各地均有分布，稻田多为缓坡两榜梯田，旱作土多分布在10度以下的坡土或平土，一般一年一熟或两熟。

四级地240073亩，占全县土地总面积的8.14%，其中水田25090亩，旱土101189亩，自然土113794亩。该类农耕地多分布在自然条件较差地区，耕作管理粗放，土壤熟化度低，限制因素多，产量低而不稳。

五级地910771亩，占全县土地总面积的30.09%，仅有旱作土23646亩，大多为自然土。该类土坡度多在25度以下，以中南部砂页岩母质和黏土岩母质发育的黄壤地区为多，土层深厚，养分含量较高，酸性至微酸性，是上等林业用地。

六级地733709亩，占全县土地总面积的24.8%，全为自然土，一般坡度在25度以上，土体较厚，砾质较重，适于林业发展。

七级地130646亩，占全县土地总面积的4.41%，均是自然土，且裸岩较多，植被较差，土体薄，肥力差，水土流失严重，多为石旮旯土，发展林牧业有一定困难。

八级地159695亩，占全县土地总面积的5.42%，为裸岩大于80%的难利用山地，植被差，发展农林牧业均较难利用。

（二）土地详查期间对土地资源质量评价

1988－1990年完成的土地详查，对土壤肥力、土地分级、耕地分级等，作了如下相关测定和具体划分。

土壤肥力：详查测定：有机质含量在2%以下的占10.1%，2%～3%的占59.3%，3%以上的占30.6%。有18.4%的土壤缺氮。根据土壤肥力等，全县土地划分为三等，上等地占25.87%，中等地占52.71%，下等地占21.42%。

土地分级：除城乡居民点、工矿、交通用地和水域、田土坎等农隙地外，按有关土地划分标准，全县应评定土地面积为2806568.4亩，土地划分为8个等级，其中一级地14033亩，占评定土地面积的0.5%；二级地127138亩，占4.53%；三级地308161亩，占10.98%；四级地256801亩，占9.15%；五级地977247亩，占34.82%；六级787242亩，占28.05%；七级地140048亩，占4.99%；八级地195898.4亩，占6.98%。

耕地分级：视其产量水平等，划分为上、中、下三个等级。上等地101918亩，占总耕地面积的11.04%；中等地470264.7亩，占总耕地面积的50.95%；下等地350833亩，占总耕地面积的38.01%。县境稳产高产田土比较少，中低产田土比较多。

（三）2013年对耕地质量等别更新评价

2011年开始，根据国土资源部有关文件，县国土资源局每年开展一次耕地质量等别更新评价，其中2013年全县耕地质量等别更新评价总面积59078.84公顷（水田22482.40公顷、旱地36596.44公顷），具体更新评价情况如下：

1.耕地质量等别更新情况

（1）国家级自然质量等

全国耕地评定为15个质量等别，1等耕地质量最好，15等最差。全县国家级自然质量等评定为5个等别，10等耕地质量最好，面积2093.17公顷，14等最差，面积26.20公顷。采用等别面积加权法，计算得到全县国家级平均自然质量等别为11.56等。其中以11～12等耕地为主，面积大于50000公顷，占全县耕地评定总面积的89.21%。将全县国家级自然质量等按照9～10等、11～12等、13～15等划分为高等地、中等地和低等地。其中高等地面积2093.17公顷，占全县耕地评定总面积的3.54%；中等地面积52698公顷，占全县耕地评定总面积的89.21%；低等地面积为4287.67公顷，占全县耕地评定总面积的7.25%。

全县耕地国家级自然质量等别表

表3－6

名　　称	10等	11等	12等	13等	14等	合　计
国家级自然等（公顷）	2093.17	26300.34	26397.66	4261.47	26.20	59078.84
占总面积比例	3.54%	44.52%	44.69%	7.21%	0.04%	100%

（2）国家级利用等

全县国家级利用等评定为5个等别，9等耕地质量最好，面积522.31公顷，13等最差，面积2873.38公顷。采用等别面积加权法，计算得到全县国家级利用质量等别为11.26等。其中以11～12等耕地为主，面积均大于40000公顷，占全县耕地评定总面积的79.54%。将全县国家级利用等按照9～10等、11～12等、13～15等划分为高等地、中等地和低等地。其中，高等地面积9218.54公顷，占全县耕地评定总面积的15.6%；中等地面积46986.92公顷，占全县耕地评定总面积的79.54%；低等地面积2873.38公顷，占全县耕地评定总面积的4.86%。

全县耕地国家级利用等别表

表3－7

名　　称	9等	10等	11等	12等	13等	合　计
国家级利用等（公顷）	522.31	8696.23	27383.73	19603.19	2873.38	59078.84
占总面积比例	0.88%	14.72%	46.36%	33.18%	4.86%	100%

（3）国家级经济等

全县国家级经济等评定为5个等别，9等耕地质量最好，面积363.74公顷，13等最差，面积1926.41公顷。采用等别面积加权法，计算出全县国家级经济质量等别为11.35等。其中以11～12等耕地为主，面积均大于50000公顷，占耕地评定总面积的84.89%。将全县国家级经济等按照9～10等、11～12等、13～15等划分为高等地、中等地和低等地。其中高等地面积7000.17公顷，占耕地评定总面积11.85%；中等地面积50152.26公顷，占耕地评定总面积的84.89%；低等地面积为1926.41公顷，占耕地评定总面积的3.26%。

全县耕地国家级经济等别表

表3－8

名　称	9等	10等	11等	12等	13等	合　计
国家级经济等（公顷）	363.74	6636.43	26019.78	24132.48	1926.41	59078.84
占总面积比例	0.62%	11.23%	44.04%	40.85%	3.26%	100%

2.耕地质量等别空间分布

国家级自然质量等：高等地主要分布在猴场镇、中坪镇、铜锣乡3个乡镇，总面积481.59公顷，占全县高等地总面积的23.01%；中等地主要分布在猴场镇、中坪镇、建中镇、松坪乡4个乡镇，总面积12767.17公顷，占全县中等地总面积的24.23%；低等地主要分布猴场镇、玉山镇、松坪乡、高水乡4个乡镇，面积1086.78公顷，占全县低等地总面积的25.35%。

国家级利用等：高等地主要分布在猴场镇、中坪镇、珠藏镇，总面积2202.43公顷，占全县高等地总面积的23.89%；中等地主要分布在猴场镇、中坪镇、珠藏镇、永和镇，总面积10998.66公顷，占全县中等地总面积的23.41%；低等地主要分布在永和镇、白沙乡，面积478.97公顷，占全县低等地总面积的16.67%。

国家级经济等：高等地主要分布在猴场镇、中坪镇、鱼河乡，总面积为2260.51公顷，占全县高等地总面积的32.29%；中等地主要分布在猴场镇、珠藏镇、永和镇、松坪乡，总面积11679.24公顷，占全县中等地总面积的23.29%；低等地主要分布在中坪镇、永和镇，面积404.25公顷，占全县低等地总面积的20.98%。

第四章　土地制度

第一节　封建土地所有制

元代，土司领主占有全部土地。明代，土司领主和卫堡占有绝大部分土地。在土司和卫堡屯田（“军屯”）之外，有部分“民屯”。“军屯”按每堡屯兵百名，将土地直接分配给驻军屯垦，并相应地配给房屋、耕牛、农具和种子费用，达到以兵养兵。明万历二十九年（1601年）置县后，废土司、卫堡，屯田解体，成为公田。全县有1%的学田和公田。学田用于供养学校及赡养土司；公田用于社会救济和兴办公益事业。尽管用途有别，但都为地主豪绅所把持。

清代，允许“军屯”买卖，升为“科田”（私田），又产生一批新地主和自耕农。民国时期，一些官绅和富商借官府势力，采取高利盘剥和商品不等价交换等手段收买、典当和兼并农民土地，使土地更多集聚在地主阶层手里。据统计，新中国成立土改前，县境占田400亩（2000挑）以上的地主有31户。雍阳镇袁经仲占田600多亩（3000多挑）。玉山乡地主刘俊禄占田1000多亩（5000多挑），陈达常占田800多亩（4000多挑）。草塘镇符治邦占田500多亩（2500多挑）。珠藏镇犹泮香占田400多亩（2090多挑）。可谓“富者田连阡陌，贫者无地立锥”。

旧中国地主凭借占有的大量土地残酷剥削农民，其主要剥削手段为地租。地租有分租（活租、分花）、定租（死租、认花）、典租（农民土地典当给地主，仍由其耕种，向地主交租）等。多为分租，一般为“五五”分成，高者有“四六”分成（佃农四，业主五）。地主地租之外的附加剥削手段为帮工、帮粮或押金，即佃农租种地主土地，除向地主交纳地租外，还要无偿为地主做一定数量的工，诸如种地、砍柴、挑水、洗衣、做针线、带孩子等。替地主交纳一定数量的税粮，或向地主先交一定数量的押金。此外，地主还向农民放高利贷，年利率高达50%以上，到期不还则计算复利，利滚利形成还不完的“阎王债”。瓮安解放前有的地主势力很大，驰名县内外的，有珠藏“门外两县长，家有刮地王”的李氏三兄弟（李繁昌、李繁均分别任瓮安、仁怀县长，李繁生为守家土豪）。雍阳新庄戎恕平、小坡袁良丞，草塘符治邦，永和王常五，玉山陈达常等，均称霸一方，有的甚至可以左右县政。地主阶级残酷的政治压迫和经济剥削，致使广大的农民群众衣不蔽体，食不果腹，背井离乡，家破人亡。广大农民为挣得土地，摆脱封建剥削制度，曾运用各种形式同地主阶级进行无数次斗争，但由于历史的局限性，均未能实现成为土地主人的愿望。

在封建土地所有制下，据统计土地改革前，全县总人口152630人，总耕地327512亩（田147082亩，土180430亩），粮食总产量87114899斤，耕地人均2.15亩，粮食人均285.5公斤。其中地主9924人，占总人口的6.5%，却占有耕地123208亩，占耕地总面积的37.62%，人均耕地12.42亩；富农、半地主式富农7076人，占总人口的4.6%，却占有耕地39479亩，占耕地总面积的12.05%，人均耕地5.58亩；贫农40110人，占总人口的26.3%，却只占耕地16041亩，占耕地总面积的4.9%，人均耕地只有0.4亩。处于贫困线下的佃贫农、雇农等，人均拥有耕地甚至不足0.1亩。

第二节　农民土地所有制

一、土地改革

1950年6月30日，中央人民政府根据全国解放后的新情况，颁布《中华人民共和国土地改革法》，它规定废除地主阶级封建剥削的土地所有制，实行农民的土地所有制。

10月，中共贵州省委、省人民政府组织力量，派出由省财政厅厅长边裕琨、副厅长尹痴生所率领的粮食厅干部和革大学员400多人，组成工作队到瓮安协助进行土地改革（简称“土改”）。加上县内抽调力量和培训农民积极分子，省、县两级共组成了1270人的土地改革工作队。工作队在大力发动群众，开展清匪、反霸、减租、退押、征粮“五大任务”运动的基础上，进而于1951年6月1日至7月15日和8月1日至10月15日，分两期在第一、二区（雍阳、草塘）和第三、四、五区（中坪、永和、珠藏）开展土改运动。并于1952年2月1日至3月31日和1953年3月25日至4月20日，分别进行了土改全面复查和重点复查，处理了遗留问题，完成了土地改革。

1950－1951年，全县土地改革从始至终坚持贯彻执行“依靠贫农、雇农，团结中农，中立富农，有步骤有分别地消灭封建剥削制度，发展农业生产”的总路线，按5个步骤进行：

（一）宣传土地政策。召开土地工作队员大会，从总结“五大任务”运动经验、整顿思想作风入手，学习土改法，领会方针政策，明确指导思想，统一工作步调。之后，分赴各村组织宣传政策。工作队通过组织宣传队，利用会议、墙报、歌舞、戏剧等形式，广泛宣传《土改法》，使广大农民了解土改方针政策，并通过走村串寨，访贫问苦，组织典型诉苦，启发贫苦农民倒苦水，挖苦根，使之认识自己是土地的主人，投入土改运动。

（二）划分阶级成分。贯彻执行政务院《关于划分农村阶级成分的决定》，结合报产评产，讲阶级（自报），评阶级（公议），通过阶级（村乡讨论通过，公布第一、二榜），批准阶级（区审查批准，公布第三榜），明确依靠谁，团结谁，中立谁，打击谁。在评议阶级成分时，允许被评议人申辩，之后进行复评，个别的还通过人民法庭裁定。

划分阶级成分的次序为：地主、富农、小土地出租、其他。首先划出大地主，开展反违法、反分散（财物）、反隐瞒（土地）斗争。通过诉苦、算账，发动老帮工、老佃户等控诉地主罪行，从政治上、经济上彻底打垮地主。经过划分阶级成分，全县划定地主1732户，半地主式富农418户，富农639户，宗教职业者（僧尼）223户，小土地出租者985户，富裕中农1516户，中农5981户，佃中农4518户，贫农8738户，佃贫农1912户，雇农2255户，手工业工人433户，小手工业者560户，小商贩1143户，贫民931户，自由职业者98户，其他阶层369户，合计32451户。

（三）没收征收土地。进行查田评产、登记土地，开展反违法、反分散、反隐瞒斗争，没收地主土地，征收公、学、庙、祠土地，收缴没收土地的契约，没收征收地主、富农的部分生产资料。全县共征收土地174288亩（产量46360602斤）占总耕地面积的53.22%。同时，没收征收耕牛2401头、骡马361匹、犁耙3579架、水车风车463架、瓦房9397间、草房4491间、其他猪牛栏等房屋1449间、粮食16.99万斤。

（四）分配土地。以乡为单位调剂土地，以村为单位分配土地，抽、补、分土地结合进行。首先算出土地精确数字，然后统一抽、统一补、统一分，先抽、后补、再分。先分土地，后分房屋、大牲畜、大农具、粮食等生产生活资料。据一、三、五区调剂土地统计，共8个乡（镇），92个村（街），20833户，97458人，201167亩（产量53508296斤）耕地。不抽不补村18个，抽田村38个，补田村36个。迁移483户1784人。调剂土地5420亩（产量1441625斤）。经过土改，全县无地少地的农民共分得土地150858亩（产量40126740斤），占总耕地面积的46.06%。贫雇农人均占有土地由土改前的0.32亩（产量86斤）增为2.06亩（产量547斤），中农由1.62亩（431斤）增为2.41亩（产量642斤），其他成分由0.23亩（60斤）增为0.86亩（229斤），小土地出租者由4.20亩（1117斤）减为2.76亩（产量733斤），宗教职业者（僧尼）由9.64亩（2564斤）减为2.32亩（产量616斤），富农由5.58亩（1484斤）减为2.88亩（产量765斤），地主由12.41亩（3302斤）减为1.59亩（产量424斤）。贫苦农民还分得耕牛、骡马2610头（匹），犁、耙、水车、风车4101架，住房11714间，烤房、碾房、谷仓、猪牛栏等房屋1373间，粮食10多万斤，衣物折谷1200多万斤。

（五）庆祝土改胜利。土改基本结束，各区、乡、村分别举行庆祝土改胜利大会，焚烧土地契约。会场上充满了喜气洋洋的气氛，广大贫苦农民兴高采烈欢庆彻底翻身。会后，群众普遍订立爱国公约，开展爱国增产运动。翻身农民革命、生产积极性空前高涨，纷纷表示要以增产、捐献的实际行动支援抗美援朝。全县共捐献现金22537万元；大米1710斤、稻谷370188斤，折款11340万元；合计33877万元，超额38.44%完成贵阳专区抗美援朝分会布置的捐献任务。

1952年春，土地改革结束后，县委、县政府抽调干部分赴全县102个村，对土改工作进行了普遍复查。对土改搞得较好的33个一类村和搞得一般的52个二类村，依靠村干、积极分子和发动后进群众处理遗留问题。对土改搞得较好差的17个三类村，通过充分发动贫雇农、调整领导班子和斗倒政治上经济上打击不彻底的地主来处理遗留问题。在普遍复查中，新划出地主137户（占地主总户数的7.54%），改正部分错划为地主的成分，全县实有地主1838户。对有些村土改时以解放后生活情况划为中农的贫农，全部作了纠正。第五区三乐村200多户人家，土改时只划有22户贫雇农，经过复查有63户中农改划为贫农。

瓮安县土改前后各阶层土地占有情况表

表4－1

项目 阶层	人口		土改前			土改后		
	人数	占总人口%	土地面积（亩）	占总面积%	人均面积（亩）	土地面积（亩）	占总面积%	人均面积（亩）
合计	152630	100	327512	100	2.15	327512	100	2.15
地　主	9924	6.5	123208	37.62	12.42	15830	4.83	1.6
半地主式富农	2755	1.8	17242	5.27	6.24	7554	2.31	2.74
富　农	4321	2.8	22237	6.79	5.15	12805	3.91	2.96
小土地出租者	2991	2.0	12564	3.84	4.20	8239	2.52	2.75
富裕中农	9339	6.1	31324	9.56	3.35	31256	9.54	3.35
中　农	32776	21.5	67006	20.46	2.04	76444	23.34	2.33
佃中农	23893	15.7	8616	2.63	0.36	51684	15.78	2.16
贫　农	40110	26.3	16041	4.90	0.40	82336	25.14	2.05
佃贫农	8969	5.9	821	0.25	0.09	16789	5.13	1.87
雇　农	4621	3.0	464	0.14	0.10	11374	3.47	2.46
手工业	2343	1.5	523	0.16	0.22	1912	0.58	0.82
小商贩	4584	3.0	1179	0.36	0.26	3425	1.05	0.75
贫　民	2865	1.9	164	0.05	0.06	2356	0.73	0.82
自由职业者	318	0.2	126	0.38	0.03	435	0.13	1.37
手工业工人	1353	0.9	160	0.49	0.12	1747	0.53	1.29
宗教职业	372	0.2	3585	1.09	9.64	862	0.26	2.32
其　它	1096	0.7	2329	0.71	2.13	925	0.28	0.84
公　地			19923	6.08		1539	0.47	

注：公地，土改前为寺庙、宗祠等，土改后为机动田

1953年春夏，县委、县政府抽调干部分赴21个村，对土改工作进行重点复查。这些村的主要问题是“和平”“夹生”土改，地主阶级尚未打倒，反动气焰嚣张。他们收买干部，威胁群众，反攻倒算，造谣破坏，制造民族、家族、村寨矛盾，甚至密谋杀害干部。有的地主、富农、坏分子混入基层领导班子，成为地主的代言人。在重点复查中，一是充分发动群众，斗争地主84户，占全县地主总户数的4.57%。第二区新华村地主樊哲之（国民党区分部书记），不准农民住进土改分得的房屋，倒回农民分得的砖

瓦，隐藏银元120块，要挟村长率30多户农民给其盖新房。经过斗争，才向群众低头认罪，退赔物资和现金。全县法办罪恶民愤极大的地主分子20名，判刑4名，管制16名，扑灭了地主阶级反攻倒算的嚣张气焰。二是新划出地主38户、富农5户。土改时划错的原因，一种是地主搞分家分散土地；二种是地主将抱养子女、帮工报为家庭劳动力；三种是地主隐瞒土地或将出租土地报为自耕；四种是地主将家中未参加农业劳动的人报为参加农业劳动；五种是村干部不纯，蓄意包庇。对新划出的地主、富农，按照土地法规定，结合当地实际作了处理。三是对土改中错划为地主的9户改为其他成分，并认真细致地进行善后工作，赔偿其损失。四是整顿村干队伍，加强干群团结。五是补分部分土地、山林、房屋和斗争果实，折款达2亿多元。

土地改革是中国历史上几千年来在土地制度上的一次最重大、最彻底、最大规模的改革。瓮安土地改革的胜利完成，彻底摧毁了封建剥削制度，无地少地的农民获得了土地和其他生产资料，免除了每年向地主交纳苛重地租，从而改善了生活，提高了革命和生产积极性，解放了农村生产力，推动了农业生产的发展，进一步巩固了工农联盟和人民民主专政。

二、土地合作

土地改革确立了农民个体土地所有制，广大农民分得土地，生产积极性空前高涨，迫切要求组织起来发展生产。根据党和国家的方针政策，土改后全县先后兴办农业互助组和初级农业生产合作社，实行了农民个体土地所有制下的土地经营合作。

互助组　1951年冬，县委、县政府贯彻《中共中央关于农业生产互助合作的决议（草案）》，派出工作组在第一区试办冷家堡罗荣汉互助组、第二区试办陈家湾邓双志互助组、第三区试办麻窝凼李大斌互助组。农业生产互助组由临时性—季节性—常年固定性逐步发展。至1952年年底，全县已办起互助组3098个，入组农户达19039户，占全县总农户的62.85%。其中常年性互助组442个，2533户；临时（季节）性互助组2656个，16506户。互助组当年粮食产量比上年增长56.1%。1953年春，总结举办互助组工作，推广办得好的互助组经验，纠正急躁冒进作法，对一些互助组进行整顿，10月，互助组减为2800个。年底，又增为3197个，其中常年性互助组212个，临时性互助组2985个。互助组当年粮食产量比上年增长11%。互助组经过不断整顿，逐步巩固提高，至1954年春，互助组发展到3450个，其中常年固定性互助组1069个，临时性互助组2381个，入组农户26901户，入组农户占总农户的82.53%。互助组坚持“自愿结合，等价交换，民主管理”，入组农户的土地和收入归私人所有，劳动力、耕牛、大农具调剂使用，等价交换。互助组在保留土地和其他生产资料农户私有制的基础上，农户间相互提供帮助，在抗御灾害、发展生产方面体现了一定优越性。

初级农业生产合作社　1953年冬，县委、县政府贯彻中共中央第三次互助合作会议精神，派出工作组在花桥乡、营定乡、新何乡试办3个初级农业生产合作社。初级社实行土地入股，统一经营，集体劳动，按劳动和土地多少进行分配，农民仍然拥有土地的所有权。分配一般按“劳七地三”“劳六地四”或“劳五地五”的比例分配，耕牛、大农具以租金形式付给报酬。1954 年春，试办扩大到各区委的点上，增为 11 个。在试点社的影响下，当年初级社发展到 22 个。是年，22 个初级社有 21 个比上年增产，平均增产 20%，90% 以上的社员增加收入。到 1956 年春，初级社发展到 692 个，入社农户 29972 户，入社农户占总农户的 89.5%，全县实现初级农业合作化。

第三节　社会主义土地公有制

中华人民共和国成立后，逐步形成了劳动群众集体所有和全民所有即国家所有两种土地公有制形式。

一、集体土地所有制

集体土地所有制的形成、演变及集体土地所有制下土地经营方式的发展，经历了高级农业生产合作社、人民公社、土地承包责任制等各个时期。

（一）高级农业生产合作社

1955 年冬，县委、县人委贯彻中共中央《关于农业合作化问题的决议》，派出工作组以花桥乡冷家堡、新庄两个初级社为基础，试办“五星”“红旗”两个高级农业生产合作社。高级社取消土地分红，山林、耕牛、大农具折价入社，劳力统一组合，农活统一安排，实行按劳分配制。试办尚未结束，“农业合作化高潮”到来。到 1956 年 4 月 15 日，高级社发展到 115 个，入社农户 31418 户，占总农户的 93.82%。由于高级合作化要求过急，遗留问题较多。5 月，县组织 1212 名干部下乡，帮助各社处理遗留问题，建交各种规章制度。当年，除木引、萍水两社外，各社普遍增加收入，总收入比上年增长 67.22%，粮食比上年增产 20%。经济作物有 46 个社增产 1 倍，64 个社增产 3～4 倍，5 个社增产 5 倍以上。93.5% 的社员不同程度增加收入。至 1957 年春，高级社调整为 116 个，入社农户 34224 户，占总农户的 99.81%。

高级社实行计划管理，作物种植、产品产量等接受国家计划指导。高级社把个体农民的以土地为主的生产资料私有制变成了社会主义的生产资料公有制，基本完成了对农业的社会主义改造。

（二）人民公社

1958 年秋，在“大跃进”“跑步进入共产主义”形式下，县委贯彻中共中央《关于在农村人民公社问题的决议》，将草塘区东南部 8 个乡（镇）、13 个高级农业生产合作社合并建立金星人民公社。第一个公社建立后，十天时间，全县实现公社化：116 个高级社合建为 31 个公社，有社员 36355 户，入社农户占总农户的 97.25%。时隔半月，公社并为 16 个。12 月，实行“区为公社”“政社合一”，撤销区建立 7 个大公社，下设 104 个生产大队，1076 个生产队。公社片面强调“一大二公”，搞集体所有制向全民所有制过渡，搞“一平二调”，大刮“共产风”，权力过分集中在县社两级，基层生产单位没有自主权。当时的公社化，给生产生活造成了一定负面影响。

1959年春，县委贯彻中共中央《关于人民公社管理体制的若干规定（草案）》，实行“统一领导，队为基础；分级管理，权力下放；三级核算，各负盈亏；分配计划，由社决定；适当积累，合理调剂；物资劳动，等价交换；按劳分配，承认差别”。3月，在县城召开有县、公社、管理区、生产大队、生产队五级干部参加的万人大会，对无偿调用生产队的土地、现金和各种资金进行一一清理退赔，共赔偿现金907.77万元，下放生猪17743头，退还树木2183株，并恢复了社员自留地，人民公社化运动失误得到初步纠正。

1960年12月，实行“三级所有，队（生产大队）为基础”的体制。1961年8月，撤销大公社，恢复7个区，建立31个公社，224个生产大队，2240个生产队。1962年1月，中共中央召开全国县委书记农村工作会议，决定将农村人民公社基本核算单位下放到生产队。瓮安县委书记吴近仁、副书记卓子意参加了此次会议。此次会议后，全县调整生产资料所有制关系，原属生产队的土地、山林、耕畜、农具、水利设施一律归生产队社员集体所有；重新实行按劳分配制度；增加社员饲料地，分配自留地。饲料地、自留地合计占生产队总耕地面积的5%～10%。

1963年，全县公社调整为48个，直至1982年，时有生产大队246个，生产队3039个。1983年，公社调整为47个，生产大队为239个，生产队2098个。同年起，贯彻中共中央《关于当前农村经济政策的若干问题》的指示，陆续撤销人民公社、生产大队、生产队，恢复乡（镇），建立村和村民组。人民公社土地所有制关系，先后经历了人民公社所有、人民公社三级所有以生产大队所有为基础、人民公社三级所有以生产队所有为基础等三个阶段，1962年《农村人民公社工作条例修正草案》颁布，最终将土地、劳力、牲畜、农具“四固定”到生产队，形成分别以生产大队和生产队为基本单元的农村经济管理格局，直至二十世纪七十年代后期。

（三）土地承包责任制

1979年2月3－14日　县委召开三级干部会议，学习中共中央颁发的《关于加快农业发展若干问题的决定（草案）》，会后，恢复和发展小段包工、定额管理等经营管理制度。是年境内少数农村生产小队开始出现自发包产到组、包产到户。

1980年春，放宽农业政策，全县生产队调整为2678个。不少生产队开始自发包产到组、包产到户、包产到劳力。至7月中旬，有以队核算包产到组的生产队774个，包产到户的生产队241个，包产到劳力的生产队62个，直接包产到组的生产队349个，包产到户的生产队591个。7月18－25日，县委召开三级干部会议贯彻中央和省委文件，确定普遍实行家庭联产承包责任制，具体做法是：耕地按人口划分到户承包；耕牛、大农具折价按人口均摊固定到户，作价找补；国家征购、集体提留按承包耕地面积落实到户；由生产队与社员签订承包合同，承包期3～5年。土地承包责任制改变过去“集体劳动，集体经营，统一分配”的模式，实行所有权与经营权分离，土地集体所有性质不变，而将责、权、利统一于承包户，有效调动了农民的生产积极性，提高了劳动生产力。至1981年，土地承包基本完成。

1981年，稳定山林权、划定自留山、确定林业生产责任制的“三定”工作在长林乡试点，随后在全县展开，1982年“三定”工作基本结束，并按规定颁发了林权证、责任山管理证和自留山证。次年，鼓励农民荒山造林，全县社、队兴办林场64个。

1982年，农村涌现出大批专业户、重点户和新型经济联合体。全县有各种专业户（多数是以一业为主的专业户）6127户，重点户4230户，科技户3173户。在专业户和重点户中尤以烤烟生产联片种植经营形式较为突出。全县新型经济联合体有专业生产、资源开发、综合服务三种类型。专业生产型包括从事种植、养殖、农副产品加工、建筑建材业等；资源开发型包括兴办家庭林场、养殖场和采矿业，其中有独户经营和合伙搞股份制经营，前者居多，自负盈亏，后者风险共担，利益均摊；综合服务型包括农技、植保、兽防、蔬菜种植行业和建立社区合作经济组织、农村合作基金会等服务组织。

1984年，随着人民公社、生产大队、生产队撤销和乡（镇）、村、村民组建制的完成，4月，县委贯彻中央和省委关于延长土地承包期和“大稳定小调整”的指示精神，组织县、区、乡管农业的干部68人到鱼河进行延长土地承包期和调整土地试点工作。之后，全县铺开。明确社员承包土地的期限由3~5年延长为20年，并发给承包土地使用证。对死亡绝户、农转非户、外迁户的责任地和荒芜弃耕的土地，由集体收回作为机动地或转给种田能手经营。对生、死、嫁娶等人口正常增减，实行“增人不增地、减人不减地”政策。规定土地承包实行“三不准”：不准将原来的承包地打乱按现有人口重新发包；不准随意打破村组（原生产队）土地所有关系的界限在全村范围内重新平均承包；不准任何干部在延长土地承包期工作中以权谋私、假公济私。是年，全县开展国有林定权发证工作，划定国有林13片，面积2250.34公顷，县政府颁发国有林权证13张。全县通过进一步完善土地使用权，鼓励联户生产作业，土地耕种向种田能手转包，出现承包大户3016户，占黔南州土地承包大户的60%，占全县总户数的3.7%。1987年，全县有林业专业户37户，承包林地3万亩；重点专业户56户，承包林地5679亩；联户林场50个，承包林地163454亩。

1988年1月，下发《瓮安县人民政府关于进一步完善土地承包管理制度的意见》，全县开展完善土地承包管理权属、搞好土地转包和调整、严格进行土地清理、积极试行耕地区适度规模经营、完善林业责任制加速荒山绿化、落实草山草坡承包责任制等工作。3月14日，按州委、州政府下发的《关于深化农村改革的通知》，全县各乡镇领导与县政府签订责任状。8－10月，县抽调区、乡、村干部66人组成工作队，在中坪、高枧两乡进行土地适度规模经营试验，改土地无偿承包为有偿承包，允许土地有偿转让。两乡有雇工、合股、互助、自耕等4种规模经营形式，共326户，占两乡总农户的8.6%。是年，全县发动群众制定和完善山林管理乡规民约，严格封山育林制度，认真落实宜林荒山承包造林责任制，广泛宣传承包造林50年权利不变，消除群众“政策多变”顾虑。全县出现农民积极承包荒山造林热潮。

1998年5月12日，县成立延长土地承包期工作领导小组，县委副书记、县长王振金任组长，县委常委宣传部长刘大慷、县人大常委会副主任张永祥、县政府副县长黄仁璞、县政协副主席向昌志任副组长，相关单位负责人为成员。8月28日，县调整延长土地承包期工作领导小组，县委副书记徐银芳任组长。9月9日，为贯彻落实中央、省、州关于进一步稳定和完善农村土地承包关系的有关文件精神，县下发《中共瓮安县委、瓮安县人民政府关于稳定和完善农村土地承包关系的实施意见》和《瓮安县稳定和完善农村土地承包关系若干问题的处理办法》。明确：集体土地的代表为村民委员会或村集体经济组织，延长土地承包期发包方为村一级；按照省发〔1997〕24号文件规定，全县从1994年起，耕地承包期再延长50年，非耕地资源开发承包期再延长60年，以拍卖等形式转让的非耕地使用权，可根据村委会确定的期限执行，但不得超过承包使用期的最高年限；第一轮承包期以来所发生的各种承包耕地差异，坚持稳定原则，一律不予调整，今后继续实行“在承包期内，增人不增地，减人不减地”的政策；由集体收回的“四户一人”的承包土地，实行转包或招标发包；经村委会同意，农户对土地的经营权和使用权可实行自愿有偿转包、转让、互换、入股。是年，全县通过签订土地延包合同书，县政府颁发“土地承包经营权证书”84366本。

2002年，农村土地集体所有长期不变、集体土地家庭承包经营长期不变的方针政策，以法律形式载入了《农村土地承包法》。

2007年，实行集体林权制度改革。经80%以上村民同意，原来由村管理的责任山权属（指林木，下同）可划归农户所有，没有达到80%以上同意的山林权属仍归集体经济组织所有成员共同享受。集体林权制度改革取消山林权属集体所有制，山林除国有林外，其余全部归属个人所有。集体林权制度改革后，明确了林木所有权、林地使用权，在保护林地集体所有权不变的前提下，林木归个人所有，国家重新颁发林权证，个人有自主经营管理权，可以作为个人固定资产抵押贷款、流转、买卖等，调动了农民营林护林积极性。

2012年，瓮安县集体林权制度改革基本完成，涉及23个乡镇、247个行政村、2547个村民组9.96万户。完成林改面积128.55万亩，确权发证93755宗林地、62770农户，共发放林权证42373本。其中茶园发放林权证130本，面积为5730亩；果园发放林权证189本，面积为9402.4亩。

二、全民土地所有制

中华人民共和国宪法规定，水流、森林、山岭、草原、荒地、滩涂等自然资源，都属于国家所有，即全民所有；由法律规定属于集体所有的森林和山岭、草原、荒地、滩涂除外。规定农村和城市郊区的土地，除由法律规定属于国家所有的以外，属于集体所有。国家为了公共利益的需要，可以依照法律规定对土地实行征收或者征用并给予补偿。

瓮安解放后，通过接管旧民国行政机构、学校、庙宇等占有的土地，成为新中国成立后第一批全民所有土地。此后，通过执行国家一系列政策、法律、法令、条例、规定，通过采取没收、征收、征用、收归国有等经济、行政、法律手段，使国有土地面积逐年增加。

2000 年 11 月 20 日，县政府下发《关于确定县城规划区和各乡镇所在地规划区非农业建设用地土地所有权的通知》，根据土地管理法的规定，对县城规划区和各乡镇所在地规划区非农业建设用地的土地所有权进行了明确：一、县城规划区和各乡镇所在地规划区内已经用作城乡建设的各类非农业建设用地的土地所有权属国家所有。二、凡今后发展城乡建设需要依法征用的集体土地，从征用之日起，其土地所有权属国家所有。三、县城规划区和各乡镇所在地规划区内的各类非农业建设用地，在作初始土地登记时其土地所有权属国家所有；对原登记为集体所有土地的非农业建设用地，其土地所有权更正为国家所有。

三、土地权属统计

（一）集体土地

1997 年，全县土地总面积 2951555. 3 亩（196770. 35 公顷），其中集体所有土地 2865757. 5 亩，占土地总面积的 97. 09%，国有土地 85533. 7 亩，占土地总面积的 2. 9%，飞入地 264. 1 亩，占土地总面积的 0. 01%。分项统计：全县耕地总面积 922793 亩，其中集体耕地 920256. 4 亩，占耕地面积的 99. 73%；园地总面积 16034. 9 亩，集体园地 10691. 2 亩，占园地面积的 66. 67%；林地总面积 1297610. 1 亩，集体林地 1260103. 4 亩，占林地面积的 97. 11%；牧草地面积 70320. 8 亩，集体牧草地 70034. 5 亩，占牧草地面积的 99. 59%；居民点及工矿区总面积 93681 亩，集体权属部分 85797. 1 亩，占居民点及工矿区面积的 91. 58%；交通用地面积 18261. 8 亩，集体权属部分 11456. 9 亩，占交通用地面积的 62. 74%；水域总面积 33358. 2 亩，集体权属部分 9436. 7 亩，占水域面积的 28. 29%；未利用地总面积 499495. 5 亩，集体权属部分 497981. 3 亩，占未利用地面积的 99. 7%。

2014 年，全县土地总面积 196273. 5 公顷，其中集体所有土地 189659. 41 公顷，占土地总面积的 96. 63%；国有土地 6614. 09 公顷，占土地总面积的 3. 37%。集体土地较之 1997 年，减少 0. 46 个百分点，面积减少 1391. 09 公顷。分项统计：全县耕地总面积 58919. 54 公顷，其中集体耕地 58909. 23 公顷，占耕地总面积的 99. 98%；园地总面积 2523. 92 公顷，其中集体园地 2118. 51 公顷，占园地总面积的 83. 94%；林地总面积 90433. 42 公顷，其中集体林地 89558. 81 公顷，占林地总面积的 99. 03%；草地总面积 10468. 15 公顷，其中集体草地 10468. 15 公顷，占草地总面积的 100%；城镇村及工矿用地总面积 7015. 31 公顷，其中集体权属部分 5850. 53 公顷，占城镇村及工矿用地总面积的 83. 4%；交通运输用地总面积 2396. 14 公顷，其中集体权属部分 1461. 89 公顷，占交通用地总面积的 61.01%；水域及水利设施用地总面积 3987.96 公顷，其中集体权属部分 764.95 公顷，占水域面积的 19.18%；其他土地总面积 20529.06 公顷，其中集体权属部分 20527.34 公顷，占地面积的 99.99%。

（二）国有土地

1997 年，全县土地总面积 2951555.3 亩，其中国有土地 85533.7 亩，占土地总面积的 2.9%。分项统计：全县耕地总面积 922793 亩，其中国有耕地 2536.6 亩，占耕地面积的 0.27%；园地总面积 16034.9 亩，国有园地 5343.7 亩，占园地面积的 33.33%；林地总面积 1297610.1 亩，国有林地 37345.4 亩，占林地面积的 2.88%；牧草地面积 70320.8 亩，国有牧草地 183.5 亩，占牧草地面积的 0.26%；居民点及工矿区总面积 93681 亩，国有权属部分 7883.9 亩，占居民点及工矿区面积的 8.42%；交通用地面积 18261.8 亩，国有权属部分 6804.9 亩，占交通用地面积的 37.26%；水域总面积 33358.2 亩，国有权属部分 23921.5 亩，占水域面积的 71.71%；未利用地总面积 499495.5 亩，国有权属部分 1514.2 亩，占未利用地面积的 0.3%。

2014 年，全县土地总面积 196273.5 公顷，其中国有土地 6614.09 公顷，集体土地 189659.41 公顷，国有土地占土地总面积的 3.37%。国有土地较之 1997 年，增加 0.47 个百分点，面积增加 911.84 公顷。分项统计：全县耕地总面积 59819.54 公顷，其中国有耕地 10.31 公顷，占耕地总面积的 0.02%；园地总面积 2523.92 公顷，其中国有园地 405.41 公顷，占园地面积的 16.06%；林地总面积 90433.42 公顷，其中国有林地 874.61 公顷，占林地面积的 9.67%；城镇村及工矿地总面积 7035.31 公顷，其中国有地 1164.78 公顷，占城镇村及工矿地总面积的 16.6%；交通运输地总面积 2396.14 公顷，其中国有交通运输有地 934.25 公顷，占交通运输地面积的 68.99%；水域及水利设施用地 3987.96 公顷，其中国有地 3223.01 公顷，占水域及水利设施用地面积的 80.82%；其他土地 20529.06，其中国有地 1.72 公顷，占其他土地总面积 0.01%。

第四节　土地使用制度改革

境内无论是全民所有土地还是集体所有土地，均长期实行无偿无限期的土地使用制度，导致土地利用严重失控，土地资源严重浪费。土地使用制度改革，主要是变无偿、无限期、无流动的土地使用制度为有偿、有限期、有流动的土地使用制度，使土地所有权与使用权分离。

一、国有土地使用制度改革

解放后，境内国有土地使用权一直采用划拨方式供应。土地使用权划拨，是指经县级以上人民政府依法批准，将土地使用权无偿交付给土地使用者使用的行为。以划拨方式取得的土地使用权，除缴纳一定补偿费、安置费、使用费等外，不缴纳土地出让金等高额费用。以划拨方式取得的土地使用权，除法律、行政法规另有规定外，一般没有使用期限的限制。划拨土地不能转让、出租、抵押。

1990年5月，《中华人民共和国城镇国有土地使用权出让和转让暂行条例》（国务院令第55号）下达。是月，县政府印发《瓮安县划拨土地使用权管理暂行规定》，明确自该规定公布之日起，全县发生的土地转让、出租、抵押均需交纳出租、转让金。1991年初，县成立土地使用制度改革领导小组。次年2月28日，县政府设立瓮安县土地使用制度改革办公室。根据《瓮安县划拨土地使用权管理暂行规定》，90年代初开始，全县国有土地有偿使用在境内推行，转让、出租、抵押土地使用权及乡镇企业用地均需按规定缴纳土地有偿使用费。

1993年起，除国家规定可以划拨供地的外，全县建设用地开始由行政划拨改为有偿出让。出让土地使用权，即是国家将国有土地使用权在一定年限内出让给土地使用者，由土地使用者向国家支付土地使用权出让金的行为。是年，按照当时土地市场情况，县政府对国有土地使用权出让价款作出具体规定，对买卖房屋涉及土地权属变更收取土地转让金也作出具体规定。年内，县城开启文峰大道一带的土地使用权出让，平方米地价按一类120元、二类100元、三类80元、四类60元收取出让费。至1998年，县城国有土地使用权出让达30多万平方米，基本满足了当时文峰大道及两侧建筑需要。

1994年4月，县政府印发《瓮安县人民政府关于土地管理收费的规定》（瓮府发〔1994〕23号），明确对划拨国有土地转让一次性收取土地出让金的标准。6月30日，《贵州省实施〈中华人民共和国城镇国有土地使用权出让和转让暂行条例〉办法》发布并实施，全县改按其有关标准执行。其中属划拨国有土地使用权转让，出让金按中介机构评估价的下列标准收取：1.商业、服务、旅游、娱乐用地按评估价的45%收取；2.商品住房用地按评估价的40%收取；3.工业及其他用地为按评估价的35%收取。

1996年4月26日，县政府下发《瓮安县人民政府关于实施土地使用权抵押登记有关问题的通知》，从1996年5月1日起，以土地使用权进行信贷，在境内实行抵押登记制度。县土地管理局为县内土地使用权抵押登记机关，各乡镇土地管理所负责办理本辖区内的土地使用权抵押登记。凡需土地使用权抵押登记，必须按有关规定办理申请手续，由土地管理部门签发《瓮安县土地使用权抵押登记证明书》。不允许地上建筑物附着物单独抵押贷款。

2002年5月，国土资源部发布《招标拍卖挂牌出让国有土地使用权规定》（国土资源部11号令），是年，先后在中坪镇、建中镇、小河山乡等地推行国有土地公开拍卖和挂牌出让，全县出让国有土地152宗、面积5.94公顷。

2004年8月28日，县政府成立瓮安县国有土地使用权招标拍卖挂牌出让委员会，专司对国有土地使用权招标拍卖挂牌的领导，其领导小组组长、副组长分别由县政府领导担任，成员由相关单位负责人担任。2008年5月起，改设为瓮安县国有土地使用权招标拍卖挂牌出让工作领导小组。2010年6月起，改设为瓮安县国土资源招标拍卖挂牌出让工作领导小组。

2008 年 6 月 23 日，瓮安县国土资源交易中心设立，次年 3 月 23 日正式挂牌。主要职责是实施国有土地使用权、采矿权、探矿权的招标、拍卖、挂牌出让工作；收集、储存和发布国土资源交易行情以及有关政策法规信息，为交易双方提供信息咨询服务；在县招标拍卖挂牌出让工作领导小组指导下制定年度招、拍、挂计划，并组织实施。

国有土地使用制度改革，在提高土地利用率的同时，也积极促进了瓮安经济的发展。仅 2004 至 2014 年，瓮安累计成交国有土地使用权出让 945 宗，面积 495.89 公顷，出让价款达 327168.51 万元。其中挂牌拍卖出让 426 宗，面积 431.83 公顷，成交价款 321517.47 万元，协议出让 519 宗，面积 64.06 公顷，成交价款 5651.04 万元。

二、集体土地使用制度改革

集体土地承包责任制，是集体土地使用制度的一项重大改革，继此之后，境内在推行集体土地有偿使用、非耕地使用权拍卖、集体土地经营权流转、集体土地中经营性建设用地使用权流转等方面，亦作了部分探讨性改革。

1987 年，中坪区率先成立农村经济联社，主要任务是收取和管理土地使用费，兴办乡镇企业。全镇有耕地 25387 亩（田 11920 亩，土 13467 亩），全部实行有偿使用，土地按每年每亩田 3 元、土 2 元、开荒地 1 元收取费用，平均每亩收 2.2 元。

1988 年秋，县委组织农经干部配合州委工作组在中坪、高枧两地进行土地适度规模试点，重点改土地无偿使用为有偿承包，允许土地转让，对土地实行分等定级和地级有升有降制度。

1991 年，县土地管理局组织 40 多名干部赴山东省德州地区考察学习农村集体土地使用制度改革，重点学习农村宅基地使用改革。通过学习考察，县政府决定推行农村集体土地使用制度改革。

1992 年 1 月 16 日，下发《中共瓮安县委、瓮安县人民政府关于推行农村集体土地有偿使用的意见》，意见指出长期以来农村集体土地无偿使用，削弱了土地使用率，制约了农村经济发展，根据中共中央有关文件和国发〔1990〕4 号文件规定，决定从 1992 年起在全县逐步推行农村土地有偿使用制度，改变土地使用不合理的现象。是月，县成立瓮安县集体土地使用制度改革领导小组，由副县长黎培柽任组长，农牧局局长高立无、土地管理局局长曾宪源任副组长，相关单位负责人为成员。全县集体土地使用制度改革共经历宣传教育、开展土地勘丈、处理违法用地、收回“三户一人”土地、承包耕地造册登记发证等几个阶段。全县承包耕地由乡镇土管所造册，乡镇人民政府代发承包土地使用证。乡镇企业用地、农村宅基地由乡镇土管所造册，报县土管局审查，由县人民政府核发集体土地使用证。

经登记发证的土地，需每年缴纳土地有偿使用费，由乡镇人民政府组织土管所收取，主要用于乡村公共建设和发展农业生产，其收费标准为：承包土地：稻田每亩 3 元，土 2 元；自留地（包括饮料地等）每亩 1 元；弃耕地每平方米稻田 0.5 元，土 0.3

元。乡镇企业用地：按每年每平方米计算，经批准用于经商、修理的1元，用于采矿的0.4元，用于烧砖瓦的0.3元，用于加工、采石、打沙的0.2元；未经批准的用地，经处罚确认使用权后，按上列标准加倍收取土地使用费。农村宅基地：按每平方米计算，使用面积在《贵州省实施中华人民共和国土地管理法》规定限额内每平方米0.05元，超过限额部分每年每平方米0.1元；未经批准或超过批准面积的用地，经处罚确认后，按0.2元加收；确实无力交纳土地有偿使用费的极贫户，由本人申请，村委会审查，乡镇土地管理所核实后报乡镇人民政府批准，可以酌情减、缓、免。瓮安县集体土地有偿使用制度始于1992年，至1994年中共中央“关于减轻农民负担”精神下达后，暂缓执行。

1995年12月，县人民政府成立非耕地使用权拍卖领导小组，从国土局等相关部门抽调人员组成工作组，以鱼河乡为试点，进而在全县开展非耕地使用权拍卖工作。非耕地使用权拍卖，是农村家庭联产承包责任制的延续和发展，是加速土地综合开发的一大举措。拍卖的范围、对象为县境内可开发利用的荒山、荒坡、荒滩、荒水，没有充分利用的水、土资源，在29°以上退耕还林还草的非耕地，连片荒山荒地范围内的耕地、疏林地和边远不易管理而又瘠薄的耕地，撂荒两年以上的责任地，管理不好、效益低下的“四园三场”。购买对象为凡具有开发能力的农户、联户或企事业单位、机关团体及其干部、职工、科技人员。鼓励提倡大户、联户集中连片购买。拍卖金划分，按权属关系分别归村民组、村委会、乡镇人民政府所有。拍卖价格，根据其使用价值和供求状况，随行就市，自行确定。拍卖期限，根据开发需要由双方协定，一般为30年至60年。非耕地使用权拍卖成交后，买卖双方签订合同，报乡人民政府批准，由乡镇土管所办理土地使用权手续，报县土管局备案，由县人民政府颁发“非耕地使用权证”。

1996年3月25日，境内首届非耕地拍卖现场会在鱼河乡高枧烟叶站召开，参会有县四大班子领导，到会500多人，现场对养马村关山坡等非耕地7宗面积1112.9亩进行拍卖，成交金额44500元。全县非耕地拍卖举措，使境内部分未利用地得到开发。至1998年，全县增加林地面积234674亩，茶园总面积达16322亩，金秋梨种植面积达30000亩，牧草地面积达60余万亩。

2010年8月2日，县政府办印发《瓮安县森林林木林地流转招标拍卖挂牌办法（试行)》（瓮府办发〔2010〕106号)，规定本县行政区域内依法取得的国有和集体森林、林木、林地流转，应当招标、拍卖、挂牌，鼓励和提倡农村集体经济组织所有的集体森林、林木、林地采取招标、拍卖、挂牌方式流转，并事先经本集体经济组织成员的村民会议三分之二以上成员或三分之二以上村民代表的同意。

是年10月8日，县政府办印发《瓮安县农村土地经营权流转奖励办法（试行)》（瓮府办发〔2010〕139号）。该奖励办法鼓励规模性流转土地，发展茶叶、蔬菜、辣椒、中药材、精品水果、生猪、肉牛等主打种养业和特色种养业。规定：奖励对象，重点为农村土地承包经营权流转后从事农业产业化生产经营的土地流入方的经营主体，对土地流出的承包方给予适当奖励。奖励条件：符合土地承包法律、法规、政策规定，土地流转操作规范、流转合同手续完备，土地流转关系稳定，土地流转期限在5年及以上。奖励标准：土地流出方，一次性每亩20元奖励。土地流入方：1.对土地流转后经营生猪、肉牛项目经逐年考核合格的，流转土地50亩以下，连续经营5年，每亩给予500元补助。流转土地50亩及以上，连续经营5年，每亩给予1000元补助。2.对土地流转后经营特色种植业项目经逐年考核合格的，集中流转100亩以下，连续经营5年以上，每亩给予300元补助。集中流转100至300亩，连续经营5年以上，每亩给予400元补助。集中流转300亩及以上，连续经营5年以上，每亩给予500元补助。该奖励办法出台后，几年中共兑现奖励金额817.57万元。

2011年，全县土地流转规模性经营实现农畜产业面积15515.37亩。其中发展种植业14157.57亩，发展养殖业1357.8亩，共涉及14个乡镇、34个村、4206户。是年1月，县成立林权收储中心和交易中心，建立林权变更登记和林地林木流转平台，至2014年共成功流转林地66宗，面积1579.6亩，流转林地主要用于林下养殖及种植业。通过林权流转，增加了林农收入。

2012年，全县通过土地流转实现规模性经营农牧产业面积9371.54亩，其中发展种植业9322.64亩，发展养殖业248.90亩，共涉及10个乡镇、31个村、4253户农户。是年止，全县累计近百个产业业主通过土地流转实现规模性经营农畜产业面积共计4万余亩，其中承包耕地面积近2万亩，荒山2万余亩，涉及产业主要是茶产业、蔬菜产业、中药材产业、烤烟产业、畜牧养殖、精品水果等。

是年，境内开始农村集体经营性建设用地使用权的流转，流转范围主要集中在县城城乡结合部及建制镇所在区域，流转方式主要以租赁为主，操作办法由集体土地所有权人通过委托县公共资源交易中心进行。截至2012年8月底，成功流转集体建设用地使用权35宗，流转收益金1607280元。

2013年1月28日，县政府下发《瓮安县农村集体产权抵押融资贷款管理办法（试行）》，瓮安开始积极探索搭建农村产权融资平台。3月15日，县政府建立农村产权抵押融资工作领导小组，负责领导农村集体产权抵押融资贷款具体工作。是年，针对农村产权抵押融资贷款，县联社出台《“农富乐”农村集体产权贷款管理办法（实行）》。至2014年，瓮安县农村商业银行以农村集体产权作抵押，共计为农户融资抵押贷款200多万元。

2014年，全县积极开展集体建设用地与国有建设用地同权同价试点，并按国有建设用地的方式在江界河镇、中坪镇挂牌出让集体建设用地29宗，面积5.38亩，成交价款356.4万元。据2014年11月累计，全县通过县公共资源交易中心共成功挂牌流转农村集体建设用地使用权81宗，成交面积8591.53平方米，为集体土地所有权人收取流转金591.14万元。集体建设用地流转，实现了集体土地所有权人对土地的收益、占有、处分的权利，有效盘活了集体建设用地，促进了农民创收，推动了新农村建设和小城镇发展。由于集体建设用地流转缺乏合法法律依据，尚处于探索和等待政策支持之中。

三、农村产权制度改革

2012年，根据省国土资源厅、省农业委员会、省财政厅《关于贯彻落实〈国土资源部、中央农村工作领导小组办公室、财政部、农业部关于农村集体土地确权登记发证的若干意见〉的通知》（黔国土资发〔2012〕66号），以及省人民政府《关于开展农村产权制度改革试点工作意见》（黔府发〔2012〕25号）文件精神，瓮安县被列入全省农村集体土地确权登记发证5个试点县之一。5月2日，县政府办印发《瓮安县人民政府办公室关于印发加快统筹城乡发展推进农村产权制度改革试点工作实施方案的通知》（瓮府办发〔2012〕72号）。5月3日，县成立以县委书记任组长、县长任常务副组长、分管副县长任副组长、相关部门主要负责人为成员的农权改革试点工作领导小组，领导小组下设办公室在县国土资源局。10月24日，县政府下发《瓮安县县人民政府关于加快推进农村产权制度改革试点工作实施意见》（瓮府发〔2012〕24号）。年内，县财政划拨120万元，省国土资源厅补助资金50万元，使农权改革试点工作经费得到有力保障。该资金主要用于包括试点村在内的一城三区航空摄影测量，农村产权清产核资确权登记外业调查和各种产权证的制作、购买，现场办公设备购置等。

根据县委、县政府安排，2012年开始的瓮安农村产权制度改革先以雍阳街道云星村为试点。全县从国土局、农工局、林业局、住建局、水利局和雍阳办事处、云星村等部门抽调34人组建工作队，进驻试点村开展农权改革，试点工作采用外业调查与内业成果上图的方式，对集体建设用地使用权、集体建设用地上房屋产权、集体林权、承包土地使用权、小型水利设施产权进行调查摸底、清产核资和确权登记发证。

为建立健全归属清晰、权责明确、保护严格、流转顺畅的现代农村产权体系，解决原建设用地使用权、集体林权、承包土地经营权等产权面积不准，四至不明确等问题，县政府印发《瓮安县人民政府关于进一步规范农村产权制度改革试点产权确权登记工作的意见》，使确权登记工作有章可循、有依有据。云星村产权确权登记利用航空摄影测量成果结合实地核查进行确权登记，利用0.1分辨率正射影像叠加1:1000比例尺的数字线划图作为集体建设用地使用权调查工作底图。确权登记通过工作队下到试点村逐户进行勘测登记，核查原已登记发证情况，对未登记、漏登记的进行初始登记，对原颁证发生错误、变化的，依据县政府相关规定进行变更。至2013年9月，共完成试点村集体建设用地使用权和集体建设用地房屋产权内外业调查720宗、集体林权内外业调查997宗、土地承包经营权内外业调查8320块、小型水利设施产权内外业调查17宗。完成试点村内业核查、数据建库等工作，建立健全了各类产权数据库。完成了确权登记集体建设用地使用权证358宗、集体林权405宗、承包土地使用权121宗、小型水利设施17宗。

至2014年，通过改革试点建立流转顺畅产权制度的云星村，以村委会为载体，共计流转集体承包耕地1760余亩，受让方组建百草堂药业有限公司等四个农业公司用于发展农业产业，涉及药材、蔬菜、农家乐等。土地流转，有效解决农村剩余劳动力问题，老百姓在享受土地流转收益的同时，还能就近解决就业问题。

第五章　矿产资源

境内矿产资源丰富，主要分布于县境中部、中南部及西部，以沉积矿产为主。至2007年，已发现重要矿种17种以上，发现各类矿床、矿点共计91处，已探明资源储量的产地（矿区、矿段或矿井）43处。2008年后，随着勘查力度加大，发现矿种、矿床、矿点及探明资源储量有进一步增加，已发现的矿种有磷、煤、铁、钼镍钒多金属矿、铝土矿、高岭土、硫铁矿、石膏、铅锌、重晶石、硅石、石灰岩、白云石、大理石等20多种，已探明储量的主要有磷、铁、铝土矿、煤、硫铁矿、石膏等。煤、磷、铁、铝土矿、硫铁矿、石膏、高岭土、石灰岩、白云石、页岩是境内的主要矿产。煤、磷、铝土矿是全县的支柱产业。

第一节　磷矿资源

一、磷矿勘查

县内磷矿矿床、矿点较多，储量大，矿石品位高，在全省乃至全国都位于前列。已进行勘查的主要有白岩磷矿、小河口磷矿、垛丁至庙湾磷矿等。

（一）白岩磷矿勘查

白岩磷矿是由贵州地质局开阳队曾维柱等人在群众报矿基础上，经地质勘查发现的。1958年1月，贵州地质局开阳队在1957年对开阳磷矿洋水矿区进行初勘和翁召矿区进行普查的基础上，预测在开阳以东还有震旦系地层出露，因此曾派出地质人员蔡子侻、杨祖庆等人组成踏勘组对开阳至瓮安进行路线了解，证实白岩地区为一小的背斜，途中捡有矿石一小块是否是磷矿仍怀疑。1958年5月，贵州地质局开阳队又派出曾维柱、蔡子侻、桑惕等人组成普查组对余庆的磷矿点进行检查，闻瓮安队技术负责人章麟三称，瓮安有寒武纪磷矿，并已开采，因而改变路线复至瓮安，在检查否定原谓之寒武纪磷矿的同时，发现了白岩矿区的寒武纪磷矿及震旦纪磷矿。该队发现白岩磷矿之后，即转入全面普查工作，通过近28平方公里1∶1万地质草测和800米间距的探槽揭露，对矿层分布有了初步了解，肯定了矿床的工业价值。1958年7月始，对矿区最有远景的东翼及南段进行进一步的系统揭露和深部控制，完成探槽4000立方米、钻孔2个计672米、采样测试458件，1959年2月结束野外工作，同年6月提交了《瓮安磷矿白岩矿区详查评价报告》，探明磷块岩储量2.7亿吨。

1974年初，根据国家计划，贵州省地质局将在白岩矿区探求8000万吨的储量任务下达给所属116地质大队，之后，该队赴现场做了前期工作。1974年5月21日，贵州省地质局改变前述决定，将上述任务改由贵州省地质局115地质大队完成。1974年6月14日，115地质大队2分队正式进入现场开展工作，确定首先开展大塘矿段勘探。至此，为满足国家计划之需，白岩矿区的普查勘探工作全面展开。为加速工作进度，1974年7月至1981年9月，地质局又命106地质大队承担王家院矿段的初勘工作。从1975年起至1985年12月，经10年历程，穿岩洞、大塘两矿段完成了详勘，王家院矿段完成了初勘，10年中投入的主要实物工作量为：1∶2000地质测量18.67平方公里、探槽2.13万立方米、浅井54米、钻探4.48万米及各种测试样品1.53万件。

1976年2月，在完成大量工作后，115地质大队编写提交了《瓮安磷矿白岩矿区大塘矿段详查勘探报告》，经贵州省矿产储量委员会审查，批准探明储量1.63亿吨，但审查认为，需补充工作方能满足设计要求，故115地质大队2分队在补充勘探后，于1984年10月再次编写提交了《瓮安磷矿白岩矿区大塘矿段（900米标高以上）详细勘探地质报告》，经审查，批准900米标高以上储量1.43亿吨。同时，115地质大队2分队1975年5月至1979年12月，完成穿岩洞矿段勘探后，于1983年2月编写提交了《瓮安白岩矿区穿岩洞矿段详细勘探地质报告》，经审查，批准储量2.84亿吨。115队还于1985年7月与12月，分别完成提交了玉华矿段普查报告（探明储量769.9万吨）。此外，1981年9月，106地质大队编写提交了《瓮安磷矿白岩矿区王家院矿段初步勘探地质报告》，探明储量5119万吨。

白岩磷矿是瓮福磷矿区的北段，位于县城南西玉华境内，矿区中心点的大塘距县城13公里，矿区面积28平方公里。瓮福磷矿区在大地构造上位于扬子地台南缘，从震旦纪到晚三叠世中期，基本上处于陆表海台地的稳定构造环境，是我国南方鄂湘黔聚磷带的重要组成部分。轴向近南北的白岩—高坪倾伏背斜的北段控制着矿床的展布，依矿床地质特征和未来开采单元的可能划分，从北到南，由东向西，划分为玉华、大塘、穿岩洞、新桥、王家院5个矿段。矿区共探明储量5.55亿吨，以Ⅱ级品为主（$P_2O_5$25.01%），其中Ⅰ级品4839万吨（$P_2O_5$31.63%），占总储量的8.7%；Ⅲ级品3690万吨（$P_2O_5$18.57%），占总储量的6.6%。白岩磷矿5个矿段中，玉华、大塘、王家院矿段全部和穿岩洞矿段部分矿区在瓮安境内。

玉华矿段：位于白岩矿区以北，含矿层位为陡山沱组，矿体成层状，分A、B两层，以B层为主，长3.8公里，厚4~10米，顶底板均为白云岩，D级储量769万吨，平均品位27.01%。该矿段深部，即900米标高以下，还有磷矿。

大塘矿段：位于矿区中东部，含矿层为陡山沱组，矿体成层状，分A、B两层。A层矿体长3.8公里，斜深大于600米，平均厚约17米，平均品位25%；B层矿体长4.3公里，斜深大于600米，平均厚约17.8米，平均品位27.6%。探明储量B级3191万吨，C 级 7188 万吨，D 级 3882 万吨。暂不能利用的 B 级储量 106 万吨，C 级 296 万吨，D 级 222 万吨。

穿岩洞矿段：位于矿区南端，含矿为 A、B 两层，矿体成层状，矿体长 2400 米，宽 650 ~ 1050 米，延伸 553.8 米呈"S"形展布。A 层矿厚 18.17 米，B 层矿厚 15.54 米。穿岩洞矿段探明 A + B + C + D 级 28379 万吨。

白岩磷矿各矿段矿石主要组分表

表 5 - 1

矿段	P_2O_5	MgO	SiO_2	AI_2O_3	Fe_2O_3
大　塘	23.53	13.41	8.27	2.34	1.51
穿岩洞	26.33	3.87	10.92	1.68	
王家院	20.03	7.62		0.41	0.38

王家院矿段：位于矿区中西部，含矿层为陡山沱组，矿体成层状，分 A、B 两层。由上至下有 A、B 两层矿层，中夹 2.4 米 ~9.6 米白云岩，硅质岩。以 B 层为主，长 3 公里，宽 1.1 公里，厚 1.45 ~25.59 米，平均厚约 13.76 米，平均品位 29.25%，埋藏标高为 614 ~1152 米，探明储量 5120 万吨。矿层中普遍含碘，多数达到工业要求，唯在 B 层矿Ⅱ矿体中含碘平均达 0.005%，储量约 9 吨。

截止 1997 年，白岩磷矿瓮安境内探明并审批上储量表磷矿资源共 48518 万吨，其中玉华矿段 700 万吨，大塘矿段 14319 万吨，王家院矿段 5120 万吨，穿岩洞矿段 28379 万吨（瓮安境内 6152 万吨）。

截止 1997 年白岩磷矿瓮安境内上省储量表资源概况表

表 5 - 2

矿区名称	矿石质量	储量情况（万吨）			勘查阶段
		级别	保有	累计探明	
玉华矿段	P_2O_5　27.01%	D A + B + C + D	700 700	700 700	详查
大塘矿段	P_2O_5　23.53% MgO　13.41%	A + B A + B + C D A + B + C + D	2878 10067 3883 13950	3191 10381 3938 14319	详勘
王家院矿段	P_2O_5　20.03% MgO　7.62%	A + B + C D A + B + C + D	2025 3095 5120	2025 3095 5120	详勘
穿岩洞矿段	P_2O_5　26.33% CaO　41.33% MgO　3.87%	A + B A + B + C D A + B + C + D	9669 23341 4996 28337	9709 23382 4997 28379	详勘

（二）白岩背斜磷矿整装勘查

白岩背斜磷矿整装勘查区位于瓮安县城西，距县城不足10公里，为白岩磷矿北段延伸，部分区域与原白岩磷矿勘查区重合。2011年8月4日，省国土资源厅在白岩背斜磷矿整装勘查区举行“贵州省瓮安县白岩背斜磷矿整装勘查启动仪式”。2012年，为配合省国土资源厅深入推进瓮安县磷矿、铝土矿资源的整装勘查，3月，县政府成立磷矿、铝土矿整装勘查工作领导小组。5月8日，慕德贵副省长在瓮安调研，指出为快速实现贵州地质找矿大突破，支持瓮安走出一条地质找矿突破、资源综合利用、提高资源利用水平的路子，要求在瓮安形成地质找矿大会战，一是要加大地勘资金的投入，二是要加大技术装备的投入，三是要加大地勘单位力量的投入，快速形成地勘成果。5月30日，在县委、县政府和县国土资源局争取下，省国土资源厅在瓮安召开《瓮安地区磷矿铝土矿整装勘查推进会》，会议落实了调整优化勘查设计方案及落实慕德贵副省长讲话精神形成找矿大会战等问题。6月28日，省矿权储备交易局与省地矿局115地质大队签订了磷矿整装勘查合同。

白岩背斜磷矿整装勘查区面积55.01平方公里，部分勘查区与原白岩磷矿勘查区重叠，勘查设计钻探工作量31475米。2012年底，勘查完成1∶1万地质测量15平方公里；完成1∶1万水工环地质调查15平方公里；完成钻孔7个、钻探进尺共12023.83米，样品分析177件，投入地勘基金3462.42万元。2013年6月，白岩背斜磷矿整装勘查野外工作结束，并通过了野外专家组验收。10月，整装勘查成果报告通过评审，白岩背斜探获磷矿总资源（储量）297273万吨，新增总资源量295855.58万吨，矿层平均厚20.23米，矿石平均品位（P_2O_5）26.5%，为世界级超大型磷矿床，储量排名亚洲第一，磷矿体厚度大，矿石品位高，矿石总体达到Ⅱ级品以上，Ⅰ级品大于10亿吨，选冶性能好，具有良好的开发价值，潜在经济价值近万亿元。该磷矿的发现，提高了贵州磷及磷化工产业持续发展的资源保障能力。白岩背斜磷矿整装勘查区的老虎洞磷矿区块，整装勘查结束后累计完成1∶2000地质测量6.87平方公里；完成1∶1万水工环地质调查19平方公里；完成勘查区块面积4.96平方公里，钻孔41个、钻探进尺共23898.18米，样品分析2165件，投入地勘基金5103.75万元，通过勘查，新增备案磷矿资源32649万吨。

（三）其他磷矿勘查

小河口磷矿勘查：小河口磷矿位于玉山镇小河口、大坝一带，含矿层位为震旦系灯影组和寒武系牛蹄塘组。经206、104地质队普查，矿体厚1～5米，长2000余米，矿石平均品位27%～30%，局部可达36%。截至2013年，累计查明基础储量127.59万吨，资源量536.13万吨，资源储量663.72万吨；保有基础储量36.34万吨，资源量527.72万吨，资源储量564.06万吨。构皮滩电站蓄水后，大部矿休淹没于水位线下。

垛丁—庙湾磷矿勘查：垛丁—庙湾磷矿位于永和镇垛丁关至岚关乡庙湾一带，多家地勘单位曾就该磷矿区进行调查、普查，贵州省地质矿产勘查开发局102地质大队曾就永和磷矿进行详查。根据勘查资料，垛丁—庙湾磷矿共有2层磷矿产出，层位分别为上震旦系灯影组上段和下寒武统牛蹄塘组，矿体厚1～5米，长6000米，矿体较连续，矿石平均品位16%～31%，预测储量可达2000万吨以上，但矿层厚度变化较大，地勘程度普遍较低。截至2013年，仅经有关地勘单位查明，永和镇垛丁磷矿资源储量为21.68万吨，岚关乡庙湾磷矿资源储量为16.98万吨。

菜家院磷矿勘查：2011年至2013年，115地质大队曾就松坪乡菜家院磷矿进行详查，详查面积6.48平方公里，未提交详查成果。

腊水磷矿勘查：2012年至2014年，102地质大队曾就腊水至老屋基磷铅锌多金属矿进行详查，详查面积55.7平方公里，未提交详查成果。

二、磷矿资源储量汇总

据《贵州省矿产资源储量数据库》汇总，截至2013年底，全县上表磷矿矿区数为10个，累计探明上表基础储量32022.56万吨，资源量66110.77万吨，资源储量98133.33万吨；保有基础储量28638.11万吨，资源量65886.54万吨，资源储量94524.65万吨。

全县2013底磷矿资源储量汇总表

表5－3　　　　单位：矿石　万吨

序号	矿区名称	矿石质量	资源储量类型	截至2013年底资源储量		勘查阶段	利用情况
				保　有	累计查明		
	瓮安县磷矿资源储量（矿区10处）		基础储量	28638.11	32022.56		
			资源量	65886.54	66110.77		
			资源储量	94524.65	98133.33		
1	岚关乡厦安磷矿（522724061）	P_2O_5　24%	基础储量	501.46	524.84	详查	开采矿区
			资源量	456.5	456.5		
			资源储量	957.96	981.34		
2	白岩磷矿玉华矿区（国家出资勘查）（522725012）	P_2O_5　24.35%	基础储量	1226	1495.64	详查	开采矿区
			资源量	3257.57	3287.73		
			资源储量	4483.57	4783.37		
3	白岩磷矿大塘矿区（国家出资勘查）（522725013）	AI_2O_3　2.34% MgO　13.41% $P_2O_5$23.　53%	基础储量	15.4	15.4	勘探	开采矿区
			资源量	14832.09	14858.09		
			资源储量	14847.49	14873.49		
4	白岩磷矿王家院矿区（国家出资勘查）（522725014）	AI_2O_3　0.41% MgO　7.62% P_2O_5　20.03%	基础储量	2024.9	2148.9	详查	开采矿区
			资源量	3094.6	3094.6		
			资源储量	5119.5	5243.5		
5	白岩磷矿穿岩洞矿区（国家出资勘查）（522725015）	CaO　41.33% MgO　3.87% P_2O_5　26.33%	基础储量	24834.01	27710.19	勘探	开采矿区
			资源量	6723.31	6853.21		
			资源储量	31557.32	34563.4		

续表 5-3

序号	矿区名称	矿石质量	资源储量类型	截至 2013 年底资源储量		勘查阶段	利用情况
				保　有	累计查明		
6	永和磷矿（国家出资勘查）(522725024)	P_2O_5　19.48%	基础储量			普查	计划近期利用
			资源量	21.17	21.68		
			资源储量	21.17	21.68		
7	白岩磷矿 (522725029)	P_2O_5　26%	基础储量			详查	计划近期利用
			资源量	3990.6	3990.6		
			资源储量	3990.6	3990.6		
8	玉山镇淹没区磷矿（小河口）(522725169)	CO_2　10.53% P_2O_5　27~30.46%	基础储量	36.34	127.59	普查	开采矿区
			资源量	527.72	536.13		
			资源储量	564.06	663.72		
9	玉华乡老虎洞磷矿 (522725188)	P_2O_5　26.31%	基础储量			详查	计划近期利用
			资源量	32966	32966		
			资源储量	32966	32966		
10	岚关乡庙湾磷矿 (522725189)	Al_2O_3　3% Fe_2O_3　3% P_2O_5　25%	基础储量			详查	开采矿区
			资源量	16.98	16.98		
			资源储量	16.98	16.98		
11	未上表矿山 2 处		基础储量				
			资源量		29.25		
			资源储量		29.25		

注：白岩背斜磷矿整装勘查成果仅老虎洞磷矿勘查区成果列入表内

第二节　煤矿资源

一、煤矿勘查

县境煤矿主要分布在永和、岚关、雍阳、平定营、木老坪、银盏、中坪、白沙、建中、玉山、珠藏、猴场、天文等地。煤层主要赋存于二迭系中。煤种牌号主要为肥煤，有少量肥气煤。含煤 1~4 层，从上至下分为 A、B、C、D 四层，其中可采煤层 1~2 层，主要为 D 层煤。可采煤层厚度多在 1.5 米左右，局部厚度 2~3 米。D 煤层较稳定是全县主采煤层。A、B、C 层变化较大，只可局部开采。境内煤质含硫量偏高，发热量每公斤 6000~7500 大卡，煤质较好，可炼焦，煤层较厚，水文地质结构较好，利于开采。

瓮安的煤矿在解放前即有勘查。1940 年，贵州矿产探测团成立，至 1945 年撤销期间，多次派罗纯武等人对瓮安等地产出的煤矿进行勘查。1941 年 11 月，罗纯武编写了《瓮安花竹山煤田地质》。1956-1958 年，是贵州大面积普查找煤时期，由国家投资，贵州地质局瓮安队等，分别对瓮安的煤矿进行了普查与勘探。随后，贵州省地矿局104地质队开始对洗马河煤矿区一、二、三、四井田进行详查，并于1984－1985年再对陡山地段进行详查，计算出陡山地段保有煤炭工业储量（A＋B＋D）1049万吨，其中（A＋B）储量353万吨，并提交了《贵州省瓮福煤田洗马矿区一井田陡山槽段详查地质报告》。21世纪开始，随着瓮安找矿进度的加快，2011－2014年，由瓮安县国有资产营运投资有限公司投资，山东泰山地质勘查公司对境内玉山煤矿、草塘大寨坪至平定营煤矿进行了勘探；由黔南州恒顺矿产品有限责任公司投资，104地质大队对白沙一带煤矿进行勘探；由瓮安县源达船舶运输有限公司投资，115地质大队对中坪镇大源煤矿进行勘探。

境内煤矿资源，大致可分为洗马河煤矿区、雍阳煤矿区、建中煤矿区、木老坪煤矿区、玉山煤矿区、岚关煤矿区共六大区块，20世纪50年代开始，六大区块先后均进行了不同程度的勘查。

洗马河煤矿区：该矿区北起杨家湾，南止营定街，长23公里，宽3公里，面积约70平方公里。矿区分为一、二、三、四井田，经贵州省地矿局104地质队两次勘探，地质工作程度较高。矿区为一向斜构造，煤层沿向斜两翼分布，含矿层位为上二迭统吴家坪组第一段，煤层稳定，厚为0.6～2米，平均1.3米，煤质较好，主要指标原煤灰分平均15.5%，含硫平均3.2%，挥发份平均35.5%，煤炭平均低位应用基发热量为6500大卡/千克，属中高发热量煤。至1997年，探明上储量表储量共8309万吨，保有储量6696万吨。其中一井田东平硐地段探明储量2235万吨，保有储量1520万吨；一井田陡山槽地段探明储量1057万吨，保有储量946万吨；三井田探明储量2159万吨，保有储量2009万吨；二、四井田探明储量2858万吨，保有储量2221万吨。

截止1997年洗马河煤矿区上省储量表资源概况

表5－4

矿区名称	煤种	储量情况（万吨）			勘查阶段
		级别	保有	累计探明	
洗马河一井田东平硐地段	肥煤	A＋B		438	详查
		A＋B＋C	485	1140	
		D	1035	1095	
		A＋B＋C＋D	1520	2235	
洗马河一井田陡山槽地段	肥煤	A＋B	263	357	精查
		A＋B＋C	717	828	
		D	229	229	
		A＋B＋C＋D	946	1057	
		A＋B	92	225	
洗马河三井田	肥煤	A＋B＋C	991	1140	精查
		D	1018	1018	
		A＋B＋C＋D	2009	2159	
洗马河二、四井田	肥煤	A＋B＋C	390	990	初查
		D	1831	2468	
		A＋B＋C＋D	2221	2858	

雍阳煤矿区：矿区北起原岩脚煤厂，南止水源冲煤厂，长约20公里，宽约4公里，面积约80平方公里，矿区分新华矿段和雍阳矿段。雍阳煤矿区未进行系统勘查，多由矿山企业凭经验开采。1997年，经贵州省地质学会黔南州分会进行地质简测，求出C+D级储量2114万吨，其中新华矿段1572万吨，雍阳矿段542万吨。矿区为一向斜构造，煤矿主要分布在新华矿段和雍阳矿段的东部。矿区内煤层较稳定，煤质较好。开采条件较好地段为原新华煤厂以北和原茅坡煤厂以南。矿区西部煤层，厚度变化较大，煤层薄，倾角陡，断裂构造较复杂，开发利用价值低。

2011年6月至2012年3月，由瓮安县国有资产营运投资有限公司投资，山东泰山地质勘查公司对境内草塘大寨坪至平定营煤矿进行详查，详查区块面积14.42平方公里，未提交详查成果。

建中煤矿区：矿区分布面积约62平方公里，大体分建中矿段、白沙矿段、果水矿段，地质工作程度低，经1997年贵州省地质学会黔南州分会进行地质简测，求出D级保有储量1583万吨，其中建中矿段637万吨，白沙矿段192万吨，高坪矿段754万吨。矿区煤层较稳定的有建中矿段白岩煤厂以南抵县界和茅坪煤厂以南抵县界；白沙矿段半坡煤厂至宏发煤厂一线；果水矿段煤层厚度小，变化大，煤层薄，断裂构造复杂，开发利用价值低。

2013年，由瓮安县源达船舶运输有限公司投资，115地质大队对建中煤矿区位于中坪境内的大源煤矿进行勘探，勘探区块面积6.11平方公里，完成勘探后提交备案储量（332+333）663万吨。2014年，由黔南州恒顺矿产品有限责任公司投资，104地质大队对白沙一带煤矿进行勘探，勘探区块面积15.18平方公里，完成勘探后提交备案储量（331+332+333）1497万吨。

木老坪煤矿区：矿区长3公里，宽1.5公里，面积约为4.5平方公里。经1997年贵州省地质学会黔南州分会进行地质简测，求出C级保有储量211万吨。矿区煤层稳定，平均厚度1.5米，煤质较好，构造简单，开采条件好。

玉山煤矿区：矿区长7公里，宽1.5公里，面积约10.5平方公里。经1997年贵州省地质学会黔南州分会进行地质简测，求出D级保有储量285万吨。煤层较好地段在胜土煤厂一带。2012年开始，由瓮安县国有资产营运投资有限公司投资，山东泰山地质勘查公司对玉山煤矿进行勘探，勘探区块面积17.75平方公里，完成勘探后提交备案储量（331+332+333）2863万吨。

岚关煤矿区：矿区长7公里，宽1.5公里，是洗马煤矿区的南延地段，与福泉相接，矿区为单斜构造，矿区煤层较稳定，断裂构造较复杂，煤厚1.1米，经1997年贵州省地质学会黔南州分会进行地质简测，求出D级保有储量251万吨，深部煤层多数在福泉境内。

二、煤炭资源储量汇总

据《贵州省矿产资源储量数据库》汇总，截至2011年底，瓮安上表煤矿矿区数为

30 个，累计查明上表储量 111b 级 19376 千吨，121b 级 343.9 千吨，122b 级 18914.95 千吨，2S21 级 4 千吨，331 级 3380 千吨，332 级 8755 千吨，333 级 107603.19 千吨，334 级 51281.63 千吨，合计资源储量总量 158377.04 千吨；上表保有储量 111 级 7773.3 千吨，111b 级 14167.2 千吨，121 级 130.41 千吨，121b 级 186.3 千吨，122 级 4702.88 千吨，122b 级 8014.25 千吨，2S21 级 4 千吨，331 级 3357.8 千吨，332 级 8201.6 千吨，333 级 104985.99 千吨，334 级 51281.63 千吨，合计保有资源储量 138917.14 千吨。除上表 30 处矿区外，另有未上表矿山 4 处，合计查明资源储量 998.6 千吨。

全县 2013 底煤炭资源储量汇总表

表 5－5 单位：万吨

序号	矿区名称	矿石质量	资源储量类型	截至 2013 年底资源储量		勘查阶段	利用情况
				保　有	累计查明		
	瓮安煤炭合计总量（矿区 20 处）		基础储量	2956.85	5817.107		
			资源量	12561.154	12709.894		
			资源储量	15518.004	18527.001		
1	运达煤矿（522724013）	肥煤	基础储量		48.652	普查	开采矿区
			资源量	165.092	174.502		
			资源储量	165.092	223.154		
2	平定营镇花江煤矿（522724032）	肥煤	基础储量		16.316	详查	开采矿区
			资源量	526.718	526.718		
			资源储量	526.718	543.034		
3	岚关乡大坪煤矿（522724048）	肥煤	基础储量		38.668	普查	开采矿区
			资源量	114.26	132.6		
			资源储量	114.26	171.268		
4	洗马河矿区二、四井田（国家出资勘查）（522725020）	肥煤	基础储量	2397.331	4213.425	勘探	开采矿区
			资源量	4309.06	4311.46		
			资源储量	6706.391	8524.885		
5	大源煤矿（522725023）	肥煤	基础储量			普查	基建矿区
			资源量	663	663		
			资源储量	663	663		
6	中坪镇上坝煤矿（522725026）	肥煤	基础储量			普查	开采矿区
			资源量	129.93	133.38		
			资源储量	129.93	133.38		
7	建中镇油房煤矿（522725030）	肥煤	基础储量		17.977	普查	开采矿区
			资源量	1.404	4.594		
			资源储量	1.404	22.571		

续表 5 -5

序号	矿区名称	矿石质量	资源储量类型	截至 2013 年底资源储量		勘查阶段	利用情况
				保　有	累计查明		
8	兴章煤矿（522725039）	肥煤	基础储量		6.798	普查	开采矿区
			资源量	136.676	142.826		
			资源储量	136.676	149.624		
9	龙泉煤矿（522725040）	肥煤	基础储量	15.08	56.501	普查	开采矿区
			资源量	296.062	310.872		
			资源储量	311.142	367.373		
10	中鑫煤矿区（522725042）	肥煤	基础储量	66.64	176.608	普查	开采矿区
			资源量	213.723	224.243		
			资源储量	280.363	400.851		
11	高水煤矿（522725170）	肥煤	基础储量			普查	开采矿区
			资源量	228.51	234		
			资源储量	228.51	234		
12	天文镇茶园煤矿（522725173）	肥煤	资源量	206.98	210	普查	开采矿区
			资源储量	206.98	210		
13	中坪镇白果槽煤矿（522725174）	肥煤	基础储量		41.146	普查	开采矿区
			资源量	79.324	81.124		
			资源储量	79.324	122.27		
14	木引煤矿（522725175）	肥煤	基础储量			普查	开采矿区
			资源量	237.384	237.384		
			资源储量	237.384	237.384		
15	玉屏煤矿（522725176）	肥煤	基础储量			普查	开采矿区
			资源量	139.885	139.885		
			资源储量	139.885	139.885		
16	穿洞河煤矿（522725178）	肥煤 气肥煤	基础储量	278.799	616.362	普查	开采矿区
			资源量	2667.257	2728.197		
			资源储量	2946.056	3344.559		
17	宏鑫井田（522725179）	肥煤	基础储量	119.035	385.072	普查	开采矿区
			资源量	848.583	854.033		
			资源储量	967.618	1239.105		

续表 5－5

序号	矿区名称	矿石质量	资源储量类型	截至 2013 年底资源储量		勘查阶段	利用情况
				保 有	累计查明		
18	白沙梓塬煤矿（522725180）	瘦煤	基础储量	34.593	122.052	普查	开采矿区
			资源量	222.112	225.882		
			资源储量	256.705	347.934		
19	打石冲煤矿（522725181）	肥煤	基础储量	45.372	77.53	普查	开采矿区
			资源量	129.194	129.194		
			资源储量	174.566	206.724		
20	白沙煤矿（522725182）	肥煤	基础储量			详查	开采矿区
			资源量	1246	1246		
			资源储量	1246	1246		

2013 年底，据《贵州省矿产资源储量数据库》汇总，全县上表煤矿矿区数为 20 个，累计查明上表基础储量 5817.107 万吨，资源量 12709.894 万吨，资源储量 18527.001 万吨；保有基础储量 2956.85 万吨，资源量 12561.154 万吨，资源储量 15518.004 万吨。

第三节 非煤磷矿产资源

解放后，县境内采取多种形式组织国家资金与个人资金探矿，初步掌握了全县矿产资源的大体分布。至 2000 年，县境已完成全县 1:200000 区域地质、矿产、水文等地质调查。完成瓮安幅 463 平方公里 1:50000 区域调查，约占全县土地四分之一面积。经过大量的矿产普查勘探，基本查明全县主要矿产的分布及其规律特征，发现众多矿产。除煤、磷外，主要有铁矿、硫铁矿、钼镍钒矿、铝土矿、石膏、高岭土、石灰岩、白云石、页岩等。

铁矿 主要矿点分布在珠藏镇高山、丰岩、沙沟，永和镇观山，中坪镇驼石、旧地、沼池、茶店，玉山镇深溪、高楼，猴场镇西坡、苏家塘、水头坝，银盏镇西坡、菜子垭，岚关乡花桥等地。境内铁矿以赤铁矿和褐铁矿为主，一般为小型贫矿床，产于上震旦统灯影组、下二叠系梁山组等地层。1997 年前铁矿详查探明的产地有 8 处，审批储量 1468 万吨。具体为：观音山铁矿，地质工作程度初勘，审批上表保有储量 107 万吨，TFe36.41%；深溪铁矿，详查，储量 18 万吨，TFe59.52%；苏家塘铁矿，初勘，储量 473 万吨，TFe32.68%；西坡铁矿，初勘，储量 34 万吨，TFe40.88%；水头坝铁矿，详查，储量 86 万吨，TFe32.64%；峰岩铁矿，初查，储量 5 万吨，TFe41.39%；沙沟铁矿，初查，储量 23 万吨，TFe43.12%；珠藏镇高山铁矿，初勘，储量 722 万吨，

TFe39.45%。珠藏铁矿为探明的境内最大铁矿床，矿石为褐铁矿，矿石品位少量可高达50%左右，是开采价值较高的矿点之一。

全县2013底铁矿资源储量汇总表

表5-6　　单位：矿石　万吨

序号	矿区名称	矿石质量	资源储量类型	截至2013年底资源储量		勘查阶段	利用情况
				保　有	累计查明		
	全县铁矿总量（矿区11处）		基础储量	224.91	294.01		
			资源量	1496.215	1499.458		
			资源储量	1721.125	1793.468		
1	珠藏矿区（国家出资勘查）（522725001）	Al_2O_3 4.3% As 0.185% TFe 39.45%	基础储量	224.91	294.01	详查	开采矿区
			资源量	490.82	490.82		
			资源储量	715.73	784.83		
2	观山矿区（国家出资勘查）（522725002）	P 0.25% S 0.3% TFe 36.41%	基础储量			详查	
			资源量	107.094	107.094		
			资源储量	107.094	107.094		
3	深溪矿区（国家出资勘查）（522725003）	Al_2O_3 0.29% TFe 59.52% SiO_2 2.33%	基础储量			详查	
			资源量	18	18		
			资源储量	18	18		
4	苏家塘矿区（国家出资勘查）（522725004）	Al_2O_3 12.045% TFe 32.68% S 0.1025%	基础储量			详查	
			资源量	507.3	507.3		
			资源储量	507.3	507.3		
5	新华矿区（国家出资勘查）（522725006）	Al_2O_3 8.31% TFe 40.88% S 0.08%	基础储量			详查	
			资源量	86	86		
			资源储量	86	86		
6	木广坪矿区（国家出资勘查）（522725007）	Pb 0.1736% S 0.1131% TFe 56.65%	基础储量			详查	停采矿区
			资源量	1.42	1.42		
			资源储量	1.42	1.42		
7	峰岩矿区（国家出资勘查）（522725008）	Al_2O_3 3.75% TFe 41.39%	基础储量			详查	停采矿区
			资源量	5.251	5.694		
			资源储量	5.251	5.694		
8	沙沟矿区（国家出资勘查）（522725009）	SiO_2 16.16% TFe 43.12%	基础储量			普查	
			资源量	23	23		
			资源储量	23	23		

续表 5-6

序号	矿区名称	矿石质量	资源储量类型	截至 2013 年底资源储量		勘查阶段	利用情况
				保　有	累计查明		
9	鱼河地区铁矿（522725022）	As　0.058% P　0.058% S　0.073%	基础储量			普查	
			资源量	33.17	34.5		
			资源储量	33.17	34.5		
10	玉华乡营上村铁矿（522725033）	TFe　52.36%	基础储量			详查	基建矿区
			资源量	74.15	75.62		
			资源储量	74.15	75.62		
11	玉山镇胜华铁矿（522725195）	P　0.32% S　2.67% SiO_2　6.25%	基础储量			详查	基建矿区
			资源量	150.01	150.01		
			资源储量	150.01	150.01		

2013 年，由贵州泰江矿业有限公司投资，江苏省地质矿产局第一大队对玉山镇胜华铁矿进行详查，详查区块面积 7.63 平方公里，完成勘探后提交备案储量（332+333）150.01 万吨。

截至 2013 年底，据《贵州省矿产资源储量数据库》，瓮安上表铁矿矿区共 11 处，累计查明上表基础储量 294.01 万吨，资源量 1499.458 万吨，资源储量 1793.468 万吨；保有基础储量 224.910 万吨，资源量 1496.215 万吨，资源储量 1721.125 万吨。

钼镍钒矿　根据含矿层地表出露长度和矿层厚度，预测县境钼、镍、钒矿有较大的资源远景储量。含矿层主要分布在玉华乡、老坟嘴乡、小河山乡、岚关乡、鱼河乡、松坪乡、玉山镇、永和镇有磷块岩地质区域。含矿层为下寒武系牛蹄塘组，岩性为黑色炭质页岩、粉砂质黏土岩，底部含硅质磷块岩和一层 0.2 米厚多金属矿层，钼、镍、钒共生一个层位。初步调查，在玉华乡白岩磷矿区，钼、镍、钒矿层厚 0～30 厘米，平均厚 10 厘米。矿层含 $M_0$0.87%～1.92%、含 Ni0.65%～1.49%、含 $V_2O_5$0.85%～1.62%、含Cu0～2%。在鱼河乡高松，多金属矿层厚达几十米，V_2O_5 含量达 0.8%～3.2%。县境内对钼、镍、钒矿的地质工作程度较低，尽管过去作磷矿勘查时就已发现下寒武系牛蹄塘组地层中的多金属矿层，但对钼、镍、钒矿未进行系统评价。2005 年开始，境内对钼、镍、钒矿已规划进行勘探，据初步的勘查和预查资料，钼金属量约 3 万吨，镍金属量约 3 万吨，钒矿石量约数千万吨。

全县2013底钒矿资源储量汇总表

表5-7　　　　单位：V_2O_5 吨/矿石　千吨

序号	矿区名称	矿石质量	资源储量类型	截至2013年底资源储量		勘查阶段	利用情况
				保　有	累计查明		
	瓮安县钒矿总量（矿区3处）		资源量	677886/71616.4	677886/71616.4		
			资源储量	677886/71616.4	677886/71616.4		
1	小河山钒矿（共生矿）	V_2O_5　1.12%	资源量	203436/18343	203436/18343	详查	
			资源储量	203436/18343	203436/18343		
2	小河山乡螃蟹溪钒矿	Mo　0.024% Ni　0.03% V_2O_5　1.32%	资源量	51450/6023.4	51450/6023.4	详查	开采矿区
			资源储量	51450/6023.4	51450/6023.4		
3	新河钒矿	Mo　0.023% Ni　0.029% V_2O_5　0.92%	资源量	423000/47250	423000/47250	普查	
			资源储量	423000/47250	423000/47250		

2011开始，先后有贵州大学勘察设计研究院对岚关乡马上营钼镍钒多金属矿进行详查，详查区块面积5.35平方公里；贵州天宝矿产咨询服务有限公司对松坪乡其冲钼镍钒多金属矿进行详查，详查区块面积8.96平方公里；贵州省地矿局区域地质调查研究院对小河山乡石板坪钼多金属矿进行普查，普查区块面积1.53平方公里；103地质大队对老鸭山镍多金属矿进行普查，普查区块面积13.57平方公里。至2014年底，尚无结果报告。

2012－2014年，由临沂市鹏程投资有限公司投资，104地质大队对小河山乡铜鼓山钼矿进行详查，详查区块面积7.25平方公里，完成勘探后提交备案储量（333＋334）5058万吨。由贵州盛世矿业有限公司投资，101地质大队对松坪乡新河钒矿进行详查，详查区块面积11.06平方公里，完成勘探后提交备案储量（333＋334）4725万吨。由瓮安县贵港矿业有限公司投资，115地质大队对小河山乡螃蟹溪钼矿进行详查，详查区块面积9.54平方公里，完成勘探后提交备案储量（332＋333）602.34万吨。由瓮安县林杰矿业有限公司投资，贵州天辰地矿技术咨询有限公司对岚关乡岩底钼矿进行详查，详查区块面积4.97平方公里，完成勘探后提交备案储量（333＋334）157.79万吨。

全县2013底钼矿资源储量汇总

表5－8　　　　单位：钼　吨/矿石　千吨

序号	矿区名称	矿石质量	资源储量类型	截至2013年底资源储量		勘查阶段	利用情况
				保　有	累计查明		
	钼矿总量（矿区3处）		资源量	6682.97/3275.62	6682.97/3275.62		
			资源储量	6682.97/3275.62	6682.97/3275.62		
1	玉山镇大池钼矿区	Mo　1.42%	资源量	654.76/38.52	654.76/38.52	普查	
			资源储量	654.76/38.52	654.76/38.52		
2	小河山钼矿	Mo　0.05%	资源量	821.14/1659.2	821.14/1659.2	详查	
			资源储量	821.14/1659.2	821.14/1659.2		
3	岚关乡岩底钼矿	Mo　0.33%	资源量	5207.07/1577.9	5207.07/1577.9	详查	开采矿区
			资源储量	5207.07/1577.9	5207.07/1577.9		

硫铁矿　主要分布在永和镇观山、岚关乡广山、猴场镇岩门、银盏乡梨子坳、中坪镇上坝、木老坪乡下寨等地。主要产出在寒武系和二迭系地层中。发现硫铁矿点数十处，多属沉积型硫铁矿，也有少量热液型和热液改造型。矿石含硫12%～35%。永和镇观山硫铁矿经详查，产地规模中型，资源储量204万吨，产于下二叠系栖霞组或梁山组底部，矿体长1429米，宽200米，厚2.4米，呈结核状、块状，平均含硫20.28%。

2012年9月至2014年9月，由瓮安县吉德矿业有限公司投资，115地质大队对果水硫铁矿进行详查，详查区块面积13.55平方公里，完成勘探后提交备案储量（122b＋332＋333）1286.88万吨。2010年10月至2013年10月，由六盘水恒顶实业有限公司投资，四川省冶金地质勘查局成都地质调查所对岚关乡岚关硫铁矿进行详查，详查区块面积26.52平方公里，完成勘探后提交备案储量（332＋333＋334）874.7万吨。

2013年底，据《贵州省矿产资源储量数据库》，瓮安上表硫铁矿矿区共6处，累计查明上表基础储量2.66万吨，资源量2012.633万吨，资源储量2015.293万吨；保有资源量和资源储量分别为2010.86万吨。瓮安县观山矿区：国家出资勘查，勘查程度详查，累计查明上表资源量、资源储量分别为2043万吨；保有资源量、资源储量分别为2043万吨。瓮安县岩门矿区：国家出资勘查，勘查程度普查，累计查明上表资源量33万吨，资源储量5.96万吨；保有资源量、资源储量分别为33万吨。瓮安县果水硫铁矿：勘查程度普查，累计查明上表资源量、资源储量分别为12990万吨；保有资源量、资源储量分别为12990万吨。瓮安县玉山镇河家湾硫铁矿：勘查程度详查，累计查明上表资源量、资源储量分别为1370万吨；保有资源量、分别为资源储量1362.6万吨。岚关乡岚关硫铁矿：勘查程度普查，累计查明上表资源量、资源储量分别为3370万吨；保有资源量、资源储量分别为3370万吨。草塘老寨子硫铁矿、铝土矿：勘查程度详查，累计查明上表资源量、资源储量分别为310万吨；保有资源量、资源储量分别为310万吨。

铝土矿　境内铝土矿分布较广，2012年前探明储量的仅草塘岩门铝土矿。探明上储量表资源量130万吨，矿石平均铝含量60.4%，是黔南州早期探明的唯一铝土矿床。含矿层位为下二迭统梁山组，矿体呈透镜状、似层状和扁豆状，以透镜状为主，主矿体长500米，宽350米，厚3.1米。矿体下部有硫铁矿和黄铁矿伴生，可综合开发利用。

2011年8月，省国土资源厅启动瓮安、福泉、贵定、龙里铝土矿整装勘查项目。2012年5月30日，省国土资源厅在瓮安召开《瓮安地区磷矿铝土矿整装勘查推进会》后，6月28日，省矿权储备交易局分别与地勘单位签订了铝土矿整装勘查合同。瓮安铝土矿整装勘查区面积2102平方公里（含部分县域外境区），其中瓮安复向斜1316平方公里。是年，完成1∶1万地质简测175平方公里，1∶2.5万地质草测915平方公里，钻探10449.97米，其中瓮安境内5590.43米；五台向斜298平方公里，完成1∶1万地质检测40平方公里，1∶2.5万地质草测200平方公里，槽探5596立方米，钻探1020米，样品分析362件；天文向斜240平方公里，完成1∶1万地质简测105.8平方公里，1∶2.5万地质草测262.48平方公里，槽探4617.6立方米，钻探1428.41米，基查分析563件；平寨复向斜246平方公里，年内完成1∶2.5地质填图210平方公里，1∶1万地质填图230平方公里，槽探4549立方米，钻探652.86米，基查分析150件。铝土矿整装勘查在2012年内，投入地勘基金1646万元。

截至2013年，瓮安上《贵州省矿产资源储量数据库》表铝土矿矿区共5处，累计查明上表铝土矿资源量590.595万吨、资源储量591.005万吨；保有资源储量576.29万吨。

至2014年，由贵州源丰资源勘查咨询有限公司投资，贵州天辰地矿技术咨询有限公司对草塘老寨子铝土矿进行勘探，勘探面积3.43平方公里，提交备案储量（332+333）123万吨。由福泉市众鑫矿业有限公司投资，贵州天辰地矿技术咨询有限公司对玉山镇铝土矿进行勘探，勘探面积4.57平方公里，提交备案储量（332+333）120.56万吨。由瓮安县源正矿业有限公司投资，102地质大队对板寨至建中铝土矿进行详查，详查面积25.88平方公里，提交备案储量（332+333）134.21万吨。由贵州骏麒投资有限公司投资，贵州省有色金属和核工业地质勘查局一总队对中坪镇马鞍山铝土矿进行普查，普查面积7.56平方公里，提交备案储量（333+334）210万吨。

全县2013底铝土矿资源储量汇总表

表5－9　　　　单位：矿石　万吨

<table>
<tr><th rowspan="2">序号</th><th rowspan="2">矿区名称</th><th rowspan="2">矿石质量</th><th rowspan="2">资源储量类型</th><th colspan="2">截至2013年底资源储量</th><th rowspan="2">勘查阶段</th><th rowspan="2">利用情况</th></tr>
<tr><th>保　有</th><th>累计查明</th></tr>
<tr><td rowspan="2"></td><td rowspan="2">全县铝土矿总量（矿区5处）</td><td rowspan="2"></td><td>资源量</td><td>576.29</td><td>590.595</td><td rowspan="2"></td><td rowspan="2"></td></tr>
<tr><td>资源储量</td><td>576.29</td><td>591.005</td></tr>
<tr><td rowspan="2">1</td><td rowspan="2">岩门矿区（国家出资勘查）</td><td rowspan="2">AI_2O_3　60.41%
Fe_2O_3　13.86%
SiO_2　8.61%</td><td>资源量</td><td>147.95</td><td>149.265</td><td rowspan="2">普查</td><td rowspan="2"></td></tr>
<tr><td>资源储量</td><td>147.95</td><td>149.675</td></tr>
<tr><td rowspan="2">2</td><td rowspan="2">木引槽上庆高岭土、铝土矿（共生矿）</td><td rowspan="2">AI_2O_3　59.9%
MgO　0.41%
SiO_2　8.64%</td><td>资源量</td><td>166.78</td><td>179.77</td><td rowspan="2">详查</td><td rowspan="2"></td></tr>
<tr><td>资源储量</td><td>166.78</td><td>179.77</td></tr>
<tr><td rowspan="2">3</td><td rowspan="2">玉山铅锌、铝土矿（共生矿）</td><td rowspan="2">AI_2O_3　61.79%
SiO_2　11.08%</td><td>资源量</td><td>120.56</td><td>120.56</td><td rowspan="2">普查</td><td rowspan="2">基建矿区</td></tr>
<tr><td>资源储量</td><td>120.56</td><td>120.56</td></tr>
<tr><td rowspan="2">4</td><td rowspan="2">玉山河家湾铝土矿（共生矿）</td><td rowspan="2">AI_2O_3　59.88%</td><td>资源量</td><td>18</td><td>18</td><td rowspan="2">详查</td><td rowspan="2">基建矿区</td></tr>
<tr><td>资源储量</td><td>18</td><td>18</td></tr>
<tr><td rowspan="2">5</td><td rowspan="2">草塘老寨子铝土矿</td><td rowspan="2">AI_2O_3　65.32%
Fe_2O_3　1.63%
S　0.27%</td><td>资源量</td><td>123</td><td>123</td><td rowspan="2">详查</td><td rowspan="2">基建矿区</td></tr>
<tr><td>资源储量</td><td>123</td><td>123</td></tr>
</table>

石膏矿　主要分布在龙塘乡江界河。1958至1962年，贵州地质局黔东南综合队对江界河石膏矿进行了普查评价，提交了《瓮安江界河石膏矿区1961年普查评价报告》。江界河石膏矿矿体呈似层状透镜体，倾向南东133度，倾角10度，每个透镜体长125～250～550米不等。含石膏层单层厚一般为数厘米至10余厘米，最厚可达1米。含矿岩总厚120～140米，计含石膏12层。各矿层平均厚度2.19米，平均含矿0.53%。江界河石膏矿C＋D级储量55.26万吨，其中C级储量7.9万吨。因构皮滩水电站的兴建江界河水位上升，其矿区已处于淹没区。

铅锌矿　主要分布在玉山镇小河口、平定营镇铅厂、岚关乡小章阁、珠藏镇水田等地，探明储量26万吨。小河口矿、铅厂矿，分别产于白岩背斜北延部分和南段，上震旦系灯影组白云岩中，厚1.5～4米。有方铅矿、闪锌矿。水田锌矿主要伴生于高山褐铁矿中，含锌0.20%～19.65%，锌金属表内储量6.83万吨，表外储量5.75万吨。2012年，贵州大学勘察设计研究院曾就上角旁铅锌矿进行普查，普查面积16.78平方公里，但未提交普查结果。

截至2013年，瓮安上《贵州省矿产资源储量数据库》表锌矿矿区共3处，累计查明上表锌矿矿石资源储量557.441万吨；保有矿石资源储量556.849万吨。

全县 2013 底锌矿资源储量省级汇总表

表 5－10　　　　单位：锌　吨/矿石　千吨

序号	矿区名称（矿产组合）	矿石质量	资源储量类型	截至 2013 年底资源储量		勘查阶段	利用情况
				保　有	累计查明		
	全县锌矿总量（矿区 3 处）		资源量	187444.69 5568.49	187544.12 5574.41		
			资源储量	187444.69 5568.49	187544.12 5574.41		
1	珠藏矿区（伴生矿）（国家出资勘查）		资源量	182982 5471.50	183081.43 5477.42	详查	开采矿区
			资源储量	182982 5471.5	183081.43 5477.42		
2	玉山镇铅锌矿	Al_2O_3　61.79%	资源量	1439 30.1	1439 30.1	普查	基建矿区
			资源储量	1439 30.1	1439 30.1		
3	金斗山铅锌矿	Zn　4.52%	资源量	3023.69 66.89	3023.69 66.89	普查	
			资源储量	3023.69 66.89	3023.69 66.89		

高岭土　在雍阳、永和、天文、高水、岚关、银盏、猴场、木老坪等乡镇均发现有高岭土矿点分布，探明雍阳云星、永和映山红两矿点地质储量 27 万吨，其中优质品 15.5 万吨。境内高岭土产于下二叠统梁山组和上二叠统吴家坪组、长兴组。矿物成分为多水高岭石，次为水化多水高岭石、变水高岭石等。矿石耐火度为 1700°C。据 2013 年底境内高岭土资源储量统计，全县高岭土矿区 4 处，高岭土资源总量累计查明基础储量 1.05 万吨，资源量 0.93 万吨，资源储量 1.98 万吨；保有基础储量 1.05 万吨，资源储量 1.05 万吨。具体为：雍阳镇堰坪高岭土矿，矿石质量 $Al_2O_3$36.5%，累计查明资源储量 0.32 万吨。木引槽上庆高岭土、铝土矿，矿石质量 $Al_2O_3$31.59%、$FeO_3$0.98%、$TiO_2$0.11%，累计查明基础储量 10.5 万吨，资源量 0.2 万吨，资源储量 10.7 万吨；保有基础储量 1.05 万吨，资源储量 1.05 万吨。高水香沟高岭土矿，矿石质量 $FeO_3$0.68%，累计查明资源量 0.14 万吨，资源储量 1.4 万吨。永和镇政西高岭石矿，矿石质量 $FeO_3$0.68%，累计查明资源量 0.45 万吨，资源储量 0.45 万吨。

白云石矿　主要分布在高枧泥坪、雍阳镇朝阳寨、玉华乡大寨和猴场镇。泥坪矿产于平寨向斜东翼下二叠系栖霞组下部厚层，含氧化镁 21.03%，氧化钙 29.21%。朝阳寨矿产于白岩背斜东翼，中寒武系高台组下部中厚层，含氧化镁 17.83%，氧化钙 33.16%。大寨矿产于白岩背斜东翼上震旦系灯影组厚层，厚 20 米，含氧化镁 20.83%，氧化钙 28.32%。猴场矿产于营定街背斜西翼中上寒武系娄山关群上部中厚层，有矿体

4 个，各长 50 ~ 80 米，宽 30 ~ 106 米，厚 6 ~ 8 米，含氧化镁 18. 42% ~ 20. 58%，氧化钙 29. 43% ~ 31. 27%，储量 38. 91 万吨。

电石灰岩　主要分布在珠藏镇、永和镇等地。珠藏矿产于下三叠统夜郎组，矿体长 2100 米，总厚度 31 ~ 105 米，其中电石灰岩厚 22 ~ 44. 7 米，储量 234. 2 万吨，平均含氧化钙 55. 11%。永和镇垛丁矿产于上塘背斜西翼，下寒武系明心寺组顶部，矿层厚 25. 3 米，储量 506 万吨，平均含氧化镁 0. 22%，氧化钙 55. 16%，二氧化硅 0. 53%，三氧化二铝 28%。

汞矿　主要分布在玉山镇后槽湾、小河口和小河山乡盖头山等地。后槽湾矿产于白岩背斜的北延部分与东西断层形迹反接处之轿顶山背斜上，产于上震旦统灯影组白云岩中，有三条矿化带，长 70 米 ~ 200 米不等，含汞 0. 002% ~ 0. 103% 不等。盖头山矿产于上震旦系灯影组上段白云岩及下寒武系牛蹄塘组底部硅质岩中，沿层分布，断续延长 4000 余米，厚 40 ~ 50 米，含汞 0. 17% ~ 0. 2%。小河口矿与后槽湾矿大致相同。

重晶石　主要分布在玉山镇小开洲、岚关乡章阁、鱼河乡深溪、白沙乡凉水井等地，预测有储量 1000 万吨以上。白沙乡凉水井矿储量约 15 万吨，硫酸钡含量 86 ~ 89%。

硅　石　主要分布在玉华乡、松坪乡、猴场镇、平定营镇、岚关乡等地。虽未探明储量，但从初步调查和已开发利用情况看，预计储量上亿吨，矿石品质较好，氧化硅含量 90% 左右。

含钾岩石　主要分布在珠藏镇羊关，产于奥陶系桐梓组下部，矿体长 1130 米，平均厚度 9. 7 米，平均含氧化钾 9. 51%。

大理石　主要分布在木引槽乡田坝、九仓银和珠藏镇石牛山等地。田坝方解石，产于下二叠系茅口组。石牛山含铁质石灰岩，产于中三统关岭组。境内大理石储量 5 亿立方米以上，品种有冰霜白、朱砂缀白雪、彩带纹玉、云黛玉、砂砾砌石玉、猫眼玉等。

冰洲石　主要分布在鱼河乡，产于白岩背斜北端下二叠系栖霞组底部之燧石灰岩中，呈不连续团块状，大致沿岩层走向延伸，长 30 米，一般厚 0. 4 ~ 0. 6 米。

海绿石　主要分布在玉华、草塘、平定营、岚关、松坪等地。产于下寒武统金顶山组和明心寺组，未作地质勘查，有一定资源储量。

水泥用灰岩　县内水泥用灰岩分布较广，含矿层位多且能使用和质量较好的主要产于下二迭统和下三迭统地层中，尤以茅口组和夜朗组中灰岩最佳。虽未探明储量，但多层位的碳酸盐岩产出和大面积分布，预计储量非常丰富。其中玉山、银盏等地，矿石质量较好。

冶金用灰岩　主要分布在珠藏镇，产于珠藏向斜西翼下三叠系夜郎组。矿层倾向东，矿体长 100 米，厚 44. 6 ~ 60. 85 米。储量约 318. 5 万吨，平均含氧化钙 51. 96%，氧化镁 3. 33%，二氧化硅 0. 19%，三氧化二铝 0. 13%。

石灰石矿　境内各乡镇均有分布，藏量十分丰富，资源储量取之不竭。

矿泉水　已探明未上表的有玉华矿泉水，属优质大型水源地。玉华温泉位于雍阳镇岩根河村，距县城 9 公里。海拔 1075 米。水温 34.5℃，流量 15 升/秒，昼夜出水量 1296 吨，矿化度小于 1 克，全硬度 9.13 德国度，总碱度 8.4 度，PH 值 7.35 度，属碳酸氢钙—碳酸氢镁（HCO3—Ca、Mg）型水。

建筑用砂石 境内各乡镇均有分布，藏量十分丰富，资源储量取之不尽。

黏土矿 县内黏土矿（包括耐火黏土、水泥用黏土和砖瓦用黏土），分布广泛，储量丰富。黏土矿可分软质和硬质两种，软质黏土分布于岩溶洼地第四系冲积层中，硬质黏土则主要赋存于吴家坪组、梁山组、大冶组下部黏土岩和页岩。

地　热 2011－2013 年，由瓮安县国有资产营运投资有限公司投资，贵州省 111 地质大队就老坟嘴地热矿进行详查，详查面积 7.63 平方米，提交备案储量 845 立方米/天（水温 42～42.5 度）。

第六章　土地、矿产税费

第一节　土地税费

一、土地赋税

瓮安土地赋税，解放前有记载的主要是清代及中华民国时期的田赋，解放后施行的主要有农业税、耕地占用税、城镇土地使用税、土地增值税等。

（一）田赋

清代田赋，初以人丁、田亩分别计征丁差银和条编银、马馆银、土赋银、秋粮米。丁差银原按579户2292丁计征，每丁征银9.5分。康熙六十年（1721年）编审，新增59丁，编入“盛世滋生册”不加赋。条编银、马馆银、秋粮米，原按熟田59050亩计征。土赋银，原按熟土6061亩计征。康熙六十年编审，改按熟田56321亩，熟土5030亩计征。后将丁差银摊入田亩一并计征。熟田分上中下3等计赋：条编银，每亩上田征3.74分，中田2.88分，下田2.24分；马馆银，每亩上田征3.91分，中田3.42分，下田2.71分；丁差银，每亩上中下田均征0.4分；秋粮米，每亩上田征2.8升，中田2.3升，下田1.7升；土赋银，每亩土征2.31分。雍正三年（1725年），共征银3754.8两（条编银1587两、马馆银1820.8两、丁差银225两、土赋银116两），米1229.9石。

乾隆五年（1740年），按田59221亩、土6061亩，定征银3975.80两（条编土赋银1819.8两、马馆银1931两、丁差银225两），本色米1230石。

嘉庆初年，条编、马馆银合并征收，称条银，每亩上田征银8.05分，中田6.7分，下田5.35分。正项赋银1两加征火耗银1.5钱。

道光二十年（1840年）以后，湖湘连年旱灾，靠黔米接济，县境斗米值银八九钱，官府将赋额银一钱改为一两二三钱，赋额粮一斗改为银七八钱。道末咸初，湖湘丰收，县境粮价大落，而官府征银不减，民怨冲天，举行抗粮。

光绪三年（1877年），按田60493亩、土6061亩，定征赋银3943.1两（条编银1672.7两、马馆银1928.4两、丁差银225两、土赋银117两），米1291.1石。在以上正赋之外，每征银一两，加征耗羡银1.5钱，共591.5两；每征米一石，加征耗羡米1.5斗，共193.7石。每石米折银6钱，共116.2两。县官再加平（余）、加色、加卯，年共征银约9600两，上解约6100两。

民国时期田赋，初袭清制，减去拨归平越朱砂坑上田 76 亩的田赋，定征银 3936.9 两（条编银 1669.82 两、马馆银 1925.4 两、丁差银 224.7 两、土赋银 117 两），米 1289.3 石。另征耗羡银 591.1 两，耗羡米 193.4 石。实际征收从不分项，以丁为准，每丁征赋银 1 两，连同耗羡银、秋粮米、耗羡米、加卯银等，共征银 2.73 两，全数报解。

民国 3 年（1914 年），定征“地丁”银（含条编、马馆、丁差、土赋银）3737.2 两，耗羡银 560.6 两，“地粮”米 1223.9 石，耗羡米 183.6 石。4 年，规定每银一两折征银币 1.5 元。

29 年 1 月，土地陈报编查完竣，按田 112521 亩、土 53613 亩计算，每亩纳赋定率依三等九级科则计征，赋额法币 55227 元，比土地陈报前增加 2.64。30 年，改征稻谷，赋额 1 元折征稻谷 2 市斗，附征县级公粮 1 市斗，并加购借军粮。31 年，折征改为 3 市斗。33 年，折征改为 4 市斗。36 年，附征改为 2 市斗。37 年，折征改为 3 市斗，附征改为 1 市斗，每赋额 1 元另借征 1.5 市斗。

（二）农业税

解放后，废除田赋旧制，依法征收农业税（又称公粮），实行合理负担，按规定和实际情况减征缓征免征，以粮食交纳，按货币结算，并执行依质论价政策。另外，还将农林特产税、耕地占用税和契税列入农业税项下。

1949 年 12 月，省布置借征稻谷 50 万公斤，实借征 86.35 万公斤（后列作公粮扣除）。1950 年 2 月，开征 1949 年公粮，按照“田多多出，田少少出”的原则，自报公议，民主分配任务。共布置任务：公粮 342 万公斤，地方附加粮 51.3 万公斤，公柴 275.08 万公斤。实征公粮 200.08 万公斤，附加粮 11.76 万公斤，公柴 18.59 万公斤。是年冬，实行以户为单位，按人均年收入粮食确定税率的全额累进税制。人均年收入 60 公斤以下免征。对农村烈军属、供给制职员家属和孤老病残等生活困难户，进行减征免征，对歉收 4～7 成的酌情减征，歉收 7 成以上的免征。停征公柴。

1951 年，实行“查田评产，依率计征，依法减免”的办法，继续执行累进税制，起征点提高到 75 公斤，开始分春秋两季征收。经过查田评产，全县有耕地 327512 亩，常年产量 4372.27 万公斤，计征税额 887.45 万公斤。对歉收 2～6 成的酌情减征，歉收 6 成以上的免征。是年，全县农业税实征稻谷 874.08 万公斤。

1952 年，实行“调整产量，纠正畸高畸低，依率计征，依法减免，取消附加”的办法，全县常年产量调为 4220.17 万公斤，计征税额 640.71 万公斤。为保证乡村行政事业供给，县政府决定，在第一、二、三、四区村干粮 5%，专筹粮 4%；第五区附征村干粮 6%，专筹粮 4%。是年，全县农业税实征稻谷 847.59 万公斤。

1953 年，实行“按耕地计产，依率计征，依法减免，增产不增税”的办法，计征税额稳定在 1952 年实征水平上，至 1955 年。本着“轻灾少减，重灾多减，特重灾全免”的原则，对人均年收入粮食不足 75 公斤的免征，收入 75～200 公斤的和歉收 1 成半的减征。共计灾歉减免 15.81 万公斤，社会减免 1.49 万公斤。1955－1958 年，对饲养耕牛种公畜和两岁以下幼畜的户，每头牛减征稻谷 10 公斤。全县养有公畜、幼畜 9351 头，减免 9.35 万公斤。是年，全县农业税实征稻谷 639.22 万公斤。

1956 年，以高级农业生产合作社为单位征收，按 1955 年各户平均税率计征。对歉收 1～3 成的按歉收成数减征，歉收 3～4 成的加 1 成减征，歉收 4～5 成的加 2 成减征，歉收 5 成以上的免征。对初级农业生产合作社和单干户，按原累进税制以户征收，并征地方附加粮 15%，以户计算灾情，歉收 6 成以上的免征。是年，全县农业税实征稻谷 703.48 万公斤。

1958 年，改累进税制为地区差别比例税制。以生产队为单位，以 1957 年产量为基础，调整常年产量。全县常年产量调为 6477.16 万公斤，统一执行州布置的平均税率 14.65%，依率计征正税 948.91 万公斤，人均负担 63.50 公斤。是年，全县农业税实征稻谷 1028.23 万公斤。

1960 年，因旱灾减免农业税 281.92 万公斤，退回多收自留地农业税 66.56 万公斤。全县农业税实征稻谷 811.69 万公斤。

1961 年，调整负担，常年产量调为 4000.88 万公斤，税率调为 12.80%，停征当年附加粮，农业税任务 512.11 万公斤，人均负担 28 公斤。之后，稳定 15 年。1965－1990 年，对歉收 2～5 成的酌情减征，歉收 5 成以上的免征。从 1961 年至 1975 年，全县农业税实征稻谷除 1970 年达到 665.71 万公斤外，其余各年均不足 600 万公斤。

1976 年，调整负担率在 5% 以下和 12% 以上的生产队的农业税任务，以第四个五年计划时期年均实产作为第五个五年计划时期的常年产量，增加 7% 的减免机动数，至 1980 年一定五年不变。全县常年产量调为 8292 万公斤，平均税率调减为 7.60%，农业税调增 36.76 万公斤，增加减免机动数 40.96 万公斤，任务数年均额 665.85 万公斤（含附加）。是年，全县农业税实征稻谷 656.25 万公斤。

1979 年，以生产队为单位，人均起征点改为：水稻地区 200 公斤，杂粮地区 150 公斤，稻杂兼产地区 175 公斤，人均扣除 35 公斤后计算起征点。兼种经济作物，现金分配高的生产队，以人均年分配收入 50 元为起征点。起征点以下的生产队免征，一年一定。州政府核定瓮安起征点以下减免指标 75 万公斤，灾歉减免指标 20 万公斤。按照政策获得免征的生产队 325 个，占总队数的 15.6%，免征额 78.79 万公斤；减征的队 144 个，占总队数的 6.91%，减征额 24.92 万公斤。1980 年，恢复社会减免，州政府核定瓮安起征点以下减免指标 125 万公斤，灾歉和社会减免指标 191 万公斤。获得免征的生产队 147 个，减征的队 965 个，合计 1112 个，占总队数的 41.52%，减免额 139.37 万公斤，折款 32.19 万元。是年，全县农业税实征稻谷 538.3 万公斤。

1981 年起，农业税纳税单位改为以土地承包户为主。全年全县农业税实征稻谷 383.9 万公斤。为 1950 年来的最低。

1984 年起，恢复一定五年征收任务，实行“依率计征，依法减免，稳定负担，增产不增税”的办法。并对几年来国家投资的农田水利基建和国家企事业单位基建征用的耕地 1388 亩，调减农业税 2.08 万公斤。是年，全县农业税实征稻谷 678.46 万公斤。

1985 年，州政府核定瓮安贫困户农业税减免指标 100 万公斤，灾歉减免指标 200 万公斤。按照政策获得减免的贫困户 16384 户，占总农户数的 25.87%，减免额 99.59 万公斤。是年，之前一直执行的农业税以征收粮食为主，按国家规定改为实行农业税折征代金，即农业税改为将应纳税额的实物量按照国家规定的征收价格折算成金额，以货币形式征收。当年，全县农业税折征稻谷共 184.34 万公斤。

1990 年，全县完成农业税 204.83 万元；1998 年完成 906 万元；1999 年完成 761 万元；2000 年完成 617 万元；2001 年完成 561 万元。

2002 年 4 月 22 日，启动农村税费改革，核定全县各乡镇常年产量，最高为银盏乡，计税常年产量为亩产 840 斤，最低为小河山乡，常年产量为亩产 302.5 公斤。全年为农民减负 1808.89 万元，人均减负 45.2 元，总减负率达到 56.7%。是年秋，取消“三提五统”费、屠宰税、农业特产税附加，执行全省统一的农业税率（7%）和附加（20%）。是年，全县完成农业税 479 万元。次年，完成农业税 1076 万元。

2004 年 1 月起，实行“三项改革”：农业税率降低一个百分点，由 7% 降为 6%；执行粮食直补政策，每公斤补贴 0.1 元；取消除烤烟税以外的其他农业特产税。是年，全县完成农业税 1175 万元。

2005 年 1 月起，取消全部农业税，农民不再上交公余粮。

（三）耕地占用税

1987 年 10 月 26 日，瓮政〔1987〕56 号文件印发“省人民政府关于发布《贵州省耕地占用税实施办法》的通知”，县政府明确，耕地占用税一律按国务院规定从 1987 年 4 月 1 日起执行，凡占用耕地建房或从事其他非农业建设的单位和个人，都应按照规定税额一次性缴纳耕地占用税。并明确根据全县人均占有耕地情况，确定全县划分为三类地区征收耕地占用税：1.人均耕地在 1 亩以下（含 1 亩）的，占用田每平方米按 10 元、土每平方米按 8 元征收。2.人均耕地在 1 至 2 亩（含 2 亩）的，占用田每平方米按 8 元、土每平方米按 6 元征收。3.人均耕地在 2 亩以上的，占用田每平方米按 6 元、土每平方米按 5 元征收。农民按规定标准新建住宅，按实用税额减半征收。

耕地占用税由财政部门负责征收，1987－1990 年，共占用耕地 270.6 亩，征税 32.91 万元。

1993 年 6 月 28 日，根据《中华人民共和国耕地占用税暂行条例》和《贵州省耕地占用税实施办法》，县政府发布《瓮安县耕地占用税征收管理办法》，是年 7 月 1 日起，全县按该管理办法开征耕地占用税，申请占用耕地建房或从事其他非农业建设的单位和个人，为耕地占用税纳税人。耕地占用税征收范围包括耕地、鱼塘、园地、菜地及其他非农业用地，耕地占用税按实际占用面积和规定的税额一次性征收。根据人均占有耕地和土地类别情况，全县耕地占用税划分为三类，其类别和税额为：

一类：雍阳镇、草塘镇，稻田和菜地每平方米 10 元；旱地、鱼塘、园地及其他农用地每平方米8元。

二类：平定营、玉华、银盏、永和、岚关、老坟嘴、松坪、小河山、中坪、白沙、建中、珠藏、高水、木引槽、铜锣、牛场坝、玉山、鱼河、龙塘、天文、木老坪等乡镇，稻田每平方米8元；旱地、鱼塘、园地及其他农用地每平方米6元。

二类：公路占地，不分田土，每平方米征收1.50元；农民按规定建房占用耕地，按实用税额减半征收耕地占用税。

经批准用于部队军事设施用地；炸药库用地；学校、幼儿园、敬老院、医院等用地；为农业生产服务的农田水利设施用地；乡村简易公路用地。免征耕地占用税。革命烈士家属、革命残废军人、鳏寡孤独及少数民族聚居地方，边远山区生活困难农户，在按规定标准用地范围内新建住房占用耕地，纳税确有困难的，纳税人提出申请，经所在地乡镇人民政府审核，报经县人民政府或委托主管部门批准后，给予减税或免税。

2009年，耕地占用税改县地税局征收，税额为每平方米20元。

1998－2013年耕地占用税征收统计表

表6－1　　　　单位：万元

年　度	征收额	年　度	征收额	年　度	征收额	年　度	征收额
1998	70	2002	51	2006	27	2010	1435
1999	130	2003	76	2007	23	2011	3848
2000	50	2004	35	2008	23	2012	7849
2001	48	2005	9	2009	174	2013	14211

（四）城镇土地使用税

1988年9月，《中华人民共和国城镇土地使用税暂行条例》规定开征城镇土地使用税。是年11月，《贵州省城镇土地使用税实施细则》规定，城镇土地使用税首先在城镇和建制镇开征。

1989年，城镇土地使用税开始在雍阳、草塘两镇开征。征收标准，按黔南州税政（2）字〔1989〕21号文件规定：一等土地2元，二等地1.50元，三等地1.20元，四等地8角，五等地5角，六等地2角。1989－1990年，共征收30.04万元。

1992年3月3日，县人民政府瓮政字〔1992〕15号文件发布《关于新建镇辖区内开征房产税、土地使用税，改变执行城市维护建设税税率的通知》，是年4月1日起，在中坪、永和、珠藏、玉山、天文、平定营镇政府所在地开征房产税、土地使用税，上述辖区内的单位和个人，从事工业、商业、服务业的经营用地，按每平方米年税额1元计算缴纳土地使用税。原雍阳镇、草塘镇征收办法不变。

1996年7月8日，根据《中华人民共和国城镇土地使用税暂行条例》和《贵州省城镇土地使用税实施细则》规定，瓮府发〔1996〕25文件下发《瓮安县城镇土地使用税征收管理暂行办法》，明确从1996年1月1日起执行在县城、瓮安煤矿等工矿区及草塘、中坪、永和、珠藏、玉山、天文、平定营镇政府所在地征收城镇土地使用税，凡在上述区域内使用国有土地从事生产经营的单位和个人，为城镇土地使用税的纳税义务人。土地使用税按年计算，分期缴纳，每半年征收一次。土地使用税标准：县城中心地段商贸经济繁华区从县烟草局办公楼两侧直下至西门出口右桥头（左至保养场出口）止、中街百货公司至南起路经工会门口至农机公司止、县政府门口至南邮电局左至文峰大道止、西街场坝子起向南至工商行门口止、中街向北至物资局门口止，城镇土地使用税按街道两侧每平方米 4 元，其余地区每平方米 1 元征税，工矿区每平方米按 0.6 元征税，雍阳镇外其他各镇按每平方米 1 元征税。机关办公、公益事业等用地免缴土地使用税。是年，全县征收土地使用税 44.84 万元。

1998 年 7 月 15 日，瓮府发〔1998〕22 号文件补充规定：文峰大道两侧南、北至收费站，土地使用税征收标准为每年每平方米 4 元；南街农贸市场内的门面，土地使用税征收标准为每年每平方米 4 元；西街旧城第一期工程改造区内的房产税按原征收标准减半征收；文峰大道两侧及农贸市场内的生产经营用房，按总造价减除 30% 后计征房产税。补充规定 1998 年 1 月 1 日起执行。

是年 12 月，县城地区划分为两个等级征税，一等每平方米 2 元，二等每平方米 1.5 元。具体划分以中街为中心区直向东、西、南、北四大街，即东至烟草局、县供销社人行处止，西至西门口右侧至西门桥头、左侧至保养场出口处止，南至邮电局、外贸站、农机公司处止及右侧转街经过工会、林业局门口至西街场坝子，北至物资局门口止均为一等，其于均为二等。建制镇（草塘）为每平方米 1 元。

2000 年 6 月 20 日，县政府下发《瓮安县城镇土地使用税征收管理暂行办法》，规定土地使用税额计税标准县城中心商贸经济繁华地段（东至塔坡脚、南至茅坡水泥厂、西至西门河桥头进口、北至五里街石油公司加油站）每平方米 4 元，工矿区每平方米 1 元，其他各镇每平方米 2 元。并对国家机关、公益事业等 10 种用地规定免纳土地使用税。

2008 年 8 月 24 日，县政府下发《瓮安县城镇土地使用税征收管理办法》（瓮府发〔2008〕4 号），自 2007 年 1 月 1 日起执行，规定城镇土地使用税税额：县城所在地一类应税土地单位税额每平方米 10 元，具体范围为东至文峰塔南至去永和方向雍阳镇高家坳村与雍阳镇桐木村交界处、东北面至去洗马方向打石冲煤矿（不含煤矿）、南至雍阳水泥厂围墙外小河边桥头、西至柏秧坪肉联厂门口（不含肉联厂）、北至与银盏乡交界处；县城所在地二类应税土地单位税额每平方米 8 元，具体范围为南面为雍阳水泥厂围墙外小河边桥头至去茅坡复烤厂路口（含茅坡复烤厂）；县城所在地三类应税土地单位税额每平方米 6 元，具体范围为南面去茅坡复烤厂路口至雍阳镇茅坡小学门口，西面为柏秧坪肉联厂至玉华乡交界处；四类应税土地单位税额每平方米 3 元，具体范围为各建制镇四至界线内的应税土地。

2013 年 4 月 1 日，瓮府发〔2013〕14 号文件印发《瓮安县城镇土地使用税征收管理暂行办法》，是年 1 月 1 日起开始执行，规定城镇土地使用税在城市、县城、建制镇、工矿区征收。税额：县城所在地一类应税土地单位税额为 10 元/平方米，范围：瓮水街道东从东郊水厂至克力兹幼儿园至梅子树至新庄惠民小区、南至茅坡场村委会大道两侧、西至王家岩坡脚、北至三中对面北东路为界；雍阳街道东至打石冲煤厂，南至三中门口北东路为界，西至柏央坪肉联厂门口，北至与原银盏交界处。县城所在地二类应税土地单位税额为 8 元/平方米，范围：瓮水街道南从茅坡场村委会至中鑫煤矿、茅坡复考厂路口至雍阳镇茅坡小学门口。县城所在地三类应税土地单位税额为 6 元/平方米，范围：瓮水街道新庄社区范围；雍阳街道从柏央坪肉联厂门口至青坑工业园区与玉华交界处及雍阳街道一类、二类以外的区域。四类应税土地单位税额为 3 元/平方米，具体为建制镇四至界线内的应税土地。

1998－2013 年土地增值税征收统计

表 6－2　　单位：万元

年　度	征收额	年　度	征收额	年　度	征收额	年　度	征收额
1998	13	2002	53	2006	78	2010	314
1999	26	2003	62	2007	443	2011	352
2000	28	2004	75	2008	443	2012	339
2001	44	2005	63	2009	263	2013	609

（五）土地增值税

1994 年，在县境内征收土地增值税。增值额未超过扣除项目金额 50% 部分，税率为 30%；增值额超过扣除项目金额 50%，未超过扣除项目金额 100% 的部分，税率为 40%；增值额超过扣除项目金额 100%，未超过扣除项目金额 200% 的部分，税率为 50%；增值额超过扣除项目金额 200% 的部分，税率为 60%。纳税人建造普通标准住宅出售，增值额未超过扣除项目金额之和 20% 的，免征土地增值税；增值额超过扣除项目金额之和 20% 的，应就其全部增值额按规定计税。

1998－2013 年城镇土地使用税征收统计

表 6－3　　单位：万元

年　度	征收额	年　度	征收额	年　度	征收额	年　度	征收额
1998	4	2002	7	2006	108	2010	522
1999	6	2003	17	2007	118	2011	986
2000	3	2004	89	2008	118	2012	1881
2001	6	2005	113	2009	544	2013	2790

二、土地缴费

《土地管理法》实施前，土地缴纳规费较少。之后，特别是耕地保护及土地有偿使用制度逐步推行后，土地缴纳规费有所增多，其规费种类名称及缴费标准等亦变化较大，主要收费项目有土地登记费、土地管理费、土地有偿使用费、耕地开垦费、土地复垦费、新增建设用地土地有偿使用费、国有土地使用权出让收入等。

土地登记费 按《国家土地管理局、国家测绘局、国家物价局、财政部关于〈土地登记收费及其管理办法〉》（国土〔籍〕〔1990〕93号）、《贵州省物价局、贵州省财政厅、贵州省国土资源厅关于印发〈贵州省国土资源系统行政事业性、政府基金收费项目及收费标准〉的通知》（黔价房调〔2001〕392号）等规定执行。一、土地权属调查、地籍测绘，收费标准为党政机关、社会团体200~700元，事业单位300~10000元，企业100~40000元，城镇居民13~30元。二、土地注册登记、发证，收费标准为普通证书：个人每证5元、单位每证10元，“三资”企业和其他用国家特制证书：每证20元。

土地管理费 1985年起，按农牧渔业部、国家计划委员会、城乡建设环境保护部〔1984〕农（土）字30号文件《关于征用土地费实行包干使用暂行办法的实施办法》及1985年1月5日黔南州人民政府黔政〔1985〕2号文件《关于征用土地的补充规定》收取，标准由用地单位按征地补偿费、安置补助费和青苗费三项总和的5%向土地管理机关缴纳。分成为县70%，上交州20%，上交省10%。1994年4月28日，瓮府发〔1994〕23号文件下发的《瓮安县人民政府关于土地管理收费的规定》，明确县境内建设使用国有土地、集体土地的国家、集体、个人均为土地管理费收费对象，费率仍按征地补偿费总额的5%计收。

20世纪90年代后期，境内停止收取土地管理费，开始按《国家物价局财政部关于发布〈土地管理系统部分收费项目与标准〉的通知》（〔1992〕价费字号597号）、《贵州省物价局、贵州省财政厅、贵州省国土资源厅关于印发〈贵州省国土资源系统行政事业性、政府基金收费项目及收费标准〉的通知》（黔价房调〔2001〕392号）收取征地管理费，根据征地方式及征地数量按不超过征地费总额的1%至4%等具体规定收取。2009年，收取征地管理费2.21万元。2011－2014年，收取征地管理费共59.58万元，其中各年收取额依次分别为9.69万元、7.27万元、37.03万元、5.59万元。

土地有偿使用费 根据有关法律法规和省州县有关文件收取。1991年5月起，县政府明确乡镇企业使用集体土地，使用者需向区（镇）交纳土地有偿使用费，收费标准每年稻田每平方米0.5元，旱地每平方米0.4元，非耕地每平方米0.2元。当年，全县收取乡镇企业土地有偿使用费61025.48元。

1991年12月，根据县政府《瓮安县人民政府关于城镇居民建房用地解冻的通知》（瓮政〔1991〕65号）和《瓮安县城镇居民建房用地管理暂行办法》（瓮政〔1991〕66号），规定城镇居民建房需占用集体土地的，由县实行统征，先征后划，所有权属国家，征用费由用地者支付。土地有偿使用费由用地者向县土地管理局缴纳，标准每平方米2~4元。

1994 年 4 月 28 日，县政府印发《瓮安县人民政府关于土地管理收费的规定》（瓮府发〔1994〕23 号）。是日起，土地有偿使用费收费标准为：非农业建设土地有偿使用费，农民建住宅集镇所在地最高不超过每平方米 2 元，其他地区不超过 1 元；乡镇企业用地，使用集体土地不得超过每平方米 1 元，使用国有土地每平方米 2 至 4 元。收费办法：企业用地土地有偿使用费按年度计算，逐年缴纳，其他为一次性缴纳。

1999 年 9 月 10 日，县政府印发《关于土地有偿使用收费及补偿标准的通知》（瓮府发〔1999〕31 号），是月起，（一）使用集体土地的土地有偿使用费收费标准为：1. 农村农民建房：（1）雍阳镇外的乡镇所在地规划区内拆房改建的按 4 元/平方米收取；在原土地使用证确权范围内占空地建房按 6 元/平方米收取。（2）在乡镇所在地规划区外拆房改建的按 2 元/平方米；占空地建房按 4 元/平方米收取。2. 乡镇企业用地，按 1～2 元/平方米收取。（二）以划拨方式取得的国有土地有偿使用费收费标准为：1. 县城和乡镇规划区内，在原土地使用证确权范围内占地建房和拆房建房的，按有关规定收取土地出让金。2. 属规划区域外，在原土地使用证确权范围内占地建房的，原宅基地按 4 元/平方米、空地按 8 元/平方米收取土地有偿使用费。

2002 年县国土资源局组建后，随着土地出让制度的建立健全，土地收费机制不断规范，原实施的土地有偿使用费收取逐步取消。2006 年 4 月省国土资源厅等部门联合下发《关于进一步规范农民建房收费的通知》后，全县农村村民建房的土地有偿使用费收取亦取消。

耕地开垦费　按《土地管理法》及其配套法规、黔价房调〔2001〕392 号文件、《贵州省人民政府办公厅转发〈省国土资源厅省财政厅关于加强和改进我省土地开发整理及耕地占补平衡工作意见〉的通知》（黔府办发〔2007〕101 号）等规定收取。收费标准：1.占用基本农田，没有条件开垦的，缴纳征用该土地补偿费 2 倍的耕地开垦费；开垦的耕地不符合要求的，缴纳征用该土地补偿费 1 倍以上 2 倍以下的耕地开垦费。2. 占用其他耕地、没有条件开垦的，缴纳征用该土地补偿费 1 倍的耕地开垦费；开垦的耕地不符合要求的，缴纳征用该土地补偿费 0.5 倍以上 1 倍以下的耕地开垦费。3.全省最低征收标准为 8000 元/亩，交通、水利、教育建设项目耕地开垦费不得低于全省最低标准的 80%。2009－2014 年，共收取耕地开垦费 6633.34 万元，其中 2009 年 76.39 万元、2010 年 209.08 万元、2011 年 74.2 万元、2012 年 830.07 万元、2013 年 4889.12 万元、2014 年 554.48 万元。

土地复垦费　按《贵州省土地管理条例》、黔价房调〔2001〕392 号文件等规定收取。收费标准：按照谁破坏谁复垦的原则，没有条件复垦或复垦不符合条件的，缴纳每平方米 5～15 元土地复垦费。土地复垦费较少收取，仅 2014 年收取 18.63 万元。

新增建设用地土地有偿使用费　按《财政部、国土资源部关于印发〈新增建设用地土地有偿使用费收缴使用管理办法〉的通知》（财综字〔1999〕117 号）、黔价房调〔2001〕392 号文件、《财政部、国土资源部中国人民银行关于调整新增建设用地土地有偿使用费政策等问题的通知》（财综〔2006〕48 号）等规定收取。收费标准：2006 年前瓮安按 14 等每平方米 7 元缴纳，2006 年后瓮安按 15 等每平方米 10 元缴纳。2009 年，收取新增建设用地土地有偿使用费 2013. 97 万元。2011 –2014 年，收取新增建设用地土地有偿使用费共 3711. 47 万元，其中各年收取额依次分别为 2016. 16 万元、186. 41 万元、1204. 71 万元、304. 19 万元。

国有土地使用权出让收入 其收入含土地使用权出让金、土地收益金、土地租赁费、征地补偿费、安置补助费、地上附着物及青苗补偿费等。收费依据：按《土地管理法》及其实施细则、《中华人民共和国城市房地产管理法》、财政部《关于国有土地使用权有偿使用收入征收管理的暂行办法》、《财政部、国土资源部、中国人民银行关于印发〈国有土地使用权出让收支管理办法〉的通知》（财综〔2006〕68 号）、《贵州省土地管理条例》、黔价房调〔2001〕392 号文件等。收费标准，按国家有关规定执行。实施招拍挂后，土地使用权出让金均按不低于政府确定的地价招标、拍卖、挂牌。2008 –2014 年，随着土地市场机制逐步完善，国有土地使用权出让收入大幅度增加，7 年合计出让收入达 273730. 86 万元，其中 2008 年 955 万元、2009 年 11436. 75 万元、2010 年 19871. 15 万元、2011 年 30720. 52 万元、2012 年 74371. 28 万元、2013 年 85264. 17 万元、2014 年 51111. 99 万元。

第二节 矿产税费

一、矿产纳税

开采经济矿产品，必须按国家规定交纳税金。解放初期，矿产品开采量小，税金缴纳亦较小。20 世纪 80 年代，县境税源结构以烤烟为主体税源。90 年代开始，逐步发展成以磷及磷化工、煤及煤化工为主体税源。

境内煤炭开采，1950 –1990 年仅完成原煤、焦炭征税 1052. 9 万元。其间 1958 年为 1. 95 万元，之前各年均不足 1 万元。1960 年 29. 11 万元，1972 年 35. 28 万元，之后一直徘徊在 33 ~68 万元之间。1989 年达到 121. 79 万元，比头年增长 1. 77 倍；1990 年更达到 147. 36 万元，比头年增长 21%。国营瓮安煤矿，1978 年纳税 31. 8 万元，2001 年 374. 96 万元，2005 年 1554. 78 万元，2008 年 2982. 09 万元。境内磷矿开采，始于 20 世纪 50 年代后期，但直至 20 世纪 90 年代后纳税才大幅度增加。其中较大纳税户有国营瓮安磷矿、县磷化公司等。瓮安磷矿 1978 –1988 年，年纳税不足 20 万元；1989 –1995 年，年纳税不足 50 万元；1996 –1999 年，年纳税上升至 100 多万元；2006 –2011 年，总纳税 23280 万元，年均 3880 万元。全县矿产品行业纳税（含部分费），1999 年仅 1130 万元，2006 年起达到 5000 万元以上，其中 2009 年 10579 万元，2012 年达到 14295 万元。

矿产品行业纳税，其纳税种类、纳税标准，各时期存在较大差异。发生过的主要征收税种有营业税、产品税、增值税、所得税、资源税等。其中资源税为直接向矿产品征收的税种，也是矿产品行业税源结构中的主要税种之一。

1994 年，境内开始按《中华人民共和国资源税暂行条例》规定征收资源税。是年 4 月 1 日，县政府瓮府发〔1994〕67 号文件下发《瓮安县人民政府关于明确磷矿石资源税征收额的通知》，决定从 1994 年元月 1 日起，对在瓮安县境内开采磷矿石的单位和个人，暂按每吨 1 元税额征收资源税。

2003 年，瓮安对县境内部分矿产品种类资源税额进行调整，调整后税额为原煤每吨 0.6 元、焦煤每吨 1.2 元、铁矿每吨 2 元、重晶石（精矿）每吨 3 元、磷矿每吨 3 元、硫铁矿每吨 2 元、硅石每吨 2 元、石膏每吨 2 元、高岭土每吨 3 元、白云石每吨 1 元、重晶石（原矿）每吨 3 元、硫化锌每吨 3 元、氧化锌每吨 2 元。

2005 年 3 月，县调整部分矿产品种类资源税税额为铁矿每吨 10 元、重晶石（精矿）每吨 3 元、重晶石（原矿）每吨 3 元、磷矿每吨 3 元、硫铁矿每吨 1 元、硅石每吨 2 元、石膏每吨 2 元、高岭土每吨 3 元、白云石每吨 1 元、硫化锌每吨 3 元、氧化锌每吨 2 元、铝土矿每吨 14 元。8 月，调整原煤税额每吨 2.5 元、焦煤税额每吨 4.3 元。2006 年 6 月，调整铝土矿税额每吨 20 元。2007 年 6 月，调整焦煤税额每吨 8 元。

2008 年，县调整部分矿产品种类资源税税额为原煤每吨 2.5 元、焦煤每吨 8 元、铁矿每吨 10 元、磷矿每吨 15 元、硫铁矿每吨 1 元、硅石每吨 2 元、石膏每吨 2 元、高岭土每吨 3 元、白云石每吨 1 元、重晶石每吨 3 元、铝矾土矿每吨 20 元、硫化锌矿每吨 3 元、氧化锌矿每吨 2 元、锌粉每吨 2.56 元、钼（镍）矿每吨 4 元、钒矿每吨 12 元、砂石每方 2 元。

2014 年 12 月，根据《贵州省煤炭资源税改革实施方案》，煤炭资源税实行从价定率计征，应纳税额为应税销售额的 5%。

1998－2013 年，全县共征收资源税 19206 万元。其中：1998 年 14 万元，1999 年 34 万元，2000 年 30 万元，2001 年 163 万元，2002 年 173 万元，2003 年 197 万元，2004 年 339 万元，2005 年 540 万元，2006 年 542 万元，2007 年 995 万元，2008 年 995 万元，2009 年 3379 万元，2010 年 2793 万元，2011 年 2760 万元，2012 年 3045 万元，2013 年 3207 万元。

二、矿产缴费

《矿产资源法》及其配套法规颁布实施后，授予矿业权及开采经营矿产品的规费缴纳制度逐步推行，其主要收费项目有矿产品缴费涉及多种，主要有矿产管理费、采矿权登记费、矿产资源补偿费、探采矿权使用费、探采矿权价款、矿山环境治理恢复保证金、煤炭价格调节基金等。

矿产开发管理费 1989 年，开始按省政府办公厅黔府办〔1989〕65 号印发的《贵州省征收乡镇集体矿山企业和个体采矿的矿产资源开发管理费暂行办法》收取，收费标准，乡镇集体矿山企业和个体采矿按矿产品销售金额的一定比例在税前计征，金属矿产为 2%，非金属矿产为 1%。矿管费县矿管部门自留 80%，上缴州矿管部门 15%，上缴省矿管部门 5%。1992 年 4 月，开始按瓮府发〔1992〕18 号文件下发的《瓮安县人民政府关于对乡镇企业收费管理的规定》收取，乡镇矿山企业（含焦场）按销售额的2%缴纳乡镇企业管理费，其中1%为矿管费。1993年后，矿管费停止收取。

采矿权登记费 采矿权登记费由采矿权颁证机关收取。2002年前，按省矿委黔矿管发〔1991〕23号文件规定收取采矿许可证收工本费50元。之后，按黔价房调〔2001〕392号文件等规定收取，收费标准：新建、在建生产矿山，大型矿山500元，中型矿山300元，小型矿山200元；变更开采范围、矿区范围、开采矿种、开采方式，换领采矿许可证，每证100元。根据有关文件，2014年采矿权登记费停止收取。

矿产资源补偿费 1992年，根据瓮府发〔1992〕18号文件，境内开始向乡镇集体矿山企业和个体采矿征收矿产资源补偿费。1993年6月23日，瓮府发〔1993〕16号文件下发《瓮安县人民政府关于国营矿山企业和乡镇企业收费管理的规定》，明确乡镇矿山企业和国营矿山企业均需交纳资源补偿费。时缴费标准为原煤2元，焦炭4元，其他矿产品2元。资源补偿费分成比例县政府45%，乡镇政府25%，县矿产资源管理办公室30%，县属企业和国营企业缴纳的矿产资源补偿费全部归县政府。

1994年2月，《矿产资源补偿费征收管理规定》（国务院令150号）颁布，从1994年4月1日起，境内开始按国务院150号令征收资源补偿费。收取标准计算公式为：矿产资源补偿费＝矿产品销售收入×补偿费费率×开采回采率系数。式中开采回采率系数＝核定开采回采率/实际开采回采率。补偿费费率，原煤1%；磷矿、铁矿、硫铁矿、铅锌矿、铝土矿、石膏、重晶石、高岭土、水泥用灰岩、建筑用砂石等费率2%；矿泉水4%。2001年，黔价房调〔2001〕392号文件明确矿产资源补偿费费率，原煤仍为1%，其他境内所产的磷矿、铁矿、硫铁矿等全部矿产品费率均为2%。

2009年9月16日，省国土资源厅下发《关于改进和完善矿产资源补偿费征收管理工作的通知》（黔国土资发〔2009〕122号），对矿产资源补偿费征收计征公式中有关参数的选择作出规定：可按矿石量计征矿种，矿产品销售收入＝矿山生产规模×矿石市场销售价，开采回采率系数暂按1考虑。通知明确矿产资源补偿费征收实行浮动制，并参照各时期的指导价计征。时黔国土资发〔2009〕122号文件印发的《贵州省矿产资源补偿费征收指导价》为每吨煤矿3～6元、磷矿4元、铁矿3元、硫铁矿1.6元、铅锌矿6元、铝土矿3元、石膏1.8元、重晶石2.4元、高岭土6元、水泥3元、矿泉水2.8元，建筑用砂石每立方米农村0.2元、城市0.6元。

2013年，国土资发〔2013〕77号文件下发《国土资源部关于进一步规范矿产资源补偿费征收管理的通知》，对科学规范计征矿产资源补偿费涉及的征费与开采回采率系数挂钩、严格确定开采回采率系数、规范确定矿产品计征销售收入、难以核定销售价格销售收入的计费办法等均作出明确规定。境内开始按该通知执行。2014年12月1日，根据省财政厅、省发展和改革委员会黔财非税〔2014〕47号文件，为确保资源税改革顺利实施，是日起煤炭矿产资源补偿费费率降为零，境内开始停征煤炭矿产资源补偿费。

国务院150号令颁布后，收取的矿产资源补偿费中央与省按“四六”比例（中央四）分成，中央返还省的资补费，按省财政10%、县财政40%、用于建立矿产资源勘查基金 40%、省矿产资源保护及地矿行政管理工作经费 10% 的比例分成。瓮安从 1992 年自开征矿产资源补偿费至 2014 年，其前期收费额均较低，年收费一般在 30 万元左右，期间州矿产资源主管部门下达瓮安收费任务，一般每年也只 30 万元左右。1996 年，全县收取资补费 473320 元，为较高的一年。1998 年，通过县税费征收管理总站设卡收取税费，是年征收矿产资源补偿费 166.74 万元，但随后境内执行每吨矿产只收取 2 角资补费，收取额则大幅下降。1999 年 4 月 30 日，根据省政府办〔1999〕24 号文件，县矿产品税费征收管理总站停止收取资补费。其后，矿产资源补偿费年征收额有所增加。2002 年后随着矿产量提高、销售单价增高及组建国土资源局征收力度加大，年征收额一般保持在 200 万元以上。2009 – 2014 年，共征收 4425.29 万元，其中 2009 年 226.3 万元、2010 年 301.43 万元、2011 年 513.84 万元、2012 年 779.71 万元、2013 年 1398.15 万元、2014 年 1205.86 万元。

采矿权使用费　按《矿产资源开采登记管理办法》（国务院令 241 号）、黔价房调〔2001〕392 号文件等规定收取。收费标准：每平方公里每年 1000 元，矿区范围面积或尾数低于或等于 0.5 平方公里的按 500 元缴纳，矿区范围面积大于 0.5 平方公里小于 1 平方公里的按 1000 元缴纳。采矿权使用费主要由县级国土资源主管部门收取，2002 年县国土资源局组建后开始征收。2003 年，收取采矿权使用费仅 2 万元，以后逐年规范并达到按标准收取，年收取数 20 万元左右，2013 年收取采矿权使用费 21.85 万元。2014 年收取 21.05 万元。

探矿权使用费　《矿产资源勘查区块登记办法》（国务院令 240 号）及黔价房调〔2001〕392 号文件等规定收取。收费标准：第一个勘查年度到第三个勘查年度：每平方公里每年缴纳 100 元；从第四个勘查年度起，每平方公里每年增加 100 元，但最高不得超过每平方公里每年 500 元。探矿权使用费由探矿权登记机关收取。

采矿权价款　根据《矿产资源开采登记管理办法》（国务院令 241 号）、《财政部国土资源部关于深化探矿权采矿权有偿取得制度改革有关问题的通知》（财建〔2006〕694 号）、《关于改进采矿权价款评估工作的意见》（黔国土资发〔2005〕139 号）、《省人民政府办公厅关于转发省国土资源厅等部门贵州省深化煤炭资源有偿使用制度改革试点工作实施意见的通知》（黔府办发〔2008〕4 号）等规定收取，收费标准，通过招、拍、挂取得采矿权的，按招、拍、挂办法确定采矿权价款；未经招、拍、挂取得采矿权的，由国土资源部门按有关规定计算，并报管理部门备案。2002 年起，境内采矿权行政无偿授予开始逐步取消，2008 年后，基本全部以招拍挂及协议出让的方式取得采矿权。采矿权价款有分期付款等多种形式，因此 2008 年后县国土资源局强化采矿权价款清缴工作。至 2014 年，七年中共清缴入库采矿权价款 75601.15 万元（含探矿权价款，所占比例较小），按中央 20%、省 40%、州 10%、县 30% 的分成比例，县分成 22680.35 万元。其中：2008 年，清缴入库 6186.67 万元，县级分成 1856 万元；2009 年，清缴入库 453.16 万元，县级分成 135.95 万元；2010 年，清缴入库 5407.27 万元，县级分成 1622.18 万元；2011 年，清缴入库 14274.17 万元，县级分成 4282.25 万元；2012 年，清缴入库

9347.67 万元，县级分成 2804.3 万元；2013 年，清缴入库 7273.52 万元，县级分成 2182.06 万元；2014 年，清缴入库 32658.69 万元，县级分成 9797.61 万元。

煤炭价格调节基金 按《贵州省煤炭价格调节基金征集使用管理办法》等规定收取。2011 年前，按原煤每吨 30 元、洗精煤每吨 50 元、焦炭每吨 70 元收取。之后，根据有关文件规定"从价计征"原则，原煤按销售价格的 10% 标准收取。按销售价格征集煤炭价格调节基金低于每吨 50 元的，按 50 元收取。2008－2013 年，境内煤炭价格调节基金通过县矿产品税费征收管理总站收取，共收取 14680 万元，其中 2008 年 1966 万元、2009 年 413 万元、2010 年 3926 万元、2011 年 2947 万元、2012 年 4278 万元、2013 年 1150 万元。

三、税费"五统一"收取

1998 年，全县对煤炭行业实行"五统一"（统一领导、统一管理、统一安全、统一生产、统一销售），县政府印发《关于对煤炭行业实行"五统一"管理的通知》（瓮府发〔1997〕53 号）文件，成立县政府矿产品税费征收管理总站，在主要产矿区和重要交通路口设立 18 个矿产品销售验票站，实施对全县矿产品的统一税费征收管理。2003 年，全县建设验票站监控系统 6 套。2010 年，瓮安投入资金 900 万余元，在煤炭及磷矿石开采等企业设立 41 个源头式监控网点、6 个站点式监控站及 1 个数据库中心，对全县的磷煤等矿产品销售实施监控。2012 年，全县对矿产品监控系统进行改扩建，设置监测监控点已达 64 个。其中：中心机房 1 个，边关点 4 个，玉华片区 12 个，煤矿 37 个，煤焦企业 1 个，其他非煤点监控系统 8 个，玉山监测点 1 个。

1998－2014 年，矿产品行业税费种类及税费标准不断演化。税费"五统一"收取，前期主要通过县政府根据国家有关规定行文确定收取标准，如 1999 年 5 月 1 日起，县政府规定各类矿产品每吨税费执行标准为：原煤 21.40 元，焦炭 40.65 元，铁矿 5.95 元，硫铁矿 7.00 元，磷矿石 8.40 元，硅矿 3.80 元，石膏 6.36 元，高岭土 14.10 元，白云石 1.60 元，重晶石原矿 9.20 元，重晶石精矿 13.73 元，氧化锌矿 115.20 元，硫化锌矿 42.36 元，海绿石 21.16 元，锌锭 2048.53 元。后期收取方式，则主要通过各税费征收主体资格单位确定标准并委托税费征收管理总站收取。2014 年，时矿产品行业税费委托代征种类主要有增值税、资源税、所得税、城建税及排污费、水土保持费等。

1998－2013 年，全县通过税费征收管理总站共统收矿产品税费 88846 万元（不含部分未列入统收的矿产规费），其中 1998 年 1303 万元、1999 年 1130 万元、2000 年 1157 万元、2001 年 1654 万元、2002 年 2094 万元、2003 年 2690 万元、2004 年 3431 万元、2005 年 3854 万元、2006 年 5862 万元、2007 年 5943 万元、2008 年 8400 万元、2009 年 10579 万元、2010 年 8703 万元、2011 年 6868 万元、2012 年 14295 万元、2013 年 10883 万元、2014 年 18400 万元。

第七章　国土资源规划

第一节　土地利用总体规划

一、1990－2000 年规划

（一）编制概况

1991 年 9 月，境内开始首轮《瓮安县土地利用总体规划（1990－2000 年）》编制。该规划以 1990 年为基期年，2000 年为目标年，并展望到 2010 年。1992 年 10 月，《瓮安县土地利用总体规划（1990－2000 年）》编制及《瓮安县土地适宜性评价》《瓮安县土地需求量预测》《瓮安县土地人口承载力研究》等专题研究完成，11 月通过省级验收。1993 年 2 月 5 日，省人民政府黔府函〔1993〕6 号对瓮安县首轮土地利用总体规划予以批复，批准该规划实施。

《瓮安县土地利用总体规划（1990－2000 年）》共分自然与社会经济条件、土地利用及存在问题、土地利用战略、土地利用总体方案、土地利用分区、规划方案评价、实施方案的主要措施七章。编制完成后，1992 年获国家土地管理局、人事部土地利用规划三等奖，省土管局土地利用总体规划优秀成果二等奖。1993 年 3 月 3 日，编纂人员曾宪源、江洪、蔡方学、邓彩霞、邓安辉、石德芳、刘汉兴、王太军获省土管局瓮安县土地利用总体规划 1992 年度优秀成果二等奖。

（二）规划主要内容

首轮土地利用总体规划主要目标是至 2000 年，全县保有耕地 85. 39 万亩，粮食总产达 18 万吨，人均占有粮食 355 公斤，城镇人均生活用地 94 平方米，农村人均生活用地 151 平方米，非农业建设占地 56633. 6 亩（耕地 21942. 1 亩），年均占地 5663. 4 亩。

具体各业用地，规划至 2000 年保有耕地 85. 39 万亩，主要以平定营镇、草塘镇、银盏乡、中坪镇、鱼河乡、玉山镇等为粮食主产区，以珠藏镇、高水乡、木引乡、牛场乡、天文镇、木老坪乡、松坪乡等为低产田土改造区。规划至 2000 年园地 64287 亩，建立以中部为主体的城效型水果商品基地，巩固扩大乌江沿岸地区的柑橘生产，并以青山茶场为龙头，开辟以高枧、建中、桐木等的茶叶新基地。规划至 2000 年林地面积 106 万亩，森林覆盖率达到 35. 96%。规划城乡居民点及工矿用地至 1995 年全县城镇扩大至 95182. 7 亩，每年净增 805. 4 亩，其中县城扩大到 3326. 6 亩，农村居民点扩大至

91856.1 亩；到 2000 年，全县城镇扩大至 97532 亩，每年净增 470 亩，其中县城扩大到 3928 亩，农村居民点扩大至 93604 亩。规划独立工矿用地，至 1995 年占用土地 3483.3 亩（耕地 1296.1 亩），年均占地 697 亩，1996－2000 年占地 3361.2 亩（耕地 1298 亩），年均占地 672.2 亩。规划交通用地至 1995 年占用 3891.4 亩，年均占地 778 亩，1996－2000 年占地 1937.6 亩，年均占地 387.5 亩。

（三）规划实施

首轮规划编制完成后得到一定程度实施，使土地利用和布局趋于合理，在引导各行业合理用地、保护耕地等方面具积极作用。至 2000 年，全县耕地面积 913844.1 亩，林地面积 1288039 亩，均高于规划目标。但由于首轮规划保障实施措施不够有力，监督机制不够完善，部分地区城乡建设仍有占用高产稳产农田的现象。特别是迅速发展起来的乡镇企业，不仅占用好田好土，而且因开矿损坏耕地达 10000 亩以上，仅玉华矿区就达 4000 亩。

首轮规划存在的主要问题是：未将保持耕地动态平衡、开发整理复垦土地等作为目标来编制，规划目标与国民经济社会发展规划目标及城镇建设用地指标没有很好衔接，规划对部分地类指标分解控制存在考虑不周等问题。

二、1996－2010 年规划

（一）编制概况

1997 年 9 月，根据《中共中央、国务院关于进一步加强土地管理切实保护耕地的通知》（中发〔1997〕11 号）和国家土地管理局制定的《县级土地利用总体规划编制规程》及黔南州政府〔1997〕068 号文件要求，县成立以分管副县长任组长的土地利用总体规划领导小组，境内开始开展第二轮《瓮安县土地利用总体规划（1996－2010 年）》编制。1998 年 11 月，编制完成，12 月通过省、州验收合格，省国土资源厅批准该规划实施。

第二轮规划以 1996 年为基期年，2010 年为目标年，并展望到 2030 年。第二轮规划是在第一轮规划基础上修编形成，规划文本分八章：土地资源利用现状；土地利用目标和方针；土地利用调整；土地利用分区；重点建设项目用地布局；土地保护、整理、复垦和开发；乡镇土地利用；规划的实施和修改。

（二）规划主要内容

1.土地利用规划目标

2010 年土地利用目标：耕地面积稳定在 885367.4 亩；保护基本农田 752373.9 亩；控制耕地减少 50029 亩；补充耕地 12463.7 亩；增加林地面积，森林覆盖率达到 42% 以上；牧草利用率提高到 40%；合理安排建设用地，节约用地，土地利用率从 1996 年的 83.07% 提高到 93.54%。

2. **土地利用结构调整**

⑴耕地：期内全县耕地从923015.7亩调整为885367.4亩，调整后耕地面积占土地总面积的30%，规划期间各项建设占用耕地5621亩，退耕为园牧林地41828亩，灾毁2500亩，水库治理163亩；整理复垦耕地7068亩，土地开发53957.7亩。⑵园地：期内园地从16004.7亩增加到63655.7亩，净增47651亩。其中从耕地中调出3487亩，荒草地中调出4416.4亩，灌丛地中调出38747.6亩，其他土地中调出1000亩。⑶林地：期内全县林地从1996年的1297653.6亩增加到1321171.6亩，净增23518亩，调整后林地面积占土地总面积的44.76%。⑷期内全县牧草地面积从1996年的70322.4亩增加到335147.4亩，净增264825亩，占土地总面积的11.35%。⑸居民点及工矿用地：期内居民点及工矿用地由1996年的93415.3亩控制为99459.2亩，净增6044亩，其中占用耕地4519亩，居民点及工矿用地占土地总面积的3.37%。⑹交通用地：期内交通用地由1996年的18235.1亩增加到19417.1亩，净增1182亩，占土地总面积的0.66%。⑺水域：期内水域用地由1996年的33336.9亩增加到36830.9亩，净增3494亩，占土地总面积的1.25%。⑻未利用土地：期内未利用土地由1996年的499571.7亩减少到190506亩，占土地总面积的6.45%。

3.**土地利用分区**

根据规划原则，全县按土地的基本用途划定为9个土地利用区：农业用地区，土地面积1079599.8亩，占土地总面积的36.57%，其中基本农田752373.9亩，占农业用地区的69.69%，一般农田158993.5亩，占农业用地区的14.73%；园地区，土地面积65783亩，占土地总面积的2.24%，分布全县22个乡镇；林业用地区，土地面积1278089.9亩，占土地总面积的43.3%，主要分布在23个乡镇、247个村；牧业用地区，土地面积334967.6亩，占土地总面积的11.35%，全县23个乡镇均有分布；城镇建设用地区：土地面积5012.6亩，占土地总面积的0.17%，主要分布在8个镇所在地的19个村；村镇建设用地区：土地面积85806.6亩，占土地总面积的2.91%，主要分布在23个乡镇的228个村；独立工矿用地区：土地面积8620.5亩，占土地总面积的0.29%，主要分布在雍阳、玉华等乡镇的52个村；自然与人文景观保护区：本区土地面积21358.6亩，占全县土地总面积的0.72%，主要分布在岚关、雍阳、草塘、玉华、龙塘、铜锣6个乡镇，10个村；其他用地区：本区土地面积72316.7亩，占全县土地总面积的2.45%。

4.**土地保护与开发整理**

土地保护：全县规划基本农田保护面积752373.9亩，占耕地总面积的81.51%。其中稻田保护面积281940亩，占稻田面积的81%，旱地保护468433.9亩，占旱地81.5%；一级基本农田保护区面积276080.5亩，占保护面积36.7%；二级基本农田保护区面积476293.4亩，占保护面积63.3%。

土地开发整理：抓好“坡改梯”“长防”“长治”等工程建设及农业综合开发；挖

掘城镇内部潜力，提高城镇土地利用率；进行村庄整理试点，提高村庄土地利用率；加快土地复垦开发，确定规划期内开发耕地 5395.7 亩，开发林地 217858 亩，开发园地 44164 亩，开发牧草地 263300 亩。

（三）规划实施

本轮规划得到较广泛落实，在土地用途管制，控制非农建设用地，强化土地集约利用和保护耕地，特别是基本农田保护及依法履行耕地占补平衡等方面，发挥了比较重要的指导作用。但因政策、规划等多方面的原因，落实存较大差距。

耕地保有量：1996 年耕地面积 61534.38 公顷，规划至 2010 年全县耕地保有量为 59024.49 公顷，2008 年时实际耕地保有量 56069.65 公顷，净减 5464.73 公顷，其中非农业建设占用耕地 1442.05 公顷，生态退耕和农业结构调整占耕地 4063.15 公顷，自然灾害损毁耕地 57.28 公顷。期间开发补充耕地增加 97.75 公顷。耕地面积减少主要原因是生态退耕、农业结构调整、构皮滩水电站淹没耕地及开发整理复垦补充耕地不足等。

基本农田面积：规划至 2010 年全县基本农田保护指标为 50158.26 公顷，2008 年时实际基本农田面积 47355.27 公顷，比规划目标减少 2802.99 公顷。基本农田面积减少的原因是生态退耕占用 2633.72 公顷，农业结构调整占用 169.27 公顷。

非农建设占用耕地：规划至 2010 年非农建设占用耕地控制在 374.73 公顷以内，新增城镇建设用地 186.13 公顷，城镇化率为 16.3%。随着西部大开发战略的实施，交通基础设施和小城镇建设用地增长，至 2008 年时实际非农建设占用耕地 1442.05 公顷，为 2010 年规划指标的 384.8%。

土地开发整理复垦补充耕地：规划至 2010 年土地开发整理复垦补充耕地 830 公顷，2001 年至 2003 年通过土地开发补充耕地 97.75 公顷，占规划指标的 11.76%。至 2005 年时实际开发整理复垦补充耕地 186.62 公顷，仅完成规划指标的 22.48%。未完成原因为资金投入不够、可开发耕地后备资源难度大等。

生态退耕指标：规划至 2010 年生态退耕指标为 2788.53 公顷，2002 年至 2004 年实施生态退耕、农业结构调整占用耕地 4063.15 公顷，比规划目标多 1274.62 公顷，占规划指标的 145%，生态退耕面积远超过规划指标。

本轮规划存在的主要问题一是土地利用总体规划超前性不够，不适应瓮安快速发展需要，规划建设预留地与建设占用土地的矛盾相当突出；二是基本农田划定布局不够合理；三是农村集体建设预留地得不到有效利用；四是相关专项规划缺乏密切衔接。

三、2006－2020 年规划

（一）编制概况

2004 年，境内开始开展第三轮《瓮安县土地利用总体规划（2006－2020 年）》编制。是年 8 月 13 日，县政府成立县土地利用总体规划修编领导小组，县长王勤任组长，常务副县长张仕雄、副县长张仁德任副组长，相关单位负责人任成员。领导小组下设办公室在国土资源局。第三轮规划基期年2005年，近期目标2010年，远期目标2020年。规划编制坚持政府组织、专家领衔、部门配合、公众参与、科学决策的工作方针。采取了多种形式广泛听取基层政府、部门、专家和社会公众对规划的意见和建议。2007年12月，《瓮安县土地利用总体规划修编大纲》编制及《瓮安县现行土地利用总体规划实施情况评价》等9个专题研究完成，2009年2月通过省修编办批复备案。2011年，《瓮安县土地利用总体规划（2006—2020年）》编制完成，并于年内经贵州省人民政府作出批复（黔府函〔2011〕99号）。2012年8月29日，瓮安县国土资源局发布《关于实施贵州省瓮安县土地利用总体规划（2006－2000年）的公告》予以施行。

第三轮土地利用总体规划是在前轮规划基础上修编完成，规划编制后期，对相关数据与第二次土地调查数据进行了衔接，土地总面积采用“二调”调查结果1962.735平方公里数据。本轮规划文本分前言、规划背景、土地利用规划目标、土地利用与布局调整、区域统筹和用途分区、耕地和基本农田保护、建设用地调控、土地生态建设与环境保护、土地整治安排、乡镇土地利用调控、规划实施保障措施11个部分。

（二）规划主要内容

1. 土地利用规划目标

近期目标（2006－2010）：到2010年耕地保有量56687公顷，基本农田保护面积49224公顷，开发整理复垦补充耕地384.80公顷，建设用地总规模7642.2公顷，城乡建设用地规模6366.33公顷，城镇工矿建设用地规模1073.84公顷，建设占用农用地规模控制在567.74公顷以内，建设占用耕地规模351.46公顷，亿元GDP耗地量2010年达到363公顷。

远期目标（2011－2020）：1.耕地质量不断改善，到2020年耕地保有量56564公顷，基本农田保护面积49224公顷；2.促进农业的规模化和专业化生产；3.2011－2020年建设用地增量控制在922公顷，新增建设占用农用地规模817.63公顷，亿元GDP耗地量2020年达到254公顷；4.2020年建设用地总规模8564.2公顷，城乡建设用地规模6663.85公顷，城镇工矿建设用地规模1391.82公顷；5.交通、水利、能源等基础设施用地得到优先保障，规划期间基础设施用地供应量960公顷；6.实施城乡建设用地增减挂钩，加强农村农村居民点用地的整理和复垦；7.推进土地整治，按照建设占用耕地与开发整理复垦补充耕地相平衡的原则，2011－2020年补充耕地867.2公顷。

2. 土地利用结构调整

农用地结构调整：农用地规划从2009年的171395.37公顷增加到2020年的175749.39公顷，占全县土地总面积89.54%，增加4354.02公顷。其中：耕地从59089.83公顷调整为56564公顷，调整后的耕地面积占土地总面积的28.82%，规划期间各项建设占用地耕地870.80公顷，开发整理复垦新增耕地1252.00公顷。园地到2020年比2009年增加50.75公顷。林地从2009年的91210.26公顷减少到2020年的90000公顷，减少1210.26公顷。森林覆盖率46.23%。牧草地从2009年的0公顷增加到2020年的8979.44公顷，增加8979.44公顷。其他农用地从2009年的18522.03公顷减少到2020年的17581.95公顷，减少940.08公顷。

建设用地结构调整：建设用地将从2009年的6956.20公顷增加到2020年的8564.20公顷，占全县土地总面积4.36%，净增1608.00公顷。建设占用农用地1385.7公顷（耕地870.80公顷）。其中：城乡建设用地：从2009年的6216.33公顷增加到2020年的6663.85公顷，占全县土地总面积的3.40%，净增447.52公顷。在新增用地中城镇用地增加211.29公顷，农村居民点用地增加127.79公顷、采矿用地减少45.80公顷、其他独立建设用地增加154.24公顷。交通水利用地：从2009年的687.09公顷增加到2020年的1769.11公顷，占全县土地总面积的0.90%，净增1082.02公顷，新增用地主要用于公路建设和水电站建设。其他建设用地：规划期内其他建设用地从2009年的52.78公顷增加到2020年的131.24公顷，占全县土地总面积的0.07%，净增78.46公顷。

其他土地结构调整：其他土地从2009年的17921.93公顷减少到11959.91公顷，占全县土地总面积6.09%，净减5962.02公顷。

3. **土地用途分区**

基本农田保护区：总面积64762.14公顷，主要分布在草塘镇、中坪镇、松坪乡、珠藏镇、高水乡、木引槽乡、玉山镇、平定营镇、铜锣乡等乡镇。本区土地利用管制规则：禁止占用区内基本农田进行非农建设，禁止在基本农田上建房、建窑、建坟、挖砂、采矿、取土、堆放固体废弃物或者进行其他破坏基本农田的活动；禁止占用基本农田发展林果业或挖塘养鱼。

一般农地区：面积8703.59公顷，主要为中低产田土，多零星分布在城镇、集镇、独立工矿用地区周边作为建设用地缓冲区，以及生产条件较差的耕地。本区土地利用管制规则：不得乱占滥用和弃耕，禁止占用耕地区进行城镇、村镇、开发区和工业小区建设；禁止占用耕地区建窑、建房、建坟或擅自挖沙、采石、取土、堆放固体废弃物和发展园、林、牧业。

城镇村建设用地区：全县城镇村建设用地面积9744.07公顷，主要分布在雍阳镇、草塘镇、银盏乡、龙塘乡等乡镇。村建设用地主要用于乡集镇和农村居民点、乡村企业、乡村公共设施和公益事业等建设的土地。本区土地利用管制规则：城镇建设严格执行城镇总体规划，禁止建设占用规划确定的永久性绿地等生态用地。农村居民点统一规划，逐步相对集中，适度拆并。

独立工矿用地区：到2020年独立工矿用地区面积为612.77公顷，主要分布在玉华乡、平定营镇、永和镇、建中镇、银盏乡等乡镇，重点建设项目包括瓮福磷矿二期工程、青坑工业园区、银盏工业园区。本区土地利用管制规则：各项建设用地严格执行国家规定的行业用地定额标准，鼓励其他零散分布的工矿企业向工业区集中；优先建设低污染、低能耗、符合国家产业政策的高新技术项目；限制可能对临近地区产生不利环境影响的项目建设。

林业用地区：到 2020 年林业用地区面积为 90706.86 公顷，以中坪镇、永和镇、天文镇、玉华乡、岚关乡等乡镇的分布面积较大。本区土地利用管制规则：控制林业用地区内林地改变用途，严禁各类建设占用水土保持林、水源涵养林及其他各种防护林的用地。

生态环境安全控制区：区域面积 1902.78 公顷，主要分布于玉山镇、高水乡、龙塘乡、铜锣乡等乡镇。本区土地利用管制规则：区域内的土地除林地外，其他土地严格控制其扩大规模面积，禁止对生态环境造成破坏的建设活动。

自然与文化遗产保护区：该区面积 69.54 公顷。主要分布于岚关乡、铜锣乡、木引槽乡、龙塘乡。本区土地利用管制规则：区内影响自然与风景旅游用地的其他用地，按要求调整到适宜的用地区；除与保护需要直接相关的建筑外，禁止各类建设，禁止在本区内开山炸石、取土制砖、修墓、乱砍滥伐、倾倒废物污水等破坏景观资源的行为。

4. 建设用地调控

实行建设用地分区调控，将建设用地分为四个空间管制区：

允许建设区：按照集约用地、集中发展、适度规模和保护资源、保护环境的要求，划定允许建设区面积 6663.85 公顷。区内土地主导用途为建制镇、集镇、村和工矿建设发展空间，具体土地利用安排需与依法批准的相关规划相协调，受规划指标和年度计划指标约束，其空间布局形态可依程序进行调整，但不得突破建设用地扩展边界。

有条件建设区：在城乡建设用地规模界线之外划出不超过新增建设用地规模的 20% 范围（有自然标志地物为界）作不可预见性发展空间，划定有条件建设区面积 3625.52 公顷。区内土地符合规定的，可依程序办理建设用地审批手续，同时相应核减允许建设区用地规模；土地利用总体规划确定的农村土地整治规模完成，区内土地可安排新增城乡建设用地增减挂钩项目

限制建设区：该区面积 184011.71 公顷。区内土地主导用途为农业生产空间，是开展土地整理复垦开发和基本农田建设的主要区域。区内禁止城市、建制镇、集镇、村和工矿建设。严格控制线形基础设施和独立项目用地。区内国家重大基础设施建设不可避让占用的项目，要组织经专家严格论证，按照局部调整修改规划，占用耕地要先补充同等数量和质量的耕地，报规划审批机关批准；新增建设用地受规划指标和年度土地利用计划指标双重约束。

禁止建设区：为保护自然资源、生态、环境、景观和历史文化价值等特殊用地，面积 1972.42 公顷，主要分布在江界河沿河。区内土地的主导用途为生态与环境保护空间，严格禁止与主导功能不相符的各项建设。除法律法规另有规定外，规划期内禁止建设用地边界不调整。

5. 城镇村用地整合

到 2010 年末，全县城乡建设用地总规模控制在 6366.33 公顷以内，到 2020 年末，控制在 6663.85 公顷以内。推进城镇化战略，构建科学合理的城镇体系；控制自然村落

无绪扩张，促进农村居民点适度集中；本着节约和集约用地原则，加强基础设施用地安排。规划期间，全县交通用地增加879.61公顷，优先推进贵阳－白沙－建中－玉华－瓮安的大通道建设，积极推进铜仁－石阡－瓮安－开阳－乌当、瓮安－开阳－织金、福泉－瓮安－湄潭－道真的高速公路和马（场坪）遵（义）铁路建设，完成杜仲河水库、双狮、焦园水电站等水电站开发建设，全县新增水利设施用地202.41公顷。

6. **土地整治安排**

本轮规划补充耕地1004.14公顷，其中开发、整理、复垦补充耕地分别为756.44公顷、170.7公顷和77公顷。土地整理：规划整理2485公顷，新增耕地面积170.7公顷，主要分布在全县23个乡镇。土地复垦：规划复垦98公顷，新增耕地面积77公顷，主要分布在雍阳镇、平定营镇、银盏乡、草塘镇、中坪镇、建中镇、白沙乡、永和镇、岚关乡等9个乡镇。土地开发：规划开发1123公顷，新增耕地面积756.44公顷，主要分布在雍阳镇、平定营镇、玉华乡、银盏乡、草塘镇、松坪乡、玉山镇、鱼河乡、中坪镇、建中镇、永和镇、岚关乡、珠藏镇等13个乡镇。

7. **规划实施保障措施**

采取包括法律法规、行政管理、经济调控、社会监督、科技管理等一系列实施措施。

（三）规划实施

本轮规划受到省、州、县各级各相关部门监控，至2014年第三轮规划主要执行情况是：

耕地和基本农田保护目标及执行：按照规划，全县2010年耕地保有量56687公顷，2020年耕地保有量56564公顷，基本农田面积49224公顷。2010年年末，全县耕地面积为59203.63公顷，2011年末为59280.16公顷，2012年末为59310.17公顷，2013年末为59090.94公顷，2014年末为58919.64公顷，基本农田保护面积为49224公顷，确保了耕地保有量和基本农田面积不减少。

非农建设用地控制目标与执行：按照规划，全县建设用地总规模2010年不能突破7642.2公顷，2020年不能突破8564.2公顷。2010年年末，建设用地总规模为6988.03公顷，至2014年，建设用地总规模8335.25公顷，未突破《规划》控制目标。

土地开发整理目标与执行：规划期内补充耕地目标为1004.14公顷。2008年至2014年，土地开发验收新增耕地847公顷，加上已完工待验收项目、土地整治项目及土地复垦项目的新增耕地，全县提前完成补充耕地任务。

第三轮规划实施中仍存在建设用地布局不合理问题，按照国土资源部有关规划可以进行布局调整的规定，2012年，为落实城镇建设和省级重点工业建设项目用地，针对项目用地规划确定的有条件建设区不符合银盏、玉华等乡镇土地利用总体规划的情况，县政府经报上级批准，将银盏等6个乡镇、8个村、10个地块的118.42公顷有条件建设区调整为城乡建设用地允许建设区，并将珠藏等19个乡镇、31个村、87个地块的118.42

公顷的城乡建设用地允许建设区调整为有条件建设区。2014 年，根据《国土资源部关于严格土地利用总体规划实施管理的通知》（国土资发〔2012〕2 号）文件要求，瓮安编制《瓮安县 2014 年土地利用总体规划布局调整方案》。对涉及猴场镇、银盏镇、珠藏镇、雍阳街道、瓮水街道等 5 个乡镇、街道的规划进行调整，调入允许建设区 398.79 亩，调出允许建设区 400.55 亩，保障了瓮安县年产 100 万吨水泥粉磨站等项目用地需求。

第三轮规划全县新增建设用地规划指标 1608 公顷，其中城镇村工矿用地 447.52 公顷，至 2013 年 12 月，仅剩 100.242 公顷，实施中建设用地指标严重不足问题比较突出。土地规划指标提前透支，制约了瓮安建设。2013 年，瓮安积极加大向上争取指标力度，获州政府调剂 457 公顷新增建设用地增量规划指标，方缓解了境内新增建设项目无规划指标的困境。在建设用地指标严重不足问题存在的同时，按照“占多少，垦多少，占什么，补什么”要求，建设用地还存在耕地占补平衡水田指标严重缺少问题。瓮安城镇、工业园区和高速公路建设急需耕地占补平衡指标尤其是水田指标，而县内已开发通过验收的占补平衡指标全为旱地，水田指标为零。预测 2014 年至 2017 年规划指标 11000 亩，需占用耕地约 8000 亩，其中水田约 6400 亩，加上所借赤水市水田指标 457 亩，缺水田占补指标则达近 7000 亩。

四、乡镇土地利用总体规划

瓮安在开始编制 1996－2010 年县级土地利用总体规划的同时，1997 年，根据中发〔1997〕11 号文件和黔南州政府〔1997〕068 号文件要求，全县即开始首轮乡镇级土地利用总体规划（1996－2010 年）的编制。1999 年 8 月，23 个乡镇全面完成首轮乡镇级土地利用总体规划文本 60 套，图件 69 套，各相关登记表 4383 份。是月 26 日，州国土局邀请省国土厅参加，由省、州、县有关专家、技术人员及县有关领导组成的评审验收组对 23 个乡镇资料成果进行了评审验收。评审组通过评审认定，各乡镇规划符合审批条件要求，满足了土地宏观调控和微观管理，予以通过。鉴定验收会上，州国土局刘丽生副局长为 23 个乡镇颁发了“土地利用总体规划评审合格证书”。

2009 年，全县开始第二轮乡镇级土地利用总体规划（2006－2020）修编。根据《贵州省乡（镇）级土地利用总体规划编制指导意见（试行）》要求，县国土资源局以雍阳镇为试点开展修编以指导各乡镇编制工作。2010 至 2011 年，全县 23 个乡镇规划编制相继完成。各乡镇规划一般分前言、土地利用现状、土地利用规划目标、土地利用结构与布局调整、主要用地安排、土地用途分区、建设用地管制分区及管制措施、村土地利用控制等章节。2011 年，省人民政府黔府函〔2011〕100 号对《瓮安县雍阳镇土地利用总体规划（2006－2020 年）》予以同意实施批复。是年 7 月 5 日，州人民政府黔南府函〔2011〕82 号对平定营镇、草塘镇、中坪镇、永和镇、珠藏镇、玉山镇、天文镇、玉华乡、银盏乡、松坪乡、小河山乡、白沙乡、建中镇、岚关乡、老坟嘴乡、高水乡、木引槽乡、铜锣乡、牛场乡、鱼河乡、龙塘乡、木老坪乡等 22 个乡镇《土地利用总体规划（2006－2020年）》予以同意实施批复。

乡镇级土地利用总体规划是县土地利用总体规划的延伸和具体，对保障县土地利用总体规划的全面落实具积极作用。

第二节　土地利用专项规划

一、2001－2010土地开发整理规划

（一）编制概况

2002年10月，瓮安县开始编制《贵州省瓮安县土地开发整理规划（2001－2010）》。2003年8月，编制完成。该规划是根据《省级、县级土地开发整理规划编制要点》的要求完成，规划远期目标2001－2010年，近期目标2001－2005年，其与《土地利用总体规划》相衔接。文本内容分概况、土地开发整理的基本状况与面临的形势、规划目标和方针、土地开发整理总体安排和项目落实、土地开发整理补充耕地规划方案、实施规划措施等六个部分。

（二）规划主要内容

潜力评估：土地整理：可增加农用地3604.83公顷（耕地3013.9公顷），其中耕地整理可增加农用地2503.14公顷（耕地2133.9公顷），农村居民点整理可增加农用地1101.69公顷（耕地880公顷）；土地复垦：可增加农用地341.43公顷（耕地264.08公顷）；土地开发，可增加农用地1173.4公顷（耕地1024.59公顷）。三项潜力合计，土地开发复垦整理可增加农用地5119.66公顷，其中耕地4302.57公顷。

规划目标：通过大力推进土地开发整理，补充耕地数量和质量不低于同期建设占用、灾害损毁和农业结构调整减少的耕地。具体目标，到2010年开发复垦整理新增耕地总目标达到1180公顷以上，其中耕地整理增加耕地不低于776公顷，土地复垦增加耕地不低于246公顷，土地开发项目增加耕地不低于150公顷。2005年前开发复垦整理新增耕地达到总目标的50%以上。

指标分解：2001－2010年全县共规划开发复垦整理工程项目92个，规划增加农用地1384.75公顷（耕地1180公顷），其中，土地整理增加农用地842.4公顷（耕地784公顷），土地复垦增加农用地316.51公顷（耕地246公顷），土地开发增加农用地225.84公顷（耕地150公顷）。分解各乡镇开发复垦整理增加耕地指标为：雍阳镇74.38公顷、平定营镇66.71公顷、玉华乡71.59公顷、银盏乡46.69公顷、草塘镇58.58公顷、松坪乡51.75公顷、小河山乡11.84公顷、天文镇55.46公顷、木老坪乡35.51公顷、玉山镇51.65公顷、鱼河乡108.63公顷、龙塘乡10.12公顷、中坪镇74.62公顷、建中镇42.91公顷、白沙乡46.7公顷、永和镇112.84公顷、岚关乡58.2公顷、老坟嘴乡18.22公顷、珠藏镇56.45公顷、高水乡51.18公顷、铜锣乡54.27公

顷、木引槽乡 9.68 公顷、牛场坝乡 12.02 公顷。

（三）规划实施

《贵州省瓮安县土地开发整理规划（2001－2010）》得到较好实施。期间，全县实际开发整理土地 656.78 公顷，新增耕地 441.05 公顷，资金总体投入约 2709.71 万元。其中土地开发 518.78 公顷，新增耕地 436.23 公顷；土地整理 138 公顷，新增耕地 4.82 公顷。部分立项已完工待验收项目和尚处于实施中的项目开发整理规模 1359.11 公顷，拟新增耕地 757.21 公顷。规划期内，土地开发整理规划目标基本实现。

二、2011－2020 土地整治规划

（一）编制概况

2011 年，根据国土资发〔2010〕162 号文件《国土资源部关于开展土地整治规划编制工作的通知》和黔国土资发〔2011〕129 号文件《关于在全省开展土地整治规划编制工作的通知》，县成立县土地整治规划领导小组，县政府办印发《瓮安县土地整治规划编制工作方案》（瓮府办〔2010〕103 号）。是年 7 月，全县开始《瓮安县土地整治规划（2011－2020）》（以下简称《整治规划》）编制。2012 年 6 月，《整治规划》编制完成，同月 28 日通过县级初审。2012 年 9 月 25 日，《整治规划》通过州级评审，其后按专家提出的意见进行修改。2013 年 7 月 29 日，州国土资源局对修改后的《整治规划》进行复审并发函同意实施。是年 11 月 14 日，县国土资源局向社会公布《整治规划》并组织实施。

《整治规划》共 7 章：总则、自然条件与社会经济概况、土地整治资源及土地整治面临的形势、规划目标任务、土地整治总体布局和安排、投资与效益、规划实施的保障措施。土地整治规划范围涉及 22 个乡镇 94 个村（居）委会，规划面积约 1891.8 平方公里。规划期 2011－2020 年，规划基期年 2010 年，目标年 2020 年，近期规划年 2015 年。

（二）规划主要内容

1. 土地整治潜力

根据境内 2010 年土地变更调查、耕地后备资源调查和 2011 年贵州省农村土地整治专项自查清理成果，《整治规划》分析全县土地整治潜力主要为耕地整理潜力、农村建设用地整理潜力、土地复垦潜力、土地开发潜力四类，分析四类土地整治潜力可增加耕地面积 5341.73 公顷。

耕地整理潜力：2010 年全县耕地面积 59089.83 公顷，分布在全县 23 个乡（镇）。农用地自然等主要处于 3～10 等，其中 7～8 等所占比重较大，两个自然等合计约 55%；农用地经济等主要处于 3～14 等，其中 6～8 等所占比重较大，三个经济等面积合计约 50%；农用地利用等主要处于 4～18 等，其中 9～12 等所占比重较大，几个利用等面积合计约 52%。中低产田耕地 23624.69 公顷，主要分布在建中、玉华、玉山等 23 个乡

镇，占全县总耕地面积的39.98%，坡耕地比例为39.98%，质量等级均处于10～18等。通过对全县所有可整治耕地的区域按坡度、田坎系数、零星土地等进行实地调查，全县待整理农用地面积7612.07公顷，整理可新增耕地367.36公顷，主要分布在珠藏、松坪、岚关、猴场等21个乡镇，新增耕地系数处于3.2%～5.9%之间。通过整理，自然质量等别提高1等，利用等别提高2～3等，经济等别提高1～2等。

农村建设用地整理潜力：全县农村居民点用地5150.69公顷（二调数据），人均居民点用地每人122.66平方米，大部分居民点分布比较零散。通过自然资源禀赋、社会经济状况、生态环境、农民意愿及政策因素分析，结合农村居民点地块典型调查，瓮安县拟整理农村建设用地面积4324.43公顷，主要分布在中坪、珠藏、铜锣、天文等21个乡镇。其中，地质灾害搬迁分布在高水、玉华、永和、平定营、老坟嘴等乡镇；生态移民搬迁分布在玉山、银盏、猴场、中坪、珠藏等乡镇，涉及6031户，25500人。通过整理可增加耕地1299.57公顷，新增其他农用地40.19公顷，新增耕地自然质量等别4～8等，利用等别5～10等，经济等别提高3～10等。

土地复垦潜力：通过对乡镇企业废弃地及自然灾毁地等进行调查，全县待复垦面积552.66公顷，复垦可新增耕地411.61公顷，增加其他农用地8.92公顷，主要分布在玉华、雍阳、鱼河、珠藏等17个乡镇。新增耕地系数为43.16%－99.74%。通过复垦新增耕地自然质量等别4～8等，利用等别5～10等，经济等别提高3～10等。

土地开发潜力：以荒草地开发为主。2010年全县有荒草地10819.90公顷，主要分布在中坪、玉华、玉山、岚关等乡镇；裸地3876.60公顷，主要分布在珠藏、铜锣、高水、平定营等乡镇。考虑地形坡度、土层厚度和相邻地块土地利用类型等限制性因素，规划期内全县待开发未利用地为4031.19公顷，开发可新增耕地3263.18公顷，增加其他农用地5.19公顷，主要分布在中坪、永和等13个乡镇。通过开发，新增耕地自然质量等别4～8等，利用等别5～10等，经济等别提高3～10等。

2. 土地整治规划目标

总目标：补充耕地5341.73公顷，其中：（1）耕地整理总面积7612.07公顷，增加耕地面积367.36公顷（高标准农田建设目标为5420.90公顷，增加耕地面积272.99公顷）；（2）农村居民点整理总面积4324.43公顷，增加耕地面积1299.57公顷；（3）土地复垦总面积552.66公顷，增加耕地面积411.61公顷；（4）土地开发4031.19公顷，增加耕地面积3263.19公顷。

近期（2011－2015年）目标：（1）耕地整理总面积7220.73公顷，增加耕地面积349.78公顷；（2）农村居民点整理总面积2023.78公顷，增加耕地面积642.76公顷；（3）土地复垦242.34公顷，增加耕地面积218.37公顷；（4）土地开发1352.97公顷，增加耕地面积1127.54公顷。高标准基本农田建设5273.22公顷，增加耕地面积265.86公顷，自然质量等别提高1等，利用等别提高2～3等，经济等别提高1～2等。

瓮安县土地整治规划目标表

表 7－1　　　　单位：公顷

整治类型		近期目标		远期目标		总目标	
		整治规模	新增耕地	整治规模	新增耕地	整治规模	新增耕地
耕地整理		7220.73	349.78	391.34	17.58	7612.07	367.36
其中	高标准农田	5273.22	265.86	147.68	7.13	5420.90	272.99
	基本农田	1947.51	83.92	243.66	10.45	2191.17	94.37
农村居民点整理		2023.78	642.76	2300.65	656.81	4324.43	1299.57
土地复垦		242.34	218.37	310.32	193.24	552.66	411.61
土地开发		1352.97	1127.54	2678.22	2135.65	4031.19	3263.19
合　计		10839.82	2338.45	5680.53	3003.28	16520.35	5341.73

远期（2016－2020 年）目标：（1）耕地整理总面积 391.34 公顷，增加耕地面积 17.58 公顷；（2）农村居民点整理总面积 2300.65 公顷，增加耕地面积 656.81 顷；（3）土地复垦 310.32 公顷，增加耕地面积 193.24 公顷；（4）土地开发 2678.22 公顷，增加耕地面积 2135.65 公顷。高标准基本农田建设 147.68 公顷，增加耕地面积 7.13 公顷，自然质量等别提高 1 等，利用等别提高 2～3 等，经济等别提高 1～2 等。

3. 土地整治布局

全县规划土地整治重点区域 4 个：（1）耕地整理重点区域：主要分布在猴场、松坪、木老坪、永和 4 个乡镇，总面积 35853.35 公顷，占全县土地面积的 18.27%。本区域主要在基本农田保护区范围内开展土地整治，以加强高标准农田建设等。（2）农村建设用地整理重点区域：主要分布在珠藏、高水、牛场坝、铜锣、木引槽、天文、龙塘 7 个乡镇，总面积 57151.03 公顷，占全县土地面积的 29.12%。本区域以农村建设用地整理为主，结合新农村建设，通过城乡建设用地增减挂钩等实现土地整治。（3）土地复垦重点区域：主要分布在银盏、鱼河、玉山、白沙、中坪 5 个乡镇，总面积 45529.14 公顷，占全县土地面积的 23.2%。本区域以乡镇企业废弃地、灾毁地等复垦为主。（4）土地开发重点区域：主要分布在岚关、平定营、玉华、建中 4 个乡镇，总面积 38029.18 公顷，占全县土地面积的 19.38%。本区域以开发未利用地为主，通过蓄水保土工程、坡改梯工程及通过局部客土或取石还土等实现土地开发。

全县部署土地整治重点工程 19 个，规模 7471.46 公顷。其中：耕地整理重点区域中规划 4 个耕地整理重点工程，涉及猴场镇、永和镇、松坪镇、珠藏镇等乡镇，工程规模 3373.32 公顷，预计增加耕地 193.7 公顷。农村建设用地整理重点区域中规划 3 个土地整理重点工程，涉及珠藏镇、高水乡、猴场镇、永和镇等乡镇，工程规模 959.03 公顷，预计增加耕地 179.27 公顷。土地复垦重点区域中规划 5 个土地复垦重点工程，涉及建中镇、中坪镇、雍阳镇、鱼河乡、永和镇等乡镇，工程规模 345.54 公顷，预计增加耕地 228.99 公顷。土地开发重点区域中规划 6 个土地开发重点工程，涉及中坪镇、建中镇、岚关乡、鱼河乡、玉华乡、永和镇等乡镇，工程规模 2793.57 公顷，预计增加耕地 2306.7 公顷。

全县建土地整治项目库，安排土地整治项目 221 个，设置土地重点项目 29 个，其中：耕地整理重点项目 7 个，规模面积 2403.23 公顷，新增耕地 137.85 公顷；农村建设用地整理重点项目 7 个，规模面积 405.31 公顷，新增耕地 95.20 公顷；土地复垦重点项目 7 个，规模面积 259.62 公顷，新增耕地 158.72 公顷；土地开发重点项目 8 个，规模面积 1745.64 公顷，新增耕地 1463.75 公顷。

4. 土地整治投资估算

以近年土地整治单价的平均值作为估算单价进行计算，并考虑物价上涨及地域差异等因素，估价每亩耕地整理约 3700 元，每亩农村建设用地整理约 5800 元，每亩土地复垦约 7200 元，每亩土地开发约 5500 元。规划投资总价估算为 116699.57 万元，分阶段投资为：

规划近期（2011－2015 年）：投入资金 69193.68 万元。全县完成耕地整理规模面积 7220.73 公顷，（其中包括 1947.51 公顷基本农田整理、5273.22 公顷高标准基本农田建设）拟投入资金 37833.85 万元；农村居民点整理规模面积 2023.78 公顷，拟投入资金 17580.56 万元；土地复垦规模面积 242.34 公顷，拟投入资金 2617.27 万元；土地开发规模面积 1352.97 公顷，拟投入资金 11162.00 万元。

规划远期（2016－2020 年）：投入资金 47505.89 万元。全县完成耕地整理规模面积 391.34 公顷（其中包括 243.66 公顷基本农田整理、147.68 公顷高标准基本农田建设），拟投入资金 2073.33 万元；农村居民点整理规模面积 2300.65 公顷，拟投入资金 19985.78 万元；土地复垦规模面积 310.32 公顷，拟投入资金 3351.46 万元；土地开发规模面积 2678.22 公顷，拟投入资金 22095.32 万元。

（三）规划实施

至 2014 年，《整治规划》已得到初步实施，期间先后完成了多个土地开发、土地整理、土地复垦和高标准基本农田建设土地整治项目，其年均整治规模、整治投资、新增耕地较之过去，均有成倍增长。

三、城乡建设用地增减挂钩规划

（一）编制概况

2009 年，根据国土资源部《关于印发〈城乡建设用地增减挂钩试点管理办法〉的通知》（国土资发〔2008〕138 号）及贵州省相关文件，境内开始开展城乡建设用地增减挂钩试点。2010 年 5 月，县政府组织完成《瓮安县城乡建设用地增减挂钩试点项目专项规划（2010－2020）》（以下简称《增减挂钩规划》）编制。《增减挂钩规划》分总则、项目区情况、农村建设用地整理潜力分析、城乡建设用地增减挂钩规划目标、城乡建设用地增减挂钩项目区安排、预期投资与效益分析、土地权属调整、实施规划措施、附图九部分。附图有《瓮安县土地利用现状图》《瓮安县城乡建设用地增减挂钩专项规划图》。2011 年 10 月，州国土资源局批准《增减挂钩规划》实施。

（二）规划主要内容

1. **农村建设用地整理潜力分析：**

境内城乡建设用地增减挂钩试点除小河山 1 个乡农村居民点和工矿废弃地复垦潜力不大外，其他项目区实施乡镇涉及 9 个镇、13 个乡、73 个行政村，纳入挂钩项目图斑总面积 307.71 公顷。根据 2009 年第二次土地调查统计，全县农村建设用地总面积为 7230.64 公顷，其中村庄面积为 5150.69 公顷，占总面积的 71.23%，采矿用地 396.48 公顷，占总面积的 5.48%，其他建设用地 1683.47 公顷，占总面积的 23.28%。通过对项目区进行专项调查，统计项目区村庄可整理面积为 236.31 公顷，占全县农村居民点面积的 2.27%，可新增耕地面积 175.81 公顷；可整理采矿用地面积 71.4 公顷，占全县采矿用地面积的 18.56%，可新增耕地面积 69.26 公顷。

2. **规划目标**

总目标：规划期内，规划实施农村居民点整理拆旧区面积 236.31 公顷，安置区面积 55.06 公顷。通过整理增加农用地面积 181.25 公顷，扣除农田基础设施所占面积，增加耕地面积 175.81 公顷。规划拆迁 4171 户，安置 4171 户，涉及 17590 人。规划实施整理工矿用地面积 71.4 公顷，新增耕地面积 69.26 公顷。农村居民点和工矿用地整理共新增耕地 245.07 公顷。

阶段目标：2010－2012 年：实施永和、珠藏、玉华、岚关 4 个乡镇项目区农村居民点整理面积 77.56 公顷，涉及 1295 户 5356 人，规划安置区面积 17.09 公顷，整理潜力面积 60.47 公顷，新增耕地面积 58.66 公顷；规划珠藏镇、永和镇、岚关乡独立工矿用地整理面积 21.73 公顷，新增耕地面积 21.07 公顷。2013－2015 年：实施玉山、天文、雍阳、中坪、建中、草塘、平定营 7 个镇项目区农村居民点整理面积 99.47 公顷，涉及 1813 户 7690 人，规划安置区面积 23.93 公顷，整理潜力面积 75.54 公顷，新增耕地面积 73.27 公顷；规划玉山、中坪、建中、草塘、平定营、雍阳独立工矿用地整理面积 35.01 公顷，新增耕地面积 33.96 公顷。2016－2020 年：实施鱼河、龙塘、铜锣、木老坪、白沙、木引槽、银盏、牛场坝、老坟嘴、松坪、高水 11 个乡项目区农村居民点整理面积 59.27 公顷，涉及 1063 户 4544 人，规划安置区面积 14.03 公顷，整理潜力面积 45.24 公顷，新增耕地面积 43.89 公顷。规划鱼河、龙塘、木老坪、白沙独立工矿用地整理面积 14.67 公顷，新增耕地面积 14.23 公顷。

3. **投资估算**

资金渠道通过财政拨款及使用建新区土地出让收益等方式筹集。至 2020 年，预计投入资金总额 37887.28 万元。其中 2010－2012 年预计投入 11223.98 万元，2013－2015 年预计投入 14884.06 万元，2016－2020 年预计投入 11779.24 万元。

瓮安县增减挂钩项目投资概算表

表7－2

阶段	序号	工程或费用名称	概算金额（万元）	占总费用比例（%）	备注
2010－2012年	一	拆旧房屋拆迁补偿安置费	6475	57.69	5万元/户
	二	建新安置区征用土地补偿费	957.26	8.53	40元/平方米
	三	拆旧区土地复垦费	1191.48	10.62	8000元/亩
	四	建新区留用土地征收费	2600.24	23.17	43元/平方米
	合　计		11223.98	100	
2013－2015	一	拆旧房屋拆迁补偿安置费	9065	60.9	5万元/户
	二	建新安置区征用土地补偿费	957.26	6.43	40元/平方米
	三	拆旧区土地复垦费	1613.74	10.84	8000元/亩
	四	建新区留用土地征收费	3248.06	21.82	43元/平方米
	合　计		14884.06	100	
2016－2020	一	拆旧房屋拆迁补偿安置费	5315	45.12	5万元/户
	二	建新安置区征用土地补偿费	561.26	4.76	40元/平方米
	三	拆旧区土地复垦费	887.28	7.53	8000元/亩
	四	建新区留用土地征收费	5015.7	42.58	43元/平方米
	合　计		11779.24	100	
总　计			37887.28		

（三）规划实施

《增减挂钩规划》编制完成后，县政府将实施规划纳入当地政府和各有关部门年度工作责任目标考核的重要内容，并综合运用经济、法律、行政科学经济等综合手段以保证工作的开展和期限内工作任务的完成。县国土资源局对规划实施的土地整治项目，严格建立项目管理及用地指标使用台账，对经验收合格的项目区及时在土地利用现状图及土地数据库中进行年度变更，纳入当年土地变更流量分析。为保障专项规划顺利实施，全县在增减挂钩专项规划基础上，还通过与贵州千景土地科技有限公司合作，分别编制了两轮城乡建设用地增减挂钩试点项目实施规划。其中2011年度实施规划于2012年10月29日通过省国土资源厅批复，2012年度实施规划于2013年2月26日通过省国土资源厅批复。

2009－2014年，全县分5批开展增减挂钩试点工作，省国土资源厅分2010、2011、2012年、2013年、2014五个年度5次下达瓮安县城乡建设用地增减挂钩试点周转指标共1700亩。六年中拆旧区土地复垦完成新增耕地1000余亩。

4.土地权属调整

县国土资源局成立城乡建设用地增减挂钩技术指导组，负责挂钩试点工作的具体操作。在农村建设用地整理工作开展之前，由项目乡镇做好现有土地资源的产权登记工作，核实集体所有土地及单位、个人使用土地的数量、质量、分布、用途，查清各土地使用者状况。在整理项目实施过程中，由国土资源管理部门负责根据土地权利人权益及意愿签订权属调整方案，以避免纠纷。项目实施完成后，国土资源管理部门根据土地权属调整结果，进行土地登记、核发土地证书。涉及农民承包地调整的，由镇（乡）村集体经济组织依据整理前与承包人签订的协议，重新调整并登记造册。

第三节　矿产资源规划

一、矿产资源开发利用规划

（一）编制概况

1998年初，瓮安县地质矿产局聘请贵州省117地质学会参与协作，共同开展《瓮安县矿产资源开发利用规划》（以下简称《开发利用规划》）编制。年底，编制完成。《开发利用规划》文本分区域地质概况与成矿地质条件、矿产资源概况及技术经济条件分析、矿产资源开发利用现状及发展前景、矿产资源开发利用规划、矿业的产业结构调整优化与合理布局、矿产资源开发重点及勘查战略共7个部分。图件完成计有《贵州省瓮安县矿产资源开发规划图》《瓮安县洗马煤矿开发利用规划图》《瓮安县雍阳煤矿开发利用规划图》《瓮安县建中煤矿开发利用规划图》《瓮安县木老坪煤矿开发利用规划图》《瓮安县岚关煤矿开发利用规划图》《瓮安县玉山煤矿开发利用规划图》等。

（二）规划主要内容

1. 开发利用方案

将煤炭开发利用规划为5种类型，即归并煤厂区、扩建矿井区、新建矿井区、维持现状区、边采边探区。归并煤厂区规划将布局密集的矿井进行归并，重点在洗马煤矿区的二、四井田及木老坪煤矿区等。扩建矿井区规划将占用储量大，生产规模小的开坪煤厂、六角冲煤厂、大路煤厂、茅坡煤厂、皂角树煤厂、上场坪煤厂、青山煤厂、龙泉煤厂等进行扩建。新建矿井区规划新建矿井13个，其中洗马矿区3个、雍阳矿区3个、建中矿区5个。维持现状区主要有洗马矿区内的陡石梯煤厂、大洞口煤厂、打铁槽煤厂、煤炭冲煤厂等。边采边探区主要有洗马煤矿区二井田东部茶园煤厂至六角冲煤厂、雍阳煤矿区新华煤厂以南至王家湾煤厂地段、建中煤矿区大部及玉山煤矿区、岚关煤矿区等。

对磷矿、铁矿、锌矿、硫铁矿、海绿石（含钾砂岩）、含钾页岩、石灰岩、白云岩、石膏、铝土矿、建筑用砂石、矿泉水等开发利用，《开发利用规划》也提出了相应方案，并强调加紧构皮滩电站淹没区磷矿、石膏抢采。

2. 产业结构调整与合理布局

《开发利用规划》归结瓮安矿业结构中的主要问题是煤炭采选业比重较大；矿山企

业规模化、集约化程度较低；开采综合利用程度较低，单一开采造成资源浪费；矿业内部结构不协调，加工业滞后。该规划提出瓮安矿业及相关产业的合理布局是：煤炭采选业向雍阳矿区、建中矿区扩展，在产煤区改进炼焦生产，减少空气污染。磷矿采选及化工业，加大磷矿开采，迅速建立起高浓度磷肥基地，生产黄磷、重钙、一铵、二铵等。其他采选业，利用丰富的石灰石、白云岩、硅石等，发展中型水泥厂、电石厂、硅铁厂、钾肥厂、矿泉水厂等。

3. **开发重点及勘查战略**

开发重点：在开采原煤的同时，发展洗精煤、高浓度洗煤浆、炼焦、煤气、化学试剂等。在开采磷矿的同时，发展普钙、重钙、一铵、二铵、黄磷、赤磷饲钙等。在开采非煤磷矿产时，开发生铁、铁合金、普通水泥、特种水泥、硅铁、磷肥溶剂等。

勘查战略：加强洗马煤矿区外煤矿勘查、小河口及垛丁关至庙湾磷矿勘查、二迭系梁山组地层中硫铁矿普查等。

（三）规划实施

《开发利用规划》当时在指导矿产资源开发利用管理上具积极作用，但由于规划没有约束力，未系统实施。

二、2002－2010年矿产资源规划

（一）编制概况

2002年，根据省国土资源厅〔2002〕60号文件《关于开展地、州、市及重点县矿产资源规划编制工作的通知》，县国土资源局制定规划编制方案，县政府成立规划领导小组并在县国土资源局下设办公室，瓮安县开始《瓮安县矿产资源规划（2002－2010年）》（以下简称《矿产资源规划》）编制。《矿产资源规划》是境内历史上第一次将矿产资源勘查、开采、保护等提上议事日程的一次系统全面的综合性规划。为提高规划编制质量，相关人员进行了广泛调研和资料收集。在此基础上，2003年5月开始，按照《地、县矿产资源规划文本编写参考大纲》《地、县矿产资源规划附表内容格式》进行了文本的起草和附表、附图的编制。是年9月，《矿产资源规划》基本完成，并于12月完成了县内评审、县政府的审核和向州政府的报送。2005年6月23日，省国土资源厅以黔国土资规划函〔2005〕75号文件对州人民政府上报的《关于审批瓮安县矿产资源规划的请示》进行同意批复。是月，规划编写单位瓮安县国土资源局及参与编写人员旦光俊、吴进华、刘祥获国土资源部《瓮安县矿产资源规划》优秀成果二等奖。

《矿产资源规划》由规划文本、附表、附图、编制说明书、规划研究材料等5部分组成。文本由8章28节组成。附表有《矿产资源储量状况表》《资源储量产地基本状况表》《主要矿产资源开发利用现状表》《开采矿山企业现状表》《主要工矿企业生产现状表》《主要矿产品产量与需求预测表》《矿产资源调查评价规划表》《矿产资源勘查规划表》《矿产资源开采规划分区表》《“十五”期间新建矿山（矿井）规划项目表》《自然

保护区、重要风景名胜区状况表》《重点历史文物与名胜古迹保护区状况表》《主要矿山生态环境恢复治理规划表》等 14 种。附图有《瓮安县主要矿产资源分布图》《矿产资源利用现状图》《矿产资源调查评价与勘查规划图》《矿产资源开发与保护规划图》等 4 幅。

（二）规划主要目标

《矿产资源规划》以 2001 年为基期年，至 2005 年为近期规划，2006－2010 年为中期规划。该规划在保障与省、州矿业管理权限及与省、州规划相衔接基础上，提出主要规划目标有：

1. 近期（2002－2005）规划目标

矿产资源调查评价与勘查目标：争取国家资源大调查和公益性调查及省规划项目《瓮安—福泉地区含钾海绿石砂岩资源调查评价和余庆、黄平地区磷矿资源调查评价》在瓮安实施；多渠道筹集资金，重点启动有良好找矿前景的短缺或重要矿产的普查，开展 3 处煤矿的商业性勘查和 8 处以磷、铁、硫铁矿、多金属矿、含钾岩石为主的找矿普查，发现和评价一批重要产地，形成 2～3 处新的后备资源基地。

矿产开发利用目标：开发利用总量得到有效调控，与经济发展增长需求相适应，开发利用力争作到控制总量、合理布局、调整结构、优化配置、规模生产。开工建设 7 对煤矿井，设计生产能力 42 万吨，新增生产能力 18 万吨；开展 23 对矿井的改扩建，新增生产能力 111 万吨；进一步把瓮安建成贵州重要的磷肥化工基地。

主要矿产品产量及矿业产值目标：固体矿产开采矿石总量达到 400 万吨。主要矿产品煤炭产量达到 160 万吨，焦炭 50 万吨，磷矿石 70 万吨，磷肥 10 万吨，黄磷 2.5 万吨，水泥 30 万吨，砂石 40 万立方，砖 5000 万块，瓦 1500 万片。矿业（含采选业及其加工制造业）总产值达到 10 亿元，其中采选业达到 4.5 亿元，加工制造业 5.6 亿元。

矿业结构与矿产品结构调整目标：矿业结构和生产布局得到调整、优化，规模小矿山过多的状况得到改变，全县矿山数控制在 180 个以内，其中煤矿控制在 80 个，建筑砂石场控制在 55 个。矿产品结构得到调整，单一产品向多品种、初级产品向优质最终产品转变，延长产业加工链，提高产品附加值和技术含量。

矿产资源保护与合理有效利用目标：初步实现矿产资源的有序开采，开发利用方式由粗放行向集约型转变，资源利用率明显提高，骨干矿山的“三率”指标达到设计要求，破坏性开采基本消除，乱采乱挖得到遏制。

矿山生态环境保护与恢复治理目标：提出保护治理规划，监督管理落实到位，矿山环境污染及生态恶化状况得到控制。重要河流沿岸、水库边、饮水水源点附近矿山企业尾矿及废石弃置必须按水土保持规划处理；重要公路干线、重要旅游线路两侧一定距离或可视范围内禁止新办采矿点，逐步淘汰关闭现有采矿点；主要风景区实行限采、停采、移地开采；县城、乡镇附近的采石场以不影响景观为原则布置；历史文物古迹、地质遗迹等一定范围内禁止新办采矿点；重要矿山“三废”排放基本达到国家标准，开展珠藏高山铁矿和玉山机砖厂矿山生态环境的恢复治理。

2. **中期（2005－2010）规划目标**

矿产资源调查评价与勘查目标：继续开展和完成2005年前启动未结束的调查评价与煤矿勘查，并再开展4处煤矿的勘查，提交可供开发利用的资源储量5.15亿吨。继续开展铁、多金属矿、硫铁矿等的找矿普查，力争提供开发利用的后备基地2～3处。

矿产开发利用目标：全面实现矿产资源的资产化管理，全面建立矿业权市场。开发利用做到有效控制总量，布局合理，采选的综合回收率和综合利用率比“十五”期间有明显提高。继续完成2005前动工未建成达产的煤矿井和其他改扩建矿山，使优势矿产磷和电煤的供矿能力得到保障，铁、水泥原料矿产等的供矿能力得到提高。

主要矿产品产量及矿业产值目标：固体矿产开采总量达到600万吨，主要矿产品煤炭产量达到250万吨，焦炭60万吨，磷矿石100万吨，磷肥15万吨，黄磷4万吨，水泥40万吨，铁矿10万吨，硫铁矿15万吨，建筑用砂石60万立方。矿业（含采选业及其加工制造业）总产值达到20亿元，其中采选业达到9亿元。

矿业结构与矿产品结构调整目标：矿产开发利用结构与布局进一步调整和完善。开采规模结构合理，规模小，矿山过多状况得到控制，矿山总数保持在规划期的180个，但规划增大，产量增加。矿产品结构合理，深加工、精加工矿产品的技术含量与高附加值矿产品比例大为提高。

矿产资源保护与合理有效利用目标：实现矿产资源科学有序的开采，开发利用方式、资源利用率有显著提高，大部分矿山企业的“三率”指标达到设计要求，破坏性开采消除。先进的采选技术和方法进一步应用，矿山企业经济效益明显提高。

矿山生态环境保护与恢复治理目标：编制矿山保护治理规划，矿山环境监督管理进一步落实到位，矿山生态环境进一步好转，“三废”排放全面达标，实施和建立“绿色矿山”，采矿引起的地质灾害明显下降。闭坑后的矿山得到恢复治理，生态环境全面好转。

（三）规划实施

通过实施本轮《矿产资源规划》，矿产资源勘查有突破性发展，多家探矿权人进入探矿，使煤、磷、多金属矿、硫铁矿等多种矿的资源储量得到进一步查清。开采布局“小、散、多、乱、差”状况有较大改观，2010年采矿企业152个，控制在规划指标的180个内。矿业经济得到较快发展，2010年，全县完成工业总产值516363万元，其中采矿业达252780万元。全县工业行业产值中，煤及煤化工、磷及磷化工行业产值分别达到11.12亿元和12.19亿元。采矿权有偿出让机制基本形成，至2010年全县采矿权全面实现了有偿出让。矿业秩序得到有效整顿，一批无证矿山被取缔。矿山生态环境得到一定保护，禁采区、公路主干道沿线的矿山50余家被关闭。

本轮《矿产资源规划》存在的主要问题有：规划质量不够高，导致规划实施和管理难度大；矿山布局不尽合理；矿产资源保护力度不足；矿山资源开发利用方式仍较粗放，矿业附加值不高；探矿权管理不规范，“以采代探”现象严重；矿山生态环境破坏较为严重，生态环境保护与治理任务艰巨；部分矿山企业规模设置与占有储量极不匹配。

三、2008－2015年矿产资源规划

（一）编制概况

2008年7月，根据省国土资源厅关于县级矿产资源总体规划编制的相关文件，县成立规划编制工作领导小组、规划编制工作办公室、专家咨询组和规划编制技术组，开始第二轮《瓮安县矿产资源规划（2008－2015年）》编制。是年11月11日，贵州省地质矿产勘查开发局101地质大队通过竞标取得编制本轮规划资格，随后与瓮安县国土资源局签订编制合同。2009年年底，编制完成，并于是年12月24日通过省国土资源厅评审。随后，编制单位对参会领导及专家提出的修改意见进行了修改。2012年11月，县政府将修改完善的《瓮安县矿产资源规划（2008－2015年）》呈州政府后获同意实施批复。

《瓮安县矿产资源规划（2008－2015年）》由文本、附表及附图组成。文本由总则、背景、基本原则和目标、矿产资源调查评价与勘查、矿产资源开发利用与保护、矿业权市场建设、矿山生态环境保护与恢复治理、主要保障措施、附则共9部分组成。附表有瓮安县主要矿产储量表、瓮安县矿产资源开发利用现状表、瓮安县探矿权现状表、瓮安县矿产资源勘查规划分区表、瓮安县矿业经济区规划表等共15表；附图有《瓮安县矿产资源分布图》《瓮安县矿产资源开发利用现状图》《瓮安县矿产资源调查评价和勘查规划分区图》《瓮安县矿产资源勘查规划区块图》《瓮安县矿产资源开发利用与保护规划图》《瓮安县矿产资源开采规划区块图》《瓮安县矿山生态环境保护与恢复治理规划图》共7幅。

（二）规划主要内容

本轮矿产资源规划以2007年为基期年，规划期2008－2015年，并展望到2020年。

1. 规划总体目标

磷、煤等主要矿产资源的保障程度有所提高，保障矿山资源接替和矿业可持续发展；矿产资源开发利用更加合理，资源保护取得更明显成效，矿业结构得以进一步调整和优化；矿山环境保护和恢复治理及土地复垦状况有显著改善；矿业权市场更加完善；矿政管理水平及其服务功能有显著的提升；全县矿产资源安全稳定的供应保障体系得到进一步健全与完善。

2. 地质勘查与勘查分区

实现地质找矿重大突破，新增一批磷、煤等主要矿产资源储量，提高资源保障程度。到2015年，新增磷矿资源储量2000万吨、煤资源储量2000万吨以上，完成县境北部新寨向斜、珠藏向斜一带煤、铁矿的资源调查评价。到2020年，主要矿产资源储量有进一步增加，基本完成区内1:5万玉山幅、珠藏幅、草塘幅和垛丁幅等图幅的数字区

域地质及矿产地质调查。

全县划分出2个重点勘查规划区、3个鼓励勘查规划区和4个禁止勘查区。重点勘查规划区：瓮福勘查区、瓮安中部勘查区。鼓励勘查规划区：西部勘查区、东部勘查区、北部勘查区。禁止勘查规划区：江界河乌江峡谷风景区、朱家山森林自然保护区、穿洞河景区、草塘景区。

3. 矿产开发利用与保护

充分运用规划调控和政策引导手段，使全县主要矿产资源的开发利用总量得到控制。到2015年，煤炭产量控制在每年400万吨以内，磷矿产量达到每年400万吨，中型矿山比例由原来的2.5%提高到5%以上，开采回采率、选矿回收率和综合利用率平均分别提高约5个百分点。到2020年，煤炭产量控制在每年500万吨以内，磷矿产量达到每年800万吨。

全县划分重点开采规划区2个：中部磷、煤、铁矿开采区；西部煤矿开采区。划分鼓励开采规划区1个：北部高岭土、铁矿开采区。划分限制开采规划区1个：东部多金属矿开采区。划分禁止开采规划区4个：江界河乌江峡谷风景区；朱家山森林自然保护区；穿洞河景区；草塘景区。划分矿业经济区4个：中部磷、煤、铁矿业经济区；西部煤、铁矿业经济区；北部高岭土、铁矿业经济区；东部多金属矿业经济区。对矿业结构调整：控制小型矿山数量，促进矿山规模集聚，提高矿山规模水平。现有矿山按最小控制规模进行调整，分批改造、重组或关闭。新建或改、扩建矿山严格实行准入条件的最小规模标准。到2015年，全县建筑石料用灰岩、白云岩和砂岩矿山总数控制在80家以内，除中心城镇外，其他每个乡镇建筑石料矿山不超过3家。对矿产品结构：限制高能耗、高污染矿产品开发，鼓励延伸产业链，促进单一产品向配套产品、高耗能产品向低耗能产品的转化，提高资源利用水平，提升矿产品附加值。

瓮安县主要矿产资源总量调控指标

表7-3　　　　单位：万吨

矿　种	2015年	2020年	备　注	矿　种	2015年	2020年	备　注
煤　矿	400	500	约束性	铁矿	30	50	约束性
磷　矿	400	800	预期性	锌矿	10	10	约束性
水泥用灰岩	80	100	约束性	硫铁矿	5	10	约束性
高岭土	5	10	约束性	铝土矿	5	10	约束性
重晶石矿	5	10	约束性	石膏矿	5	10	约束性

4. 矿山环境保护与恢复治理

到2015年，新建和在建矿山的地质环境得到全面治理、毁损土地全面得到复垦利用，历史遗留矿山地质环境恢复治理率和土地复垦率分别达到20%以上。到2020年，绿色矿山格局基本建立，矿山地质环境保护和土地复垦水平全面提高规划对废弃、拟闭坑矿山，改、扩建矿山，生产矿山，均提出生态环境保护与恢复治理规划，并对拟建矿山设置准入“门槛”。申请采矿权必须向国土资源管理部门提交具有资质单位编制的、经过批准的地质灾害危险性评估报告或说明书、矿山生态环境保护与综合治理方案、土地复垦方案、水土保持方案、环境影响评价报告等。

（三）规划实施

本轮矿产资源规划编制完成后经州政府批复同意，其主要目标纳入县国民经济和社会发展规划，其完成情况要按年度向州人民代表大会和省、自治州地质矿产主管部门报告。本轮规划通过严格组织实施，至 2014 年，相关工作均取得积极进展。地质勘查磷、铝土矿、多金属矿等取得重大成果，白岩背斜磷矿整装勘查新增磷矿资源约 29.65 亿吨。开发利用 2013 年全县实现工业增加值 271244 万元，规模工业产品产量中原煤 394.57 万吨，磷矿石 846.05 万吨，达到了约束性预期性目标。矿山企业布局进一步趋于合理，2014 全县持采矿证在册矿山企业已控制至 108 个，且各类矿山企业通过整合，其规模化集约化程度更高。矿山地质环境保护也得到初步实施，矿山治理与矿山复绿格局开始建立。

四、钼镍钒矿专项规划

（一）编制概况

2006 年 4 月，省国土资源厅〔2006〕34 号文件下发《关于开展钼镍钒矿资源勘查开发专项规划编制工作的通知》。5 月，县国土资源局制订工作方案，落实规划编制工作班子，并聘请省、州有关单位和专家进行技术指导和协助，开始开展《瓮安县钼镍钒矿勘查与开发专项规划》（以下简称《专项规划》）编制。6 月，编制完成。7 月 18 日，县政府召开有 8 个部门和 3 个企业参加的征求意见会；8 月 30 日，县政府召开有 10 个部门参加的初审会，初审同意后上报州国土资源局审查。9 月 8 日，州国土资源局召开有州直 5 个部门、3 个单位、3 名专家参加的审查会并提出修改意见。9 月 11 日，修改稿经县政府同意上报州政府审批。10 月 25 日，州政府黔南府函〔2006〕73 号文件下达同意实施《专项规划》批复。

《专项规划》由文本、附表、附图几部分组成。完成文本分 10 章 29 节。完成附表有《瓮安县钼镍钒矿产资源基本状况表》《瓮安县磷矿开发利用现状表》《瓮安县钼镍钒矿资源勘查规划表》《瓮安县钼镍钒矿资源开发规划表》《瓮安县钼镍钒矿近期新建矿山规划项目表》等 5 个。完成附图有《瓮安县地质矿产及钼镍钒矿分布图》《瓮安县钼镍钒矿勘查与开发规划图》等 2 件。

（二）规划主要内容

《专项规划》适用期限 2006－2015 年，2005 年为规划基期年，2010 年为规划近期目标年，2015 年为规划目标年。

规划目标：2010 年前规划启动瓮福磷矿区内 2～3 处矿段、小河山、小河山螃蟹溪、大池、高松、小章阁、青池、老坟嘴、龙池沟 10 处钼镍钒勘查。2015 年勘查点达到

24 处，主要有小河山、螃蟹溪、大池、小章阁钼矿勘查及高松、玉华、大塘、王家院、穿岩洞、小河口、老坟嘴、螃蟹溪、观塘、水银厂、纳水、小河山、垛丁、大窝凼、尖坡、龙池沟、杨梅、团岩、青池、老坪沟钼镍钒矿勘查等。

开发利用：将钼镍钒矿资源的开发，划分为 5 个开发区、22 个开发分区，即玉华（瓮福磷矿区）钼镍钒矿开发区、小河山钼镍钒矿开发区、小章阁（磷矿区）钼镍钒矿开发区、小河口（磷矿区）钼镍钒矿开发区和高松钒矿开发区。先期开发分区 10 个，后期开发分区 12 个。

（三）规划实施

《专项规划》编制完成后，大多规划项目均组织进行了勘查，初步查明了钼镍钒资源分布及储量。由于地质勘查程度尚低，至 2014 年仅有个别企业试探性开采，其开采规模较小。

第四节　地质环境管理规划

一、矿山环境保护与治理规划

（一）编制概况

2008 年，根据省国土资源厅《关于开展市、县级矿山环境保护与治理规划编制工作的通知》（黔国土资发〔2007〕131 号），县国土资源局聘请贵州省地矿建设工程施工公司开始编制《瓮安县矿山地质环境保护与治理恢复规划（2009－2020）》（以下简称《规划》）。是年 12 月，《规划》编制完成。编制期间，编制单位完成资料收集 565 份，水工环地质综合调查 1962 平方公里，矿山现状调查 202 家，并完成矿山地质环境现状调查照片 654 张，完成水分析样 50 件。2009 年 9 月 10 日，《规划》通过县级初审。是年 12 月 3 日，黔南州国土资源局组织专家进行评审，予以通过。2010 年 12 月 20 日，州国土资源局批准《规划》予以实施。

《规划》由文本、附图组成。文本有总则、社会经济概况、矿山地质环境问题及趋势分析、矿山地质环境影响评估、规划范围和规划期及规划目标、矿山地质环境保护与治理恢复规划、矿山地质环境保护与治理恢复投资估算、规划实施保障措施、附则共 9 章。附图有《瓮安县矿山地质环境影响评估图》《瓮安县矿山地质环境保护规划图》《瓮安县矿山地质环境治理恢复规划图》3 幅。

（二）规划主要内容

《规划》以 2008 年为基准年，近期目标 2009－2012 年，中期 2013－2015 年，远期 2016－2020 年。规划主要内容有：

1. 规划目标

近期目标：初步建立与市场经济体制相适应的矿山地质环境保护与治理恢复机制体

系与管理体系；开展矿山地质环境保护与治理恢复实施方案的编制；关闭森林保护区、风景名胜区、重要基础设施工程保护区和重要城镇周边开采矿山；完成矿山地质环境治理恢复工程63项，投入资金38447.97万元，矿山地质环境治理恢复率达到58.23%。矿山地质环境治理恢复中煤矿25项，投入资金16351.01万元，治理恢复率75%以上。废弃矿山8项，投入资金12872.9万元，治理恢复率70%以上。非煤矿山28项，投入资金12872.9万元，治理恢复率90%以上。

中期目标：健全完善矿山地质环境保护机制体系与管理体系；全面实施地质环境保护与治理恢复方案，完成矿山地质环境治理恢复工程66项，投入资金19190.07万元，矿山地质环境治理恢复率达到87%。其中煤矿15项，投入资金6945.75万元，治理恢复率90%以上。废弃矿山3项，投入资金3008.19万元，治理恢复率90%以上。砂石矿山48项，投入资金9236.13万元，治理恢复率55%以上。

远期目标：完成矿山地质环境治理恢复工程73项，投入资金8390.92万元，治理恢复率90%~100%。其中非煤矿山10项，投入资金1395.18万元；砂石矿山63项，投入资金6995.74万元。

2. 保护与治理分区

《规划》将全县矿山地质环境保护与治理恢复划分为2个矿山地质环境重点保护区、2个重点预防区、2个矿山地质环境重点治理区、2个一般治理区。2个重点保护区：江界河风景名胜区，面积135.78平方公里，涉及9个矿山与废弃矿山的地质环境治理恢复；朱家山森林保护区，面积88.86平方公里，涉及6个矿山的地质环境治理恢复。2个重点预防区：瓮安北部重点预防区，面积348.79平方公里，涉及14个矿山企业的重点预防；瓮安南部重点预防区，面积1394.27平方公里，涉及162个矿山企业的重点预防。2个矿山地质环境重点治理区：瓮安南东重点治理区，面积365.81平方公里，涉及88个矿山企业的重点治理恢复；瓮安南西重点治理区，面积62.69平方公里，涉及12个矿山企业的重点治理恢复。2个一般治理区：瓮安中部一般治理区，面积965.77平方公里，涉及62个矿山企业的一般治理；瓮安北部一般治理区，面积348.79平方公里，涉及14个矿山企业的一般治理。

3. 投资估算

规划全县矿山地质环境治理恢复工程202项，其中煤矿40项、非煤矿山38项、废弃矿山11项，矿山地质环境保护与治理恢复投资66028.96万元，其中近期规划63项，投入资金38447.97万元，中期规划66项，投入资金19190.07万元，远期规划73项，投入资金8390.92万元。

（三）规划实施

《规划》得到一定程度实施，特别在建立矿山地质环境保护管理体系、规范矿山企业准入条件、取缔风景名胜区开石采矿、缴纳地质环境治理保证金等方面取得积极成效，部分矿山企业已开始矿山地质环境恢复治理。由于《规划》在治理项目及资金投入上未充分考虑实际，相关治理实际完成与资金投入与《规划》所定目标存在较大差距。

二、2008－2015 地灾防治规划

（一）编制概况

2008 年 10 月，县政府成立以张仁德副县长为组长、县政府办主任艾华和县国土资源局局长刘晓勇为副组长的县地质灾害防治规划编制领导小组，组织开展《瓮安县地质灾害防治规划（2008－2015）》（以下简称《防治规划》）编制。11 月，县国土资源局成立规划编制项目组，并委托贵州地质调查院作为协作单位参与规划编制。2008 年 11 月至 2009 年 1 月，项目组对全县地质灾害进行了野外调查和核实，在此基础上，通过对全县地质灾害的分析、研究、整理，于 2009 年 8 月完成《防治规划》编制。是年 9 月 10 日，《防治规划》通过县级初审。10 月 10 日，通过州国土资源局评审。2010 年 5 月 11 日，县政府同意通过该《规划》，责成县国土资源局向社会公布并组织实施。

《防治规划》由文本及《瓮安县地质灾害分布及易发区图》《瓮安县地质灾害防治规划图》《瓮安县地质灾害群测群防网络图》等组成。文本分前言、自然地理及地质环境概况、地质灾害现状及发展趋势预测、地质灾害易发区、地质灾害防治分区与工作重点、地质灾害防治规划原则目标、地质灾害防治综合治理示范工程方案、地质灾害防治规划实施的保证措施共 8 章。

（二）规划主要内容

《防治规划》以 2008 年为基准年，规划年限 2008－2015 年，近期防治规划至 2011 年，目标达到使人为引发的地质灾害得到初步控制，基本消除 30 处地质灾害隐患点对 447 户 1820 人的威胁，避免 1905.5 万元财产损失。中期防治规划至 2015 年，基本消除 53 处地质灾害隐患点对 193 户 1012 人的威胁，避免 1345.5 万元财产损失。

《防治规划》根据地质灾害易发程度评价及等值线圈定结果，结合实际，将境内地质灾害分为高易发区、中易发区和低易发区三级。高易发区：地质构造发育，矿产资源集中分布，破坏地质环境的人类工程活动强烈，地质灾害点分布密集。滑坡主要发生于碎屑岩及软质岩类岩层中；崩塌主要发生于风化强烈的碳酸盐岩类岩层中；地裂缝和地面塌陷主要由采矿等引起。高易发区总面积 1125 平方公里，约占全县总面积的 57%，有各类地质灾害点 72 处。中易发区：地形起伏较大，岩土结构较差，人类工程活动也较强烈，总面积 826 平方公里，约占全县总面积的 42%，有各类地质灾害点 11 处。低易发区：地表水系较发育，地形坡度 8 度以下，地貌类型为溶蚀缓丘地，地质构造简单，存在一定程度的滑坡、崩塌等地质灾害。

《防治规划》将地质灾害防治划分为重点防治区、次重点防治区和一般防治区共三个级区。重点防治区：总面积 1383.03 平方公里，占全县土地面积的 70.7%，有重点防治点 25 处，次重点防治点 39 处，一般防治点 3 处，威胁 589 户 2450 人，威胁各等级公路 1380 米，受威胁财产 3005 万元。主要有平定营铅厂村—玉华乡—瓮安县城—珠藏镇

重点防治区；建中镇—白沙乡—中坪镇重点防治区。次重点防治区：总面积379.07平方公里，占全县面积的19.21%，有重点防治点5处，次重点防治点6处，一般防治点5处，威胁52户183人，威胁各等级公路300米，受威胁财产246万元。主要有牛场坝乡任家坪—铜锣乡白果次重点防治区；小河山乡—松坪乡—天文镇云中村次重点防治区。一般防治区：面积207.93平方公里，占全县面积的10.54%，主要有中坪镇关田—建中镇培文一般防治区。

（三）规划实施

《防治规划》在实施中得到一定程度落实。至2014的7年间，全县完善了《瓮安县汛期地质灾害防治方案》《瓮安县地质灾害应急预案》；推行了省、县颁布的矿山环境恢复治理保证金制度；制定了风景名胜区地质环境管理办法；开展了国土资源部启动的地质灾害防治“十有县”建设和地质灾害防治高标准“十有县”建设；建立健全了地灾防治责任制和地灾应急处理机制；构建了县、乡镇、村、组四级群测群防信息网络；实施了秉老头崩塌带搬迁、枫香树滑坡治理、棉花寨崩塌塌陷治理等一批工程项目，其中秉老头崩塌带整体搬迁和棉花寨崩塌塌陷治理投入经费均分别达到1400万元以上。

三、2014－2020地灾防治规划

（一）编制情况

2014年5月，县组织开始《瓮安县地质灾害防治规划（2014－2020）》（以下简称《地灾防治规划》）编制。县政府通过招投标，武汉中南冶勘资源环境工程有限公司中标成为编制技术协作单位。新一轮地质灾害防治规划由县地质灾害防治工作领导小组领导，并成立由县国土资源局和技术协作单位人员组成的规划编制项目组开展具体工作。2014年8月，《地灾防治规划》编制完成，并经州国土资源局组织有关专家进行评审。是年9月23日，州国土资源局对《地灾防治规划》予以批复，同意县政府公布实施。

《地灾防治规划》由文本及《贵州省瓮安县地质灾害隐患分布图》《贵州省瓮安县地质灾害防治规划图》《贵州省瓮安县地质灾害群测群防网络图》《瓮安县地质灾害隐患统计表》《瓮安县地质灾害防治规划表》等组成。文本分总则、社会经济概况、地质环境背景、地质灾害现状与发展趋势、地质灾害易发分区、地质灾害防治目标与任务、地质灾害防治规划分区、地质灾害防治工作部署、实施地质灾害防治规划保障措施、附则共10部分。

（二）规划主要内容

《地灾防治规划》以2014年为基准年，近期目标2014－2016年，中期2017－2018年，远期2019－2020年。规划主要内容有：

地质灾害易发分区：将瓮安县地质灾害易发程度划分为高易发区、中易发区和低易发区三级，其中地质灾害高易发区面积为1126.6平方公里，占全县总面积的57.1%，地质灾害中易发区面积618.99平方公里，占全县总面积的31.4%，地质灾害低易发区

228.11平方公里，占全县总面积的11.5%。高易发区2个，即平定营—草塘—龙塘滑坡、崩塌、地面塌陷等综合地质灾害高易发区；建中—白沙滑坡、崩塌地质灾害高易发区。中易发亚区4个，即珠藏镇—铜锣乡滑坡、崩塌地质灾害中等易发区；天文—华严滑坡地质灾害中等易发区；松坪—桃子冲滑坡地质灾害中等易发区；老坟嘴—朱家山滑坡地质灾害中等易发区。低易发区2个，即瓮安县城－牛市冲滑坡地质灾害低易发区；小开洲－雷文滑坡、崩塌地质灾害低易发区。

地灾防治总体目标：保障村镇等居民点的安全；维护学校、工矿、重要工程设施、企事业单位的安全；维护公路及主要河谷两岸的安全；维护规划经济建设发展区的安全；建立起相对完善的适应社会主义市场经济要求的地质灾害防治、监督和管理体系；加大地质灾害预防和治理工作力度；将地质灾害防治从分散的、被动应急的状态转变为有组织的、专门的、主动的和有预见性的工作。

近期防治工作一览表

表7－4

灾点编号	灾点名称	地点	险情分级	防治对策	防治经费（万元）
WA008	大落凼斜坡	天文镇云中村大落凼组	中型	群防治理	300
WA017	犹家坝滑坡	江界河镇渡江社区中寨组	小型	工程治理	50
WA018	响水岩崩塌	高水乡高炉村响水岩组	大型	搬迁治理	2500
WA020	龙耳朵滑坡	高水乡高炉村龙耳朵组	小型	工程治理	50
WA044	花园湾滑坡	银盏镇印山村花园湾组	中型	群防监测	30
WA051	老山沟塌陷	银盏镇大寨坪村老山沟组	中型	搬迁避让	1500
WA064	腊岩滑坡	老坟嘴乡观塘村腊岩组	小型	监测治理	120
WA066	九龙沟滑坡	老坟嘴乡红梅村九龙沟组	中型	搬迁治理	1300
WA078	县磷化塌陷	玉华乡岩根河县磷化公司	小型	搬迁避让	100
WA082	白岩崩塌	玉华乡岩根河村白岩组	大型	搬迁治理	2000
WA091	大竹林滑坡	玉华乡岩根河村大竹林组	小型	搬迁治理	800
WA070	秉老头崩塌	白沙乡翁腊村秉老头组	中型	搬迁治理	1200
WA072	三格田崩塌	白沙乡翁腊村三格田组	小型	搬迁避让	300
WA074	路边崩塌	白沙乡翁腊村路边	中型	搬迁避让	900
WA009	沙沟斜坡	珠藏镇珠藏村沙沟组	中型	群防治理	300
WA041	茶头关斜坡	猴场镇清池村茶头关组	中型	群防治理	500
WA048	七冲滑坡	猴场镇清池村七冲组	中型	监测治理	580
WA087	板山滑坡	永和镇长岭村板山组	小型	工程治理	50
WA060	西坡斜坡	银盏镇新华村西坡组	小型	工程治理	50
WA068	牛湾塘塌陷	银盏镇太平社区牛湾塘组	中型	搬迁避让	1000
WA105	高庄地裂缝	永和镇洗马塘村高庄头组	中型	工程治理	200
合　计					13830

地灾防治分期目标：2014－2016年，基本建立比较完善的法规防治体系，完成主要城镇、城市规划发展建设区和主要工程建设区的地质灾害专项调查，编制各片区的地质灾害防治规划和重大地质灾害隐患点的防灾预案，建成以县国土资源局为主体，水利、交通、民政、卫生、公安、武警等各有关部门相互配合的地质灾害应急反应系统，建立全县地质灾害数据库，完成21处地质灾害隐患点的治理。2017－2018年，全面完善地质灾害防治地方法规体系和监督管理体系，完成本县的地质灾害风险区划工作，建成基干网络的全县地质灾害信息系统，提供地质灾害信息适时查询，完成27处地质灾害隐患点的治理。2019－2020年，开展矿区地质灾害专项调查，实施治理与开发相结合，完成本县各条公路、河流沿线的专项地质灾害调查，完成60处地质灾害隐患点的治理。

地灾防治重点：将全县地灾防治划分为重点防治区、次重点防治区、一般防治区。重点防治区2处，即平定营－草塘－龙塘重点防治区，面积909.74平方公里，有地质灾害点75处；建中－白沙重点防治区，面积216.86平方公里，有地质灾害点8处。次重点防治区4处，即珠藏镇－铜锣次重点防治区，面积308.17平方公里，有地质灾害点13处；天文－华严次重点防治区，面积面积76.01平方公里，有地质灾害点3处；松坪－桃子冲次重点防治区，面积面积123.34平方公里，有地质灾害点5处；老坟嘴－朱家山次重点防治区，面积面积111.47平方公里，有地质灾害点2处。一般防治区2处，即瓮安县城－牛市一般防治区，面积面积20.18平方公里，有地质灾害点2处；小开洲－雷文一般防治区，面积面积207.93平方公里。

防治部署：开展地质灾害调查评价，强化地质灾害预警预报系统、信息系统、应急反应与监督管理系统建设，积极推进地质灾害防治工程实施等。根据瓮安县地质灾害发生发展现状，规划本县地质灾害防治工程108项，其中重大地质灾害隐患点12项，一般地质灾害隐患点96项。规划近期防治21项，占工程总数的19.4%，中期27项，占工程总数的25.0%，远期60项，占工程总数的55.6%。

防治投资估算：防治规划工程108项，投资估算19267万元。其中达到申请省级及以上财政补助2项，达到申请州级财政补助10项。投资分类：1.搬迁避让措施45项，投资估算11892万元；工程措施49项，投资估算5780万元。2.重点防治区规划工程83项，投资估算16013万元；次重点防治区规划工程23项，投资估算2204万元；一般防治区规划工程2项，投资估算1050万元。3.近期规划工程21项，投资估算13830万元；中期规划工程26项，投资估算3101万元；远期规划工程60项，投资估算2336万元。4.人为因素引发灾害35项，投资估算4162万元，全部由致灾引发方承担；自然因素引发灾害73项，其中县级财政承担9652万元，根据有关政策可申请州级财政补助3878万元，申请省级及以上财政补助1575万元。

第八章　土地开发整治

第一节　土地开发

一、耕地开发

中华人民共和国成立后，国家制定一系列鼓励土地开发政策，使境内耕地面积有较大幅度增加。

1949年，全县耕地321783亩，1952年达到334112亩，在1949年基础上增加12329亩；1955年达到346000亩，在1952年基础上增加11888亩；1957年达到400299亩，在1955年基础上增加54299亩；1963年达到410000亩，在1957年基础上增加9701亩，比1949年增加88217亩，增长27.42%。

20世纪60、70、80年代，境内耕地开发以坡地改梯土为主。此一时期特别是80年代，随着经济发展，兴办企业和城乡修建房屋占用了较多耕地，但由于注意耕地开发，建设占用耕地与开发耕地相抵，全县耕地仍保持在410000亩左右。

80年代后期，针对建设用地增多的情况，为保护耕地面积不减少，1989年8月8日，县政府印发《瓮安县土地开发暂行规定》（瓮政〔1989〕46号），明确了9条鼓励措施：开发土地50亩以下种植粮食、油烟等作物的，经验收合格每亩补助50元，补助费由区乡收取的土地使用费开支；成片开发土地50亩以上，种植粮食、油烟等作物的，经验收合格由县政府每亩补助50元，补助费从耕地占用税地方留存列支；在水源条件保障的地方搞1亩土变田，经验收合格由区公所和乡镇政府给变田农户每亩补助50元，补助费从乡留存的土地使用费中列支；成片开发土地100亩以上种植粮食、油烟等作物或土变田100亩以上的项目，由开发单位写出申请，县土地管理部门组织有关单位进行规划，县政府进行有计划地开发，其开发资金从耕地占用税地方留存中列支；利用贷款和引资开发土地从事茶果等生产，在投产前由土地开发基金按银行贴息补助；开发荒山荒地种植粮食作物，3年免征农业税，种植茶果等投产后，3年免征产品税；开发土地需要的信贷资金，由农业银行土地开发专项贷款解决；开发土地所需的物资，列出专项计划，优先保障供应；县政府设立土地开发单项奖，对开发土地做出显著成绩的单位和个人给予奖励。暂行规定印发后，全县形成土地开发热潮。

1989年，州下达瓮安县耕地开发任务500亩。全县采取成片开发与零星开发和国营、集体与个人开发相结合的政策，年内开发耕地560.32亩（30亩以上成片2处），占计划的112.06%，开发耕地与当年建设占用耕地19.48亩，达到占1亩开发28亩。年内，全县还开发茶、果园2734.87亩，占计划的109.39%。

1990年，全县开发耕地564亩，茶园、果园1500亩，土变田132亩。雍阳镇云星村干田坎村民组农民张金贵，承包洞底村民组荒山50亩，于年内全部开发为耕地。1991年，全县开发耕地369亩，土改田500余亩。

1992年，全县通过实施州下达的中低产田土改造开发项目任务，年内实现新增耕地297.8亩；1993年实现新增耕地131.3亩；1994年实现新增耕地372.65亩；1995年实现新增耕地487.7亩；1996年实现新增耕地440.4亩；1997年实现新增耕地731亩；1998年实现新增耕地1570亩。

1999－2000年，县连年层层下达新增耕地任务，通过2年工作，共开发耕地1188亩。主要开发项目有中坪孙家大坪，鱼河乡黄丝槽、本塘、牛坡，建中前主、玉华杨二头等土地开发项目。2000年9月4日至7日，经州耕地验收领导小组检查验收，有591亩耕地验收合格。两年中，通过实施中低产田土改造开发任务，1999年实现新增耕地1228.4亩，2000年实现新增耕地712.8亩。

2008－2014年已验收土地开发项目情况表

表8－1　　　　单位：公顷　万元

项目名称	批准情况	完成土地开发	新增耕地	决算投资
岚关乡大路村鹿子顶南土地开发	2008年州批	36.3	28.45	124.74
草塘镇那乡村青冈林土地开发	2010年州批	5.74	5.35	32.47
草塘镇杉树坳村唐边大坡土地开发	2010年州批	30.37	22.07	109.11
草塘镇石家寨村下长坪土地开发	2010年州批	18.36	13.31	58.23
草塘镇宋家寨村下司土地开发	2008年州批	28.07	25.29	150.23
建中镇水尾村林场土地开发	2010年州批	47.84	44.63	207.59
岚关乡茶海村梅家坪土地开发	2010年州批	21.05	18.6	78.79
岚关乡大坪村云顶山土地开发	2008年州批	10.94	10.27	41.34
岚关乡岚关村上家田南土地开发	2008年州批	35.23	31.47	135.2
松坪乡关塘口村关山坡土地开发	2008年州批	9.1	7.23	34.91
雍阳镇潘家寨村潘家寨土地开发	2010年州批	18.26	15.27	71.38
永和镇白水河村四方岩土地开发	2010年州批	29.62	21.74	115.68
永和镇金蔣萍水唐家大坡土地开发	2008年州批	14.85	14.48	67.84
永和镇萍水村烂泥山土地开发	2010年州批	2.62	2.13	13.72
永和、雍阳镇山脚坡土地开发	2008年州批	22.53	21.68	113.45
鱼河乡养马村马家院土地开发	2008年州批	28.39	22.3	111.06

续表 8－1

项目名称	批准情况	完成土地开发	新增耕地	决算投资
鱼河乡养马村大阳坡土地开发	2010 年州批	19.68	16.64	61.4
玉华乡太文村坟头坡土地开发	2010 年州批	15.37	13.76	50.67
鱼河乡高楼村大山土地开发	2010 年州批	37.4	29.66	101.51
玉华乡太文村宋家坳土地开发	2010 年州批	16.25	15.45	57.9
中坪镇关田村天生桥土地开发	2010 年州批	16.37	14.3	64.96
中坪镇水耳村马鞍山土地开发	2010 年州批	63.75	49.15	202.29
中坪镇水耳村上新地土地开发	2010 年州批	13.45	12.67	59.29
中坪镇艾州村店子边土地开发	2010 年县批	10.78	10.47	45.31
玉华乡太文村辣菜沟土地开发	2010 年县批	82.87	51.55	272.18
白沙乡白沙村新寨土地开发	2010 年县批	4.06	3.3	30.49
中坪镇水耳村轿顶山土地开发	2009 年州批	7.13	5.24	43.55
松坪乡马场坪村太平坳土地开发	2009 年州批	11.91	11.21	49.81
鱼河乡高楼村本塘土地开发	2010 年州批	55.63	31.79	107.16
建中镇建中村青冈土地开发	2010 年州批	24.65	16.97	73.47
建中镇建中村舵牛垭土地开发	2010 年州批	58.05	51.43	267.44
岚关乡岚关村九老坪土地开发	2010 年州批	18.29	14.52	88.09
鱼河乡天安村蚂蚁坟土地开发	2009 年州批	36.42	25.99	167.15
鱼河乡天安徐家坡团坡土地开发	2009 年州批	8.55	7.95	50.97
岚关乡章阁村马老湾土地开发	2009 年州批	7.26	5.59	51.03
岚关乡章阁村小章阁土地开发	2009 年州批	5.25	4.57	42.11
雍阳镇潘家寨村简家塘土地开发	2009 年州批	13.08	10.61	63.99
平定营镇细沙村飞蛾坡土地开发	2009 年州批	49.39	31.81	191.4
永和镇后坝村洞头上土地开发	2010 年州批	30.84	21.65	82.71
建中镇果水村下翁超土地开发	2011 年县批	71.81	52.23	235.53
建中镇凤凰村高帽头土地开发	2011 年县批	43.54	34.69	260.17
合　计		1081.05	847.47	4186.32

2001 年，全县完成永和镇、铜锣乡、平定营镇 26.53 公顷土地开发工作，当年 11 月 20 日通过州农业局、国土局组织的验收。共投入资金 318400 元，人力 24000 工时，验收合格新增耕地面积 398 亩。通过实施中低产田土改造开发任务，实现新增耕地 318 亩。

2002 年，瓮安整治坡改梯实现新增耕地 21.2 公顷；进行中低产田土改造开发实现新增耕地 155 亩；在渔河乡高楼村腊头中学一带进行土地开发，新增耕地 27.71 公顷，并经州级验收合格。

2003 年，瓮安完成引进资金 100 万元的玉山镇火石坡耕地开发，共开发耕地 66.67 亩；完成在永和镇、岚关乡的耕地开发 55.11 亩；完成坡改梯工程整治耕地 270.4 公顷，新增耕地 10.33 公顷；完成在中低产田土改造开发中实现新增耕地 167 亩。

2004－2006 年，通过中低产田土改造开发，2004 年实现新增耕地 122 亩，2005 年实现新增耕地 75 亩，2006 年实现新增耕地 40 亩。

2007 年开始，根据《贵州省土地开发整理管理规定》，境内加强对土地开发项目的立项申报，县成立了以县长任组长、分管副县长任副组长，相关部门主要负责人为成员的领导小组，并以相关乡镇、县农村工作局为实施单位，县国土资源局为监管单位的土地开发实施管理工作模式。县级财政组织投入大量资金用于土地开发，其土地开发资金并做到专户存储、专账核算、封闭运行，资金采取县级报账制管理，按合同的规定和程序，严把审核关，保证资金跟着项目走，做到专款专用。

2008 年，州国土资源局对瓮安上报的永和镇袁山村等 8 个规划设计土地开发项目予以批复，2010 年，该批项目先后竣工，并经州国土资源局验收。该批项目完成土地开发 185.42 公顷，总投资 778.77 万元。其中：岚关乡大路村鹿子顶南土地开发项目，2010 年 8 月 31 日竣工，同年经州国土资源局验收，共完成土地开发 36.3 公顷，总投资 124.74 万元；岚关乡岚关村上家田南土地开发项目，2010 年 3 月竣工，同年经州国土资源局验收，共完成土地开发 35.23 公顷，总投资 135.2 万元。

2009 年，州国土资源局对瓮安上报的松坪乡马场坪村太坪坳等 8 个土地开发项目予以批复，2012 和 2013 年，该批项目先后竣工，并经州国土资源局验收。该批项目完成土地开发 139 公顷，总投资 671.67 万元。其中：鱼河乡天安村蚂蚁坟土地开发项目，2012 年 12 月 27 日竣工，次年经州国土资源局验收，共完成土地开发 36.42 公顷，总投资 167.15 万元；平定营镇细沙村飞蛾坡土地开发项目，2013 年 9 月竣工，同年经州国土资源局验收，共完成土地开发 49.39 公顷，总投资 191.4 万元。

2010 年，州国土资源局对瓮安永和镇白水河村四方岩等 21 个土地开发项目予以批复，瓮安县人民政府对中坪镇艾州村店子边等 3 个土地开发项目予以批复，至 2014 年，总计 24 个项目中除雍阳镇中心槽村花竹山土地开发项目尚未完工外，其余 23 个项目均在 2011－2013 年全部完工并通过州、县两级验收。其中玉华乡太文村辣菜沟土地开发项目，完成土地开发 82.84 公顷，新增耕地 51.55 公顷，总投资 272.18 万元。建中镇建中村舵牛垭土地开发项目，完成土地开发 58.05 公顷，新增耕地 51.43 公顷，总投资 267.44 万元。

2011 年，县政府对建中镇果水村下翁超、凤凰村高帽头 2 个土地开发项目予以批复，至 2014 年，2 个项目全部完工并通过验收。其中下翁超额完成土地开发 71.81 公顷，新增耕地 52.23 公顷，总投资 235.53 万元。高帽头完成土地开发 43.54 公顷，新增耕地 34.69 公顷，总投资 260.17 万元。

2013 年，县国土资源局对玉华乡太文村月亮坡、下簸槽、大塘河和永和镇白水河村老井等4个土地开发项目予以批复，计划开发土地102.07公顷，新增耕地95.76公顷，预算投资41.58万元。至2014年，工程基本完工待验收。

2014年，县财政局对平定营镇、永和镇、岚关乡、中坪镇、猴场镇的枫香树、大饼坡、大屯山、新井、桐木坪、乌木冲、污薅冲、岚关片区、兰木坑、王家冲等10个土地开发项目予以批复，计划开发土地306.7公顷，新增耕地264.82公顷，预算投资4993万元。至年底，工程正按要求积极推进。

二、非耕农用地开发

20世纪50年代，非耕农用地开发有较大发展。1958年和1964年，先后在西坡、草塘，分别建立起西坡国营茶场和木瓜河生产队集体茶场。

1965年，都匀东方机床厂在玉山龙塘乡曾武山建知青场，开发荒山兴办柑桔橘园场。之后，省、州、县利用青山优越条件联办青山茶场。

1978年，中火、龙蟠寨、人头山、三妹槽、双山、钵上、高坪、尖坡、长林、关店等茶场相继建立。

1984年，据农业区划调查，全县园地图斑面积420.93公顷，占土地总面积的0.21%。其中果园170.8公顷，茶园238.13公顷；林地图斑面积80213.2公顷，占土地总面积的40.80%。

1991年后，以青山茶场和龙塘果园场为龙头，几年内全县开发新茶园10000余亩，其中桐木茶场3000亩，岚关茶场3000亩，高枧茶场3000亩，青山茶场在原有基础上新辟茶场1000亩。

1995年，县政府对境内可开发利用的荒山、荒坡、荒滩、荒水开始进行拍卖，年内共拍卖非耕地7宗，面积1112.9亩，成交金额44500元。全县非耕地拍卖举措，使境内部分未利用地得到开发。至1997年，园地总面积达到1066.98公顷，为1984年园地面积的2.53倍。其中果园149.81公顷，比1984年果园面积略有减少；茶园901.61公顷，为1984年茶园面积的3.79倍。林地总面积86510.24公顷，比1984年增加6297.04公顷，增长7.9%。至1998年，全县开发宜林而未利用的非耕地13190.53公顷，使园地林地等面积进一步扩大。

2005年，全县园地总面积达到2967.55公顷，2007年达到2968.46公顷，为历史最高，是1997年园地总面积1066.98公顷的2.78倍。其中果园1870.81公顷，为1997年的12.49倍；茶园1043.66公顷，增加142.05公顷；其他园地53.99公顷。林地总面积90158.57公顷，比1997年林地总面积86507.34公顷增加3651.23公顷，增长4.2%。

2009年7月，县人大通过《2009－2015年瓮安县茶产业规划》，按“统一规划，严格报批，集中连片，重点打造”原则，充分利用旱坡地、弃荒地草坡、低产低效林建设茶园，并将部分开发的土地用于发展茶产业，使瓮安茶园面积有较快发展，至2012年时，全县投产茶园已达2.5万亩。岚关乡茶海村，茶园面积达10800亩。

据第二次土地调查统计，全县土地总面积196273.5公顷，其中园地面积2573.25公顷，占土地总面积的 1.31%；林地面积 91210.26 公顷，占土地总面积的 46.47%。按照土地利用现状分类衔接关系，二调统计全县农用地合计 171395.37 公顷，占土地总面积的 87.32%。

第二节　土地整治

一、农田基本建设

解放前，由于多数土地的所有权和使用权分离，农田基本建设程度较低。解放后，经过土地改革实现“耕者有其田”，农田基本建设运动不断兴起。1955 年冬至 1956 年春，全县掀起土变田、坡土改梯土、瘦田土变肥田土、整沟治涝热潮，共整治低产田土 15000 多亩。

1958 年，全县在“大跃进”运动中，秋冬各地开展了以深翻土地为中心的秋种运动，对一般田土深挖 0.3 米以上，烤烟土一些地方深挖 1 米以上。由于违背客观规律，把瘦土翻到地面，造成作物减产，浪费了大量人力物力。

1966 年，羊关公社老里坝生产队自筹资金开展农田基本建设，至 1967 年，共投资 9200 元，投工 1.5 万个，打通隧道 72 米引出地下水，新开水沟 8.5 公里，修囤水塘 2 个，使 156 亩稻田实现自流灌溉，并改土为田 97 亩。

1967 年 12 月至 1973 年，全县组织县、区、社干部 3 批赴山西大寨参观，召开农业学大寨誓师大会，采取冬春突击和四季常修相结合、群众运动和专业民兵连相结合的办法进行农田基本建设。全县以公社或生产大队建立农田基本建设专业民兵连 116 个（4500 多人），水利专业队 60 个（289 人）。

1974 年冬，全县投入 80000 多人（占农业劳动力 81%）进行土改田、坡土改梯土、瘦地改肥地的“三改”农田基本建设。

1977 年，全县开展农田基本建设大会战，11 月，会战进入高潮，上工劳动力达 64000 多人，占劳动力总数的 62.5%。是年，完成土改田、坡土改梯土 3600 多亩，改造低产田 5800 多亩，平整土地 1000 多亩，水利动工 80 多处，完工 19 处，新增灌溉面积 4800 多亩。

1989 年，全县在农田基本建设中土变田 163.48 亩，改造中低产田 30 亩，改造中低产土 58 亩。是年止，从 1960 年起全县投入大量人力物力开展的农田基本建设，三十年间共完成坡土改梯土 87000 多亩，占旱地总面积的 38.21%，局部控制了水土流失；改造冷、烂、锈、瘦、薄、粘、砂、酸 8 类低产田土 78000 多亩，占低产田土总面积的 25.66%。

1991－1997 年，全县国家投资农田建设 1247 万元，其中用于坡改梯 747 万元，投工达 1693984 个。1978－1997 年的二十年间，全县坡土改梯土 134929 亩，改造中低产田土 71 万余亩（含重复改造），修排水沟 115 公里。草塘三百佬大坝，采取“开肠破肚”的方法治理冷、烂、锈水田，在田坝中间修1.7公里长，宽深各3米的排洪大沟，建成高标准园田化农田1080亩。

二、中低产田土开发整治

1992年起，境内开始实施以中低产田土开发改造为主的土地整治。是年，州下达中低产田土开发项目任务6000亩，项目安排珠藏镇700亩、高水乡600亩、木引槽乡200亩、天文镇2500亩、平定营镇500亩、老坟嘴乡1500亩。实际完成7000亩，占州计划安排的任务数的117%。全县完成土石方29.7万立方米；砌石埂2250条，长131公里；修机耕道18条，长15.237公里；人行步道61条，长9.2分里；修排水沟37条，长2.574公里；建水池260口；造林1570亩；新增耕地297.8亩，省、州、县补助资金96.144万元。

1993年，州下达中低产田土开发项目任务7000亩。项目安排天文镇2000亩、玉山镇1000亩、珠藏镇1500亩、高水乡1000亩、铜锣乡500亩、龙塘乡500亩、小河山乡（水毁工程）500亩。全县完成7564亩，占州计划数的108.1%。完成砌石埂3125条，长68.64公里；修机耕道31条，长22.846公里；建人行步道25条，长16.56公里；修排水沟57条，长14.43公里。修水池115口，造林781亩，新增耕地131.3亩，省、州、县补助资金68万元。

1994年，州下达中低产田土开发项目任务8000亩。县安排9800亩（其中水毁工程1800亩），其中天文镇1200亩、玉山镇1500亩、龙塘乡2100亩、珠藏镇1500亩、铜锣乡500亩、牛场坝乡600亩、高水乡1200亩、木引槽乡1200亩。完成砌石埂3514条，长187公里；修机耕道39条，长18.29公里；建人行步道97条，长17.03公里；修排水沟46条，长9.27公里；修水沟4条，长1.15公里。建小水池37口，造林365亩，新增耕地372.65亩，补助资金107.1万元。经州级验收认定8064亩，占计划数的100.8%（水毁工程尚未完成）。

1995年，州下达中低产田土开发项目任务9000亩。其中水毁工程2200亩。项目安排平定营镇1000亩、珠藏镇1200亩、木引槽乡1000亩、铜锣乡1000亩、高水乡1000亩、牛场坝乡1000亩、天文镇500亩、玉山镇500亩、老坟嘴乡2200亩，全县共9400亩，县安排任务比州下达任务多400亩。全县完成9650.2亩，占州下达9000亩计划的106.3%。完成土石方16.34万立方米；砌石埂4125条，长148.1公里；修机耕道34条，长27.7公里；人行步道47条，长14.5公里；排水沟30条，长16.4公里。建水池25口，植树造林1135亩，新增耕地487.7亩。

1996年，州下达中低产田土开发项目任务4000亩。项目安排珠藏镇1000亩、木引槽乡1200亩、铜锣乡700亩、牛场坝乡800亩、平定营镇500亩。全县安排4200亩，比州下达任务数多200亩。全县完成砌石埂2792条，长9.36公里；修机耕道23条，长1.7公里；修便道27条，长0.63公里；修排水沟33条，长0.85公里。建水池76口，植树造林77400余株，新增耕地440.4亩，土石方11.42万立方米，省、州、县补助资金48.65万元。

1997年，州下达中低产田土开发项目任务8000亩。项目安排珠藏镇1300亩、木引槽乡1200亩、高水乡500亩、牛场坝乡1300亩、铜锣乡1000亩、玉山镇500亩、平定营镇1000亩，上年超任务数1240亩，未经州级验收，作1997年的任务数，共计8040亩。全县完成中低产田土开发项目任务8154.1亩，新增耕地731亩；砌石埂5927条，长185.2公里；修机耕道35条，长43.5公里；人行步道37条，长29.87公里；修排水沟58条，长63.9公里；建水池141口；砌筑河堤1条，长400米；植树65000株；完成土石方37.96万立方米。补助资金114.09万元。

1998年，州下达中低产田土开发项目任务8000亩。项目安排珠藏镇1000亩、木引槽乡1000亩、高水乡800亩、牛场坝乡1000亩、铜锣乡2000亩，上年度超计划完成2200亩，结转下年作任务数，共计8000亩。全县完成中低产田土开发项目任务10956亩，新增耕地1570亩；砌石埂6311条，长224.5公里；修机耕道34条，长47.7公里；修田间便道59条，长51.1公里；修排水沟47条，长61.5公里。建水池71口，植树12万株，完成土石方120.37万立方米，省、州、县补助资金125.47万元。

1999年，州下达中低产田土开发项目任务8000亩，其中坡改梯5000亩，经果林3000亩。坡改梯安排珠藏镇1500亩、铜锣乡1000亩、牛场坝乡1000亩、高水乡1500亩，合计5000亩。经果林安排龙塘乡1500亩、银盏乡500亩、永和镇400亩、雍阳镇600亩，合计3000亩。坡改梯工程实际完成7795亩，占州计划的155.9%。完成新增耕地1228.4亩；土石方84.93万立方米；砌石硬9681条，长378.792公里；修机耕道22条，长23.03公里；人行步道97条，长31.06公里；水沟115条，长49.77公里；修排洪沟2条，长1.2公里；修水池50口。经果林全部完成任务，种植果树6.4万株；建水池155口；修管理房2幢，面积8平方米；机耕道4条，长2.81公里；人行步道27条，长8.8公里；排水沟31条，长11.47公里。坡改梯、经果林补助资金110.82万元。

2000年，州下达中低产田土开发项目任务8000亩，其中坡改梯3000亩，经果林5000亩，小水池219口。坡改梯任务安排珠藏镇1300亩、高水乡1200亩、铜锣乡500亩，合计3000亩。经果林安排玉山镇500亩、龙塘乡3500亩、白沙乡200亩、建中乡450亩、银盏乡100亩、雍阳镇150亩、永和镇100亩，合计5000亩。水池安排珠藏镇60口、高水乡15口、铜锣乡40口、玉山镇11口、龙塘乡60口、白沙乡6口、建中乡15口、银盏乡4口、雍阳镇4口、永和镇4口。全县共完成9756亩，占州计划数的121.9%，其中完成坡改梯4672亩，超任务1672亩；经果林5084亩，超任务84亩；小水池248口，超任务29口。新增耕地712.8亩；砌石硬3027条，长195.1公里；土埂6078条，长216.1公里；修机耕道27条，长28.3公里；修人行步道136条，长38.9公里；排水沟167条，长67.3公里；植树40.2万株，土石方116.95万立方米。

2001年，州下达中低产田土开发项目任务4000亩，其中坡改梯2400亩，经果林1600亩，小水池220口。任务安排铜锣乡坡改梯1000亩、水池94口，高水乡坡改梯

1400 亩、水池 64 口，银盏乡经果林 500 亩、水池 30 口，草塘镇经果林 300 亩、水池 15 口，鱼河乡经果林 360 亩、水池 8 口，雍阳镇经果林 350 亩、水池 5 口，建中镇经果林 80 亩、水池 4 口。全县共完成 4115 亩，占州任务数的 102.9%。其中，完成坡改梯工程 2650 亩；经果林 1465 亩；新增耕地 318 亩；土石方 72.6 万立方米；砌土硬 12755 条，长 55.8 公里；修机耕道 16 条，长 6.92 公里；建水池 222 口；修便道 47 条，长 5.6 公里；排水沟 93 条，长 14.7 公里；经果林移栽苗 10.55 万株。经州级验收，评为全州基本农田建设三等奖。

2002 年，州下达中低产田土开发项目任务数为 4000 亩，配套小水池 200 口（以 30 立方米为标准计算）。任务安排珠藏镇 1500 亩、小水池 60 口，铜锣乡 2500 亩、小水池 140 口。全县共完成 4056 亩，占任务数的 101.4%。新增耕地 155 亩；完成土石方 42 万立方米；砌石埂 2669 条，长 207.2 公里；修机耕道 5 条，长 2.3 公里；修水池 200 个；人行步道 15 条，长 1.3 公里；修排水沟 35 条，长 3 公里；植树 1.15 万株。实现山水林田路综合治理，国家补助资金 120.29 万元。该工程被评为全州基本农田建设一等奖。

2003 年，州下达中低产田土开发项目任务数为 4000 亩，水池 260 口。项目安排铜锣乡坡改梯工程 3050 亩、草塘经果林 150 亩、松坪乡经果林 200 亩、牛场坝乡排洪沟渠工程 1000 亩、老坟嘴乡灌溉沟渠工程 975 亩、塘乡排涝工程 250 亩。经州级验收认定，石埂坡改梯面积 1931 亩，经果林 311 亩，水毁工程和排洪灌溉面积 2225 亩，合计 4476 亩，占州下达任务数的 111.68%。完成土石方 44.45 万立方米；砌石埂 526 条，长 45.876 公里；修机耕道 4 条，长 5.5 公里；人行步道 38 条，长 10.1 公里；排水沟 39 条，长 22.98 公里；排洪渠 3 条，长 1.69 公里；加高加固防洪堤 1 条，长 0.55 公里；新增耕地 167 亩。国家补助资金为 134.998 万元。当年工程评为全州基本农田建设一等奖。

2004 年，州下达中低产田土开发项目任务数为 4300 亩，小水池 645 口。项目安排牛场坝乡 2000 亩、小水池 160 口，老坟嘴乡 1000 亩、小水池 4 口，铜锣乡 1300 亩、小水池 181 口，木引槽乡 200 口，玉山镇 100 口。全县完成 4385 亩，占州计划的 101.9%。完成小水池建设 645 口，新增耕地 122 亩；砌石埂 2037 条，长 172 公里；修机耕道 21 条，长 20.8 公里；人行步道 13 条，长 5.24 公里；排洪沟 1 条，长 2.1 公里；引水沟 3 条，长 186 公里；完成土石方 38.7 万立方米。国家补助资金 176.44 万元。当年工程评为全州一等奖，打破全州基本农田建设获奖纪录，连续三年获得全州一等奖。

2005 年，州下达中低产田土开发项目任务数为 2000 亩，小水池 432 口。以一类贫困乡为主，中低产田安排牛场坝乡和老坟嘴乡各 1000 亩，小水池安排牛场坝乡 51 口、木引槽乡 17 口、铜锣乡 131 口，珠藏镇 233 口。经州级验收认定，牛场坝乡坡改梯完成 1367 亩，老坟嘴乡稻田细石混凝土防渗治理 1000 亩，合计 2367 亩，占州下计划数的 118.35%。完成小水池 433 口，新增耕地 75 亩；田埂化 470 条，长 25.2 公里；修机耕道 7 条，长 1.4 公里；人行步道 10 条，长 3.23 公里；完成土石方 2.14 万立方米。国家补助108.9万元。当年评为全州基本农田建设二等奖。

2006年，州下达中低产田土开发项目任务数为500亩，小水池273口。坡改梯安排在珠藏镇500亩，木引槽乡建小水池273口。坡改梯工程实际完成552亩，占州计划数的110.4%。小水池完成273口；新增耕地40亩；石埂423条，长17.33公里；修机耕道13条，长4.16公里；人行步道6条，长1.45公里；排水沟12条，长2.48公里；完成土石方2.53万立方米。国家补助资金83.38万元。当年评为全州一等奖，并经省级验收，评为全省一等奖。

2007－2009年，中低产田土开发项目任务州只下达小水池建设项目任务。至2010年，小水池建设项目下达任务停止。

三、土地整理项目实施

21世纪开始，根据《贵州省土地开发整理管理规定》，境内及时规划，积极推进土地整理项目的立项报批，通过获批项目实施，使土地整理更趋规模化、标准化。土地整理项目由省、州国土资源管理部门分别按权限审批，获批项目资金来源主要为省级新增建设用地有偿使用费等专项资金解决。

2005年，境内在松坪乡松坪村、余家嘴村、关塘口村、马场坪村开展500亩以上高标准基本农田保护区建设。次年，全面完工的关塘口村高标准基本农田面积53.59公顷，投入资金180万元。

2006年，县国土资源局与县农办在珠藏镇桐梓坡开展土地整理，项目区面积500亩，投资金额40万元。

2007年，瓮安上报平定营镇细沙村细沙大坝土地整理项目，省国土资源厅黔国土资发〔2007〕176号文件批复建设规模13.48公顷，投资金额30万元。该项目2008年2月28日动工，同年6月30日竣工，2010年经州国土资源局验收，实际完成土地整理13.4公顷，决算总投资30万元。

2009年，瓮安上报草塘镇红灯堡、平定营镇营定街两个土地整理项目，黔国土资发〔2009〕67号、129号文件分别予以批复。红灯堡土地整理项目业主单位县国土资源储备中心，批复建设规模197.3公顷，投资预算774.46万元。该项目2011年4月10日动工，2014年2月25日竣工，同年经省国土资源厅验收，实际完成土地整理193.7公顷，新增耕地5.87公顷，决算总投资764.86万元。营定街土地整理项目业主单位县农办，批复建设规模124.6公顷，预算投资701万元。该项目2010年1月1日动工，同年8月1日竣工，2011年经省国土资源厅验收，实际完成土地整理124.6公顷，决算总投资701万元。

2010年，黔国土资耕保函〔2010〕667号批复瓮安县2010年高标准农田建设国土整治项目建设规模219.89公顷，新增耕地6.65公顷，预算投资1002.09万元。该项目2010年11月24日动工，2014年2月25日竣工，同年经省国土资源厅验收，实际完成高标准农田建设土地整治219.89公顷，新增耕地6.65公顷，决算总投资1002万元。

2011 年，黔国土资耕保函〔2011〕179 号批复瓮安县 2011 年高标准农田建设国土整治项目建设规模 325.13 公顷，新增耕地 10.07 公顷，预算投资 1045 万元。该项目 2014 年完工后经省国土资源厅验收，共完成高标准农田建设土地整治 325.13 公顷，新增耕地 10.07 公顷，决算总投资 1181 万元。黔国土资耕保函〔2011〕373 号批复瓮安县猴场镇木老坪村、新寨村土地整理项目，批复建设规模 203.92 公顷，新增耕地 6.13 公顷，预算投资 678 万元。该项目 2012 年 5 月动工，2014 年 2 月 25 日竣工，同年经省国土资源厅验收，完成土地整理 203.92 公顷，决算总投资 621.1 万元。是年，黔南国土资发〔2011〕75 号文件批复平定营镇小溪坳土地整理项目建设规模 80.01 公顷，预算投资 264 万元。该项目 2013 年 11 月 3 日动工，2014 年项目全部完成待验收。

2012 年，黔国土资发〔2012〕204 号批复瓮安县 2012 年整合资金实施高标准农田建设国土子项目建设规模 211.44 公顷，预算投资 1100 万元。该项目 2014 年 5 月 1 日动工，至年底项目基本完成待验收。

2013 年，黔国土资耕保函〔2013〕97 号批复瓮安县永和镇后坝、白水河 2012 年度省级高标准基本农田建设土地整治项目建设规模 543.09 公顷，预算投资 1647 万元。黔南国土资耕保函〔2013〕29 号批复瓮安县玉山镇角旁高标准基本农田建设土地整治项目建设规模 155.0141 公顷，投资金额 552.78 万元。黔南国土资耕保函〔2013〕30 号批复瓮安县高水乡高龙高标准基本农田建设土地整治项目建设规模 141.8681 公顷，投资金额 406.58 万元。黔南国土资发〔2013〕74 号批复瓮安县珠藏镇珠藏村水田高标准基本农田建设土地整治项目建设规模 137.38 公顷，投资金额 199 万元。至 2014 年，该批项目部分已完工。

2014 年，黔国土资耕保函〔2014〕58 号批复猴场镇 2013 年度省级高标准基本农田建设土地整治项目建设规模 1580.89 公顷，预算投资 3815 万元。年底，项目开始按要求积极推进。

第三节　土地复垦

1991 年 5 月 13 日，瓮安县政府明确，乡镇企业使用集体所有的土地，由土地使用者与土地所有者签订用地协议和土地复垦合同。并给土地所有者适当补偿，需要复垦的，没有签订复垦合同和交纳复垦保证金的，土地管理部门不予办理用地手续。

1999 年，全县利用国家对煤厂“关井压产”、取缔土法炼焦契机，积极开展对各类用地荒芜闲置的清理工作，并督促整治恢复为耕地。是年，全县复垦耕地 63.7 亩，其中砖瓦窑 3.5 亩，炼焦场 59 亩，学校用地 1.2 亩

2000 年 3 至 4 月，雍阳镇针对南坳砖厂停办后土地废弃问题，2 次召开专门会议，明确镇土管所、茅坡村委会负责复垦工作和采取的 5 项措施：1.镇政府出经费，当地群

众自行整治复耕；2.对不平地块，镇政府组织挖掘机进行平整；3.零星地块，化为整体；4.现场测量，按现有面积与原面积比例，参照原划定地点，将土地分摊划拨给农户；5.对劣质土地，政府补助磷肥改善土壤肥力。至2001年，镇政府投入资金44.866万元，磷肥10吨，共复耕38.31亩，其中田8.18亩，土30.13亩。

2004年，瓮安开始2006－2020年土地利用总体规划编制，该编制完成后其中规划土地复垦面积98公顷，新增耕地面积77公顷，主要分布在雍阳镇、平定营镇、银盏乡、草塘镇、中坪镇、建中镇、白沙乡、永和镇、岚关乡等9个乡镇。

2009年8月16日，县政府成立县土地开发整理复垦工作领导小组，县政府常务副县长尹德俊、县政府副县长张仁德、肖松任副组长，县相关单位及相关乡镇负责人任成员。

2010年，根据县土地利用规划并结合省国土资源厅在瓮安进行的城乡建设用地增减挂钩试点，境内开始在岚关乡岚关村、玉华乡岩根河村、珠藏镇珠藏村及鹤亭村进行土地复垦，该土地复垦工程2011年4月进场施工，年内完成平整土地面积303.44亩，新增耕地面积282.98亩。其中：岚关乡乡镇企业废弃地土地复垦建设面积81.09亩，新增耕地78.21亩；岚关乡大坪空心村土地复垦建设面积122.87亩，新增耕地117.17亩；玉华乡岩根河村南堡土地复垦建设面积25.64亩，新增耕地25.26亩；珠藏镇鹤停村、珠藏村空心村土地复垦建设面积96.37亩，新增耕地94.29亩。

2011年，瓮安县成立县土地整治规划领导小组，开始《瓮安县土地整治规划（2011－2020）》编制，该编制完成后。通过对乡镇企业废弃地及自然灾毁地等进行调查，分析全县待复垦面积552.66公顷，复垦可新增耕地411.61公顷，增加其他农用地8.92公顷，主要分布在玉华、雍阳、鱼河、珠藏等17个乡镇。

是年，各个矿山企业开始建立土地复垦相关管理制度和落实措施，建立矿山土地复垦方案，并交由有关方面进行审查。全县共编制矿山土地复垦方案145个，编制率达100%。年内，全县对鱼河、永和、中坪、白沙等四乡镇共10个村的工矿废弃地进行复垦。至2012年4月，土地复垦全面竣工，建设规模309.71亩，新增耕地298.5亩；新建田间道路3.5米宽371.48米、整修田间道路369.73米，修建生产道路1323.29米，修建30立方米蓄水池11个，整修沟渠342.98米，新修沟渠2626.14米，修建涵管13座83米，新修浆砌挡渣墙7条188.32米，干砌挡土墙4条212.61米，新修人饮水管（PE25CM）3208.8米。

2012年，瓮安在建中、永和、岚关3个乡镇5个村开展土地复垦，工程于2013年7月1日进场施工，是年10月30日全面竣工，土地复垦规划建设规模313.18亩，计划新增耕地面积307.28亩。工程完工后，实际建设规模为316.57亩，新增农用地面积303.85亩，新增耕地290.54亩。其中，岚关片区项目总面积212.45亩，新增耕地面积197.62亩，农用地面积204.93亩。建中片区项目总面积104.12亩，新增耕地面积92.92亩，农用地面积98.92亩。2012年度土地复垦项目通过简易招投标确定中标人，岚关片区项目中的岚关乡大坪煤矿土地复垦区、永和镇杨柳井土地复垦区、永和镇永安煤矿土地复垦区由贵州安平土地资源公司组织施工。建中片区项目中的建中镇青山土地复垦区、建中镇白水土地复垦区、建中镇珠瑙岩土地复垦区、建中镇双龙土地复垦区由贵州黔农土地资源有限公司组织施工。两个片区项目由贵州国咨工程管理咨询有限公司负责工程各环节质量的监理，并严格按照《贵州省土地开发整理工程建设标准》和《瓮安县2012年度城乡建设用地增减挂钩土地复垦项目》规划设计及其相关变更方案要求进行施工，各单体工程均达到土地复垦质量标准。

2013年，瓮安在江界河镇河新村、玉山镇苟家庄村、永和镇白水河村、建中镇凤凰村、白沙村和岚关乡章阁村开展土地复垦，共计10个地块。土地复垦规模471.63亩，拟整理复垦耕地414.20亩，土地复垦投资546.42万元。

2014年6月10日，县政府印发《瓮安县农业转移人口市民化实施细则（试行）》，明确凡本县内农业户籍家庭，自愿放弃农业人口一户一宅权利，并对宅基地进行复垦的，可获200元/平方米复垦补助费。复垦内容为住房占地、附属建筑物占地和院坝等空地（每户空地面积在100平方米以内的，含100平方米在内，按实有面积计算，空地总面积超过100平方米的按100平方米计算，复垦对象搬迁、拆除房屋，经验收合格后方可确认复垦补助费。复垦补助费只能用于购买农业转移人口集中居住房和县城区商品房（可作为购房商品房首付款），由复垦户持乡镇国土所提供的复垦证明和购房手续经县农业转移人口市民化领导小组办公室审核后，县国土局将复垦费划拨给售房方，不以现金方式支付给复垦户。一个宅基地户的家庭复垦后，购房时公安户籍分户的，各户可购一套集中居住房。复垦补助费由家庭内部自行分配作为集中居住房购房款。集中居住在一个自然村寨10户以上联户复垦的（含10户，可以不是同一个村民组，以县国土部门核准的实有房屋宅基地户籍统计，不以公安户籍为户统计），每户可获得奖励资金10000元。宅基地复垦后的耕地所有权归村集体经济组织，经营权归复垦农户。自愿将宅基地复垦的，复垦所得耕地权属不变，由县农业部门进行确权。复垦户可将复垦耕地、承包地注册到县农村土地流转服务中心进行流转，流转后产生的收益归复垦户所有；也可自行发包流转。已无农业人口继承人的农村家庭，宅基地复垦后，复垦补助费归房产继承人所有，复垦所得耕地按所在村原有承包地的处理方式处理。《瓮安县农业转移人口市民化实施细则》公布后，全县有序推进农业转移人口市民化，宅基地复垦增减挂钩项目实施规划获省批复，年内，全县农业转移人口购买商品房2341套，办理城镇居住簿471户，3201户自愿申请复垦宅基地，复垦总面积可达97万平方米。

第九章　耕地保护

第一节　保护责任与保护施政

一、保护责任

1987 年，县委、县政府开始将以耕地保护为主的土地管理列入区、镇政绩考核内容。并运用行政、经济、法律的综合措施制止乱占耕地。是年，村民拆旧建新占用耕地的，需由乡镇人民政府负责实地勘查后签出意见，再交区实地勘查后报县人民政府土地管理部门审批发证。

1988 年 1 月 21－22 日，县委、县政府召开全县区（镇）书记、区长会议，正式把土地管理列入区镇百分制考核范围。具体考核办法：工农业总产值 10 分，财政税收 10 分，征购入库 10 分，粮食生产 10 分，计划生育 10 分，土地管理 10 分，社会治安 20 分，党风党纪 20 分。当年土地管理考核内容有：审批土地有无弄虚作假；各级是否按原则审批土地；土地使用费的收支管理是否合理；土地开发是否有成效；对国家下达的耕地指标控制如何；对土地详查划界是否按规定完成等。

1989 年，瓮安县作为贵州省土地管理局土地保护监察试点县，年内全县参加培训 355 人，其中区乡干部及土管人员 116 人，村土地监察信息员 239 人。通过试点，各级耕地保护规章制度得以建立健全，耕地保护责任进一步明确。管理队伍形成了县、区、乡、村四级网络，七区一镇建立了土地管理所，48 个乡配备了兼职或专职土管员。至 1990 年，全县 247 个村均配备土地监察信息员，县、乡、村监察队伍有 300 多人。

是年，土地管理开始实行双轨目标责任制。即党政领导管理目标责任制和土地管理业务目标责任制。党政领导管理目标责任制，列入党政领导工作实绩考核内容，由县委、县政府负责考核；土地管理业务目标责任制，由土地管理局负责考核。双轨目标责任制考核采用百分制，每项工作指标达标记满分，不达标不记分。当年，各区镇考核指标打分分解为：建设用地耕地指标不突破 30 分，完成土地开发整理计划 30 分，完成违法占地查处 40 分。

20 世纪 90 年代，以耕地保护为主要内容的土地管理开始州、县、乡、村自上而下逐级签订土地目标管理责任状。乡镇与村责任状根据各年实际处时签时不符状态。州、县、乡责任制，一般采取党政领导管理目标责任制和土地管理业务目标责任制的双轨目标责任制。党政领导管理目标责任制，一般通过州、县政府召开土地管理等专门的会议签订责任状。部门责任状，一般通过州、县土地管理部门召开部门会议签订。1999 年 4 月 28 日，县政府召开全县土地管理工作会议，参会的有县四家班子领导、各乡镇分管土地工作领导及全体土地管理干部职工。会上，除县政府分别与各乡镇政府签订 1999 年度耕地保护目标责任书外，县长王振金等县四家班子领导还作了保护耕地的重要讲话。县政府还对获“1998 年耕地保护先进单位一等奖”的牛场坝乡、“1998 年耕地保护先进单位二等奖”的草塘等乡镇和“1998 年耕地保护先进单位三等奖”的天文等乡镇进行了表彰。2000 年 5 月 13 日，县政府召开全县土地管理工作会议，县四家班子领导、23 个乡镇的乡镇长及全体土地管理干部职工参会。会上，除县政府与各乡镇政府签订 2000 年度耕地保护目标责任书外，县委书记王勇等领导还对土地管理工作作了重要讲话。县委、县政府还对 1999 年耕地保护目标完成较好的 9 个乡镇和“三无”达标的 2 个乡镇进行了表彰。

2002 年开始，随着州、县两级国土资源局的组建，以耕地保护为重点内容的国土资源保护责任机制进一步建立健全，并做到有签订、有督查、有总结、有量化考评。其后各年，通过量化考评，县国土资源局均较好完成了各年度保护目标，除少数年度外，大多数年度均获得黔南州国土资源管理目标一等奖。

2004 年，县国土资源局制定《瓮安县国土资源动态巡查责任制实施方案》《瓮安县国土资源动态巡查量化考核指标》等多项监察制度。年内，国土资源局开展动态巡查 2864 次，通过巡查有效制止了违法占地苗头，及时处理了各种违法占地行为。是年，县政府在全州量化考评中，获州政府“2004 年度国土资源保护政府目标考核达标”一等奖。

2006 年，除州、县、乡三级双向签订国土资源管理目标责任书，各乡镇政府还与村签订耕地保护责任书，与责任人签订耕地保护协议。

2009 年，县政府明确乡镇人民政府对本行政区域内的土地管理和耕地保护负总责，全县坚守耕地红线，把最严格的耕地保护制度落到实处，形成了“县、乡、村、组”四级管理积极联动局面。在 2009 年度国土资源保护与目标管理工作考核中，县人民政府获州人民政府县政府目标考核情况一等奖。

2011 年，县政府办印发《瓮安县关于建立国土资源共同管理责任机制的实施意见》（瓮府办发〔2011〕114 号），明确成立县国土资源共同管理责任机制领导小组，由县政府县长任组长，分管副县长、县国土资源局局长任副组长，相关单位分管领导任成员。明确建立国土资源共同管理联席会议制度，以贯彻相关法律法规和上级有关政策，通报巡查检查情况，对违法违规提出处理意见。明确县监察局、县检察院、县公安局、县法院、县财政局、县国土资源局、县安监局、县住建局、县供电局、县工商局、县工信局等各成员单位的职责，要求各成员单位必须认真履行职责，共同遏制国土资源违法行为的发生，对不制止、不履行职责的各有关单位和乡镇人民政府，由县监察局会同县国土资源局调查处理，追究相关责任。实施意见印发后，国土资源共同管理责任机制得到有效落实。

是年，全县在层层签订责任书中，将耕地和基本农田保护任务分解到乡镇，并将基本农田落实到每一图斑、丘块，做到图、表、册与实地相一致，使耕地保护责任制落实步上一个新的台阶。2012 年 2 月 6 日，州国土资源局受州政府委托，对瓮安县完成《2011 年度耕地保护政府目标责任书》的情况进行全面检查考核，经评定并报州政府同意，瓮安县人民政府获一等奖。

2012 年，县国土资源局制定村级信息员管理制度和举报奖励制度，完善县、乡、村三级巡查网络，全县开展动态巡查 3000 余次，下达《责令停止违法行为通知书》399 份，其中土地违法行为 337 份，确保了违法行为发现率不低于 85%，制止率不低于 80%。2013 年 2 月 17 日，州国土资源局受州政府委托，对瓮安县完成《2012 年度耕地保护政府目标责任书》的情况进行全面检查考核，经评定并报州政府同意，瓮安县人民政府获二等奖。

2013－2014 年，全县进一步健全耕地保护目标责任制，紧紧围绕“三个转变”狠抓落实，进一步实现了耕地保护由国土部门唱“独角戏”向全社会“大合唱”的转变，实现了耕地保护由责任型向责任与激励相结合的转变，实现了耕地保护由被动型向主动型转变。签订的政府耕地保护目标责任书，明确乡镇政府在耕地及基本农田保护、示范区建设、土地开发整理目标任务中，乡镇长为第一责任人，为确保规划目标年耕地保有量的目标实现提供了有力保障。

二、保护施政

1981 年 4 月 17 日，国务院下发《关于制止农村建房侵占耕地的紧急通知》（国发〔1981〕57 号），要求“农村建房用地，必须统一规划，合理布局，节约用地”。1982 年 2 月 13 日和 5 月 14 日，国务院发布《村镇建房用地管理条例》（国发〔1982〕29 号）和《国家建设征用土地条例》（国发〔1982〕80 号），首次提出“珍惜和合理利用每寸土地是我们的国策”。根据国家有关规定，80 年代初开始，境内即开始加强对有关政令的贯彻执行和对非农业建设用地的控制管理。

1986 年 3 月 21 日，中共中央、国务院下发《关于加强土地管理、制止乱占耕地的通知》（中发〔1986〕7 号），明确提出切实保护耕地的基本国策。10 月 6 日，县政府印发《省人民政府批转省土地管理局关于在清理非农业用地中处理违法占地的几点意见的通知》（瓮政〔1986〕39 号），明确未经批准占用良田好土建房或搞其他设施，经制止不听者坚决撤除或没收非法占用土地上修建的建筑物。是年，瓮安开始开展 1982 年 5 月以来的非农业用地专项清理，至 1987 年，共清出各种非农业建设用地 1922.60 亩，其中违法占地 9832 件、占地 1812.9 亩。对违法占地，按政策进行认真处理，处理面 95.6%。

1987 年，根据国家颁布的《土地管理法》等法律法规，全县开始《土地管理法》

的宣传教育。1月3日，县人大常委会印发县第九届人大常委会第十三次会议通过的《瓮安县人大常委会关于认真宣传、贯彻、实施〈中华人民共和国土地管理法〉的决议》，明确各级政府要加强领导，把《土地管理法》的宣传工作列为普法教育。是月，县委、县政府召开深入学习宣传《土地管理法》专题会议，明确了《土地管理法》宣传贯彻的具体要求。从1987年开始至2014年的近30年间，全县各级始终抓住各年的宣传主题，广泛开展了《土地管理法》及其配套法规的宣传。其方式主要采取了四个结合七种形式。四个结合：一是县委政府领导带头抓、土地管理部门具体抓与其他部门配合抓相结合；二是常年抓与宣传月、土地日重点抓相结合；三是宣传工作与查处违法占地等具体工作相结合；四是宣传教育与学校教育、节日活动相结合。七种形式：一是利用土地日、地球日等召开座谈会报告会；二是请县四家班子领导发表电视讲话；三是在明显地段书写宣传土地保护的大幅标语；四是出墙报、专栏，宣传耕地保护的方针政策；五是利用赶场天设咨询服务站，进行咨询服务和发放宣传资料；六是在学校开展“珍惜土地，受我中华”等国土教育活动；七是制作录音磁带，出动宣传车深入到乡镇农村宣传。

1987年11月25日，县政府下发《瓮安县人民政府关于加强农村建设用地管理的通知》（瓮政〔1987〕63号），对农村建设用地对象、用地指标、用地审批程序实行严格的管理。是年开始，建设用地根据州每年下达的年度计划，县土地管理局对国家计划内建设用地切实保障，对乡镇集体建设和农民建房用地严格控制，其中对农民建房采取下达用地指标和建房户控制指标相结合的方式，实行建房户控制指标每年一次性评定到户，由乡镇人民政府发给准建证，持有准建证的方可到土地管理部门申请审批用地。

1989年，全县继续开展非农业用地专项清理，共清理出原漏清和新发生的非农用地1111件，处理926件，处理率80%，恢复耕地62.5亩，拆除违法占地建筑7幢，对一意孤行的7人进行了严肃处理。是年8月开始，根据省州有关文件，县委、县政府安排开展全县干部职工“违法、违章、违纪”三违建私房的专项清房工作。至1991年8月，共清理出干部职工建房210户，审定为“三违”建房并进行处理132户，其中县级干部4人，区局级干部15人，一般干部职工113人。根据有关规定，分别给予没收处理22户，没收建筑面积1496平方米；给予拆除处理11户，拆除面积472.32平方米；给予罚款处理67户，罚款金额100977.4元，兑现罚款96460.8元；收回土地使用权49户，面积4064.33平方米。

1991年，境内开始《瓮安县土地利用总体规划（1990－2000年）》编制，1992年完成；1997年，开始《瓮安县土地利用总体规划（1996－2010年）》编制，1998年完成；2004年，开始《瓮安县土地利用总体规划（2006－2020年）》编制，2011年经省人民政府批复。土地利用总体规划是国家实行土地用途管制的基础，按照规划，全县对不符合《土地利用总体规划》的建设项目用地，一律不予报批；对用地指标，实行严格控制；对农宅等建设用地，严格按照有关标准供地；对国家集体建设用地，国土管理部门提前介入，参与初步设计，尽量做到合理利用土地。三轮规划对境内耕地保护发挥了至关重要的作用。

1992 年开始，全县在审批建设用地中，对用地计划指标精打细算，凡可以利用荒地的，坚持不批耕地，可以利用劣地的，坚持不批好地。并采取“县级控制，分级管理，乡镇为基础”的管理办法，把执行非农业用地指标列为各级政府考核内容，严格实行“五批五不批”程序，即：有项目设计任务书或批准文件、有资金计划并存入银行、有标准规范化图纸、有合法补偿协议和安置方案、建设符合城镇乡村规划的审查报批，反之则不予以审批。是年，根据省、州土地管理部门安排，瓮安县在全县范围内开始开展“无违法批地、无违法管地、无违法用地”的“三无”乡镇创建活动。经过 8 年的努力，1999 年全县 23 个乡镇全部达标并通过验收。

1997 年，全县对 1991 年至 1997 年以来的各类建设用地进行全面清查处理。共清出各类违法用地 803 宗，面积 66.78 公顷（耕地 32.83 公顷）。涉及乡镇企业用地 4 宗，面积 1.32 公顷（耕地 0.68 公顷）；国家建设 49 宗，面积 16.91 公顷（耕地 11.75 公顷）；个人建房 227 宗，面积 2.74 公顷（耕地 2.1 公顷）；私营企业 523 宗，面积 45.81 公顷（耕地 18.3 公顷）。清理后依法补办用地手续 756 宗，面积 57.72 公顷（耕地 28.95 公顷）。

1999 年，征用土地审批权按修订的《土地管理法》收归国务院、省人民政府后，全县建设用地审批计划管理从严，超过下达给县的年度计划指标的，除争取省州掌握的调控指标批准外，超过计划部分的建设用地均不予审批。农村村民建住宅，一户只能拥有一处宅基地，并尽量使用原有的宅基地和村内空闲地。2001 年，《贵州省土地管理条例》施行后，全县严格执行农村村民建住宅的用地限额（包括原有住房宅基地面积及附属设施用地）：城市郊区、坝子地区：每户不得超过 130 平方米；丘陵地区：每户不得超过 170 平方米；山区、牧区：每户不得超过 200 平方米。对住宅用地面积已达到规定标准及出卖、出租原住房的，则不予批准建房用地。

2000 年，全县开始开展创建土地执法模范县试点活动，2001 年 12 月 18～19 日，受省人民政府委托，省国土资源厅、州人民政府组成验收组对瓮安县创建“土地执法模范县”工作进行验收。验收组通过听取汇报、查阅资料、观看录像、走访群众，认为经过一年多努力，瓮安县创建达到优秀等级，予以验收。

2002 年开始，县政府组织县国土资源局等部门加大对违法用地的监察执法，年年均组织力量进行集中清理整顿，并告别强化了对县城等集镇违法建房的清查、处罚、拆除。2008 年瓮安“6·28”事件后，全县组织工作组开展对县城规划区内非法经营房地产和违法建设进行清理整治，至 2009 年仅一年多时间，工作组清理受理各类申报违法建设共 3463 户，违法建筑总面积 79.3 万多平方米、7318 套，非法交易金额 2100 多万元，涉及公职人员 527 户（人）。司法机关依法对县城区违法建设的 25 名犯罪分子嫌疑人公开执行了逮捕和刑事拘留。至 2010 年，执法机关立案查处重点违法占地案件 319

件，涉及面积28713平方米，收缴罚款416万元。通过此次清理整顿，县城等集镇非法建房基本制止。

2003年10月，县政府办印发国土资源局《瓮安县城镇建设用地集中供应制度》《瓮安县建设用地供应总量控制制度》《瓮安县国土资源管理集体决策制度》（瓮府办〔2003〕102号），明确严格执行土地利用总体规划、城市规划和土地利用年度计划，严格控制新增建设用地供应总量，做到开发与集约并举。明确在土地利用总体规划确定的建设用地范围内，土地实行统一规划、统一征用、统一开发、统一供应、统一管理的“五统一”管理。建设项目用地审批实行集体决策，土地供应实行公示制度。

2009年5月10日，县政府办转发《黔南州人民政府关于进一步加强农村宅基地管理的通知》（瓮府办发〔2009〕87号）。5月31日，县政府办印发《瓮安县个人建房用地管理规定》（瓮府办发〔2009〕94号），两个文件对农村村民建房规定了更严格的审查报批程序，其中规定村民凡无宅基地的，须向本集体经济组织提出书面申请，经村民代表会议或村民会议通过，报乡镇人民政府审核后，报县政府批准。对村民年龄未满18周岁、原宅基地达到规定面积及非法转让宅基地的，不予批准宅基地。

2010年，全县严格实行土地用途管制，严格节约集约用地，强化供地管理工作由过去的需求引导供给转变为供给引导需求，要求新建工业企业必须进入园区，并提高入驻园区企业用地的投资强度和增加容积率，提高土地利用率。对不符合国家产业政策、禁止供地的项目，一律不批准用地。是年，全县开始开展保发展保红线的“双保行动”。9月5日，根据国土资源部将“双保行动”上升为“双保工程”的决定、贵州省国土资源厅《关于印发〈贵州省保发展保红线工程2010年行动方案的通知〉》和黔南州国土资源局《关于印发〈黔南州保发展保红线工程2010年行动方案的通知〉》等文件精神，县国土资源局印发《瓮安县保发展保红线工程2010年行动方案的通知》。全县“双保工程”2010年行动以稳增长、调结构、促转变、保红线为主要任务。重点开展了18项专项行动、8项基础支撑工作和4项同步宣传工作。18项专项行动任务主要有土地调控保障专项工作、安居用地保障专项工作、节地示范保障工作、耕地建设性保护专项工作、监测预警和问责专项工作等；8项基础支撑工作任务主要有调整完善土地管理政策、构建一张图综合监管平台、切实加强地质资料服务保障等；4项同步宣传工作主要有开展“双保工程”宣传活动，开辟“双保工程”专栏等。

2011年9月，县国土资源局印发《建设用地供应总量控制制度》等6项制度。明确建设用地根据土地利用总体规划、城市总体规划和土地利用年度计划，从严控制建设用地供应总量。凡城镇规划范围内的土地一律纳入县人民政府的统一管理、统一供应。是年，根据《闲置土地处置办法》（国土资源部第五号令）和省州国土资源部门关于盘活存量土地资源促进有效开发利用的通知，县国土资源局开展了存量土地调查清理工作。据调查，瓮安2009年已盘活存量建设用地48.64公顷，未利用土地2.07公顷；2010年盘活存量建设用地5.19公顷，未利用土地0.46公顷；2011年1月至4月30日盘活存量建设用地 2.75 公顷，未利用土地 0.47 公顷。2009 年至 2011 年 4 月 30 日，还收储国有存量土地 86.46 公顷（其中建设用地 82.45 公顷，未利用地 4.01 公顷），盘活国有土地资源 59.36 公顷（其中建设用地 56.36 公顷，未利用地 2.99 公顷）。

2012 年 3 月，全县开始施行县政府批准的《瓮安县个人住宅建设用地管理办法》（瓮府办发〔2012〕24 号）。该办法规定个人住宅建设用地必须符合土地利用总体规划、村镇建设规划，必须按照统一规划、有序建设、集约用地的要求，经程序审批后方能建设。10 月，开始执行《瓮安县人民政府办公室关于设施农用地管理有关规定的通知》（瓮府办发〔2012〕177 号），即：设施农用地使用必须严格保护耕地，设施建设尽量利用废弃地、荒山荒坡、低丘缓坡等未利用地和低效的闲置土地，确需占用耕地的，应尽量占用劣质耕地。设施农业用房的建筑为临时性建筑，不得修建永久性建筑。设施农业用地不得改变为其他用途，不得出租、闲置，终止使用的需恢复土地原状。占用耕地或农用地的设施农业用地，生产经营者必须与土地所有者签订复垦协议书。对用地规模，凡进行工厂化作物栽培，附属设施用地控制在项目用地规模 5% 以内，最多不超过 10 亩。进行规模化种植的附属设施用地控制在项目用地规模 3% 以内，最多不超过 20 亩。规模化畜禽养殖场的附属设施用地控制在项目用地规模 7% 以内，最多不超过 15 亩。水产养殖的附属设施用地控制在项目用地规模 7% 以内，最多不超过 10 亩。

是年，县政府办印发《瓮安县人民政府办公室关于印发瓮安县国土资源节约集约模范县创建活动工作方案的通知》（瓮府办发〔2012〕142 号），县政府成立瓮安县国土资源节约集约模范县创建活动工作领导小组具体领导创建活动。领导小组制定《瓮安县国土资源节约集约模范县创建活动宣传工作方案》《瓮安县国土资源节约集约模范县创建活动工作管理制度》和《瓮安县国土资源节约集约模范县创建活动工作制度》，全县广泛开展了国土资源节约集约模范县创建活动。至 2014 年，创建活动取得积极成果，正上报资料待验收。

2013 年 3 月，根据省政府办公厅关于转发《省国土资源厅省农委贵州省非农业建设占用耕地耕作层土壤剥离再利用工作实施方案》，县政府印发《瓮安县非农业建设占用耕地耕作层剥离利用试点工作实施方案》的通知，境内开始开展建设占用耕地耕作层剥离利用试点工作。2013－2014 年，省人民政府批复瓮安建设用地批次 8 个，总用地面积 1025843 公顷，其中耕地 53.61 公顷。不适宜剥离的耕地面积 0.26 公顷，可剥离面积 53.36 公顷，剥离深度平均 20 厘米，可剥离土方量约 106716 立方米。实施情况：两年间共剥离耕地表土面积 43.01 公顷，剥离土方量 86036 立方米，利用剥离表土土方量 47946 立方米，临时堆放量 14500 立方米，表土剥离与利用共投入资金 138.27 万元。耕作层剥离利用主要为土地开发整理复垦区域的移土培肥、中低产田土改良及城市绿化用土等。遵循“谁利用，谁剥离”原则和剥离区、利用区就近处理原则。猴场镇和银盏工业园区剥离的表土主要用于猴场镇红灯堡土地整理项目及猴场镇绿化等，县城区与平定营镇建设项目剥离的表土主要用于平定营镇土地整理项目等。

2014年，境内开始开展禁止建设区和农村宅基地集中建设点划定工作。1月26日，县政府办印发《瓮安县禁止建设区划定工作实施方案》（瓮府办发〔2014〕6号），县成立禁止建设区划定工作领导小组，由县政府主要领导任组长，分管领导任常务副组长，国土资源局局长任副组长，农工局、财政局、水利局等相关部门及各乡镇主要负责人为成员。全县禁止建设区划定工作分宣传发动、前期准备、外业调查、内业上图、设立统一标识落实保护责任等几个阶段，农村宅基地集中建设点划定结合该项工作进行。禁止建设区划定是在基本农田划定的基础上，以保护集中连片200亩以上的坝子优质耕地为重点。至2014年底，全县共划定禁止建设区58块63544亩，涉及41个村，均设立了保护标识牌。农村宅基地集中建设点，年内共划定86个点3960亩，涉及11个乡镇59个村，覆盖了全县除瓮水、雍阳街道办事处以外的所有乡镇。

三、保护目标完成

《瓮安县土地利用总体规划（1996－2010年）》编制实施前，没有严格的耕地保护目标。之后，始有严格的耕地保护目标。1996年，全县耕地面积61534.38公顷，规划至2010年全县耕地保有量为59024.49公顷，完成情况：1997－2003年，全县各年耕地面积均在6万公顷以上，高于规划制定的指标。至2004年，降至56656.48公顷，比2003年减少3826.31公顷，比1996年减少4877.9公顷。2005－2007年，全县耕地保持在56600公顷至56700公顷之间。2008年，全县耕地56071.17公顷，比1996年净减5463.21公顷，减少主要原因是生态退耕、农业结构调整、构皮滩水电站淹没耕地等，其中非农业建设占用耕地1442.05公顷、生态退耕和农业结构调整占耕地4061.63公顷、自然灾害损毁耕地57.28公顷，期间开发补充耕地增加97.75公顷。

2009年，《瓮安县土地利用总体规划（2006－2020年）》根据二调数据变化，结合实际对头轮耕地保护指标进行调整，规划近期目标2006－2010年耕地保有量56687公顷，远期目标2011－2020年耕地保有量56564公顷。完成情况：至2010年年末，全县耕地面积59203.63公顷，耕地面积高于56687公顷近期规划目标。至2014年年末，耕地58919.64公顷，耕地面积高于56864公顷规划控制指标。

结合土地利用总体规划的耕地保护指标，州国土资源局亦每年向瓮安县下达耕地保有量指标，其中2009年下达指标为56687公顷，2010年为56687公顷，2011年为56640公顷，2012年为56581公顷，2013年为56581公顷，2014年为56864公顷。全县各年耕地保有量执行情况，均远高于州国土资源局下达的耕地保护指标数。

第二节　基本农田保护区设立

一、划　定

1992年，县政府下发《瓮安县人民政府关于开展划定基本农田保护区工作的通知》（瓮政〔1992〕9号），并专门召开全县划定基本农田保护区会议和组建划定基本农田保护区领导班子，全县开始开展基本农田保护区规划划定工作。是年，此项工作完成，瓮安县基本农田保护区规划获省土地管理局优秀成果三等奖。

本次划定基本农田保护区，全县进行了广泛的宣传动员，出动宣传车辆60余辆（次），印发宣传提纲150多份，书写大小宣传标语120多条。划定利用万分之一土地适宜性评价图，根据当地自然条件、经济状况，通过实地勾绘登记确立。凡坡度0～15度，自然条件较好，地势平坦，离村寨较近，适宜性评价评为一级的耕地，划为一级保护区；凡坡度16～25度，自然条件、经济条件一般，适宜性评价评为二级的耕地，划为二级保护区；凡坡度26～30度，自然条件、经济条件较差，适宜性评价评为三级的耕地，划为三级保护区。全县共划定保护区面积755633.4亩，其中一级261284亩，占34.6%；二级434151.9亩，占57.4%；三级60197.5亩，占8%。

1997年，境内开始《瓮安县土地利用总体规划（1996－2010年）》编制，并通过土地利用总体规划再次开展瓮安县基本农田保护区规划。1997年9月至1999年6月，全县开展基本农田保护区划定。共划定保护区面积752373.9亩，占1998年耕地总面积（当时使用耕地面积数据为923015.7亩）的81.51%。其中稻田保护面积283940亩，占保护区面积的37.74%，旱地保护面积468433.9亩，占保护区面积的62.26%；一级基本农田保护区面积276080.5亩，占保护面积36.7%；二级基本农田保护区面积476293.4亩，占保护面积63.3%。小于2度的48207.75亩，占保护区面积的6.4%，其中田44081.25亩、土4126.5亩；2～6度的128578.5亩，占保护区面积的17.09%，其中田89461.8亩、土39116.7亩；6～15度的302591.1亩，占保护区面积的40.22%，其中田113537.1亩、土189054亩；15～25度的190213.2亩，占保护区面积的25.28%，其中田28553.25亩、土161659.95亩；大于25度的82783.05亩，占保护区面积的11.01%。

此轮乡镇划定基本农田保护区面积为：雍阳镇1998年耕地面积38897亩，划定基本农田保护区面积28219.9亩，保护率72.55%；平定营镇耕地面积44175.6亩，保护区面积37576.9亩，保护率85.06%；草塘镇耕地面积63102.2亩，保护区面积54856.8亩，保护率86.93%；中坪镇耕地面积63258.3亩，保护区面积54994.6亩，保护率86.94%；永和镇耕地面积58038.8亩，保护区面积48728.1亩，保护率83.96%；玉山镇耕地面积53920.8亩，保护区面积46085亩，保护率85.47%；珠藏镇耕地面积42952.7亩，保护区面积34361.4亩，保护率80%；天文镇耕地面积55002.9亩，保护区面积45090.6亩，保护率81.98%；玉华乡耕地面积37529.8亩，保护区面积28290.6亩，保护率75.38%；松坪乡耕地面积56009.2亩，保护区面积42994.9亩，保护率76.76%；小河山乡耕地面积20479.3亩，保护区面积15270.7亩，保护率74.57%；建中乡耕地面积41970.1亩，保护区面积35172.3亩，保护率83.8%；白沙乡耕地面积35124.8亩，保护区面积26986.2亩，保护率76.83%；老坟嘴乡耕地面积28891.9亩，保护区面积21222.6亩，保护率73.46%；高水乡耕地面积38097.4亩，保护区面积

30157.2亩，保护率79.19%；铜锣乡耕地面积36925亩，保护区面积30846.6亩，保护率83.54%；鱼河乡耕地面积45089.2亩，保护区面积38568.2亩，保护率85.54%；木老坪乡耕地面积22362.4亩，保护区面积18265.6亩，保护率81.68%；银盏乡耕地面积26349.6亩，保护区面积21788.2亩，保护率82.69%；木引槽乡耕地面积25897亩，保护区面积20447亩，保护率78.95%；牛场坝乡耕地面积22753.2亩，保护区面积18939.5亩，保护率83.24%；龙塘乡耕地面积20420亩，保护区面积15931.8亩，保护率78.02%；岚关乡耕地面积45768.5亩，保护区面积37579.2亩，保护率82.11%。

2001年4月，根据国土资发〔1999〕122号文件和黔国土资发〔2000〕89号文件有关进一步做好基本农田保护区调整划定工作的通知，全县于4至6月，再次开展了基本农田保护区划定调整工作。此次划定调整，各乡镇对前次划定的保护图斑、面积等均无异议，因此此次划定与前次划定结果一致。

2005年，境内开始《瓮安县土地利用总体规划（2006－2020年）》编制，并通过规划编制开展瓮安县基本农田保护区修编划定。2011年，编制完成。是年5月，经省、州人民政府批复。本轮规划近期目标（2006－2010）：到2010年耕地保有量56687公顷，基本农田保护面积49224公顷；远期目标（2011－2020）：到2020年耕地保有量56564公顷，基本农田保护面积49224公顷。基本农田保护区主要分布在草塘镇、中坪镇、松坪乡、珠藏镇、高水乡、木引槽乡、玉山镇、平定营镇、铜锣乡等乡镇。基本农田保护面积49224公顷，为2009年耕地面积59089.83公顷的83.3%，为规划期耕地控制指标56564公顷的87.02%。

2012年，为贯彻国土资源部、农业部《关于划定基本农田实行永久保护的通知》及省州相关部门的有关文件精神，县政府成立永久基本农田划定工作领导小组，由一名副县长任组长，县政府办主任、县国土资源局局长任副组长，各乡镇长和相关部门负责人任成员，全县永久基本农田划定工作启动。8月31日，瓮府办〔2012〕152号文件印发《瓮安县永久基本农田划定工作方案》，明确将《瓮安县土地利用总体规划（2006－2020年）》规划的基本农田指标49224公顷划定为永久基本农田。

2013年，瓮安永久基本农田划定工作全面开展。9月16日，根据省、州基本农田划定工作安排，县国土资源局印发经过调整的《瓮安县永久基本农田划定工作实施方案》，10月24日，县国土资源局通过竞争性谈判确定贵州德源辉土地资源开发有限公司作为基本农田划定的作业单位。本次基本农田划定工作采用第二次土地调查所形成的1:10000土地利用现状图为底图，以修编后的土地利用总体规划图为控制基础，以组为单位划分基本农田保护片块，逐步建立基本农田保护数据库。采取全野外调查方式，以图斑为最小单位调查基本农田的质量，划定基本农田保护范围，并对每个图斑内的农户数、承包面积等信息进行统计。最后校核并完善数据库，统计每个图斑土地质量并进行数据汇总。

瓮安县 2006－2020 年基本农田保护指标表

表 9－1　　单位：公顷

乡镇名称	2009 年耕地面积	规划期耕地保有量	基本农田保护面积	保护率（占耕地面积%）	保护率（占耕地保有量%）
瓮安县	59089. 83	56564	49224	83. 3	87. 02
雍阳镇	2532. 17	2243. 67	1860	73. 45	82. 90
平定营镇	2989. 71	2841. 95	2300	76. 93	80. 93
草塘镇	4093. 08	3882. 02	2993	73. 12	77. 10
中坪镇	3633. 55	3548. 68	2970	81. 74	83. 69
建中镇	3009. 86	2918. 9	2580	85. 72	97. 63
永和镇	3484. 46	3402. 46	2993	85. 90	87. 97
珠藏镇	3207. 19	3096. 11	2750	85. 74	88. 82
玉山镇	2815. 86	2743	2450	87. 01	89. 32
天文镇	3581. 51	3482. 18	3278	91. 53	94. 14
玉华乡	2503. 49	2402. 52	2043	81. 61	85. 04
银盏乡	1799. 06	1562. 43	760	42. 24	48. 64
松坪乡	3523. 27	3445. 71	3200	90. 82	92. 87
小河山乡	1477. 90	1405. 91	1400	92. 73	99. 58
白沙乡	2522. 20	2417. 46	2142	84. 93	88. 61
岚关乡	2662. 36	2594. 89	2230	83. 76	85. 94
老坟嘴乡	1676. 47	1607. 42	1491	88. 94	92. 76
高水乡	2120. 03	2041. 99	1850	87. 26	90. 60
木引槽乡	1748. 81	1675. 91	1590	90. 92	94. 87
铜锣乡	2470. 24	2395. 61	2130	86. 23	88. 91
牛场坝乡	1655. 85	1587. 25	1474	89. 02	92. 87
鱼河乡	2656. 67	2561. 25	2320	87. 33	90. 58
龙塘乡	1298. 48	1137. 6	1110	85. 48	97. 57
木老坪乡	1627. 61	1569. 08	1310	80. 49	83. 49

是年，全县完成平定营镇、永和镇、玉山镇、天文镇、木引槽乡、岚关乡、高水乡、牛场乡和渔河乡 9 个乡镇的基本农田划定。完成目标年基本农田保护指标 20703. 69 公顷，调入面积 566. 89 公顷，调出面积 281. 77 公顷。总共基本农田划定面积 21234. 58 公顷，为全县基本农田划定工作量的 43. 14%。

2014 年，永久基本农田划定工作继续推进。至年底，全县基本完成了按原 23 个乡镇的行政区划范围进行的永久基本农田划定，共完成目标年基本农田保护指标划定 50642. 17 公顷，调入面积 1776. 26 公顷，新划入水田面积 135. 03 公顷，新划入坡度 25°以下的耕地面积 1417. 63 公顷。调出面积 1492. 18 公顷，划出水田面积 121. 5 公顷，划出坡度15°以下的耕地面积631.45公顷，划出坡度15°~25°的耕地面积834.73公顷，划出坡度25°以上的耕地面积71.44公顷。调整幅度超过10%的有平定营镇、银盏镇。总共基本农田划定面积为50642.17公顷。永久基本农田划定具体工作涉及千家万户，至2014年仅完成粗线条划定工作，其未完工作尚有设立基本农田保护标识、落实保护责任、建立基本农田数据库等。

二、保护落实

1992年11月4日，县政府印发《瓮安县人民政府关于加强基本农田保护区土地管理的暂行规定》（瓮政〔1992〕47号），明确对基本农田保护区的土地采取“六不准”：1. 不准在保护区内建房、修路；2. 不准在保护区内葬坟、挖沙、取土、烧窑；3. 不准在保护区内造林、建果园；4. 不准在保护区内挖鱼塘；5. 不准掠夺经营和荒芜耕地；6. 不准擅自改变保护区范围。确需占用保护区土地的，必须严格按照有关法律法规的审批权限办理审批手续。经批准占用的，除按有关规定交纳各种税费外，另加收耕地地力补偿费，标准为占用一级保护区土地，每平方米14~16元；占用二级保护区土地，每平方米11~13元；占用三级保护区土地，每平方米8~10元。另该暂行规定还明确，非自然原因造成耕地荒芜的，由乡镇土管部门向土地承包者收取当地常年产值1~3倍的土地荒芜费，用于奖励种田能手及低产田土改造的农户。是年，县政府与各村民委员会签订《基本农田保护区》协议245份（2个村未签订）。

1994年，国务院颁布《基本农田保护条例》（国务院令〔1994〕第164号），对耕地资源的保护有了更严格的规定，并明确粮棉油生产基地等耕地应划入基本农田保护区。该条例颁布后，全县认真贯彻，并进一步强化了对基本农田的保护。

1996年，瓮安县国土局订制240块塑料宣传牌插到基本农田保护区，并在平定营、草塘等乡镇的基本农田保护区公路旁和坝子地带用水泥做了成基本农田保护宣传栏5块。1999年新一轮基本农田保护区划定后，全县对基本农田集中连片、范围面积较大的保护区设立了保护标志牌，共设立11块。

1998年12月27日，新的《基本农田保护条例》（国务院令〔1998〕第257号）颁布，该《条例》进一步明确，基本农田保护区经依法划定后，任何单位和个人不得改变或者占用。国家能源、交通、水利、军事设施等重点建设项目选址确实无法避开需占用的，涉及农用地转用或者征用土地的，必须经国务院批准。根据《瓮安县土地利用总体规划（1996-2010年）》及国务院〔1998〕第257号令，2000年9月20日，瓮安县十三届人大常委会第十五次会议认真听取和审议了县国土局局长受县人民政府委托所作的《关于基本农田保护的报告》，会议同意这个报告，并提出加大土地法宣传、土地管制、土地改造、弃耕地复耕等5条审议意见。

2002年，为了确保基本农田总量不减少，县政府采取行政、法律、经济手段将保护工作落到实处，全县严格实行基本农田保护行政首长负责制。将基本农田保护区的各项指标落实到乡镇政府、村、组，并层层签订目标责任状，年终进行考核。是年，全县全面完成保护图斑16833个，保护面积50158.26公顷的保护任务。年内，国土资源局还完成基本农田后备资源图斑登记23个，面积86.69公顷。

2003年，在加强基本农田保护中除继续推行目标责任制外，全县还普遍建立健全了基本农田巡查机制。年内通过巡查，制止企图占用基本农田建房户10户。是年，县人大、县政协组织环保、乡镇企业、国土资源等部门对企业排放的废渣、废水、废气进行监督检查，从环保角度加强了对基本农田的保护。

2004年3月20日，国务院下发《关于坚决制止占用基本农田进行植树等行为的紧急通知》(国发明电〔2004〕1号)，明确提出了切实保护基本农田的“五个不准”：不准占用基本农田进行植树造林、发展林果业和搞林粮间作以及超标准建设农田林网；不准以农业结构调整为名，在基本农田内挖塘养鱼、建设用于畜禽养殖的建筑物等严重破坏耕作层的生产经营活动；不准违法占用基本农田进行绿色通道和城市绿化隔离带建设；不准以退耕还林为名违反土地利用总体规划，将基本农田纳入退耕还林范围；除法律规定的国家重点建设项目外，不准其他非农建设项目占用基本农田。根据国务院紧急通知及省人民政府对基本农田保护大检查的总体部署，县成立了以分管副县长为组长、相关部门领导为成员的基本农田保护检查工作领导小组，并下设办公室在国土资源局。各乡镇也成立了相应的领导小组，在县的统一领导下开展工作。4月27日，全县召开基本农田保护大检查工作动员会，随后，各乡镇政府也分别召开了动员大会。此次大检查，全县书写宣传标语80余条，发表电视讲话30场次，发放基本农田保护“五不准”等宣传资料4600余份，公告基本农田保护区图23幅。恢复保护标志牌8块，新建高标准保护牌9块、界桩30块。与村签订保护责任书247份，落实保护责任人82741户，划定基本农田保护21836块。纠正当年在畜禽养殖高潮中圈舍修建占用基本农田7066公顷，刹住了乱占基本农田修建圈舍行为。

2006年，县、乡分别调整充实基本农田保护工作领导小组，切实加强对该项工作的领导。全县将基本农田保护区图和基本农田保护“五不准”内容，在保护区范围内醒目位置设永久性标志牌进行公示。县国土局、县农业局和各乡镇，还分别设立举报电话，接受社会对违法占地的监督。是年，经国务院批准占用基本农田302.25公顷的构皮滩电站项目瓮安库区用地，补划基本农田306.19公顷。

按1996－2010年全县划定的基本农田保护区面积，至2008年时，实际基本农田保护区面积只有47355.27公顷，比规划目标50158.26公顷减少2802.99公顷。基本农田面积减少的原因为生态退耕占用2633.72公顷，农业结构调整占用169.27公顷。排除政策原因，规划期各年，全县均完成和超额完成了县人民政府与州人民政府签订的基本农田保护率目标任务。其保护率占当年耕地比例，均超过目标初年（1996年）的81.51%。

2009年，县强调乡镇人民政府对本行政区域内的土地管理和耕地保护负总责，全县始终坚守耕地红线，把最严格的耕地保护制度落到实处，形成了“县、乡、村、组”四级管理网络，并积极探索耕地保护的奖惩机制，确保了全县基本农田面积不减少，质量不降低，用途不改变。是年，通过第二次土地调查，全县耕地总面积59089.83公顷，基本农田面积49645.51公顷，保护率达84.02%。在2009年国土资源保护与目标管理工作考核中，瓮安县人民政府获州人民政府县政府目标考核情况一等奖，瓮安县国土资源局获县级国土资源管理目标考核情况一等奖。

据2006－2020年瓮安县土地利用总体规划，目标期全县基本农田保护面积49224公顷。2010至2014五年间，全县建立健全建设占用基本农田听证和公告制度，全面开展基本农田保护动态巡查并建立耕地与基本农田增减变化台账，紧紧抓住基本农田项目建设权属调查、公示公告、征求意见的机会和项目建设前后的状况对比，宣传土地整理、耕地保护与新农村建设的目的意义，调动广大农民参与基本农田建设和保护的积极性、主动性，从而全面实现了基本农田保护面积不低于州级下达瓮安县保护目标。

第三节　耕地总量动态平衡

一、耕地占补平衡

1998年，为保障耕地总量动态平衡，全县开始强化耕地占补平衡。

1999－2000年，为确保耕地占补平衡，县政府按照土地利用总体规划的要求层层下达新增耕地任务，通过两年工作，共开发耕地1188亩。主要开发项目有中坪镇孙家大坪，鱼河乡黄丝槽、本塘、牛坡，建中镇前主，玉华乡杨二头等土地开发项目。2000年9月4日至7日，经州耕地验收领导小组检查验收，有591亩耕地验收合格。此外，两年中通过实施中低产田土改造开发，1999年实现新增耕地1228.4亩，2000年实现新增耕地712.8亩。

2001年开始，按照新修订的《土地管理法》确定的耕地保护基本制度，即“占多少，垦多少”的耕地占补平衡原则。全县除对非农业建设占用耕地严格实行占一补一政策，还逐步开始严格实行先补后占政策，以确保补充耕地的数量和质量。是年，省国土资源厅批准瓮安县城建设、白沙矿产公司、瓮安农网改造等占用耕地7.05公顷。次年，批准北京佳悦涂料、瓮安深安燃气、贵州瓮安港安矿泉水有限公司等占用耕地2.17公顷，均分别使用2000年验收合格的鱼河乡黄丝槽及高楼村本塘、永和镇后坝村洞头上等耕地开发项目部分指标实现了耕地占补平衡有余。

2003年，省国土资源厅及州国土资源局批准瓮安县城建设、2003年度农村农民建房、都匀供电局瓮安220kV变电站等占用耕地11.87公顷，分别使用2000年验收合格的玉华乡柳家山、鱼河乡高楼村大坡、铜锣乡寒坪村田尾巴等耕地开发项目部分指标实现了耕地占补平衡有余。

2005年，省国土资源厅批准瓮安县城镇建设占用耕地34.45公顷，分别使用2000年至2002年间验收合格的鱼河乡高楼村塘坎、鱼河乡高楼村沙坝、平定营镇小溪村高娘坡等耕地开发项目部分指标实现了耕地占补平衡有余。

2006 年，省国土资源厅批准老虎洞磷矿、县磷化公司选矿厂、玉山水泥厂技改工程、瓮安县城镇建设等占用耕地 17.74 公顷，分别使用 2002 年验收合格的瓮安县永和镇后坝村洞头上、鱼河乡高楼村腊头等耕地开发项目部分指标实现了耕地占补平衡有余。

2007 年，省政府批准瓮安县城镇建设、瓮安殡葬服务中心等占用耕地 26.6 公顷，采取借用、购买本州福泉市、惠水县、三都县耕地开发项目指标等形式（根据有关规定，耕地占补平衡指标可以在全州范围内调剂），实现了当年耕地占补平衡。

2008 年，省政府批准贵州成黔冶金辅料有限公司铝酸钙厂、瓮安县物资供应公司桐木冲民爆物品库、瓮安县城镇建设用地及工业建设用地占用耕地 12.75 公顷，分别使用境内耕地开发剩余指标及采取借用、购买本州惠水县、三都县耕地开发项目指标等形式，实现了当年耕地占补平衡。

2009 年，省人民政府批准瓮安建设用地总面积 19.85 公顷，其中耕地 12.51 公顷。项目主要有永和 111kV 变电站、太文烟草收购点站、营定超限检查站、2009 年城镇建设用地及工业建设用地等，是年，采取借用、购买本州惠水县、三都县耕地开发项目指标等形式，实现了当年耕地占补平衡。

2010 年，省人民政府批准瓮安建设用地总面积 83.3 公顷，其中农用地 68.53 公顷（耕地 74.63 公顷）。年内实现耕地占补平衡项目主要有：批准瓮安县 2010 年城镇第一批次占用耕地 27.35 公顷，使用经当年验收合格的草塘下司土地开发项目 25.29 公顷及永和镇袁山村雍阳镇云星村山脚坡土地开发项目 2.06 公顷实现占补平衡；批准 2010 年城镇第二批次占用耕地 17.97 公顷，使用永和镇袁山村雍阳镇云星村山脚坡土地开发项目 17.97 公顷实现占补平衡；批准 2010 年城镇第三批次占用耕地 6.14 公顷、2010 年农村农民农用地转用耕地 2.34 公顷、果果坪 220kV 变电站 3.04 公顷，使用永和镇袁山村雍阳镇云星村山脚坡土地开发项目 1.3 公顷及永和镇金礴村萍水村唐家大坡土地开发项目 4.84 公顷实现占补平衡；批准 2010 年第一批次工业储备用地占用耕地 13.72 公顷、2010 年城镇第四批次用地占用耕地 3.72 公顷，使用永和镇唐家大坡土地开发项目 2.33 公顷、鱼河乡马家院等土地开发项目 15.11 公顷实现占补平衡。

2011 年，国土资源部及省政府批准瓮安建设用地总面积 412.94 公顷，其中农用地 254.37 公顷（耕地 175.36 公顷）。年内实现耕地占补平衡项目主要有：批准 2011 年城镇第一批次占用耕地 14.59 公顷，使用岚关乡大坪村云顶山、松坪乡关塘口关山坡等土地开发项目实现占补平衡；批准 2011 年度三批次城镇建设占用耕地 12.4 公顷、2011 年度工业四批次建设占用耕地 6.27 公顷，使用永和镇白水村四方岩土地开发项目实现占补平衡；批准 2011 年城镇第二批次用地占用耕地 10.96 公顷、2011 年第二批次工业用地占用耕地 12.04 公顷、2011 年城镇第四批次用地占用耕地 22.99 公顷，分别使用草塘镇石家寨村下长坪、草塘镇杉树坳村塘边大坡、草塘镇那乡村青冈林、永和镇萍水村烂泥山、鱼河乡养马村大阳坡等土地开发项目实现占补平衡；批准道真至新寨高速公路瓮安至马场坪段瓮安境内工程占用农用地72.63公顷（耕地37.86公顷），使用建中镇水尾村林场、岚关乡茶海村梅家坪、玉华乡太文村坟头坡、中坪镇水耳村马鞍山等土地开发项目实现占补平衡。

2012年，省、州人民政府批准瓮安建设占用耕地67.84公顷，主要项目有2012年度工业一批次占用耕地21.98公顷、杜仲河水库综合利用工程占用耕地9.9公顷、2012年度工业二批次占用耕地9.87公顷、2012年第二批次农村集体建设用地申请农用地转用占用耕地10.77公顷等，该批项目占补平衡主要通过借用、购买本州长顺县土地开发项目指标等形式完成。

2013年，国土资源部及省政府批准瓮安建设用地占用耕地335.36公顷。年内实现耕地占补平衡项目主要有：批准2013年度第一批次工业用地占用耕地7.52公顷、第二批次工业用地占用耕地14.99公顷、2013年度第二批次城镇建设占用耕地1.29公顷、第三批次城镇建设占用耕地7.09公顷、第四批次城镇建设占用耕地10.49公顷，使用中坪镇水耳村轿顶山、松坪乡马场坪村太坪坳、玉华乡太文村宋家坳等土地开发项目实现占补平衡；批准道真至新寨高速公路流河渡至陆家寨（瓮安段）建设项目工程建设用地总面积222.67公顷，其中占用农用地201.2公顷（耕地136.59公顷），采取借用、购买本州贵定县耕地开发项目指标实现耕地占补平衡；批准贵阳至瓮安高速公路建设项目（瓮安段）用地总面积202.36公顷，其中占用农用地190.41公顷（耕地84.55公顷），采取借用、购买本州贵定县耕地开发项目指标实现耕地占补平衡；批准江口至瓮安高速公路建设项目（瓮安段）占用农用地134.19公顷（耕地58.28公顷），采取借用、购买本州贵定县耕地开发项目指标和利用鱼河乡高楼村土地开发项目9.49公顷实现当年耕地占补平衡。

2014年，省政府批准瓮安建设用地总面积73.8公顷，其中农用地64.39公顷（耕地46.95公顷）。年内实现耕地占补平衡项目主要有：2014年第一批次城镇建设用地3.02公顷、第二批次城镇建设用地12.48公顷、第四批次城镇建设用地10.43公顷、第六批次城镇建设用地6.56公顷、第七批次城镇建设用地13.61公顷，使用玉华乡太文村辣菜沟、中坪艾州村店子边土地开发项目实现当年耕地占补平衡。

加强新增耕地开发，严格执行耕地占补平衡政策，是既保经济发展又保耕地红线的一项基础性工作。2012年，根据省国土资源厅《关于开展耕地占补平衡清查工作的通知》，县国土资源局组织力量对1998年至2011年耕地占补平衡进行清查，清查结果，全县建设用地经批准占用耕地的，均按照“占多少，补多少”的原则，由占用耕地的单位负责开垦与所占耕地数量和质量相当的耕地；没有条件开垦的，均按照规定的标准缴纳了耕地开垦费，并专款用于开发新的耕地，确保了耕地占补平衡。14年间，瓮安共组织实施46个土地开发项目和完成7个土地整理项目立项，设计新增耕地面积1410.57公顷，总投资11937.46万元。其间，有28个土地开发项目和2个土地整理项目完成验收，完成整治规模756.14公顷，新增耕地面积506.26公顷。据统计，2012年后，新一批土地开发整治项目先后通过验收，获得了更多新增耕地指标。截至 2014 年，全县新增耕地指标库共存新增耕地指标 1000 余亩；有已验收未办理新增耕地合格证的指标 2000 余亩；有正实施的土地开发项目预计新增耕地指标 5000 余亩。

二、城乡建设用地增减挂钩

2009 年，根据国土资源部《关于印发〈城乡建设用地增减挂钩试点管理办法〉的通知》（国土资发〔2008〕138 号）及贵州省相关文件精神，全县按照“政府主导、国土牵头、统一规划、部门协作、农民参与”的总体要求，境内开始开展城乡建设用地增减挂钩试点工作。该工作依据土地利用总体规划，将若干拟整理复垦为耕地的农村建设用地地块和拟用于城镇建设的地块等面积共同组成建新拆旧项目区，使城镇建设用地增加与农村建设用地减少相挂钩。为保障该项工作开展，县成立了瓮安县城乡建设用地增减挂钩试点工作领导小组，由分管副县长任组长，县人民政府办公室主任、县国土资源局长任副组长，并以国土、水利、农业、交通、财政、审计、住建等部门负责人为成员。领导小组下设办公室在县国土资源局，负责处理城乡建设用地增减挂钩试点日常工作。

2010 年 5 月，县政府组织完成《瓮安县城乡建设用地增减挂钩专项规划（2010－2020)》。10 月 29 日，县政府办印发《瓮安县城乡建设用地增减挂钩项目区土地权属初步调整方案的通知》（瓮府办发〔2010〕150 号）。该方案明确在农村建设用地整理复垦工作开展前，由项目区所在乡镇做好现有土地资源的产权登记工作，核实集体所有土地及单位、个人使用土地的数量、质量、分布、用途。在项目实施中，由国土资源部门负责根据土地权利人权益及意愿签订权属调整方案，避免发生纠纷。对安置区土地使用权，由县国土资源局根据土地权属调整结果，进行土地登记，核发土地证书。对城镇建新区需要征收为国有土地的，依法办理土地征收手续，并依法给予补偿。对涉及农民承包地调整的，由农工局、乡镇集体经济组织依据整理前与承包人签订的协议，重新调整并登记造册。

2010－2014 年，全县分 5 批开展增减挂钩试点工作，省国土资源厅分 5 个年度，先后 5 次下达瓮安县城乡建设用地增减挂钩试点周转指标共 1700 亩。2010 年，下达周转指标 300 亩，项目拆旧区以岚关乡岚关村大坪农村居民点、玉华乡岩根河村南堡地质灾害搬迁点、珠藏镇鹤亭村黄泥坡组为挂钩示范点，至 2011 年拆旧区土地复垦完成平整土地面积 303.44 亩，新增耕地面积 282.98 亩。2011 年，下达周转指标 300 亩，项目拆旧区以鱼河、永和、中坪、白沙 4 个乡镇 10 个村为挂钩示范点，至 2012 年 4 月，土地复垦完成新增耕地 298.5 亩。2012 年，下达周转指标 300 亩，项目拆旧区以建中、永和、岚关 3 个乡镇 5 个村居民点整理为挂钩示范点，至 2013 年 10 月完成新增农用地面积 303.85 亩，新增耕地 290.54 亩。2013 年，下达周转指标 300 亩，项目拆旧区以江界河镇河新村、玉山镇苟家庄村、永和镇白水河村、建中镇凤凰村、白沙村和岚关乡章阁村的 10 个地块为挂钩示范点，至 2015 年 7 月，完成整理复垦耕地 414.2 亩。2014 年，下达周转指标400亩，项目拆旧区以平定营镇、玉山镇、岚关乡的5个地块为挂钩示范点，拆旧总面积412.33亩，拟新增耕地378.23亩。

随着项目区拆旧区新增耕地面积的实现，其项目区建新区有关工程规划用地也得到及时解决。2010年度最终实现的新增建设用地指标300亩，不仅保障了拆旧区珠藏安置区、岚关安置区等基础设施建设的推进及相关安置户先后入住，还满足了天龙饲料加工、久盛混凝土搅拌站、茅坡车辆检测站等10个项目占用挂钩周转指标面积272亩的需要。2011年度最终实现的新增建设用地指标300亩，满足了瓮安县前程中介信息服务中心废旧物品收购项目占地10亩、茅坡绿色食品加工项目占地14亩、茅坡特色食品加工项目占地22亩、城南汽车维修项目占地28亩、瓮安县中心火炮厂项目占地46亩、北部新城商业住宅项目占地29亩、工业园区特色食品加工项目占地50亩、工业园区磷化工精加工项目占地55.5亩、文真高铝矾土基均质料有限责任公司加汽站项目占地37.5亩、珠藏镇商业住宅项目占地8亩的需要。

三、低丘缓坡土地综合利用

根据国土资源部关于开展低丘缓坡土地综合开发利用试点的有关文件，2012年2月，县成立推进低丘缓坡土地综合开发利用试点工作领导小组，由州委副书记、县委书记陈昌旭任组长，县委副书记、县政府县长尹德俊任常务副组长，副县长刘华龙等领导任副组长。低丘缓坡土地综合开发利用，目的是向山要地，以破解县内工业化和城镇化建设用地供不应求的难题，减少占用耕地，实现耕地总量动态平衡。

2012年3月8日，县国土资源局成立课题研究组，由局主要领导任组长，分管副局长任副组长。3月16日，县国土资源局出台《工业梯田建设工程课题研究方案》，并委托贵州喀斯特土地开发有限责任公司对选点进行设计，编制完成了《瓮安县银盏乡山地开发和“工业梯田”建设工程项目规划设计报告》。与此同时，县国土资源局还完成了《瓮安县低丘缓坡土地综合开发利用试点项目实施方案》，该方案经县政府同意，选定低缓坡综合开发利用A、B、C、D四个项目区块，分别位于银盏镇大寨坪村、飞练村、印山村和猴场镇猴场村、迎宾村，总面积460.27公顷。项目区耕地面积307.86公顷，其中劣质耕地173.07公顷，占项目区耕地面积的56.22%。项目区林地面积92.46公顷，均为低产林林地。项目区通过工程手段进行土地整治后，设计新增建设用地437.52公顷，使项目区建设用地总量可达到455.32公顷。

全县低丘缓坡土地综合开发利用试点充分与瓮安经济开发区规划及瓮安县城镇规划相衔接，2012年初项目区全面启动前期土地平整及综合开发利用工作。至2013年，项目区涉及农户已妥善安置，共实施土地平整200余公顷，投资项目开工建设150余公顷，低丘缓坡范围报批土地面积149.27公顷，获批141.28公顷。

第十章　地籍管理

第一节　土地资源调查

一、土地陈报

民国28年6月至29年1月进行。全县耕地面积陈报编查为166134亩，其中田112521亩、土53613亩。

二、自然概况调查

民国37年上半年进行。调查结果，全县土地总面积为1709786亩，其中耕地235977亩（田146973亩、土89004亩），占土地总面积的13.8%；园地37800亩，占2.21%；林地1135100亩，占66.39%；牧地157000亩，占9.18%；水域34000亩，占1.99%；其他土地109909亩，占6.43%。

三、土壤普查

1983年11月至1985年11月，根据全国第二次土壤普查技术《规程》和省、州的统一部署，全县开展了第二次土壤普查工作。县政府成立以分管农业副县长为组长的土壤普查领导小组，并下设土壤普查办负责具体工作。全县组织70余人，历时两年时间在全县范围内展开普查，共普查了1个区镇47个乡镇、245个村委会、8个国营农林茶场。共挖掘土壤剖面6576个（主剖面4299个、辅助剖面2277个），平均每个代表土壤面积430.4亩。其中：水稻土2951个（主剖面1583个，辅助剖面1368个），平均每个剖面代表118.3亩，最大控制面积150亩，最小控制面积15亩。旱作土2267个（主剖面1551个、辅助剖面716个），平均每个剖面代表201亩，最大控制面积300亩，最小控制面积25亩。自然土剖面1358个（主剖面875个、辅助剖面483个），平均每个剖面代表1491亩，最大控制面积3000亩，最小控制面积1000亩。采回各种土样标本5543个，经评选化验的土样797个，共9486项次。编绘了区2.5万分之一《土壤图》《土地利用现状图》《土地评级图》《土壤改良利用分区图》《土壤断面图》等共7套35幅。全县五万分之一《土壤图》《土地利用现状图》《土地评级图》《土壤改良利用图》《有机质N、P、K养分图》《岩组图》《母质母岩分布图》共1套8幅。统计县、区分村各种调查表格4套（土资源1－20、土普1－9）。汇编了县《土壤普查统计资料集》和5份《专题调查报告》。

此次土壤普查，查清全县土地总面积为1966平方公里，折合2949000亩，其中自然土2024968亩，占全县总面积的68.66%。全县总耕地面积805265亩（按图班量算毛面积），有效耕地面积（净面积）为567428亩。其中：水稻土毛面积349058亩（净面积244937亩）、旱作土毛面积456207亩（净面积322491亩）、林地1203200亩、草地655762亩、园地6314亩、城乡居民用地64429亩、工矿用地2879亩、交通用地27780亩、水域地23679亩、难利用地159695亩。基本查清了全县土壤类型共5个土类，11个亚类，37个土属，177个土种。基本查清了全县土地的理化性状等。普查成果为全县农业区划、土地规划、农田基本建设和指导发展农业生产提供了一定的科学依据。

四、农业区划土地调查

1984年8月1日，县政府成立土地资源、综合农业区划等13个专业组开展农业区划及土地调查等工作。1985年8月，13个专业组完成了13个专业区划报告和36个专题调查报告，绘制了各种图件60余幅，完成了《瓮安县综合农业区划》编写。1985年8月7日，县人民政府审定通过《瓮安县综合农业区划》，是年9月13日，州农业区划委员会对该书组织验收并签发了验收合格证书。

瓮安县农业区划是在全县土壤普查同期进行，区划充分运用了土壤普查中有关土地总面积、耕地、林地等土地资源相关数据。《瓮安县综合农业区划》分9章，其中根据综合农业区的划分原则和依据，将瓮安划分为东部低中山粮、林、牧区；中部低中山丘陵粮、油、烟、猪、矿、用材林及果茶区；南部低中山粮、林、牧、茶、矿区；北部低中山深丘烟、牧、粮、果经济林区。

五、土地详查（一调）

1987年，为贯彻执行国发〔1984〕70号文件和省发〔1984〕68号文件，8月27日，州政府办转发州土地管理局关于《黔南州土地详查工作安排意见》，明确土地详查全州分两批进行，先以瓮安县作为试点，然后全面铺开。土地详查的任务是分县查清全国各种土地利用分类面积、分布和利用状况。9月28日，县成立以副县长徐银芳为组长的土地资源详查领导小组，县土管局等相关单位负责人任副组长，并相应设立了办公室和技术中心组。各区、乡两级，也分别建立了土地详查权属划界领导小组，负责划界工作协调和土地权属争议调处。

1988年，土地详查工作在头年进行组织培训等准备工作的基础上进行了权属划界、外业调绘及转绘工作。划界采取区为单位，从头年12月开始至3月底，历时4个月完成了1966平方公里划界任务，基本搞清了与相邻6个县的边界，共签订协议书530份，争议原由书43份。外业调绘及转绘承包给贵州省煤田地质公司地测大队，该项工作从4月开始历时195天，完成了102幅图（整幅44幅）659张航片（隔片调绘）的野外调绘及208个田土坎系数样本的实测。

1989年，土地详查工作完成了内业转绘及田土坎系数测量等。1990年，完成了内业检查及大量文字资料工作。是年10月29－31日，贵州省土地资源调查办公室组织对瓮安县土地资源详查进行验收，省土地管理局局长蔡恩水、黔南州副州长兰天权、州农工部部长杨贯恩、州土地管理局局长钟元相及副局长陈祖谦等领导参加了验收。省土地利用现状技术指导组通过实地检查，鉴定瓮安县土地资源详查综合合格率为 90.5%，达到良好等级。贵州省土地资源调查办公室验收认定达到良好级标准。是年 11 月 20～21 日，全州土地详查工作会议在瓮安召开，参加会议的有全州各县市土地详查领导小组组长、土地管理局局长及州委、州政府领导等。会议听取了瓮安土地详查试点经验介绍，参观了瓮安县土地详查成果资料展览。

全县此次土地详查从 1987 年开始至 1990 年，历时 3 年零 1 个月，共组织 60 人详查队开展详查，投入详查经费 31 万元。完成主要成果有：县、乡、村各类土地面积统计表；县乡土地利用现状图；县土地利用现状调查报告、乡土地利用现状调查说明书；分幅土地权属界线图；县、乡土地边界接合图表等。详查涉及土地利用现状主要数据为：耕地 68149.35 公顷，其中水田 23275.92 公顷，旱地 44873.43 公顷；园地 297.77 公顷，其中果园 85.33 公顷，茶园 211.68 公顷；林地 87195.09 公顷，其中有林地 24594.73 公顷，灌木 49003.07 公顷；草地 9098.52 公顷，其中天然草地 2106.97 公顷；城镇村及工矿用地 6077.01 公顷；交通运输用地 1181.69 公顷；水域及水利设施用地 2210.03 公顷；其他土地 22468.6 公顷，其中田坎 12412.43 公顷，裸地 10036.25 公顷，合计土地总面积 196678.06 公顷。

1996 年，根据省详查领导小组的统一要求，瓮安将粮林间作地、粮果间作地、轮息地、小于 1 米的田土坎、大于 35 度的坡耕地从耕地总面积中调出，并根据国家土地管理局《关于完成全国土地普查将土地详查数据变更到 1996 年 10 月 31 日同一时点的紧急通知》开展土地变更调查，调查中将国家要求退耕还林还牧的部分坡耕地及土地详查时计入耕地中的裸岩等进行了变更处理，变更后土地利用现状八大地类面积为：耕地 61534.38 公顷，园地 1066.98 公顷，林地 86510.24 公顷，草地 4688.16 公顷，城镇村庄及工矿用地 6227.68 公顷，交通运输用地 1215.67 公顷，水域及水利设施用地 2222.46 公顷，其他用地 33304.78 公顷。合计土地总面积 196770.35 公顷。此次调查变更后的数据，成为一调最终确认的土地详查数据。

六、第二次土地调查

（一）农村部分调查

2007 年 6 月 25 日，根据国发〔2006〕38 号、黔府发〔2007〕26 号关于开展第二次全国土地调查的通知，境内开始布置开展第二次土地调查（农村部分）。6 月 25 日，县政府成立瓮安县第二次土地调查领导小组，副县长张仁德任组长，县政府办副主任宋辉、国土资源局副局长吴进华任副组长。8 月 7 日、8 日，县政府先后以瓮府发〔2007〕100 号、瓮府发〔2007〕103 号文件下发了两个有关开展第二次全国土地调查的通知，对工作任务、时间安排、经费预算等提出了明确要求，县政府并于 8 月 9 日召开了全县第二次土地调查工作动员大会。2008 年 8 月，全县第二次土地调查办公室落实工作人员

66 人，其中专职 43 人，兼职 23 人。是年 9 月 23 日，县政府根据人员变动调整第二次土地调查领导小组，县政府办副主任宋纯禄、国土资源局局长刘晓勇任副组长。2009 年 2 月 26 日，县政府办下发《关于做好第二次全县土地调查工作的通知》，明确调查内容为农村土地调查；基本农田调查；城镇土地调查。时间要求 2009 年 4 月 20 日前完成全县土地调查农村部分，城镇土地调查时间由省州另行确定。通知布置各乡镇要成立领导小组开展此项工作。是年 2 月下旬至 3 月初，各乡镇领导小组相应建立。

瓮安县第二次农村土地调查通过招投标程序，贵州省第一测绘院中标获得该项目。项目组按照国土资源部颁布的《第二次全国土地调查技术规程》，制定瓮安县第二次农村土地调查的技术及工作实施方案，从 2009 年 3 月 15 日开始至 5 月 10 日结束，历时 2 个月，完成了瓮安县辖区内土地调查面积 1962.735 平方公里，涉及 14 个乡、9 个镇。投入技术人员 30 人，其中内业预判 8 人、外业调查 8 人、数据库建设 4 人、质量检查 4 人、其他管理人员 6 人。投入设备有电脑 19 台、服务器 1 台、越野汽车 2 辆、二调专用软件 2 套、7 套 MAPGIS 工程版软件。调查采用 SPOT5 卫星影像为调查工作基础底图，统计汇总数据，最后制作成符合二调规程要求的工作成果。1. 外业调查成果：原始调查底图、土地权属调查成果、图幅理论面积与控制面积结合图表、田土坎系数测算成果。2. 图件成果：瓮安县标准分幅土地利用现状图、瓮安县土地利用挂图、瓮安县耕地坡度分级等专题图。3. 数据成果：瓮安县土地分类面积数据、基本农田面积数据、不同坡度等级耕地面积数据、统计汇总表等。4. 数据库成果：瓮安县土地利用数据库、土地权属数据库、SPOT5 遥感影像数据库、第二次农村土地调查数据库及管理系统。5. 文字成果：瓮安县第二次土地调查（农村部分）工作报告、第二次土地调查（农村部分）技术报告、第二次土地调查（农村部分）数据库建设报告、第二次土地调查（农村部分）成果分析报告。

2009 年 8 月 15－27 日，国务院第二次全国土地调查领导小组办公室组织对瓮安县第二次土地调查成果进行了全面核查，经数据库质量检查和地类一致性核查，认为成果质量基本符合要求，通过内业核查。此次全国土地调查办核查后，县第二次土地调查领导小组办公室根据全国土地调查办的核查意见，要求作业单位对图及数据进行了修改完善。10 月 14 日，县人民政府对县第二次土地调查（农村部分）复核成果予以批复：复核后的第二次土地调查（农村部分）成果符合实际，图、数和实地一致，同意将复核后的瓮安县第二次土地调查（农村部分）成果上报。年底，瓮安完成二调以 2009 年 12 月 31 日为标准时点的汇总调查数据：全县耕地 59089.83 公顷、园地 2573.25 公顷、林地 91210.26 公顷、草地 10819.90 公顷、城镇村及工矿用地 6269.11 公顷、交通运输用地 1769.27 公顷、水域及水利设施用地 3990.56 公顷、其他土地 20551.32 公顷，合计土地总面积 196273.5 公顷。二调调查结果，耕地面积比 2008 年的 56071.17 亩增加 3018.66 公顷，增加原因主要是由于调查标准、技术方法的改进和农村税费政策调整等因素影响。

2014年9月16日，省国土资源厅、省统计局发布《贵州省第二次土地调查主要数据成果公报》，指出第二次土地调查是党中央、国务院部署的重大国情国力调查，第二次土地调查自2007年7月1日启动，并以2009年12月31日为标准时点汇总调查数据。全省二调首次采用统一的土地利用分类国家标准，首次采用政府统一组织、各地具体实施、国家掌控质量的组织模式，首次采用覆盖全省遥感影像的调查底图，实现了图、数、实地一致。全面查清了全省土地利用情况，掌握了各类土地资源家底。二调数据显示，全省耕地面积比2008年底增加7.7万公顷，主要是由于调查标准、技术方法的改进和农村税费政策调整等因素影响，使二调数据更加全面、客观、准确。公报强调，各级政府、各有关部门编制规划和计划时应采用二调成果数据，切实发挥调查成果的基础性作用推动二调成果广泛应用。据2009年二调统计，全县耕地59089.83公顷，比2008年的56071.17公顷增加3018.66公顷，增加原因与全省相同。按2009年全县453568人计算，人均耕地0.13028公顷（1.95亩），高于全省人均耕地0.1115公顷（1.67亩）和全国人均0.101公顷（1.52亩）。

（二）城镇部分调查

2010年6月，根据省、州有关安排，瓮安县第二次土地调查（城镇部分）开始。城镇地籍调查是对城市、建制镇内部每宗土地的位置、权属、界址和地类等的调查，为加强对该项工作的领导，县政府成立了城镇地籍调查工作领导小组，领导小组制定了《瓮安县城镇地籍调查工作实施方案》，县国土资源局充分利用各种宣传手段，广泛开展了城镇地籍调查宣传发动工作。为统一技术标准和操作方法，提高调查人员对城镇地籍调查技术规程、规定的理解和掌握，县国土资源局组织开展了对21名基层国土资源所地籍人员进行轮训，并通过招标，落实了具有甲级测绘资质的贵州省第一测绘院具体承担城镇地籍调查技术工作。调查中，第一测绘院抽调31名人员，其中高级工程师2人、工程师8人、助理工程师16人、技术员5人，与县国土资源局抽调的21名干部组成工作组，严格按照有关操作规程，开展了对全县9个建制镇的地籍权属调查、地籍测量、地籍数据库建设等相关工作。整个调查工作坚持对城镇所有宗地做到"走到、看清、问明、记全、绘准"，并坚持做到天天清、片片清、宗宗清、幅幅清，保障了地籍调查表与地籍图的一致。

2013年12月，在经过近三年的多方努力后，瓮安9个建制镇除县城区（雍阳镇）因旧城改造原因延后只完成基础工作外，其余天文镇、中坪镇、珠藏镇、永和镇、平定营镇、建中镇、草塘镇、玉山镇共8个镇，已全部完成9.41平方公里的城镇地形地籍测量、权属调查工作，设置一级GPS点42个，导线385个，完成150幅1:500地形地籍分幅图制作，完成6292宗地籍档案资料扫描入库，建立了城镇地籍调查数据库。通过调查，全面查清了城镇土地利用的基本情况，为开展科学、规范的地籍管理工作提供了准确的基础性资料。8个建制镇城镇地籍调查成果已于2015年1月21日通过州二调办验收。

第二节 土地变更调查

1995年起，根据国家土地管理局〔1994〕国土籍字第146号和贵州省土地管理局黔土土勘〔1995〕01号文件规定，全县开始进行每年一度的土地利用现状变更调查。10月，县土地管理局下发关于开展土地利用现状变更调查通知，并组织4个工作组开展工作，至当年12月，共完成雍阳、草塘等17个乡镇的土地利用现状变更调查工作。

是年，根据水利部、电力部及贵州省人民政府关于开展构皮滩水利枢纽工程初级阶段水库淹没处理及村民安置规划工作的指示精神，10月17－19日，副县长黎培柽及国土局、民政局等单位主要负责人参加了省水库移民办在遵义召开的由有关部门和长江水利委员会参加的会议。会后，县成立瓮安县构皮滩水库淹没实物指标调查领导小组，副县长黎培柽任组长，并由长江水利委员会市库区处和县抽调人员组成联合工作组，于1995年10月21日至12月，对构皮滩水库区按照工程可行性研究联合会审定的正常蓄水位630米以下的土地、房屋等各项淹没实物指标进行了全面调查。据调查，淹没区涉及5个乡镇、10个村、24个村民组、655户、2979人（农业人口2969人、非农业人口10人）。淹没涉及：一、淹没土地29818.4亩，其中耕地7105.5亩（水田3798.5亩、旱地3307亩）、园地1251.5亩、经济林4546亩、用材林2028亩、鱼塘9.5亩、柴草山18969.5亩。二、淹没房屋53892.9平方米，其中砖混结构2110.7平方米、砖木结构6300.1平方米、木房43764.8平方米、土木结构1717.3平方米。淹没偏房15190.3平方米，其中砖木偏房4229.6平方米、木偏房7058.1平方米、土木偏房3902.7平方米。此外，淹没附属房17072.5平方米、晒场15990.9平方米、散畜圈16个、粪池163个、地窖697个、水池763个。三、淹没其他类有零星果木47935棵、坟基1310处、省级公路6公里、等外级公路18.5公里、变压器220KvA、380V线22公里、220V线3.4公里、电话线2.6公里、水电站6355KW、提水站55KW、自来水管4.8公里、水渠18.7公里，矿点12处、村组副业10项。本次构皮滩水库淹没区土地等调查，为下步移民安置打下了基础。

1996年，根据国家土地管理局《关于完成全国土地普查将土地详查数据变更到1996年10月31日同一时点的紧急通知》，9月4日，县土地管理局印发《瓮安县1996年土地变更调查工作实施方案》，全县土地变更调查工作启动。此次变更调查，国家规定以详查数据为基数统一变更到10月31日，该日必须完成县级数据汇总，为1997年1月1日开始的农业普查提供数据。瓮安土地详查外业时间1988年完成，1990年通过省级验收，外业时间距本次变更调查已8年，间隔时间长，变化大，变更调查工作量大，时间紧，任务重，调查涉及全县每一个村。但至10月29日，全县土地变更数据汇总全面完成。此次变更调查外业调绘工作人员跑遍全县每个山头，田坝，调绘变更图斑3451个，变更面积192208.5亩。变更面积主要原因为：一是境内大于25度的坡耕地造成水土流失严重，应按国家要求退耕还林还牧，不宜再作为耕地统计；二是土地详查外业时正值夏季，旱地中夹杂的裸岩被农作物掩盖，裸岩扣除量偏小，造成耕地总量含有裸岩面积，应予更正。变更调查结束并经几轮反复核准，最终确定1996年变更调查数据为：土地总面积196770.35公顷，其中耕地61534.38公顷、园地1066.98公顷、林地86510.24公顷、草地4688.16公顷、城镇村庄及工矿用地6227.68公顷、交通运输用地1215.67公顷、水域及水利设施用地2222.46公顷、其他用地33304.78公顷。

2000年，全县土地变更调查共完成变更调查图斑1443个，变更面积36594.8亩。变更后八大地类面积为：土地总面积196770.35公顷，其中耕地60922.94公顷、园地2707.81公顷、林地85869.33公顷、草地4658.03公顷、城镇村及工矿用地6283.92公顷、交通运输用地1223.97公顷、水域及水利设施用地2226.31公顷、其他土地32875.07公顷。与1996年比：四年中耕地减少611.44公顷、园地增加1640.83公顷、林地增加640.91公顷、草地减少30.13公顷、城镇村庄及工矿用地增加56.24公顷、交通运输用地增加8.3公顷、水域及水利设施用地增加3.85公顷、其他用地减少429.71公顷。是年，根据省国土厅有关规定，全县在开展土地变更调查的同时，还开展了坡耕地调查。通过坡耕地调查，基本查清15～25度宜耕坡地65852.3亩，不宜耕坡地1605.7亩，宜耕梯田35670.4亩；大于25度不宜耕坡地143471.4亩，宜耕梯田4492.8亩，不宜耕梯田6919.6亩。查清土地详查后至1999年退耕51636.5亩，2000年退耕5914.4亩。

2005年，土地变更调查结果为，土地总面积196770.35公顷，其中耕地56614.17公顷、园地2967.55公顷、林地86507.34公顷、草地4688.05公顷、城镇村及工矿用地6245.4公顷、交通运输用地1217.45公顷、水域及水利设施用地2223.88公顷、其他土地33299.7公顷。与2000年比：五年中耕地减少4308.77公顷、园地增加259.74公顷、林地增加638.01公顷、草地减少30.02公顷、城镇村庄及工矿用地减少38.52公顷、交通运输用地减少6.52公顷、水域及水利设施用地减少2.43公顷、其他用地增加424.63公顷。

2010年，根据《国土资源部关于开展2010年度全国土地变更调查与遥感监测工作的通知》及《贵州省2010年度土地变更调查与遥感监测实施方案》，县国土资源局制定了《瓮安县2010年度土地变更调查实施方案》，明确工作目标是通过土地变更调查，掌握2010年度土地利用变化，更新土地调查数据库，保持第二次土地调查成果现势性，适应“一张图”工程建设和“批、供、用、补、查”的国土资源管理新形势，实现监管方式从“以数管地”到“以图管地”的重大转变。是年，变更调查结果为，土地总面积196273.5公顷，其中耕地59203.63公顷、园地2558.66公顷、林地91123.4公顷、草地10713.71公顷、城镇村及工矿用地6328.67公顷、交通运输用地1769.06公顷、水域及水利设施用地3990.73公顷、其他土地20585.64公顷。与2005年比：五年中耕地减少2589.46公顷、园地减少408.89公顷、林地增加4616.06公顷、草地增加6025.66公顷、城镇村庄及工矿用地增加 83.27 公顷、交通运输用地增加 551.61 公顷、水域及水利设施用地增加 1766.85 公顷、其他土地减少 12714.06 公顷。

瓮安县 1996－2014 年土地变更调查情况表

表 10－1　　　　单位：公顷

年度	面积	耕地	园地	林地	草地	城镇村及工矿用地	交通运输用地	水域及水利设施用地	其他土地
1996	196770.35	61534.38	1066.98	86510.24	4688.16	6227.68	1215.67	2222.46	33304.78
1997	196770.35	61519.33	1068.99	86507.34	4688.05	6245.4	1217.45	2223.8	33299.7
1998	196770.35	61494.47	1230.09	86356.33	4688.05	6265.39	1217.11	2226	33292.91
1999	196770.35	61487.2	1230.09	86343.33	4688.05	6280.66	1222.11	2226	33292.91
2000	196770.35	60922.94	2707.81	85869.33	4658.03	6283.92	1223.97	2226.31	32875.07
2001	196770.35	60740.14	2934.86	85821.53	4656.93	6306.29	1245.43	2237.39	32827.76
2002	196770.35	60740.14	2934.86	85821.53	4656.93	6306.29	1245.43	2237.39	32827.76
2003	196770.35	60482.79	2950.53	85373.32	4656.55	6319.26	1245.39	2242.3	33500.21
2004	196770.35	56656.48	2961.13	90166.85	4642.47	6339.09	1266.79	2227.95	32509.59
2005	196770.35	56614.17	2967.55	86507.34	4688.05	6245.4	1217.45	2223.88	33299.7
2006	196770.36	56585.56	2968.46	90160.49	12169.69	6403.18	1266.75	1885.32	25330.91
2007	196770.35	56570.3	2968.46	90158.57	12169.27	6424.49	1266.75	1885.32	25327.19
2008	196770.34	56071.17	2892.81	89377.29	12087.35	6385.11	1259.65	3519.55	25177.41
2009	196273.5	59089.83	2573.25	91210.26	10819.9	6269.11	1769.27	3990.56	20551.32
2010	196273.5	59203.63	2558.66	91123.4	10713.71	6328.67	1769.06	3990.73	20585.64
2011	196273.5	59280.16	2558.66	91027.6	10600.22	6396.14	1815.59	3990.17	20604.96
2012	196273.5	59310.17	2533.75	90774.62	10544.62	6657.98	1828.43	3992.35	20631.58
2013	196273.5	59090.94	2531.47	90711.24	10536.03	6857.26	1974.29	3991	20581.27
2014	196273.5	59819.64	2523.97	90433.35	10468.18	7015.3	2396.18	3987.96	20528.92

2014 年，变更调查结果为，土地总面积 196273.5 公顷，其中耕地 59819.64 公顷、园地 2523.97 公顷、林地 90433.35 公顷、草地 10468.18 公顷、城镇村及工矿用地 7015.3 公顷、交通运输用地 2396.18 公顷、水域及水利设施用地 3987.96 公顷、其他土地 20528.92 公顷。与 2010 年比：四年中耕地增加 616.01 公顷、园地减少 34.69 公顷、林地减少 690.05 公顷、草地减少 245.53 公顷、城镇村庄及工矿用地增加 686.63 公顷、交通运输用地增加 627.12 公顷、水域及水利设施用地减少 2.77 公顷、其他土地减少 56.72 公顷。

从1996年土地变更调查全面启动至2014年，全县土地总面积由一调确立的196770.35公顷变更为二调确立的196273.5公顷，减少496.5公顷；耕地面积由1996年的61534.38公顷减少为2014年的58919.64公顷，减少2614.74公顷；园地面积由1066.98公顷增加为2523.97公顷，增加1456.99公顷；林地面积由86510.24公顷增加为90433.35公顷，增加3923.11公顷；草地面积由4688.16公顷增加为10468.18公顷，增加5780.02公顷；城镇村及工矿用地面积由6227.68公顷增加为7015.3公顷，增加787.62公顷；交通运输用地面积由1216.87公顷增加为2396.18公顷，增加1179.31公顷；水域用地面积由2222.46公顷增加为3987.96公顷（后者含水利设施用地），增加1765.5公顷。其他土地由33304.78公顷减少为20528.92公顷，减少12775.86公顷。期间，耕地由1996年的61534.38公顷减少到2004至2008年间的5600多公顷，主要原因为生态退耕、农业结构调整、构皮滩水电站淹没耕地等。而2009年耕地从头年56071.17公顷增加到59089.83公顷，增加3018.66公顷，则主要是由于二调调查标准、技术方法的改进等原因导致。

第三节　国有土地登记

1988年8月，根据国土（管）字〔1988〕第67号文件和《全国土地登记规则（草案）》《城镇村庄地籍调查规程（草案）》，县政府下发《瓮安县人民政府关于开展城镇国有土地使用权申报登记工作的通知》（瓮政〔1988〕42号），成立以副县长徐银芳为组长、县土地管理局和县税务局局长为副组长的县国有土地使用权申报工作领导小组，全县开始开展城镇地籍调查和土地初始登记工作。该项工作首先在雍阳镇试点，随后全面推开。此次申报登记范围为国家机关、人民团体、学校、部队、工矿、企事业单位，以及县境内使用国有土地的独立工矿、公路等部门和使用国有土地的个人，重点为雍阳镇、草塘镇建成区内的国有土地及白水河、新华、北斗山、银盏四个独立工矿区的国有土地。申请登记提交的资料主要有土地登记申请表；单位、法定代表人证明、个人身份证明或者户籍证明；土地权属来源证明；按规定须提交的其他文件及资料等。登记费用每宗地交纳土地登记费8元，勘丈费每平方米0.09元，证书工本费7元。

10月5日，城镇地籍调查和土地登记首先在雍阳镇南街开始试点，并聘请省土地管理局地籍处领导进行技术指导。在取得试点地籍调查、宗地图绘制、面积测量、表卡册填写等初步经验后，全县组织以区镇土地管理所所长为组长的8个工作组共40余人，在雍阳镇城区全面推开了地籍调查和国有土地申报登记工作。工作组采取分片包干、任务到组、有奖有惩的办法，在雍阳镇先后完成申报登记单位和个人共157户，180宗地，其中单位15个23宗地。经地籍权属核实，登记面积68247.04平方米，其中使用国有土地的个人142户157宗地，经核实权属进行勘丈116宗，登记面积18695.29平方米。在及时推进雍阳镇土地登记的同时，县土地管理局抽调人员组成联合调查组，并通过将技术性工作承包给贵州煤田地质局地测大队的方式，年内开展了对瓮安煤矿、瓮安磷矿、新华磷肥厂3个省辖劳改重点企业的地籍权属调查及登记工作。3个企业厂区涉及洗马乡、岚关乡、玉华乡、新华乡的车地村、柴花村、大路村、牛宫村、新华村，工作量大，测绘任务重，需解决纠纷问题多。但内外业工作经全体人员努力仍较好完成了任务，共完成权属调查81宗、1∶1000地籍图6幅、1∶200地籍图2幅、1∶500地籍图73幅、不同比例宗地图81张，土地面积1817.09亩，其中建筑面积215.38亩。

开展城镇国有土地使用权申报登记时，根据有关法律法规及政策对土地所有权和使用权确定进行处理，一、1962年9月27日《农村人民公社工作条例修正草案》公布以前，全民所有制单位使用的土地，土地改革时没收的公房的土地，国家建设已使用了的土地（国家修水库、干渠、公路、公共设施等），确认为国有土地。二、《农村人民公社工作条例修正草案》公布之日起至1982年5月《国家建设征用土地条例》、《村民建房条例》时止，经县政府批准征用的土地和虽然未经批准而被征用单位与使用单位已经签订协议的，以协议为依据确认所有权和使用权。三、未经县政府批准又无协议的，但已经通过安置劳动力、支援物资、减免农业税，帮助进行其他建设或以土地调换等形式作了相应补偿，承认历史事实和现状，按实际情况确定所有权和使用权。四、擅自占用土地，被占单位提出权属要求，按当时的政策界限处理所有权和使用权。五、1982年5月《国家建设征用土地条例》颁布后，未经县级以上人民政府批准的非农业建设用地，在1986年清理非农业建设用地期间，已补办土地手续的，其土地所有权属国家，使用权属单位或个人。未补办手续，凡1982年5月至1987年12月的违法占地，按国务院〔1986〕7号文件规定办理权属手续。六、1988年3月1日《贵州省实施〈中华人民共和国土地管理法〉办法》以后，未经批准或采取欺骗手段批准或超批面积，按该实施办法第43条处理视情节予以登记发证。七、城镇范围内，个人依法使用的宅基地及其土地改革时保留的菜地，所有权属国有，个人只有使用权。八、县内全民所有制单位隶属的乡镇集体所有制的非农业建设用地，土地所有权属国有。九、《土地管理法》颁布前单位购买农民、集体经济组织的房屋，土地属于国有。之后需办理土地征用和变更手续后属于国有。十、单位和个人能提供土地征用或划拨文件的，依法确定国有土地使用权。十一、单位在解放初期接收或非农业人口通过继承地上建筑物等，由用地单位或个人写出土地来源材料，经上级主管部门（个人由四邻签章和街道居民委员会）审查签章后确定国有土地使用权。十二、《土地管理法》颁布前单位、个人因房屋坍塌或需拆除、改建等变更了实际土地使用者的，土地使用权可以确定给现在的实际用地者，但需按规定办理合法用地手续。

开展对土地使用权的确认登记时，凡土改时确定的宅基地，其所有权和使用权从未发生变化的，一律登记注册；发生变化的，以最终权属为依据登记注册。经统一规划和合法手续批准的宅基地，予以登记注册；未经批准的，补办手续后予以登记注册。对土地使用权权属不清问题，则采取以下具体处理：一、屋檐未交错，地界不清的，以屋檐滴水线为准。亦可以屋檐滴水中间为界。二、地界清楚，屋檐交错的，以地界为准。三、屋檐交错，地界不清的，以墙壁为准或按两房的实际使用情况协商定界。四、机关单位和个人用地，按实际占地现状登记，有围墙的以围墙脚外线为界，无围墙的以实际控制线为界。建筑物占地面积原则上以前后屋檐滴水及两山屋檐滴水为界。集镇内公路、道路、巷道、水沟为公共设施，公共设施两旁的住宅以墙壁为界计算宅基地面积。五、买卖房屋必须到土地管理部门办理变更登记手续。六、居住财政公房的单位和个人，登记时注明房地产权属国有，给权属单位核发国有土地使用证。七、多户共居的土地使用权，共壁、共宅基地或多层建筑物共同使用的土地，确权为共有，核发共有土地使用证。也可协商分摊人，分别核发土地使用证。庭院内多户共有的院坝或空地，确认为共有，核发共有土地使用证，也可协商分摊，分别核发土地使用证。八、征用两年未利用的国有土地等，按《土地管理法》第十九条规定收回用地单位土地使用权。

1989 年底，瓮安累计共完成城镇国有土地使用权申报登记 3103 宗，占应申报数的 94%；勘丈 2780 宗，占申报数的 89.5%；解决权属纠纷 154 起，占发生数的 57.3%。1990 年 4 月，州土地管理局组织对瓮安县城镇国有土地使用权申报登记进行验收，时达到“权属合法、界址清楚、面积准确、资料齐全、无权属争议”的国有土地使用申报登记共 300 宗。5 月 10 日，省土地管理局批准瓮安县颁发第一批 300 宗国有土地使用证。10 月，瓮安县召开首批颁发《国有土地使用证》大会，参会 300 多人，有领证居民、单位代表、县四家班子领导、部分乡镇负责人。1991 年 1 月 26 日，省土地管理局批准瓮安县颁发第二批 540 宗国有土地使用证。10－11 月，县土地管理局组织力量突击两个月，完成报州局审查验收批准发证 2311 个。至 12 月，全县累计完成国有土地申报登记及地籍测量 3330 宗，登记面积 732600 平方米。

1990 年 9 月 5 日，县人民政府下发《关于依法办理土地权属变更登记手续的通知》（瓮政〔1990〕47 号），全县土地权属变更按该规定执行，即单位或个人出卖、转让房屋涉及土地权属转移的；因出卖、转让地上附着物涉及土地权属转移的；以宅基地为条件联合建房的；其他行为涉及土地权属转移的；均需到县土地管理局办理土地权属变更登记手续。1995 年 5 月 1 日，县土地管理局下发关于土地变更登记的具体操作规定，全县开始按该规定执行：一、土地使用权发生变更的登记：1.土地使用权变更须书面向土地管理部门提出变更登记申请；2.原土地使用者交回原土地使用权证；3.填写《土地登记申请表》《审批表》《地籍调查表》《土地变更审批表》；4.绘制变更后地籍宗地图；5.土地使用权变更批准后由县土地管理局行文注销原土地使用证，收回土地使用权；6.对该宗地新的使用者颁发土地使用证。二、土地使用者不变，利用现状发生变化的变更登记：1.经批准改建房屋，位置、形状、面积完全相同的，只在原证变更栏签注相关内容；2.经批准改建，宗地位置、用地面积未发生变化，只建筑物占地位置、面积变化，处理方式为重新绘制宗地图，填写《土地变更登记审批表》，注销原证换发土地使用证。

3.经批准改扩建，宗地四至部分发生变化，处理方式为重新绘制宗地图，重填界址表并完善界址签字，填写《土地变更登记审批表》，注销原证换发土地使用证。

1995年5－8月，全县开展水利水电工程确权划界。县政府成立瓮安县水利水电工程土地确权划界领导小组，副县长杨选华任组长，农工部长张永祥、土管局长吴洪明、水电局长陆兴凡任副组长，相关单位负责人任成员。县土地管理局与水电局还组成土地登记工作小组，专门负责全县小二型以上山塘水库等确权定界。随着农村体制改革，全县普遍存在水电工程建设容易管理难问题。工程固定资产产权不明，管理权限不清，工程占地时有纠纷。1980年前，水利工程基本上是委托乡镇或村管理。九洞水水库的配套山塘，毛家湾水库，在实行田土承包到户时被村民组划给农民作责任田。洪布河电站、车地管理所生产基地、中火水库等处长期与当地农民发生土地纠纷。水利水电工程确权不明，严重破坏了工程管理，致使水利水电工程不能发挥应有效益。为此，县人民政府曾以瓮政〔1992〕6号和〔1994〕8号文件决定，将小（二）型以上水利工程、乡镇人畜饮水工程、50千瓦以上水电站统一收归水电部门管理，依照文件办理交接手续，理顺管理关系。此次确权划界中，在原理顺管理关系基础上，工作组经过实地踏勘，现场确认，找证查据，共完成12座山塘水库、2处24KV变电站、7处乡镇人畜饮水工程、62宗土地勘丈，签订权属协议书17份，测绘工程图62份，颁发国有土地使用证62个，确认国有土地面积5253.45亩。在全省水利水电工程地确权划界总结表彰大会上，瓮安县被评为先进单位。

1998年，全县《国有土地使用证》累计登记发证已达3520宗，面积731.25公顷。分乡镇发证情况为：雍阳镇登记发证1962宗，土地面积219.1公顷；草塘镇登记发证883宗，面积93.88公顷；永和镇登记发证53宗，面积63.07公顷；平定营镇登记发证36宗，面积2.12公顷；天文镇登记发证131宗，面积50.86公顷；珠藏镇登记发证143宗，面积13.07公顷；玉山镇登记发证80宗，面积147.37公顷；中坪镇登记发证130宗，面积38.9公顷；银盏乡登记发证7宗，面积39.82公顷；玉华乡登记发证12宗，面积1.37公顷；岚关乡登记发证3宗，面积0.24公顷；老坟嘴乡登记发证3宗，面积0.13公顷；松坪乡登记发证7宗，面积9.17公顷；小河山乡登记发证1宗，面积0.11公顷；龙塘乡登记发证9宗，面积11.28公顷；鱼河乡登记发证7宗，面积0.47公顷；白沙乡登记发证3宗，面积0.24公顷；建中乡登记发证17宗，面积3.04公顷；木老坪乡登记发证12宗，面积8.04公顷；铜锣乡登记发证5宗，面积0.55公顷；高水乡登记发证9宗，面积0.33公顷；木引槽乡登记发证2宗，面积0.27公顷；牛场坝乡登记发证5宗，面积0.46公顷。

1999年，为进一步推进国有土地规范登记，县人民政府根据与州人民政府签订的责任状，6月成立由分管副县长任组长的瓮安县地籍测绘标志调查领导小组，开始开展县城地籍测绘标志调查工作。测区范围，东至烈士陵园，南至瓮安煤矿宿舍区南边，西至西门桥，北至文峰路与原公路交会处。由于测区在旧城范围内，街道弯曲，房屋密集，相互交错，施测难度较大。为保证测量精度，碎部测量由县国土局自身完成，控制测量由县国土局委托贵州省有色地质局测绘队完成。该队共投入两台GPS仪、两台全站仪、一台微机。在县城边缘布设了多个GPS点，为首级控制。依托GPS点，沿街道布设一、二级导网线。并在一、二级导网线基础上，向小街小巷院落布设图根点。此次地籍测量8月开始至2000年6月结束外业测量，至11月测量工作全部结束，共完成GPS点布设9个，一级导线布设8条（40点），二级导线布设11条（86点），图根点布设349个，测图面积3.14平方公里，绘制1:1000地籍图14幅，调查宗地2891宗。是年12月15日，以州国土局副局长刘丽生为组长的瓮安县县城地籍调查成果验收组通过组织验收，认为地籍调查成果达到有关要求，验收通过。

是年，根据国土资发〔1999〕78号文件及黔国土籍字〔1999〕08号文件《关于开展土地证书年检工作的通知》，9月13日，县政府成立瓮安县土地证书年检工作领导小组。9月15日，瓮府办发〔1999〕55号文件下发开展土地证书年检通知，并批准县国土局制定的《瓮安县土地证书年检工作方案》。1999年度土地证书年检9月开始至2000年4月完成，共年检土地证书3000余宗。2002年，县国土局通过年检，对年检合格者换发新版土地使用证，原土地使用证作废。2003年后，一年一度的土地证书年检停止。

2000年11月20日，县政府下发《关于确定县城规划区和各乡镇所在地规划区非农业建设用地土地所有权的通知》，对县城规划区和各乡镇所在地规划区非农业建设用地的土地所有权进行明确。一、县城规划区和各乡镇所在地规划区内已经用作城乡建设的各类非农业建设用地的土地所有权属国家所有。二、凡今后发展城乡建设需要依法征用的集体土地，从征用之日起，其土地所有权属国家所有。三、县城规划区和各乡镇所在地规划区内的各类非农业建设用地，在作初始土地登记时其土地所有权属国家所有；对原登记为集体所有土地的非农业建设用地，其土地所有权更正为国家所有。是年，全县颁发“国有土地使用证”231本，累计颁发“国有土地使用证”达3706本。至2005年，五年间又新颁发“国有土地使用证”5651本，全县累计颁发《国有土地使用证》已达9357本。

2001年6月，为进一步规范土地登记，县国土局印发《关于办理土地登记的有关规定》，对登记基本要求、登记依据、宗地测绘、变更登记等均作出一些新的规定。其中明确房改房、商品房，直接对房屋所有权人办证。6至10月，县国土局在永和镇建成区进行1：500地籍调查，经5个月工作，共完成一级导线布设1条（6点），二级导线布设1条（13点），图根点布设19个，测图面积465363.3平方米，绘制地籍图9幅，调查宗地133宗。11月19日至20日，永和镇地籍调查成果通过黔南州国土局专家组验收。验收认为其调查技术路线正确，权属界址资料完备，勘丈数据完整正确，符合规程要求，验收予以通过。

瓮安县2004－2014年国有土地使用证登记发证宗数统计表

表10－2　　　　　　　　　　　　　　　　　　　　　　　　单位：宗

年度	雍阳街道 瓮水街道	平定营镇	珠藏镇	玉山镇	猴场镇	建中镇	中坪镇	永和镇	江界河镇	银盏镇	天文镇	岚关乡	合计
2004	4981	54	260	195	1258	117	247	130	41	150	178	15	7626
2005	1503	0	36	35	94	7	10	14	8	11	10	3	1731
2006	1155	6	17	26	80	25	29	9	9	22	14	5	1397
2007	502	3	21	22	81	36	6	7	2	25	6	3	714
2008	558	10	10	11	23	14	12	3	5	8	30	4	688
2009	540	0	5	10	3	5	13	4	0	4	0	3	587
2010	989	9	20	1	54	5	25	8	1	17	2	1	1132
2011	1219	2	15	5	10	23	9	5	4	23	3	3	1321
2012	1947	0	7	4	6	29	5	20	0	25	1	10	2054
2013	1239	2	18	6	54	12	22	4	3	22	4	4	1390
2014	1343	1	32	7	155	57	15	0	0	233	3	1	1847
合计	15976	87	441	322	1818	330	393	204	73	540	251	52	20487

注：2004年发证数为当年止累计数；原23个乡镇发证发数按新的13个乡镇（街道）的所辖范围进行了归并

2003年8月8日，随着土地变更登记不断增加，县国土资源局下发《关于办理土地变更登记有关注意事项的通知》，全县土地变更登记工作开始实行属地受理，由乡镇国土资源所代县局受理本行政区域内的变更申请，并办理变更调查等有关工作，然后报县国土资源局按法定程序办理土地变更登记手续。时变更登记双方应提交的资料为：1.申请变更登记双方的书面申请；2.变更宗地原土地使用证；3.涉及变更登记的有关文件、契约等；4.申请变更登记人身份证件等。

2006－2010年，五年间颁发“国有土地使用证”4518本，其中2006年1397本、2007年714本、2008年688本、2009年587本、2010年1132本，全县累计颁发“国有土地使用证”13875本。

2011－2014年，四年中颁发“国有土地使用证”6612本，其中2011年1321本、2012年2054本、2013年1390本、2014年1847本。全县累计颁发“国有土地使用证”共为20487本。分乡镇累计持证情况为：雍阳、瓮水街道15976本，平定营镇87本，珠藏镇441本，玉山镇322本，猴场镇1818本，建中镇330本，中坪镇393本，永和镇204本，江界河镇73本，银盏镇540本，天文镇251本，岚关乡52本。

第四节　集体土地登记

一、所有权登记

2002 年，根据省、州关于开展农村集体土地所有权登记发证的有关文件，瓮安县在雍阳镇中心槽村开展农村集体土地所有权登记发证工作试点。

2003 年，在中心槽村试点基础上，县政府行文报准县国土资源局拟定的《瓮安县集体土地所有权登记发证工作方案》，成立瓮安县集体土地所有权登记发证工作领导小组，县国土资源局抽调人员组成工作组在雍阳镇、平定营镇、银盏乡、玉华乡、永和镇、岚关乡、老坟嘴乡、小河山乡、松坪乡、草塘镇、木老坪乡、天文镇等 12 个乡镇铺开集体土地所有权登记发证工作。本次所有权登记，以村民委员会为所有权人。图件制作，委托贵州省第一测绘院作图。登记分类，以村为单位按国家现行土地分类标准分类登记造册。本次登记从 4 月开始至 10 月结束，经外业调查，内业制图填表，共完成 12 个乡镇、128 个行政村集体土地所有权登记发证（含头年中心槽村试点）。登记集体土地总面积 97565. 64 公顷，其中：农用地 84021. 57 公顷、建设用地 2916. 11 公顷、未利用地 10627. 96 公顷。

2004 年，县国土资源局继续开展珠藏镇、高水乡、铜锣乡、木引槽乡、牛场坝乡、龙塘乡、玉山镇、鱼河乡、中坪镇、建中镇、白沙乡等乡镇登记发证工作，共完成 11 个乡镇 119 个行政村集体土地所有权登记发证，登记集体土地总面积 93313. 52 公顷，其中：农用地 80079. 46 公顷、建设用地 2953. 23 公顷、未利用地 10346. 04 公顷。至此，全县累计完成全部 23 个乡镇 247 个村的集体土地所有权登记发证，登记集体土地总面积 190944 公顷，其中：农用地 164101 公顷、建设用地 5869 公顷、未利用地 20974 公顷。是年，247 个村集体土地所有权登记发证通过州级验收。

2009 年，瓮安县开展撤并村，原 247 个村撤并为 95 个村（社区），土地所有权发生变化。2011 年，全县开始开展撤并村后的集体土地确权登记工作。此次登记根据全国第二次土地调查成果开展内外业调查，至 2012 年 11 月，全面完成撤并后 95 个村（社区）集体土地所有权登记工作（尚未颁证），完成率 100% 。

二、土地承包经营及林权登记

至 2012 年，全县共登记发放农村土地承包经营权证 85053 个。其中 1998 年第二轮土地承包发放土地承包经营权证 84366 个，后补办、转让移民、土地分割等办证 687 个。

1982 年，全县结束林业稳定山林权、划定自留山和确定林业生产责任制的林业“三定”工作，并按规定颁发了林权证。2012 年，全县实施集体林权制度改革后，完成林改面积 128. 55 万亩，确权 93755 宗林地，涉及 62770 农户，发放林权证 42373 本。其中：茶园发放林权证 130 本，面积 5730 亩；果园发放林权证 189 本，面积 9402. 4 亩。

三、建设用地使用权登记

1992 年，根据县委、县政府《关于推广农村集体土地有偿使用的意见》（瓮发〔1992〕8 号），全县开始开展农村宅基地申报登记。4 月 27 日，根据瓮发〔1992〕8 号文件和州土地管理局 1992 年工作安排意见，县土地管理局下发《关于农宅登记验收标准的通知》，具体规定了内业、外业检查的各项标准。此次农宅登记，范围广，战线长，政策性强，技术要求高，涉及村村寨寨千家万户。为保障工作顺利进行，县土地管理局首先组织 23 个乡镇土地管理员和村兼职土地管理员进行了技术培训，然后在平定营镇开展试点。与此同时，各乡镇也在本乡镇范围内开始试点，并在试点基础上全面展开登记。

是年 9 月 2 日，县土地管理局下发《关于加强农村宅基地申报登记发证工作的意见》，明确：一、土地权属，根据收取的权属证明材料，分以下几个阶段给予确权登记：1.土地改革时期固有的屋基，包括时分得的房屋，登记为土改分得。2.合作化至 1986 年底所建的农房，包括 82 年至 86 年清理的非农业用地，只要经过清理查处，统登记为集体划拨。3.1987 年后，按土地管理部门批准的用地证书和文件，根据批准的用途、面积依法确定使用权。具体处理办法：超批准面积占耕地 5 平方米之内、非耕地 10 平方米之内建农宅的，完善用地手续后予以确权；未经批准或超过批准面积占用一般耕地或非耕地建住宅，补交土地使用费、土地管理费和每平方米 5 ~ 10 元新耕地开发费后登记确权；未经批准或超过批准面积占用良田好土建住宅，群众反映大，按相关法律法规处罚后予以确权。二、登记收费：农宅每户收取申报登记费 5 元，勘丈绘图费每宗 10 元，工本费每户 5 元；非农业户每户收取申报登记费 8 元，勘丈绘图费每宗 13 元，工本费每户 5 元；单位收取申报登记费 8 元，勘丈绘图费每平方米 0.09 元，工本费每宗 10 元。是年，全县完成农宅登记外业 61148 宗，内业 43232 宗，收费 870602.26 元。

此次农村宅基地登记，从 1992 年开始至 1997 年，累计颁发“集体土地建设用地使用证”60277 宗。全县除龙塘、鱼河、玉山三个乡镇外，其余乡镇发证基本完成。至 1998 年 12 月，全县累计完成农宅勘丈登记颁发“集体土地建设用地使用证”68672 宗，占当时总农户 88321 户的 78%，登记土地总面积 1786.05 公顷。分乡镇登记发证情况：雍阳镇 5284 户，登记发证 4627 宗，占 87.57%，登记土地面积 93.2 公顷；草塘镇 7395 户，登记发证 5630 宗，占 76.13%，登记土地面积 154.55 公顷；永和镇 5329 户，登记发证 2834 宗，占 53.18%，登记土地面积 74.47 公顷；平定营镇 4912 户，登记发证 4184 宗，占 85.18%，登记土地面积 83.42 公顷；天文镇 4832 户，登记发证 4256 宗，占 88.08%，登记土地面积 124.11 公顷；珠藏镇 5454 户，登记发证 5172 宗，占 94.83%，登记土地面积 120.52 公顷；玉山镇 4834 户，登记发证 1074 宗，占 22.22%，登记土地面积 25.91 公顷；中坪镇 5586 户，登记发证 4092 宗，占 73.25%，登记土地面积 141.89 公顷；银盏乡 3095 户，登记发证 2410 宗，占 77.87%，登记土地面积 72.84 公顷；玉华乡 3076 户，登记发证 2129 宗，占 69.21%，登记土地面积 48.86 公顷；岚关乡3034户，登记发证2073宗，占68.33%，登记土地面积40.51公顷；老坟嘴乡2658户，登记发证2119宗，占79.72%，登记土地面积48.24公顷；松坪乡5768户，登记发证5228宗，占90.64%，登记土地面积118.45公顷；小河山乡1735户，登记发证1527宗，占88.01%，登记土地面积34.79公顷；龙塘乡1987户，登记发证1147宗，占57.73%，登记土地面积44.48公顷；鱼河乡3532户，登记发证2094宗，占59.29%，登记土地面积58.31公顷；白沙乡3184户，登记发证3043宗，占95.57%，登记土地面积72.71公顷；建中乡2856户，登记发证2432宗，占85.15%，登记土地面积58.44公顷；木老坪乡2778户，登记发证2408宗，占86.68%，登记土地面积89.61公顷；铜锣乡3278户，登记发证2782宗，占84.87%，登记土地面积74.08公顷；高水乡3571户，登记发证3587宗，占100.4%，登记土地面积99.37公顷；木引槽乡2204户，登记发证2008宗，占91.11%，登记土地面积60.18公顷；牛场坝乡1939户，登记发证1816宗，占93.66%，登记土地面积47.07公顷。

1998年后，原有农宅基地、新建住房宅基地及农村集体经济组织非农业建设用地等，其“集体土地建设用地使用证”办理进入常态化管理。2001年6月18日，县国土局印发《关于办理土地登记的有关规定》，其中明确集体土地按《贵州省土地登记条例》规定的农村村民每户用地限额作为登记限额，超出限额的不予登记。是年，全县将23个乡镇分片管理，任务落实到人，共完成集体土地使用权登记914宗。2002年，完成“集体土地建设用地使用证”登记发证615宗。

2003－2007年，完成集体土地建设用地使用权登记3154宗，登记面积59.41公顷。2008－2012年，完成登记1293宗，登记面积22.59公顷。截止2012年，初步统计全县应完成集体建设用地使用权登记发证101607宗，其中宅基地应发数101300宗，村（社区）委会、村（社区）卫生室等农村宅基地登记应发数为307宗。累计实际完成农村宅基地登记发证74992宗，登记发证率为74.03%，完成村（社区）委会、村（社区）卫生室等集体经济组织“集体土地建设用地使用证”发证307宗，发证率100%。

2013－2014年，共完成集体土地建设用地使用权登记1032宗，登记面积10余公顷。是年止，全县累计共完成“集体土地建设用地使用权”发证76024本。

第十一章　建设用地管理

第一节　国家建设征地

一、征地审批权限

解放后至20世纪80年代中期，没有建立专门的土地管理机构，全县土地征用多由民政、农业等部门兼管或由地方政府负责，并按各时期的有关文件规定上报审批。

1958年，开始执行全国人大常务委员会第90次会议批准修正公布的《国家建设征用土地办法》，该办法取消征地由县、省、大行政区和国务院四级审批的规定，改由有权批准本项建筑工程初步设计的机关负责批准用地的数量，然后由用地单位向土地所在地的省级人民委员会申请一次或数次核拨；建设工程在300亩以下和迁移居民在30户以下的，可以向土地所在地的县级人民委员会申请核拨。

1962年4月，开始按国务院作出的“为了严格控制征用土地，目前基本建设征用土地的审批权，可暂时统一收归各省、自治区、直辖市人民委员会掌握”等规定执行。

1970年6月，开始按贵州省革命委员会发出的《关于严格控制基本建设用地的通知》执行。该通知规定：凡征用荒地、荒山在30亩以内和临时租用土地，由县革命委员会审批；超过上述数字者，一律由省革命委员会生产指挥部审批。

1971年4月，开始执行贵州省革命委员会黔革生〔1971〕26号文件规定：凡征用荒地、荒山在40亩以内和临时租用土地，由县革命委员会审批；水田在10亩，旱地在15亩，迁移15户以内，荒山荒地60亩，由地州审批；超过上述标准报省审批。

1982年5月，开始执行国务院公布的《国家建设征用土地条例》，即征用耕地、园地1000亩以上，其他土地2000亩以上，由国务院批准；征用耕地、园地3亩以上，林地、草地10亩以上，其他土地20亩以上，由所在县、市人民政府审查，报省、自治区人民政府批准；在上述限额以下的，由县、市人民政府批准。

1984年1月，开始执行贵州省人民政府关于贯彻执行《国家建设征用土地条例》的若干规定（黔府〔1984〕46号），征用旱地和园地3亩以下，荒山荒地10亩以下，由所在县、市人民政府批准；征用菜地1亩以下，稻田3亩以下，旱地和园地3亩至5亩，林地10亩以下，荒山荒地10亩至20亩，由县人民政府审查，报州人民政府批准；超过上述限额，由县、州逐级审查，报省人民政府批准。

1988 年 3 月，开始执行 1987 年 12 月 12 日贵州省第六届人民代表大会常务委员会第二十八次会议通过的《贵州省实施〈中华人民共和国土地管理法〉办法》，其征（拨）土地的审批权限：征（拨）耕地（含稻田、旱地、菜地，下同）3 亩以下，其他土地 10 亩以下，或者一个建设项目征（拨）耕地和其他土地合计 10 亩以下的，由县级人民政府批准；征（拨）耕地 3 至 10 亩，其他土地 10 至 30 亩，或者一个建设项目征（拨）耕地和其他土地合计 30 亩的，由县级人民政府审核，报自治州、省辖市人民政府或地区行署批准；征（拨）耕地 10 至 1000 亩，其他土地 30 至 2000 亩，或者一个建设项目征（拨）耕地和其他土地合计 2000 亩的，逐级审核，报省人民政府批准；征（拨）耕地 1000 亩以上，其他土地 2000 亩以上的，报国务院批准。（上述“以下”包括本数，“以上”不包括本数）。

1999 年，开始执行修改后的《土地管理法》，规定征收基本农田、基本农田以外的耕地超过 35 公顷的、其他土地超过 70 公顷的，由国务院批准；征收此规定外的土地，由省人民政府批准，报国务院备案。征收土地涉及农用地转为建设用地的，开始执行农用地转为建设用地的转用审批手续。农用地转为建设用地实行两级审批制度，其审批权限由国务院和省人民政府按有关规定进行审批。属土地利用总体规划确定的城市和村庄、集镇建设用地规模范围内，为实施该规划而将农用地转为建设用地的，按土地利用年度计划分批次由原批准土地利用总体规划的机关批准。在已批准的农用地转用范围内，具体建设项目用地可以由县人民政府批准。

2001 年 1 月 1 日，开始执行《贵州省土地管理条例》的有关规定：在土地利用总体规划确定的城市和村庄、集镇建设用地规模范围内，使用已批准征用的土地或者转用的农用地，具体建设项目供地的审批权限为：1.使用土地不足 1 公顷的，由县人民政府批准，报省人民政府和州人民政府备案；2.使用土地 1 公顷以上的，由州人民政府批准，报省人民政府备案。具体建设项目使用土地利用总体规划确定的国有未利用土地的审批权限为：1.使用土地不足 4 公顷的，由县人民政府审批，报州人民政府备案；2.使用土地 4 公顷以上不足 10 公顷的，由州人民政府审批，报省人民政府备案；3.使用土地 10 公顷以上的，由省人民政府审批。

2012 年 7 月 20 日，州委、州政府印发《黔南州贯彻落实〈中共贵州省委、省政府关于进一步加快发展县域经济的意见〉的实施意见》（黔南党发〔2012〕9 号），明确使用已批准征用的土地或者转用的农用地，具体建设项目供地由县政府审批。

二、征地审批程序

1986 年《土地管理法》颁布前，属县审批权限内的国家建设征用划拨土地，一般由用地单位和当地生产大队签订包括征地数量、土地补偿、青苗补偿、房屋拆迁等补偿协议。征用土地数量较大者要先拟定征用土地方案，其中包括征地理由、征地用途、土地面积、补偿方案及劳力安置方法等。征地协议签订及补偿完毕后，经土地主管部门审查报县人民政府审批下文。

1987 年县土地管理局成立后，用地审批趋于严格，一般在供用地双方达成协议后用地方还要到县计划委员会报批，由县计委下达本年度的基本建设计划文件，之后由用地单位持协议和计划文件到县土地管理局申请办理用地手续。县土地管理局在经现场勘查测量后，报县人民政府审批并行文公布用地性质、用途、数量等。随后，由土地管理局核发“国有土地使用证书”。

1988 年开始，根据《贵州省实施〈中华人民共和国土地管理法〉办法》，境内国家建设征用集体土地或者划拨国有土地，按下列程序办理申请、审查、批准、划拨手续：1.列入国家固定资产投资计划的或者准许建设的项目，建设单位必须持有按照国家规定的基本建设程序批准的设计任务书或其他批准文件，向县土地管理局申请用地和选址。在城市规划区范围内选址，还需征得县城市规划部门同意。2.县土地管理局组织用地单位、被征（拨）地单位并会同有关部门商定拟征（拨）土地的位置、类别、面积及有关补偿、安置方案，签订征（拨）地协议。3.土地管理局对有关征（拨）地的文件和材料进行审核后，依照规定的审批权限，报县级以上人民政府批准。经批准后根据建设进度一次或分期划拨土地，核发用地许可证。4.建设项目竣工后，县土地管理局对建设用地进行核查，发给国有土地使用证。

1999 年开始，根据有关法律法规，境内建设征收土地，均由县土地管理部门受理建设用地申请，经县级人民政府审核同意后，按照审批权限逐级上报批准。批复下达后，根据批复文件发布征收公告；召开群众会宣传征地安置政策及补偿标准，并选举村民代表参与征地丈量工作；实施土地登记、内业测算，实行三榜公示丈量面积及补偿金额；兑现被征地户补偿费。是年开始执行的农用地转用审批程序为：1.由组织实施土地利用总体规划的县人民政府提出申请，县国土资源主管部门负责编制《农用地转用方案》《补充耕地方案》等报批材料。2.由县国土资源主管部门负责做好土地权属复核、征地调查、补充耕地等前期工作，并对建设单位用地申请进行审查，符合条件的报县人民政府审核，然后逐级上报审批。3.经批准的农用地转用方案，由县政府组织实施。

三、报件批准

解放后至《土地管理法》颁布前，瓮安根据有关审批权限报批征用土地。1959 年，根据当时的审批权，瓮安县人委〔1959〕办字第 051 号、〔1960〕县办字第 002 号文件，先后批准瓮安煤矿征用永和区梅家坪一带 386 亩土地，其中，车地乡悦来村 18 亩，车地村 65 亩，柴花村 93 亩；岚关乡大路村 210 亩。征地带居住的 10 多户农民，征地时安置搬迁至大路村小谷才村民组居住。瓮安煤矿征用土地时，由于处于人民公社搞“大跃进”时期，因而对被征土地没有进行补偿。1960 年纠正一平二调，瓮安煤矿按照当时政策与大路生产队签订了补偿 4000 元的非耕地让受协议。

1982 年《国家建设征用土地条例》颁布后，时较大项目如交通用地、水利设施用地、工矿企业用地等，均需上报州或州以上人民政府审批。期间瓮安所建碳化建筑材料厂，即通过省政府（82）黔府通209号文件批复：批准征用雍阳区城关公社河西大队龙水坝生产队土地176.73亩，其中土46.73亩，荒山130亩。1985年1月，瓮安煤矿夹山至东平硐矿区新建公路，时根据审批权限，也需向省政府报批，共批准瓮安煤矿补征土地26.58亩，其中田2.99亩，荒土23.59亩。

1986年《土地管理法》颁布后，建设用地审批全面纳入法制轨道。1988年，境内共获审批建设用地417件，占地595.9亩，其中国家建设用地20件，占地509.3亩（主要为江界河大桥用地）。1989年，审批建设用地431件，其中国家建设9件，占地11.03亩（耕地10.69亩，非耕地0.34亩）。1990年，审批建设用地894件，占地272.08亩（耕地115.02亩，非耕地157.06亩），其中国家建设13件，占地120.06亩（耕地96.76亩，非耕地23.3亩）。1991年，审批建设用地1052件，占地298亩（耕地114亩，非耕地184亩）。其中国家建设占地108亩（耕地78亩，非耕地30亩）。

1994－2004年，除1999年前小额征用土地审批权由县政府批准外，较大用地项目均需逐级上报州、省政府直至国务院审批。其间，瓮安县上报国家建设项目用地报件31个，其中征收17个，农用地转用14个（含3个农村村民农用地转用审批项目），批准土地面积63.19公顷，其中农用地52.43公顷（耕地51.45公顷），建设用地2.11公顷，未利用地8.65公顷。报件中属省政府审批19个，批准面积49.61公顷，其中农用地38.85公顷（耕地37.86公顷），建设用地2.11公顷，未利用地8.65公顷，应安置农业人口662人，应安置劳动力403人。省政府批准较大项目有水钢珠藏矿用地，黔府函〔1994〕122号文批准，批准面积13.6公顷，其中农用地5.32（全部为耕地）；马遵瓮安段改造用地，黔府函〔2000〕863号批准，批准面积17.72公顷，其中农用地15.6公顷（耕地15.26公顷）；县城规划建设用地，黔府函〔2001〕98号、〔2003〕269号批准，批准面积分别为4.71公顷、5.38公顷，其中农用地分别为4.71公顷、5.37公顷，农用地中耕地分别为4.07公顷、5.37公顷。报件中属州政府审批12个，批准面积13.71公顷。

2005－2014年，全县共向省人民政府、国土资源部上报建设用地73个，获批71个。批准土地总面积4133.78公顷，其中：农用地2845.73公顷（耕地1343.47公顷）、建设用地198.78公顷、未利用地1089.27公顷，获批新增建设用地3935公顷。具体批准情况为：

上报城镇批次31个，省人民政府批准29个，批准面积522.72公顷，其中农用地319.95公顷（耕地270.33公顷），建设用地90.76公顷，未利用地112.01公顷，获批新增建设用地431.96公顷，需安置农业人口3361人，需安置劳动力1816人。

瓮安县2005－2014年建设用地城镇批次报件批准登记表

表11－1　　面积单位：公顷

城镇建设用地项目批次	批准面积					获批新增建设用地	需安置人口	需安置劳动力
	合计	农用地	农用地中耕地	建设用地	未利用地			
2005年第一批次	35. 3332	34. 952	34. 4509	0. 3812		34. 952	675	340
2006年第一批次	9. 4586	9. 4586	9. 4586			9. 4586	122	65
2007年第一批次	5. 8488	5. 6857	5. 529	0. 1342	0. 0289	5. 7146	144	82
2007年第二批次	14. 9528	14. 5127	12. 9283	0. 4401		14. 5027	170	107
2008城建用地	3. 6923	2. 2542	1. 9961	0. 069	1. 3691	3. 6233	23	11
2009年第一批次	4. 1924	4. 1572	4. 0847	0. 0352		4. 1572	26	14
2010年第一批次	28. 0673	27. 3522	27. 3522	0. 7151		27. 3522	243	102
2010年第二批次	19. 52	18. 1987	17. 9702	1. 3213		18. 1987	161	78
2010年第三批次	6. 8626	6. 4039	6. 1407	0. 4587		6. 4039	106	63
2010年第四批次	7. 4245	3. 9692	3. 723	3. 4553		3. 9692	43	22
2011年第一批次	16. 2409	15. 3117	14. 5919	0. 9292		15. 3117	212	117
2011年第二批次	29. 9425	15. 8194	10. 9633	2. 5429	11. 5802	27. 3996	120	58
2011年第三批次	29. 9991	16. 7981	12. 3999	1. 8522	11. 3488	28. 1469	104	49
2011年第四批次	67. 989	31. 3116	23. 0013	4. 6824	31. 995	63. 3076	336	179
2011年第五批次	69. 8033	36. 069	28. 4561	2. 057	31. 6773	67. 7463	275	193
2011年第六批次	15. 1063	8. 6126	6. 4951	0. 6439	5. 8498	14. 4624	121	84
2012年第一批次	18. 5551			18. 5551				
2012年第二批次	6	2. 1705	1. 8209	1. 0995	2. 73	4. 9005	20	9
2012年第三批次	8. 6943	4. 7671	3. 7522	0. 7432	3. 184	7. 9511	17	10
2013年第一批次	26. 2227	11. 6944	9. 2560	2. 6563	11. 8720	23. 5664	100	59
2013年第二批次	1. 8714	1. 8714	1. 2929			1. 8714	12	4
2013年第三批次	11. 8056	11. 2952	7. 0860	0. 5099	0. 0005	11. 2957	64	25
2013年第四批次	13. 2756	11. 8967	10. 4887	1. 361	0. 0179	11. 9146	173	94
2013年第五批次	19. 9984			19. 9984		19. 9984		
2013年第八批次	1. 5129	1. 1537	0. 7429		0. 3592	1. 5129	10	6
2014年第一批次	9. 9041	4. 7528	3. 0185	5. 1513		4. 7528		
2014年第二批次	19. 2337	18. 2752	12. 4775	0. 9585		18. 2752		
2014年第三批次	19. 9999			19. 9999				
2014年第五批次	1. 2072	1. 2029	0. 8555	0. 0043		1. 2029		
合　计	522. 7181	319. 9503	270. 3324	90. 7551	112. 0127	431. 963	3361	1816

注：合计栏＝农用地栏＋建设用地栏＋未利用地栏；获批新增建设用地＝合计栏－建设用地栏

上报工业批次 14 个，省人民政府批准 14 个，批准面积 255.82 公顷，其中农用地 159.9 公顷（耕地 112.28 公顷），建设用地 17.64 公顷，未利用地 78.29 公顷，获批新增建设用地 238.19 公顷，需安置农业人口 1041 人，需安置劳动力 572 人。

上报独立选址项目 23 个，国土资源部、省政府批准 23 个，批准面积 3316.83 公顷，其中农用地 2329.47 公顷（耕地 934.82 公顷），建设用地 90.39 公顷，未利用地 896.97 公顷，获批新增建设用地 3226.44 公顷，需安置农业人口 8372 人，需安置劳动力 5089 人。

上报农用地转用 5 个，省人民政府批准 5 个，批准面积 38.41 公顷，其中农用地 36.41 公顷（耕地 25.74 公顷），未利用地 2 公顷。

瓮安县 2006－2014 年用地量较大独立选址项目报批登记表

表 11－2　　单位：公顷

建设用地名称	批准机关及批复文号	批准面积	其中农用地	农用地中耕地
构皮滩电站瓮安淹没区	国土资函〔2006〕668 号	2513.7795	1648.1838	575.1127
瓮安县垃圾填埋场	黔府用地函〔2009〕320 号	10.9105	4.9645	4.833
清水河格里桥水电站	国土资函〔2009〕138 号	30.5137	20.8191	
瓮马高速瓮安段	国土资函〔2012〕374 号	78.523	72.626	37.8618
杜仲河水库	黔府用地函〔2012〕311 号	69.585	26.0105	9.8981
瓮福二期接替矿山	黔府用地函〔2012〕45 号	19.7046	10.5979	6.0718
道瓮高速瓮安段	国土资函〔2013〕877	222.669	201.1967	136.5898
贵瓮高速瓮安段	国土资函〔2014〕93	195.7234	185.7378	84.5487
江瓮高速瓮安段	国土资函〔2014〕98	144.3373	134.1917	58.2777

四、国有土地供应

20 世纪 90 年代初以前，国家建设用地均采用划拨方式供地。之后，除国家行政事业机关、军事设施、城市基础设施、公益事业、道路交通建设等法律法规规定的划拨用地外，均采取出让方式供地。

2000－2004 年，全县共供应国有土地 183 宗，供应面积 43.17 公顷（新增建设用地面积 22.2 公顷）。其中采取出让供地 55 宗，面积 11.8 公顷（新增建设用地面积 6.26 公顷）；采取划拨供地 128 宗，面积 31.37 公顷（新增建设用地面积 15.94 公顷）。

2005－2009 年，全县共供应国有土地 810 宗，供应面积 152.89 公顷（新增建设用地面积 44.57 公顷）。其中采取出让供地 158 宗，面积 80.26 公顷（新增建设用地面积 31.63 公顷）；采取划拨供地 652 宗，面积 72.64 公顷（新增建设用地面积 12.93 公顷）。五年中，供应宗数比前 5 年多 627 宗，增长 342.62%，供应面积比前 5 年多 109.73 公顷，增长 254.21%，出让供地比前 5 年多 103 宗，面积多 68.47 公顷，分别增长 187.27%、580.63%。

瓮安县 2000 - 2014 年国有土地供应汇总表

表 11 - 3 面积单位：公顷

年度	宗数	供应面积	其中新增建设用地	出让			划拨		
				宗数	供应面积	其中新增建设用地	宗数	供应面积	其中新增建设用地
2000	30	17.2749	15.6049				30	17.2749	15.6049
2001	8	5.2444	1.0229	7	4.9074	0.6859	1	0.337	0.337
2002	45	11.6948	0.0445	16	0.1148	0.0445	29	11.58	
2003	20	6.7958	5.5090	17	6.1393	5.509	3	0.6565	
2004	80	2.1553	0.0200	15	0.6303	0.02	65	1.525	
2005	165	3.1432	0.0000	10	0.1287	0	155	3.0145	
2006	304	17.2764	5.2150	38	5.6674	5.215	266	11.609	
2007	152	51.8379	31.3168	27	30.1524	23.4017	125	21.6855	7.9151
2008	84	32.7933	2.5400	20	5.4126	0	64	27.3807	2.54
2009	105	47.8438	5.4953	63	38.8976	3.016714	42	8.9462	2.4786
2010	53	85.0176	62.3319	16	33.0915	12.5101	37	51.926117	49.8218
2011	139	94.6189	84.3737	105	29.0673	24.9763	34	65.551605	59.397445
2012	328	257.6504	241.0503	276	118.9992	102.67277	52	138.65119	138.37752
2013	282	360.5283	233.8893	215	142.1853	104.36021	67	218.3429	129.5291
2014	186	345.1551	99.8177	160	91.6616	64.2774	26	253.4934	35.5403
合计	1981	1339.0301	788.2313	985	507.0554	346.689594	996	831.974512	425.599865

2010 - 2014 年，全县共供应国有土地 988 宗，供应面积 1142.97 公顷（新增建设用地面积 721.46 公顷）。其中采取出让供地 772 宗，面积 415 公顷（新增建设用地面积 308.8 公顷）；采取划拨供地 216 宗，面积 727.97 公顷（新增建设用地面积 412.67 公顷）。5 年中，供应宗数比前五年多 178 宗，增长 21.98%，供应面积比前 5 年多 990.08 公顷，增长 647.55%，出让供地比前 5 年多 614 宗，面积多 334.75 公顷，分别增长 388.61%、417.08%。

第二节　征地补偿安置

1987 年前，境内征用土地按国家有关规定执行，征地补偿费普遍较低。

1987 年 12 月 12 日，《贵州省实施〈中华人民共和国土地管理法〉办法》公布后，开始执行该办法规定的补偿标准。1989 年 11 月该办法经省第七届人民代表大会常务委员会修改后开始执行修改后规定的标准，时瓮安征用土地补偿、补助费操作标准为：（一）土地补偿费：征用稻田、菜地、鱼塘、藕塘的补偿标准，按上、中、下三个等级，分别为该土地年产值的六、五、四倍；征用旱地、园地及其他多年生经济林的土地补偿标准，按上、中、下三个等级，分别为该土地年产值的五、四、三倍；征用其他土地的补偿标准，为下等旱地年产值的二至三倍。土地年产值，按被征前三年平均产量和国家规定的价值计算。（二）青苗补偿费，按实际损失补偿。树木视其种类大小与实用价值结合当年市场价补偿。房屋及其他附着物，根据其结构、新旧程度、所处环境，结合当年房屋重置价补偿。（三）安置补助费，按有关规定计算，每一个需要安置的农业人口的安置补助费标准，为该耕地被征用前每亩年产值的三倍。但每亩安置补助费最高不得超过每亩年产值的十倍。征用其他土地的安置补助费，为征用耕地安置补助费的一半。（四）农业剩余劳动力安排，主要是通过安排在用地单位就业及因地制宜兴办乡村企业解决。

1992 年 11 月 21 日，县政府召开县城建设用地专题会议，产生瓮政字〔1992〕70 号会议纪要，其后县城建设新区东抵塔坡沿山脚，北以新仓路为界，西至老城。新区内的土地由城建委按法定程序统征统拨，土地征用费按下列标准执行：1.征地费，稻田每亩 9100 元，菜地每亩 11200 元，旱地每亩 5600 元，空地每亩 5000 元。2.青苗补偿费，菜地每亩 200 元，其他作物每亩 100 元。

1999 年 9 月 10 日，瓮府发〔1999〕31 号文作出《关于土地有偿使用收费及补偿标准的通知》，是月 15 日起，全县征地补偿费和安置补助费执行如下标准：1.雍阳镇属县城规划区内的土地，稻田按 25 元/平方米、旱地按 12. 5/平方米收取并支付。雍阳镇属县城规划区外的土地，稻田按以下标准收取并支付：一类 20 元/平方米，二类 16 元/平方米，三类 12 元/平方米；旱地按以下标准收取并支付：一类 12 元/平方米，二类 9 元/平方米，三类 6 元/平方米。2.草塘镇、平定营镇、银盏乡的稻田和旱地，按以下标准收取并支付：稻田一类 20 元/平方米，二类 16 元/平方米，三类 12 元/平方米；旱地一类 12 元/平方米，二类 9 元/平方米，三类 6 元/平方米。3.玉华乡、天文镇、玉山镇、珠藏镇、中坪镇、永和镇、松坪乡、岚关乡、铜锣乡、鱼河乡、龙塘乡、木老坪乡按以下标准收取并支付：稻田一类 16 元/平方米，二类 14 元/平方米，三类 12 元/平方米；旱地一类 10 元/平方米，二类 8 元/平方米，三类 6 元/平方米。4.高水乡、牛场坝乡、木引槽乡、建中乡、白沙乡、老坟嘴乡、小河山乡以下标准收取并支付：稻田一类 14 元/平方米，二类 12 元/平方米，三类 8 元/平方米；旱地一类 9 元/平方米，二类 7 元/平方米，三类 4 元/平方米。

2002 年 9 月 15 日，县政府下发《瓮安县人民政府关于全县范围内征地补偿标准的通知》（瓮政发〔2002〕25 号）。2002 年 9 月 15 日起，全县执行以下征地补偿及安置补偿标准：1.雍阳镇征地补偿及安置补偿标准：县城规划区内稻田每平方米 25 元，旱地每平方米 12. 5 元。县城规划区外稻田一类每平方米 20 元，二类每平方米 16 元，三类每平方米 12 元；旱地一类每平方米 12 元，二类每平方米 9 元，三类每平方米 6 元。2.草塘镇、平定营镇、银盏乡补偿标准：稻田一类每平方米 20 元，二类每平方米 16 元，三类每平方米12元；旱地一类每平方米12元，二类每平方米9元，三类每平方米6元。3.玉华乡、天文镇、玉山镇、珠藏镇、中坪镇、永和镇、松坪乡、岚关乡、铜锣乡、鱼河乡、龙塘乡、木老坪乡补偿标准：稻田一类每平方米16元，二类每平方米14元，三类每平方米12元；旱地一类每平方米10元，二类每平方米8元，三类每平方米6元。4.高水乡、牛场坝乡、木引槽乡、建中镇、白沙乡、老坟嘴乡、小河山乡补偿标准：稻田一类每平方米14元，二类每平方米12元，三类每平方米8元；旱地一类每平方米9元，二类每平方米7元，三类每平方米4元。

2005年10月20日，瓮府发〔2005〕19号文件下发《瓮安县人民政府关于多途径安置被征地农民的意见》，意见明确6条：1.货币补偿必须按标准补偿到位；2.完善政府统筹有土安置工作；3.解决好集中安置的后续问题；4.扩大就业安置途径；5.完善社会保障手段解决被征地农民的长远生计；6.探索留地安置方式。

2008年9月28日，县政府印发《瓮安县县城规划区征收土地补偿标准》（瓮府发〔2008〕23号）。是日起，县城规划区征收土地开始按该补偿标准执行。一、征收土地补偿：（一）土地补偿费和安置补助费标准：稻田每亩27702元；旱地每亩20520元；园地每亩13338元；建设用地每亩12312元；林地每亩10260元；牧草地及他它农用地每亩6156元；未利用地每亩3078元。（二）青苗补偿标准（耕地）：每亩1026元。二、征收土地安置：采取货币补偿安置、小城镇安置和社会保障安置等方式，以政府引导、用地单位参与、被征地农民自主选择的方法进行。（一）货币补偿安置，即按标准支付土地补偿费、安置补助费、青苗补偿费，由被征地农户自谋职业。（二）小城镇安置，对完全失地且无宅基地的农户，采取统一供地、统一规划、统一建设的方式进行安置。（三）社会保障安置，本着政府协调，用地单位参与，农民自愿的原则，以政府补助一点，用地单位拿一点，农民出一点的方式筹集社会保障基金，结合社会保障政策，将失地农民纳入社会保障体系。

2008年11月18日，县政府印发《瓮安县县城新区征地拆迁补偿安置方案》（瓮府发〔2008〕28号），重申县城规划区征地补偿按瓮府发〔2008〕23号文件执行，并对被征地农民和拆迁户进行对应安置的货币安置、小城镇安置、社会保障安置、计划安置四种方式作出具体规定：1.小城镇安置：房屋拆迁实行拆一还一，结构成新不补差；被征地以户为单位安置，失地50%及以上，按每户20平方米门面进行安置，失地比例每增加一个百分点增加0.4平方米，以此递增，但安置门面最多不能超过每户40平方米，安置门面在规定标准内按成本价购买。2.社会保障安置：按《瓮安县被征地农民就业培训和社会保障方案》执行。3.划地安置：对不选择商品住房安置的，在规划的农民新村内，按每户130平方米划定宅基地建房，原有宅基地超过130平方米部分按有关规定补偿，不足130平方米的由被拆迁户按征地成本价支付。4.货币安置：房屋拆迁选择货币安置的，按市场评估价一次性进行货币补偿，被征土地选择货币安置的，按瓮府发〔2008〕23号有关规定进行一次性货币补偿。

2009 年 5 月 7 日，县政府印发《瓮安县征收土地补偿标准》（瓮府发〔2009〕16 号）。是日起，瓮政发〔2002〕25 号文件规定的征地补偿标准废止，全县开始施行以下新的征收土地补偿标准：（一）土地补偿费和安置补助费标准：1.县城规划区内补偿标准：稻田每亩 27702 元；旱地每亩 20520 元；园地每亩 13338 元；建设用地每亩 12312 元；林地每亩 10260 元；牧草地及其他农用地每亩 6156 元；未利用地每亩 3078 元。2.雍阳镇（县城规划区外）银盏乡（县城规划区外）、平定营镇、草塘镇、中坪镇、珠藏镇、玉山镇、永和镇、建中镇、天文镇、玉华乡及其他乡集镇规划区范围的补偿标准：稻田每亩 25650 元；旱地每亩 19494 元；园地每亩 12312 元；建设用地每亩 11286 元；林地每亩 10260 元；牧草地及其他农用地每亩 6156 元；未利用地每亩 3078 元。3.龙塘乡、鱼河乡、白沙乡、铜锣乡、松坪乡、木老坪乡、岚关乡、高水乡、木引槽乡、牛场坝乡、小河山乡、老坟嘴乡等 12 个乡集镇规划区外的补偿标准：稻田每亩 223598 元；旱地每亩 18468 元；园地每亩 11286 元；建设用地每亩 10260 元；林地每亩 10260 元；牧草地及其他农用地每亩 6156 元；未利用地每亩 3078 元。（二）青苗补偿标准（耕地）：每亩 1026 元。

2010 年 2 月 22 日，瓮府办发〔2010〕15 号文件转发《黔南州人民政府关于公布全州征地统一年产值标准和征地区片综合地价的通知》，是年 1 月 1 日起，瓮府发〔2009〕16 号关于瓮安县征收土地补偿标准停止执行，全县改按《黔南州征地统一年产值标准和征地区片综合地价征地补偿标准》执行，其执行标准为：1.雍阳镇、银盏乡：征收耕地安置补偿、土地补偿每亩为 27830 元，社保资金 14688 元；建设用地安置补偿、土地补偿每亩为 13310 元；林地安置补偿、土地补偿每亩为 13310 元；牧草地安置补偿、土地补偿每亩为 9680 元；其他农用地安置补偿、土地补偿每亩为 9680 元；未利用地安置补偿、土地补偿每亩为 6050 元；园地安置补偿、土地补偿每亩为 13310 元。2.平定营镇、草塘镇、中坪镇、玉山镇、珠藏镇、永和镇、玉华乡、龙塘乡：征收耕地安置补偿、土地补偿每亩为 26680 元，社保资金 14688 元；建设用地安置补偿、土地补偿每亩为 12760 元；林地安置补偿、土地补偿每亩为 12760 元；牧草地安置补偿、土地补偿每亩为 9280 元；其他农用地安置补偿、土地补偿每亩为 9280 元；未利用地安置补偿、土地补偿每亩为 5800 元；园地安置补偿、土地补偿每亩为 12760 元。3.白沙乡、建中镇、鱼河乡、铜锣乡、松坪乡、天文镇、木老坪乡、岚关乡、高水乡、木引槽乡、牛场坝乡、小河山乡、老坟嘴乡：征收耕地安置补偿、土地补偿每亩为 25530 元，社保资金 14688 元；建设用地安置补偿、土地补偿每亩为 12210 元；林地安置补偿、土地补偿每亩为 12210 元；牧草地安置补偿、土地补偿每亩为 8880 元；其他农用地安置补偿、土地补偿每亩为 8880 元；未利用地安置补偿、土地补偿每亩为 5550 元；园地安置补偿、土地补偿每亩为 12760 元。

2010 年 3 月 24 日，县人民政府印发经州人民政府批准的《瓮安县被征地农民社会保障暂行办法》（瓮府发〔2010〕4 号），全县开始施行该办法。该办法共 7 章 32 条，其中第二条规定：保障范围为境内城乡规划区内2006年4月10日国发办〔2006〕29号文件发布后因政府统一征用农村集体土地后失去全部或大部分承包土地，且在征地时享有农村集体土地承包权的农业在册人口年龄在18周岁以上的人员。土地被征用后村委会重新调节土地的及以户为单位人均耕地面积超过0.5亩的不在保障范围。第三条规定：被征地农民养老保障实行农民自愿、个人缴费、集体补助和政府扶持相结合的原则。第五条规定：保障资金缴纳标准，以征地时瓮安县城镇居民最低生活保障标准的120%为缴费基数，一次性缴纳15年。第六条规定：养老保障资金筹集，保障对象个人缴纳应费总额的40%，集体补助、政府扶持资金为应费总额的60%。第十三条规定：养老保证金按月领取，社会保障机构按时足额发放。第二十一条规定：养老保证金满60周岁次月起开始领取直至终身，养老保障费一次性缴纳后超过60周岁的，从缴费的次月起开始领取直至终身。

2011年1月1日起，全县开始执行县政府批准由县政府办〔2011〕9号文件印发的《瓮安县被征地农民社会养老保险实施办法（试行）》。该实施办法规定：1.参加社会养老保险对象为2011年1月1日起因征用其承包集体土地而失去土地的在征地时享有土地承包经营权的农业在册人口，且年满16周岁，该户被征地后剩余承包耕地人均在0.5亩及以下的农民。2.参加社会养老保险类别有城镇职工基本养老保险、城镇居民养老保险、新型农村养老保险，三类保险只能选择其中一种，后两种保险今后启动后方可实施。3.参加城镇职工基本养老保险缴费标准，以征地时上年度起历年全省在岗职工平均工资作为缴费基数，按20%的费率乘以折算后的缴费年限，计算应缴费总额。参保缴费年限从其年满16周岁起至征地时的实际年龄，按两年折算一年确定补缴年限，折算后的补缴年限最长为15年，补缴年限不足一年的按一年计算。4.政府承担应缴费总额的60%，个人承担应缴费总额的40%，因个人获得的土地补偿费和安置补偿费不足以抵缴个人承担费用的差额部分，县政府安排资金予以补助。5.男年满60周岁、女年满55周岁且缴费年限满15年的，办理手续后的次月起按城镇职工基本养老保险待遇计发办法按月发基本养老金。

2011年1月14日，县政府办印发《瓮安县工业园区征地拆迁补偿安置方案（试行）》（瓮府办发〔2011〕1号），是日起工业园区征地拆迁开始施行该方案：安置方式采取社会保障安置、货币安置、划地安置、统建安置四种方式对被征地农民和拆迁户进行对应安置。对被征地户：征地补偿标准按黔南府发〔2009〕31号文件执行；生活保障实施养老保险、就业保障、生活保障等多项措施。对房屋拆迁户：货币安置按《黔南州人民政府关于马场坪至瓮安高速公路建设项目拆迁补偿安置方案》补偿标准执行；划地安置每户按130平方米划定宅基地，原有宅基地面积超过或不足130平方米的，按园区耕地补偿标准相互补差，原房屋补偿按货币补偿标准补偿；统建安置实行工业园区内统一规划、集中安置，住房实行“拆一还一，结构成新不补差”。

2012年7月31日，县政府办印发《瓮安县被征地农民就业和社会保障实施办法

（暂行）》（瓮府办发〔2012〕125 号），该办法发布之日起全县开始施行，原瓮府发〔2010〕4 号和瓮府办发〔2011〕9 号相关文件同时废止。新保障实施办法规定：一、保障对象：县级以上人民政府依法征收承包耕地后，被征地户人均剩余耕地面积与 2009 年农业人口人均耕地面积 0.9 亩的比例（简称人均剩余耕地比）不足 70%，且征地时年满 16 周岁以上的在册农业人口以及征地后农转非人员。二、保障办法：（一）促进就业：被征地农民农转非后，可进行失业登记领取《就业失业登记证》，按规定优先享受国家和省的公益性岗位安置等就业扶持政策；用地项目业主单位优先安置被征地农民就业，招用项目所在地被征地农民就业的，可享受基本养老保险和基本医疗保险补贴；农村户籍进城务工的被征地农民参加职业技能培训，可享受相应的培训补贴，可优先享受小额担保贷款等优惠政策。（二）社会保障：1.参保险种：首次以被征地农民身份参保时，保留农村户籍或被征地后农转非人员可按照《瓮安县城乡居民社会养老保险试点实施方案》（瓮府办发〔2011〕128 号）参加城乡居民社会养老保险；被征地农民农转非后首次选择参保时，也可以选择参加城镇职工基本养老保险。2.参保缴费：首次以被征地农民身份参保时，可根据所选择的社会养老保险自愿进行补缴，从其年满 16 周岁起至征地时的实际年龄，按两年折算一年确定补缴年限。折算后的补缴年限最长为 15 年，补缴年限不足一年的按一年计算。折算补缴的年限不享受参保补助。被征地农民选择参加城乡居民养老保险的补助标准分别按照《瓮安县城乡居民社会养老保险试点实施方案》（瓮府办发〔2011〕128 号）规定的缴费档次，由个人选择其中一档乘以折算后的缴费年限计算的个人应缴费总额。被征地农民选择参加城镇职工基本养老保险的补缴标准是按照折算后的缴费年限，以征地时上年度起历年全省在岗职工平均工资作为缴费基数，乘以 20% 的费率作为应缴费总额。补缴的养老保险费原则上个人承担。对本方案实施后新征地家庭人均剩余耕地比 50% 以下的人员，农转非后选择参加城镇职工基本养老保险，且在征地后两个月办理完毕参保手续的，其补缴费用政府承担 60%。3.参保补助：征地时年满 16 周岁未满 60 周岁的，参保缴费后给予一定的缴费补助，累计补助 15 年。缴费补助标准根据人均剩余耕地比确定。人均剩余耕地比 30%（含 30%）以下的，每人每年 900 元；人均剩余耕地比 30% ~50%（含 50%）的，每人每年 600 元；人均剩余耕地比 50% ~70%（含 70%）的，每人每年 300 元。征地时年满 60 周岁，且未享受缴费补助的，根据人均剩余耕地比，增发新农保或城居保基础养老金，其标准人均剩余耕地比 30%（含 30%）以下的，每人每月 97 元；人均剩余耕地比 30% ~50%（含 50%）的，每人每月 64 元；人均剩余耕地比 50% ~70%（含 70%）的，每人每月 32 元。4.建立动态调整补助机制：对本办法实施后多次征地的，人均剩余耕地比达到新的缴费补助标准的，按有关规定原则进行调整。5.最低生活保障政策：对生活困难的被征地农民，符合最低生活保障条件的，按规定评定纳入城乡困难群众最低生活保障范围。享受城乡低保的，作为困难城乡低保保障对象增发生活救助金。

第三节 集体建设和临时用地

一、集体建设用地

（一）用地审批手续

1982 年 2 月，国务院颁发《村镇建房管理条例》，全县乡镇企业等乡镇村建设用地开始按该条例办理。但大多乡镇企业用地没有履行具体审批手续。

1987 年 1 月 1 日起，《土地管理法》开始实施，全县乡镇企业、乡（镇）村公共设施、公益事业等乡（镇）村建设，开始按该法有关规定施行。是年 11 月 25 日，县人民政府下发《瓮安县人民政府关于加强农村建设用地管理的通知》（瓮政〔1987〕63 号），规定乡（镇）村企业需要使用土地的，必须持县级以上地方人民政府批准的设计任务书或者其他批准文件，向县级人民政府土地管理部门提出申请，由县级以上人民政府批准；乡（镇）村公共设施、公益事业建设，经乡镇人民政府审核，报县人民政府批准。用地限额，由县级以上土地管理部门根据有关规定核定。用地补偿和收费标准，凡乡村企业、公益事业使用农民集体的土地，应给被征地单位以适当的补偿。根据瓮政〔1987〕63 号文件及其他相关文件，是年起，全县乡（镇）村建设用地审批一般按下列审批程序进行：1.用地单位持县以上人民政府批准的设计任务书或其他批准文件，向县土地管理局提出申请；2.县土地管理局接到用地单位申请后，会同城建、环保等部门，依据乡（镇）村建设规划进行确址；3.用地单位持上级部门批准的有关文件和总平面设计图正式向土地管理局申请用地；4.用地单位持合法用地批准文件，向所在县土地管理局申请土地登记，颁发集体建设用地许可证，取得该建设项目用地使用权。对乡（镇）村建设用地的补偿和安置，一般由项目所在地乡（镇）村参与协调，由被用地单位或个人与用地单位双方达成补偿和安置协议。

1991 年 5 月 13 日，县政府下发《瓮安县人民政府关于清查处理乡镇企业非法用地的通知》（瓮政〔1991〕27 号），乡镇企业用地纳入法制管理轨道，经有关部门批准的乡镇企业，均需由土地使用者向县土地管理局提出用地申请，按照《贵州省建设用地审批工作暂行规定》办理用地或临时用地手续。烧制砖瓦，经乡镇人民政府审查，由区（镇）土管所办理临时用地手续。乡镇企业使用集体土地，由土地使用者与土地所有者签订用地协议和土地复垦合同，并给土地所有者适当补偿。需要复垦的土地，需向土地管理部门交纳复垦保证金，否则不予办理用地批准手续。乡镇企业用地实行有偿使用，使用者需向区（镇）交纳土地使用费，收费标准每年稻田每平方米 0.5 元，旱地每平方米 0.4 元，非耕地每平方米 0.2 元，当年，收取乡镇企业土地有偿使用费 61025.48 元。

2001 年 1 月 1 日起，《贵州省土地管理条例》开始施行，全县开始按该管理条例办理乡镇企业、乡（镇）村公共设施、公益事业建设使用农民集体所有土地的审批。

（二）批准概况

境内集体建设用地，以乡镇企业使用农民集体所有土地为主，乡（镇）村公共设施及公益事业建设使用农民集体所有土地不多。

1987 年，县土地管理局开展 1982 年 5 月后的非农业用地专项清理，共清出乡镇企业非法用地 354.27 亩。清理后按有关政策规定进行了处理，部分非法用地补办了手续。

1988 年，全县办理乡镇集体建设用地 8 件，占地 2.11 公顷；1989 年，办理乡镇村集体建设用地 2 件，用地 1.86 亩（耕地 1.6 亩，非耕地 0.26 亩）；1990 年，办理乡镇村集体建设用地 1 件，用地 26.67 亩（耕地 3.21 亩，非耕地 23.46 亩）。

1991 年 5 月 13 日，县政府下发《瓮安县人民政府关于清查处理乡镇企业非法用地的通知》（瓮政〔1991〕27 号），全县针对乡镇企业乱占滥用土地进行专项清查，共清理乡镇企业占地 564 件，按有关政策界限处理 551 件。其中 1982 年国务院《乡镇建房用地管理条例》《国家建设征用土地条例》公布后至 1987 年 1 月 1 日《土地管理法》实施前占地未办手续的，按中发〔1986〕7 号文件处理后补办了手续。1987 年 1 月 1 日后占地未办手续的，按《土地管理法》及省有关规定处理后补办了手续。

经过此轮清理乡镇企业占地并补办手续后，以后各年集体建设用地量均较少。其中较多的 1991 年，全县批准以乡镇企业为主的乡（镇）村集体建设用地 60 亩（耕地 21 亩，非耕地 39 亩）；1996 年，批准集体建设用地 14 宗，面积 3.918 公顷（耕地 1.89 公顷）；2002 年，批准集体建设用地 52 宗，面积 1.2778 公顷。

20 世纪 90 年代后期开始，新办集体及个体企业，一般均通过国有土地供应的形式取得土地使用权。

二、临时用地

《土地管理法》及其相关配套法规颁布后，对临时料场、临时道路、管线设施、地质勘探等及临时占地挖砂、采石、取土等，全县开始严格按照相关规定办理。临时用地由用地单位向县土地管理部门提交临时用地申请，报县人民政府批准后，由用地单位与被用地单位签订临时用地协议，并按照合同的约定支付临时使用土地补偿费。临时用地不得修建永久性建筑物，土地使用期限不得超过二年，因客观原因确需延期使用的，必须办理延期使用手续。

2014 年因高速公路修建等，是临时用地使用较多的一年，年内全县共完成临时用地审查审批 45 宗，面积约 1157 亩，收取土地复垦保证金 246.97 万元。

第四节 城乡居民住宅用地

一、农村农民住宅用地手续

农村农民建房的宅基地，一般均使用集体土地。

20世纪80年代前，国家对农村宅基地没有严格的审批手续，基本上农村农民建房，只要使用自留地、荒空地大多不需批准，使用耕地，根据该耕地管理权限，一般需由大队、公社批准。

1981年4月，国务院下发《国务院关于制止农村建房侵占耕地的紧急通知》，明确农村建房用地实行统一规划，合理布局，充分利用山坡、荒地和闲置宅基地，尽量不占用耕地；农村分配农民的宅基地、自留地、和承包的耕地，只有使用权，不准出租、买卖、转让；不准在耕地上建房、烧砖瓦等。1982年，国务院颁发《村镇建房管理条例》，贵州省人民政府亦出台了相应的管理办法，规定社员建房用地必须严格控制。此后，个人建房开始有法可依。但至1986年，此一时期个人建房大多仍未按程序办理用地审批手续。

1987年县土地管理局成立后，根据《土地管理法》等法律法规及县人民政府下发的《瓮安县人民政府关于加强农村建设用地管理的通知》（瓮政〔1987〕63号）等相关文件，全县农村农民建房按以下规定办理：（一）申请建房用地对象和条件：1. 因国家和乡村建设占用原住宅的，需要另行安排宅基地的；2. 回乡落户的离退休干部（含军队干部）、职工及华侨、侨眷、港、澳、台同胞，以及需要安排宅基地的；3. 统一规划建设居民新村（或居民点），需重新安排宅基地的；4. 自愿让出原属耕地可以复耕的宅基地，迁到荒坡、荒地建房的；5. 居住拥挤，确实需要分居，而又无宅基地的；6. 不合理分户超前建房，不符合法定结构年龄结构的，出卖、出租、转让住房的，不得申请，不予批准；7. 不具有本乡（镇）户籍的，不得在本乡（镇）申请建房。（二）用地申请。村民建房用地，由个人向户口所在地村民委员提出申请，经村民组长签章同意后，报村民委员会审查，使用非耕地建房的，报乡（镇）人民政府批准。其中涉及耕地的，由乡（镇）人民政府审核，送县土地管理局审定同意后，报县人民政府批准。（三）村民用地限额（含原有宅基地面积），按不同地区分别定限。1. 雍阳、草塘、中坪、玉山、永和、天文、珠藏镇所辖地区，5人以上户140平方米。4人以下户130平方米。2. 平定营、银盏、松坪、木老坪、玉华、鱼河乡（镇）所在地的村辖区，5人以上户170平方米。4人以下户140平方米。3. 其他地区，5人以上户200平方米。4人以下户170平方米。占用非耕地建房的，用地限额可放宽15－20平方米。

1999年1月1日经修订的《土地管理法》施行后，全县农村村民建住宅按修订后的《土地管理法》的有关规定执行：农村村民一户只能拥有一处宅基地；农村村民建住宅应当符合乡（镇）土地利用总体规划，并尽量使用原有的宅基地和村内空闲地；农村村民住宅用地经乡（镇）人民政府审核，由县级人民政府批准，其中涉及占用农用地的依照规定办理农用地转用审批手续；农村村民出卖、出租住房后，再申请宅基地的不予批准。

是年9月15日起，根据瓮府发〔1999〕31号文作规定，农村农民使用集体土地建房的土地有偿使用收费标准为：1.雍阳镇外的乡镇所在地规划区内拆房改建的按4元/平方米收取，在原土地使用证确权范围内占空地建房按 6 元/平方米收取。2.在乡镇所在地规划区外拆房改建的按 2 元/平方米收取，占空地建房按 4 元/平方米收取。3.除上述情况外需建房一律使用国有土地建房，收费除法律规定按划拨方式的外，一律按出让方式供地。

2001 年 1 月 1 日，《贵州省土地管理条例》开始施行，农村村民建住宅的用地限额（包括原有住房宅基地面积及附属设施用地）为：城市郊区、坝子地区：每户不得超过 130 平方米；丘陵地区：每户不得超过 170 平方米；山区、牧区：每户不得超过 200 平方米。对住宅用地面积已达到本条例规定标准的及出卖、出租原住房的等，按规定不予批准。

2005 年 6 月 7 日，县政府主持召开县城规划区内建房联合审批专题会议，产生瓮政字〔2005〕8 号会议纪要，县成立城镇规划区建设用地联合审批领导小组，分管副县长任组长，规定城镇规划区内建设用地须经联合审批领导小组联合审批。2005 年 6 月 7 日起凡县城规划区农民建房（包括新建、扩建），必须依法办理规划和土地使用手续后才能动工建设，明确建设、国土部门对雍阳镇城镇规划区建房用地情况建立台账，审批结果在电视媒体和指定公示栏进行公示。

2006 年 4 月 27 日，贵州省物价局、省财政厅、省国土资源厅、省农业厅联合下发了《关于进一步规范农民建房收费的通知》（黔价房〔2006〕126 号）规定凡农民在农村集体土地修建自用住房，除土地证书等工本费外，一律不得再向农民收取其他行政事业性收费，并停止农村村民建住房有偿使用费收取。

2009 年 5 月 10 日，县政府办转发《黔南州人民政府关于进一步加强农村宅基地管理的通知》（瓮府办发〔2009〕87 号），全县宅基地用地审批按下列规定办理：凡无宅基地的，村民向本集体经济组织提出书面申请，经村民代表会议或村民会议通过，报乡镇人民政府审核后，报县人民政府批准。对村民年龄未满 18 周岁、原宅基地达到规定面积及非法转让宅基地的，不予批准宅基地。

是年 5 月 31 日，县政府办印发《瓮安县个人建房用地管理规定》（瓮府办发〔2009〕94 号），全县农村村民建住宅开始按该管理规定执行，其审查报批程序为：1.申请用地户向村民组和村（居）民委员会提出用地书面申请；2.申请用地户将村民组和村（居）民委员会签署意见的书面申请报乡镇国土资源所；3.国土资源所现场踏勘、公示、填写《瓮安县建房用地申请表》并签署意见；4.建设规划部门审查并签署意见转国土资源所；5.乡镇国土资源所对符合建设规划的报乡镇人民政府审查；6.乡镇人民政府签署意见后对同意上报的由各乡镇国土资源所报县国土资源局；7.国土资源局对审查不合格报件退回，符合建房用地规定的行文批准（受县人民政府委托）并进行公示。

2012 年 3 月 7 日，2009 年 5 月 31 日县政府批准实施的《瓮安县个人建房用地管理规定》停止执行，全县开始施行《瓮安县个人住宅建设用地管理办法》（瓮府办发〔2012〕24 号）。该办法共 34 条。第一条规定，个人住宅建设用地必须符合土地利用总体规划、村镇建设规划。个人住宅建设用地必须按照统一规划、有序建设、集约用地的要求，经按程序审批后方能建设。第五条规定，村民组（街道）和村（居）委会（社区）负责审核对申请宗地进行现场踏勘，审查并签署是否符合建房条件、是否同意用地的初审意见。第六条规定，农村村民建房应当与旧村改造、土地整理等结合，充分利用原宅基地、空闲地、和周边丘陵坡地，严格控制占用耕地。禁止在基本农田保护区、水源保护区、天然林区、旅游风景区建住宅。第八条规定，农村村民宅基地的所有权属于集体，个人只有使用权，不得擅自转让、出租。第十一条规定：城镇规划区内个人新建住房必须在新集中居住点内建设，采取政府统规统建与统规自建（统一规划，按户划宅基地、个人自行建设）相结合的形式，个人自建县城规划区原则上不超过四层。第十二条规定：农村村民一户只能拥有一处宅基地，其宅基地面积标准县城规划区及乡镇规划区范围内每户不得超过130平方米；规划区外不得超过170平方米；对使用空闲地等适当放宽，但每户不得超过200平方米，使用耕地的每户不得超过170平方米。第十三条规定，城镇规划区内个人（含非农业户籍居民）因住房鉴定为D类危房需要进行翻建的原则上按“原场址、原面积、原层数”的原则进行翻建，原住房面积不足户籍人口人均住房面积30平方米的，在满足设定条件下建设规模可达到人均住房面积30平方米或户均80平方米。第十六条规定，农村村民宅基地按以下程序审查报批：1.申请用地户向村民组（街道）和村（居）委会（社区）提交用地书面申请，村、组审核后签署明确意见；2.申请用地户将村民组（街道）和村（居）委会（社区）签署意见的申请报乡镇国土资源所；3.乡镇国土资源所会同村镇建设服务中心和村（居）委会（社区）在15个工作日内现场踏勘，对符合建房条件的填写《瓮安县个人建房用地申报表》；4.申报表经组、村（社区）、乡（镇）村建设服务中心和乡镇人民政府签署意见后，由乡镇国土资源所初审汇总报县国土资源局审核，对符合建房用地规定的，由县国土资源局上报县人民政府审批，批复下发后由国土资源所在当地公示。建房竣工后，乡镇国土资源所凭“建设用地规划许可证”“建设工程规划许可证”或“乡村建设规划许可证”、建设用地批准书和竣工验收证明等，进行土地登记发放土地使用权证。第三十条规定，严禁城镇居民或不是本集体经济组织成员在农村购买宅基地建房，一经查实，所建房屋予以没收。

二、城镇居民住宅用地手续

1983年6月开始，全县城镇居民住宅用地执行国务院颁布的《城镇个人建造住宅管理办法》，凡在城镇的正式户口，住房确有困难的居民和职工，可以申请建造住宅。

1987年开始，全县城镇居民住宅建设用地按以下规定办理：（一）城镇居民建住宅条件：1. 原有宅基地，因国家建设被征拨，需要建住宅的；2. 回乡落户的离退休干部（含军队干部）、职工、归侨和港、澳、台同胞，建设住宅的；3. 现有人均住房面积低于当地人均住房面积标准的；4. 自愿退出公房住宅的。（二）城镇居民有下列情况的不得申请住宅用地：1.不具有本城镇户籍的；2.出卖、出租住房的；3.夫妻一方是农业户口的；4.按照国家有关规定，不予批准建住宅的。（三）城镇居民建住宅用地限额，根据瓮安实际执行：4 人以下户 80 平方米，5 人以上户不得超过 120 平方米。（四）用地申请与批准：城镇居民申请使用集体土地的，由用地户向土地所有者提出申请，按《土地管理法》第 41 条和《土地管理法实施条例》第 26 条的规定办理，申请使用国有土地的，由用地户所在居民委员会或单位出具证明，镇人民政府或街道办事处办理签署意见，向县土地管理局申请，经县人民政府批准，在交清有关税费，取得建设用地许可证后，方可用地。

1991 年 8 月 16 日，县人民政府下发《瓮安县人民政府关于加强干部职工建房管理的规定》（瓮政〔1991〕44 号），全县干部职工建房开始执行以下规定：1.干部职工原则上不准在城镇建房，确因住房困难需建私房的，必须严格控制用地和建筑面积。2.干部职工申请建房实行干部主管机关和土地城建主管机关的双审制；3.干部职工建房用地审批用地限额等严格按《瓮安县城镇居民建房用地的暂行办法》执行，所建房屋只限于自住，不准出租出售。

1991 年 12 月 4 日，县人民政府下发《瓮安县人民政府关于城镇居民建房用地解冻的通知》（瓮政〔1991〕65 号），就城镇居民建房根据省发〔1989〕13 号文件精神实行冻结问题明确：从 1991 年 12 月 1 日起，城镇居民建房予以解冻，开始审批。并规定，城镇居民建房需占用集体土地的，由县实行统征，先征后划，所有权属国家，征用费由用地者支付。城镇居民占地建房，一律实行有偿使用，每平方米 2 ~ 4 元。

1991 年 12 月 5 日，全县开始施行县人民政府印发的《瓮安县城镇居民建房用地管理暂行办法》（瓮政〔1991〕66 号），该暂行办法共 16 条。第五条规定：凡城镇有正式户口（不含半边农），住房确有困难的居民，可以申请建房用地。凡原有住房面积人均超过 15 平方米（含本数）或已出卖、出租房屋者，不得再申请建房用地。第六条规定：新批准建房用地限额，4 人以下户不得超过 70 平方米，5 人以上户不得超过 80 平方米；居住在乡村的非农业户口居民，用地不得超过当地农村居民用地最低限额。第八条规定：城镇居民建房由本人申请，经居民委员会审查提出审批意见，报乡镇土地管理所审查签署意见，报县土地管理局审核，由县人民政府批准后，发给建设用地许可证，再由土地管理部门划线，方可施工。第九条规定：城镇居民建房使用集体土地，由县土地管理局代县政府统一征用、统一划拨，并由土地管理局分别与用地个人、被征地单位签订征（拨）用地协议书及安置补偿方案。第十一条规定：土地一律实行有偿使用或有偿转让，用地者必须向县土地管理局缴纳土地有偿使用费或土地出让金。第十二条规定：干部职工申请占地建房，实行“双重审批”，由个人申请，所在单位审查，按干部管理权限报主管部门或县级以上人民政府批准后，再向土地管理部门办理建房用地手续。

2001 年 5 月 9 日，政府办转发县建设局、县国土局、县房管局《瓮安县县城房屋自拆自建（联建）管理暂行办法》，允许在县城规划区域内，按城市建设规划不利于整体开发的国有土地，房屋产权人可以自行拆除房屋及其附属物，按照统一规划、统一设计、合理布局、因地制宜、配套建设的原则，进行自建或联合建房。

2006 年后，城镇非农业居民建房审批趋紧。县城非农业居民建房基本停止供地，主要以向开发商购买商品房形式解决。经济收入低购买商品房有困难的，则主要通过购买政府补贴修建的经济适用房、保障房解决。县城外其他乡镇非农业居民住房，除购买商品房解决形式外，均以国有土地挂牌出让方式取得建房权。

三、城乡居民建房统计

1988 – 1990 年，城乡居民建房 1689 件，占地 238. 24 亩。

瓮安县 1999 – 2013 农村农民建房统计表

表 11 – 4　　单位：平方米

年度	户数	占用耕地			占未利用地	占宅基地
		合计	田	土		
1999	778	9489	381	9108	82097	
2000	1216	43206	1884	41322	67699	29558
2001	1156	22945	3334	19611	89505	29147
2002	1187	27153	4512	22641	99254	22095
2003	1318	38357	5611	32746	136157	24702
2004	1175	25620	7038	18582	129639	33377
2005	1143	37144	10074	27071	115125	22954
2006	716	33606	10552	23054	60536	9740
2007	907	38452	14972	23481	82955	11963
2008	1186	55584	21576	34008	94934	25918
2009	795	27777	8782	18995	69753	21920
2010	1248	1037	120	917	309919	119
2011	1209	73570	31082	42489	82180	19490
2012	1575	152517	72617	79900	104766	27301
2013	1459	129815	55934	73881	103072	20303
合计	17068	716274	248469	467806	1627589	298589

1991 – 1998 年，城乡居民建房 9846 件，占用非耕地 1194616. 52 平方米，耕地 95017. 45 平方米。其中：雍阳镇 744 件，占用非耕地 177310. 15 平方米，耕地 15835. 65 平方米；银盏乡 454 件，占用非耕地 54550. 23 平方米，耕地 2636. 58 平方米；玉华乡 140 件，占用非耕地 12423. 46 平方米，耕地 2614. 87 平方米；平定营镇 318 件，占用非耕地 31759. 2 平方米，耕地 20200. 7 平方米；永和镇 512 件，占用非耕地 66843. 79 平方米，耕地 5843. 4 平方米；岚关乡 400 件，占用非耕地 41838. 3 平方米，耕地 3357. 9 平方米；老坟嘴乡 315 件，占用非耕地 28456. 5 平方米，耕地 600 平方米；草塘镇 767 件，

占用非耕地 91387.5 平方米，耕地 6022.5 平方米；松坪乡 544 件，占用非耕地 75015 平方米；小河山乡 175 件，占用非耕地 27223.5 平方米，耕地 200 平方米；木老坪乡 352 件，占用非耕地 31034.44 平方米，耕地 4239.3 平方米；天文镇 358 件，占用非耕地 53992.45 平方米，耕地 650.26 平方米；玉山镇 507 件，占用非耕地 33478.21 平方米，耕地 2439.35 平方米；鱼河乡 428 件，占用非耕地 46760.04 平方米，耕地 6153.05 平方米；龙塘乡 147 件，占用非耕地 12845.04 平方米，占用耕地 1739.69 平方米；中坪镇 632 件，占用非耕地 70555.12 平方米，耕地 3602.8 平方米；白沙乡 392 件，占用非耕地 10961.75 平方米，耕地 4496.46 平方米；建中乡 455 件，占用非耕地 58694 平方米，耕地 4670 平方米；珠藏镇 783 件，占用非耕地 93285.1 平方米，耕地 1462.4 平方米；铜锣乡 358 件，占用非耕地 44512 平方米，耕地 3892 平方米；高水乡 398 件，占用非耕地 51171.2 方米，耕地 2086.6 平方米；木引槽乡 243 件，占用非耕地 32030.3 平方米；年场坝乡 424 件，占用非耕地 48489.24 平方米，耕地 2273.94 平方米。

1999－2013 年，农村村民建房 17068 户，总占地 2642453 平方米，其中耕地 716275 平方米（田 248469 平方米、土 467806 平方米），未利用地 1627589 平方米，宅基地 298589 平方米。期间，城镇居民建房逐步停止审批，1999 年仅审批 26 宗，2000 年审批 25 宗，2002 年后城镇居民住房开始转为全面供应商品房。

第五节　建设用地计划执行

《土地管理法》颁布后，建设用地审批实行计划管理，其手段主要通过州下达每年非农业建设用地计划指标加以控制，由州土地管理局、州计委联合下达或由州土地管理局单独下达。2003 年后，则主要通过州土地管理部门下达农用地转用计划指标及新增建设用地计划指标加以控制，超过下达给县年度计划指标的（独立选址项目不占计划指标），除争取省州掌握的调控指标解决外，超过计划部分均不予审批。同时，新增建设用地涉及占用耕地的，还实行严格的耕地占补平衡和先补后批制度。

1987 年，州下达瓮安非农业建设用地计划指标 810 亩，其中耕地 300 亩。县土地管理局对国家计划内建设用地切实保障，对乡镇集体建设和农民建房用地严格控制，其中对农民建房采取下达用地指标和建房户控制指标相结合的方式，实行建房户控制指标每年一次性评定到户，由乡镇人民政府发给准建证，持有准建证的方可到土地管理部门申请审批用地。是年，全县审批建设用地 423.23 亩，占计划的 52.25%，节约用地 386.77 亩。其中耕地占用 328.6 亩，用超 28.6 亩。

1988 年，下达指标 28.66 公顷，审批 417 件，占地 39.72 公顷，占计划的 138.6%，其中，国家建设征用土地 20 件，占地 33.95 公顷（主要为江界河大桥用地），占计划的 118.45%；乡镇集体建设用地 8 件，占地 2.11 公顷，占计划的 7.36%；城乡居民建房用地 389 件，占地 3.67 公顷，占计划的 12.56%。

1989年，下达指标649.8亩，审批431件，占地70.76亩，占计划的10.89%。其中：国家建设9件，占地11.03亩（耕地10.69亩，非耕地0.34亩），占计划的1.73%；乡镇村集体建设用地2件，用地1.86亩（耕地1.6亩，非耕地0.26亩），占计划的0.28%；个人建设用地420件，用地57.87亩（耕地7.19亩，非耕地50.68亩），占计划的8.9%。

1990年，下达指标393亩，审批894件，占地272.08亩（耕地115.02亩，非耕地157.06亩），占计划的69.23%。其中，国家建设13件，占地120.06亩（耕地96.76亩，非耕地23.3亩）；乡镇村集体建设用地1件，用地26.67亩（耕地3.21亩，非耕地23.46亩）；个人建房880件，用地125.35亩（耕地15.05亩，非耕地110.3亩）。

1991年，下达指标270亩，审批1052件，占地298亩（耕地114亩，非耕地184亩），占计划的110.37%。其中国家建设占地108亩（耕地78亩，非耕地30亩）；乡（镇）村集体建设用地60亩（耕地21亩，非耕地39亩）；农村个人建房用地130亩（耕地15亩，非耕地115亩）。

1992年，下达指标42.93公顷，审批2379件，占地38.64公顷（耕地15.61公顷），占计划的90%。审批核减国家建设用地4.29公顷（耕地2.26公顷），节约征地费9.19万元。

1993年，下达指标27.1公顷（耕地17.3公顷），审批1320件，占地25.33公顷，占年度计划的93.47%，其中占耕地1.932公顷，占耕地计划的11.17%。审批核减国家建设用地2.4公顷（耕地0.94公顷），节约征地费34万元。

1994年，下达指标32.2公顷（耕地13.4公顷），审批1281件，占地45.64公顷，占年度计划的141.74%，其中占耕地27.5公顷，占耕地计划的205.22%。审批核减建设用地3.59公顷，其中耕地2.68公顷，节省征地费用96.7万元。是年，全县审批在原用地上进行改扩建项目448件，减少新占用土地8公顷。

1995年，下达非农业建设用地18.6公顷（耕地14公顷），审批非农业建设用地1194件，面积27.23公顷（耕地16.29公顷）。经乡镇政府批准254件，面积8.05公顷（非耕地），省、州政府批准2件，面积4.83公顷（耕地2.8公顷），县政府批准254件，面积14.35公顷（耕地13.49公顷），县审批非农业建设用地中的耕地占州下达非农业建设耕地计划的96.36%，占非耕地计划的93.7%。是年，审批使用原土地改扩建项目428件，节约土地3.48公顷。

1996年，下达指标28公顷（耕地17.7公顷），审批1068宗，面积33.03公顷，占计划的118%，其中占耕地20.67公顷，占耕地计划的116.78%。经乡镇政府批准657宗，面积5.84公顷（非耕地）；县政府批准400宗，面积15.94公顷（耕地13.51公顷）；州政府批准9宗，面积5.32公顷（耕地3.93公顷）；省政府批准2宗，面积5.93公顷（耕地3.23公顷）。是年，审批核减建设用地2.1公顷（耕地1.65公顷），节省征地费20.13万元。

1997 年，下达指标 16.2 公顷（耕地 9 公顷），审批 1283 宗，面积 15.11 公顷，占计划的93.28%，其中占耕地 1.17 公顷，占耕地计划的 13.03%（1997 年4 月 15 日后耕地指标冻结）。经乡镇政府批准 1203 宗，面积 12.95 公顷（非耕地）；县政府审批准 80 宗，面积 2.16 公顷（耕地 1.17 公顷）。年内，审查核减建设用地 9.95 公顷（耕地 6.71 公顷），节省征地费 298.53 万元。

1998 年，严格执行中共中央办公厅、国务院办公厅通知，继续冻结审批耕地。

1999 年，下达指标 21.15 公顷，审批 8.99 公顷，占计划的 42.55%。其中：国家建设用地 25 宗，占地 14958.27 平方米；集体建设用地 5 宗，占废弃地 7937.78 平方米；个人建设用地 617 宗，占地 65625.76 平方米（其中城镇居民建房用地 26 宗，占国有空地 1466.75 平方米）。是年，全县坚持国家、集体、个人建设用地调剂闲置低效土地，当年建设用地没有占用耕地。

2000 年，下达指标 24 公顷，审批国家建设用地 29 宗，占地 1.67 公顷；集体建设用地 5 宗，占地 0.82 公顷；农村个人建设用地 1218 宗，占地 18.29 公顷；城镇居民建房用地 25 宗，占地 0.36 公顷。报省、州批准 6 宗，占地 23.97 公顷（其中耕地 20.98 公顷，主要为牛银公路省属重点工程用地，不占计划指标），总计审批非农业建设用地 1283 宗，面积 45.11 公顷（耕地 20.98 公顷），扣除不占指标部分，建设用地未突破计划指标。

2001 年，下达指标 20.32 公顷，审批用地 10.07 公顷（耕地 9.4 公顷），审批用地占计划指标的 49.57%。

2002 年，下达指标 15 公顷，审批用地 3.38 公顷（耕地 3.38 公顷），审批用地占计划指标的 22.5%。

2003 年，下达农用地转用计划指标 11 公顷，审批农用地转用 10.99 公顷（耕地 10.99 公顷），审批占计划指标的 99.89%。

2004 年，审批农村村民建设用地 919 宗，面积 2.52 公顷；国家建设用地 80 宗，面积 2.13 公顷。是年 5 月 1 日，停止农用地转用审批，县内无重点建设项目用地，全县没有突破州下达农用地转用计划。

2005 年，获批国家建设用地 35.33 公顷（新增建设用地 34.95 公顷），其中农用地 34.55 公顷（耕地 34.14 公顷）。是年后，国家建设用地主要通过州下达的农用地转用、新增建设用地计划指标等控制（独立选址不占计划指标）。随着瓮安工业建设及城镇建设加快，州下达的计划指标已远远不能满足瓮安发展的需要，因此此后国家建设用地，全县主要是通过向上争取上级政府调剂指标解决。

2006 年，获批国家建设用地 2567.63 公顷（主要为构皮滩电站淹没区等独立选址项目用地），其中新增建设用地 2507.44 公顷。获批用地总面积中，农用地 1697.07 公顷（耕地 621.78 公顷）。

2007－2010 年，获批国家建设用地 130.37 公顷，其中新增建设用地 153.3 公顷。

获批用地总面积中，农用地 135.48 公顷（耕地 102.74 公顷）。

2011 - 2014 年，获批国家建设用地 1403.54 公顷（高速公路用地 641.25 公顷），其中新增建设用 1275.8 公顷。获批用地总面积中，农用地 1006.63 公顷（耕地 612.66 公顷）。期间，2013 年瓮安县通过向上争取，获州政府调剂 457 公顷的新增建设用地增量规划指标，有效缓解了县内新增建设项目无规划指标的困境。

第六节　建设用地专记

一、县城建设用地

1978 - 1990 年，县城改扩建零星发展，未呈规模。

1991 年，县委、县政府制定修建北东路、北西路和文峰大道规划，县城扩建开始。1992 年开工建设北东路、北西路，1993 年 8 月 1 日开工建设文峰大道，至 1996 年，北东路、北西路及文峰大道先后相继竣工。其中文峰大道长约 5 公里。围绕文峰大道为主的房屋建筑，使瓮安县城面积扩大 1 倍。1993 - 1998 年间，围绕文峰大道为主的改扩建，吸引港安公司、天安公司、大信公司、瓮安煤矿、瓮安磷矿、新华磷肥厂等 40 多个单位在县城修建办公楼和职工住宅，征用土地 242449 平方米。其中向大信公司供地 58880 平方米，天安公司供地 44750 平方米。吸引 400 多户富裕农民进城买地建房，500 多户农民进城买商品房。期间修建的文峰工商贸易市场，占地 10817.17 平方米；修建的北门菜市，占地 2278.8 平方米。五年中，城市建筑用地达 30 多万平方米。

1998 年 1 月，县城西街旧城改造工程指挥部成立。8 月，西街菜市场片区旧城改造工程动工。

2000 年 8 月，金龙房地产投资开发有限责任公司投资开发广场片区的广场商住楼和瞿家巷步行街，这是瓮安首例以招商引资形式开展的城市建设，是县内第一个成片集商贸、居住为一体的旧城改造示范区，共完成 144 套商品房，面积 1.44 万平方米。2002 年，金龙房地产开发有限公司投资 800 多万元，建成广场商住楼 3 栋，建筑面积 6750 平方米。6 月，再投资 3000 多万元，开发西街三角片区，建设商住楼 4 栋，至 2003 年建成金龙花园小区，建筑面积 2.2 万平方米。自金龙花园小区建成后，2006 - 2007 年，瓮安兴旺房地产公司投资搬迁原职中建成的“文峰花园”商住区及福建前田房地产公司投资兴建的“花竹园”商住区陆续竣工投入使用。

2007 年 3 月 29 日，省政府黔府函〔2007〕37 号对《瓮安县县城总体规划》进行批复，该规划建设用地总规模 2010 年 604.3 公顷，2020 年 912.4 公顷。规划确定以南北主干道为主轴沿线发展。规划人均建设用地 70.18 平方米，人均居住用地 27.8 平方米，人均公共绿地 10.74 平方米。2009 年 5 月，省政府批准《瓮安县县城总体规划局部调整（2008 - 2020 年）》。该规划按照县委、县政府“新旧并举、东改西扩、北推南移”的城镇建设思路，延伸《总规》布局结构，以老城为依托，南北向延伸，将城北区的县行政中心等行政办公用地调整至河西半月山，半月山前西门河滨水带调整为城市中心公园，增设市民广场、教育、卫生及商业用地，城南区主要调整为居住用地和绿色食品工业用地。形成以新区东西向城市景观横轴，南北向西门河河滨景观纵轴及县城“三纵十横”路网结构。规划居住用地363.87公顷，公共设施用地175.34公顷，工业用地26.18公顷。2012年，全县完成《瓮安县县城总体规划》修编，将县城规划区面积从9.12平方公里扩展到60平方公里，拟建“一城三区”（瓮雍中心城区、银盏产业园区、草塘古邑区）发展格局。是年末，县委、县政府又提出将《瓮安县县城总体规划》修编至75平方公里，按照“一城四区”规划建设县城，将平定营镇作为生态区纳入规划。2014年，瓮安完成《瓮安县城市总体规划2012－2030》《瓮安县城市综合交通规划》《瓮安县南部生态组团城市设计》编制，县城规划区扩容至75平方公里，全县形成了以中心城区为主、江界河镇和天文镇为发展双轴，珠藏镇、建中镇和猴场镇为节点的优势互补“一主一副、双轴、三节点”的县域城镇体系规划布局。

2008年11月起，瓮安按照县城总体规划，积极推进旧城改造和河西新区建设，2011年时，县城区建成面积已从2006年的4.5平方公里增加到9.12平方公里，增加1倍，城镇化率达35%，比2006年提高8.25个百分点。至2014年，县城建成区面积扩大到19平方公里，实现城镇化率47.58%。2008－2014的7年间，县城在道路园林、商品房、保障房、办公楼、医院学校建设等方面出现日新月异变化：

道路园林建设：城区交通路网不断升级，先后新建、改造、扩建打通多条道路。河西大道、环城西路北段、文峰路南部延伸等城市纵向道路全面打通；银盏至草塘古邑区主干道完成，全长14公里，占地面积50余公顷；河西新区渡江广场和礼仪广场完成，占地10万平方米；工业园区C5路、C6路、C7路、C13路、D7路、F1路等道路相继完成或在建，占地面积46.42公顷；龙坑公园、沿河风光绿化项目积极推进，规划总用地面积9.16万平方米。龙坑公园项目由绿城地产有限公司投资建设，总投资为4.20亿元，占地26666平方米，包含龙坑公园、湖心岛、附属设施及绿化等板块建设内容，至2014年，湖心岛等建设已全面完成并投入使用。

商品房建设：有福明置业、绿城、锦美、宏瑞康、金龙、麒龙置业、江长、新城、兴旺、宏利源、匀海等10多家房开公司在县城投资开发房地产项目，主要项目有华都嘉苑、盛世彩虹、龙翔名都、时代家园、锦美时代广场、锦美熙御印象、侯爵豪苑、金龙豪城、星辰国际、绿城中央公园、绿城国际、学府雅苑、北部新城等。其中华都嘉苑项目出让供地280000平方米，出让总价款3264.8万元；盛世彩虹项目出让供地58330平方米，出让总价款4584.74万元；锦美时代广场项目出让供地69445平方米，出让总价款7888.95万元；锦美熙御印象项目出让供地67307平方米，出让总价款15749.84万元；侯爵豪苑项目出让供地8820平方米，出让总价款1631.7万元；弘扬世纪城项目出让供地5720平方米，出让总价款1624.48万元；金龙豪城项目出让供地56286平方米，出让总价款6337.8万元；龙翔名都项目出让供地94990平方米，出让总价款7466.21万元；绿城中央公园项目出让供地 19900 平方米，出让总价款 6656 万元；绿城国际项目出让供地 23000 平方米，出让总价款 8303 万元；北部新城项目出让供地 99445 平方米，出让总价款 26798.57 万元。至 2014 年，上述项目大多建成投入使用，少数项目接近完成建设。其中北部新城项目 2013 年启动建设，规划 2018 年建设完成。该项目是贵州君诚集团在瓮安开发的首个百万城市综合体，规划项目占地面积约 23 万平方米，总建筑面积 123 万平方米，其中住宅建筑面积约 65 万平方米，商业建筑面积约 19 万平方米，绿地面积约 6.7 万平方米，容积率为 4，总投资约 34 亿元。

保障房建设：2006 年，在野鸡井启动修建经济适用房项目，占地面积 4700 平方米，建设规模 112 套，建筑面积 0.86 万平方米。2008 年，在环南路启动河滨廉租房建设，占地面积 1900 平方米，建设规模 70 套 0.35 万平方米，中央财政投入 140 万元，地方财政投入 194 万元。2009 年，在环南路修建廉租房 201 套，占地面积 5862 平方米，建筑面积 1.09 万平方米，投资额 1092 万元；在新庄修建“河西惠民小区廉租房”项目，占地 16700 平方米，修建廉租房 598 套，建筑面积 3.29 万平方米，投资额 3249 万元。2010 年，在七星村修建廉租房 418 套，占地 11400 平方米，建筑面积 2.18 万平方米，投资额 2660 万元；在该村黄龙屯修建“黄龙屯廉租房”，占地 5800 平方米，建成廉租房 212 套，建筑面积 1.16 万平方米，投资额 1354.75 万元；在岔水井修建“高家坳廉租房”，占地 8526 平方米，建成廉租房 294 套，建筑面积 1.62 万平方米，投资额 1835 万元；在岔水井修建“新庄廉租房”，占地 110000 平方米，建成廉租房 414 套，建筑面积 2.2 万平方米，投资额 2660 万元；在岔水井修建“袁家湾廉租房”，占地 6530 平方米，建成廉租房 212 套，建筑面积 1.24 万平方米，投资额 1331 万元。2011 年，在河西村修建廉租房及公租房，占地面积 32320 平方米。2012 年，立项建设富水桥廉租房、富水桥公租房、富水桥经济适用房、蔡家湾公租房、乡镇教师周转公租房 5 个项目，总占地面积 161387 平方米，共建设各类保障性住房 928 套 4.8 万平方米，总投资 6398 万元。2014 年，在银盏镇启动瓮安县农业转移人口市民化集中安置项目，该项目占地 264 亩，计划投资 6 亿元建设 4000 套住房及配套商业设施建筑。一期项目投入 1.57 亿元，占地 68 亩，建筑面积 69300 平方米，2015 年竣工投入使用。

办公楼建设：2008 年 11 月，县政府组建城镇建设工作组进入河西村，启动河西新区建设，规划县行政中心迁入。2010 年 7 月，新区行政办公楼（含行政中心楼、纪委组织楼、会议中心）修建完成，相关单位迁入办公。新区行政办公楼占地 80000 平方米，建筑面积 40422 平方米，总投资 13200 万元。2012 年，坐落河西新区的县国税局、国土资源局、财政局、人武部、信用联社、烟草局、卫生局等办公大楼相继建成投入使用。2014 年，公安局、供电局、县群众工作服务中心等办公大楼相继建成投入使用。

公益事业设施建设：2013 年，瓮安中学、瓮安县职业中学及县人民医院相继建成投入使用，其中瓮安中学划拨供地 110600 平方米；瓮安中等职业技术学校（含党校）划拨供地 225646 平方米，完成建筑面积 7.9 万平方米；县人民医院划拨供地 49480 平方米。2014 年，县中医院、瓮安二中、县全民健身活动中心等新建工程相继启动。其中县中医院批准占地 62433 平方米，瓮安二中批准占地 172805 平方米，瓮安县全民健身活动中心批准占地 109056 平方米。瓮安二中新建项目总建筑面积约 110500 平方米，可容纳学生 4500 人，总投资 2.59 亿元，2015 年工程基本完工。瓮安县全民健身活动中心包含体育场、体育馆、多功能健身广场，项目总投资 5.06 亿元，建筑面积 10.93 万平方米。2015 年 8 月，全民健身活动中心修建完成。是月 18－25 日，黔南州第四届运动会在瓮安县全民健身活动中心举行，来自全州 13 个县（市、区）和 8 个州直部门的 21 支代表团、3350 名运动员参加了比赛。

二、猴场镇建设用地

猴场镇前身为草塘镇。2006－2014 年，猴场镇（草塘镇）获省政府批准位于对门场、水沟边、金星、凉水井、下司等村用于城镇建设的土地共 71.7 公顷，其中新增建设用地 65.34 公顷，农用地 43 公顷，主要用于街道、交通、商服、行政办公、教育、住宅、文物古迹等用地。

2009 年 4 月，草塘镇委托省城乡规划设计研究院对集镇总体规划进行修编，集镇规划区从 1.75 平方公里增至 5.39 平方公里。2009 年后，集体、私人建房增加，公共建筑增多。至 2012 年，累计新建、改造房屋 1727 栋。2013 年，草塘古邑区建设项目启动，规划占地 0.33 平方公里，总投资 32.4 亿元。一期工程规划投资 8.32 亿元，重点恢复建设草塘大戏楼、旗山书院、草塘安抚司署、古城门、古邑区商业街、老街立面改造等古邑核心区标志性建筑，完善古邑区过境公路、景区道路等配套基础设施。二期工程规划投资 20 亿元，重点打造以周边三佰佬现代农业产业示范园、红军长征文化主题公园、兴隆湖湿地公园、下司石林、老街立面改造、古邑扩展区等景点为支撑，形成高竞争型的复古型旅游区。三期工程投资 5 亿元，进一步完善草塘古邑旅游区配套工程和旅游配套服务功能建设。

至 2014 年，猴场镇占地 25800 平方米的“时代家园”、占地 2700 平方米的“红军街商住楼”、占地 10000 平方米的客车站、占地 160000 平方米的垃圾填埋场相继完成投入使用。古邑区实木双面大戏楼（建筑面 2850.7 平方米）、内阁中书第（建筑面积 2640.2 平方米）、黔山第一进士楼（建筑面积 1339.12 平方米）、土司衙门（建筑面积 2916 平方米）、瓮水长歌广场（建筑面积 10000 平方米）、湖广会馆、古客栈等古建筑相继恢复建成。2015 年，全长 15 公里宽 24 米的猴场镇环镇区道路改造扩建及瓮安县兴隆湖公园建设等项目顺利推进并取得初步成果。

三、经济开发区建设用地

2010 年 12 月，在银盏乡创建瓮安工业园区。规划范围包括银盏—羊子坪—木老坪片区和县城西面的青坑片区，规划面积 35.04 平方公里，总体分为磷化工工业聚集区和轻工业聚集区两个部分。磷化工工业聚集区规划面积约 28.5 平方公里，轻工业聚集区规划面积约 6.54 平方公里。瓮安工业园区是“黔中经济开发区规划”和“贵州省工业十大产业振兴规划”中规划的重要产业园之一，是贵州省“十二五”规划的30个重点产业园区之一，园区规划总投资450亿元以上。规划近中期（2010－2015年）建成面积12.5平方公里以上，固定资产投资累计193亿元以上，占全县“十二五”规划固定资产累计投资的64.33%，工业总产值225亿元以上，工业增加值达到70亿以上，占全县生产总值的62.5%，实现税收16.5亿元以上，占全县财政总收入的55.90%，解决就业2万人以上，占全县解决就业总数的50%；规划远期（2016－2020年），工业总产值达到450亿元以上，工业增加值达到147亿以上，实现税收29亿以上，带动城乡就业4万人以上。园区建成后，预计经济总量占全县经济总量70%左右。2012年5月25日，省政府批准将瓮安工业园区设立为贵州瓮安经济开发区，该园区升级为省级经济开发区，并与福泉工业园区共同列为省委、省政府重点打造的全省3个千亿元（产值）级工业园区之一。其后，瓮安经济开发区完成了102.81平方公里的拓展规划编制，规划产值达1149亿元，逐步形成工业园区连接乌江航运瓮安港的工业走廊。

2011－2014年，大批招商引资企业入驻经济开发区（工业园区），项目涉煤磷化工及其他产业等各个方面。其中贵阳能源集团瓮安煤电磷锰一体化项目，计划总投资78.04亿元，占地面积3245亩。广州（花都）产业园项目，规划占地1.8平方公里，总建筑面积约60万平方米，建设内容包括汽车配件及机械制造区、东部产业承接区、现代服务及创意设计区、中小企业聚集区等，预算总投资15亿元。贵州金正大生态工程有限公司磷资源循环经济产业建设项目，规划用地3000亩，同步建设硝酸、硝酸磷肥、磷石膏制酸联产水泥和碱性肥料、水溶性肥料、湿法磷酸及氟回收等生产装置和配套设施，预算总投资59.6亿元，2011－2013年间已获批建设用地98.63公顷，其中新增建设用地94.53公顷，农用地51.93公顷。贵州芭田生态工程有限公司磷化工循环经济产业项目，规划用地2500亩，规划建设合成氨、硝酸、硝铵、半水湿法磷酸、净化磷酸、精细磷酸盐、硝酸磷营养母粒、硝酸钙营养母粒、聚磷酸高效生态母粒、热电联产及氟、碘回收等生产装置和配套设施，预算总投资65.61亿元，2012－2014年，已获批建设用地35.38公顷，其中新增建设用地29.17公顷，农用地23.27公顷。随着企业入驻，4年中全县及时强化土地报批、土地征收、土地供应、土地利用等工作，从而有效保障了开发区用地需要，提高了开发区土地利用率。

土地报批　2010年前，银盏乡批准建设用地较少。2005－2010年间，也仅批商服、工业、基础设施等用地8.62公顷。创建经济开发区（工业园区）后，建设用地大幅增加，包括厂房、道路、商服、学校等，开发区（含银盏镇，下同）2011年获省政府批建设用地188.7公顷，其中新增建设用地180.04公顷，农用地103.11公顷；2012年获批准建设用地132.27公顷，其中新增建设用地118.39公顷，农用地64.79公顷；2013年获批建设用地66.9公顷，其中新增建设用地51.4倾，农用地45.89公顷；2014年获批建设用地23.24公顷，其中新增建设用地8.9公顷，农用地6.69公顷。2011－2014年4年中，共获批建设用地411.11公顷，其中新增建设用地358.73公顷，农用地

220.47 公顷。

土地征收　土地报批后，县人民政府从各单位抽人组成征地工作组在开发区开展征地，以确保项目用地。本着以人为本原则，开发区根据县政府出台的安置政策，及时采取货币安置、统建安置、划地安置等多种方式切实做好征地拆迁户的安置工作，及时为失地农民办理“三保”（将符合条件的征地农转非人员纳入城镇最低生活保障范围；将符合条件的农村失地农民纳入农村最低生活保障；将符合养老保险的失地农民统筹解决养老保险），并对失地农民采取就业培训，以引导解决他们的长远生计。2012 年，开发区完成征地 10044.15 亩（含荒地林地），支付补偿资金 2.87 亿元；涉及搬迁 830 户，面积 14.45 万平方米，实施搬迁 769 户，支付费用 1.31 亿元；搬迁坟墓 2769 座，支付费用 455.74 万元。至 2013 年，开发区共征收土地 11780 亩（含荒地林地），涉及农户 3000 多户，兑现征地补偿款 3.42 亿元。2011 至 2014 的四年间，开发区办理失地农民养老保险达 5000 人，其中 2011 年 1420 人、2012 年 1341 人、2013 年 1170 人、2014 年 1069 人。

土地供应　“十二五”期间，开发区共获批土地 440.4 公顷，其中完成供地 385.6 公顷，占批准面积的 87.56%。其供应方式，根据有关规定对工业项目、商业性用地，均严格执行土地公开挂牌供应；对基础设施，主要采取划拨方式供地。开发区至猴场镇主道路，以划拨方式共供地 53.3078 公顷。开发区入驻企业用地，通过挂牌出让，平方米成交单价一般在 100 元至 200 元之间，靠近县城区域，单价高至 1000 多元。贵州金正大生态工程有限公司 2012 年通过挂牌竞得的银盏乡飞练村杨子坪地块，成交单价每平方米 153 元，成交面积 234972 平方米，成交总价 3595.07 万元；2013 年竞得的该地段另两块地块，成交单价每平方米 158 元，成交面积 751368.7 平方米，成交总价 11871.63 万元。贵州芭田生态工程有限公司 2013 年竞得的银盏镇大寨坪一地块，成交单价每平方米 158 元，成交面积 85050 平方米，成交总价 1343.79 万元；2014 年竞得的大寨坪另四块地块，成交单价每平方米分别为 158 元、162 元，四地块成交面积 311558 平方米，成交总价 4986.61 万元。

土地利用　立足减少占用耕地和提高土地利用的原则，开发区 2012 年即开始进行低丘缓坡土地综合开发利用试点，向山要地，以满足工业项目和城镇建设的要求。位于银盏镇大寨坪村、飞练村等区域的低丘缓坡未利用地及低产林地，大都得到开发利用。四年报批的 411.11 公顷建设用地中，包括劣质耕地、低产林地在内的农用地共 220.47 公顷，仅占 53.62%。在充分利用低丘缓坡土地的同时，开发区严格按照国家产业政策和行业用地标准供地，已供土地没有闲置情况，且项目用地均按合同约定时间开工建设，并达到合同投资额度。2013 年，省、州国土资源部门部署开展瓮安经济开发区土地利用评价前期调查，调查成果提交省国土资源厅规划院，全省产业园区考评通报（黔经信园区〔2014〕1 号）中，瓮安 – 福泉经济开发区排名全省第 4 名，开发区最低投资不低于 150 万元/亩。

企业入驻 至2014年，开发区“三纵三横”路网骨架基本形成。长14.38公里宽36米至猴场主干道投入使用。长10余公里支线道路C2路、C3路、C5路、C6路、C7路、C10路、D7路、F1路修建全面推进。园区管委会行政中心、银盏镇办公楼、学校、金融、医院等综合配套服务中心逐步形成。随着路网骨架及其他基础设施逐步完成，开发区已入驻企业124户，其中86户投入生产，2014年共完成工业总产值136.05亿元。其中重点引进的金正大、芭田、源翼矿业3个省级“四个一体化”的重点项目及其他一批重点引进的项目陆续完成前期工作并开始陆续投产。其中较大投产项目有金正大诺泰尔公司年产60万吨硝基复合肥项目及年产20万吨水溶肥项目等。

四、高速公路建设用地

瓮安至马场坪高速公路 是省政府规划建设的“678”高速公路网道真至麻尾高速公路其中一段，北起瓮安县城西南的陆家寨，经瓮安县平定营镇、福泉市牛场镇、龙昌镇、终点位于马场坪镇接贵新高速公路。该路段全长56.7公里，总投资44.4亿元，路基宽度24.5米，县境内长10.55公里。2010年12月15日，州政府对州国土资源局制定的《马场坪至瓮安高速公路征地工作方案》进行批复。是年，县国土资源局拟定《征地补偿安置方案》经州国土资源局审核同意后报县政府批准公布。2012年5月，国土资源部国土资函〔2012〕374号函对瓮马高速瓮安段予以批复，批准建设用地78.52公顷，其中农用地72.63公顷（耕地37.86公顷），建设用地3.27公顷，未利用地2.63公顷，涉及征用集体土地78.44公顷，需安置农业人口1351人，安置劳动力1081个，支付征地费用2157.46万元。是年，征地及补偿安置进入实施阶段，2013年基本结束。根据耕地占补平衡政策，瓮马高速瓮安段由贵州省公路局采取耕地委托开垦的方式，按每亩8000元，缴纳耕地开垦费4521792元。2014年12月，瓮马高速公路全程通车。

贵阳至瓮安高速公路 全长89公里，总投资111.81亿元，其中瓮安境内25公里，总投资24.50亿元。该公路起于贵阳市乌当区水田镇李资村，终点为瓮安县银盏镇钱家院。与道真至瓮安高速公路相交，与江口至瓮安高速公路相连，主要途径贵阳市乌当区的水田和百宜、开阳县的龙岗和毛方、瓮安县的建中、玉华、雍阳、银盏等乡镇。全线共有桥梁43座，隧道24座，桥隧比例为46.47%。贵瓮高速是国家规划的黔中经济区的重要通道，是国发2号文明确加快推进的重点项目，是规划中贵阳向外辐射的第9条高速通道之一，是连接开阳、瓮安两个重点矿产资源富集县的重要“资源通道”，是连接黔中和黔北旅游资源富集地的“旅游通道”，是连接乌江航道实现通江达海的水路连接通道，被称为“含金量”最高的高速路之一。2012年12月12日，贵瓮高速开工仪式在瓮安县建中镇举行，土地征收补偿安置等亦开始启动。2014年4月，国土资源部国土资函〔2014〕94号函对贵瓮高速瓮安段予以批复，批准建设用地195.72公顷，其中农用地185.74公顷（耕地84.55公顷），建设用地6.05公顷，未利用地3.94公顷，涉及征用集体土地195.13公顷，需安置农业人口472人，安置劳动力250个，支付征地费用5462.47万元。是年底，征地基本结束。贵州省公路局采取耕地委托开垦的方式，按每亩6400元，缴纳耕地开垦费8116675元。2015年12月31日，贵瓮高速公路全程通车。

江口至瓮安高速公路 为贵州省高速公路骨架规划“678网”第三条横线的东段。项目横跨贵州中东部地区，是一条连接铜仁、遵义、黔东南、黔南四地（州、市）的大动脉，是黔中经济区与铜仁乃至华中地区联系的最便捷通道，是推动黔北、黔中、黔东经济区建设的重要公路。项目起点于江口县闵孝镇岳家寨，连接正在建设中的杭瑞高速公路，与杭瑞高速大兴至思南段T型枢纽交叉，终点至瓮安银盏，顺接贵阳至瓮安高速公路，与在建的道瓮高速公路成十字交叉。线路全长144.35公里，计划总投资160.03亿元，瓮安境内22.42公里，途经猴场镇大河村、大田坝村、石板坪村、金竹村、草塘社区、下司社区和永和镇萍水村及银盏镇新华村、太平村、银盏村等。2012年12月16日，江口经石阡至瓮安高速公路铜仁段开工仪式在石阡县举行。2013年9月，江瓮高速瓮安段相继开工，土地征收补偿安置等亦进入实施阶段。2014年4月，国土资源部国土资函〔2014〕98号函对江瓮高速瓮安段予以批复，批准建设用地144.34公顷，其中农用地134.19公顷（耕地58.28公顷），建设用地4.86公顷，未利用地5.28公顷，涉及征用集体土地144.03公顷，需安置农业人口485人，安置劳动力339个，支付征地费用3914.68万元。2014年，征地基本结束。贵州省公路局采取耕地委托开垦的方式，按每亩6400元，缴纳耕地开垦费559.47元。2015年12月31日，江瓮高速建成通车。

道真至瓮安高速公路 为《贵州省高速公路网规划》中第三纵线道真至新寨高速公路的北段。道瓮高速起点于渝黔交界处的重庆南川区福寿场，止于瓮安县陆家寨，全长约249.64公里，总投资262.6亿元，瓮安境内39.15公里。起于天文镇下堡垄村，向南经平坝村、天文村、玉屏村，至银盏镇经木老坪村、穿洞河村、银盏村，至县城经花桥村等在陆家寨接瓮马高速。2011年11月23日，道瓮高速在正安县安场镇瑞濠村正式开工建设，瓮安段2013年9月动工。2013年11月，国土资源部国土资函〔2013〕877号函对道瓮高速瓮安段予以批复，批准建设用地222.67公顷，其中农用地201.2公顷（耕地136.59公顷），建设用地13.71公顷，未利用地7.76公顷，涉及征用集体土地218.25公顷，需安置农业人口1226人，安置劳动力852个，支付征地费用7124.47万元。2014年，瓮安段征地基本结束，贵州省公路局采取耕地委托开垦的方式，按每亩6400元，缴纳耕地开垦费1311.26万元。2015年12月31日，道瓮高速建成通车。

第十二章　土地市场

第一节　土地收储

2007 年 11 月，国土资源部、财政部、中国人民银行印发《土地储备管理办法》(国土资发〔2007〕277 号)。2008 年 6 月 20 日，瓮安县建立国土资源储备中心，土地储备管理开始走向规范。

一、土地收储程序

2008 年 6 月后，根据土地收储管理有关规定，境内土地收储主要程序为：1.受理收购申请，凡符合收购条件的土地，由土地使用权人持有关资料向土地储备中心申请收购；2.进行权属核查，县土地储备中心对申请人提出的土地和地上权属、土地面积、地上建筑物面积、四至范围、土地用途等情况进行实地勘验调查和审核，并采集影像资料和相关资料。3.确定规划条件，县规划行政主管部门根据批准的城乡规划，提出储备土地的具体规划设计条件。4.补偿核算，县土地储备中心根据调查结果和相关资料，会同有关部门进行土地收购补偿费用核算。5.方案报批，县土地储备中心根据权属核查、规划条件提出收购土地具体方案，经县土地储备委员会审查，报县人民政府批准后实施。6.发布公告。7.签订合同，收购方案经批准后，由县土地储备中心与原土地使用权人签订《国有土地使用权收购合同》。8.支付收购土地补偿费，县土地储备中心根据《国有土地使用权收购合同》约定的金额、期限和方案，向原土地使用权人支付土地收购费用。实行土地置换的，进行土地置换差价结算。9.权属变更，原土地使用权人与县土地储备中心共同向县土地行政主管部门、房产行政主管部门申请办理权属变更登记手续，注销被收购土地使用权及地上建（构）筑物、附着物的所有权登记。10.交付土地，根据合同约定期限和方式，原土地使用权人向县土地储备中心交付被收购的土地和地上建筑物，被收购的土地使用权一经交付，即纳入土地储备。

二、收储土地范围

2008 年 6 月后，全县收储土地范围涉及政府征收的集体土地；被依法收回的闲置地；被依法没收的土地；土地使用者申请收购的土地；土地使用期限已满，土地使用权人未申请续期或申请未获批准的土地；以出让方式取得土地使用权后无力继续开发、又不具备转让条件的土地；土地使用权转让价格明显低于市场价格或申请土地转让价格低于当地基准地价 20% 以上，政府按转让价格优先收购的土地；经核准报废的原划拨道路、采矿场、取土区土地；因单位破产、撤销、解散等原因停止使用的划拨土地；企业改制、旧城改造、污染企业外迁后遗留的闲置土地；流拍、流挂的土地；其他应收购储备的国有土地。

三、土地收储完成

2009－2013 年，县国土资源储备中心成立后，共收储土地 1634.33 公顷。其中收储收回存量土地 179.53 公顷；收储征收土地 1454.8 公顷。

（一）征收土地

2009 年，经国土资源部和省政府批复，境内完成农用地转用征收面积 63.06 公顷，征地费用 706.7 万元。主要征地项目有贵州清水河格里桥水电站工程（瓮安境内部分），征地 30.51 公顷，征地费用 159.08 万元；贵州成黔冶金辅料有限公司 10 万吨/年铝酸钙厂用地补办手续，征地 10.2 公顷，征地费用 198.81 万元；瓮安县生活垃圾填埋工程用地，征地 10.91 公顷，征地费用 188.35 万元。

2010 年，完成农用地转用征收面积 61.61 公顷，征地费用 2575.97 万元。主要征地项目有 2009 年度第一批次城镇建设用地，征地 4.19 公顷，征地费用 174.08 万元；2010 年度第一、二、三批次城镇建设用地 54.47 公顷，征地费用 2298.83 万元。

2011 年，完成农用地转用征收面积 296.72 公顷，征地费用 7463.4 万元。主要征地项目有 2010 年度第四批次城镇建设用地，征地 7.42 公顷，征地费用 234.73 万元；果果坪 220KV 输变电工程用地，征地 3.04 公顷，征地费用 121.32 万元；2010 年度第一批次工业用地，征地 15.79 公顷，征地费用 619.86 万元；2011 年度第一、二、三、四批次工业用地，征地 51.37 公顷，征地费用 1228.71 万元；2011 年度第一、二、三、四、五批次城镇建设用地，征地 213.97 公顷，征地费用 5254.1 万元。

2012 年，完成农用地转用征收面积 370.13 公顷，征地费用 6625.53 万元。主要征地项目有 2011 年度第六批次城镇建设用地，征地 15.11 公顷，征地费用 384.65 万元；2011 年度第五批次工业用地，征地 29.14 公顷，征地费用 704.2 万元；道真至新寨高速公路瓮安至马场坪段（瓮安境内），征地 78.52 公顷，征地费用 2157.46 万元；瓮福磷矿二期接替矿山建设项目用地，征地 19.7 公顷，征地费用 427.34 万元；杜仲河水库综合利用工程建设项目，征地 69.59 公顷，征地费用 467.34 万元；2012 年度第一、二批次工业建设用地，征地 93.67 公顷，征地费用 2129.62 万元；2012 年度第一、二、三批次城镇建设用地，征地 33.25 公顷，征地费用 350.15 万元。

2013 年，完成农用地转用征收面积 322.47 公顷，征地费用 10115.1 万元。主要征地项目有道真至新寨高速公路流河渡至陆家寨（瓮安境内），征地 222.67 公顷，征地费用 7124.47 万元；2013 年度第一、二、三批次城镇建设使用土地，征地 39.9 公顷，征地费用 1136.57 万元；2013 年度第一、二批次工业建设使用土地，征地 39.9 公顷，征地费用 1854.06 万元。

（二）收回存量土地

2009年，由县国土资源局呈报，经县政府批复，县土地储备中心共收储存量土地30宗，面积61.72公顷，当年建设供应用地50.71公顷。收储存量土地较大有雍阳镇金龙、鼓楼社区地块，面积15.54公顷，当年建设供应用地15.54公顷；雍阳镇文峰南路县法院、县检察院南侧地块和雍阳镇文峰南路以西瓮安客车站以南地块，收储存量土地15.24公顷，当年建设供应用地13.14公顷，剩余2.1公顷；雍阳镇水沟边、保养场、老林业局等地块，收储存量土地7.29公顷，当年供应建设用地6.94公顷，剩余0.35公顷。

2009－2014年收储土地汇总表

表12－1　　单位：公顷

时　间	收储类别		收储面积
2009年	征收土地	63.0610	124.78026661.719266
	收回存量土地		
2010年	征收土地	61.6067	76.204662
	收回存量土地	14.597962	
2011年	征收土地	296.7190	323.287917
	收回存量土地	26.568917	
2012年	征收土地	371.8474	392.3058084
	收回存量土地	20.4584084	
2013年	征收土地	339.0911	374.7780885
	收回存量土地	35.6869885	
2014年	征收土地	322.4709457	342.9686457
	收回存量土地	20.4977	

2010年，全县收储存量土地30宗，面积14.6公顷，当年建设供应用地9.7公顷，剩余4.9公顷。

2011年，全县收储存量土地25宗，面积26.57公顷，当年建设供应用地23.91公顷，剩余2.66公顷。主要收储有瓮安县磷肥厂地块，面积2.71公顷，当年建设供应用地2.71公顷；雍阳镇茅坡村王家庄处，面积1.27公顷，当年建设供应用地1.27公顷；城北加油站西侧，面积2.25公顷，当年建设供应用地面积2.25公顷；银盏乡太平村原三联化工有限责任公司地块，面积3.41公顷，当年建设供应用地3.41公顷；中坪粮站地块，面积1.5公顷，当年建设供应用地0.96公顷，剩余0.54公顷；雍阳镇河滨社区，面积5.64公顷，当年建设供应用地4.58公顷，剩余1.06公顷；鱼河乡新场村地块，面积3.14公顷，当年建设供应用地3.14公顷。

2012年，全县收储存量土地26宗，面积20.46公顷，当年建设供应用地7.75公顷，剩余面积12.71公顷。主要收储有玉山镇新庄村、玉山村地块，面积0.78公顷，当年建设供应用地 0.78 公顷；建中镇凤凰村地块，面积 0.84 公顷，当年建设供应用地 0.24 公顷，剩余 0.6 公顷；雍阳街道办事处城北社区河边组，面积 3.42 公顷，当年建设供应用地 3.39 公顷，剩余 0.03 公顷；银盏镇银盏村岩脚桥，面积 7.32 公顷，剩余面积 7.32 公顷。

2013 年，全县收储存量土地 51 宗，面积 35.69 公顷，建设实际用地面积 30.38 公顷，剩余面积 5.31 公顷。主要收储有珠藏镇珠藏村粮食购销公司地块，面积 1.38 公顷，当年建设供应用地 1.38 公顷；雍阳街道办事处河滨社区原五金农具厂北侧，面积 3.77 公顷，当年建设供应用地 1.92 公顷，剩余 1.85 公顷；猴场古邑区地块，面积 6.15 公顷，当年建设供应用地 6.08 公顷，剩余 0.07 公顷；猴场镇松坪乡办公场所等地块，面积 4.55 公顷，当年建设供应用地面积 4.55 公顷。

2014 年，全县收储存量土地 21 宗，面积 20.5 公顷，建设实际用地面积 20.5 公顷。主要收储有雍阳街道城北东河区 1.32 公顷，瓮水街道广场社区 1.78 公顷，瓮水街道茅坡村 1.49 公顷，瓮水街道广场社区龙水坝 8.01 公顷。

第二节　地　价

20 世纪 90 年代国有土地有偿使用推行后，前期一般根据当时市场情况和国家有关规定，由县政府制定国有土地使用权出让转让收费的地价标准。继后随着土地有偿使用机制的完善，逐步形成了基准地价、宗地评估地价体系，以为推行招拍挂和协议出让土地使用权提供价格决策依据。

一、规定地价

1990 年，《中华人民共和国城镇国有土地使用权出让和转让暂行条例》（国务院令第55 号）下达。5 月 19 日，县政府印发《瓮安县划拨土地使用权管理暂行规定》，明确全县土地转让、出租、抵押根据不同区域执行以下收费标准：1.转让：每平方米一次性收取 20～200 元的转让金。2.出租：按每年每平方米计算收取。县城区商业娱乐，加工业用地 5～10 元；其他用地 4～8 元；住房用地 2 元。建制镇所在地区商业娱乐，加工业用地 4～8 元；其他用地 3～6 元；住房用地 1.5 元。其余地区商业娱乐，加工业用地3～6 元；其他用地 2～4 元；住房用地 1 元。3.抵押：按每年每平方米计算收取。县城区 5～8元；建制镇所在地区 4～7 元；其他地区 3～6 元。

1993 年，除国家规定可以划拨供地的外，全县建设用地开始由行政划拨改为有偿出让。是年开始，按当时土地市场情况，县政府规定国有土地使用权出让按以下标准收取土地出让金：县城规划开发区，每平方米收取出让金一类 120 元，二类 100 元，三类 80 元，四类 60 元。集镇地区，一类 100 元，二类 80 元，三类 60 元，四类 40 元。对买卖房屋涉及土地权属变更转让，收取土地出让金每平方米 70～200 元。对乡镇企业用地每平方米按 0.2～1 元收取土地使用费。

1994 年 4 月 28 日，瓮府发〔1994〕23 号文件发布《瓮安县人民政府关于土地管理收费的规定》，明确是日起，属划拨国有土地转让一次性收取土地出让金每平方米20～200 元；出租年收租金每平方米 2～10 元；抵押年收费每平方米 3～8 元。是年 6 月 30 日，《贵州省实施〈中华人民共和国城镇国有土地使用权出让和转让暂行条例〉办法》发布并实施，全县改按其有关标准执行。其中对划拨国有土地使用权的转让，根据中介机构评估价的下列标准收取地价款：1.商业、服务、旅游、娱乐用地按评估价的 45% 收取；2.商品住房用地按评估价的 40% 收取；3.工业及其他用地为按评估价的 35% 收取。

1999 年 9 月 3 日，结合当时进行的县城基准地价评估，县政府召开专题会议，就土地出让收费标准形成一致意见并产生会议纪要，全县开始执行该纪要。纪要规定，雍阳镇各地段出让收费标准一类地段 800～1200 元/平方米，区域为：兴隆大道一线；体育场至农具社宿舍一线；供销大厦至邮政局一线；中街至国税局一线。二类地段 600～800 元/平方米，区域为：土产公司至农具厂宿舍一线；交警队宿舍至西门桥一线；建行办公楼至联社办公楼一线；工行办公楼至体育场至联社一线；北东路。三类地段 450～600 元/平方米，区域为：建行办公楼至北门加油站一线；联社办公楼至石油公司加油站一线；北西路；邮政局至南门三贫路一线；南东路、南西路全线；国税局至水电局办公楼至职中门口一线；西门桥至磷化公司一线；北门公厕至二中至兴隆大道一线。四类地段 350～4500 元/平方米，区域为：规划区内除一、二、三类地段外的其他临街临路门面。五类地段 250 元/平方米，区域为：规划区内不临街没有营业价值的地段。纪要还规定，县城规划区内一、二、三、四类地段以及政府新规划街道的国有土地，原则上采取公开拍卖土地使用权的方式进行，并将四类地段的出让标准作为拍卖基价。规定一、二、三、四类地段所涉及的国有土地，在计算面积时径伸以 25 米为准，超出 25 米的按 250 元每平方米计算。对各乡镇规划区内土地出让，纪要规定由各乡镇根据其商业价值自行制定地价标准。

二、基准地价

1999 年 6 月 21 日，县政府成立县基准地价领导小组，县国土资源局开始开展对县城（雍阳镇）基准地价评估。评估通过科学区域划分和实地调查，采取布点取样并运用计算机处理，评估出县城 6. 88 平方公里区域内不同地段的地价水平。10 月 30 日，县国土资源局提交《贵州省瓮安县县城基准地价评估技术报告》。11 月 12 日，省国土厅麻少玉副厅长、省国土厅地籍处处长彭显刚、州国土局刁玉跃副局长及省、州土地评估师等一行 7 人组成基准地价评估验收小组，对瓮安县城基准地价评估进行验收。验收认定，县国土局完成的县城基准地价评估工作成果资料齐全，理论依据充分，结构合理，符合土地估价要求，同意验收。此次基准地价基本情况：基准日，1999 年 8 月 31 日。土地使用年限，商业用地 40 年，住宅用地 70 年，工业用地和综合用地 50 年。容积率，以楼层代替容积率，商业用地、住宅用地、工业用地、综合用地楼层分别为 1. 0、4. 0、1. 0、4. 0。基准地价，一类每平方米商业用地 950 元，住宅用地 350 元，综合用地 600 元；二类每平方米商业用地640元，住宅用地270元，工业用地120元，综合用地380元；三类每平方米商业用地310元，住宅用地150元，工业用地90元，综合用地210元。

2000年，县国土局组织人员到遵义等地考察地价评估工作，并在年内集中10个月时间，完成了雍阳镇外22个乡镇政府所在地面积19.2平方公里的基准地价评估工作，提交了《瓮安县乡镇基准地价评估技术报告》。乡镇政府所在地基准地价评估于11月1日通过州级专家组验收合格，其评估具体情况为：一、土地定级估价范围：各乡镇政府所在地集镇一定范围，其中草塘镇面积2平方公里，中坪镇面积1.8平方公里，玉山镇面积1.5平方公里，永和镇面积1.5平方公里，珠藏镇面积1.5平方公里，天文镇面积1.2平方公里，平定营镇面积1.2平方公里，建中镇面积1平方公里，鱼河乡面积0.8平方公里，高水乡面积0.8平方公里，木老坪乡面积0.8平方公里，松坪乡面积0.7平方公里，岚关乡面积0.8平方公里，银盏乡面积1平方公里，木引槽乡面积0.5平方公里，龙塘乡面积0.5平方公里，白沙乡面积0.5平方公里，老坟嘴乡面积0.4平方公里，牛场坝乡面积0.4平方公里，铜锣乡面积0.4平方公里，玉华乡面积0.3平方公里，小河山乡面积0.3平方公里。二、基准地价内涵：基准日，2000年9月30日；土地使用年限：商业用地40年，住宅用地70年，工业用地和综合用地50年；容积率：未界定。三、基准地价：草塘镇、中坪镇、玉山镇、珠藏镇、天文镇、永和镇等一类乡镇，每平方米商业用地450元，住宅用地190元，工业用地90元；平定营镇、建中镇、鱼河乡、高水乡、木老坪乡、松坪乡、岚关乡、银盏乡等二类乡镇，每平方米商业用地400元，住宅用地170元，工业用地80元；木引槽乡、龙塘乡、白沙乡、老坟嘴乡等三类乡镇，每平方米商业用地360元，住宅用地140元，工业用地70元；牛场坝乡、铜锣乡、玉华乡、小河山乡等四类乡镇，每平方米商业用地330元，住宅用地110元，工业用地70元。

2003年10月，县政府办印发国土资源局《瓮安县基准地价定期更新公布制度》，明确基准地价原则上3年更新一次，基准地价评估由县人民政府组织，具体由县国土资源局负责评估或委托具有评估资质的评估机构进行评估。

2009年6月，县国土资源局与贵州仁和行不动产评估有限公司合作完成《瓮安县基准地价更新技术报告》，重新确立了县城规划区及各乡镇基准地价。具体情况为：一、土地定级估价更新范围：县城规划区范围面积11.19平方公里（不含河流水域），四至界线东至矿产品开票验票站，南至县复考厂南侧约350米处，西至西阳坡西麓，北至北斗山监狱黄磷二监区北侧约220米处。乡镇（雍阳镇银盏乡属县城规划区除外）评估范围采用2000年乡镇基准地价确定的评估范围及四至。二、基准地价内涵：县城及各乡镇基准地价评估基准日，2009年1月1日。土地使用年限：县城规划区及各乡镇商服用地40年，住宅用地70年，工矿仓储用地50年。容积率：县城及各乡镇商服用地1.0，住宅用地2.0，工矿仓储用地1.0。市政基础设施配套：县城规划区商服用地、住宅用地、工矿仓储用地达到“五通一平”（场地外通水、通电、通路、通信、排水，场地内土地平整）；各乡镇商服用地、住宅用地、工矿仓储用地达到“四通一平”（场地外通水、通电、通路、通信，场地内土地平整）。三、基准地价：县城规划区：一类每平方米商服用地1280元，住宅用地500元；二类每平方米商服用地750元，住宅用地420元；三类每平方米商服用地420元，住宅用地320元，工矿仓储用地130元；四类每平方米商服用地300元，住宅用地230元，工矿仓储用地100元。各乡镇：草塘镇、中坪镇、玉山镇、珠藏镇等一类乡镇，每平方米商业临街用地550元，商业背街用地330元，住宅用地250元，工矿仓储用地100元；天文镇、永和镇、平定营镇、建中镇、鱼河乡、岚关乡、玉华乡、龙塘乡等二类乡镇，每平方米商业临街用地420元，商业背街用地250元，住宅用地190元，工矿仓储用地90元；高水乡、木老坪乡、松坪乡、木引槽乡、白沙乡、老坟嘴乡、牛场坝乡、铜锣乡、玉华乡、小河山乡等三类乡镇，每平方米商业临街用地350元，商业背街用地220元，住宅用地170元，工矿仓储用地90元。

瓮安县县城区2009、2013年基准地价对照表

表12－2　　　　单位：元/平方米

均质地域	年份	商服用地	两年比增长数	住宅用地	两年比增长数	工矿仓储用地	两年比增长数
Ⅰ级	2009	1280	900	500	250	/	
	2013	2180		750		/	
Ⅱ级	2009	750	750	420	140	/	
	2013	1500		560		/	
Ⅲ级	2009	420	430	320	90	130	35
	2013	850		410		165	
Ⅳ级	2009	300	210	230	40	100	65
	2013	510		270		165	

瓮安县2013年11个乡镇基准地价表

表12－3　　　　单位：元/平方米

用途 \ 乡镇		银盏镇	江界河镇	猴场镇	珠藏镇	中坪镇	平定营镇	永和镇	玉山镇	天文镇	建中镇	岚关乡
商服用地	一级均质地域	680	450	680	600	580	480	480	600	480	500	440
	二级均质地域	380	260	400	400	380	260	260	400	260	280	260
住宅用地		300	220	320	280	300	220	220	280	220	220	220

2013年9月，县国土资源局与贵州仁和行不动产评估有限公司再次合作完成《贵州省瓮安县城区及11个乡镇基准地价更新报告》，再次重新确立了县城区及11个乡镇基准地价。县城区基准地价内涵：评估基准日，2013年1月1日；商服用地：土地使用年

限为40年，容积率1.0，市政基础设施配套程度土地范围内达到“五通一平”；住宅用地：土地使用年限70年，容积率2.0，市政基础设施配套程度土地范围内达到“五通一平”；工矿仓储用地：包括工业用地、采矿用地、仓储用地，土地使用年限50年，容积率1.0，市政基础设施配套程度土地范围内达到“四通一平”。县城区基准地价：均质地域商服用地Ⅰ级每平方米2180元，Ⅱ级每平方米1500元，Ⅲ级每平方米850元，Ⅳ级每平方米510元；住宅用地Ⅰ级每平方米750元，Ⅱ级每平方米560元，Ⅲ级每平方米410元，Ⅳ级每平方米270元；工矿仓储用地每平方米165元。本次评估，11个乡镇基准地价内涵与县城区基本相同，其市政基础设施配套程度只要求达到“三通一平”（场地外通水、通电、通路，场地内土地平整）。乡镇商服用地基准地价在260元至680元之间，住宅用地在220元至320元之间，工矿仓储用地同县城区一样均为每平方米165元。

三、宗地评估

宗地评估是在参考基准地价基础上，专为每宗具体国有土地使用权出让转让确立的参考价款，主要是为集体决策确定招拍挂底价和确定协议出让地价提供价值参考，并为划拨国有土地的转让确立缴纳百分比的底价。

1995年，根据国有企业清产核资时必须进行企业用地估价的有关政策，县土地管理局曾组织专人，完成全县56个企业229宗76.48公顷土地的土地估价工作。

1999年，中国石油化工集团公司因股份制改制需要，曾委托贵州省土地估价事务所对位于境内的瓮安县石油公司5宗划拨土地进行地价评估，该5宗地面积16710.84平方米，地价评估总值304.24万元。其中县城高家坳加油站（雍阳镇高家坳）用地面积12360平方米，每平方米，单价199元，总地价245.96万元。县城北门加油站（雍阳镇七星）用地面积1423.13平方米，每平方米单价208元，总地价29.6万元。营定街加油站（平定营镇营定街）用地面积1728.7平方米，每平方米单价72元，总地价12.45万元。草塘加油站（草塘镇凉水井）用地面积149.32平方米，每平方米单价131元，总地价1.96万元。老机油库（雍阳镇高家坳）用地面积1049.69平方米，每平方米单价136元，总地价14.28万元。

随着土地出让转让机制的形成，宗地评估机制亦相应完善。境内宗地评估机构主要有双鉴房地产评估顾问有限公司、贵州恒鉴不动产评估有限公司、都匀东达土地估价事务所有限公司等。根据《城镇土地估价规程》，通行的地价评估方法有市场比较法、收益还原法、假设开发法、成本逼近法、基准地价系数修正法等。按照地价评估技术规则，结合县内地产市场发育情况及估价对象的具体条件、用地性质等，为使估价结果准确，境内大多选择多种方法进行评估，以互相验证，减少误差，确定出合理的价格。宗地评估程序：主要由土地评估机构与土地管理委托方签订评估合同，再由委托方向评估单位提供有关资料，然后由评估单位现场勘察，制定估价方案，进行地价测算和地价会审，并向委托方提交《土地估价报告》或《土地估价技术报告》。

2009－2014 年，县土地交易中心成立后出让交易均通过拍卖大厅公开进行。6 年间，县土地交易中心通过委托共完成宗地评估 325 宗，面积 4008145.36 平方米。其中：2009 年完成商业、商住用地 35 宗，面积 379235.06 平方米，工业用地 1 宗，面积 4587 平方米；2010 年完成商业、商住用地 7 宗，面积 191764 平方米，工业用地 4 宗，面积 18956 平方米；2011 年完成商业、商住用地 28 宗，面积 48387.75 平方米，工业用地 8 宗，面积 201817 平方米；2012 年完成商业、商住用地 93 宗，面积 591199.4 平方米，工业用地 26 宗，面积 592908.37 平方米；2013 完成商业、商住用地 55 宗，面积 257046.08 平方米，工业用地 13 宗，面积 908839.7 平方米；2014 年完成商业、商住用地 42 宗，面积 378960 平方米，工业用地 13 宗，面积 434445 平方米。

境内通过挂牌实施的国有土地使用权出让，其竞价结果一般平方米单价与评估单价上下浮动比例不大。2010 年由贵州锦美房地产公司竞得的县城区瓮国让 2010－1 号地块，平方米评估单价 1133 元，成交单价 1136 元，高 3 元。瓮安县喜洋洋烟花爆烛销售公司竞得的县城规划区瓮国让 2010－12 号地块，评估单价 90 元，成交单价 105 元，高 15 元。2013 年瓮安县城镇建设投资公司竞得的河西新区瓮国让 2012－66、67 号地块，评估单价成交单价相同均分别为 2772 元、3725 元。瓮安县草塘古邑区文化旅游开发公司竞得的猴场镇瓮国让 2013－23、24 号地块，评估单价成交单价均为 1350 元。

2009－2014 年，是瓮安土地市场竞争比较激烈的时期。在挂牌出让竞争激烈情况下，土地使用权出让价往往大幅高于宗地评估价和挂牌底价。2010 年瓮安县宏利源房地产公司竞得县城区瓮国让 2009－29 号地块，平方米评估单价 1156 元，成交单价 1850 元，高 694 元。瓮安县兴旺房地产公司竞得的草塘镇 2009－26 号地块，评估单价 600 元，成交单价 1066 元，高 466 元。2011 年，绿城房地产公司竞得的县城区三宗地块，评估单价分别为 1738 元、1628 元、1799 元，成交单价分别为 3610 元、3300 元、3400 元，分别高 1872 元、1672 元、1601 元。由杨秀军竞得的草塘镇木瓜河 2010－6 号地块，面积 258.75 平方米，评估单价 500 元，成交单价 3170 元，高 2670 元。罗顺贵竞得的草塘镇河滨北路 2010－7 号地块，面积 315 平方米，评估单价 500 元，成交单价 2550 元，高 2050 元。2012 年，瓮安县工业园区投资开发公司竞得的工业园区三宗地块，面积 287129 平方米，评估单价分别为 950 元、950 元、777 元，成交单价分别为 1180 元、1180 元、1180 元，分别高 230 元、230 元、403 元。2013 年，由李培伦等 3 人竞得的珠藏镇街上瓮国让 2012－58 号地块，评估单价 853 元，成交单价 2360 元，高 1507 元。2014 年，由王仕洪等 8 人分别竞得的珠藏镇街上瓮国让 2014－22－1－2、3、4、5、6 号地块，面积均为 120 平方米，评估单价均为 857 元，成交单价依次为 1990 元、2540 元、2000 元、3050 元、1670 元，分别高 1133 元、1683 元、1143 元、2193 元、813 元。

第三节　国有土地使用权出让

一、出让程序

2008 年前，国有土地使用权出让程序比较简单。之后，随着县国土资源交易中心设立，土地使用权出让开始走向规范化，除划拨土地和协议出让土地外，土地使用权出让的招拍挂均通过县国土资源交易中心组织实施，并以推行适用瓮安行情的挂牌出让为主。

土地使用权挂牌出让主要流程有：一、出具国有建设用地出让通知。二、相关方面完成规划设计、图件和宗地评估报告。三、编制出让方案并审定。出让方案主要内容：1.出让地块位置、四至、面积、供地方式；2.出让年限及用途；3.竞买资格范围；4.出让地块规划技术指标及要求；5.出让方式及竞得人的确定方式；6.出让起始价、增价幅度及保证金；7.建设时限及相关要求；8.付款方式。出让方案审定：县国土资源局分级审核后报县政府招拍挂领导小组集体研究决策，形成批文、会议纪要等相关材料，然后报县政府批准。四、编制出让公告。公告内容包括：出让地块基本情况、规划指标要求、土地使用年限、建设时间要求、竞买人资格要求、挂牌起止时间、支付竞买保证金规定等。五、编制挂牌出让文件，内容包括：1.出让公告；2.出让须知；3.规划设计条件；4.规划拆迁范围平面图；5.规划用地红线图；6.竞买申请书；7.联合竞买申请书；8.授权委托书；9.收件函；10.竞买资格确认书；11.国有建设用地使用权出让竞买单；12.成交确认书；13.国有建设用地使用权出让合同（草案）。六、竞买申请，个人竞买：须提供申请竞买人身份证件，单位或组织竞买：须提供工商营业执照、机构代码证、税务登记证、法人身份证、公司章程等。七、报价，报名截止时，只有 1 位竞买人的，出让截止时，该竞买人为竞得人，该起始报价为竞得出让价。报名截止时，有 2 位或 2 位以上竞买人的，出让截止时询问各竞买人是否需现场竞价，如不需现场竞价，则以出让截止时最高报价竞买人为竞得人；如需现场竞价，主持人宣布进入现场竞价，通过现场竞价确定竞得人。八、签订《成交确认书》，挂牌人与竞得人当场签订。九、公布出让结果，出让活动结束后 10 个工作日内，出让人将出让结果通过中国土地市场网以及土地有形市场等指定场所向社会公布。十、签订《国有建设用地使用权出让合同》，自签订《成交确认书》之日起 30 日内未缴土地成交价款的，出让人有权取消竞得人竞得资格，依法收回国有建设用地使用权，保证金不予退还。缴清土地成交价款后，出让人在 60 日内与竞得人签订合同。

二、出让推进

1990 年 5 月，《中华人民共和国城镇国有土地使用权出让和转让暂行条例》（国务院令第 55 号）下达，全县广泛宣传，县土地管理局将国务院 55 号令翻印成布告 5201 份张贴至乡、村、组和街道。19 日，县政府印发《瓮安县划拨土地使用权管理暂行规定》，明确自该规定公布之日起，全县发生的土地使用权转让、出租、抵押均需交纳出租、转让金。是年开始，国有土地和集体土地有偿使用在境内推行。

1992 年，全县共收取土地有偿使用费 28.34 万元，其中权属变更费和土地出让金 12.35 万元，城镇国有土地有偿使用费 5.9 万元，乡镇企业占地有偿使用费 10.09 万元。

1993 年，境内经营性建设用地开始由过去的行政划拨改为有偿出让。国有土地使用权出让期限，根据国务院 55 号令，规定居民住宅用地 70 年，工业用地 50 年，教育、科技、文化、卫生、体育用地 50 年，商业、旅游、娱乐用地 40 年，综合或其他用地 50 年。8 月，根据县政府通知，县成立文峰土地管理所，具体负责办理县城文峰大道、北东路规划区域内的土地征用及土地使用权出让划拨等相关工作。至 1998 年，五年中县城以文峰大道为主的国有土地使用权出让达 30 多万平方米。期间县城新修文峰大道长达 5 公里，该大道修建及两侧土地出让，彻底改变了县城面貌，吸引了天安、大信、港安等外商及瓮安煤矿等 42 个单位在县城买地 242449 平方米建房，同时还吸引了 400 多户富裕农民进城买地建房，500 多户进城购买商品房。文峰大道规划区域的土地出让，为瓮安土地出让积累了经验。

2000 年 8 月，县城区出让广场片区地块，金龙房地产投资开发有限责任公司获得广场片区广场商住楼和瞿家巷步行街开发权。广场片区地块是县内第一个成片集商贸、居住为一体的旧城改造示范区，项目竣工后共建成 144 套商品房，面积 1.44 万平方米。

2001 年，全县拍卖出让存量国有土地 12 宗，面积 1.07 公顷，成交价款 797.97 万元。

2002 年 5 月，国土资源部发布《招标拍卖挂牌出让国有土地使用权规定》（国土资源部 11 号令）。年内，全县共出让和划拨国有土地使用权 152 宗，面积 5.94 公顷。其中：协议出让 129 宗，面积 4.38 公顷；资本置换 7 宗，面积 1.45 公顷；公开拍卖 4 宗，面积 0.05 公顷；挂牌出让 12 宗，面积 0.07 公顷；划拨 62 宗，面积 6.41 公顷。是年 6 月 26 日，县国土资源局在中坪镇政府召开中坪镇国有土地使用权拍卖会，对中坪镇长新街规划区石油公司中坪加油站对面的 4 宗国有土地使用权进行公开拍卖。此次拍卖参会有县政府分管副县长、县直机关有关负责人、国土资源局相关人员、各乡镇国土资源所负责人、中坪镇党委和政府全体领导、中坪镇各村委会成员，到会共 200 多人。拍卖 4 宗地面积分别为 116.21 平方米、112.41 平方米、109.34 平方米、106.68 平方米，拍卖起价每平方米 200 元，拍卖成交价分别为每平方米 205 元或 210 元。对中坪镇 4 宗地的公开拍卖，为规范土地市场推进国有土地使用权招拍挂起到了较好示范。

2003 年 10 月，县政府办〔2003〕102 号文件印发县国土资源局《瓮安县城镇建设用地集中供应制度》《瓮安县土地使用权公开交易制度》《瓮安县国土资源管理集体决策制度》等制度。明确除法律规定可以采用划拨方式供地外，其他经营性项目用地一律遵循公开、公平、公正合法的原则实行招标、拍卖或挂牌出让，明确国有土地使用权出让、土地资本置换，均实行集体决策，并实行集体决策公示制度。是年，全县出让国有土地使用权 29 宗，面积 7 公顷，价款 1888.96 万元，其中经清查处理补办出让手续 12 宗，面积 0.86 公顷，补交价款 47 万元；招标出让 2 宗，面积 5.51 公顷，价款 1572 万元；挂牌出让 15 宗，面积 0.63 公顷，价款 269.69 万元。

2004 年 8 月 28 日，县政府成立瓮安县国有土地使用权招标拍卖挂牌出让委员会(2008 年 5 月 17 日改设为瓮安县国有土地使用权招标拍卖挂牌出让工作领导小组，2010 年 6 月 28 日改设为瓮安县国土资源招标拍卖挂牌出让工作领导小组)，专门负责国有土地使用权招标拍卖挂牌出让工作。是年，全县国有土地使用权挂牌出让 15 宗，面积 0.63 公顷，成交价款 275.52 万元。次年，挂牌出让 10 宗，面积 0.13 公顷，成交价款 29.75 万元。

2006 年，全县挂牌出让国有土地使用权 38 宗，面积 5.67 公顷，价款 4440.15 万元。其中县外贸站、县供销社土产仓库、县食品公司等 15 宗地通过挂牌出让，面积 5.21 公顷，出让价款 4303.65 万元。

2007 年，全县严格按照国土资源部《关于发布实施〈全国工业用地出让最低价标准〉的通知》和国土资源部、监察部《关于落实工业用地招标拍卖挂牌出让制度有关问题的通知》，依法合理处理全县工业用地的遗留问题。全年划拨用地 125 宗，面积 21.69 公顷；出让 27 宗，面积 30.15 公顷，成交价款 5306.53 万元；协议出让工业用地 6 宗(属遗留问题的处理)，面积 24.87 公顷，价款 1024.7 万元。是年 3 月 6 日，县国土资源局对位于县城文峰南路一桩 4257.5 平方米的商业住宅用地进行拍卖，起拍价每平方米 1125 元，5 家房地产开发商参与竞买，当天拍卖会经过 63 轮激烈报价竞争，最终由瓮安兴旺房地产发展有限公司竞得（为后来修建的丽都大厦地块)，成交价每平方米 1830 元，总成交价 779.12 万元，为当时瓮安土地交易每平方米最高单价。

2008 年 6 月 23 日，县国土资源交易中心设立，其职责主要是实施国有土地使用权、采矿权、探矿权的招标、拍卖、挂牌出让工作。是年，国有土地使用权挂牌出让成交 20 宗，面积 5.41 公顷，价款 403.57 万元。其中挂牌出让国有土地使用权 2 宗（工业用地)，面积 3.07 公顷，收缴土地出让价款 341.29 万元；办理补办出让手续用地 18 宗，面积 2.34 公顷，补缴出让金 62.29 万元。

2009 年，全县国有土地使用权出让成交 63 宗，面积 38.9 公顷，价款 38197.96 万元。县城区主要出让地块有：县城文峰大道与平安路相交路口瓮国让 2009－13 号地块，由都匀市新城房地产开发有限公司竞得，成交面积 4086 平方米，成交单价每平方米 1718 元，成交总价 804.02 万元。文峰南路瓮国让 2009－07 号地块，由贵州省瓮安宏天房地产开发有限公司竞得，成交面积 4530.92 平方米，成交单价每平方米 1150 元，成交总价 521.06 万元。雍阳镇原县政府片区瓮国让 2009－13 号地块，由贵州省福明置业有限公司竞得，成交面积 208451 平方米，成交单价每平方米 1166 元，成交总价 24305.39 万元。雍阳镇新客车站以南、文峰大道以西瓮国让 2009－15 号地块，由都匀市新城房地产开发有限公司竞得，成交面积 94990 平方米，成交单价每平方米 786 元，成交总价

7466.21 万元。雍阳镇法检两院办公楼以南、文峰大道以东瓮国让 2009－16 号地块，由瓮安县宏瑞房地产开发有限公司梅正坪、陈明先竞得，成交面积 58330 平方米，成交单价每平方米 786 元，成交总价 4584.74 万元。乡镇主要出让地块有：玉山镇旧庄公路边玉山镇 2009－08 号地块，由玉山镇水泥厂竞得，成交面积 4587 平方米，成交单价每平方米 186 元，成交总价 85.32 万元。

2010 年，出让成交 16 宗，面积 33.09 公顷，价款 22475.64 万元。县城区主要出让地块有：县城二小至老一中片区（瓮国让 2009－29 号）地块，竞得人瓮安宏利源房开公司，项目名称侯爵豪苑商住楼，成交单价每平方米 1850 元，成交面积 8820 平方米，成交总价 1631.7 万元。雍阳镇南东路弘扬池一带（瓮国让 2010－3 号）地块，竞得人黔南州匀海房开公司，项目名称弘扬星城商住楼，成交单价每平方米 2480 元，成交面积 5720 平方米，成交总价 1624.48 万元。雍阳镇老林业局、保养场一带（瓮国让2010－1 号）地块，竞得人贵州锦美房地产开发有限责任公司，项目名称锦美时代广场商住楼，成交单价每平方米 1136 元，成交面积 69445 平方米，成交总价 7888.95 万元。雍阳镇富水桥一带，左氏皮蛋加工厂、阿乡黄粑加工厂、谭氏皮蛋加工厂，分别以每平方米 156 元、158 元、156 元单价，获得成交面积 5982 平方米、6988 平方米、1587 平方米。乡镇主要出让地块有：草塘街上（草塘镇 2009－26 号）地块，竞得人瓮安县兴旺房地产发展有限责任公司，项目名称猴场镇红军街商住楼，成交单价每平方米 1066 元，成交面积 2736 平方米，成交总价 291.66 万元。玉山镇玉山村（玉山镇 2009－30 号）地块，竞得人贵州省东鑫房开公司周籽伐，项目名称欣隆苑商住楼，成交单价每平方米 366 元，成交面积 22935 平方米，成交总价 839.42 万元。

2011 年，出让成交 105 宗，面积 29.07 公顷，价款 20946.76 万元。县城区主要出让地块有：河西新区（瓮国让2010－23－1 号）地块，竞得人汉中绿地房地产开发有限公司，项目名称绿城中央公园商住楼，成交单价每平方米 3610 元，成交面积 23000 平方米，成交总价 8303 万元。该公司在河西新区获得的绿城中央公园另两个（瓮国让 2010－23－2 号、瓮国让 2010－23－3 号）地块，前者成交单价每平方米 3300 元，成交面积 11000 平方米，成交总价 3630 万元；后者成交单价每平方米 3400 元，成交面积 8900 平方米，成交总价 3026 万元。河西新区（瓮国让 2010－21 号）地块出让瓮安供电局，成交单价每平方米 600 元，成交面积 8030 平方米，成交总价 481.8 万元。雍阳镇七星村（瓮国让 2010－24 号）地块出让瓮安县中西药公司，成交单价每平方米 1109 元，成交面积 9000 平方米，成交总价 998.1 万元。七星村（瓮国让 2011－01 号）地块出让黔南州农机公司，成交单价每平方米 1476 元，成交面积 4050 平方米，成交总价 597.78 万元。雍阳镇仙桥村（瓮国让 2011－9 号）地块出让瓮安县日升新型环保建材公司，成交单价每平方米 179 元，成交面积 12436 平方米，成交总价 222.6 万元。乡镇主要出让地块有：草塘木瓜河杨秀军竞得一地块，面积 258.75 平方米，平方米单价 3170 元。银盏乡太平、飞练村（瓮国让 2010－13 号）地块，由瓮安龙腾焦化公司竞得，成交单价每平方米 90 元，成交面积 10367 平方米，成交总价 93.3 万元。平定营镇三合村岩英坪组（瓮国让 2010－14 号）地块，瓮安县安信矿业公司竞得，成交单价每平方米 96 元，成交面积 31008 平方米，成交总价 297.68 万元。岚关乡章阁村（瓮国让 2010－14 号）地块，贵州鑫光矿业公司竞得，成交单价每平方米 135 元，成交面积 54183 平方米，成交总价 731.47 万元。

2012 年，出让成交 276 宗，面积 119 公顷，价款 76073.07 万元。县城区主要出让地块有：河西新区（瓮国让 2011－15 号）地块，竞得人瓮安志航房地产开发有限公司湛红兵，项目学府雅苑商住楼，成交单价每平方米 3750 元，成交面积 13853 平方米，成交总价 5194.88 万元。河西新区（瓮国让 2011－16 号）地块，竞得人重庆市唐扬房地产开发有限公司和重庆市海业房地产开发有限公司，项目财富新城商住楼，成交单价每平方米 2399 元，成交面积 30710 平方米，成交总价 7367.33 万元。瓮安县北部新城（瓮国让 2012－11 号）地块，竞得人贵州省赤水市创美房地产开发有限公司，成交单价每平方米 1285 元，成交面积 56060 平方米，成交总价 7203.71 万元。瓮安县工业园区瓮国让 2012－53 号、瓮国让 2012－54 号、瓮国让 2012－55 号地块，成交单价每平方米 1180 元，成交面积 287129 平方米，成交总价 33881.22 万元。工业园区出口西侧，竞得人贵州麒龙置业有限公司，项目物流园，成交单价每平方米 613 元，成交面积 81233 平方米，成交总价 4979.58 万元。乡镇主要出让地块有：银盏乡太平村瓮国让 2011－4 号地块，成交单价每平方米 166 元，成交面积 34081 平方米，成交总价 565.75 万元。鱼河乡杨叉路东侧瓮国让 2012－1 号地块，瓮安县文真高铝钒土基均质料公司竞得，成交单价每平方米 126 元，成交面积 31396 平方米，成交总价 395.59 万元。珠藏镇食品、酒厂处瓮国让 2012－2 号地块，遵义市元亨房地产开发有限公司竞得，成交单价每平方米 1568 元，成交面积 8937 平方米，成交总价 1401.32 万元。银盏乡飞练村杨子坪瓮国让 2012－12 号地块，贵州金正大生态工程有限公司竞得，成交单价每平方米 153 元，成交面积 234972 平方米，成交总价 3595.07 万元。玉华乡岩根河村瓮国让 2012－35 号、36 地块，瓮安县华雄磷业商贸公司竞得，成交单价每平方米 143 元，成交面积 58488 平方米，成交总价 836.38 万元。

2013 年，出让成交 215 宗，面积 142.19 公顷，价款 81228.89 万元。县城区主要出让地块有：河西大道旁（瓮国让 2012－50 号）地块，竞得人贵州锦美房地产开发有限公司，项目熙御印象商住楼，成交单价每平方米 2340 元，成交面积 67307 平方米，成交总价 15749.84 万元。文峰路二转盘处瓮国让 2012－66 号、67 号两地块，由瓮安县城镇建设投资开发公司竞得，66 号地块成交单价每平方米 2772 元，成交面积 4408 平方米，成交总价 1221.9 万元；67 号地块成交单价每平方米 3725 元，成交面积 6758 平方米，成交总价 2517.36 万元。北部新城瓮国让 2012－51 号、57 号两地块，由贵州中科鑫诚房地产公司竞得，51 号地块成交单价每平方米 3707 元，成交面积 40283 平方米，成交总价 14932.91 万元；57 号地块成交单价每平方米 2342 元，成交面积 39301 平方米，成交总价9204.29万元。龙坑公园西侧瓮国让2013－13号地块，由贵州最臻绿城置业房地产公司竞得，成交单价每平方米1938元，成交面积30516平方米，成交总价5914万元。乡镇主要出让地块有：银盏镇飞练村扬子坪瓮国让2013－2号地块和银盏镇珠藏坝瓮国让2013－10号地块，由贵州金正大竞得，两地块成交单价每平方米158元，成交面积751368.7平方米，成交总价11871.63万元。银盏镇大寨坪瓮国让2013－9号地块，由贵州芭田生态工程有限公司竞得，成交单价每平方米158元，成交面积85050平方米，成交总价1343.79万元。猴场镇瓮国让2013－8号地块，由瓮安县草塘古邑区文化旅游开发公司竞得，成交单价每平方米610元，成交面积11431平方米，成交总价697.29万元。另猴场镇瓮国让2013－22、23、24号地块，亦由该公司竞得，成交单价均为每平方米1350元，成交面积共22186平方米，成交总价2995.11万元。

瓮安县2004－2014国有土地出让成交统计表

表12－4　　单位：公顷　万元

年度	宗数合计	挂牌出让			协议出让		
		宗数	面积	价款	宗数	面积	价款
2004	15	15	0.6303	275.52			
2005	10	10	0.1287	29.7537			
2006	38	38	5.6674	4440.1			
2007	27	21	5.278	4281.8305	6	24.8744	1024.7
2008	20	2	3.0738	341.2866	18	2.3388	62.287
2009	63	36	38.382206	38164.409	27	0.515348	33.547
2010	16	11	21.072	21264.315	5	12.01947	1211.3
2011	105	36	27.128475	20553.388	69	1.938837	393.37
2012	276	119	118.41078	75978.335	157	0.588387	94.731
2013	215	77	121.79731	78556.678	138	20.38804	2672.2
2014	160	61	90.2585	77631.8559	99	1.40129	158.9062
合计	945	426	431.827471	321517.4717	519	64.064572	5651.0412

注：2007年挂牌出让宗数中含1宗拍卖出让，拍卖面积0.4258公顷，价款779.1225万元

2014年，出让成交160宗，面积91.66公顷，价款77790.73万元。县城区主要出让地块有：河西大道红军桥侧瓮国让2013－60号地块，五星酒店项目，由贵州锦美房地产公司竞得，成交单价每平方米2027元，成交面积33408平方米，成交总价6771.8万元。河西大道红军桥一带瓮国让2014－48、50、51号地块，由瓮安县文化旅游发展公司竞得，成交单价每平方米48号地块3017元，50、51号地块3527元，三地块成交面积80073平方米，成交总价27256.73万元。乡镇主要出让地块有：猴场镇瓮国让2013－47、48、49号地块，由瓮安县盛安房地产公司竞得，成交单价每平方米47号687元，

48号712元，49号675元，三地块成交面积46806平方米，成交总价3263.22万元。猴场镇瓮国让2014-14、15、16号地块，亦由该公司竞得，成交单价每平方米14号741元，15号504元，16号552元，三地块成交面积57596平方米，成交总价3780.97万元。银盏镇飞练村珠藏坝瓮国让2013-27、44号地块，项目农民工创业园，由瓮安县工业园区投资开发公司竞得，成交单价每平方米27号166元，44号161元，两地块成交面积48875平方米，成交总价792.23万元。银盏镇大寨坪瓮国让2014-5、6、7、10号地块，由贵州芭田公司竞得，成交单价每平方米5、6号158元，7、10号162元，三地块成交面积311558平方米，成交总价4986.61万元。

第四节　土地隐形市场清理

1991年11月5日至12月5日，县土地管理局组织力量对土地隐形市场进行调查，共清理出转让、出租、抵押地上建筑物和附着物的共695宗。据此，县政府下发瓮政〔1991〕65、66号文件，规定1987年1月1日后买卖房屋涉及土地转移的，必须办理权属变更登记手续，交纳交易额3%的管理费。1990年5月19日后发生的，同时交纳每平方米20~200元出让金。是年，共收取土地管理费、土地有偿使用费、土地出让金共19.5万元。

1992年4月，根据国务院〔1990〕55号令、国务院〔1992〕12号文件和国家土地管理局〔1992〕1号令，全县组织力量开始对土地市场进行专项清理整顿。4月16日，瓮政〔1992〕17号文件下发《瓮安县人民政府关于清理整顿土地隐形市场工作的通知》，明确所有转让、出让、抵押土地使用权，或转让、出租、抵押地上建筑物、附着物的单位和个人，均属清理对象。清理工作由县土管局牵头，各有关部门配合，在乡（镇）政府具体领导下统一进行。清理整顿土地隐形市场先从雍阳、草塘两镇开始，然后在全县铺开。5月8日，县土地管理局根据县政府17号文件精神，制定下发《清理土地隐形市场工作方案》。是年7月，清理整顿基本结束。

此次清理，全县以宣传发动开路，各乡镇充分利用电视、广播、宣传车、标准、专栏、大小集会等多样形式广泛宣传，大造声势。在此基础上，普遍开展清理登记，并按照国务院55号令、国家土地管理局〔1992〕1号令和县政府有关规定区别情况分类处理。即1987年1月1日至1990年5月19日发生的土地转让，未办理权属变更登记的，补办权属登记手续；已办理土地权属变更登记的，完善手续，予以认可。1990年5月19日《瓮安县划拨土地使用权管理暂行规定》公布施行之日起，发生的转让、出租、抵押等除按县人民政府〔90〕47号文件规定补交3%权属变更登记费外，必须按有关规定交纳出租金。其中雍阳镇、草塘镇出租金收取具体操作情况为：1.转让。雍阳镇规划区域分五类：一类地区：邮电局门前至县政府门前；烟草局门前至西门一线临街面；体育场至原北门饭店临街面；县工会门前至菜场一线临街面；二中门前至交警队门前临街面，按每平方米150~200元收取。二类地区：烟草局至老干部宿舍门前临街面；邮电局门前至企业局门前临街面；原北门饭店至印刷厂门前临街面；北门三岔路口养护段门前临街面，按每平方米110~150元收取。三类地区：规划区内临街面，按每平方米80~110元收取。四类地区：规划区内其他地段，按每平方米50~80元收取。五类地区：规划区外其他地段，按每平方米20~50元收取。草塘镇规划区内分五类：一类地区每平方米80~100元；二类地区每平方米60~80元；三类地区每平方米40~60元；四类地区每平方米30~40元；五类地区每平方米20~30元。2.出租，按经营性质及使用土地面积逐年交纳。雍阳镇规划区：一类商业、娱乐、加工业用地每平方米10元，其他用地每平方米8元，住宅用地每平方米3元；二类商业、娱乐、加工业用地每平方米8元，其他用地每平方米6元，住宅用地每平方米3元；三类商业、娱乐、加工业用地每平方米6元，其他用地每平方米5元，住宅用地每平方米3元；四类商业、娱乐、加工业用地每平方米5元，其他用地每平方米4元，住宅用地每平方米3元。草塘镇规划区：一类商业用地每平方米8元，其他用地每平方米6元，住宅用地每平方米3元；二类商业用地每平方米7元，其他用地每平方米5元，住宅用地每平方米3元；三类商业用地每平方米6元，其他用地每平方米4元，住宅用地每平方米1元；四类商业用地每平方米5元，其他用地每平方米2元，住宅用地每平方米0. 5元。3.抵押，按使用面积逐年交纳。雍阳镇：一类每平方米8元，二类每平方米7元，三类每平方米6元，四类和五类每平方米5元。草塘镇：一类每平方米5元，二类每平方米4元，三类每平方米3元，四类和五类每平方米1元。此次清理整顿，经摸底排队，逐户丈量，共查出转让、出租、抵押地上建筑物和附着物共906宗，处理兑现865宗，补交土地转让金10余万元。涉及土地使用权转移50宗，面积5609. 05平方米，收取土地变更登记费68629. 92元。1992年9月9~10日，州政府在瓮安召开全州土地使用制度改革工作会，推广瓮安清理整顿土地市场的经验。

1995年，瓮安继续开展土地隐形市场清理整顿，共查处非法转让、出租、抵押土地176宗。2001年，在前几年开展土地隐形市场清理基础上，县国土局开展县城区房屋出租、转让清理，共清出县城区房屋出租户879户，收缴税款12. 68万元；房屋转让18户，收缴税款4. 44万元；土地转让1宗，补交税款2424元。2002年，县国土资源局继续开展该项工作，共清出房屋出租3115户，收缴税款3. 1万元；房屋转让10户，收缴税款3. 8万元。

2003年，根据国务院、省政府、省国土资源厅有关文件，全县开展土地市场秩序治理整顿。在对集镇所在地主要是县城区房屋出租、转让、闲置的国有土地清理中，共清理出暂停建设国有土地26宗，面积1. 66公顷；超占批准用地面积11户，面积375平方米；低价出让国有土地12宗，面积0. 86公顷；房屋转让未办土地变更登记手续74户，面积1. 34公顷。通过清理，补交出让金65. 1万元。10月28日，经州检查组检查，瓮安县土地市场秩序治理整顿获98. 5分。

2004 年，县政府调整充实土地市场秩序治理整顿工作领导小组，制订治理整顿工作方案，全县根据《国务院关于深入开展土地市场治理整顿严格土地管理的紧急通知》（国办明电〔2004〕20 号文件），继续开展土地市场治理整顿，并把清查重点放在新上项目用地情况和违反国家产业政策，超规划、超计划、分拆批地问题上。通过清查，2003 年 1 月 1 日至 2004 年 4 月 30 日，新上项目 6 个，其中在建项目 4 个，总用地面积 29. 88 公顷（含耕地 22. 97 公顷）；拟建项目 2 个，拟用地面积 7. 79 公顷（含耕地 6. 79 公顷）。4 个在建项目中，用地经过合法批准 1 个，用地面积 4. 71 公顷（耕地 4. 07 公顷）；未取得合法用地手续 3 个，用地面积 25. 17 公顷（耕地 18. 9 公顷）。对未批先用地项目，县国土资源局立即立案进行了查处。

2008 年，瓮安“6·28”事件发生后，县委、县政府部署集中力量开展县城规划区内非法经营房地产和违法建设的专项清理整治。8 月 7 日，县人民政府印发《瓮安县县城规划区违法建设处理规定》。2009 年 8 月 2 日，县委办、县政府办印发《瓮安县专项整治县城规划区内非法经营房地产和违法建设清理处置活动实施方案》。3 日，县政府下发《瓮安县整治非法经营房地产及违法建设暂行规定》。至 2010 年，县城房地产市场专项清理整治主要工作基本完成。期间，依法对 25 名犯罪分子嫌疑人公开执行逮捕和刑事拘留；受理各类申报违法建设共 3463 户，违法建筑总面积 79. 3 万多平方米、7318 套，非法交易金额 2100 多万元，涉及公职人员 527 户（人）；立案查处重点违法占地案件 319 件，涉及面积 28713 平方米，收缴罚款 416 万元。此次专项清理整治后，县城规划区内非法占地建房和非法经营房地产状况彻底扭转，基本实现了县城规划区房地产市场的良性发展。

第十三章　矿产开发

第一节　磷矿开发

一、磷矿开采

1958 年，县重工业科在玉华乡白岩组织县工业中学师生和当地农民开采磷矿。时为手工开采，人挑马驮运输，日产矿石 40 吨左右，当年，共开采磷矿石 1.34 万吨，所产矿石由供销社运销省外。不久，该采区并入县磷肥厂为其矿山车间，逐渐运用爆破法开采，日产矿石 110 吨左右。1965 年，福泉磷肥厂在玉华北斗山设矿山车间，进行半机械化开采。

1966 年，全县产磷矿石 24.77 万吨，比 1958 年增长 18.49 倍。

1976 年 1 月，福泉磷肥厂瓮安矿山车间独立建厂，更名瓮安磷矿，为省属国营企业，隶属贵州省监狱管理局。初期主要开采矿石，所产矿石除保证福泉、新华磷肥厂需要外，大部分销往省外，曾销往 17 个省区。是月，县磷肥厂矿山车间改建瓮安县玉华磷矿，为县“五小”工业。

1978 年，全县有磷矿开采企业 2 个（瓮安磷矿和玉华磷矿），全年共生产磷矿石 43.1 万吨。其后，零星开采矿点有所增加，但由于受铁路运输影响，全县矿石产量一直处于“以运定销，以销定产”的格局。

1981 年，县社队企业管理局与玉华公社联办玉华磷矿，年产矿石最多达 12.67 万吨。到 1988 年，年均产值 134.44 万元，利润 22.26 万元。1976 - 1988 年，玉华磷矿共开采磷矿石 107.88 万吨，年均 8.3 万吨；销售矿石 85.01 万吨，年均 6.54 万吨；实现产值 1708.7 万元，年均 131.44 万元；创利润 289.32 万元，年均 22.26 万元。

1987 年，玉山区与小开洲乡在小河口联办玉山双扶磷矿，是年秋开始采矿。1990 年有职工 30 人，其中农民工 25 人，生产矿石 2000 吨。1991 年后由于市场不好一直停产，1996 年转为小河口磷矿但生产仍不正常至 1999 年关闭。

1989 年 3 月，县政府为实施玉华地区磷矿资源统一规划与管理，以玉华磷矿为基础，县政府将县化肥厂梅子冲矿山、县磷肥厂南堡矿山和牛宫矿产公司及当地几个零星矿点合并，组建瓮安县磷化公司开采经营磷矿。

1990 年，全县磷矿开采企业为 4 个，共生产磷矿石 27.64 万吨。其后，境内磷矿石开采企业大量增加，开采主要集中在玉华乡白岩矿区、玉山镇小河口矿区及岚关乡庙湾一带。白岩矿区开采企业有宏福公司、瓮安磷矿、县磷化公司、大信北斗山磷矿、白岩磷矿、老虎洞磷矿等。小河口矿区开采企业有宏远磷矿、桥子岩磷矿、花山磷矿、玉山矿业有限公司等。岚关乡庙湾一带有庙湾磷矿、青塘湾磷矿、长冲磷矿、梯冲磷矿、厦安磷矿、贵州鑫光矿业有限公司等。但2005年前，开采规模仍不大。

2000年，全县磷矿开采企业13个，开采磷矿仍只有29.8万吨。2007年，磷矿开采企业16个，开采磷矿石跃升到209.4万吨，2010年则达到302.2万吨。

2011年，全县磷矿石产量成倍增长，达到649.42万吨。至2012年，全县有磷矿开采企业12个，磷矿石产量则达到736.45万吨，产量大户主要有瓮安县磷化有限责任公司、瓮福大信北斗山磷矿、瓮安县安信矿业开发有限公司、瓮安磷矿（盛源）、瓮安县南洋矿产品加工厂、瓮安县鑫光矿业有限公司等。

2013年，全县磷矿开采企业继续保持12个，磷矿石产量在头年基础上增加109.6万吨，达到846.05万吨，在头年基础上又增长14.88%，为2010年产量的2.8倍，为十年前2003年65万吨产量的13倍。

2014年，磷矿开采企业继续保持12个，生产磷矿石892.03万吨，比上年增长5.4%。

1990－2014年全县磷矿石产量统计表

表13－1　　　　单位：万吨

年　度	产　量	年　度	产　量	年　度	产　量
1990	27.64	1999	19.97	2008	258.64
1991		2000	29.8	2009	218.73
1992	23.9	2001	53.78	2010	302.2
1993	21.04	2002	56.02	2011	649.42
1994	30.40	2003	65	2012	736.45
1995	37.8512	2004	54.7	2013	846.05
1996	62.72	2005	97	2014	892.03
1997	67	2006	160		
1998	28.74	2007	209.4		

二、磷化工发展

以磷矿石依托，境内磷化工生产始于20世纪50年代。1958年秋，瓮安兴办县磷肥厂生产磷肥，开办时接收县工业中学采矿点作矿山车间，以土炉10余座配套手拉风箱生产磷肥，是年产磷肥5吨。1959年产磷肥7吨，1960年建成3立方米高炉后，年产磷肥达到42吨。1961年，磷肥厂下马，1966年恢复。

1967年，福泉磷肥厂新华分厂开始生产磷肥，1968年生产165.3吨。1976年1月，新华分厂独立设厂更名为新华磷肥厂，1967－1990年，共生产磷肥162745吨，年均

6781.04 吨。

1978 年，平定营磷肥厂建成投产，主要生产磷矿粉等。1983 年，县磷肥厂银盏车间和县拉管厂合建县化肥厂生产磷肥。1985 年 5 月转产生铁。1988 年 10 月转产磷肥。1983－1989 年，县化肥厂共产磷肥 2300 吨、磷矿粉 5900 吨。

从 1966 年开始至 1970 年，全县生产钙镁磷肥 6248 吨，年均 1249.6 吨；1971－1975 年，生产钙镁磷肥 36412 吨，年均 7282.4 吨；1976－1980 年，生产钙镁磷肥 48270 吨，年均 9654 吨；1981－1985 年，生产钙镁磷肥 50136 吨。年均 9654 吨。

80 年代中后期，全县磷肥生产有进一步发展，境内河西磷肥厂、雍阳磷肥厂、玉华磷肥厂、瓮安普钙厂、中坪化工厂、玉华化工厂等一批化工企业相继建成投产，其中中坪化工厂 1987 年 9 月建成投产，雍阳磷肥厂 1989 年 5 月建成投产，玉华化工厂 1989 年 8 月建成投产，河西磷肥厂 1989 年 10 月建成投产。主要生产产品有钙镁磷肥、磷矿粉等。1986－1990 年，全县共生产钙镁磷肥 82093 吨，年均 16418.6 吨。

1990 年 9 月，瓮安黄磷厂建成投产，设计年产能力 800 吨。此后，瓮安开始摆脱磷矿石普通加工状况，步入附加值大幅提高的深加工精加工。是年，全县有除磷矿开采企业外的磷化工企业 9 个，生产钙镁磷肥 16828 吨，磷矿粉 1926 吨，黄磷 35 吨，磷化工业总产值达到 1112.46 万元，占全县工业总产值的 14.58%。

90 年代中期开始，黄磷生产等化工企业快速发展。1996 年，引进海南大信公司在银盏建黄磷厂，1997 年 8 月组建为贵州瓮安贵信黄磷（厂）有限公司。1997 年，瓮安磷矿投资 1500 万元建成年生产能力 2500 吨黄磷生产线；1998 年投资 2000 万元建成年生产能力 3000 吨磷酸生产线；2001 年收购黔南州工商银行原瓮安县化肥厂资产，成立黄磷二车间，设计年生产能力 14000 吨。2004 年 6 月，贵州宏福总公司以股权转让形式收购贵州瓮安贵信黄磷（厂）有限公司，设计黄磷年产能 1.2 万吨，磷渣超微粉年产 10 万吨，脱氟磷酸三钙年产 10 万吨和超纯黄磷年产 1000 吨。是年 10 月，瓮安县龙腾焦化有限责任公司收购瓮安县黄磷厂，并对该厂进行资产重组，设计黄磷年产能 0.7 万吨。2005 年，施秉县成功磷化有限公司瓮安县分公司成立，随后建成 1×12500KVA、1×20000KVA 电炉黄磷生产线各 1 套，设计年生产能力 17000 吨。至 21 世纪前 10 年中后期，瓮安黄磷生产企业有所增加，生产规模大幅上升，年黄磷产量已达 4 万吨左右。

2009 年，贵州鑫光矿业有限公司投资 2.5 亿元收购岚关乡厦安磷矿，建年产 40 万吨浮选磷精矿选矿厂和年产 5 万吨饲料级磷酸二氢钙生产线，项目建成投产后可年产 40 万吨磷精矿、5 万吨饲料级磷酸二氢钙。兴农磷化工有限责任公司投资 250 万元兴建有机、无机复合肥、造粒生产车间，设计年生产能力达 3 万吨。这些项目的上马，使瓮安磷化工发展进一步向前快速推进。

2011 年开始，随着瓮安县经济开发区的兴办，大批磷化工项目入驻瓮安，使瓮安磷化工发展实现了突破性飞跃。主要入驻项目有贵州金正大诺泰尔化学有限公司投资 59.6 亿元的 60 万吨/年硝基肥和 40 万吨/年水溶肥及其配套工程项目、贵州芭田生态工程有限公司投资102亿元的210万吨/年聚磷酸和硝基高效生态复合肥工程项目、贵州龙腾磷化有限公司投资3亿元的1.7万吨/年黄磷及综合利用项目、瓮安龙马磷业有限公司投资65亿元的10万吨/年黄磷及精细磷化工项目、瓮安县成功磷化有限公司投资3亿元的1.7万吨/年黄磷及配套综合利用项目、贵州源翼矿业磷业发展有限公司投资45亿元的煤电磷一体化项目、瓮福黄磷有限公司投资1.5亿元的1.2万吨/年黄磷和0.2万吨/年超纯黄磷及10万吨/年超微粉项目、贵州瓮福小野田化工有限公司和贵州兴牧高科有限公司分别投资0.96亿元的10万吨/年脱氟磷酸三钙等。

至2013年，瓮安磷化工企业发展到34个。是年8月，金正大复混肥装置点火生产，11月，小水溶肥开车。至2014年，部分磷化工企业已陆续开始生产。贵州金正大、贵州芭田、贵州源翼矿业3个省级“四个一体化”重点项目建设稳步推进，金正大诺泰尔60万吨硝基复合肥及其他企业一批项目正式投产。是年，瓮安经济开发区完成工业总产值136.05亿元，产值构成主要为磷化工等行业。

1990－2013年磷化工主要产品产量统计表

表13－2

年度	磷肥折纯（万吨）	黄磷（吨）	年度	磷肥折纯（万吨）	黄磷（吨）	磷酸（吨）
1990	1.7482		2002	7.2	23858	
1991	1.798		2003	2.49	20171	
1992	1.8829		2004	4.2	18886	
1993	1.1168	561.8	2005	2.2	18500	
1994	1.42	595	2006	6.7	25000	
1995	2.9879	500	2007	.0.67	35000	
1996	5.295	4550	2008	1.03	27700	
1997	1.89	6900	2009	0.85	33500	
1998	1.59	9700	2010	0.92	40341	
1999	4.01	10732	2011	0.84	35512	33800
2000	4.31	16062	2012	1.37	45334	32588
2001	6.59	15378	2013	1.65	54486	

三、重点企业简介

瓮安磷矿　省属国营企业，隶属贵州省监狱管理局，位于玉华乡北斗山。1965年建福泉磷肥厂瓮安矿山车间，1976年1月独立建厂，更名瓮安磷矿。初期主要开采矿石，所产矿石除保证福泉、新华磷肥厂需要外，大部分销往省外，曾销往17个省区。1978年，矿石产量达到34.7万吨。1987年，曾与省外用户签订40万吨磷矿石供应合同，后因铁路运输计划有限只销出9.96万吨。1990年时，该企业房屋建筑面积5.19万平方米，固定资产原值695万元，有挖掘机7台，装载机5台，推土机2台，凿岩机8台，汽车13辆，职工337人（其中工程师以上技术人员29人）。1997年，投资1500万元建成年生产能力为2500吨黄磷生产线。1998年投资2000万元建成年生产能力为3000吨磷酸生产线。2001年收购黔南州工商银行资产（原瓮安县化肥厂），成立黄磷二车间，年生产能力14000吨。2002年通过ISO 2000:9000国际质量体系认证。2005年1月，开工建设年生产能力为15万吨浮选厂。截至2011年10月，瓮安磷矿拥有在职工人273人，拥有固定资产1.18亿元（原值），企业所有者权益为2.74亿元。累计1978－2011年生产磷矿石1044.22万吨，磷矿粉147.41万吨，黄磷13万吨，磷精矿10.09万吨；累计完成工业总产值18.16亿元，产品销售收入17.3亿元，利润总额1.06亿元，缴纳国家和地方各种利税3.17亿元。2011年12月由上海盛源集团收购为民营企业。

贵州源翼矿业瓮安磷矿　2011年12月，贵州省监狱管理局属下的瓮安磷矿完成经营主体变更，由上海盛源集团收购为民营企业，将国有整体产权正式移交给上海盛源集团，由其下属上海源翼矿业有限公司全权负责瓮安磷矿的一切生产经营活动。2014年1月22日，省国土资源厅换发瓮安磷矿采矿许可证，开采期限2014年1月至2029年9月，矿区面积0.4273平方公里，矿石平均品位23.94%，设计年产磷矿石60万吨，其中Ⅰ号平硐30万吨/年，Ⅱ号斜井10万吨/年，1048平硐20万吨/年。2012年、2013年、2014年三年，分别产磷矿石103万吨、75.5万吨、70.5万吨；销售收入11480万元、12080万元、11280万元；缴纳税费1030万元、750万元、705万元。为提高资源利用和强化环境治理，2013年起瓮安磷矿陆续开展Ⅰ号平硐、Ⅱ号斜井及西翼矿段的磷矿尾矿充填系统工程项目建设，至2014年已取得初步成果。

瓮福（集团）有限责任公司（瓮福磷矿）　是集磷矿采选、磷复肥、磷煤化工、氟碘化工生产、科研、贸易和国际工程总承包为一体的国有大型磷化工企业。前身是贵州宏福实业开发有限总公司，其主体贵州省瓮福矿肥基地是国家“八五”“九五”期间建设的五大磷肥基地之一。瓮福矿肥基地1990年开工建设，2000年建成投产。一期矿山开采主要在福泉市境内，二期开采进入穿岩洞矿段瓮安境内和大塘矿段，设计年产350万吨露天矿山和100万吨地下矿山，工程投资概算超过20亿元。2011年11月23日，瓮福磷矿大塘矿成立，属瓮福磷矿二级机构。大塘矿矿区面积3.312平方公里，资源储量9003.48万吨，开采服务年限56年，开采深度1346～710米标高，矿石分A、B两层，A层矿平均品位25.07%，B层矿平均品位21.59%。前期设计开采能力100万吨/年，中期后期设计开采能力150万吨/年，截止2014年，大塘矿共开采矿石217.84万吨，其中2013年51.6万吨，2014年122万吨。

瓮安县玉华磷矿　位于玉华乡白岩，原为县磷肥厂矿山车间。1976年1月改建玉华磷矿，为县办“五小”工业。1981年改为县、社（乡）联办。1976－1988年，共产矿石107.88万吨，年均8.3万吨；销售矿石85.01万吨，年均6.54万吨；实现产值1708.7万元，年均131.44万元；创利润289.32万元，年均22.26万元。1980年产磷矿石12.67万吨，销售12.02万吨，为最高产销年。1985年产销磷矿石3.5万吨，为最低产销年。1988 年，矿区面积 4.9 平方公里，房屋建筑面积 1400 平方米，有职工 610 人，其中农工 580 人。该矿制定的《磷矿石标准》曾获省批准向全国发布。1989 年 3 月，划归磷化公司经营。

玉山双扶磷矿 位于玉山镇小开洲小河口，原为玉山区与小开洲乡联办。1987 年秋开始采矿。1990 年有职工 30 人，其中农民工 25 人，生产矿石 2000 吨。1991 年后由于市场不好一直停产，1996 年转为小河口磷矿也未正常生产，1999 年关闭。

瓮安县磷化有限责任公司 位于县城北西路。1989 年 3 月县政府为实施玉华地区磷矿资源统一规划与管理，以玉华磷矿为基础，将县化肥厂梅子冲矿山、县磷肥厂南堡矿山和牛宫矿产公司及当地几个零星矿点合并，组建瓮安县磷化公司。1990 年，拥有职工 56 人，固定资产原值 62 万元，实现产值 217.9 万元，利润 70 万元，税金 38 万元。2000 年 12 月改制。2006 年与瓮福大信合作建设年产 20 万吨浮选磷矿石项目。2009 年引入上海美晨星公司加盟。2012 年 3 月，引进贵阳中盟磷业加盟，时公司持证管辖玉华磷矿、白岩矿区玉华矿段两个独立采矿权。2001－2014 年，共生产销售磷矿石 705.3 万吨，累计销售收入 100136.8 万元，缴纳税金 35532.89 万元，实现利润 20734.6 万元。其中 2010 年产磷矿石 70.2 万吨，销售收入为 10058 万元，上交国家各项税费为 4202 万元，企业实现税后利润 2056.6 万元。2011 年产磷矿石 67.16 万吨，含税收入 13621.65 万元，上缴国家各项税费 5496.05 万元，企业实现税后利润为 3853.62 万元。2012 年生产磷矿 70.7 万吨，完成销售收入 15600 万元，纳税 5960 万元；2013 分别生产磷矿石 94.1469 万吨，实现销售收入 21300 万元，纳税 7439.7 万元。

瓮安县大信北斗山磷矿 位于玉华乡牛宫村，矿山占地 1200 亩。1996 年，瓮安引进海南大信公司在银盏建黄磷厂。次年，大信公司在南堡取得磷矿采矿权开采磷矿以满足生产黄磷需要。2004 年 6 月，大信黄磷厂及磷矿采矿权由瓮福公司收购，矿山更名为瓮安县大信北斗山磷矿，设计年总产能 45 万吨。2010 年，实现产值 2.16 亿元。2011 年，有职工 53 人，固定资产 1169 万元，生产磷矿 907596 吨，实现产值 34524.5 万元。2012－2014 年，分别生产磷矿石 83.1674 万吨、46.2135 万吨、18.56 万吨。

宏远磷业有限公司 国有企业，位于瓮安县玉山镇，1997 年由都匀桥梁厂建矿，总投资 300 万元，占地 5 亩，年设计产能 10 万吨磷矿石。2005 年生产磷矿石 8.4 万吨，产值 1335 万元。2008－2011 年产磷矿石 246963 吨。2012 年，矿区因构皮滩水电站储水淹没关闭。

玉山矿业有限公司 为抢采小河口被淹没区磷矿而成立，2008 年生产磷矿石 57762 吨，2009 年生产磷矿石 321864 吨，2010 年生产磷矿石 9338 吨。2011 矿区因构皮滩水电站储水淹没关闭。

老虎洞磷矿 位于玉华，矿区面积 1.3 平方公里，资源储量 581 万吨。设计年产磷矿石 20 万吨，贵州爱思开老虎洞磷矿开发公司 2007 年 2 月取得采矿权，2010 年，变更为绿之源老虎洞磷矿开发公司。老虎洞磷矿前期产矿较为正常，后期因水淹处于停产状态。

贵州鑫光矿业有限公司 为广西鑫益矿物饮料有限公司在瓮安投资成立的全资子公司，位于岚关乡，占地100余亩。2009年投资2.5亿元收购岚关乡厦安磷矿，建年产40万吨浮选磷精矿选矿厂和年产5万吨饲料级磷酸二氢钙生产线。项目建成投产后可解决就业300余人。2011年，公司生产磷精矿343303吨，实现总产值77512.3万元。2012年生产磷精矿858032吨，纳税1000万元，解决农民工就业120人。2013－2014年分别生产磷精矿17.6514万吨、23.35万吨。二期年产20万吨浮选磷精矿和5万吨饲料级磷酸二氢钙至2014年尚处在筹备建设中。

贵阳中盟磷业有限公司 成立于2009年12月，在瓮安主要经营磷化工、硫化工、农资、煤炭、运输、矿山采选等。公司拥有的白岩磷矿采矿权，矿区面积5.12平方公里，资源储量3991万吨。公司具有精选磷矿、精选硫铁矿、生产复合肥、开采磷矿等技术能力。企业在瓮安生产效果较好，创造年贸易额可达10亿元、生产总产值可达20亿元以上。2010年，公司被县委、县政府评为“先进企业”；2011年被县委、县政府评为“十佳民营企业”；2012年被黔南州人民政府评为“优秀外来投资企业”。公司计划在瓮安投资10亿元建设的玉华60万吨/年白岩磷矿项目、银盏20万吨/年硫铁矿选厂项目、玉华250万吨/年来桑选矿厂及配套窄山口尾矿库项目，均取得积极进展。

新华磷肥厂 省属国营企业，隶属贵州省监狱管理局，位于新华石家寨。原为州属新华铁厂，后更名福泉磷肥厂新华分厂，1976年1月独立设厂后名为新华磷肥厂。1967－1990年，累计生产磷肥162745吨，年均6781.04吨，最高的1987年生产12365吨，最低的1968年生产165.3吨；累计实现利润1166.52万元，年均48.61万元，最高的1988年206.53万元，亏损最多的1985年为54.87万元（因全国性磷肥严重滞销，停产105天）。1990年，全厂占地面积20万平方米，建筑面积8.97万平方米，有固定职工和合同制职工665人，固定资产原值1353.69万元，大型设备40座（台）。2006年，该厂承包给私人，2007－2011年共生产磷肥212722吨。

瓮安县磷肥厂 县属国营企业，位于雍阳镇河西村，1958年秋开办，开办时接收县工业中学采矿点作矿山车间，以土炉10余座配套手拉风箱生产磷肥，是年产磷肥5吨。1959年产磷肥7吨。1960年建成3立方米高炉1座，安装0.9×3米球磨机2台投产，年产磷肥42吨。1961年产磷肥191吨，工厂下马，1966年恢复，并完成高炉改造，是年产磷肥360吨。其后，生产设备几经改造和通过增加设备，1972年产磷肥922吨，1977年产磷肥1661吨，之后，因销路受阻产量大幅下降。1987年，实施招标承包，是年产磷肥2714吨，为历史最高水平。从1958至1989年，固定资产总投资304.8万元，共产磷肥28658吨、混配复合肥1066吨、磷粉矿33311吨、磷矿石364754吨，实现总产值2404.81万元，利润210.39万元，上交税利435.24万元。1990年，全厂占地2.5万平方米，建筑面积1.04万平方米；有职工267人，固定资产原值294.09万元，大型设备37座（台），是年生产磷肥920吨，实现产值78.07万元。1991年，企业开始改制停止生产，以后多年因销路等原因基本处于停产状况。1998年，企业职工与县再就业服务中心签订托管协议，职工领取3年基本生活费，期满发放一次性安置补偿，工厂委托工人留守。2010年，县城新区规划拆除该厂。

瓮安县化肥厂　县属国营企业，位于银盏乡岩脚桥，原为县磷肥厂银盏车间和县拉管厂，1983年合建县化肥厂生产磷肥，并在玉华梅子冲矿区设矿山车间。1985年5月，磷肥滞销积压而转产生铁。1988年10月，生产生铁亏损，磷肥市场好转产磷肥。1983－1989年，共产磷肥2300吨、磷矿粉5900吨。1990年生产磷肥1147吨，实现产值70.01万元，亏损58.3万元，时该厂共有职工269人，固定资产原值370.5万元。1995年，县化肥厂破产，转让给天安公司生产黄磷。

河西磷肥厂　个体企业，位于雍阳镇河西村。1989年10月建成投产，有职工186人。1990年实现产值204万元，上缴税利24.3万元，固定资产原值181万元。1991年后因市场原因一直未正常生产。2000年开始改建为瓮安县欣晟工贸有限公司生产生铁。

雍阳磷肥厂　为省建委三联集团公司、成套设备局和个体联办企业，位于银盏乡水绞。1989年5月建成投产。1990年实现产值181.5万元，上交税利22.5万元。有职工370人，固定资产原值320万元。1992年后改为贵州省瓮安三联化工有限责任公司生产生铁。

平定营磷肥厂　乡办集体企业，位于平定营龙滩坝。1978年建成投产。到1990年底，有职工35人，共产磷矿粉1926吨，实现产值27.5万元，固定资产原值15.60万元。1993年关闭。

中坪化工厂　私营企业，位于中坪镇三支岩，1987年9月建成投产。2004年龙腾磷化有限责任公司收为下属企业。至2011年12月，共产普钙15852吨，实现产值560万元，固定资产508万元。

玉华化工厂　私营企业，位于玉华乡老虎洞，1989年8月建成投产，有职工200人，年产普钙976吨，实现产值50万元，利润3万元，固定资产原值146万元，占地8000平方米。1991停产关闭。

瓮福黄磷有限责任公司　国有企业，位于瓮安经济开发区，隶属于贵州宏福总公司，前身为1997年8月建立的贵州瓮安贵信黄磷（厂）有限公司。2004年6月，贵州宏福总公司以股权转让形式予以收购，公司占地面积83.7亩，黄磷产能7000吨/年，磷渣超微粉10万吨/年，超纯黄磷2000吨/年，低砷黄磷1000吨/年。2011年，生产黄磷5573吨，实现产值8248.5万元。2012年生产黄磷6747.8吨，超超微粉61547吨，完成产值10601万元，销售收入10459万元，纳税139万元，时有职工106人。

瓮安县龙腾磷化有限责任公司　位于青坑工业园区，占地7000多平方米，以生产和加工黄磷为主。前身为1988年建立的瓮安县黄磷厂，2004年10月公司收购瓮安县黄磷厂后进行资产重组，变更登记为瓮安县龙腾磷化有限责任公司，隶属贵州双龙集团。公司原有黄磷电炉一座，产能3000吨/年，2006年新建黄磷电炉一座，新增产能7000吨/年。黄磷年产能0.7万吨。2011年，生产黄磷3128吨，实现工业总产值5048万元。2012年生产黄磷3252吨，销售收入5148万元，纳税83万元。公司新建在建10万吨/年饮料级脱氟磷酸三钙及在原址技改建设 1.2 万吨/年工业黄磷项目，总投资 12447 万元，项目建成投产后，将形成 17500 吨黄磷、10 万吨脱氟磷酸三钙的生产，销售额可达 5.7 亿元，税收可达 1.3 亿元。2014 年，项目已建成投产。

瓮安县龙马磷业有限公司 位于青坑工业区，为湖北省丹江口磷化工有限公司和江西省德兴市平峰磷业有限公司共同投资兴建的新型磷化工企业，项目建设以“节能、环保”为目的，以科技创新为载体，采用新工艺、新技术对黄磷生产工艺进行改造。公司成立于 2008 年 5 月，主要设计产品产能为 5 万吨/年工业黄磷、2.5 万吨/年食品级磷酸和 2 万吨/年食品级六偏磷酸钠。2011 年，公司生产黄磷 12635 吨，实现工业总产值 19760 万元。2012 年生产黄磷 20726.79 吨，销售收入 32801.01 万元，纳税 1200 万元。2014 年，公司由上市公司兴发集团收购控股。并计划在 2015－2020 年投资 66 亿元建设磷化工循环经济产业项目，形成“矿电磷”一体化的“兴发精细磷化工循环经济产业园”。项目全部建成以后，年产值可达 80 亿元，可解决近 2000 人就业。2015 年，征地拆迁等前期工作完成。

瓮安县成功磷化有限公司 位于青坑工业园区，占地 16855 平方米，以生产黄磷及磷酸盐为主。公司 2005 年成立后，已建成 1×12500KVA、1×20000KVA 电炉黄磷生产线各 1 套，设计年生产能力 17000 吨。2006 至 2014 年，累计共生产黄磷约 4.6 万吨，实现工业总产值 5 亿余元，缴纳各种税收 2000 余万元。2011 年生产黄磷 9316 吨，工业总产值 14524.3 万元。2012 年生产黄磷 13582.64 吨，实现产值 21358.2 万元，税收 207.6 万元。

瓮安县兴农磷化工有限责任公司 成立于 1994 年，原名兴农化工厂，1999 年 4 月更名为兴农磷化工有限责任公司，位于青坑工业区，占地约 1.8 万平方米，主要生产钙镁磷肥、钙镁磷钾肥、硅钙肥、矿粉等。有高炉车间、球磨车间、编织袋车间、粒肥车间四条生产线。公司自行研发的具有独家知识产权的产品“钙镁磷钾肥”，荣获黔南州 2005 年、2006 年度科学技术进步二等奖，2007 年省科技创新三等奖。公司高炉年设计生产能力 12 万吨，其中，钙镁磷肥 10 万吨，钙镁磷钾肥 2 万吨。2009 年公司投资 250 万元兴建的有机无机复合肥、造粒生产车间，年生产能力 3 万吨，该条生产线 2010 年 9 月正式投产。2011 年，公司生产化肥 8403 吨，工业总产值 3789.4 万元。2012 年，生产钙镁磷肥 13639 吨。

瓮福黄磷厂 位于瓮安县银盏镇，隶属宏福总公司，国有企业，始建于 1997 年 8 月，前身为贵州瓮安贵信黄磷（厂）有限公司，2004 年 6 月宏福总公司以股权转让的形式予以收购。该厂占地面积 83.7 亩，黄磷产能 7000 吨/年、磷渣超微粉 10 万吨/年、2000 吨/年超纯黄磷、1000 吨/年低砷黄磷。

金正大诺泰尔化学有限公司 位于瓮安经济开发区，成立于 2011 年 8 月 26 日，是金正大集团投资设立的全资子公司，主要从事磷资源循环经济的开发和利用，总投资 59.6 亿元，规划占地 2200 亩，是全国最大的复合肥、水溶肥生产单体。主要建设内容有：60 万吨/年硝基复合肥装置、20 万吨/年复混肥装置、15 万吨/年硝酸装置、25 万吨/年硝酸磷肥装置、10 万吨/年石膏粉装置、30 万吨/年磷酸装置、150 万吨/年选矿装置、40 万吨/年硫磺制酸装置、90 万吨/年水泥装置、20 万吨/年硫酸钾装置、40 万吨/年水溶性肥料装置、30 万吨/年冲施肥装置、30 万吨/年磷酸铵装置等。建设项目工程分二期，一期工程投资约 33.6 亿元，二期工程投资约 26 亿元。项目全部建成以后，年产值可达 102 亿元，利税 14 亿元，解决近 4000 人就业。2012 年，金正大与瓮安县政府签订《关于磷资源循环经济产业园项目的合作协议书》，收购瓮安县磷化公司 34% 的股权；2013 年 8 月，20 万吨/年专用肥生产线于建成投产；2014 年 3 月，15 万吨/年硫酸钾生产线建成投产；2014 年 7 月 20 日，60 万吨/年硝基复合肥生产线于建成投产；2015 年 5 月 28 日，20 万吨水溶肥生产项目建成投产。

贵州芭田生态工程有限公司　位于瓮安经济开发区，2012 年 6 月 8 日注册成立，是深圳芭田生态工程股份有限公司在瓮安成立的全资子公司。公司建设的“煤电磷”“煤电化”资源一体化循环经济产业项目，是贵州省“四个一体化”的重点建设项目，规划面积 2500 亩，总投资 102.78 亿元。主要建设内容：年产 60 万吨/年合成氨装置、3×27 万吨/年稀硝酸装置、3×15 万吨/年硝铵装置、3×45 万吨/年硝酸磷营养母粒装置、3×25 万吨/年硝酸钙营养母粒装置、60 万吨/年硫酸装置、30 万吨/年湿法磷酸装置、65 万吨/年聚磷酸高效生态母粒装置、2 万吨/年氟硅酸钠装置、3 万吨/年聚磷酸铵装置、10 万吨净化磷酸装置、20 万吨精制磷酸盐装置、3000 万平方米/年纸面石膏板装置、3×20 磷石膏制酸装置、碘氟等回收装置以及配套的公用工程及辅助设施。项目分三期建设，一期工程项目总投资 23.86 亿元，二、三期工程项目总投资 78.92 亿元。项目全部建成后，可实现产值 160 亿元，利税 18 亿元，解决 2500 余人就业。2014 年，该项目已完成办公区及部分厂房等基础建设，一期工程生产装置已进入设备安装阶段。

贵州瓮福小野田化工有限公司　位于瓮安经济开发区，为瓮福有限责任公司与日本小野田化学工业株式会社共同注资 8523.4 万元组建成立的合资企业，公司成立于 2011 年 8 月，项目占地面积 54719 平方米，设计产能 5 万吨/年脱氟磷酸三钙（TCP），项目建成投产后每年可实现销售收入 10892 万元，利税 1091.79 万元，解决 60 人就业。至 2014 年，公司完成部分投资。

贵阳能源集团瓮安煤电磷（锰）业有限公司　主要投资瓮安煤电磷锰一体化项目，位于瓮安县银盏镇木老坪村，占地面积约 158.67 公顷，总投资约 78 亿元。项目分三期建设：一期建设投资 34.6 亿元，建设内容为：1×350MW 热电联产机组、1×10 万吨黄磷装置、6 万吨电解锰装置、90 万吨煤矿勘探与开采、40 万吨锰矿开采建设、黄磷尾气及尾渣处理综合利用。二期建设投资 27.4 亿元，建设内容为：1×350MW 热电联产机组、1×10 万吨黄磷装置、90 万吨煤矿勘探与开采、75 万吨磷矿勘探与开采、黄磷尾气及尾渣处理综合利用。三期建设投资 16 亿元，建设内容为：1×10 万吨黄磷装置、75 万吨磷矿勘探与开采、磷锰深加工、黄磷尾气及尾渣处理综合利用。项目建成达产后，预计年产值将达 75 亿元，实现税收 6.5 亿元，新增就业 1200 人以上。2014 年 12 月 9 日，瓮安煤电磷锰一体化项目获省经信委列入省“四个一体化”项目予以批复；2014 年 12 月 27 日，热电联产动力车间 37.09 公顷用地通过省国土资源厅土地预审；截至 2015 年 4 月底，项目前期工作累计完成投资 7000 余万元。

贵州源翼矿业瓮安磷业发展公司 位于瓮水办事处小康村，原隶属贵州省监狱管理局，建成有设计产能 17000 吨/年黄磷一、二车间，3000 吨/年磷酸生产线，15 万吨/年浮选厂，是一家集黄磷、磷酸、磷肥生产为一体的国有中型企业。2011 年 11 月被上海盛源集团全资收购，更名为贵州源翼矿业集团瓮安磷业发展公司。2012 年，生产黄磷 907 吨，完成产值 1360 万元，纳税 300 万元。

第二节 煤炭开发

一、煤焦生产

清代开始，县境煤炭资源即有开发。光绪十六年（1890 年），蓝家关（今岚关）一带出产的煤炭已成为贵州第一家使用机器生产的工厂镇远青溪铁厂炼铁的专用煤。民国时期，境内煤炭进一步开发。民国 23 年（1934 年）有黄泥凼、大岩、牛场坝、胜土、王家庄、水绞、打石冲、杨家冲等地开采。26 年有野猫洞、大洞口、苦鱼井、滥塘、大屯山、杨家冲、张家湾、堰塘湾等地开采。到民国后期，有打石冲、水绞、胜土、野猫洞、大屯山、土地塘、杨家冲、黄泥凼、陡山槽、牛场坝、瓮水司、大岩、花竹山、王家庄、宋家寨等地开采。时开采规模很小，产量很低，仅是一些小煤窑。解放后，县境煤炭开采逐年增强，煤炭及煤焦产量逐渐增长。解放初的 1950 年，全县产煤 400 吨，焦炭 100 吨。

1950－2014 年全县煤焦产量统计表

表 13－3 单位：万吨

年度	原煤产量	焦炭产量	年度	原煤产量	焦炭产量
1950	0.04	0.01	1984	61.55	10.22
1954	0.24	0.05	1985	57.25	9.10
1955	0.16	0.03	1986	57.48	10.34
1956	0.14	0.03	1987	79.54	10.18
1957	0.20	0.04	1988	76.74	10.43
1958	7.20	1.56	1989	83.13	12.66
1959	19.27	6055	1990	80.04	16.12
1960	29.03	10.85	1991	76.66	15.7
1961	14.07	4.49	1992	88.14	15.99
1962	10.67	3.30	1993	93.96	16.3

续表 13－3

年度	原煤产量	焦炭产量	年度	原煤产量	焦炭产量
1963	12.45	3.78	1994	105.82	28.89
1964	12.45	1.56	1995	128.65	56.51
1965	8.92	2.43	1996	138.12	57.2
1966	10.71	4.18	1997	135	54
1967	15.75	5.13	1998	109	35
1968	18.85	5.86	1999	109	25.61
1969	13.32	4.83	2000	102.77	28.9
1970	19.74	6.87	2001	122.76	30.17
1971	23.17	7.80	2002	147.8	38.3
1972	26.91	10.60	2003	146	50
1973	29.28	8.53	2004	186	64.3
1974	32.77	8.60	2005	170	62
1975	34.64	9.37	2006	170	55
1976	46.55	10.36	2007	150.78	42.4
1977	50.54	11.75	2008	144.5	49.38
1978	51.57	11.92	2009	174.06	41.84
1979	53.84	10.63	2010	164.91	46.98
1980	46.91	8.85	2011	169.59	22.48
1981	49.47	6.91	2012	235.16	15.64
1982	51.86	6.94	2013	394.57	18.07
1983	54.81	8.66	2014	364.04	22.45

1950－1952年，为全县国民经济恢复时期，全县产原煤2900吨，年均966.67吨；焦炭750吨，年均250吨。1952年与1949年比，原煤增长2.75倍，焦炭增长3倍。

1953－1957年，全县产原煤9454吨，年均1890.8吨；焦炭1950吨，年均390吨。1957年与1952年比，原煤增长33.33%，焦炭持平。

1958－1962年，产原煤802473吨，年均160494.6吨；焦炭267448吨，年均53489.6吨。1962年与1957年比，原煤增长52.37倍，焦炭增长81.58倍。期间，1958年10月省属福泉铁厂瓮安炼焦车间改建瓮安煤矿，为国有省属劳改企业，矿区横跨洗马一井田、二井田、三井田，面积27平方公里。第二个五年计划时期原煤、焦炭大幅增长，主要为瓮安煤矿开办等原因。

1963－1965年，3年产原煤338200吨，年均112733.33吨；产焦炭77612吨，年均25870.67吨。1965年与1962年比，原煤减少16.43%，焦炭减少26.58%。

1966－1970年，产原煤783682吨，年均156736.4吨；产焦炭268638吨，年均

53727.6 吨。1970 年与 1965 年比，原煤增长 1.21 倍，焦炭增长 1.83 倍。

1971－1975 年，产原煤 1467699 吨，年均 293539.8 吨，产焦炭 449012 吨，年均 89802.4 吨。1975 年与 1970 年比，原煤增长 75.49%，焦炭增长 36.4%。

1976－1980 年，产原煤 2494100 吨，年均 498820 吨；产焦炭 535131 吨，年均 107026.2 吨。1980 年与 1975 年比，原煤增长 35.43%，焦炭减少 5.5%。该五年计划期内，生产企业除年产 20 万吨左右的瓮安煤矿和年产 1 万吨的县办洗马煤矿外，主要生产企业有公社、大队开办的集体煤矿（小煤窑）30 余个。集体煤矿规模小，安全条件差，矿井全为自然通风，只局部掘进使用扇风机，机械设备少，全手镐挖煤，只少数矿的运输大巷用自制土矿车（竹编筐）在型号为 8 公斤的轻轨上实行人工推车运输，其余则为竹编筐人工背拖，生产工艺落后。

1981－1985 年，产原煤 2749400 吨，年均 549880 吨；产焦炭 418264 吨，年均 83652.8 吨。1985 年与 1980 年比，原煤增长 22.04%，焦炭增长 2.71%。

1986－1990 年，产原煤 3779258 吨，年均 755851.6 吨，产焦炭 597271 吨，年均 119454.2 吨。1990 年与 1985 年比，原煤增长 39.81%，焦炭增长 77.24%。1990 年所产原煤 80.04 万吨与 1950 年、1962 年、1970 年、1980 年比，分别增长 2000 倍、6.5 倍、3.05 倍、70.62%；所产焦炭 16.12 万吨与 1950 年、1962 年、1970 年、1980 年比，分别增长 1611 倍、3.88 倍、1.35 倍、82.15%。是年全县大多数煤厂，利润率均在 20% 以上。时全县除瓮安煤矿、洗马煤厂两个较大国营企业外，还有较大实行独立核算的乡镇采煤企业 24 个，其中年产 1 万吨矿井 11 个，2 万～3 万吨矿井 10 个，3 万吨以上矿井 3 个。主要有打铁槽、东门、大井坎、老寨口、长田坎、冷水沟、花江、青菜沟、上场坪、大湾、白水、枧槽沟、大洞口、梅花山、六角冲、开坪、大坪、煤炭冲、大水洞、卜岩、新龙、三桥、胜土、周家冲煤厂等。此一时期较大乡镇采煤企业机械化水平也大幅提高，机械通风全面实施，电瓶矿车运输普遍推行，生产效率大幅提高。永和区开坪煤厂，从业人员 134 人，1990 年产原煤 5 万吨，创产值 136 万元，利润 42 万元，为全县乡镇企业中经济效益较好的采煤企业。全县原煤焦炭的大幅度增产，不仅满足了县内需求，还销往贵阳、遵义、余庆、开阳、黄平、湄潭等地及远销广东、广西、湖南、湖北、江苏、四川、福建等省区。

1991－1995 年，产原煤 491.03 万吨，年均 98.206 万吨，产焦炭 104.5015 万吨，年均 20.9 万吨。1995 年与 1991 年比，原煤增长 67.82%，焦炭增长 2.6 倍。

1996－2000 年，产原煤 593.89 万吨，年均 118.778 万吨，产焦炭 200.71 万吨，年均 40.142 万吨。2000 年与 1996 年比，原煤减少 35.35 万吨，焦炭减少 28.3 万吨。

2001－2005 年，产原煤 772.56 万吨，年均 154.512 万吨，产焦炭 244.77 万吨，年均 48.954 万吨。2005 年与 2001 年比，原煤增长 38.48%，焦炭增长 1.06 倍。

2006－2010 年，产原煤 804.25 万吨，年均 160.85 万吨，产焦炭 235.6 万吨，年均 47.12 万吨。2010 年与 2006 年比，原煤减少 5.09 万吨，焦炭减少 8.02 万吨。

2011－2014 年，产原煤 1163.36 万吨，年均 290.84 万吨，产焦炭 78.64 万吨，年均 19.66 万吨。其中 2014 年，尽管原煤产量达到 364 万吨，但由于受市场原因影响，大多数煤矿均不能按产能规模投入生产，部分企业甚至处于停产状况。

二、重点企业简介

瓮安煤矿 省属国营企业，隶属贵州省监狱管理局，位于永和镇、平定营镇、岚关乡交界境内。1958 年 10 月，由省属福泉铁厂瓮安炼焦车间改建，煤矿开办主要为罪犯改造提供劳动岗位，主要生产原煤、焦炭，设计年生产能力 26 万吨。开办之初，设备简陋，生产落后，井下照明用亮壶（植物油灯），挖煤用铁镐，运煤为人力。1959 年，建成火力发电站，改用解放窑炼焦，年产原煤 11 万吨、焦炭 4 万吨。1963 年，瓮安煤矿新建东平洞矿井，1964 年州属夹山煤厂并入，至此，先后有老井一号井、老井二号井、陡山槽井、东平硐和夹山井投入生产。随着企业规模扩大，生产条件不断改善，开办之初的落后生产状况得以改善，井下照明用电灯、矿灯，采掘用风镐和放炮，运输用刮板机和电机车，生产实现半机械化。1983 年后，一、三井田经过不同程度的储量升级和局部地段的补充勘探，地质储量达 5172.5 万吨，工业储量达 2756 万吨。1990 年，瓮安煤矿矿区井下巷道 9980 米，建筑面积 87949 平方米，有职工 1053 人（其中高级职称 3 人，中级职称 40 人），犯人 2000 多人，固定资产原值 2074 万元，各种设备 519 台（其中大型设备 100 多台）。2002 年，企业 QMS 通过 CQCISO9001：2000CNAB 认证，主要产品为原煤、焦炭，矿井生产能力 30 万吨以上，焦炭生产能力 15 万吨以上。全矿共 3 对矿井，建有一座 8 万吨改良型炼焦炉。2006 年，三对矿井进行延深扩能改造，次年 8 月总核定生产能力每年 42 万吨。2009 年 3 月，罪犯退出井下劳动，省监狱管理局批准《贵州省瓮安监狱体制改革实施方案》，按一个新型监狱（贵州省瓮安监狱）、一个监狱企业（贵州省黔南鑫盛工贸有限公司）、一个纯工人企业（贵州省瓮安煤矿有限公司）的模式实施监狱体制改革。

瓮安煤矿矿区横跨洗马一井田、二井田、三井田，面积 27 平方公里。正常年景年产原煤一般 20～36 万吨。1978 年，生产原煤 22.1 万吨，焦炭 8.76 万吨，实现工业总产值 428.73 万元；1989 年达到年生产原煤 27.3 万吨，焦炭 7.58 万吨，实现工业总产值 656.38 万元；2002 年达到年生产原煤 31.11 万吨，焦炭 6.47 万吨，实现工业总产值 3103.76 万元；2006 年达到年生产原煤 36 万吨，焦炭 19 万吨，实现工业总产值 11018.01 万元，其原煤、焦炭产量为历史最高年。2011 年，瓮安煤矿挂牌出让给上海盛源集团后成为民营企业。

贵州省瓮安煤矿有限公司 2011 年，贵州省监狱管理局下辖的瓮安煤矿挂牌出让给上海盛源集团后，成立贵州省瓮安煤矿有限公司，成为大型民营企业。公司规划总投资 28 亿元，分三期建设收购后的瓮安煤矿。一期投资 5 亿元，用于收购等；二期投资 19 亿元，主要是建设热电联产和 60 万吨焦化项目技改；三期投资 4 亿元，主要用于煤化工深加工投资。2012 年，瓮安煤矿产原煤 17.76 万吨。2013 年 2 月，开工对陡山井进行计改，设计年产能30万吨。是年，因煤炭滞销，全矿产原煤11.84万吨。2014年，产原煤12.2万吨。

根据《瓮安县煤矿企业兼并重组工作方案（试行）》，贵州省瓮安煤矿有限公司取得贵州省煤矿企业兼并重组主体资格，2014年完成了对龙井煤矿、青菜沟煤矿等18个煤矿企业的兼并重组。兼并重组后公司有矿井18个，年生产规模208万吨，保有煤炭储量8766.64万吨。

洗马煤厂 县属国营企业，位于永和镇。1966年7月，投资14.7万元，抽调黄龙屯煤矿厂、新华铁厂煤焦车间职工9人，招收亦工亦农工60余人兴办。1968年建成1号矿井投产。1969年产原煤3700吨，焦炭91吨。1970年投资13.2万元建成2号井，1971年投资125万元建成3号井。1972年产原煤1.43万吨，焦炭2340吨。1977－1978年，投资46万元对3号井进行技术改造。1981－1983年投资17万元建成机械通风井1口、专用输电线路1条，消灭明火照明、明火放炮、明闸刀、自然通风、独眼井。1990年，矿区面积6万平方米，建筑面积6682平方米，有职工149人，固定资产原值146.31万元，产原煤3.03万吨、焦炭5895吨，实现产值80.7万。原煤产量比1969年、1980年、1985年分别增长7.19倍、1.46倍、12.22%，焦炭产量比1969年、1980年、1985年分别增长63.78倍、14.93倍、56.37%。2002年，县政府将洗马煤厂转让成为民营企业。

瓮安县洗马煤矿有限公司 2002年县政府将洗马煤厂转让后，组建为贵州省瓮安县洗马煤矿有限公司，成为民营企业。2004年经技改，生产规模由年产3万吨提高至年产9万吨。划定矿区面积3.3993平方公里，地质储量540.05万吨。2011年9月通过煤矿安全许可证和煤炭生产许可证验收，并取得有效期为6年的采矿许可证。2012年产原煤5.3万吨，实现产值3349万元，纳税749万元，利润595万元。2013－2014年分别生产原煤4.01万吨、4.53万吨。实现销售收入2221万元、2651万元，纳税503.71万元、629.42万元。

瓮安县龙腾焦化有限责任公司 位于银盏水绞，隶属于贵州双龙实业集团，其兴办的银堂煤矿，矿区面积11.44平方公里，资源储量2383万吨。根据国家产业政策，公司总投资1.3亿元对原年产能3万吨矿井进行技改，设计单井年产原煤30万吨。项目建成投产后，可实现年产原煤30万吨，实现工业总产值1.5亿元，税费0.3亿元，就业550人。2013年7月1日，全州首家30万吨/年建设矿井银堂煤矿顺利通过了省能源局组织的煤炭生产许可证验收，标志着该矿由技改试运转成为正式生产矿井。2013－2014年，分别产原煤4.21万吨、7.59万吨。

2014年，根据《瓮安县煤矿企业兼并重组工作方案（试行）》，公司完成了对兴章煤矿、银堂煤矿、双龙煤矿的兼并重组。

油房煤矿 位于建中镇果水村，距县城22.4公里，占地面积20亩，矿井可采储量92.75万吨，职工70人，资产800万元。矿井年设计生产能力为9万吨，矿井于2009年12月开工进行技改建设，至2012年技改完成工程量70%，2013年因政策原因停建。

地源煤矿　位于平定营镇营定街村，距县城11公里，占地面积64.95亩。矿区面积为2.53平方公里，年生产能力9万吨。由原天生煤矿和大路煤矿整合而成，资产总额3307.36万元。2012年技改完成工程量80%，2013年因政策原因停建。

大坪煤矿　私营企业，位于岚关乡岚关村大坪村民组，距县城13.3公里，主要产品为肥煤。大坪煤矿2007年8月由原小水槽煤矿、大坪煤矿一分厂和谷才煤矿二分厂整合而成。矿区占地6亩，设计年生产能力9万吨。2009年9月起大坪煤矿一直处于技改阶段，项目总投资2014.5万元。2012年技改工程完成，通过煤矿安全许可证和煤炭生产许可证验收，是年产原煤11.6万吨。

珠瑙岩煤矿　位于白沙乡，距建中镇2.5公里，年设计生产能力9万吨，2008年9月在原矿基础上动工技改。根据开采方案设计，矿井建设总工程量为3729米，建设工期24个月，截止2011年12月实际完成960米，完成总工程量30%。截至2012年12月实际完成总工程量70%，2013年因政策原因停建。

运达煤矿私营企业，位于岚关乡，距县城30公里，距岚关乡9公里，矿区距205省道3公里，距马场坪约35公里。运达煤矿由原岚关乡欣隆煤矿和老风洞煤矿整合而成。矿区面积为1.48平方公里，年设计生产能力9万吨。技改于2009年11月开工建设，总投资3800万余元，井下各项建设工程，地面建设按设计要求完工。2012年技改工程已完成，通过煤矿安全许可证和煤炭生产许可证验收。2013年后因市场原因产量极低。

鹏福煤矿　位于白沙乡高坪村，占地225亩，矿区面积3.78平方公里，煤矿建设规模为年设计生产能力9万吨，2011年4月技改工程完成，2012年产原煤3.8万吨，实现产值1445万元，纳税481万元，利润－89万元。2013－2014年，分别生产原煤1.9万吨、0.6万吨。

青山煤矿　位于猴场镇境内，矿区距猴场镇4.1公里，距县城16公里，矿井井田面积1.5平方公里，煤炭保有资源储量136.7万吨，可采煤层一层，2011年3月过竣工验收，具备煤矿正常生产的各种安全条件，年生产能力9万吨。2012年产原煤5万吨，实现销售收入7078万元，纳税165万元。2013年后因市场原因产量下滑。

万灵煤矿　位于猴场镇大寨坪村境内，东距县城25公里，北距猴场镇10公里，占地面积9.1亩，矿区面积为1.32平方公里。煤矿由原猴场镇大湾田煤矿和大湾煤矿整合而成，2008年经整合后年设计生产能力9万吨，2010年10月进行联合式运转。2011年3月通过煤矿安全许可证和煤炭生产许可证验收。资产总额3784.46万元，其中固定资产1878.68万元。2012年产原煤5.95万吨，产值1895万元，实现利润133万元。2013年后因市场原因产量下滑。

上坝煤矿　位于中坪镇茶店村，占地10亩，矿井工业储量180.6万吨，设计利用储量157.4万吨，可采储量113.6万吨，年设计能力为9万吨，投入资金2800万元，2011年4月通过煤矿安全许可证和煤炭生产许可证验收。

双龙煤矿　位于建中镇，由原龙泉煤矿、岩底煤矿、白水煤矿整合而成，矿区面积

5.18平方公里，保有煤炭资源量449.65万吨，可采储量161.4万吨。整合拟定设计生产能力为年产15万吨，为龙腾焦化有限责任公司下属企业。2008年动工技改，总投资5949万元，至2012年12月完成工程量70%。

三桥煤矿 始建于1980年，位于岚关乡章阁村王家院组，矿区面积2.14平方公里，资源保有储量235万吨。2008年，三桥煤矿与卜岩煤矿整合为三桥煤矿。矿井年设计生产能力9万吨，项目总投资2555.5万元。2012年技改工程完成，产原煤4万吨，产值2300万元，实现利润800万元。2013年产原煤3.4961万吨。2014年因市场原因只生产0.73万吨。

永安煤矿 位于永和镇永萍水村，由原永安煤矿年产3万吨设计技改为6万吨，再技改为9万吨规模，矿区范围1.14平方公里，2012年技改完成，年内产原煤3万吨，实现产值1903万元，销售收入1627万元，纳税290万元，利润234万元。2013－2014年，分别生产原煤1.1万吨、2.1万吨。

弘泰煤矿 位于银盏乡穿洞村，矿区面积1.6平方公里，煤炭地质储量113.22万吨。弘泰煤矿由原河边煤矿、桃子冲煤矿、皂角树煤矿整合而成，设计年生产能力9万吨。2008年8月动工建设。2012年技改工程完成，通过煤矿安全许可证和煤炭生产许可证验收。年内产原煤4万吨，实现产值1800万元，销售收入1450万元，纳税542万元。2013－2014年，分别生产原煤1.6万吨、3.37万吨。

东发煤矿 位于永和镇萍水村，距县城18公里，该矿始于1993年的马家湾煤矿，2000年更名为杨柳井煤矿，2009年更换法人后注册为“瓮安县永和镇东发煤矿”，该矿2011年8月已通过煤矿安全许可证和煤炭生产许可证验收。设计年产能9万吨，2012年产原煤4.6万吨，实现产值2780万元，销售收入2124万元，利润480万元。2013－2014年，分别生产原煤1.11万吨、2.03万吨。

龙井煤矿 位于白沙乡朝阳村，地处城南西方向，矿井于2009年3月开始进行扩能技改建设，矿井设计年生产能力为9万吨，于2011年4月、6月分别通过安全生产许可证和煤炭生产许可证发放标准验收。2012年产原煤4万吨，实现销售收入2400万元，纳税800万元，利润300万元。2013－2014年，分别生产原煤1.75万吨、2.28万吨。

大洞口煤矿 位于永和镇柴花村，该矿始建于1974年，矿区面积为0.67平方公里，煤层厚度为1.5～2米，平均厚度1.8米，原设计年生产能力为6万吨，2006年矿井实施6万吨改9万吨扩能技改建设。2011年通过煤矿安全许可证和煤炭生产许可证验收。2012年产原煤6.9万吨，实现产值5168万元，销售收入4433万元，纳税1028万元，利润632万元。

兴成煤矿 兴成煤焦有限责任公司兴成煤矿位于永和镇开坪村，厂区占地面积有4500平方米，始于1998年建成投产的立坤煤矿。2008年，由立坤煤矿和梅花山煤矿整合而成，并开始对煤矿进行扩能技改，总投资4000万元，设计年生产能力15万吨。2012年产原煤5.5万吨，实现产值3688万元，利润287万元。2013－2014年，分别生产原煤6.24万吨、11.59万吨。

宏鑫煤矿 位于建中镇银水坝村，由原来建中青山煤矿和建中银水坝煤矿、两岔河煤矿整合而成，2008 年 9 月注册“贵州省瓮安县宏鑫煤业有限责任公司宏鑫煤矿”，设计年生产能力为 15 万吨。2012 年技改工程完成，当年产原煤 10 万吨，实现销售收入 4642 万元，利润 1465 万元。2013 -2014 年，分别生产原煤 6. 69 万吨、2. 81 万吨。

袁山煤矿 袁山煤业有限公司袁山煤矿位于永和镇袁山村，占地面积约 60 亩。2008 年 4 月公司成立，5 月开始动工技改（年产 3 万吨改为年产 15 万吨）。2012 年技改工程完成，年内产原煤 6. 8 万吨，实现产值 2962 万元，销售收入 3962 万元，纳税 577 万元，利润 47 万元。2013 -2014 年，分别生产原煤 5. 67 万吨、11. 72 万吨。

泰丰煤矿 泰丰煤业有限责任公司（泰丰煤矿）位于永和镇洗马塘村青塘湾组。2007 年 6 月，由原永和镇新隆煤矿、蔡冲煤矿、香村河煤矿三矿按国家产业政策实行资源整合，组建瓮安县泰丰煤矿。11 月，改为年产 15 万吨技改井，历经 32 个月，投入资金 4200 多万元，于 2011 年 3 月已通过煤矿安全许可证和煤炭生产许可证验收。煤矿矿区面积 2. 84 平方公里，保有煤炭资源储量 444 万吨，设计生产能力 15 万吨/年，服务年限 20 年。2011 年投产，2012 年生产原煤 7. 9 万吨，销售收入 5114 万元，纳税 1145 万元，利润 283 万元。2013 -2014 年，分别生产原煤 7. 68 万吨、12. 84 万吨。

万鑫煤矿 位于永和镇洗马塘村，距县城直线距离 8 公里，公司占地面积 2 亩。由开坪煤矿和新房子煤矿整合而成，年设计生产能力 15 万吨，2012 年技改工程完成，通过煤矿安全许可证和煤炭生产许可证验收。2012 年产原煤 11 万吨，实现产值 8000 万元，销售收入 7700 万元，纳税 1226 万元，利润 682 万元。2013 -2014 年，分别生产原煤 2. 43 万吨、5. 19 万吨。

花江煤矿 私营企业，位于平定营镇花江村民组，始建于 2001 年，2009 年 11 月开始技改，设计年生产能力 15 万吨。因政策和资金原因停建。

上场坪新井煤矿 位于猴场镇，矿区面积 0. 93 平方公里。企业前身为草塘镇集体企业，2010 年改为私营企业，为年生产能力 9 万吨的扩能扩界矿井。2012 年技改工程完成，通过煤矿安全许可证和煤炭生产许可证验收。2012 年产原煤 2. 5 万吨，实现产值 1800 万元，纳税 600 万元，利润 400 万元。

福兴煤矿 位于银盏镇，由原老古井煤矿、园门口煤矿整合而成，矿区面积 1. 66 平方公里，矿井经扩能技改，设计年产能 9 万吨。至 2012 年 12 月完成工程量 75%。2013 年因政策资金原因停建。

青菜沟煤矿 位于猴场镇大寨坪，2009 年 3 月开始动工扩能扩界技改，总投资 1485 万元，资源储量 124. 81 万吨，年设计生产能力 9 万吨。至 2013 年开始试运行。

轿子岩煤矿 位于建中镇，2009 年在原轿子岩煤矿基础上动工技改，为年设计生产能力 9 万吨的扩能扩界矿井。至 2012 年 12 月完成工程量 90%。2013 年因政策资金原因停建。

永宏煤矿 位于白沙乡，2009 年开始动工扩能扩界，年设计生产能力 9 万吨，矿区面积 2. 7 平方公里，至 2012 年 12 月完成工程量 95%。

梓源煤矿 位于白沙乡，2009年开始动工技改，为年设计生产能力9万吨的扩能扩界矿井，技改总投资2558.7万元。至2012年12月完成工程量85%，2013年因政策原因停建。

打石冲煤矿 位于雍阳镇街道办事处，2009年在原煤矿基础上开始技改，为年设计生产能力9万吨的扩能扩界矿井。至2013年开始试运行，2014年产原煤3.25万吨。

中鑫煤矿 位于瓮水街道办事处水源冲，由原水源冲煤矿和老寨口煤矿整合而成，2009年开始技改，为年设计生产能力9万吨的扩能扩界矿井。整合后矿区面积2.87平方公里，保有资源量305万吨。至2013年开始试运行，2014年产原煤0.29万吨。

宏福煤矿 位于雍阳镇茅坡，由原茅坡煤矿、榜上煤矿整合而成，2009年开始技改，为年设计生产能力9万吨的扩能扩界矿井。至2013年开始试运行，2014年产原煤0.22万吨。

贵州弘达矿业（集团）投资有限公司 是一家集原煤开采和加工、矿业投资、煤业投资、矿产品、矿用物资、矿山机械设备等为一体的多元化股份制民营企业。根据《瓮安县煤矿企业兼并重组工作方案（试行）》，2014年，公司完成了对洗马煤矿等煤矿企业的兼并重组。兼并重组后下辖13家煤矿企业，其中9家生产矿井，4家建设矿井，年生产规模153万吨。公司计划将13对矿井兼并为6对，达到年生产规模180万吨。

贵州黔中实业有限公司 原系贵州成黔冶金辅料有限责任公司燃气车间，于2013年12月从贵州成黔冶金辅料有限责任公司中分立。公司位于永和镇洗马村，工程规划用地约30亩，设计年产焦炭30万吨、煤焦油1.6万吨、粗苯0.2万吨。

第三节　其他矿产开发

境内非煤磷矿产资源开发，主要有铁矿、硫铁矿、锌矿、铝土矿、石膏、重晶石、石灰石、高岭土、页岩、硅石、钼镍钒、白云石及建筑用沙石等。开采企业规模均为小型，开采量随市场波动时大时小。正常年境，铁矿年产5万~7万吨，锌矿年产1万吨左右，铝土矿年产2万吨左右，硅石年产1万~2万吨，硫铁矿年产5万~8万吨，重晶石年产1万~3万吨，高岭土年产1万~2万吨，石膏年产5000吨左右，水泥用灰岩年产20万~50万吨，建筑用沙石年产50万立方米以上。境内含钾页岩、海绿石、大理石、白云石等开采随市场需求时有时无。钼镍钒多金属矿，通过地质勘查，2010年后始有开发企业。

铁矿开采 县境铁矿资源开发较早，均属零星开采就地冶炼。清代，木引槽炉子沟已建有土高炉就地采矿冶炼毛铁。民国《贵州农业公报》载，18年（1929年），全省有产量较大的铁厂47处，其中瓮安5处：土地堂铁窑月产毛铁30万斤，瓮水司铁窑23万斤，花竹山铁窑22万斤，陡山槽铁窑18万斤，高楼铁窑1.5万斤。土地堂铁窑为全省产量最高铁窑。20－31年，四川人张继生在南屏镇（木引槽乡）蚂蟥沟开办铁厂冶炼毛铁。25 年，李进方等为首合资在建中水尾鸭屁股开办合计铁厂，雇工百余人，炼铁铸造铧口、铁锅。到 38 年，仅剩下鸭屁股铁厂 1 家，年产毛铁 30 万斤。解放后，1951 年建岚关铁厂。鸭屁股铁厂改由供销合作社经营，1956 年改由县工业部门经营，更名瓮安县铁厂（后改为铁锅厂）。1950 至 1957 年，全县共产生铁 1887 吨，年均 235.88 吨，比 1949 年增长 57.25%。

1958 年 5 月，县工业部门利用全县生产的铁矿在城西开办西门铁厂，有职工 476 人，半机械化小高炉 1 座，“土洋结合”高炉 3 座，土高炉 9 座，总容积 37.75 立方米。到 11 月，共生产生铁 30 吨，熟铁 4.5 吨。是年，“大跃进”开始，瓮安提出“以钢为纲”“大炼钢铁”，6 月全县召开大炼钢铁会议后，县、区、乡、社一齐上。7 -9 月，全县农村、机关、学校投入劳动力 27486 人，建成土高炉 365 座，投产 213 座，出铁 95 座。12 月，土高炉相继停产，州、县在五里街开办“年产 9 万吨铁、5 万吨钢、4 万吨钢材”的“九五四”钢铁厂，抽调职工、农民 834 人开工基建，后因水源等多方面原因于 1959 年初下马。1959 年 3 月，州、县在石家寨开办新华铁厂，先后将西门铁厂和大洞口煤厂等并入，有职工 1700 多人，建有 6.55 立方米炼铁小高炉 4 座，1960 年再建炼铁高炉 2 座（未投产）。1961 年，新华铁厂停产下马。“大跃进”开展的“大炼钢铁”，耗费了大量人力、物力、财力。其间，浮夸风严重，生铁产量多属夸大上报。后经核实，全县 1958 年实产生铁 1750 吨，1959 年产 1428 吨，1960 年产 808 吨，1961 年产 470 吨。

1972 年，瓮安县铁厂（县属国营企业，在银盏乡岩脚桥）建成试产，建有 13 立方米高炉 1 座。1973 年正式投产，年产生铁 3536 吨。1980 年停产。1972 - 1980 年，共生产生铁 26848 吨、铸铁管 183 吨、水泥 1665 吨。1981 年，所属水泥车间、拉管车间分建县水泥厂和拉管厂，高炉车间并入县磷肥厂为其银盏车间。1983 年，县磷肥厂银盏车间与县拉管厂合建县化肥厂，生产钙镁磷肥，1985 年恢复炼铁。1986 年产生铁 7463 吨。是年底，冶金部、攀枝花钢铁公司、省冶金厅等将铁厂列为扶贫项目，投资 122.9 万元进行技术改造，新建 28 立方米高炉 1 座，设计年生产能力 1.2 万吨。后因亏损 1988 年 10 月转产磷肥。1995 年申请破产后由天安公司收购转产黄磷。

继瓮安县铁厂之后，1996 年，三联化工有限责任公司在银盏乡水绞创建从事钢铁冶炼，是年 12 月投产设计年产能 2 万吨，建成后因市场原因一直未正常生产，为执行国家政策，2009 年淘汰落后产能关闭。2001 年 1 月，位于青坑工业园区专门从事钢铁冶炼企业的顺发冶炼责任公司建成 150 立方米高炉冶炼厂，总投资 1500 万元，2009 年淘汰落后产能关闭。2003 年，位于雍阳镇河西村（原河西磷肥厂）的欣晟工贸有限公司建成 100 立方米高炉冶炼厂，总投资 1000 万元，2004 年 3 月投产，2009 年淘汰落后产能关闭。期间，位于鱼河乡甘塘村的福乐工贸有限公司 2003 年建成 100 立方米高炉冶炼厂，总投资 2000 万元，2004 年 3 月投产，亦为执行国家政策 2009 年淘汰落后产能关闭。

县内钢铁冶炼立足本地资源，铁矿石供应均为本地所产。早期铁矿石开采，为人工零星开采，后期逐步开始采用挖掘机的半机械化开采。由于境内铁矿资源点多面广，而各矿点储量相对较低，开采规模不大。1971－1977年，深溪矿点开采铁矿石4万吨；1974－1979年，拓石、珠藏矿点分别开采铁矿石4.5万吨和3万吨；1976－1988年，木广坪矿点开采铁矿石3.5万吨。1988年后，铁矿开采因矿产资源法颁布受到规范，先后取得采矿权进行开采的有养马坪铁矿、白岩铁矿、拓石铁矿、广山铁矿、珠藏铁矿等。珠藏铁矿原为地方兴办的乡镇集体企业，其加工的红矿粉，远销郑州、重庆等地作涂料。1992年转让给水城钢铁公司经营，设计年产1万吨铁矿石，实际年产只有5000吨上下。

1986年，全县开采铁矿石24500吨；1990年，开采铁矿石5700吨；1992年，开采铁矿石3.92万吨；1993年，开采铁矿石4.7万吨；1994年，开采铁矿石3.89万吨；1995年开采4.15万吨；2005年，产生铁2.5万吨；2006年开采铁矿石5.27万吨，产生铁2.3万吨；2007年开采铁矿石5.75万吨，产生铁3.2万吨；2008年开采铁矿石5.7万吨，产生铁2.37万吨。2010年，生产铁矿3.23万吨。

2010年后，瓮安从事铁矿开采的企业有所增加，产量也有所上升。瓮安县腾发矿产有限公司在珠藏镇高山从事铁矿、锌矿洗选及购销。设计年产量10万吨铁矿，2012年实产4万吨。瓮安县平峰矿业有限公司在玉华乡从事铁矿开采，设计年产5万吨，2011年开始试产，2012年产1.17万吨。瓮安县兴铁矿产有限公司，2010年9月成立，在珠藏镇高山投资250万元建设铁矿干选生产线，设计年产4万吨铁矿，2014年投产运行。瓮安县盛达矿产公司，在珠藏镇从事铁矿、锌矿、重晶石等的开采和销售，设计年产能7.5万吨，2010年8月投产，2012年实现包括铁矿、锌矿等在内的产量5.7万吨。贵州博宏前进实业有限公司，在珠藏镇从事铁矿及伴生矿的开采，投资规模1600万元，设计年产能10万吨，2012年产铁矿6.83万吨，销售收入1600万元，完成税收230万元。

硫铁矿开采　兴起于80年代，所产矿石除满足境内硫酸厂外，部分销往省内临近县市。1986年，全县开采硫铁矿2500吨；1990年，生产和运出硫铁矿3700吨；1992年，开采硫铁矿2.7万吨；1994年，开采硫铁矿4.08万吨；1995年，开采7.43万吨；1996年，开采11.65万吨；1998年，开采12.17万吨；1999年，开采12.53万吨；2000年，开采5.02万吨；2001年，开采5.05万吨，2002年，开采1.94万吨。2003年后，开采趋于停止，2010年，仅开采720吨。曾在境内从事开采硫铁矿的主要企业有岚关乡蜂子坳硫铁矿采矿场、瓮安县鱼河锣鼓营矿硫铁矿、草塘那乡硫铁矿、玉山镇河家湾硫铁矿等。2013年，华雄公司年产20万吨硫铁矿中试选矿项目完成全部投资并投产试运行，之后，该公司开始作扩能150万吨/年技改。

钼镍钒矿开采　钼镍钒矿主要分布在磷矿区内，未进行综合利用，2010年前，县境内未设置钼镍钒矿采矿权。随着钼镍钒矿市场价格不断攀升，磷矿区内出现一些私采钼镍钒矿石销往外地状况。境内瓮安大信北斗山磷矿为综合利用钼镍钒矿资源，开始成立钼镍钒矿开发利用科学研究机构，并积极开展极薄矿层（20厘米）的采、选、冶试验工作。2010年，瓮安县小河山钒矿取得采矿权。

铝土矿开采　20世纪90年代，在瓮安草塘岩门有时断时续零星的铝土矿开采。新世纪开始后，从事铝土矿开采加工的企业有所增加，主要有瓮安县岩孔高岭土矿有限责任公司、瓮安县朋诚矿业有限公司、贵州省成黔冶金辅料有限责任公司、瓮安县文真高铝矾土基均质料有限公司等。瓮安县岩孔高岭土矿有限责任公司，2013 年开采铝土矿 1.66 万吨。瓮安县朋诚矿业有限公司，2013－2014 年分别开采 0.88 万吨、0.43 万吨。瓮安县欣宇娱乐有限公司，2011 年取得铝土矿、高岭土开采权，2012 年在木引槽乡上庆村开采铝土矿、高岭土 12.99 万吨，上缴税金 741.62 万元，2013－2014 年，分别开采铝土矿 1.16 万吨、0.35 万吨。贵州省成黔冶金辅料有限责任公司，成立于 2007 年，位于永和镇洗马村，公司利用瓮安铝矾土矿资源，在永和镇洗马村投资 2.9 亿元建设占地 150 余亩的年产 10 万吨石油压裂支撑剂项目。2012 年，公司生产陶粒 3.3 万吨，实现产值 29000 万元，销售收入 18000 万元，纳税 2000 万元，公司有职工 820 余人，专科以上学历 82 人。瓮安县文真高铝矾土基均质料有限公司，2009 年 9 月注册，主要从事高铝矾土基均质料生产，2013 年 8 月 22 日，西南第一家高端耐火材料项目，文真公司投资 5 亿元建设年产 120 万吨铝土矿废渣加工（铝土矿 84 万吨）与尾矿制砖（标准免烧砖 18000 万块）生产线改扩建项目和年产 11 万吨高铝矾土基均质料项目（与郑州大学合作）举行点火仪式。贵州汇亿矿业有限公司，2011 年 6 月入驻玉山镇，是一家从事铝土矿开采及加工的企业，公司计划投资 3 亿元，用于收购矿山和建设年产 10 万吨陶粒支撑剂及铝化工项目。该项目占地 900 亩，设计产能 70 万吨/年铝土矿、30 万吨/年聚合氯化铝、10 万吨/年陶粒支撑剂，项目全部建成投产后，可实现年销售收入 17 亿元，创税 5000 万元，解决就业 300 人。

铅锌矿开采　曾有瓮安县腾发矿产有限公司、福泉盛源矿业有限公司等开采企业，年开采量均较小，开采点主要有玉山镇百花山铅锌矿、珠藏镇高山锌矿等。

石膏矿开采　龙塘乡江界河为境内唯一探明储量的石膏矿点，由乡办企业龙塘乡石膏厂开采，设计年产石膏 1 万吨，实际年产 5000 吨左右。1986 年，全县开采石膏 1500 吨；1994 年，开采石膏 4800 吨；1995 年仅开采石膏 1093 吨。构皮滩电站蓄水后，石膏厂关闭。

高岭土开采　主要有木引槽乡上庆高岭土矿、雍阳镇堰平高岭土矿、雍阳镇岩孔高岭土矿、高水乡香沟高岭土矿、高水乡高峰高岭土矿等开采企业。2013 年，高水乡香沟高岭土矿开采高岭土 58 吨；2013－2014 年，瓮安县高峰高岭土矿分别开采高岭土 333 吨、1300 吨；2012 年，珠藏镇宝山矿业有限公司实现销售收入 100 万元，缴税 15 万元。

重晶石开采　主要有永和镇三招坪重晶石矿、瓮安县白沙矿产有限责任公司等开采企业，开采时断时续。瓮安县白沙矿产有限责任公司开采相对较为稳定，该公司 2001 年 4 月成立，2002 年 5 月建成投产，投资规模 500 万元，以开采并加工重晶石为主设计产能年产重晶石 3 万吨，2012 年开采并加工重晶石 3.2 万吨，上缴税 230 万元；2013 年，生产重晶石 4.3071 万吨；2014 年生产 5.15 万吨。

硅石开采　1985 年，县供销社投资 47 万元筹建合金厂，依靠硅石等原料冶炼硅铁，

1987 年 5 月建成投产，有职工 47 人，电解炉 1 座，年产 75 号硅铁能力 500 吨。1988 年产硅 254 吨，实现产值 80 万元。1989 年因国际市场变化和电力不足转产。1995 年，全县开采硅石 1.03 万吨。1997 年，岚家坪硅矿厂开办，设计年产 1 万吨，实际年产 5000 吨。是年，松坪乡余家嘴硅矿亦开办，设计年产 3000 吨，实际年产 1000 吨。后两厂因产品销路不畅不久关闭。2000 年后，松坪乡晏家湾硅矿场、玉华乡白岩硅石矿厂等开采企业相继取得采矿权进行开采，但因市场销路问题其产量均较小。2010 年，全县产硅石仅 51 吨。

白云石开采　1995 年，开采白云石 10 万吨，2010 年，开采白云石 99 吨。

水泥用灰岩开采　境内水泥用灰岩分布广、质量好，各水泥生产企业均有自己开办的水泥用灰岩开采矿山，矿石供应基本能就近取材。全县水泥生产从七十年代开始，年产从最初的只有几百吨逐步发展，至 20 世纪 90 年代初具有一定规模并进一步发展。1990 年，全县生产水泥 2.83 万吨，1991 年 2.87 万吨，1992 年 3.26 万吨，1993 年 3.79 万吨，1994 年 4.11 万吨，1995 年 4.0608 万吨，1996 年 5.31 万吨，1997 年 5.79 万吨，1998 年 6.38 万吨，1999 年 7.37 万吨，2000 年 7.38 万吨，2001 年 11.3 万吨，2002 年 11.51 万吨，2003 年 15.5 万吨，2004 年 19.01 万吨，2005 年 25 万吨，2006 年 21 万吨，2007 年 23.22 万吨，2008 年 22.96 万吨，2009 年 26.82 万吨，2010 年 26.83 万吨，2011 年 35.56 万吨，2012 年 74.19 万吨，2013 年 99.39 万吨，2014 年 99.88 万吨。全县生产水泥企业有瓮安县水泥厂、茅坡水泥厂、玉山水泥厂及重组后的瓮安县浙江浦峰集团水泥有限责任公司等。

瓮安县浙江浦峰集团水泥有限责任公司：前身为瓮安县水泥厂，1973 年建成试产，1974 年产水泥 233 吨。1998 年，瓮安县水泥厂改制，更名为瓮安县银桥公司。2002 年，由浙江浦峰集团公司购买，更名为瓮安县浙江浦峰集团水泥有限责任公司。公司占地 83 亩，经技改拥有设计年产水泥 15 万吨规模。2011 年生产水泥 11.71 万吨，实现产值 3610.4 万元；2012 年生产水泥 13 万吨，实现产值 2829 万元。是年，根据县政府组织召开的浙江浦峰集团瓮安水泥公司技改项目协调会精神，公司计划投资 2.65 亿元在贵州瓮安经济开发区内建设四个项目，同时配套存储量在 5000 万吨以上化工级的石灰石矿山一座。具体项目为：100 万吨/年水泥粉磨站及配套 60 万立方米/年商砼搅拌站技改项目，总投资约 1.2 亿元；20 万立方米/年粉煤灰（磷渣）加气混凝土块生产线项目，总投资约 1.42 亿元；20 万吨/年碳酸钙系列产品项目，总投资约 1.05 亿元。至 2014 年，部分项目工程推进已取得初步成果。

茅坡水泥厂　为 1978 年县社队企业局与茅坡公社联办，1981 年建成投产，1985 年扩建，1990 年产水泥 7200 吨。后经多次改建，年设计生产能力达到 10 万吨。2011 年生产水泥 112465 吨，实现产值 4038 万元。是年 9 月，茅坡水泥厂根据国家淘汰落后产能政策关闭。

玉山水泥厂　位于玉山镇，为 1996 年建成投产的私营企业，设计年产能 3 万吨，其后经多轮技改扩建，兼并重组为一家以水泥制造为主的国有企业。厂区占地140亩，矿山占地577亩，拥有投资4.5亿元建成的日产2000吨熟料的新型干法回转窑生产线。1998年上第二条生产线，2000年完成年产能18.8万吨。2005年生产水泥5.06万吨，实现产值1218万元。2011年生产水泥12.6万吨，实现产值4764.9万元，并投资2.54亿元扩建成100万吨生产线。2012年生产水泥58.51万吨。公司“世强”牌商标是贵州省著名商标，P. $C_3$2.5（合格品）、P. $O_4$2.5（一等品）、P. O52.5（优等品）水泥均获国家权威机构颁发的《产品认证证书》。

矿泉水开采　主要有玉华温泉矿泉水开采，玉华温泉位于雍阳镇岩根河村，距县城9公里。海拔1075米。水温34.5℃，流量15升/秒，昼夜出水量1296吨，矿化度小于1克，全硬度9.13德国度，总碱度8.4度，PH值7.35度，属碳酸氢钙—碳酸氢镁（HCO_3—Ca、Mg）型水，为中热温泉，2014年前开发仅用于饮用矿泉水。

页岩开采　主要用于制造页岩砖。曾有牛场坝乡页岩机砖厂、雍阳镇页岩砖厂、玉山新庄页岩砖厂等开采并制造页岩砖企业。其中雍阳镇页岩砖厂为较大页岩开采制砖企业，1995年颁发页岩采矿许可证，占用储量35万吨，设计年开采2万吨，实际开采1.2万吨，2000年后因页岩砖销路关闭。

建筑用砂石开采　主要集中在城镇附近，产量随建筑规模的变化而变化。50年代前期，多为个体经营开采，50年代后期至70年代后期，均为集体经营。80年代中后期起，多为个体或联户经营。1987年，全县有石、砂、石灰厂58家，从业126人，产石、砂23205吨，石灰3358吨。1989年，全县有石、砂、石灰厂28家，从业281人，产石、砂7.1万立方米，石灰4100吨。2000年，有石、砂生产企业133个，从业654人，产石、砂5379.92万立方米。2012年，全县持采矿证开采砂石企业经整合后仍有77个，2014年调整为43个。境内较大的建筑用砂石开采企业有贵州通源工程路料有限公司，民营企业，总投资2亿元，专业从事公路建设用石料供给。在瓮安建有玄武岩矿山两处，设计产能80万立方/年，公司采用国内外先进生产流水线装备，其产品符合高速公路等对石料质量的要求。贵州省瓮安县弘鑫石材有限公司，2012年7月成立，投资5000万元在瓮安经济开发区建年产各类石材50万平方米、人造大理石50万平方米项目，至2014年，一期项目已建成投产。

黏土矿开采　主要用于制造砖瓦，境内制造砖瓦始于明清，其技术为江西、湖南、四川等地移民传入，开始多用于修建寺庙、祠堂和公署。民国时期，农村富户和城镇居民广泛用瓦盖房，少数人家用砖砌住房封火墙和围墙。民国32年，县城黄文庄修建县境第一栋砖木结构楼房，所用青砖难于购齐，特雇专人制造。解放后，以砖代木建房逐渐增多，制造砖瓦快速发展。至70年代，炼制砖瓦均为集体经营。瓮安县建筑公司砖瓦厂，建于1956年，时为雍阳区建筑手工业生产合作社砖瓦厂，有工人15个，年产砖16.4万块、瓦33.2万片，产值1.15万元。1958年，该厂改为国营，县投资5400元，建窑4座，购牛6头，租用土地60余亩，103人生产，1959年产砖60.75万块、瓦

63.99 万片，产值 31.42 万元。1961 年 9 月恢复为集体企业，此后因砖瓦销路等停产。1979 年，全县产砖 2332 万块，瓦 3793 万块。80 年代，随着水泥制品的广泛应用，黏土砖瓦发展势头有所减少。1982 年、1985 年，县城和玉山建厂试产机制砖未果。1989 年，全县有区乡办、联户办砖瓦厂 333 个，从业 1143 人，年产砖 1185 万块，总产值 208 万元。1990 年，全县产砖 1335 万块，均为农村集体砖厂和个体砖厂所产。1995 年，全县生产黏土砖 4040.5 万块，瓦 1500 万块。1998 年产砖 4664 万块。1999 年产砖 9558 万块。2000 年产砖 2850 万块。2001 年产砖 4931 万块。2002 年产砖 3356 万块。21 世纪前 10 年中后期开始，黏土砖瓦被逐步淘汰，代之以水泥砖等水泥构件。

除建筑用砖瓦，因炼焦需要，利用黏土矿烧制耐火砖曾一度发展。1996 年，永和镇建成年产 30000 块耐火砖厂。1998 年，草塘镇新华建成年产 30000 块耐火砖厂。2000 年，全县已有 5 个年产 30000 块耐火砖厂。2003 年，随着土法炼焦取缔，耐火砖厂随之关闭。

其他矿开采　民国 3 年，县知事李退谷与地方士绅合资，雇工数十人，在县城西郊吊钟坡开办朱砂厂；民国 4 年县城王吉廷集股在东郊开办水银厂，规模小，成效甚微。

第四节　矿业经济比重

解放前，县境只有一些小煤窑、小铁窑、小砖瓦窑，工业经济极不发展，一直以农业产值为主体，矿业经济在县域经济中的比重较小。1949 年，工农业总产值 2863.66 万元，工业产值仅 78.27 万元，农业产值占 97.27%，工业产值仅占 2.73%。工业产值中，轻工业占 71.44%，重工业仅占 28.56%。

解放后，以采矿业及其加工业为主的县域工业经济开始发展，工农业总产值中，农业产值比重逐渐下降，工业产值比重逐渐上升；工业产值中，轻工业产值比重逐渐下降，以矿业为依托的重工业产值比重逐渐上升。1952 年，工农业总产值 3993.65 万元，工业产值 242.76 万元，农业产值 3750.85 万元，农业产值占 93.92%，工业产值占 6.08%。工业产值中，轻工业占 49.72%，重工业产值占 50.28%。

1953－1957 年，为第一个五年计划时期，5 年间，实现工业总产值 28142.23 万元（按 1980 年可比价格计算，下同），年均 5628.45 万元。期间 1957 年，工农业总产值 6776.1 万元，工业产值 663.3 万元，农业产值 6112.8 万元，农业产值占 90.21%，工业产值占 9.79%。工业产值中，轻工业占 73.15%，重工业产值占 26.85%。

1958－1962 年，为第二个五年计划时期，5 年间，实现工业总产值 25551.95 万元，年均 5110.39 万元。期间 1962 年，工农业总产值 3661.78 万元，工业产值 442.48 万元，农业产值 3219.3 万元，农业产值占 87.92%，工业产值占 12.08%。工业产值中，轻工业占 41.79%，重工业产值占 58.21%。

1963－1965 年，为国民经济调整时期，3 年间，实现工业总产值 10818.94 万元，年均 3606.31 万元。期间 1965 年，工农业总产值 4391.83 万元，工业产值 519.29 万元，农业产值3872.54万元，农业产值占88.18%，工业产值占11.82%。工业产值中，轻工业占53.57%，重工业产值占46.43%。

1966－1970年，为第三个五年计划时期，全县大办小煤炭、小水泥、小化肥等“五小工业”，工业总产值快速上升，5年间，实现工业总产值24754.83万元，年均4950.97万元。期间1970年，工农业总产值5472.83万元，工业产值851.48万元，农业产值4621.35万元，农业产值占84.44%，工业产值占15.56%。工业产值中，轻工业占35.15%，重工业产值占64.85%。

1971－1975年，为第四个五年计划时期。5年间，实现工业总产值40089.9万元，年均8017.98万元。期间1975年，工农业总产值8496.03万元，工业产值2009.55万元，农业产值6486.48万元，农业产值占76.35%，工业产值占23.65%。工业产值中，轻工业占28.33%，重工业产值占71.67%。

1976－1980年，为第五个五年计划时期。5年间，实现工业总产值50705.19万元，年均10141.04万元。期间1980年，工农业总产值9446.91万元，工业产值2716.16万元，农业产值6730.75万元，农业产值占71.25%，工业产值占28.75%。工业产值中，轻工业占18.36%，重工业产值占81.64%。

1981－1985年，为第六个五年计划时期。5年间，实现工业总产值69423.73万元，年均13884.75万元。期间1985年，工农业总产值14503.96万元，工业产值3859.96万元，农业产值10644万元，农业产值占73.39%，工业产值占26.61%。工业产值中，轻工业占18.24%，重工业产值占81.76%。

1986－1990年，为第七个五年计划时期。5年间，实现国民生产总值79315.62万元，年均15863.12万元；社会总产值108971.01万元，年均21794.2万元；工农业总产值88851.6万元，年均17770.32万元。期间1990年，工农业总产值19725.71万元，工业产值7629万元，农业产值12096.71万元，农业产值占61.32%，工业产值占38.68%。从第七个五年计划开始，全县初步形成了以矿产品开采及矿产品加工为为主体的工业结构。主要工业产品有磷矿石、磷肥、黄磷、原煤、焦炭、水泥等。

1990年，全县完成以磷化工、煤炭等行业为主体的工业总产值10604万元，实现县内生产总值30156.31万元（当年价，下同），其中第一产业19323.85万元，第二产业5500.41万元，第三产业5332.05万元，分别占国民生产总值的64.08%、18.24%、17.68%。第二产业中工业增加值4630.4万元，占第二产业5500.41万元的84.18%，占全县生产总值30156.31万元的15.35%。

1995年，全县完成工业总产值39697万元，实现生产总值72927万元。生产总值中第一产业44016万元，第二产业15393万元，第三产业13518万元，比重分别为60.36%、21.11%、18.53%。第二产业中工业增加值13279万元，占第二产业15393万元的86.27%，占全县生产总值30156.31万元的18.21%。

1997年，全县完成工业总产值76902万元，其中采矿业44205万元，制造业30285

万元（主体为以矿产品为依托的制造业，下同），其他2412万元。是年，全县产业结构积极变化，实现生产总值99906万元，其中第一产业46218万元，第二产业29403万元，第三产业24285万元，比重分别为46.26%、29.43%、24.31%。

1998年，全县完成工业总产值97313万元，其中采矿业56276万元，制造业38406万元，其他2631万元。工业主要产品有原煤131.77万吨、硫铁矿12.17万吨、磷矿石28.74万吨、焦炭39.9万吨，黄磷0.97万吨、磷肥0.5415万吨、水泥6.38万吨等。是年，产业结构进一步变化，全县生产总值109817万元，第一产业47285万元、第二产业36120万元，第三产业26412万元，一、二、三产业增加值占生产总值的比重由1997年的46.26%、29.43%、24.30%变为43.1%、32.89%、24.05%。第二产业中，工业增加值30691万元（其中采矿业18447万元、制造业12112万元），占第二产业36120万元的84.97%，占全县生产总值109817万元的27.95%。

2000年，全县完成工业总产值90134万元，其中采矿业51324万元，制造业35485万元，其他3325万元。工业主要产品有原煤102.8万吨、硫铁矿5.02万吨、磷矿石29.8万吨、焦炭28.9万吨，黄磷1.6026万吨、化肥1.01万吨、水泥7.38万吨等。2000年为“九五”计划的最后一年，第一产业、第二产业、第三产业占国内生产总值的比重由“八五”期末66.36∶21.11∶18.53变为“九五”期末的41.83∶32.64∶25.53。是年，全县生产总值114699万元，其中第一产业47979万元，第二产业37439万元，第三产业29281万元。第二产业中工业增加值31988万元（采矿业18636万元、制造业12357万元、其他995万元），占第二产业37439万元的85.44%，占全县生产总值114699万元的27.89%。

2005年，全县完成工业总产值122986万元（采矿业59516万元，制造业56528万元，其他6942万元），工业主要产品有原煤169.87万吨，磷矿石96.95万吨，焦炭62.76万吨，黄磷1.85万吨，化肥1.62万吨，水泥25.2万吨，生铁25297吨。实现县内生产总值162122万元，其中第一产业55838万元、第二产业53647万元，第三产业产52637万元，分别占国民生产总值的34.4%、33.1%、32.5%。第二产业中工业增加值53026万元（采矿业29804万元、制造业20007万元、其他3215万元），占第二产业53647万元的98.84%，占全县生产总值162122万元的32.71%。

2010年，全县完成工业总产值516363万元（采矿业252780万元，制造业230000万元，其他33583万元），比上年增长32.01%，其中规模以上工业总产值325107万元，比上年增长44.07%。工业主要产品有原煤164.91万吨，焦炭46.78万吨，磷矿石302.2万吨，黄磷4.03万吨，化肥折纯0.92万吨，水泥26.83万吨。全县工业行业产值中，煤及煤化工、磷及磷化工行业增长较快，产值达到11.12亿元和12.19亿元，分别比上年增长39.52%和42.64%。是年，全县实现生产总值409236万元，第一产业增加值84420万元，第二产业增加值167314万元、第三产业增加值157502万元，一、二、三产业增加值占生产总值的比重分别为20.06%、40.9%、38.5%。第二产业中工业增加值160453万元（其中采矿业85221万元、制造业67435万元、其他7797万元），占第二产业167314万元的95.9%，占全县生产总值409236万元的39.21%。

2012年，全县实现工业总产值950163万元（采矿业531522万元，制造业369122万元，其他49519万元），比上年增长17.2%。其中，规模以上工业总产值756698万元，比上年增长33.1%。主要工业行业产值中，煤及煤化工产值26.34亿元，磷及磷化工产值39.03亿元。规模以上工业产品原煤产量235.16万吨，比上年增长49.8%，焦煤产量15.64万吨，比上年减少30.43%，磷矿石产量736.45万吨，比上年增长24.34%，化肥折纯产量1.37万吨，比上年增长62.31%，水泥产量74.19万吨，比上年增长108.63%。全县煤及煤化工、磷及磷化工产值共65.37亿元，占工业总产值950163万元的68.8%。是年，全县实现县内生产总值605714万元，其中第一产业增加值112101万元，第二产业增加值257715万元，第三产业增加值235898万元，第一、二、三产业增加值占生产总值的比重分别为18.5%、42.5%和39%。第二产业中工业增加值247606万元（采矿业131501万元、制造业104063万元、其他12042万元），占第二产业257715万元的96.08%，占全县生产总值605714万元的40.88%。

2013年，全县实现工业增加值271244万元，规模以上工业总产值1011584万元，其中轻工业总产值12618万元，占1.25%，重工业总产值998965万元，占98.75%。规模工业产品产量中，原煤产量394.57万吨，比上年增长67.8%，焦煤产量18.09万吨，比上年增长15.5%，磷矿石产量846.05万吨，比上年增长14.9%，化肥折纯产量1.6497万吨，比上年增长20.41%，水泥产量99.39万吨，比上年增长33.97%。是年，县内生产总值703675万元，其中，第一产业增加值128215万元，第二产业增加值285296万元，第三产业增加值290164万元，三大产业增加值占生产总值的比重分别为18.2%、40.6%和41.2%。第二产业中工业增加值占第二产业增加值285296万元的95.07%，占全县生产总值703675万元的38.55%。

2014年，全县实现工业增加值290412万元，规模以上工业总产值1037968万元，其中轻工业总产值17049万元，占1.64%，重工业总产值1020919万元，占98.36%。规模工业产品产量中，原煤产量364.04万吨，比上年下降7.7%，焦煤产量22.45万吨，比上年增长24.2%，磷矿石产量892.03万吨，比上年增长3.6%，水泥产量99.88万吨，比上年增长0.5%。年内，贵州金正大、贵州芭田、贵州源翼矿业3个省级“四个一体化”重点项目建设稳步推进，贵州文真公司等11个项目列入省州“百千万”工程重点调度项目。全年瓮安经济开发区入驻企业124户，其中投产86户，规模以上62户，完成工业总产值136.05亿元，其完成产值主要为磷化工、煤化工等行业。是年，县内生产总值868544万元，其中，第一产业增加值174658万元，第二产业增加值327682万元，第三产业增加值366204万元，三大产业增加值占生产总值的比重分别为20.1%、37.7%和42.2%。第二产业中工业增加值占第二产业增加值327682万元的88.63%，占全县生产总值868544万元的33.44%。

第十四章　矿业权管理

第一节　矿业权审批

一、采矿权审批

1986 年《矿产资源法》颁布实施前，境内未设置采矿权专门审批程序，仅重要矿区重要矿种的采矿权以行政授予的方式取得。之后，颁发采矿证持证开采始逐步推行。

1986 年 11 月 1 日，《贵州省乡镇集体矿山企业和个体采矿暂行管理办法》发布，明确乡镇集体矿山企业和个体采矿可以申请开采小型矿床以及零星分散矿产等规定范围内的矿产资源。其开采根据规定条件，报县人民政府的矿管机关审批发给采矿许可证，并报上级矿管机关备案。规定个人申请不危及安全的临时性露天采矿，由乡人民政府批准并发给开采证明。

1988 年 3 月 25 日，贵州省矿产资源管理委员会印发《关于颁发〈贵州省全民所有制矿山企业采矿登记管理实施办法〉的通知》（黔矿管发字第〔1988〕07 号），明确正在建设和生产的矿山企业，要求在 1988 年底前必须补办完采矿登记手续。6 月 4 日，黔南州矿产开发管理办公室印发《关于转发〈贵州省全民所有制矿山企业采矿登记管理实施办法〉的通知》（黔南矿字〔1988〕05 号），规定凡国营矿山企业、乡镇企业的矿山开采，必须按实施办法办理采矿登记手续，逾期不申请办理手续者，按无证开采处理。8 月 10 日，县矿产开发管理局印发《关于转发〈贵州省全民所有制矿山企业采矿登记管理实施办法〉的通知》（瓮矿管字〔1988〕2 号），规定凡正在建设和生产的乡镇企业（无论集体、个体、联户），未办理采矿登记手续的单位，应按实施办法所要求的程序至县矿产开发管理局办理。逾期不申请办理手续者，按《矿产资源法》第三十九条的规定作无证开采处理。

至 1989 年 8 月 31 日，根据有关规定，境内先后有 30 个乡镇集体采矿企业和个体采矿在县矿产开发管理局办理了采矿许可证：雍阳区水源冲煤厂，企业性质集体，法人代表余正方，为瓮安持有采矿许可证的第一个矿山企业。之后，相继有雍阳区的老寨口煤厂、打铁槽煤厂、东门煤厂、杉木溪煤厂、长田坎煤厂、王家庄煤厂、车厂煤厂，永和区梅花山煤厂、郭家湾煤厂、陡石梯煤厂、烧箕口煤厂、大洞口煤厂、卜岩煤厂、洞头上煤厂、桠嘴岩煤厂、三桥煤厂、新隆煤厂、广山铁矿山，草塘区上场坪煤厂、青菜沟煤厂、松坪硅石厂，天文区岩脚煤厂，珠藏区红子林铁矿山，玉山区胜土煤厂、养马坪铁矿山、白岩铁矿山、青年硫铁矿山，中坪区砣石铁矿山，雍阳镇白沙井煤厂，成为首批办证的集体和个体联户办乡镇企业。永和镇洗马塘乡长田坝煤厂与青塘湾煤厂，始建于1985年，1987年接煤投产，均属无证开采。1988年10月17日，两厂掘进巷道贯通发生纠纷，由于两厂没有明确的矿区范围，此次纠纷通过调停划定采矿区域并颁发采矿证后才予以解决。

1990年6月，全县乡镇煤矿持开采证企业达到60个，12月，累计发证达到80个，其中集体53个，个体27个。时乡镇煤矿开采证的发放审批程序：办矿单位先向村、乡、区逐级申请，签出意见，然后由矿产开发管理局审批发放。发证依据是：1.资源可靠；2.生产资金落实；3.制度健全；4.矿界清楚；5.具有开采技术和安全设备。

1991年1月19日，《贵州省乡镇集体矿山企业和个体采矿管理办法》发布并于同日生效，境内开始按该办法执行。即开办乡镇集体矿山企业和个体采矿由县级矿业主管部门审查批准，批准采矿许可证有效期一般为5年。在有效期内由发证单位就其是否依法办矿进行年检，未经年检的采矿许可证次年即自行失效。申请采矿权要求提交下列资料：（一）申请采矿权的书面报告；（二）矿山所在地的乡级人民政府同意办矿的证明；（三）县级矿业主管部门对办矿条件、办矿能力及开采方案的审查意见和批准开办矿山企业的文件；（四）地质矿产资料；（五）矿区范围图；（六）开采方案；（七）有相邻关系需要处理的，要有相应的协议书；（八）申请开采范围在全民所有制矿山企业矿区范围内的，要有该全民所有制矿山企业上级主管部门的批准文件。是年，县矿产开发管理局发放乡镇集体矿山企业和个体采矿许可证10个，其中煤厂2个，其他矿山8个。

是年起，根据《贵州省乡镇集体矿山企业和个体采矿管理办法》，对发生变更原开采范围、延长原批准开采时间、改变原开采矿种、改变开采方式、变更法人名称、变更法人代表等，均开始进行变更登记重新申请换领采矿许可证。

1992年5月18日，县政府下发《瓮安县人民政府关于对乡镇煤厂、焦场进行清理整顿的通知》（瓮政〔1992〕24号）。根据该通知，新办矿山企业开始按以下程序办理采矿手续：1.办矿者写出申请并提供有关办矿的资料。2.乡镇人民政府同意办矿的证明。3.县乡镇企业局对其办矿条件、能力及开采方案进行审批。4.县矿管局凭乡镇企业局的审批文件进行复核、登记，并发给采矿许可证。5.凭采矿许可证办理土地征用、营业执照安全生产合格证、税务登记等手续。

1993年6月，瓮安县矿产资源管理办公室成立。之后，大力推进持证开采，至1994年年底，全县矿山企业累计审批发证数从头年的80多个增加到170余个。至1997年在册乡镇矿山尚有187个，5年中新办采矿证100多个，采矿许可证持证率从过去的不足30%上升到70%以上。至1998年2月，除国有矿山企业开采由省地质矿产主管部门审批登记发证外，由县地质矿产主管部门审批登记发证的煤、磷、铁等矿山企业，累计达200余个。

1997 年 6 月 28 日，黔府办发〔1997〕60 号文件下发《省人民政府办公厅关于贯彻实施矿产资源法有关问题的通知》，明确为正确执行修改后的《矿产资源法》，矿产资源勘查、开采的审批必须按照矿法第 11 条、第 16 条的规定执行。凡 1997 年 1 月 1 日以前，按照国家、省的有关规定依法取得的采矿许可证有效期未满的，继续有效。1 月 1 日以后颁发的采矿许可证，必须在两个月内报省地质矿产主管部门重新审核，逾期不报一律无效。按此要求，县地质矿产局对 1997 年 1 月 1 日后颁发的采矿许可证按规定报省地质矿产主管部门进行了重新审核发证。

1998 年 2 月，《矿产资源开采登记管理办法》（国务院 241 号令）颁布实施，明确采矿权由部、省、州、县四级国土资源主管部门按权限审批，县国土资源主管部门的发证权限为矿产资源储量是小型规模以下只能用作普通建筑材料的砂、石、黏土、页岩。其他矿产则由部、省、州国土资源主管部门审批。根据国务院 241 号令，办理采矿权手续除由县国土资源主管部门审批办理砂、石、黏土、页岩的采矿权要求提交资料相对简单外，其他向部省申请采矿权，首先需申请划定矿区范围，其提交的资料主要有划定矿区范围申请书、与矿山建设规模相适应的地质报告、矿区范围图、申请人主体资格证明文件等。矿区范围划定确立后，申请采矿权审批登记需提交的资料主要有采矿权申请登记书、划定矿区范围批复、占用储量登记资料、开发利用方案、环境影响评估报告、开采方案的安全审查意见、地灾评估报告等。批准采矿年限，按大、中、小型及资源储量，一般为 30 年、20 年、10 年不等。是年，根据有关规定，县地质矿产局对全县之前由县矿业主管部门颁发的采矿证按权限分别到省、州进行了换证。次年 1 月，根据国土资源部关于原采矿许可证全国均统一实行重新换发的规定，全县 48 个非煤矿山企业采矿许可证亦按省、州安排上报省地矿厅进行了换证。

2002 年，全县持采矿证在册各类矿山企业共为 101 个。至 2003 年 12 月 31 日，为 120 个。至 2004 年 12 月 31 日，为 144 个。按所有制分：国营矿山 8 个、集体矿山 28 个、个体矿山 65 个、其他矿山 33 个。按矿种分：煤矿 68 个、铁矿 1 个、铅锌矿 1 个、磷矿 13 个、硫铁矿 2 个、石灰岩 4 个、建筑用砂 44 个、页岩 1 个、黏土 1 个、重晶石 1 个、石膏 1 个、石英岩 2 个、高岭土 2 个、铝土矿 1 个。

2005 年 8 月 17 日，县政府召开采砂采石场规划及对采砂采石场矿权设置实行联合审批的会议，形成瓮府专议〔2005〕14 号会议纪要。

2007 年，全县持证在册矿山企业 197 个，其中属省厅发证 81 个、州局发证 18 个、县局发证 98 个。按开采矿种分，煤矿 40 个，磷矿 16 个，水泥用灰岩矿 3 个，高岭土矿 6 个，重晶石矿 4 个，锌矿 2 个，铁矿 1 个，冶金用脉石英矿 1 个，硫铁矿 2 个，铝土矿 1 个，石膏矿 1 个，水泥配料用砂岩矿 1 个，建筑石料用灰岩、白云岩、砂岩矿 114 个，砖瓦用页岩矿 4 个。按经济类型分，国有矿山 10 个，余为其他所有制矿山。按矿山规模分，中型矿山 5 个，其余为小型矿山。

2008 年，全县持采矿证在册矿山企业总数在头年 197 个的基础上减少为 180 个，其中：属省国土资源厅颁证62个、州国土资源局颁证14个、县国土资源局颁证104个。2009年减少为155个，其中：省厅颁证57个、州局颁证12个、县局颁证86个。2010年减少为152个，其中：省厅颁证58个、州局颁证12个、县局颁证82个。

2011年12月31日止，全县持采矿证在册矿山企业总数为148个，其中：国土资源部颁证1个（贵州省瓮福磷矿白岩矿区大塘矿段采矿权）、省厅颁证58个、州局颁证10个、县局颁证79个。从2007－2011年的5年间，县国土资源局共受理采矿权新立77个，其中省级颁证34个、州级颁证3个、县级颁证40个；受理采矿权延续登记167个，其中省级颁证38个、州级颁证9个、县级颁证120个；受理采矿权变更登记89个，其中省级颁证变更登记46个、州级颁证6个、县级颁证变更登记37个；受理采矿权划定矿区范围19个。

2012年12月31日止，全县持采矿证在册矿山企业共143个，其中属省部级发证59个、州级发证10个、县级发证74个。在143个开矿企业中，煤矿39个、磷矿12个、铁矿3个、硫铁矿3个、铅锌矿1个、铝土矿1个、水泥用灰岩3个、重晶石2个、高岭土4个、方解石1个、建筑石料用灰岩60个、建筑石料用白云石11个、砖瓦用页岩3个。

2014年12月31日止：全县持采矿证在册矿山企业共108个，其中属省部级发证56个，州级发证9个，县级发证43个。按矿种分：煤矿34个，铁矿3个，铅锌矿1个，磷矿12个，硫铁矿3个，重晶石2个，高岭土4个，铝土矿1个，钒矿1个，水泥用灰岩1个，方解石1个，建筑石料用灰岩32个，建筑石料用白云石8个，砖瓦用页岩3个。

二、探矿权审批

《矿产资源法》颁布后，国家对探矿权管理实行二级审批制度，部、省国土资源管理部门行使对探矿权的审批。1998年2月12日，国务院颁布《矿产资源勘查区块登记管理办法》（240号令）和《探矿权采矿权转让管理办法》（242号令），两个管理办法对探矿权的审批程序作了更加明确的规定。探矿权获得主要是通过申请、受理、审查、批准、缴纳探矿权使用费、颁发勘查许可证等授予程序。2000年后，根据国土资源部印发的《矿业权出让转让管理暂行规定》（国土资发〔2000〕309号），境内探矿权授予按审批权限逐步开始采取招标、拍卖、协议等出让方式取得。

县级国土资源管理部门主要对探矿权人的探矿活动实施监督管理，但对探矿权审批，县级国土资源管理部门也需进行初审。对境内提交的探矿权初审，主要要求提交资料主要有探矿权申请登记表、勘查单位资质证书、勘查设计方案、探矿权人资金证明、委托勘查单位合同、勘查区块范围图等。

《矿产资源法》颁布至2002年前，境内获批探矿权很少。2002年开始，探矿活动有所增加，对探矿权人的探矿监督管理在境内开始得以实施。是年，县国土资源局联系102、104、115地勘单位进驻找矿，玉华乡老虎洞磷矿普查项目等获勘查许可证。

瓮安县2011年在册探矿权人统计表

表14－1　　　　单位：平方公里　万元

探矿权人	勘查项目	勘查面积	勘查单位	完成勘查投资
周孝庆	小河山螃蟹溪钼矿详查	9.54	115地质大队	277.63
贵州省地勘局115地质大队	松坪菜家院磷矿详查	6.48	115地质大队	50
瓮安县天一矿业有限公司	玉华乡老虎洞磷矿详查	4.96	115地质大队	500
福泉市众鑫矿业有限公司	玉山镇铅锌矿详查	4.582	江苏省地矿局第一地质大队	94.18
贵州省地勘局104地质大队	白沙煤矿详查	15.18	104地质大队	0
贵州省地勘局102地质大队	永和磷矿详查	7.64	102地质大队	11.48
瓮安源正矿业有限公司	板寨－建中铝土矿详查	25.88	102地质大队	31.52
贵州省地勘局102地质大队	腊水至老屋基磷多金属详查	55.7	102地质大队	68.12
苏　伟	小河山乡石板坪钼多金属矿详查	1.528	黔源地质勘查设计有限公司	24.265
陈益芳	大源煤矿详查	6.115	104地质大队	7.22
贵州源丰勘查咨询有限公司	草塘老寨子铅锌矿详查	3.43	源丰资源勘查咨询有限公司	38.802
六盘水恒鼎实业有限公司	岚关乡硫铁矿详查	26.97	115地质大队	150.26
贵州盛世矿业有限公司	松坪新河钼镍钒矿普查	11.08	中国建材地勘中心贵州总队	122.26
孙　鹏	小河山螃蟹溪钼镍钒多金属矿普查	7.25	104地质大队	66.49
董利生	岚关乡马上营钼镍钒多金属矿详查	5.35	贵州省有色地质矿产勘查院	11.48
董利生	松坪乡其冲钼镍钒多金属矿地质普查	8.96	贵州省有色地质矿产勘查院	46.48
余相德	玉山镇胜华铁矿详查	7.63	江苏省地矿局第一地质大队	66.09
周乐霞	上角旁铅锌矿普查	16.78	贵州大学勘察设计研究院	7.16
瓮安县吉德矿业有限公司	果水硫铁矿详查	13.55	115地质大队	109

续表 14 - 1

探矿权人	勘查项目	勘查面积	勘查单位	完成勘查投资
瓮安县林杰矿业有限公司	岚关乡岩底钼镍钒多金属矿详查	4.97	江苏省地矿局第一地质大队	224.89
瓮安县国资营运有限公司	天文煤矿详查	25.33	104 地质大队	26.04
瓮安县国资营运有限公司	玉山煤矿详查	17.75	重庆坤奇地质勘查有限公司	22.15
瓮安县国资营运有限公司	大寨坪平定营煤矿详查	7.64	1154 地质大队	0
瓮安县国资营运有限公司	老坟嘴地下热水详查	7.63	贵州 111 地质大队	6.8
遵义汇河水电开发有限公司	永和黑山村铅锌矿普查	3.82	遵义黔地源矿产勘查有限责任公司	7.2
都匀市鸿基矿业有限公司	建中贵州山铅锌矿普查	4.01	都匀矿业开发有限责任公司	4.46
袁　军	珠藏镇农林铁矿普查	0.76	中国建材地勘中心贵州总队	
贵州骏麒投资有限公司	中坪马鞍山铝土矿普查	7.56	贵州有色地质勘查局六总队	11
贵州同鼎投资管理有限公司	松坪乡鑫源铅锌矿普查	6.51	徐州长城基础工程有限公司	20

2003 - 2005 年，省国土资源厅继续批准了境内一批探矿权项目，至 2005 年年底，全县在册探矿权数达到 85 个。

2007 年开始，境内继续推进并促进规模性的矿产勘查，年内，县国土资源局受理上报探矿权新立申请 8 个，获省国土资源厅批准办理 4 个。2008 年，受理上报探矿权新立申请 86 个，获省国土资源厅批准颁证 7 个。2007 - 2011 年五年间，县国土资源局共受理上报探矿权新立申请 146 个，其中较具规模的煤、磷、铝土矿、多金属矿等探矿权均获得省国土资源厅批准。至 2011 年底，全县仍有在册探矿权 30 个，其中煤矿探矿权 5 个、地热水探矿权 1 个、钼镍钒矿探矿权 8 个、硫铁矿探矿权 3 个、铁矿探矿权 1 个、磷矿探矿权 3 个、铅锌矿探矿权 7 个、铝土矿探矿权 2 个。

2012 年，全县有在册探矿权 27 个，均属省部级发证，其中详查 19 个、普查 8 个。按勘查矿种分，磷矿 4 个、煤矿 4 个、铝矾土 2 个、地热 1 个、钼矿 5 个、钒矿 2 个、硫铁矿 2 个、多金属 2 个、铁矿 1 个、铅锌矿 4 个。勘查区总面积 305.92 平方公里，年内完成勘查投入 3950.76 万元。

2013 年，全县有在册探矿权 26 个，其中煤矿探矿权 4 个、地热水探矿权 1 个、钼镍钒矿探矿权 8 个、硫铁矿探矿权 2 个、铁矿探矿权 1 个、磷矿探矿权 3 个、铅锌矿探矿权 3 个、铝土矿探矿权 4 个。

2014 年，全县有在册探矿权 27 个，其中煤矿探矿权 3 个、地热水探矿权 1 个、钼镍钒矿探矿权 5 个、硫铁矿探矿权 2 个、铁矿探矿权 1 个、磷矿探矿权 4 个、铅锌矿探矿权 2 个、铝土矿探矿权 5 个、多金属探矿权 4 个。

第二节　矿业权出让

1996 年 8 月 29 日颁布的修改后的《矿产资源法》规定：国家实行探矿权、采矿权有偿取得的制度。1998 年 2 月颁布的国务院第 241 号令《矿产资源开采登记管理办法》规定：准予登记的采矿权申请人应当缴纳采矿权使用费和经评估确认的国家出资勘查形成的采矿权价款。采矿权可以通过招标投标的方式有偿取得。2000 年 10 月 31 日，国土资源部下发《矿业权出让转让管理暂行规定》（国土资发〔2000〕309 号），2003 年 8 月 1 日，国土资源部出台《探矿权采矿权招标拍卖挂牌管理办法（试行）》（国土资发〔2003〕197 号），进一步明确了探矿权、采矿权出让转让的具体规定。根据上述有关文件规定，2002 年起，境内矿业权行政无偿授予开始逐步取消，代之以招拍挂及协议出让等形式有偿取得。

国土资发〔2003〕197 号文件明确，探矿权采矿权招标拍卖挂牌活动，按照颁发勘查许可证、采矿许可证的法定权限，由县级以上国土资源行政主管部门负责组织实施。规定探矿权采矿权招拍挂出让，必须制定招拍挂文件，内容包括公告、标书、竞买申请书、报价单、矿产地地质报告、矿产勘查及开发利用和矿山环保要求、成交确认书等。规定探矿权采矿权拍卖的，竞买人不得少于三人，并在拍卖日前 20 天发布拍卖公告。探矿权采矿权挂牌的，在挂牌起始日前 20 天发布挂牌公告，挂牌时间不得少于 10 个工作日。

一、采矿权出让

（一）县级授予采矿权出让

县级授予采矿权出让，以挂牌和协议出让为主。挂牌出让主要操作程序为：制定出让文件和出让方案→县国土资源局局务会审定（县矿权招标拍卖挂牌出让工作领导小组设立后再报其审定）→发布出让公告（20 天）并告知纪检监察机关→挂牌（10 个工作日）→受理申请→竞价→成交确认→竞得人缴纳规费→采矿登记资料审查→办理采矿登记手续→公布出让结果。

2002 年，县国土资源局首次对中坪镇位于兰花坡等处的 3 个采石采砂场采矿权进行挂牌出让，迈出全县矿业权有偿使用出让第一步。

2003 年，针对新办矿山和城镇周边砂石厂，全县采取规划与招标拍卖挂牌相结合方式出让采矿权，共挂牌出让砂石场采矿权 20 宗，总价款 13 万元。

2005 年，全县通过招拍挂出让砂石场采矿权 21 个，出让价款 18.645 万元。

2006 年，全县挂牌出让砂石场采矿权 32 起，出让价款 37.005 万元。

2007 年，全县挂牌出让石灰石采矿权 13 个，出让价款 15.6 万元。

2008 年 3 月 12 日，县政府成立县矿权招标拍卖挂牌出让工作领导小组，副县长张仁德任组长，县政府办主任、国土资源局局长任副组长，有关单位负责人任成员。是年，共挂牌出让砂石场采矿权 4 个，出让价款 6.4 万元；省厅委托县国土资源局挂牌出让玉山镇水库淹没区磷矿采矿权 1 个，出让价款 416.4 万元。

2009 年，县级授予采矿权出让开始统一由瓮安县国土资源交易中心进行，年内，雍阳镇河西村白沙井砂石场采矿权通过县交易中心挂牌出让，出让价款 10 万元。

2010 年，按照省国土资源厅、省监察厅《关于进一步规范我省矿业权招拍挂工作有关问题的通知》（黔国土资发〔2009〕115 号），县国土资源局完善矿业权招拍挂工作，年内由县交易中心挂牌出让采矿权 6 宗，其中砂石场采矿权 5 宗，州局委托挂牌出让瓮安县木引槽乡鑫渝方解石矿采矿权 1 宗，共收取出让价款 50.8 万元。

2011 年，县国土资源交易中心挂牌出让砂石矿采矿权 5 个，出让价款 75.7 万元；协议出让砂石场采矿权 20 个，出让价款 37.52 万元。

2012 年，挂牌出让砂石矿采矿权 1 个，出让价款为 2.9 万元；协议出让砂石场采矿权 17 个，出让价款为 39.95 万元。

2013 年，全县成功挂牌出让银盏镇钱家院砂石场、永和镇长岭砂石场、江界河镇砂石矿、建中镇凤凰村砂石场、鱼河乡高枧村砂石场、雍阳街道砂石场、永和镇垛丁村砂石矿、珠藏镇桐梓坡村粑粑坳砂石矿、玉山镇中火村页岩矿、永和镇大洞普通建筑用玄武岩矿、永和镇白水河村烂田组野猫洞普通建筑用玄武岩矿采矿权共 11 宗，出让价款为 6023.6 万元；协议出让砂石场采矿权 3 个，出让价款 30 万元。

据统计，2009－2014 年，全县通过国土资源局交易中心共挂牌出让采矿权 29 宗，成交 25 宗，流挂 4 宗，成交价 6178.8 万元。

（二）州级授予采矿权出让

州级授予采矿权出让由州国土资源局按有关程序组织实施，2010 年，全县有在册州级颁证矿山 10 个，出让价款总计为 108.75 万元。

瓮安县 2010 年在册州级颁证矿山出让情况表

表 14－2　　　　单位：平方公里　万吨　万元

矿山名称及开采矿种	所在乡镇	企业性质	矿区面积	探明储量	设计年产	设计建设投资	出让价款
宋家寨石灰岩矿	雍阳镇	集体企业	0.185	2856.81	7	40	7
新寨石灰岩矿	银盏乡	集体企业	0.1276	1165.27	25	200	7
玉山石灰石矿	玉山镇	有限公司	0.3847	4271	50	1400	6

续表 14－2

矿山名称及开采矿种	所在乡镇	企业性质	矿区面积	探明储量	设计年产	设计建设投资	出让价款
香沟高岭土矿	高水乡	私营独资	1.5031	5.7	1	15	6
高峰高岭土矿	高水乡	私营合伙	1.7261	11.7	1	122	11.7
岩孔高岭土矿	雍阳镇	有限责任公司	1.2145	7.39	1	20	6.89
堰坪高岭土矿	雍阳镇	私营企业	0.8838	2.77	1	50	3.6
白沙重晶石矿	白沙乡	有限责任公司	0.7508	29.23	3	10	42.2
三招坪重晶石矿	永和镇	有限责任公司	1.4248	2.83	0.5	40	6.36
鑫渝方解石矿	木引槽乡	有限责任公司	1.8815	11.8	1.5	480	12

（三）部省级授予采矿权出让

部省级授予采矿权出让由省国土资源厅按有关程序组织实施。2003 年，中坪镇白果槽煤矿成为首宗省级颁发采矿证实施出让的矿山企业。继后，凡新办矿山企业授予采矿权或原办矿山企业变更重新授予采矿权，均采取有偿使用方式出让。2005 年，岚关乡庙湾磷矿通过协议出让取得采矿权；2006 年，水钢集团遵义前进实业有限公司珠藏铁矿通过协议出让取得采矿权；2007 年，岚关乡梯冲磷矿通过协议出让取得采矿权。

2008 年以后，结合矿产资源开发整合，境内全部部省级颁发采矿证矿山企业均先后通过招拍挂或协议出让取得了采矿权。据 2010 年全县部省级颁证在册 58 个矿山中的 41 个统计，其出让总价款达 38279.31 万元。煤矿出让价款一般在 150 万～700 万元之间。永和镇境内的瓮安县万鑫煤业有限责任公司万鑫煤矿，矿区面积 3.01 平方公里，资源储量 449.57 万吨，开采期限 2011 年 3 月 30 日至 2020 年 1 月 30 日，投资规模 4500 万元，出让价 602.3 万元。永和镇境内的瓮安县泰丰煤业有限责任公司泰丰煤矿，矿区面积 2.84 平方公里，资源储量 534.6 万吨，开采期限 2008 年 6 月 5 日至 2018 年 6 月 5 日，投资规模 4500 万元，出让价 658.3 万元。银盏乡境内的瓮安县龙腾焦化有限责任公司银堂煤矿，矿区面积 11.44 平方公里，资源储量 2365 万吨，开采期限 2008 年 6 月 12 日至 2018 年 6 月 12 日，投资规模 12000 万元，出让价 3704 万元。

磷矿出让价款一般数百万元至数千万元。宏福公司大塘矿段采矿权，矿区面积 3.3 平方公里，保有资源储量 10795 万吨，开采期限 2011 年 8 月 16 日至 2041 年 8 月 16 日，投资规模 57304 万元，出让价 4729 万元。县磷化公司白岩矿区玉华磷矿采矿权，矿区面积 0.46 平方公里，保有资源储量 659 万吨，开采期限 2009 年 11 月 9 日至 2029 年 11 月 9 日，投资规模 1319 万元，出让价 4731.5 万元。瓮安磷矿采矿权，矿区面积 0.427 平方公里，保有资源储量 2761 万吨，开采期限 2009 年 9 月 3 日至 2029 年 9 月 3 日，投资规模 5000 万元，出让价 4767 万元。

瓮安县2010年部分部省级颁证矿山出让情况表

表14－3　　　　单位：万吨　万元　平方公里

矿山名称	所在乡镇	企业性质	矿区面积	探明储量	设计年产	设计建设投资	出让价款
洗马煤矿	永和镇	国有	3.3993	428.06	9	4100	336.4
永安煤矿	永和镇	有限责任公司	1.1392	143.92	9	3100	152.7
万鑫煤矿	永和镇	有限责任公司	3.0115	449.57	15	4500	602.3
兴成煤矿	永和镇	有限责任公司	2.4273	423.02	15	2970	545
泰丰煤矿	永和镇	有限责任公司	2.8413	534.6	15	4500	658.3
中鑫煤矿	永和镇	有限责任公司	2.871	305	9	2352	388.8
悦来村煤矿	永和镇	集体企业	0.7896	130.6	6	2600	103.51
三桥煤矿	岚关乡	股份合作企业	1.8834	235	9	1664	352.96
福兴煤矿	草塘镇	私营合伙企业	1.6565	259.68	9	2032	352.3
万灵煤矿	草塘镇	私营合伙企业	1.3247	253.97	9	3236	325.1
青山煤矿	草塘镇	私营独资企业	1.4979	136.7	9	2738	166.23
青菜沟煤矿	草塘镇	集体企业	1.6609	176.94	9	1850	197.5
花江煤矿	平定营镇	私营合伙企业	6.0215	526.2	9	2638	790.96
袁山煤矿	永和镇	有限责任公司	2.7514	561.25	15	2090	684.1
轿子岩煤矿	建中镇	私营独资企业	1.833	257.7	9	1514	368.6
银堂煤矿	银盏乡	有限责任公司	11.444	2365	30	12000	3704
穿洞河煤矿	草塘镇	私营合伙企业	2.2364	517	9	1487	731.6
兴章煤矿	玉山镇	私营独资企业	1.7336	201	9	580	292
梓塬煤矿	白沙乡	私营合伙企业	1.9226	317	9	1840	420
大坪煤矿	岚关乡	私营合伙企业	1.261	122.8	9	1516	184.6
永宏煤矿	白沙乡	私营合伙企业	2.7026	381	9	3800	596.8
运达煤矿	岚关乡	有限责任公司	1.4784	175	9	1503	225.2
油房煤矿	建中镇	私营合伙企业	1.7194	131.09	9	1862	204
珠瑙岩煤矿	白沙乡	私营独资企业	1.5268	255	9	500	285.3
宏鑫煤矿	建中镇	有限责任公司	5.672	745	15	2355	1137
双龙煤矿	建中镇	有限责任公司	5.1769	449.65	15	7800	638.6
宏福煤矿	雍阳镇	有限责任公司	1.2716	334.92	9	2421	408.5
鹏福煤矿	白沙乡	私营合伙企业	3.7799	242	9	1360	731.2
龙泉煤矿	木老坪乡	私营合伙企业	1.151	163.17	9	1261	237.6
打石冲煤矿	雍阳镇	私营合伙企业	1.4274	363.9	9	3870	553.9
珠藏铁矿	珠藏镇	国有企业	0.1119	410.4	16	600	551.16

续表 14－3

矿山名称	所在乡镇	企业性质	矿区面积	探明储量	设计年产	设计建设投资	出让价款
大塘矿段	玉华乡	国有企业	3.3029	10794.9	100	57304	4729.1
玉华磷矿	玉华乡	国有独资公司	0.4596	659.07	30	1319	4731.5
玉华矿段	玉华乡	国有独资公司	1.6768	1852.08	30	2343	605.41
白岩磷矿	玉华乡	有限责任公司	5.1169	3990.6	60	2000	2001
瓮安磷矿	玉华乡	国有企业	0.4273	2761.2	60	5000	4767.2
厦安磷矿	岚关乡	有限责任公司	1.4762	976.8	20	3750	3704
淹没区磷矿	玉山镇	有限责任公司	2.4654	2451	30	3000	410
锣鼓营硫铁矿	渔河乡	私营独资企业	0.3157	18.1	1	200	14.588
河家湾硫铁矿	玉山镇	有限责任公司	2.741	137	6	850	130.48
上庆铝土高岭土	木引槽乡	有限责任公司	3.3546	180.82	10	88	259.81

注：矿山名称中的矿种为该企业的所开采矿种，储量为所开采矿种的储量

二、探矿权出让

探矿权出让按发证权限基本由省国土资源厅按有关程序组织实施。

2007 年，县国土资源局申请省国土资源厅对境内 6 个钼镍钒多金属矿探矿权进行挂牌出让。成交 5 个，出让金额共 2655 万元。

2014 年 4 月 10－23 日，省矿权储备交易局受省国土资源厅的委托，对玉华小高寨磷矿探矿权进行网上公开挂牌出让，贵州芭田生态工程公司以最高报价人民币 3.43 亿元竞得勘探探矿权。

第三节　矿政常态化管理

一、矿业权年检

（一）采矿权年检

采矿权设置后，年检、变更、延续、保留、注销、收费及督促采矿权人依法采矿成为县国土资源主管部门行使或参与行使矿业权管理的日常工作。年检是采矿权管理的重要手段，年检内容包括是否持证开采、是否按开采方案开采、“三率”指标是否达标、矿山储量增减、共伴生矿综合利用、是否越界开采、税费缴纳情况等。

1993 年县矿产资源管理办公室成立后，采矿证一年一审开始实施。期间采矿证年检要求提供资料主要有：采矿证正副本、矿产开发监督管理年度检查登记表、地形矿界图、井上井下对照图、储量登记资料等。年检内容主要为依法开采、合理利用资源、依

法缴纳税费履行采矿权人权利和义务等。至1997年，境内持证开采的矿山企业由1993年的80多个增加到187个。五年中，采矿许可证年检率均在80%以上。

1998年，为推进矿山企业的年检，县地质矿产局帮助矿山企业制作提供储量概算图136份，井上井下对照图、矿区范围图20多张，有关地质资料报告20多份，向80多个企业颁发了储量登记证。是年，县地质矿产局依法对180多个采矿证进行年检，年检率合格率均达到100%。

2002年，全县应年检矿山企业96个，实检96个，年检率100%，合格率100%。次年，全县矿山企业总数120个，除新发证19个外，应参加2003年度年检矿山企业101个，实参加100个，年检率99%。通过年检追缴资补费25万元、采矿权使用费2万元。

2004年，国土资发〔2004〕64号和黔国土资发〔2004〕283号文件明确矿业权年检权限，规定属国土资源部颁发证的，由省国土资源厅进行年检；由省国土资源厅颁发证的，由州国土资源局按照省国土资源厅的委托进行年检；州国土资源局颁发证的，由县国土资源局按照州国土资源局的委托进行年检；县国土资源局颁发证的，由颁证机关进行年检。但根据有关规定，分属省州年检的矿山企业，县国土资源局仍需进行初检。是年，全县各类矿山企业总数144个，应参加2004年度年检矿山企业128个，其中：省厅发证88个，应参加年检85个，由州局年检，年检率100%。州局发证12个，应参加年检11个，由县局年检，年检率100%。县局发证44个，应参加年检32个，年检率100%。

2005年度年检：全县共100个矿山企业参加各级年检，年检率100%。

2006年度年检：通过对矿山企业报送的年检资料进行审查和到矿山实地抽查的方式进行，该年度矿山企业总数197个，应参加年检180个，其中：省厅发证应参加年检79个，由县局初检，州局终检，年检率100%；州局发证15个，由县局年检，年检率100%；县局发证86个，由县局年检，年检率100%。

2007年度年检：采取矿山企业报送年检资料和到矿山实地抽查的方式进行，该年度采矿权矿山企业总数190个，应参加年检182个，其中：省厅发证60个，县局审核上报州局年检58个，年检率96.7%；州局发证18个，由县局年检，年检率合格率分别为100%。县局发证104个，年检102个，年检率合格率为98%。此次年检，县局共抽检省级发证矿山25个，抽检率为40%；抽检市级发证矿山9，抽检率为67%；抽检县级发证矿山35，抽检率为33.7%。通过年检，发现查处越界开采矿山1个，催收入库资补费120.3万元，完成煤炭矿业权价款清缴入库2433.44万元。

2008年度年检：该年度采矿权矿山企业总数180个，应参加年检173个。其中：省厅颁证应检60个，到县局初检57个，初检率为95%，合格率为93.3%；州局颁证14个，参加年检12个，年检率合格率分别为86.7%；县局颁证99个，全部参加年检，年检率合格率分别为100%。本年度年检，县局抽检省级颁证矿山21个，抽检率为35%；

抽检市级颁证矿山6个，抽检率为42.8%；抽检县级颁证矿山29个，抽检率为29.3%。通过年检，发现并查处非法转让的矿山企业4个，处罚款34万元；征收2008年度砂石场资源补偿费161600元，采矿权使用费50500元，补征煤矿资源补偿费100261元。

2009年度年检：该年度采矿权矿山企业总数155个，应参加年检142个，其中：省厅颁证应检54个，县局初检48个，4个因采矿权过期及构皮滩储水淹没未参加年检，其余全部初检合格，初检率合格率分别为88.9%；州局颁证应参加年检11个，1个采矿权过期未参加年检，其余全部年检合格，年检率合格率分别为91.7%；县局颁证应参加年检77个，4个未参加年检，年检率合格率分别为94.8%。

2010年度年检：该年度采矿权矿山企业总数152个，应参加年度检查141个，其中：省厅颁证的采矿权52个，县局初检47个，宏远磷矿（采矿权过期）、白果槽煤矿、梯冲磷矿、庙湾磷矿、瓮安煤矿共5个采矿权未参加初检，其余全部参加初检并合格，初检率合格率分别为90.4%；州局颁证11个，2个未参加年检，其余全部年检合格，年检率合格率分别为81.8%；县局颁证78个，2个未参加年检，其余为全部年检合格，年检率合格率分别为97.4%。

2011年度年检：该年度采矿权矿山企业总数148个，应参加年度检查146个，其中，省厅颁证应检58个，县局初检55个，3个未参加年检，初检率合格率分别为94.8%；州局颁证应参加年检10个，3个未参加年检，年检率合格率分别为70%；县局颁证应参加年检79个，4个未参加年检，年检率合格率分别为94.9%。本年度年检抽检省级颁证矿山16个，抽检率为27.6%；抽检州级颁证矿山3个，抽检率为30%；抽检县级颁证矿山23个，抽检率为29.1%。本次年检主要检查了各矿山企业证照、是否按照开发利用方案进行开采、各种台账、报表、矿产资源补偿费和采矿权价款缴纳、非法转让采矿权等国土资源违法行为情况，重点检查了是否在批准的矿区范围内开采、有无超层越界开采等违法行为情况。检查中发现查处越界开采的矿山企业3个。

2012年度年检：该年度采矿权矿山企业总数142个，应参加年检142个，其中：部颁证应参加年检1个，省厅颁证应参加年检58个，共到县局初检54个，因采矿权过期等5个未参加年检，初检率合格率分别为91.5%；州局颁证应年检9个，1个未参加年检，2个年检不合格，年检率合格率分别为88.89%、66.7%；县局颁证应参加年检74个，因采矿权过期及政府关闭4个未参加年检，年检率合格率分别为94.6%。本年度年检抽检省级颁证矿山16个，抽检率为27.1%；抽检州级颁证矿山3个，抽检率为33.3%；抽检县级颁证矿山22个，抽检率为29.7%。年检中发现查处越界开采的矿山企业2个，催缴矿产资源补偿费876.72万元，督促矿山企业按时缴纳采矿权价款，使全县缴纳采矿权价款累计达8962.655万元。

2013年度年检：该年度采矿权矿山企业总数132个，应检130个，其中：应检部颁证1个、省厅颁证55个，到县局初检49个，6个因关闭等未参加年检，初检率合格率分别为100%。州局颁证应检9个，2个因未缴纳环境恢复治理保证金等初审未通过，年检率合格率分别为77.7%。县局颁证应检65个，其中29个年检合格，合格率为44.62%，24个因临时用地手续过期和资源补偿费未交清等未通过年检需整改后复检。11个未参加年检。本年度年检抽检省级颁证矿山15个，抽检率为26.7%；抽检州级颁证矿山3个，抽检率为33.3%；抽检县级颁证矿山20个，抽检率为28.5%。年检发现查处越界开采的矿山企业2个，催缴矿产资源补偿费1395.2万余元。

2014年度年检：该年度采矿权矿山企业总数108个，应检108个，其中：应由县局初检部颁证1个、省厅颁证55个，因采矿证过期、申请关闭、存在问题需整改等未初检21个，实初检35个，初检率为62.5%。应由县局年检州颁证矿山企业9个，2个未报送资料，7个参加年检，合格4个，不合格3个，年检率为77.7%，合格率为57.1%。县颁证应参加年检43个，7个未报送资料，36个参加年检，合格20个，不合格责令整改9个，因不可抗力未投入生产7个，年检率为83.7%，合格率为55.5%。本年度通过年检，征收矿产资源补偿费1100.9万元。年检中发现越界开采矿山企业4个，县国土资源局立案查处，收缴罚没收入10.4796万元。

（二）探矿权年检

探矿权年检由颁证机关实施，一度要求由县国土资源局初检，再逐级上报由颁证机关完成终检。2008年，全县在册探矿权48个，应参加年检45个，43个到县局进行初审，1个初审未通过，初审合格率为93%。

2011年开始，省国土资源厅委托县国土资源局对境内探矿权进行年检，是年，全县30个探矿权项目，除4个因办理延续登记手续等原因外，26个探矿权参加了2011年度年检，年检率为86.7%；通过年检24个合格，2个不合格，合格率92.3%。实地检查23个，实地检查率为76.7%。

2013年，全县26个应检探矿权项目，5个未参加年检，21个参加年检并合格，年检率为80.8%，合格率为100%。实地检查探矿权数18个，实地检查率85.7%。

2014年，全县27个应检探矿权项目，根据省国土资源厅通知，5个由省厅年检，22个由县国土资源局年检。应参加县局年检22个探矿权中，21个参加年检，1个未参加年检，年检率为95.5%，合格率为100%。实地检查探矿权数18个，实地检查占县局应检数的81.8%。

二、储量登记

1997年8月18日，州地质矿产局下发《关于在瓮安县开展集体矿山企业和个体采矿储量登记统计试点工作的意见》，规定凡已开发的集体、个体矿山，没有D级以上储量的，需首先作简测计算占用储量后方可进行登记。

10－12月，为摸清全县矿产储量和各矿山企业矿产储量，州地质矿产局根据省地矿厅要求在瓮安开展矿产储量登记试点工作。储量登记根据各矿山企业的不同情况，通过调查、坑道实测和利用原有勘探资料等多种渠道完成。要求在储量登记中，矿山企业没有矿界图和井上井下对照图的，必须补作。此次储量登记，共调查130多个有证矿山企业。至1998年初，州局技术人员在提交矿床矿点地质报告、储量、有关图件的同时，分别提交了各矿山企业的地质储量报告。

1998年止，县地质矿产局为矿山企业制作提供储量概算图136份，井上井下对照图、矿区范围图20多张，有关地质资料报告20多份。全县完成了146个矿山企业的地质简测和近200个企业的储量登记工作，并向80多个企业颁发了储量登记证。是年，全县结束了矿山企业开矿无基本地质资料的历史。

2002年，县国土资源局完成了瓮安煤矿、瓮安磷矿、大信公司等4个企业资源储量核实。2004年，完成了辖区内矿产资源储量数据库的建立、储量表编制和56个矿山企业的储量核实登记工作。2005年，完成了全县164个矿山企业的储量核实登记工作。

2006年，完成了全县各类矿山企业的基础储量统计上表和新办矿山企业占用储量的统计工作，其信息进入数据库。其后，资源储量的动态监测和资源消耗审查填报逐年加强。

2007年，全县45个煤矿企业整合为20个，另有20个煤矿扩能扩界，这40个煤矿企业的矿产资源储量需重新进行核算，并由上级储量管理部门审批。次年，全县整合和扩能扩界煤矿企业的资源储量登记工作全面完成。

2009年起，受矿山企业委托，104地质大队和115地质大队承担了各矿山企业开采量、损失量、开采回采率等勘查测量工作，并按年度向县国土资源局提交各矿山企业储量年报。各矿山企业储量年报经县国土资源局评审通过备案后，分别向承担勘查测量工作的地质队下达了认定备案证明。

2010年，黔南州国土资源局下发《关于加强州级发证矿山储量报告和矿山动态储量年报评审及备案工作的通知》（黔南国土资发〔2010〕67号），2011年，县国土资源局下发《关于进一步规范2012年度矿山储量动态监督管理相关工作的通知》（瓮国土资发〔2011〕52号），全县开始按相关要求开展矿山储量动态监督管理。

2013年，根据《贵州省国土资源厅关于全面开展矿山储量动态监测的通知》，年内除生产规模较小的建筑用砂石、砖瓦黏土矿山企业72宗外，县国土资源局对68宗州级以上颁证矿山企业的储量进行了动态监测，共完成34家矿山企业储量年报备案，其余34家则因兼并重组及停产未发生储量变化。

三、规费收缴

矿产规费各个时期有不同项目，后经规范，部分收费项目逐步取消，保留收费项目主要有资源补偿费、采矿权使用费、探采矿权价款等。

1992年，开始征收矿产资源补偿费。1994年4月1日起，开始按国务院150号令收取资源补偿费。至2000年，瓮安连年完成和超额完成州矿管办下达的资源补偿费征收指标任务，多次获得省、州矿产资源管理部门的表彰。但该期间内，由于矿产产量较低销售收入不高，年收费额一般只有30至50万元。2002年后，随着矿产量及销售单价提高，县国土资源局加大征收力度，矿产资源补偿费年征收额大幅提高。2009年，省国土资源厅黔国土资发〔2009〕122号文件下发《关于改进和完善矿产资源补偿费征收管理工作的通知》，通知对矿产资源补偿费征收计征公式中有关参数的选择作出明确规定。是年，县国土资源局深入到各矿山企业调查了解生产及开采回采率情况，严格检查各矿山企业2009年度会计报表，年内共征收入库资补费226.3万元。2010年后，县国土资源局继续利用采矿权年检、换证并结合税务部门统计的各矿山矿产品生产量进行收费，使征收资源补偿费总量更大幅提高，2010年达到301.43万元，2013年达到1398.15万元，2014年尽管煤炭等产品滞销，年内征收仍达到1205.8万元。

根据国务院第241号令，瓮安采矿权使用费2002年县国土资源局组建后才开始征收。2003年，仅收取采矿权使用费2万元。以后，收取逐年规范并达到按标准收取，年收取数一般20万元左右，2013年收取采矿权使用费21.85万元。

随着矿业权有偿使用的全面推行，2008年后探矿权、采矿权价款清缴成为县国土资源局一项常态化工作。至2014年，七年中县国土资源局共清缴入库探探矿权、采矿权价款75601.15万元，按县30%的分成比例，县分成22680.35万元。

四、其他管理

1995年，矿产资源管理部门开始对矿山企业矿产资源开发利用的“三率”指标实施考核。4月12日，州矿产资源办公室和州经委下达瓮安县国有矿山企业“三率”考核核定指标：县洗马煤矿核定生产能力年产煤3万吨，核定开采回采率指标80%，采矿贫化率指标3%。县化肥厂拓石褐铁矿核定生产能力年产褐铁1万吨，核定开采回采率指标90%，采矿贫化率指标5%。县化肥厂深溪褐铁矿核定生产能力年产褐铁1万吨，核定开采回采率指标90%，采矿贫化率指标5%。县化肥厂梅子冲磷矿核定生产能力年产磷矿4万吨，核定开采回采率指标90%，采矿贫化率指标4%。县化肥厂岩门铝土矿核定生产能力年产铝土矿1万吨，核定开采回采率指标90%，采矿贫化率指标5%。县磷化公司磷矿核定生产能力年产磷矿石18万吨，核定开采回采率指标90%，采矿贫化率指标8%，选矿回收率85%。县水泥厂黏土矿核定生产能力年产黏土1万吨，核定开采回采率指标80%，采矿贫化率指标5%；石灰石矿核定生产能力年产石灰石4万吨，核定开采回采率指标90%，采矿贫化率指标4%。由于“三率”考核指标不易操作，当年及其后各年凡涉及“三率”考核指标均比较粗略。2009年起，受矿山企业委托，104地质大队和115地质大队承担了各矿山企业开采回采率等勘查测量工作，“三率”考核开始趋于细化。

2008年，县国土资源局编制完成探矿权、采矿权管理工作规则以及探矿权、采矿权网上办理工作流程，境内矿权业务开始在网上办理。

2009年，全县开展矿业综合管理系统建设工作。8月25日，县政府成立县矿业综合管理系统建设工作领导小组，具体领导该项工作，县政府常务副县长尹德俊、县政府副县长张仁德、刘华龙任副组长，县相关单位及相关乡镇负责人任成员。

是年，按照国土资源部《关于实行全国采矿权统一配号的通知》(国土资发〔2008〕

292号）和采矿权统一配号工作方案的要求，县国土资源局完成了采矿权数据库的核实上报，并开始了采矿权全国统一配号。年内，采矿权全国统一配号系统正常运行，并成功完成首批采矿权配号28个。

是年，县国土资源局制定关于加强境内探矿权监督管理有关规定，积极开展与勘查单位的对接工作。10月20日，县国土资源局召开探矿权人、省矿产督察员以及境内地质勘查单位的地质勘查联席会议，对矿产资源勘查等进行交流，并强调对探矿权人的监督管理进行强化。其后几年，由于加强对探矿权监督管理，执法大队对探矿权人履行法定义务等进行检查从而改变了部分探矿权人圈而不探、以探代采、非法转让等现象，使大部分探矿权人均按设计开展了探查。

是年，根据国土资源部《关于开展全国矿业权实地核查工作的通知》（国土资发〔2008〕59号）和省国土资源厅《关于开展全国矿业权实地核查工作的通知》（黔国土资发〔2009〕19号）文件，为加强矿业权科学管理，维护矿业权人合法利益，推进政务公开，规范矿产资源勘查开发秩序，县政府于4月成了矿业权核查领导小组及办公室，制定了矿业权实地核查实施方案，并于是月24日召开全县矿业权实地核查工作业主会议，宣传矿业权实地核查工作的重要性和必要性，确定贵州省地矿局115地质队为瓮安县矿业权实地核查承担单位，104地质大队为县矿山的实测单位，同时落实县财政列支核查工作经费10.44万元。根据要求，全县共有12个探矿权和168个采矿权需要进行实地核查，年内，共完成146个矿业权的野外测量，其中：探矿权6个，采矿权140个；完成省级颁证矿山基础控制点测量69个。2010年，全县矿业权实地核查工作全面完成，并通过省州级验收。

2010年，为积极探索建议国土资源管理新机制，推进全县国土资源管理体制改革，经县政府批准，县国土资源局于2010－2011年在全县范围内对矿产资源优化配置进行课题研究，通过调查，制订了《瓮安县矿产资源优化配置课题调研工作方案》、《瓮安县矿产资源优化配置工作实施方案》，明确了将银盏乡喜柏丫、草塘镇关岩、木引槽乡沙坝三块铝土矿探矿权纳入省级地勘基金项目进行勘察，并通过了省国土资源厅批复。积极开展了玉华片区实施磷矿整装勘查项目，其后该项目获得了省国土资源厅批准并及时开展了勘查工作。

是年，按照“系统规划、整装勘查、合理配置、有序投放、集约开发”的矿管思路，县国土资源局严格矿业权管理，认真执行《贵州省矿业权转让管理暂行办法》和《关于进一步加强矿业权管理意见》等一系列规范性文件，提高矿业权资金投入、勘查面积、开发规模等准入条件，使境内矿产勘查和开发从源头上开始解决矿业开发“小、散、乱、滥”的突出问题。并草拟关于加强铝土矿、硫铁矿、铁矿资源开发利用管理的意见以县政府文件下发，“意见”从建立资源勘查开发的准入制度等五个方面着手，强化了铝土矿、硫铁矿、铁矿资源开发利用的管理。是年，县国土资源局配合州国土资源局开始1954北京坐标系转1980西安坐标系省州颁证的采矿权和探矿权换证工作及县级颁证的采矿权换证工作，2010 年，该项工作全面完成。

2011 年，按照“两整治，一改革”“三项清理”办公室的要求，完成了 2006 年至 2010 年度境内探矿权、采矿权出让情况清理，建立了省、州颁证采矿权和探矿权各矿山企业的数据库信息，配合省矿产督察员对瓮安煤矿、瓮安磷矿、磷化公司等重点矿山企业的开发利用进行了督察。

2012 年，根据《关于清理全省已设置探矿权采矿权基本情况的通知》（黔国土资矿管函〔2012〕47 号），县国土资源局完成了全县探矿权采矿权基本情况清理。根据《中共贵州省委、贵州省人民政府关于矿产资源配置体制改革的意见》（黔党发〔2012〕18 号），县政府办印发了《瓮安县矿产资源勘查开发秩序专项清理整顿工作方案》（瓮府办发〔2012〕166 号），是年 11 月 1 日至 11 月 19 日，县国土资源局到现场逐个对全县矿业权人进行检查，并对少数圈而不采，非法开采的行为予以处理。

是年，全县完成了高水乡、银盏镇、珠藏镇、玉华乡、天文镇等新设置砂石场的选址工作及部分采砂采石场的扩界现场核实及坐标划定工作。2013 年，继续完成了雍阳街道、平定营镇、永和镇、江界河镇、猴场镇、建中镇、玉山镇新设置砂石场的选址工作。

第四节　矿产资源开发整合

一、煤炭行业关井压产

1999 年 3 月 5 日，县政府成立县关闭非法和布局不合理煤矿领导小组，副县长刘晓红任组长，县煤炭管理局、县地质矿产局、县工商局、县计经局、县公安局负责人任副组长，相关部门负责人任成员，全县开始煤炭行业关井压产，以保护境内有限的资源。3 月 15 日，根据国务院《关于关闭非法和布局不合理煤矿有关问题的通知》，县政府〔1999〕6 号文件下发《关于切实抓好煤炭行业关井压产工作的通知》。全县决定关闭不合理煤矿 40 对，合并矿井 17 对，压产 42 万吨。3 月 18 日，全县召开关井压产大会，之后，11 个产煤乡镇相继成立了关井压产领导小组。3 月 24 日，县地质矿产局根据关井压产精神，注销了永和镇茶林湾煤厂、永和镇水溪口煤厂、永和镇黑山岩脚煤厂、永和镇六角冲煤厂、永和镇茶头河煤厂、永和镇泡木山华利煤厂、岚关乡落凼田煤厂、岚关乡犀牛滩煤厂、雍阳镇黄龙屯煤厂、雍阳镇潘家寨煤厂、雍阳镇冷家塘煤厂、银盏乡干田坝煤厂、银盏乡西林煤厂、银盏乡大井坎煤厂、草塘镇新华煤厂、草塘镇新华煤厂、草塘镇张家湾煤厂、草塘镇上场坪煤厂、草塘镇王家湾煤厂、木老坪乡力升煤厂、木老坪乡刘家田煤厂、木老坪乡大湾煤厂、木老坪乡核桃田煤厂、平定营镇冷水沟煤厂、玉山镇柏香水煤厂、渔河乡深溪煤厂、白沙乡金沙煤厂、白沙乡虎场煤厂、建中乡杨柳冲煤厂共 28 个煤厂采矿许可证。5 月 4 日，注销了永和镇长田煤厂、草塘镇洞湾煤厂共 2 个煤厂采矿许可证。5 月 17 日，注销了永和镇红塘煤厂、永和镇吉坝煤厂、草塘镇九根冲煤厂、岚关乡大坪煤厂、白沙乡沙田角煤厂共5个煤厂采矿许可证。

2000年，全县煤炭行业关井压产基本结束，经过关井压产后，达到了关闭不合理煤矿40对，合并矿井17对，压产42万吨的目的，全县煤炭矿井从150个减少到61个。分布为永和镇13个、岚关乡6个、雍阳镇5个、草塘镇7个、木老坪乡7个、建中镇9个、白沙乡6个、中坪镇2个、玉山镇6个。

二、煤炭开发整合

2006年，国家规范煤炭产业，对煤矿实行兼并重组、扩能扩界和技术改造，要求矿井的年生产能力达到9万吨以上。根据该项政策，全县决定通过兼并重组、扩能扩界和技术改造，将煤矿调整为40个。之后，贵州省煤炭厅、国土资源厅等六厅局印发《关于批复黔南州荔波县等11县（市）煤矿整合、调整布局方案的请示》（黔煤呈〔2006〕29号）和省人民政府关于黔南州荔波县等11县（市）煤矿整合、调整布局方案的批复。2007年，县政府根据六厅局相关调整方案，决定将45个煤矿整合调整为20个，另对18个煤矿企业进行扩能扩界。是年，省国土资源厅颁发了一年期采矿许可证，下文认定了17家煤矿企业扩界坐标。

2010年12月3日，县政府办印发《瓮安县2010年度关闭不具备安全生产条件煤矿工作实施方案》，年内，建中镇白水煤矿、平定营镇大路煤矿等多家不具备安全生产条件的煤矿先后关闭。

是年，按照国土资源部《关于进一步推进矿产资源开发整合工作的通知》（国土资发〔2009〕141号）文件精神。全县通过宣传和动员，共有6个煤矿达成整合协议，分别是：贵州省瓮安县中坪镇白果槽煤矿采矿权与贵州省瓮安县大源煤矿详查采矿权进行整合；瓮安县上场坪新井煤矿采矿权与瓮安县穿洞河煤矿采矿权进行整合；瓮安县玉山镇兴章煤矿采矿权与贵州省瓮安县玉山煤矿详查探矿权进行整合。

2011年12月16日，县政府印发《瓮安县煤矿关闭工作实施方案》（瓮府发〔2011〕35号），该方案按照《国务院关于进一步加强淘汰落后产能工作的通知》（国发〔2010〕7号及《省政府办公厅关于依法关闭有关煤矿的通知》（黔府办发〔2011〕119号等有关文件，决定在2011年12月底前，全县关闭煤矿2个，关闭煤矿生产系统1个。随后，永和镇悦来村煤矿和鱼河乡前进煤矿关闭。至此，按照六厅局有关文件精神开展的煤矿整合基本完毕，全县共45个煤矿参与整合，通过整合调整为20个，整合完毕后全部在省国土资源厅办理了采矿权延续登记手续。18个参加扩能扩界的煤矿也完成扩能扩界，并全部办理了采矿权变更登记手续。

2013年2月25日，根据有关精神，县政府办印发《瓮安县煤矿企业兼并重组工作方案（试行）》（瓮府办发〔2013〕19号），全县开始煤矿企业兼并重组工作。方案明确通过煤矿企业兼并重组，深化煤矿融合，有序开发煤炭资源，优化煤炭产业结构。方案规划至2015年，基本淘汰年产15万吨以下煤矿；煤矿企业集团在3个以内，矿井个数调整到22处左右，全县采煤机械化程度达到50%以上。要求2013年内，瓮安县成立贵州省瓮安煤矿有限公司（煤炭规划产量208万吨/年）、贵州弘达矿业投资有限公司（煤炭规划产量153万吨/年）、贵州省瓮安县龙腾焦化有限责任公司（煤炭规划产量201万吨/年）3家煤矿企业兼并重组主体资质集团开展工作。

2014年，全县煤矿企业兼并重组基本完成。全县实有煤矿企业34个，共有矿井36对，其中生产矿井20对（设计产能247万吨/年）；试运转矿井4对（设计产能36万吨/年）；建设矿井3对（设计产能54万吨/年），因政策停建矿井9对（设计产能87万吨/年）。全县34个煤矿企业中，除贵州盘县紫森源实业发展投资有限公司福兴煤矿外，其余33个兼并重组在贵州省瓮安煤矿有限公司名下18个，分别为龙井煤矿、青菜沟煤矿、梓塬煤矿、万灵煤矿、打石冲煤矿、上场坪新井煤矿、穿洞河煤矿、万鑫煤矿、永宏煤矿、宏福煤矿、弘泰煤矿、青山煤矿、鹏福煤矿、大坪煤矿、珠瑙岩煤矿、大洞口煤矿、上坝煤矿、瓮安煤矿。兼并重组在贵州弘达矿业投资有限公司名下12个，分别为花江煤矿、永安煤矿、东发煤矿、三桥煤矿、洗马煤矿、地源煤矿、袁山煤矿、宏鑫煤矿、中鑫煤矿、兴成煤矿、泰丰煤矿、轿子岩煤矿。兼并重组在贵州省瓮安县龙腾焦化有限责任公司名下3个，分别为兴章煤矿、银堂煤矿、双龙煤矿。

三、砂石开发整合

2007年8月17日，针对境内采砂采石场矿权设置点多及布局不合理等问题，县政府张仁德副县长召集国土资源局等相关单位负责人参加的会议，就全县采砂采石场矿权设置规划问题进行专题研究，对采砂采石场矿权设置规划如下：雍阳镇20个、草塘镇6个、松坪乡3~4个、木老坪乡3个、天文镇4个、小河山乡2个、老坟嘴乡2个、永和镇7个、岚关乡5个、平定营镇5个、玉华乡3个、银盏乡5个、鱼河乡3个、玉山镇5个、龙塘乡5个，铜锣乡3个、木引槽乡2个、高水乡2个、牛场坝乡2个、珠藏镇5个、中坪镇5个、白沙乡3个、建中镇4~5个。

2008年3月21日，县政府召集国土资源局等采砂采石场矿权设置联合审批成员单位负责人会议，就23个乡镇采砂采石场矿权设置规划中存在的问题进行研究，形成瓮府专议〔2008〕12号会议纪要。决定对23个乡镇采砂采石场矿权设置进行规划调整：雍阳镇原规划20个，调整为23个；平定营镇规划6个，调整为12个；中坪镇原规划5个，调整为12个；草塘镇原规划9个，调整为13个；永和镇原规划7个，调整为10个；白沙乡原规划3个，调整为8个；龙塘乡镇原规划5个，调整为10个；天文镇原规划4个，调整为5个；松坪乡原规划4个，调整为5个；玉华乡原规划3个，调整为6个；鱼河乡原规划3个，调整为4个；玉山镇原规划5个，调整为7个；铜锣乡原规划3个，调整为4个；珠藏镇原规划5个，调整为9个；建中镇原规划5个，调整为6个；木老坪镇原规划4个不作调整。

是年10月6日，县政府下发《关于瓮安县普通建筑用砂石矿资源整合工作方案的批复》（瓮府函〔2008〕68号）；次年，瓮安县人民政府下发《关于局部调整普通建筑用砂石矿规划布局的专题会议纪要》（瓮府专议〔2009〕28号）。根据上述两个文件，

2008－2011年间，全县按照统一规划、分步实施，以大并小、以优并劣，政府引导、市场运作，统筹兼顾、公开公正等基本原则，将资源利用率低、配置不合理的砂石场进行整合，对矿产资源规划划定的禁采区限采区内设置的砂石场、在省道两旁直观可视范围内设置的砂石场及不符合规划的砂石场进行了取缔关闭，通过整合关闭，全县砂石场由2008年的112个减少至2011年的80个。

2014年，根据省人民政府办公厅《关于加强砂石土资源开发管理的通知》（黔府办函〔2014〕5号）和州国土资源局《关于做好黔府办函〔2014〕5号文件贯彻落实有关问题的通知》（黔南国土资矿管函〔2014〕53号）等文件，县国土资源局积极做好宣传，加强引导，到乡镇召集砂石土采矿权人参加会议宣传学习文件精神，全县进一步开展砂石土采矿企业的整合，至年底，砂石土采矿企业在头年60余个的基础上整合至40余个。在矿权设置个数减少的同时，通过整合产量大幅上升，有效保障了城镇建设、工业建设、公路建设的需要。

四、其他矿开发整合

2008开始，按照省国土资源厅《关于印发黔南州磷矿、锌矿、硫铁矿、重晶石矿整合方案的函》（黔国土资函〔2008〕238号）文件规定，境内开始布置磷矿等矿山的整合工作。至2011年，瓮安县玉山镇宏远磷矿与瓮安县玉山镇轿顶山磷矿完成整合，更名为瓮安县玉山镇宏远磷矿；贵州省瓮安县白沙矿产有限责任公司小寨重晶石矿山与贵州省瓮安县白沙矿产有限责任公司白沙重晶石矿厂完成整合，更名为贵州省瓮安县白沙乡矿产有限责任公司白沙重晶石矿厂。

2010年，县政府下发《瓮安县人民政府关于加强铝土矿、硫铁矿、铁矿资源开发利用管理的意见》，意见明确按照统一规划、整装勘查、集约开发、综合利用的原则，鼓励矿区相邻的铝土矿、硫铁矿、铁矿探矿权与采矿权进行整合，同一构造单元内的铝土矿、硫铁矿、铁矿探矿权进行整合，同一矿床内的铝土矿、硫铁矿、铁矿采矿权进行整合。鼓励县内铝土矿、硫铁矿、铁矿深加工企业对矿山生产企业进行投资控股或兼并，引导现有铝土矿、硫铁矿、铁矿生产及加工企业通过改组、改造和产权流转等方式走整合资源、采用一体化、集约经营的路子。意见下发后，相关工作得到一定程度落实。

2013年2月，县政府办印发《瓮安县2012－2015年金属非金属矿山整顿关闭实施工作方案》，明确通过整顿关闭实施提高全县金属非金属矿山的规模化、机械化、标准化、信息化、科学化水平。规划2013年关闭矿山6个，2014年关闭矿山5个，2015年关闭矿山4个。要求主要矿产开发准入条件，铝土矿最低开采规模达到年产10万吨，最短服务10年，地质勘查程度达到勘探；磷矿最低开采规模达到年产10万吨，最短服务10年，地质勘查程度达到勘探；铅矿最低开采规模达到年产3万吨，最短服务10年，地质勘查程度达到详查以上；锌矿最低开采规模达到年产3万吨，最短服务15年，地质勘查程度达到详查以上；钼镍矿最低开采规模达到年产3万吨，最短服务10年，地质勘查程度达到详查以上；钒矿最低开采规模达到年产10万吨，最短服务10年，地质勘查程度达到详查以上；重晶石、铁矿、硫铁矿最低开采规模达到年产 5 万吨，最短服务 10 年，地质勘查程度达到详查以上；水泥用灰岩最低开采规模达到年产 30 万吨，最短服务 20 年，地质勘查程度达到详查以上；建筑用石材最低开采规模达到年产 1.5 万立方米，最短服务 10 年，地质勘查程度达到普查。根据《瓮安县 2012 - 2015 年金属非金属矿山整顿关闭实施工作方案》，全县经两年整顿，至 2014 年底，部分资源储量不清、开采规模较小的矿山实施了关闭，全县矿山数已从 2012 年 140 多个基础上减少为 108 个，金属非金属矿山"小、散、多、乱、差"状况有了初步改观，开始逐步按要求向规模开采发展。

第十五章　测绘管理

第一节　基础测绘

一、测绘单位

依据《测绘法》及《测绘资质管理规定》，开展测绘业务，必须具有测绘资质，持有《测绘资质证书》。《测绘资质证书》根据分级标准由国家测绘行政主管部门或省级测绘行政主管部门颁发。20 世纪 90 年代，全县拥有第一个由省级测绘行政主管部门颁发证书的丁级测绘单位瓮安县建设局城乡建设规划室，其后逐渐发展。至 2014 年，境内具有省测绘局颁发丁级测绘资质证书的单位共 5 家：

瓮安县精诚房地产测绘有限公司　2004 年 11 月经批准成立，2005 年 1 月由贵州省测绘局发给丁级资质证书，至 2014 年有测绘技术专业人员 9 人。配备有图形扫描仪、测距仪、微机和网络交换机等仪器设备。

瓮安煤矿有限公司　1958 年建矿以来就从事测量工作，2000 年由贵州省测绘局发给丁级资质证书，2014 年有测量人员 9 人。

瓮安县建设局城乡建设规划室　境内最早取得测绘资质证书单位，1998 年从规划局分出，2014 年有测量人员 7 人。

瓮安县国土资源交易中心　2010 年 11 月由贵州省测绘局发给丁级资质证书，2014 年时有工作人员 13 人，专业测绘人员 3 人，测绘相关专业技术人员 7 人。

贵州省瓮安县金山国土勘测工程有限公司　2013 年 1 月成立，2013 年 7 月由贵州省测绘局发给了丁级资质证书，2014 年有测量人员 9 人。

5 家测绘资质单位共拥有测量人员 49 人。在测量工具使用上，2000 年前测绘单位已普遍使用经纬仪、平板仪、水准仪、水准尺、红外线测距仪等测量工具，2000 年后，各测量单位逐步购买使用测距仪、全站仪、手持 GPS 接收机、RTK、GPS 卫星定位仪等。

二、测绘成果

截止 2014 年 7 月底，全县 5 家测绘作业单位主要测绘成果如下：

瓮安县国土资源交易中心　2012 年正式开展测绘项目承接工作，是年共开展测绘项目 59 宗，其中宗地测图 8 宗、收储测图 9 宗、勘界测图 42 宗，收费 401431.64 元。年内还对 17 个乡镇的小城镇规划图、工业园区 1:500 地形图、县城 1:2000 地形图、县境

1:10000 万地形图等基础地理信息数据的相关资料进行了收集整理。2013 年，完成勘界测图 76 宗，收储测图 8 宗，宗地测图 20 宗，合计 104 宗，实测面积 411564 平方米，测绘收费 263499 元。2014 年，完成勘界测图 11 宗，宗地测图 2 宗，合计 13 宗，实测面积 71095 平方米，测绘收费 42360 元。三年间主要测绘项目有贵州盛源磷业发展有限责任公司勘测定界图、芭田工业用地勘测定界图，金正大工业用地勘测定界图，贵州添好农业资源开发有限公司土地勘测定界图、贵州省鑫光矿业有限公宗地图、贵州瓮福小野田化工有限责任公司宗地图等。

瓮安县测绘资质单位情况表

表 15－1

单位名称	业务范围	证书等级及编号
瓮安县精诚房地产测绘有限责任公司	房产测绘：房产图测绘（1:200 比例尺，1 平方公里以下；1:500 比例尺，3 平方公里以下；1:1000 比例尺，5 平方公里以下；面积量算：1:200 比例尺，1 平方公里以下；1:500 比例尺，3 平方公里以下；1:1000 比例尺，5 平方公里以下）	丁级、52107044
瓮安煤矿有限公司	工程测量：地形测量（1:500 比例尺，10 平方公里以下；1:1000 比例尺，15 平方公里以下；1:2000 比例尺，20 平方公里以下）、矿山测量（局部矿山测量、巷道测量）	丁级、52107029
瓮安县建设局城乡建设规划室	工程测量：地形测量（1:500 比例尺，10 平方公里以下；1:1000 比例尺，15 平方公里以下；1:2000 比例尺，20 平方公里以下）；地籍测绘：界址测量、面积量算（1:500 比例尺，10 平方公里以下；1:1000 比例尺，15 平方公里以下；1:2000 比例尺，20 平方公里以下）	丁级、52107030
瓮安县国土资源交易中心	工程测量：地形测量（1:500 比例尺，10 平方公里以下；1:1000 比例尺，15 平方公里以下；1:2000 比例尺，20 平方公里以下）；地籍测绘：界址测量、面积量算（1:500 比例尺，10 平方公里以下；1:1000 比例尺，15 平方公里以下；1:2000 比例尺，20 平方公里以下）	丁级、52007028
贵州省瓮安县金山国土勘测工程有限公司	工程测量：控制测量、地形测量城乡规划定线测量、城乡用地测量、市政工程测量、水利工程测量、矿山测量；地籍测绘：平面控制测量、面积测算、界址测量、其他地籍要素调查与测量、地籍图测绘、面积量算；房产测绘服务	丁级、52107039

贵州省瓮安县金山国土勘测工程有限公司 2013 年 7 月成立至 2014 年 7 月，主要完成了瓮安县富丽半岛居住小区竣工图、宗地图测量项目、瓮安县朱家山科新生态养殖有限公司特种养殖场地形图测量、贵州盛源磷矿业发展有限公司选矿厂技改扩建项目地形图测量、贵州广聚棚户区改造项目地图测量、瓮安朵云洗马塘拟建炸药库 640 米半径地形图测量等 40 余个项目。

瓮安县建设局城乡建设规划室 主要测量项目有现状测图及施工放线等。近些年完成项目主要有瓮安县城戒毒所片区、珠藏步行街片区、草塘镇猴场会址、瓮安县珠藏镇鑫源酒厂、猴场镇下司村敬老院等80余个。

瓮安县精诚房地产测绘有限责任公司 近几年主要完成项目有贵州省福明置业有限公司（华都嘉园1～16号楼）、安县江长房地产开发公司（富丽半岛1～12号楼）、州绿城房地产开发有限公司（中央公园A区、B区）、州省麒龙置业有限公司（麒龙摩尔城）、安县兴旺房地产发展有限责任公司（丽都大厦A、B栋）等90余宗。

瓮安煤矿有限公司 主要开展对内测量。主要成果有新井矿二水平南翼主暗斜井与架空乘人器巷（猴车巷）贯通测量（贯通距离854.85米），夹山矿二水平明斜井与二水平南翼主暗斜井及南北联络运输大巷贯通测量（贯通距离为1980.58米），夹山矿一水平至二水平、二水平至三水平架空乘人器巷（猴车巷）贯通测量（贯通距离为350.79米），梅家坪焦化厂1/500地形测量（测图面积110.7万平方米）等400余个项目测量。注册取得测绘资质单位至2014年，共完成各种贯通测量距离11325.18米，各种地形测图面积352.7万平方米。

三、测绘管理制度

瓮安测绘管理机构建立后，逐步加强对测绘行业的管理，对持证测绘单位协助配合上级测绘行政主管部门开展测绘技术人员培训、《测绘资格证书》年检及申报测绘资质单位考核认定等。国发〔2007〕30号文件《国务院关于加强测绘工作的意见》下发后，2008年7月县国土资源局根据文件精神制作《瓮安县测绘行业管理规定》，加强对测绘行业的管理，使全县测绘单位资质备案、测绘任务登记、测绘成果管理、测绘项目价格、标志使用登记、不良测绘记录等制度更趋完善。

测绘资质备案制度 凡在本县范围内从事测绘活动的单位，严格执行测绘资质备案，测绘单位必须具备相应的测绘资质，承担相应的测绘业务，不得超出资质等级或核准登记的经营范围内从事测绘活动。对无资质证书非法开展测绘业务的，坚决予以取缔；对超出资质等级或核准经营范围从事测绘的，坚决予以制止。

测绘任务登记制度 根据《贵州省测绘管理办法》第八条关于实行测绘任务登记制度的规定和《贵州省测绘条例》第十七条关于测绘项目单位向测绘项目所在地行政主管部门报送相关资料备案的规定。县国土资源局对境外资质单位到县内进行测绘作业或境内资质单位进行测绘作业，均实行登记管理。登记申报需提交资料有：1.测绘项目申请（内容包括作业区域、作业时间、作业人员等）；2.测绘资质证书复印件加盖资质单位公章；3.测绘项目任务书或合同书；4.加盖资质单位公章的“收费许可证”“营业执照”；5.本项目测绘人员名单。登记申报资料审查合格，方准予开展测绘业务。

测绘成果管理制度 国土资源局对县内5家测绘单位的测绘成果管理明确了以下几项档案管理制度：1.档案室设主管领导和专职管理人员，并制订相应的制度和职能。2.档案室配单独房间及保卫措施。3.涉密计算机设置登录密码，涉密人员持证上岗，遵守保密制度，确保信息安全。4.档案记录标准、规范，分类科学有效。5.档案室严格执行登记、借阅、销毁、统计等制度。6.档案整理标准，无霉变、褪色、污损虫蛀、鼠咬等现象。7.档案室配备报警、防火等安全措施。8.主管领导定期进行检查，强化岗位培训。

测绘项目价格制度　严格执行国家有关测绘项目价格的规定，依据《测绘生产成本费用定额》核算测绘单位内部成本，依据《测绘工程产品价格》规范测绘工程产品价格。

标志使用登记制度　县内永久性测量标志实行使用登记，测绘单位使用永久性测量标志必须到县国土资源局办理测量标志使用登记备案手续。

第二节　测量标志管理

一、标志建设

新中国成立后，地质队等测绘单位在瓮安境内建设了一批测量标志，但至20世纪90年代中期，境内测量标志基本处于无机构管理状态，直至1998年原地质矿产部、国家土地管理局、国家海洋局和国家测绘局共同组建国土资源部后，境内测量标志管理才步入正轨。

1999年，根据州国土局下达瓮安县开展测量标志调查和委托保护的有关文件精神，县国土局及时编制工作计划，并报县人民政府批准，6月2日至10月15日，历时135天，国土局组织人员对县境内一、二等三角点11个，二等水准点16个进行了实地调查。经调查，县境内一、二等三角点11个已全部遭到破坏，不能再利用；Ⅱ龙贵线经松坪、草塘、银盏、鱼河、中坪16个水准点，有9个完好无损（Ⅱ龙贵10、11、13、14、15、17、19、20、22），占调查标志的33.33%；有2个水准点（Ⅱ龙贵9、18）被当地农民建房破坏，占调查标志的7.41%；有5个水准点（Ⅱ龙贵7、8、12、16、21）现状与点位指示说明出入较大，位置不详，未能找到，其中Ⅱ龙贵21号，翻土寻找达30平方米。调查结束，对完好的9个水准点，县局明确当地土管所负责监管，并聘请8人与之签订委托保管责任书，落实看管目标进行常年监管。是年10月16日，省国土厅和州国土局组成5人验收组，对瓮安测量标志调查保护工作进行验收。省国土厅张志伟副处长等一行通过听汇报、看资料和实地检查测量标志，认定瓮安县测量标志调查工作验收合格。

2000年，县国土局对境内测量标志再次进行系统调查统计，境内共有Ⅰ级三角点2个、Ⅱ级三角点9个、Ⅱ级水准点17个。其中Ⅰ级三角点损坏1个，Ⅱ级三角点全部损坏，Ⅱ级水准点损坏8个。时保存完好的Ⅰ级三角点为1个、Ⅱ级水准点为9个。

2005年，为满足瓮安经济社会快速发展对基础测绘的迫切需要，国土资源局在省测绘一院申请设立了银盏镇、玉山镇、中坪镇、永和镇、平定营镇、珠藏镇、猴场镇28个E级GPS点（后15个损毁）；2006年又申请新设立了建中镇、银盏镇、玉山镇，珠藏镇等11个C级GPS点（后损毁1个）；2013年，经与省测绘一院技术人员实地踏勘选点，县财政投入资金112000元，境内再次申请新设立了瓮安县城、银盏镇、江界河镇、天文镇、平定营镇、岚关乡、珠藏镇、猴场镇等35个E级GPS点。至此，瓮安实现了全县11个乡镇和2个街道办事处平面测量坐标体系的全覆盖。时全县共有可利用测量标志Ⅰ级三角点1个，Ⅱ级水准点9个，C级GPS点10个，E级GPS点48个。

瓮安县2014年测量标志分布表

表15－2

序号	测量标志等级名称	所在乡（镇）村名称	序号	测量标志等级名称	所在乡（镇）村名称
1	Ⅰ级三角点	平定营镇	35	GPS（E）	平定营镇
2	Ⅱ水准点	猴场镇	36	GPS（E）	珠藏镇
3	Ⅱ水准点	猴场镇	37	GPS（E）	珠藏镇
4	Ⅱ水准点	银盏镇	38	GPS（E）	珠藏镇
5	Ⅱ水准点	银盏镇	39	GPS（E）	珠藏镇
6	Ⅱ水准点	银盏镇	40	GPS（E）	珠藏镇
7	Ⅱ水准点	银盏镇	41	GPS（E）	珠藏镇
8	Ⅱ水准点	银盏镇	42	GPS（E）	珠藏镇
9	Ⅱ水准点	中坪镇	43	GPS（E）	珠藏镇
10	Ⅱ水准点	中坪镇	44	GPS（E）	猴场镇
11	GPS（C）	珠藏镇	45	GPS（E）	猴场镇
12	GPS（C）	建中镇	46	GPS（E）	猴场镇
13	GPS（C）	建中镇	47	GPS（E）	岚关乡
14	GPS（C）	玉山镇	48	GPS（E）	天文镇
15	GPS（C）	岚关乡	49	GPS（E）	天文镇
16	GPS（C）	岚关乡	50	GPS（E）	天文镇
17	GPS（C）	永和镇	51	GPS（E）	天文镇
18	GPS（C）	永和镇	52	GPS（E）	银盏镇
19	GPS（C）	猴场镇	53	GPS（E）	银盏镇
20	GPS（C）	猴场镇	54	GPS（E）	银盏镇
21	GPS（E）	建中镇	55	GPS（E）	银盏镇
22	GPS（E）	建中镇	56	GPS（E）	银盏镇
23	GPS（E）	建中镇	57	GPS（E）	银盏镇
24	GPS（E）	瓮安县城	58	GPS（E）	银盏镇
25	GPS（E）	瓮安县城	59	GPS（E）	银盏镇

续表 15－2

序号	测量标志等级名称	所在乡（镇）村名称	序号	测量标志等级名称	所在乡（镇）村名称
26	GPS（E）	瓮安县城	60	GPS（E）	银盏镇
27	GPS（E）	瓮安县城	61	GPS（E）	银盏镇
28	GPS（E）	瓮安县城	62	GPS（E）	银盏镇
29	GPS（E）	瓮安县城	63	GPS（E）	永和镇
30	GPS（E）	江界河镇	64	GPS（E）	永和镇
31	GPS（E）	江界河镇	65	GPS（E）	永和镇
32	GPS（E）	江界河镇	66	GPS（E）	玉山镇
33	GPS（E）	江界河镇	67	GPS（E）	中坪镇
34	GPS（E）	平定营镇	68	GPS（E）	中坪镇

二、标志保护

县国土局增设测绘管理内设机构后，及时加强对测量标志的管理。1999 年第一次开展测量标志调查后，县国土局即对完好的 9 个水准点明确当地土管所负责监管，并聘请 8 人与之签订委托保管责任书落实保管。2001 年，县国土局继续抓测量标志保护工作，除完善聘请人员委托保管责任外，县局还建立起测量标志巡回检查责任制，对测量标志实行了定期巡查保护。

2010 年，针对永久性测量标志数量增多、分布地域增大的特点，为便于管理和保护测量标志，国土资源局建立健全测量标志管护责任制，与托管人员签订《永久性测量标志保管员责任书》，进一步明确双方责任，并在内部完善“1 对 1”测量标志管理台账，规定各乡镇国土资源所对测量标志的基本信息、使用情况及委托保管等情况必须进行详细登记。是年，国土资源局还充分利用“8·29”测绘日等加大测量标志保护宣传，并在各主要交通要道悬挂测量标志保护宣传标语和发放测量标志保护资料，以此来增强干部群众对测量标志的保护意识。

2013 年，针对过去保管员年龄偏大、部分责任心不强等状况，县国土资源局全面重新落实了测量标志保管员，重新签订了委托保管书。至 2014 年，县国土资源局共聘请测量标志保管员 20 人，签订委托保管书 67 份，实施了对全县 67 个测量标志点的委托保管。

第三节 测绘市场管理

2000 年，根据国家测绘局《关于对不符合“一个中国”原则的地图产品进行专项检查的紧急通知》，5 月 26 日，由测绘管理办公室牵头，由县公安局、文化局、工商局组成联合检查组，对县城区域内销售地图、地球仪、地图集等出版物的书店、个体摊点进行全面检查，查出2个摊点销售的地球仪4个无西沙群岛、南沙群岛、台湾岛等中华人民共和国国界线，地质出版社出版的《中国公路地图册》一本无国界线。检查按规定对违背一个中国原则的地图集1本、地球仪4个进行了没收处理。是年开展该项工作中，国土局副局长田丰被评为省国土厅先进个人。

2001年，根据黔南国土测〔2001〕04号文件安排，经县人民政府同意，县国土局、保密局联合行文开展测绘成果保密专项检查。在各使用测绘成果单位按文件填报《测绘成果保密专项检查年度自查报表》基础上，全县对林业局、国有林场、建设局、供电局、水利局5个单位进行重点检查。检查发现测绘成果资料使用存在如下问题：林业局、区划办、水利局1990年前在省州领用的部分地形图遗失，林业局1991年在州测管办购买的瓮安县万分之一地形图一套101幅部分遗失。问题原因，1997年前无县级专门测管机构及用图单位管理责任不到人。

2002年，按照黔南政办〔2002〕31号文件精神，县成立以分管副县长为组长、相关部门负责人为成员的地图市场秩序整顿规范工作领导小组，全县集中开展2次行动，重点对县城区涉及地图传播、展出、销售的相关环节进行执法检查，发现个别摊点地图无审图文号，检查中立即进行了没收处理。

2003年8月4日至9月2日，县国土资源局在工商、公安、文体广播局配合下，开展文具店、书店等地图公开出售场所和工程建设工地的检查。2004年6月5－25日，国土资源局继续开展以县城为重点的地图产品销售检查。其后在7月31日前，与县保密局联合下发开展测绘成果保密专项检查通知，全县开展了测绘成果保密专项检查。经两年检查，境内无违法测绘行为；地图市场秩序稳定，无违背“一个中国”原则地图产品；各测绘单位和使用测绘成果单位做到了测绘成果保密。

2009年8月3日，根据国办发〔2009〕4号文件和黔府办发〔2009〕70号文件关于整顿和规范地理信息市场秩序的通知，县政府办下发《瓮安县整顿和规范地理信息市场秩序工作实施方案》，明确加大对涉密地理信息的获取、提供、使用、生产、出版、传输等重点环节的监管。县政府成立以分管副县长为组长，国土资源、公安、文体广播、人武、保密等有关部门负责人为副组长的整顿和规范地理信息市场秩序工作领导小組，具体加强对整顿和规范工作的领导。8月5日，全县召开整顿和规范地理信息市场秩序工作会议。8－9月，按照“全县统一领导，县政府负责，部门指导协调，各方联合行动”的原则，全县全面开展整顿和规范地理信息市场秩序工作，清理和整頓面达23个乡镇的所有书店、书屋、书苑、地摊图书市场及各测绘单位和测绘成果使用单位。是年，通过清理和整頓，县国土资源局制定了《地理信息市场违法案件举报制度》《地理信息市场违法案件移送制度》《地理信息市场共同监管共同办案制度》。各测绘单位和测绘成果使用单位建立健全了档案资料管理制度和工作制度，存放重要测绘资料的电脑专人专用不与外网连接，测绘市场秩序继续向好的方向发展。

2012 年 5 月，根据省国土资源厅转发关于加强涉密测绘地理信息安全管理的通知精神，县国土资源局在县保密局的配合下，在全县范围内开展对国家秘密测绘成果索取、使用、加工、管理和对外提供的保密检查。2012 年 9 月，根据黔南州国土资源局《关于转发〈关于印发国家版意识宣传教育“进学校、进社区、进媒体”活动工作方案〉》，县国土资源局下发《瓮安县国土资源局深化“问题地图”专项治理行动工作方案》，会同教育局、文体广电旅游局、工商局、工信局等相关部门联合开展版图意识教育“三进”活动和深化“问题地图”专项治理行动。专项检查和专项治理行动期间，全县组织测绘单位和密级测绘成果单位开展测绘地理信息安会保密知识培训，制作发放《瓮安县国土资源局国家版图意识教育宣传读本》2000 余份。

2013 年 9 月，国土资源局联合教育、工商、文广、工信、民政等相关部门对县城区内多家书店漏绘“钓鱼岛”政治性问题地图和“无审图号、无出版单位、无编制单位”三无地图及书籍进行检查，共查处没收问题立体地图 45 张，世界地图 60 张，地球仪 3 个，世界地图拼图 21 张，《中国地图册》2 本，《世界地图册》3 本，《中国旅游图册》1 本。

2014 年 8 月，根据州国土资源局有关通知，县国土资源局成立国家版图意识宣传教育和地图市场监管工作领导小组。8 月 28 日，县国土资源局印发《瓮安县 2014 年国家版图意识教育和测绘法宣传活动实施方案》，并根据方案开展国家版图意识宣传和《测绘法》宣传系列活动。在“8·29”测绘法宣传日，县国土资源局利用移动通讯网络 10086 平台向全县发送公益宣传短信 20000 余条，在 8 月 28 日至 30 日，利用县电视台流动播放测绘宣传标语 36 次。

第四节 测绘规划与实施

一、“十二五”基础测绘规划

2011 年 9 月 13 日，根据国家测绘局《关于做好测绘发展“十二五”规划编制工作的通知》及省国土资源厅、州国土资源局的有关文件，县国土资源局与黔南州水利水电勘测设计研究院签订合同，委托黔南州水利水电勘测设计研究院编制《瓮安县“十二五”基础测绘规划》。10 月 26 日，县政府成立瓮安县“十二五”基础测绘规划编制工作领导小组。11 月 28 日，《瓮安县“十二五”基础测绘规划》编制完成，是日，瓮安县召开基础测绘规划编制工作领导小组成员单位及编制单位参加的评审会，对规划进行评审获得通过。12 月 2 日，县政府对规划予以批复，原则同意瓮安县国土资源局组织编制的《瓮安县“十二五”基础测绘规划》。

《瓮安县“十二五”基础测绘规划》分 9 章，基础测绘主要内容为进一步完善全县空间定位基准、加快基础地理信息系统更新速度、优先建设地理空间数据库、建立经费投入与定期更新基础测绘成果的机制、统一基础地理数据的标准和共建共享机制的建立、确保地理信息安全、为政府宏观管理服务、为新农村建设提供测绘保障。“十二五”基础测绘重点项目有建设基础控制网、生产和更新 1∶500 基础地理数据、加快建设基础地理信息系统及数据库、建立地理空间数据交换中心、编制出版瓮安县地图集。

二、数字城市建设

2012 年 5 月，省第一测绘院受县住房和城乡建设局委托，对县境县城东面朵云水库、卢家寨片区及县城规划区部分范围共 71 平方公里进行航空摄影。9 月 15 日，瓮安县国土资源局与贵州省第一测绘院签订合同，委托贵州省第一测绘院对瓮安县一城三区 107 平方公里进行航空摄影，对瓮安县一城三区（县老城区、北部新城、工业园区、草塘古邑区）189 平方公里进行三维场景数据制作。该航摄和三维场景数据制作完成后，经县政府批准，由县财政划拨 90 万元购买了一城三区 107 平方公里航摄成果，该航摄成果在政府决策、社会发展规划、区域经济规划、资源开发利用及农村产权制度改革试点工作中均得到充分运用。

2013 年 4 月起，全县围绕基础地理数据库，地理信息公共平台和典型应用系统的建设开展前期基础工作，年内完成了猴场镇和银盏镇乡镇规划区 1∶500 的地形测图。

2013 年 12 月 12 日，县政府根据《黔南州人民政府关于全面推进数字城市空间框架建设的意见》（黔南府发〔2013〕3 号）的文件精神，成立瓮安县数字城市地理空间框架建设工作领导小组，组长由县政府副县长担任、副组长由县政府办副主任、县国土资源局局长担任，成员单位有县发改局和改革局、县住房和城乡规划局建设局、县交通运输局等。领导小组下设办公室在县国土资源局，具体负责日常事务工作。

2014 年，县聘请贵州省第一测绘院进行《数字瓮安地理空间框架建设项目可行性研究报告》和《数字瓮安地理空间框架平台项目建议书》编制。4 月、6 月，县政府分别召开数字城市地理空间框架建设工作部署会，并请省第一测绘院领导及专家对开展此项工作的可行性进行讲解，对项目投资、意义等进行分析研判。县政府第 31 次常务会议和县委常委会第 63 次会议，专门研究了数字城市地理空间框架建设工作。年内，瓮安主要以县城为中心，开展了瓮水、雍阳、银盏、猴场、平定营等“一城四区”和朱家山国家森林公园自然保护区、江界河风景名胜区等 400 平方公里高精度数字城市地理空间框架建设，基础数据覆盖全县。示范应用建设拟在住建、国土、旅游和社会公众服务等领域开展，再逐步扩展到水利、环保、消防、公安等具备条件的部门。瓮安数字城市地理空间框架建设预计总投资 1170.4 万元。

三、地理国情普查

2013 年 12 月 11 日，县政府下发《瓮安县人民政府办公室关于成立瓮安县第一次全国地理国情普查工作领导小组的通知》，要求各单位认真贯彻《国务院关于开展第一次全国地理国情普查的通知》（国发〔2013〕9 号）和《贵州省人民政府办公厅关于印发贵州省第一次全国地理国情普查实施方案的通知》（黔府办发〔2013〕54 号）精神，县政府决定成立第一次全国地理国情普查领导小组专抓此项工作。2014 年 4 月，县政府召开县第一次地理国情普查工作安排部署会。此后，县国土资源局在地理国情普查工作中，充分利用“4·22”地球日、“5·12”防灾减灾日、“6·25”土地日、“8·29”测绘法宣传日等宣传日，通过网络、电视、设咨询台、短信、会议等多渠道多形式，对地理国情普查进行了广泛宣传。贵州省第一测绘院承担瓮安县第一次全国地理国情普查工作任务，从2014年年初开始至2015年初，作业单位按国家规定标准和程序开展资料收集和内业、外业调查，基本完成了普查任务，并通过了初步验收。

第十六章　地质环境管理

第一节　地质灾害

一、地灾隐患

县境出露地层有前震旦系、震旦系、寒武系、奥陶系、二叠系、三叠系、下第三系、第四系。其中二叠系、三叠系出露面积最广，占县境总面积的多数。岩石以浅海台地碳酸盐岩沉积为主，次为陆源碎屑沉岩。地质构造有南北向和北东向2组褶皱，其中南北向褶皱主要有瓮安复向斜、新寨向斜、玉华背斜；北东向褶皱主要有天文向斜。断层形迹展布方向主要有北东向和南北向2组。北东向断层以白沙－渔河断层规模最大，影响范围广，是分隔南北向和北东向两个不同构造方向区块的边界断层，是具有区域性的断裂带。该断裂带在境内西部的白沙－中坪一带由开阳县进入县境，北东在木老坪－天文一带延伸进入余庆县，横跨整个县境。南北向断层主要分布在县境东部，较分散，一般为小至中等规模。受地质构造影响，境内南部地区山脉走向以南北向为主，北部则主要为北东向。境内总体地势南东高，北西低，中部平缓。全县大部分地区海拔在800～1300米之间。平均坡度16.63°。县境地貌主要有山地、丘陵、盆地三大基本类型，其中山地、丘陵面积占县境总面积的95%以上。

由于境内地层岩性及地质构造复杂，地形地貌组合形态多，地势相对高差大，地形切割强烈，地质灾害普遍发育，一直以来均有不同程度的地质灾害发生，并呈明显上升趋势。瓮安地质灾害的频发性，与区内的自然地理、地质环境条件及人类工程活动有着密切的关系。致灾因素：一是自然因素，境内地质环境条件脆弱，加上境内年降雨量在空间上分配不均，各季节降雨量、降雨量强度及集中程度存在较大差异，其中以夏季降雨量最大，其降雨量据气象资料记载，约占全年的41.3%，夏季大暴雨诱发滑坡、崩塌、泥石流地质灾害最为典型。县境内83%以上的滑坡都发生在雨季，另有10%的滑坡发生于10－11月雨后期。而崩塌主要是丰水季节较多，占85%，枯水季节引发崩塌的占15%。地面塌陷丰水季节较多，占77%，枯水季节引发崩塌占23%。二是人为因素，主要是矿产开采、公路建设、城镇化建设、植被破坏、陡坡垦殖等。特别采矿作业、公路修建等对地貌、水文地质条件的破坏，造成了水土流失、植被破坏、采空区、切坡等，致使地面塌陷、地裂缝及滑坡等地质灾害不断发生。

瓮安县2014年地质灾害隐患现状统计表

表16－1　　（威胁50人或险情中型以上）

地灾隐患名称	诱发因素	威胁农户	威胁人数	经济损失（万元）	险情分级	防灾建议
牛场坝乡和平思南寨崩塌	自然	9	53	36	小型	搬迁避让
天文镇云中大落凼滑坡	自然	23	104	92	中型	工程治理
珠藏镇珠藏村沙沟差斜坡	自然	20	100	80	中型	工程治理
天文镇高庄塘村塘坎滑坡	自然	14	54	56	小型	监测预警
江界河镇渡江社区江界河滑坡	综合	25	87	4500	小型	工程治理
高水乡高龙村响水岩崩塌	自然	164	698	656	大型	工程治理
天文镇天文村贾家坡滑坡	自然	13	52	26	小型	监测预警
银盏镇木老坪村算水坝滑坡	自然	18	99	72	小型	监测预警
猴场镇宋家寨村天堂地面塌陷	自然	13	78	52	小型	工程治理
猴场镇宋家寨村交水滑坡	自然	15	74	60	小型	监测预警
猴场镇青池村茶头关差斜坡	自然	30	160	120	中型	工程治理
猴场镇宋家寨村青山地面塌陷	人为	13	60	52	小型	搬迁避让
银盏镇印山村花园湾滑坡	自然	70	280	280	中型	监测预警
猴场镇青池村七冲滑坡	自然	30	102	120	中型	监测预警
银盏镇穿洞村角口塘差斜坡	自然	11	55	44	小型	工程治理
银盏镇大寨坪村老山沟地面塌陷	人为	54	220	216	中型	搬迁避让
永和镇萍水村新寨塌陷	人为	24	90	96	小型	搬迁避让
老坟嘴乡关塘村腊岩滑坡	自然	16	75	64	小型	搬迁避让
老坟嘴乡关塘村九龙沟滑坡	自然	53	210	212	中型	搬迁避让
银盏乡太平村牛湾塘塌陷	人为	50	210	200	中型	工程治理
白沙乡翁腊村秉老头崩塌	自然	58	243	232	中型	工程治理
白沙乡翁腊村三格田崩塌	自然	14	65	56	小型	搬迁避让
白沙乡白沙村路边崩塌	自然	45	169	180	中型	搬迁避让
白沙乡翁腊村齐地坪滑坡	自然	45	160	180	中型	搬迁避让
玉华乡岩根河村新寨崩塌	自然	16	80	64	小型	工程治理
玉华乡岩根河村白岩崩塌	自然	177	659	708	大型	工程治理
玉华乡岩根河村大竹林滑坡	综合	23	105	92	中型	监测预警
建中镇鑫隆坪村轿子岩滑坡	综合	20	96	80	小型	监测预警
永和镇白水河村烂田冲塌陷	人为	14	55	56	小型	搬迁避让

续表 16－1

地灾隐患名称	诱发因素	威胁农户	威胁人数	经济损失（万元）	险情分级	防灾建议
永和镇白水河村污薅差斜坡	自然	19	87	76	小型	工程治理
建中镇鑫隆坪村上下马路塌陷	人为	17	75	68	小型	工程治理
岚关乡章阁村庙湾滑坡	综合	18	84	72	小型	监测预警
永和镇洗马塘村高庄头塌陷	人为	31	124	80	中型	监测预警
建中镇白沙村田坎寨滑坡	自然	15	47	60	中型	搬迁避让
珠藏镇羊关村长坡滑坡	自然	12	54	120	小型	工程治理

县境地灾类型主要是山体滑坡、崩塌、地面塌陷等。地震史料尚无记载。2008 年 5 月 12 日汶川地震，瓮安县城有明显震感。2009 年 8 月 25 日天文镇政府电话报告，天文镇云中村 8 月 23 日 9 时和 15 时 30 分、24 日 15 时 30 分、25 日 4 时 35 分相继发生四次抖动，其震级均较小。2015 年 4 月 14 日 19 时 48 分，据贵州省地震台网测定，在瓮安县江界河镇境内（北纬 27. 34 度，东经 107. 39 度）发生 2. 4 级地震，其震级也较小，持续时间较短。依据 1990 年版中国地震烈度区划图，境内地震烈度小于 6 度。依据贵州省城乡建设环境保护厅 1993 年 12 月编制的《贵州省地震烈度区划图》，地震烈度为 6 度区。据国家地震局 2001 年颁布的《中国地震动参数区划图》《中国地震动峰值加速度区划图》（GB18306－2001），地震动峰值加速度为 0. 05g，基本烈度为Ⅵ度。资料表明瓮安地壳较为稳定。境内地震除邻区地震引起外，不排除震源来自镇远东西向深断裂活动的结果。现状条件下，未发现断裂构造带有活动迹象，地块稳定。

有关地质灾害的隐患及发生，瓮安几无资料可查，直至 20 世纪 90 年代，国家明确地质矿产主管部门防治地质灾害的职能后，地质灾害防治工作始有专管部门。在此期间，境内排查的地灾隐患重点，主要为白沙乡白沙村秉老头一带的地裂缝及珠藏水钢公司高山铁矿采空区的崩塌、滑坡等。进入 21 世纪，随着矿产资源的普遍开采及大量采空区的出现，境内地质灾害的隐患及发生有所加剧。

2002 年，排查出各类地质灾害隐患点 50 处。2008 年，通过野外调查和核实，地质灾害隐患点共 83 处，其中滑坡 62 处，崩塌 18 处，泥石流 1 处，地面塌陷 2 处。83 处隐患点中，重要地质灾害隐患点 10 处，一般地质灾害隐患点 73 处。至 2009 年达到 123 处，其后每年在 100 处左右。2011 年 93 处，其中：自然地质灾害隐患点 52 处，人为地质灾害隐患点 35 处，6 处地质灾害隐患点性质未定；2012 年 104 处，其中：自然地质灾害隐患点 61 处，人为地质灾害隐患点 40 处，3 处隐患成因未定；2013 年 115 处，其中：自然地质灾害隐患点 66 处，人为地质灾害隐患点 46 处，3 处隐患成因未定。

2014 年，在汛前排查中统计全县地质灾害隐患点 108 处，通过开展汛期排查新发现地质灾害隐患点 5 处，全县隐患点总计为 113 处，危及住户 1414 户 6009 人，涉及经济损失10251.85万元。其中：自然地质灾害隐患点76处，人为地质灾害隐患点19处，综合因素诱发地质灾害隐患点18处。按地质灾害险情划分，大型2处，中型14处，小型97处，威胁50人以上地灾隐患点35处。

二、地灾发生

县国土资源局组建前，县内发生地质灾害未作系统统计。

2002年，全县发生地质灾害28起，小型规模，损坏公路3条共800米，造成直接和间接经济损失600多万元，因地质灾害或地质灾害隐患需搬迁42户。其中9月17日木老坪乡杨梅村简子山组发生大面积地裂缝，村民许明武等住房处长宽150米范围内出现5－15厘米多条地裂缝，许明武住房屋基及院坝下滑1米多，灾害造成许明武等5户22人较大经济损失。

2003年，发生地质灾害5起，小型规模，其中人为引发的3起，自然因素造成的2起，损坏民房3幢，损坏良田近10亩，因地质灾害搬迁农户2户。

2005年，发生地质灾害6起，小型规模，损坏房屋9间，毁坏农田3亩，直接经济损失5万元。

2006年，发生地质灾害4起，小型规模，其中自然因素造成的2起，人为活动引发的2起，毁损房屋6间，直接经济损失200余万元。

2007年，发生地质灾害21起，其中中型规模2起，小型规模19起；自然因素造成16起，人为活动引发5起。损坏房屋12间，造成3人死亡，1人重伤，直接经济损失400多万元。是年3月10日凌晨6时30分，玉山镇大坪村宏远磷矿和轿顶山磷矿矿区发生山石崩落地质灾害，是造成3人死亡1人重伤的直接原因。

2008年，发生地质灾害39起，小型规模，损坏房屋13间，直接经济损失85.56万元。

2009年，发生地质灾害15起，小型规模，其中：人为引发3起，自然因素造成12起，损坏房屋13间，直接经济损失15.5万元。

2010年，发生地质灾害21起，小型规模，损坏房屋19间，直接经济损失198.35万元。当年地质灾害诱发因素以自然因素为主，共14起，占67%；人为因素造成7起，占33%。灾害类型以滑坡为主，次为崩塌、地面塌陷、地裂缝，分别占灾害总数的76%、14%、5%和5%。灾害发生时间集中在汛期，期间共发生20起，其中5－8月17起，占全年的81%。

2011年，发生地质灾害5起，小型规模，其中人为引发4起，自然因素造成1起，损坏房屋4间，直接经济损失35万元。

2012年，发生地质灾害14起，小型规模，其中人为引发5起，自然因素造成9起，损坏房屋7间，直接经济损失120万元。

2013年，发生地质灾害7起，小型规模，其中人为引发4起，自然因素造成3起，损坏房屋2间，直接经济损失142万元。

2014年，发生地质灾害1起，由自然因素引起，小型规模，损坏房屋16间，直接经济损失60万元。

2015年4月14日19时48分，据贵州省地震台网测定，江界河镇境内（北纬27.34度，东经107.39度）发生2.4级地震，震源深度8千米。由于地震震级小，持续时间较短，未给当地群众生产生活造成明显影响。地震发生时，江界河镇的江界河中学和铜锣中学正在上晚自习，铜锣中学的监控摄像头拍下了学生疏散到操场上的一幕。此次地震除震中江界河镇外，玉山、珠藏等乡镇都有震感。地震发生后，江界河镇镇村干部立即对群众情绪进行安抚。4月15日，经检查确认，当地除部分房屋因震动出现裂缝和漏水外，群众的生产生活没有受到明显影响。

第二节　地质灾害预防与应急

一、地质灾害预防

20世纪80－90年代，全县开始建立健全县、乡（镇）两级汛期值班和地质灾害报告制度，开始建立地质灾害隐患巡查排查制度。其中白沙乡白沙村其地坪地质灾害隐患点和秉老头一带地质灾害隐患点，均分别在1988年和1996年巡查排查中发现。90年代中后期，随着地质矿产主管机构的建立并明确其地质灾害管理职责，境内结束了地质灾害防治没有专管机构的状况。

2002年起，县政府开始每年编制《瓮安县汛期地质灾害防治方案》，每年编制的方案均对头年地质灾害进行简单总结，对当年地质灾害进行预测预报，并具体明确当年重点防范区，一般防范点，重点防范期、防范措施等。汛期是引发境内地质灾害的主要原因，瓮安确定重点防范期为每年4月1日至9月30日。根据县每年编制的《瓮安县地质灾害防治方案》，各乡镇人民政府结合本地实际，每年亦分别编制乡镇地质灾害防治方案。对威胁对象在100人以上或其他重要地质灾害隐患点，各乡镇还需编制专门隐患点的防治方案，明确具体防灾职责，落实防灾措施。

是年起，全县开始建立健全防灾减灾领导责任制。县政府每年成立瓮安县地质灾害防治工作领导小组，组长一般由一名副县长担任，副组长一般由县人武部部长、政府办主任、国土资源局局长担任，成员由工作涉及的发改局、财政局、安监局、民政局、交通局、环保局、经贸局、卫生局、广电局、公安局、水利局、建设局、防汛办、气象局、供电局、电信公司等相关单位领导担任。乡镇政府也开始每年成立地质灾害防治工作领导小组，由乡镇领导担任组长、副组长，乡镇有关单位负责人担任成员，并同时组建乡镇地质灾害应急小分队。县、乡镇地质灾害防治工作领导小组负责辖区内地质灾害防治的组织指挥、部署协调和巡查指导，并将职责任务分配到成员单位。县、乡、防灾重点村，均层层签订防灾责任书，乡村同时还同乡村监测人员、巡查人员分别签订责任书，全县范围内，初步形成了一级抓一级、一级向一级负责的群测群防体系，形成了县、乡镇、村、组（组一级主要针对隐患点）的四级群测群防信息网络。

2004 年，根据国土资源部、省国土资源厅有关文件精神，县政府办印发《瓮安县地质灾害应急预案》（瓮府办发〔2004〕55 号），县国土资源局制定印发《瓮安县地质灾害速报制度》。《瓮安县地质灾害应急预案》对地质灾害等级划分、应急抢险机构及职责、应急准备、应急响应、应急行动、事后处理等均作出明确规定。《瓮安县地质灾害速报制度》对地质灾害分级、速报原则、速报程序、速报内容、地灾隐患速报等进行了明确。其中地质灾害分级为 4 级：一般级：未发生人员伤亡，直接经济损失 100 万元以下；较大级：因灾死亡和失踪 10 人以下，或直接经济损失 100 万元以上、1000 万元以下；重大级：因灾死亡 10 人以上、30 人以下，或直接经济损失 1000 万元以上、5000 万元以下；特大级：因灾死亡和失踪 30 人以上，或直接经济损失 5000 万元以上。

2006 年，县国土资源局完成全县 190 个矿山企业地质受损面积和地质灾害隐患的调查上报，完成《地质灾害隐患巡查、监测督查情况记录表》《地质灾害气象预报及防范措施登记表》《崩塌、滑坡、地裂缝变形监测记录表》的填制上报，并将“地质灾害明白卡”“监测变形情况登记卡”“撤离迁安明白卡”等发放到受威胁的对象和监测人员手里。

2007 年，贵州省地质环境监测院、贵州省地质调查院与瓮安县国土资源局共同协作，开始开展瓮安县地质灾害调查与区划工作。次年地质灾害调查与区划工作完成，经省国土资源厅及县国土资源局组织专家组对该项目进行野外质量检查验收，野外工作质量 91.7 分，等级评优。经省国土资源厅委托有关单位聘请专家组成评审委员会对《瓮安县地质灾害调查与区划报告》进行评审，项目成果得分 90.5 分，成果质量评定等级为优秀。本次项目调查公路 240 公里，水库 9 座，电站 42 座，矿山 102 处，学校 121 所，河流 189.4 公里，地质灾害点 80 余处，建立地灾简易监测 13 处共 39 个监测点，举办地灾防治基层干部培训班 24 期。主要提交成果有《瓮安县地质灾害调查与区划报告》《瓮安县地质灾害调查与区划实际材料图》《瓮安县地质灾害分布与易发分区图》《瓮安县地质灾害防治规划图》《瓮安县地质灾害群测群防网络图》《瓮安县地质灾害调查与区划空间数据库》《瓮安县地质灾害防治规划报告》等。

是年，县国土资源局对 13 个乡镇、3 所学校和 3 个地质灾害隐患严重的矿山企业进行农村地质灾害防治知识培训。县政府办印发《瓮安县地质灾害应急演练方案》。该演练方案出台后，县地灾防治领导小组每年坚持组织演练，重要演练有 2008 年 12 月 17 日在雍阳镇桐木小学进行的突发性地灾应急演练，2010 年 8 月 27 日在老坟嘴乡进行的针对性地灾防灾应急演习，2011 年 8 月 19 日在玉华乡进行的针对性地灾防灾应急演习，2012 年在高水乡进行的针对小岩底滑坡隐患点的防灾避让演练，2013 年在鱼河乡鱼河小学进行的地灾防灾避让演练，2014 年 6 月 17 日在瓮安煤矿进行的应急演练及 6 月 23 日在永和中学开展的突发性地质灾害应急演练等。

2008年，县政府办印发《地质灾害防治百日督查专项行动工作方案》。5月14日，县分管领导组织召集领导小组成员单位召开专题会议，分6个组，按照各组组成单位的职责进行分工，分别就各乡镇地质灾害防治方案和预案执行情况；巡查到位情况；监测报告情况；明白卡发放情况；群测群防、避让搬迁、值班制度落实情况进行全面督查。5月16日，县政府分管领导张仁德副县长亲自带队到白沙乡，听取乡政府领导关于地质灾害防治工作的汇报，并到秉老头隐患点实地查看防灾避让工作落实情况。通过百日督查专项行动，及时发现并解决了地质灾害防治方面存在的问题。年内，县人民政府还组织开始开展《瓮安县地质灾害防治规划（2008－2015年）》编制，2009年8月编制完成。规划明确了至2011年的近期防治规划目标和至2015年的中期防治规划目标，对实施瓮安地质灾害防治具积极作用。

2009年，国土资源部启动地质灾害防治"十有县"（有组织、有经费、有规划、有预案、有制度、有宣传、有预报、有监测、有手段、有警示）建设工作，瓮安县被确定为贵州省第一批地质灾害群测群防"十有县"建设的县。为抓好该项工作，县成立由县政府分管领导任组长，各乡镇党委、政府和各有关部门领导为成员的地质灾害防治工作领导小组，下发《瓮安县地质灾害防治"十有县"建设工作实施方案》，至2010年，瓮安完成"十有县"建设并通过省国土资源厅验收合格。

2011年，境内开始对除农村农民建房以外的所有基建项目，全部要求进行地质灾害危险性评估，建设业主单位必须严格承诺做好相关地质灾害防治工作，方才批准办理用地手续。2011－2012年，瓮安县被列为全省地质灾害详查县，县国土资源局配合贵州省正业公司开展了对全县地质灾害隐患进行详查；县国土资源局与贵州省有色金属和核工业地质勘查局物化探总队签订地质灾害防治对口协作机制协议，广泛开展了地质灾害应急方案的编制；县国土资源局与县气象局签订气象预警信息绿色通道发布协议书，气象局及时将有可能诱发地质灾害的天气预报信息通过各种渠道传送给了各乡镇防灾机构。两年中，县国土资源局积极向省国土资源厅、省地矿局争取项目和资金，共实施抗旱找水打井27口，累计达47口，较好地解决了环境改变造成群众生产生活用水困难问题。

2013年，全县广泛宣传地质灾害防治知识，县国土资源局发放"地质灾害防治小知识"、"地质灾害临灾五步避险法"等宣传资料3000余份，组织部分乡镇在学校进行了地质灾害防治知识培训和紧急避让演习，邀请省州地质灾害防治专家在汛前对全县各有关部门和乡镇进行了地灾防治工作培训。

2014年，县政府印发《瓮安县地质灾害防治高标准"十有县"建设工作实施方案》。全县在地质灾害防治"十有县"建设工作验收合格的基础上继续推进高标准"十有县"建设。4月11日，县召开2014年地质灾害防治工作会议暨高标准"十有县"建设工作推进会，布置相关工作。会后，各级积极行动，有效促进了建设工作的向前推进。年内，县国土资源局邀请地质灾害防治对口协作单位贵州省有色金属和核工业勘查局物化探总队对地质灾害防治知识作专题培训，参培人员有地质灾害防治工作成员单位领导、各乡镇（街道）国土资源分管领导、国土资源基层所（分局）负责人、局机关全体干部职工、重要地质灾害隐患点监测人员及瓮安煤矿、瓮安磷矿、县磷化公司、瓮安县大信北斗山磷矿、珠藏高山铁矿等单位的指派人员等。县国土资源局充分利用赶集日在城区及建中镇、永和镇、猴场镇、天文镇、银盏镇开展“防灾减灾日”等宣传活动，发放《防灾减灾宣传画》《地质灾害防治小知识》等宣传资料，并开展对各乡镇所是否建立群测群防体系、是否编制“两案”发放“两卡”、是否有排查巡查记录和台账、是否按制度落实汛前排查汛中检查讯后核查等进行专项检查，使全县群测群防机制更趋完善。

2015 年初，县人民政府第 37 次常务会议研究确定，每年从采矿权使用费、采矿权价款、土地出让价款中提取 5%，并由县财政划拨 200 万元，建立县地质灾害防治专项资金，以保障地质灾害防治工作经费。

二、地质灾害应急

（一）应急预案

2004 年 6 月 8 日，县政府办印发《瓮安县地质灾害应急预案》（瓮府办发〔2004〕55 号），该预案共 7 章 32 条。至 2014 年，其间曾几次修订（后一次修定为 2012 年），但仍保留其基本架构及基本内容，其间仅对抢险机构领导成员安排等少数内容进行修改。《瓮安县地质灾害应急预案》对地质灾害等级划分、应急抢险机构及职责、应急准备、应急响应、应急行动、事后处理等均作出明确规定。

应急抢险机构：县人民政府成立突发性地质灾害应急抢险救灾指挥部，负责全县突发性地质灾害的应急抢险救灾组织指挥工作。指挥部的指挥长由县政府分管副县长担任，副指挥长由县人武部部长、县政府办公室主任或国土资源局局长担任。指挥部下设办公室在县国土资源局负责日常工作，由县国土资源局局长或副局长兼任办公室主任。指挥部成员由县国土资源局、县气象局、县公安局、县民政和民族宗教事务局、县财政局、县发展和改革局、县安全生产监督管理局、县卫生和食品药品监督管理局、县水利局、县交通运输局、瓮安公路养护段、县住房和城乡建设局、县工业和信息化局、县环境保护局、县教育局、县供电局、县电信局、县移动公司、县联通公司、武警县中队、消防大队等部门负责人组成。县政府办公室于每年汛期公布当年指挥部组成人员名单，公告指挥部进入预备状态，指挥部办公室进入日常工作状态。

应急准备：组建抢险救灾队伍以灾害发生地的乡（镇）应急小分队、民兵和人为地质灾害责任单位为主，并根据抢险救灾工作的需要，由指挥部报请上级指示或批准，调动武警县中队、消防大队、预备役部队参加抢险救灾工作。物资储备：由民政、发改、卫生、工信等部门负责储备和筹集粮食、方便食品、饮用水、帐篷、药品、医疗用品及其他所需物资；由交通部门调动所需的大型运输车辆、船只等；由水利部门负责储备和筹集所需的抽水设备等；由电力部门负责准备所需的电力设施和照明；由电信、移动和联通部门负责所需的通信设施，保障信息畅通。资金筹备：县人民政府在年度财政预算中安排地质灾害防治专项资金，用于地质灾害防治工作。地质灾害应急抢险所发生的费用，由自然因素诱发的地质灾害按照自筹为主、补助为辅、分级负责的原则由各级政府和灾区群众解决；由人为因素诱发的地质灾害，执照“谁引发，谁治理”的原则由责任单位解决。

应急响应：发现地质灾害的单位或个人，应立即向当地人民政府或国土资源部门报告，其他部门或基层群众自治组织接到报告，应立即转报县人民政府或县国土资源局。灾害发生地的乡（镇）人民政府或国土资源所接到报告后，应立即报县人民政府或县国土资源局，并立即赶赴现场进行灾情核实。县人民政府或县国土资源局接到报告后，应立即组织人员赶赴现场进行灾情调查，同时报告指挥长、副指挥长，并根据调查了解的情况按照有关规定向上级人民政府或国土资源部门报告。县、乡（镇）两级地质灾害防治工作领导小组办公室在汛期应安排人员全天24小时值班，随时保证信息畅通。发生地质灾害后，县指挥部根据报告或了解到的灾害级别或灾情大小，确定抢险救灾方案，及时决定启动应急预案。

应急行动：一旦发生地质灾害险情，在应急避让和抢险救灾行动中，应首先按照确定的撤离转移路线和临时安置点，组织灾区群众快速转移和疏散，及时抢救伤员和转移重要物资，保障灾民的生命财产安全，及时发放和调配救灾款物，保障灾民生活，及时采取有关应急措施，排除险情、控制和制止灾情的进一步扩大和发展，搜索和救助被埋的人员和财产。卫生部门主要领导，负责带领救灾医疗救护小分队及时赶赴灾区进行抢救、转运和医治伤员。有关职能部门按照职责分工，立即、快速组织抢修被损坏的公路、河道、通信、电力、供水等有关设施。

事后处理：县人民政府和有关职能部门应及时研究和总结应急抢险工作出现的问题，提出改进措施，进一步完善应急处理机制。灾情稳定后，地质灾害防治和应急抢险机构应督促受灾地区的乡（镇）人民政府拟定生产、生活的安排计划，组织群众大力开展生产自救重建家园。对灾区仍存在的地质灾害隐患，有关单位或部门应及时组织实施工程治理。

除编制县级地质灾害应急预案，根据要求，各乡镇也需分别编制乡级地质灾害应急预案。同时，县、相关乡镇或矿山企业对重大地质灾害隐患点，亦需分别编制针对地灾害隐患点的防灾预案，具体明确防灾职责，落实防灾措施。2003－2014年，由县或相关乡镇先后编制的地灾害隐患点防灾预案有《玉华乡马坡路段、穿岩洞矿段南堡采区、大塘矿段水井湾地点地质灾害防灾预案》《白沙乡翁腊村秉老头三格田地质灾害防灾预案》《玉华乡岩根河村地质灾害隐患点的防治应急预案》《老坟嘴乡九龙沟防灾应急预案》等。

2013年5月3日，县政府办印发《瓮安县防震减灾应急预案》，明确县内发生较大以上地震灾害后，立即成立县地震灾害应急指挥部，领导、指挥地震应急与救灾。地震灾害应急指挥部总指挥由县长担任，副总指挥由分管副县长、县人民武装部部长等担任。防震减灾应急预案对组织指挥体系与职责、预警和预防机制、应急响应、后期处置、保障措施等均作了具体规定。

2015 年 6 月 3 日，县政府办印发《瓮安县突发地质灾害应急预案》（瓮府办发〔2015〕58 号），该预案较之废止的 2012 年《瓮安县地质灾害应急预案》，内容大体相同，文字组合则有较大变动，新预案分总则、组织指挥体系及职责、监测预警、信息报告、应急响应、后期处置、附则共 7 个部分。

（二）应急处置

2002 年 5 月 7 日上午，玉华乡马坡发生山体崩塌，县国土资源局接到报告后立即赶赴现场查看。此次地质灾害，发生在玉华乡境内瓮卜公路 K8 + 150 ~ 350 米之间，主要为山体崩塌与地面下陷，崩塌沙石约 1000 余立方米。现场有 2 处较大崩塌区，1 处下陷深度 1 米左右，面积约 10 平方米，公路多处裂隙横贯，公路排水沟沟帮 20 余米变形，紧靠公路山上呈 10 余处裂隙，一处裂隙达 30 余厘米，且山上一处约 20 立方巨石有脱离母岩危险。县国土资源局查清情况后，迅即将灾害向县政府汇报。副县长何林海当即组织交通局、公路段等相关单位人员赶赴现场。当日，县政府及有关方面及时作出了禁止车辆通行、停止采矿、人员撤离等措施。

2003 年 1 月 23 日 12 时，建中镇白水村窝凼组发生地质灾害，村民熊朝举等 4 户住房一带发生山体裂缝数条和地面塌陷，裂缝短的几米，长的上百米，房屋出现不同程度下沉，一栋房屋整体变形倾斜；塌陷形成陷坑 2 个，小的一个约 10 平方米，大的一个约 50 平方米。灾害发生后，国土资源局赶赴现场并下达撤离通知，在调查清地质灾害系建中镇龙泉煤厂开矿所致。经与建中镇人民政府协商，责成龙泉煤厂出资，对熊朝举等 4 户全部进行了搬迁。

2003 年 5 月，白沙乡秉老头一带山体裂隙加宽，崩塌地灾隐患威胁加重。5 月 19 日，副县长张仁德组织国土资源局领导赴白沙乡翁腊村秉老头组、山格田组召开现场办公会，责成白沙乡政府立即组织受地质灾害隐患威胁最严重的 8 户人家全部撤离到附近村组农户家暂住。5 月 24 日，张仁德副县长召开有县政府办、国土资源局、计划局、民政局等有关领导参加的紧急会议，就进一步加强白沙乡地质灾害防治工作进行专题研究。5 月 26 日，副县长张仁德带领相关部门领导赶赴隐患点现场召开有白沙乡党委、政府有关领导，翁腊村村支两委负责人及永宏煤矿法人代表参加的现场办公会，责成县国土资源局尽快拟定白沙乡翁腊村秉老头、山格田组地质灾害紧急报告报县政府审定后上报省、州有关部门；责成白沙乡立即成立乡翁腊村秉老头、山格田地质灾害防治工作领导小组和抢险救灾应急分队，并重新确定 29 户立即撤离。6 月 4 日，州国土资源局接到瓮安县关于白沙乡翁腊村地灾隐患报告后派人调查，提交《瓮安县白沙乡翁腊村秉老头、山格田组崩塌地质灾害隐患调查报告》，界定秉老头和永宏煤厂矿部东面陡峭山头上，裂隙发育长 30～100 米，宽 20 厘米～250 厘米，秉老头和山格田两村民组的村民住房建在陡崖前沿斜坡地带，处于崩塌危岩体威胁范围的农户共 29 户 99 人，其中秉老头村民组 13 户 45 人。7 月 8 日，根据该调查报告提出的“该崩塌隐患不适宜实施工程治理，只宜进行搬迁避让”的结论，县政府召开有关单位领导参加的会议，就白沙乡秉老头、山格田两村民组搬迁和避让进行专题研究，形成会议纪要：落实首期异地搬迁 16 户，就近搬迁 13 户，要求有关方迅即做好安置地点及耕种土地对接。明确村民搬迁避让补助标准：搬迁至乡外每户补助 1.2 万元，搬迁至乡内补助 1 万元，就地搬迁本村组每户补助 2000～3000 元。

2004 年 5 月 30 日，曾经发生过崩塌、地裂缝、滑坡等地质灾害的玉华乡马坡路段、穿岩洞矿段南堡采区、大塘矿段水井湾出现再次发生崩塌等地质灾害隐患，威胁公路上过往车辆、行人及附近建筑物，县政府办印发《玉华乡马坡路段、穿岩洞矿段南堡采区、大塘矿段水井湾地点地质灾害防灾预案》，县立即成立玉华乡马坡路段、穿岩洞矿段南堡采区、大塘矿段水井湾地点地质灾害防治工作领导小组。并在隐患区立即组织开展监测预报，明确监测预报由国土资源局总负责，分工马坡点由玉华乡安排人员监测，穿岩洞矿段南堡采区由瓮安磷矿、大信北斗山磷矿和县磷化公司各派 1 人监测，大塘矿段水井湾地点由瓮安磷矿派人监测，监测结果 1 日 1 报，同时实行汛期 24 小时值班，发生灾害，即时报告乡政府和有关单位。立即组织开展紧急避让：马坡路段，由县交通局将公路完全切断，禁止一切车辆通行；南堡采区，设立警示牌，禁止车辆和人员通行，大信北斗山磷矿办公房立即搬出；水井湾地点，设立警示牌，公路改道，瓮安磷矿磅房搬迁，人员撤出。玉华乡政府和三家企业，迅速启动抢险救灾预案，各家应急分队立即组织群众开展紧急避险和抢险救灾。

10 月 10 日晚 10 时 30 分，建中镇白水村白水煤矿矿工住宅区发生地面塌陷，塌陷面积约 100 平方米，陷坑深度 3 米，1 间矿工住房地面塌陷，房屋垮塌，导致住房内 1 名矿工、2 名家属掉入陷坑。接到灾情报告后，县政府组织相关部门前往施救，并成立紧急施救临时指挥部，采取措施组织抢险、致灾原因调查和紧急避让，防止了灾害的进一步扩大。

2005 年 6 月 6 日凌晨 3 时左右，玉华乡马坡路段发生山体滑坡。按到报告后县国土资源局组织人员立即赶赴现场查看灾情，并组织有关部门采取封路措施。6 日上午，张仁德副县长赶赴现场查看并召开有关方面参加的会议，提出防治方案：汛期马坡路段实行过往车辆和行人管制，路段两端设置花杆 24 小时值班，危险时段禁止一切车辆和行人通行。对滑坡路段险情排除，要求公路部门尽快拿出滑坡路段边坡排险方案，并责成县国土资源局迅速上报州局，请求州国土资源局协助制定排险方案。

2005 年 6 月 9 日，永和镇龙山村、老坟嘴乡关塘村发生山体滑坡，接到报告后有关方面立即赶赴现场抢险救灾。下午，县政府召集县国土资源局、发改局、民政局、永和镇及老坟嘴乡负责人会议，就抢险救灾进行研究，产生会议纪要：永和镇龙山村罗朝轩、谭明源、向时涛、罗朝兵、罗帮国、罗老二等6户农户和老坟嘴乡关塘村腊岩组1户农户，立即搬迁避让，搬迁避让在10内完成。永和镇6户搬迁，民政局每户解决3000元搬迁安置补助费。老坟嘴乡1户搬迁，民政局和发改局解决5000元搬迁安置补助费。

2006年6月25日11时，瓮安磷矿一号平硐巷道作业人员发现平硐顶板发生垮落现象，立即向车间报告，当即撤除井下作业人员，并按程序向矿领导进行汇报。矿领导立即启动应急预案，组织疏散危险区人员，撤除危险区设备，停止危险区一切生产作业，划定警戒线，设置安全警示牌，封锁公路，禁止车辆、行人进出，安排人员24小时值班，对山体变化情况进行监测。26日深夜1时许，水井湾山体发生大面积崩塌，崩塌方量10000立方米左右，造成公路中断，瓮安磷矿矿山车间加工规格矿生产区围墙受损，车间一间机房被崩塌岩石冲垮淹没。26日上午，瓮安磷矿、县国土资源局组织召开紧急会议，处理抢险救灾相关工作。29日，县政府组织召开协调会，由部门和单位抽人组成监控、协调、治理三个领导小组开展工作。监控组负责隐患点的监测，控制人畜、车辆进入危险区域；协调组负责做周边群众的思想工作和地灾防治知识宣传；治理组负责联系有资质的地质单位对灾害进行评估和治理设计。水井湾山体崩塌地质灾害由于先有防治方案应急预案，长期派人监测，发现预兆及时，疏散人员迅速，组织措施得力，未发生人员伤亡事故。

2007年5月3日上午8时左右，平定营镇岩鹰坪村铅厂组懒板蹬至老沼坟一带发生地面塌陷。塌陷区域横向宽约500米，纵向长约800米，面积约400000平方米，灾害区域出现无数条从山顶直贯山脚的地裂缝，有的裂缝宽达1.5米，深不见底，并出现3个10至15平方米的陷坑。地面塌陷震动造成3户农户房屋出现裂缝，通组公路中断，并造成塌陷区域及其邻边的土地山林无法耕种和管理。灾害原因主要是瓮福磷矿辣菜山采区开采磷矿所致。灾害发生后，平定营镇政府和县国土资源局及时赶赴现场采取应急防范措施：在三处过道设立警示标志和警戒线，禁止车辆、行人进入危险区域；安排当地村民5人进行昼夜值班和监视险情变化情况；对当地群众做安抚工作，同时通知相邻磷矿采点停止开采。

2009年9月4日19时45分，瓮安县平峰矿业有限责任公司尾矿库发生溃坝事件，大约3万多方尾矿渣涌入下游，100.275亩耕地受影响，15.5亩耕地被淹没，矿渣流入江界河上游玉华河段，导致水体呈现褐红色。为防止污染面扩大，灾害发生后县政府紧急召开相关部门参加的处理专题会，下设5个工作组开展工作，明确龙塘乡曾武山300余人饮用河水停止饮用，由乡政府送水解决；在溃坝下游50米、200米处分别设拦截坝，防止污染进一步扩大；对污染受损的耕地进行核实补偿。

2010年7月19日上午7时20分，玉华乡岩根河村棉花寨组县磷化公司6号井范围内王家岩处发生地面塌陷，塌陷面积逐步扩展到约100平方米，导致6号井办公楼一栋、办公人员59人和棉花寨村民组村民12户35人受到直接威胁。地灾发生后，县政府领导张仁德副县长组织有关部门赶赴现场，与玉华乡政府、岩根河村支两委、磷化公司人员进行现场办公处理灾情。县、乡两级分别成立救灾避险工作组，县国土资源局局长刘晓勇任县救灾避险工作组组长，玉华乡乡长张杰任乡救灾避险工作组组长。工作组紧急启动乡级地质灾害防治预案，及时采取了一系列救灾避险措施：一、立即停止6号井井上井下施工，所有矿区工人、办公人员和当地居住村民全部撤离至安全地带，联系玉华小学教室作为撤离搬迁群众的临时安置点；二、设立警戒线，在警戒线周围书写张贴警示标语，提醒当地村民和过往行人；三、在警戒区外的公路两头搭建救灾帐篷，建实体墙封堵公路，安排人员24小时值班，严禁过往行人、车辆通过危险区；四、安排专人进行不间断巡查和监测，实行一日三次报告制度。19日晚19时，王家岩南面山体崩塌，崩塌方量约2000立方米，损毁工棚、发电机组、变压器及抽水设备，直接经济损失22万元。由于撤离疏散人员迅速，未发生人员伤亡事故。7月20日，州国土资源局指派的专家组成员到现场勘查，初步判断山体下方存在凌空面，山体上有垂直裂隙，在地面塌陷的振动和汛期雨水的冲刷下，再次发生地质灾害的可能性极大，建议将原警戒线内定为一级警戒区，在一级警戒区外的采空区上方，定为二级警戒区。一级警戒区的人员必须全部撤离安置，二级警戒区的居住村民，要做好地质灾害防治知识宣传，发放明白卡，作好应急避险准备工作。7月30日，县国土资源局委托省地矿局第二工程勘察队，对县磷化公司玉华矿段矿区范围地质灾害及其隐患进行成因技术鉴定，随后，县磷化公司开始组织资金实施对该地质灾害的治理。

2012年汛期，受连续强降雨影响，瓮安相继发生多起地质灾害。在县、乡两级政府及相关部门及时赶赴现场抢险救灾的同时，贵州有色地质工程勘察公司（以下简称勘察公司）受县国土资源局委托，对所发生的灾害均组织相关技术人员通过现场踏勘，相继编制完成各地质灾害点的地灾应急方案。5月21日，高水乡市湾村小岩底组发生滑坡、崩塌地质灾害，造成该组后山坡水渠被破坏，道路垮塌，泥石冲入山下村民区，造成1栋房屋损坏，部分农田被毁，并有崩塌物砸断粗大树枝，造成当地居民心理恐慌，且观音阁悬崖存在较大的崩塌地质灾害隐患。勘察公司通过现场踏勘后，完成了《瓮安县高水乡市湾村小岩底组地灾应急方案》。根据应急方案，该地质灾害点采取了对滑坡直接威胁的10户村民立即撤离现有住所、划定地质灾害危险区设置警戒标志、实施滑坡体周边修排水沟及清除滑坡堆积体、安排固定人员定期监测预报等应急措施。6月10日下午3时，银盏镇大寨坪村青菜沟发生滑坡地质灾害，滑坡高度约30米，宽约40米，造成耕地、农作物及部分村民房屋损坏，13户房屋产生地裂缝。且滑坡体仍处于不稳定状态，滑坡体上部分村民房屋存在倾覆或垮塌的危险。勘察公司现场踏勘后，完成了《银盏镇青菜沟地质灾害应急方案》。根据应急方案，该地质灾害点采取在附近安全区设置临时安置点、划定地质灾害危险区设置警戒标志、实施滑坡体周边修排水沟及清除滑坡堆积体、设置观测点长期监测预报等应急措施。5月下旬，小河山乡大河村楠木山组附近公路北侧发生表土剥落继而滑坡，滑坡体长约10米，宽约8米，完全阻断该村公路。

勘察公司现场踏勘后，完成了《瓮安县小河山乡大河村楠木山组地灾应急方案》，根据应急方案，该地质灾害点采取在危险区设置警戒标志、实施清除滑坡堆积体、治理期间禁止车辆行人通行等应急措施。6月，江界河镇渡江社区发生滑坡，部分村民房屋垮塌，公路受到不同程度破坏，受灾达11户55人。勘察公司现场踏勘后，完成〈瓮安县江界河镇渡江社区滑坡应急方案〉。根据应急方案，该地质灾害点采取在附近安全区设置临时安置点将11户55人进行转移安置、划定地质灾害危险区设置警戒标志、修建档土墙对江界河码头截坡进行支护、滑坡未治理前不得对滑坡体坡脚进行削坡等应急措施。

2013年，瓮安亦相继发生几起地质灾害，勘察公司通过现场勘察，对年内发生的地质灾害点亦相继编制了应急方案，计有《瓮安县玉山镇玉山村水井湾组懒板凳湾地灾应急方案》《瓮安县松坪乡宋家湾组地灾应急方案》《瓮安县瓮水街道办事处茅坡地灾应急方案》等。茅坡地质灾害6月7日下午发生第一次山体垮塌，8日上午发生二次垮塌，垮塌方量约400立方米，垮塌体将村民杨华一平房压垮，并将杨华一栋三层楼房砸损。踏勘发现，地灾点附近山体出现15厘米裂缝，再次发生地质灾害可能性增大，直接威胁杨华一家10人生命财产安全，并可能威胁到附近住户生命财产安全。根据应急方案，该地质灾害点采取设立警戒线引导村民避让、安排专人对山体裂缝进行编号定期观测记录变化、对杨华等户采取撤离等应急措施。

第三节　地质灾害治理

2002年，因地质灾害或地质灾害隐患需要搬迁42户，年内实施搬迁20户。

2004年，县政府把防治经费纳入财政预算，年内投资15.5万元用于白沙乡秉老头地质灾害隐患点受威胁农户搬迁，当年搬迁9户，2005年搬迁至18户。

2006年，实施了木老坪乡天堂村大田组地面塌陷等地质灾害治理，年内全县因灾实施搬迁4户、15人，投资搬迁经费8.9万元。落实白沙乡秉老头、老坟嘴乡腊岩部分村民搬迁，县政府按每户6000元补助第一期搬迁经费共25.2万元。落实开矿造成玉华乡牛宫村南堡组南堡地灾隐患点27户、107人搬迁经费200余万元，按比例分摊到相关责任单位，至2008年，搬迁任务完成。

2007年，实施了对建中轿子岩和油房、木老坪明槽和下寨、永和开坪、玉华南堡等地质灾害治理，涉及受益43户、165人。开始了全面规划实施白沙乡翁腊村（秉老头组、三格田组、路边组）70户、281人和老坟嘴乡关塘村腊岩组12户、61人自然地质灾害隐患点的整体搬迁避让工作。按每户8000元的搬迁补助经费，年内落实搬迁任务14户。

瓮安县2007－2014年地质灾害治理统计表

表16－2

地质灾害 名　称	治理 措施	治理 时间	受益户	受益 人数	治理成效
白沙乡白沙村秉老头带崩塌	搬迁	2009－2012	166	688	投入1400万隐患基本消除
老坟嘴乡老坟嘴枫香树崩塌	工程治理	2011－2012	221	928	隐患消除共投入712万元
玉华乡牛宫村南堡滑坡	搬迁	2007－2008	27	107	隐患消除投入200万元
玉华乡岩根河村棉花寨崩塌	搬迁	2010－2014	177	659	投入2300万元搬迁86户
玉华乡岩根河村毛栗山滑坡	搬迁	2010	7	23	隐患消除
天文镇天文村贾家坡滑坡	搬迁	2010	3	13	隐患消除
天文镇玉屏村大屋基滑坡	搬迁	2011	3	11	隐患消除
高水乡高炉村苦竹园崩塌	搬迁	2010	4	14	隐患减少
建中镇毛坪村轿子岩塌陷	搬迁	2007	3	11	隐患消除
建中镇毛坪村油房地裂缝	工程治理	2007	5	16	隐患消除
建中镇建中村果水滑坡	搬迁	2010	1	5	隐患消除
老坟嘴乡红岩村大窝凼滑坡	搬迁	2010	5	17	隐患消除
老坟嘴观塘村腊岩滑坡	搬迁	200－2009	6	31	隐患减少
木老坪乡天堂村大田塌陷	搬迁	2006	3	11	隐患消除
木老坪乡天堂村明槽滑坡	搬迁	2007	1	5	隐患消除
木老坪乡木老坪村下寨滑坡	搬迁	2010	3	12	隐患消除
雍阳镇城南村陆家寨滑坡	搬迁	2010	3	11	隐患消除
永和镇洗马村开坪塌陷	搬迁	2007	4	14	隐患消除
永和镇袁山村岩底塌陷	工程治理	2009－2010	12	55	隐患消除
永和镇垛丁村大院子滑坡	搬迁	2010	7	24	隐患消除
玉山镇小开洲村大坪坡滑坡	搬迁	2010	13	63	隐患消除
珠藏水田村上桶沟地下冒水	搬迁	2008	14	55	隐患消除
珠藏镇水田村沙沟地下冒水	搬迁	2009	2	7	隐患消除
珠藏镇羊关村长坡滑坡	搬迁	2010	6	21	隐患消除
老坟嘴乡九龙沟滑坡	搬迁	2011－2014	131	563	投入155万元工程待续
贵州省瓮安中学滑坡	工程治理	2012		2511	隐患消除投入2600万元
永和镇烂田冲塌陷	搬迁	2012	10	56	隐患消除共投入83万元
银盏镇开展青菜沟滑坡	工程治理	2013			隐患消除共投入980万元
永和镇污簰不稳定斜坡	搬迁	2014	38	170	隐患消除共投入900万元

2008年，实施了对珠藏镇水田村上桶沟组地下冒水的治理，涉及搬迁14户、55人。是年11月19日，黔国土资发〔2008〕140号文件下达2008年度第三批省级地质灾害防

治项目任务书通知，白沙乡翁腊村秉老头崩塌搬迁避让项目获批，项目总经费预算786.2万元，省专项补助275万元。搬迁避让涉及白沙乡翁腊村秉老头、路边、三格田、青山湾4个组共199户718人。

2009年，根据省、州有关地质灾害治理专项资金管理暂行办法的有关文件，县政府研究决定建立瓮安县地质灾害治理专项资金。7月1日，县财政局、国土资源局、物价局印发《瓮安县地质灾害治理专项资金管理暂行办法》，规定专项资金来源每年包括：县级财政预算安排100万元；采矿权使用费及价款县级部分的10%；矿产资源补偿费县级部分的10%；煤炭价格调节基金县级部分的10%。专项资金主要用于自然因素引发的地质灾害防治工作。按照有关匹配比例，特大型地质灾害治理需经上报财政部和国土资源部立项，大型地质灾害治理需经省国土资源厅审查批准。部、省批准项目经费由省、地、县三级财政按35%:35%:30%的比例分担。中型地质灾害治理需经州审查批准，所需经费州给予县部分补助资金，其余经费由县政府承担。小型地质灾害治理经费全部由县政府出资解决。

是年11月，县政府根据黔国土资发〔2008〕140号文件制定《瓮安县白沙乡秉老头崩塌带整体搬迁实施方案》，明确崩塌带隐患区188户688人整体搬迁。规划在白沙乡政府集市所在地等处集中安置一部分，并鼓励群众投亲靠友和就近搬迁。选择集中安置，一次性发放搬迁避让补助金2.2万元，公共设施资金由政府统一安排进行公共设施建设。选择非集中安置，实行一次性发放搬迁避让补助金2.2万元，另从危房改造项目中解决每户补助金1万元。秉老头搬迁项目除省专项补助275万元外，县政府匹配资金当时决定从农村危房改造资金解决160万元；从永宏煤矿环境恢复治理保证金解决160万元；从矿山和谐基金解决100万元；从“一事一议”解决100万元。秉老头崩塌带整体搬迁至2012年结束，后期各项投入费用大幅增加，实际投入经费达1400多万元，才基本实施了对白沙乡翁腊村秉老头、路边、三格田、青山湾4个组共188户688人的整体搬迁，其中集中搬迁105户。由于秉老头崩塌带村民搬迁范围至2014年时比原规划范围有所扩大，加上部分原有住房未拆除又有少数村民经常返回居住等，秉老头崩塌带搬迁避让尚需进一步完成，其完成彻底搬迁尚缺资金200余万元。

2010年，全县完成用危房改造资金搬迁地质灾害隐患点住户91户。年内，老坟嘴乡枫香树滑坡治理项目立项获省国土资源厅批准。该项目2011动工2012年上半年完工，并于2012年5月17日通过专家组验收，共投入治理经费712万元，其中省级匹配资金275万元、州级100万元、县级337万元，工程治理受益对象221户928人。

2011年，获得省级批准的老坟嘴乡九龙沟滑坡整体搬迁项目启动，省级拨付补助资金155万元，该滑坡点受威胁对象131户563人。年内，按照谁破坏谁治理原则，县责成相关责任单位开展治理地灾项目3个，整合各类资金1800余万元，解除地质灾害威胁462户1971人。其中相关责任单位县磷化公司投入经费1480万元，开始实施玉华乡岩根河村棉花寨崩塌带的整体搬迁。至2014年，岩根河村棉花寨崩塌带项目一期应搬迁农户86户219人，其中货币补偿10户、拆一还一58户、划地安置18户，已投入资金2300万元，入住58户。至2015年初，二期整体搬迁项目涉及小高寨、新寨、来桑、田坝、桂花树等村民组村民72户316人的整体搬迁项目已逐步开展。

2012年，县筹措资金2600万元，实施对贵州省瓮安中学不稳定斜坡的工程治理，保障了学校2511名教职员工及学生安全。落实资金83万元，实施了永和镇烂田冲塌陷地质灾害点10户56人的整体搬迁。是年，瓮福磷矿大塘矿根据《贵州瓮福磷矿大塘矿段矿区及地面工程地质灾害危险性评估报告书》，开始对区域内地质灾害隐患进行治理，年内，处理危岩101.9万立方米，其后在2013年和2014年分别处理38万立方米、6万立方米，基本消除了地灾隐患。

2013年，银盏镇开展青菜沟滑坡治理，投入资金980万元。瓮安煤矿东平硐开展地灾隐患工程治理，投入资金400万元。泰丰煤矿对三角坡煤矸石堆砂场地灾隐患治理，投入资金80万元。

2014年，永和镇污蔴不稳定斜坡整体搬迁避让项目获批、启动并完成，共投入治理经费900万元。其中省级200万元，县级200万元，州国土资源局返还瓮安煤矿环境恢复治理保证金500万元。共完成受威胁对象38户170人在县城盆水井的搬迁集中安置。是年，由县移民局委托贵阳勘查设计研究院岩土工程有限公司对江界河镇渡江社区江界河组滑坡地质灾害隐患点的工程治理亦启动，设计投资1350万元，该治理项目于2015年3月动工。

第四节　地质环境保护

一、矿山地质环境保护

20世纪90年代初期开始，要求申办矿山企业必须保护环境，申办选址必须签署环保部门同意的意见。进入21世纪，准入条件更加严格，申办矿山企业不仅须签署环保部门的会审意见，同时必须提交有资质单位编制的《开发利用方案》《建设项目环境影响报告表》《地质环境保护与恢复治理方案》《土地复垦方案》等。

2007年，根据国土资源部《矿山地质环境保护规定》《贵州省地质环境管理条例》，县国土资源开始《瓮安县矿山地质环境保护与治理恢复规划（2009－2020年）》编制。该规划编制完成后，提出矿山地质环境治理恢复工程202项，其中煤矿40项，非煤矿山38项，废弃矿山11项，测算治理恢复投资66028.96万元。至2014年，该规划的部分项目得到了具体实施。

是年5月，贵州省政府办公厅转发省国土资源厅等部门制定的《贵州省矿山环境治理恢复保证金管理暂行办法》，规定凡在本省行政区域内从事矿产资源开采活动的矿山企业，均要按办法规定到财政部门指定的银行账户缴存保证金。保证金缴存数额按照矿山企业核定的矿山设计开采规模、年限，由各级国土资源主管部门及财政部门核定下达，保证金缴存标准：年缴存额 = 基价 × 开采影响系数 × 矿山设计开采规模。缴存总额 = 年缴存额 × 采矿许可证有效期。矿山企业年度缴存额不足 5 万元的，按 5 万元缴存。保证金实行退还结算制度，矿山企业履行完成矿山环境治理恢复义务的，保证金全部退还。年底，保证金缴纳开始在境内实施。县国土资源局按照收取权限积极推进县级办证矿山企业向县内的缴存和推进州级以上办证矿山企业向省州的缴存，使保证金缴存制度得到较好的执行。2008 年，全县州级以上发证矿山企业保证金缴存额达 3854 万元，2009 年为 1016.5 万元，2010 年为 2224.5 万元，2011 年为 3369.75 万元，2012 年为 1673.5 万元，2013 年为 4454 万元，2014 年为 789 万元，合计总缴存额为 17384.25 万元。州级以上发证矿山企业保证金缴存额 100 万元以上企业，至 2014 年已达 43 个。其中缴存额达 1000 万元以上企业就有 5 个：瓮安煤矿，缴存 1352 万元；瓮安磷矿，缴存 2232 万元；瓮福磷矿大塘矿段，缴存 1460 万元；老虎洞磷矿，缴存 1056 万元；白岩磷矿，缴存 2016 万元。

2008－2014 年缴存环境恢复治理保证金 100 万元以上企业表

表 16－3　　　　单位：万元

矿山名称	缴存额	矿山名称	缴存额	矿山名称	缴存额
瓮安煤矿	1352	青菜沟煤矿	126	白果槽煤矿	108
永宏煤矿	148	万灵煤矿	174	宏福煤矿	132
龙井煤矿	396	银堂煤矿	275	梯冲磷矿	160
鹏福煤矿	132	福兴煤矿	162	厦安磷矿	224
梓塬煤矿	126	上场坪新井煤厂	144	庙湾磷矿	100
青山煤矿	162	打石冲煤厂	162	瓮安磷矿	2232
高水煤矿	180	大洞口煤矿	126	瓮福磷矿大塘矿段	1460
宏鑫煤矿	270	永安煤矿	132	北斗山磷矿	560
双龙煤矿	185	万鑫煤矿	300	白岩磷矿	2016
大坪煤矿	162	东发煤矿	450	磷化公司玉华矿段	700
三桥煤矿	174	泰丰煤矿	300	磷化公司玉华磷矿	754
运达煤矿	132	洗马煤矿	120	老虎洞磷矿	1056
地源煤矿	168	兴成煤矿	210	珠藏铁矿	253
中鑫煤矿	132	袁山煤矿	270		
弘泰煤矿	252	兴章煤矿	144		

针对县级发证矿山由于规模小根本无法一年内缴纳保证金 5 万元的具体情况，县政府及时颁布《瓮安县矿山环境恢复治理保证金制度》，规定县级发证的沙石、页岩矿山企业保证金缴纳标准：雍阳镇、银盏乡范围内每个企业每年缴纳标准为 10000 元，其他建制镇和乡政府所在地村辖范围内每年缴纳标准为 5000 元，其余区域内每年缴纳标准

为2000元。该缴存标准制定后，沙石类矿山企业的缴存得以顺利进行。2010年，县级发证矿山企业累计缴存保证金36.7万元，比未颁布《瓮安县矿山环境恢复治理保证金制度》前的2009年缴存额12.1万元增加24.6万元，增长2倍。其后各年，县级发证矿山缴存基本均能按要求履行。其中2011年缴存为43.2万元、2012年缴存为43.5万元、2013年缴存为46.5万元、2014年缴存为39万元。

2008年，为加强地质环境的管理，瓮安全面开展矿区地质环境遭受破坏导致地质灾害等的调查工作。据不完全统计，截至2008年，全县因开矿导致耕地破坏无法耕种达5300亩，涉及61个村、235个组、3305户、18700余人；矿区存在地质灾害隐患72处，影响44个村、93个组、1112户、4600余人；因环境破坏导致宅基地开裂、地面沉陷等，共涉及39个村、70个组、1087户、4300余人。针对矿区地质环境遭受破坏严重的状况，2008年10月29日，根据县人大29位代表的提议，县政府专门召开会议研究《瓮安县矿业协会关于收取和谐矿区建设金的决议》，并制定印发《瓮安县和谐矿区建设基金征管暂行办法》。该办法明确和谐矿区建设基金是政府为协调、治理、调节县内矿产资源开发所造成的环境破坏、地质灾害及矿区群众生产生活等给予补助，依法向从事矿产资源开采的单位和个人征收的专项基金。基金计征标准：开采原煤每吨20元（生产加工成焦炭每吨30元），磷矿每吨20元（岚关磷矿区15元），硫铁矿每吨10元，铁矿每吨20元，铅锌矿每吨50元，铝钒土地、重晶石每吨5元，其他矿每吨5元，砂石每立方米1元。考虑到企业的实际困难，后经县政府研究将收取标准改为减半征收。

2009年8月17日，根据黔党发〔2007〕28号文件精神，县委、县政府制定出台《瓮安县构建和谐矿区实施意见》，进一步明确采取多种措施，妥善解决矿区环境污染、道路交通、人畜饮水、地质灾害、生活用煤等问题。明确坚持“谁开发、谁保护；谁破坏、谁恢复：谁受宜、谁补偿”的原则，真正做到开发、保护与治理并重。并明确和谐矿区建设金，按照“企业所有、协会统筹、专款专用、政府监督”原则，“取之于矿，用之于矿，用之于民”。对矿区发生的地质灾害，明确由国土资源局委托有资质的中介机构鉴定，由企业造成的，由企业出资治理，严重影响群众生命财产安全，需搬迁的费用由企业承担。因企业主迷失或自然灾害引发的，由政府统筹地灾治理资金、和谐矿区建设金予以解决。据统计，2009－2013年五年间，全县共收取矿区和谐基金14883万元，其中2009年3110万元、2010年2632万元、2011年2552万元、2012年3796万元、2013年2793万元。2014年7月23日，县政府办印发瓮安县支持工业企业发展九条措施的通知，和谐矿区建设金停止收取。据截止2011年3月的统计，和谐矿区建设金共收取5896万元，其中主要投入使用有：矿区人畜饮水建设项目16个，投入资金247.37万元；地灾和环境治理项目15个，投入资金1129万元；矿区公路项目22个，投入资金1129万元；矿区工业产业后续发展补助项目4个，投入资金1179万元；矿区新农村建设，投入资金400万元。

2010年开始，境内通过自筹和立项争取矿山环境治理恢复保证金的返回等，加大了对矿山地质环境的治理。至 2014 年，部分矿山环境治理已取得初步成效。瓮安煤矿地质环境治理项目，2012 年申报获上级批准，2013 年纳入省、州“矿山复绿”工程安排，期间瓮安煤矿有限责任公司委托贵州省有色地质工程勘察公司都匀分公司编制完成《贵州省瓮安煤矿夹山矿弃渣场复绿治理工程设计》并通过专家评审，该规划项目设计治理资金 300.23 万元，综合治理面积 2 公顷，至 2014 年 9 月，瓮安煤矿夹山矿地表土层抗防滑桩及弃渣场复绿治理工程完工并通过县级验收，12 月通过州级验收，总投入资金达 400 万元。珠藏铁矿地质环境治理，2013 年纳入省、州“矿山复绿”工程安排。水钢公司瓮安珠藏分公司委托 104 地质大队编制完成《贵州省瓮安珠藏高山铁矿地质环境恢复治理工程实施方案》并通过专家评审，规划项目治理资金 150 万元，综合治理面积 3.14 公顷。至 2013 年，完成挡土墙建设 1500 立方米等一期工程，至 2014 年底，完成了截排水沟、坡面绿化等二期工程，总投入资金 144 万元，工程于 2015 年 5 月通过了州级验收。县磷化公司玉华矿段地质环境治理项目，涉及地质灾害搬迁避让等 2010 年即已开始，至 2014 年，在完成投资 2300 万元实施棉花寨、新寨整体搬迁基础上，已开始着手对崩塌带的边坡放坡、护坡、复绿等环境治理。瓮安磷矿地质环境治理项目，一期治理面积 2.5 公顷，投资概算 500 万元。工程由 115 地质大队承担，2014 年 3 月动工，同年 12 月完成矿区挡土墙、截排水沟、坡面绿化等治理工程，实际投入资金 630 万元，工程于 2015 年 2 月通过了州级验收。大信北斗山磷矿地质环境治理项目，工程由 104 地质大队承担，2014 年 5 月动工，同年 8 月完成矿山植被恢复等治理工程，总投入资金 185 万元，工程于 2015 年 2 月通过了州级验收。青山煤矿地质环境治理项目，由贵州省有色金属和核工业地质勘查局物化探总队承担，2014 年 3 月动工，同年 12 月完成危岩清理抗滑桩、挡土墙、地面绿化等治理工程，总投入资金 125 万元，工程于 2015 年 5 月通过了州级验收。

二、非矿山地质环境保护

20 世纪 90 年代中后期，瓮安在地质环境保护上开始实施风景名胜区、自然保护区、主要河流、主要公路干线沿线、县城、建制镇周围的矿产资源禁采、限采和搬迁，并多次组织对境内破坏地质环境的私挖乱采予以取缔。此一时期，县城可视范围内影响环境的吊钟坡沙石厂、王家岩沙石厂、大猪圈沙石厂先后关闭或搬迁。穿洞河风景区 500 米范围内的河边煤厂、穿洞河煤厂先后关闭。境内上百个无证私挖乱采的各类采矿点均先后被取缔。

1995 年，瓮府发〔1995〕27 号文件批准将朱家山列为自然保护区，主要保护对象是森林生态系统及其野生动物资源。保护区与黔东南州黄平县、黔南州福泉县相连，地处舞阳河的源头地带，为武陵山脉向西南延伸部分。地理坐标北纬 26°53′30″～27°01′05″，东经 107°34′～107°40′，面积 7638 公顷，其中核心区为 2533 公顷。森林覆盖率 75.67%，是黔中地区亚热带常绿阔叶林保存面积最大的地区之一，也是黔中地区生物多样性最为丰富的地区。2004 年 12 月，国家林业局批准为朱家山国家森林公园。

2010年8月，县政府制定出台《贵州省瓮安县江界河风景名胜区管理办法》，规定对包括穿洞河景区及其附近8个独立景点在内的江界河风景名胜区地质环境保护实行科学规划，统一管理。对风景区及其外围地带内新建、扩建和改建道路、建筑物、管线和其他工程设施，严格实行项目选址意见书、建设用地规划许可证、建设工程规划许可证和环境影响评价制度，允许建设的，必须采取有效措施保护周围景物、林草、植被、水体和地形地貌。禁止在核心景区建设宾馆、招待所、培训中心、疗养院及与风景名胜保护无关的建筑物。禁止在风景区开山、采石、开矿、开荒、修坟立碑等。县人民政府并在景区划定保护范围，设立界址标牌向社会公布。该管理办法实施后，各风景名胜区地质环境得到了较好保护。

按照《古生物保护条例》，1998年2月世界媒体相继报到陈均远教授和李家维教授在中国贵州瓮安地区发现大量距今约5.8亿年前的古生物化石发现后，瓮安立即开展了对古生物化石群的保护。2007年5月，省国土资源厅在瓮安召开古生物化石群保护现场会。11月，陈均远及合作伙伴再次来瓮安，与县委、县政府领导磋商“瓮安动物群”化石产地的保护、化石资源的开发利用。2008年，陈均远倡议，全国17名政协委员联名提案，呼吁加强对瓮安动物群化石产地的保护。期间，瓮安积极制定保护措施和方案，采取一切有效手段禁止在保护点进行采矿、爆破、修路、新建住宅等。2009年，县人民政府在动物化石群保护区设立保护碑。2011年，瓮安就动物群化石博物馆的建设组织召开专题会议，并特邀陈均远教授前来指导。2012年6月11日，在贵州参加第17届国际寒武系内部再划分野外工作会议的美国、德国、加拿大、意大利、瑞典、捷克、波兰、英国、俄罗斯、日本、韩国等10多个国家和地区的专家，深入瓮安北斗山实地考察“贵州小春虫”古生物群化石，并对瓮安规划筹建“贵州小春虫古生物群化石博物馆”提出了积极建议。2015年，县人民政府开始筹备在清莲湖湿地公园修建古生物群化石博物馆，以加大保护瓮安古生物群化石，并为人民群众提供科普教育基地和为更多专家学者提供研究考察场所。该博物馆规划建设总面积约1万平方米，总投资约6000万元。

第十七章　国土资源执法监察

第一节　法律法规宣教

《土地管理法》《矿产资源法》《测绘法》等法律法规颁布后，境内将相关法律法规纳入普法教育，开展了广泛深入的学习、宣传和贯彻执行。

1986年，县乡镇企业局广泛宣传《矿产资源法》和《贵州省集体个体采矿暂行规定》，将《矿产资源法》、黔府〔1986〕6号文件有关章节录制成磁带带到场坝、矿山企业宣传。组织专门力量清理小煤窑，大体摸清了基本情况，为1987年3月前完成全县小煤窑整顿换证工作创造了条件。至1989年，县政府召开全县性宣传《矿产资源法》大会3次。

1987年1月3日，县人大常委会印发县第九届人大常委会第十三次会议通过的《瓮安县人大常委会关于认真宣传、贯彻、实施〈中华人民共和国土地管理法〉的决议》，明确各级政府要加强领导，把《土地管理法》的宣传工作列为普法教育。1月14日，县司法局、县土地管理局联合下文转发司法部和国家土地管理局关于学习宣传《土地管理法》的通知。是月，县委、县政府召开深入学习宣传《土地管理法》专题会议。是年，全县运用宣传车、电影、有线广播、布告、举办学习班、召开各种会议等形式，广泛宣传《中共中央、国务院关于加强土地管理、制止乱占耕地的通知》（中发〔1986〕7号）等文件和《土地管理法》，共印发布告4123份，发百题解答通俗讲话200份，举办学习班参学人员13500人（次），出宣传小报6期720份，张贴标语1050张，放宣传电影51场、观众15000人（次），有线广播宣传50次，公布处理违法典型案例9起，成年人受教育80%。

1988年，县、区分别2次出动宣传车在所辖区域内宣传土地管理法规，每次5天，听众20000人（次）。发放《贵州省实施〈中华人民共和国土地管理法〉办法》小册子823份到县区乡村各级各位领导手里，发放《村民用地须知》8万份给每户，组织广播36次，听众15万人，办以会代训班25期，参培210人（次）。

1989年，土地法规宣传重点放在书写大幅标语和加强对各乡干部培训上。4月6－10日，县局举办监察、管理培训班，培训区乡干部65人。随后区乡组织培训，培训村以上干部4000人。县土地管理局用布告形式翻印《土地管理法》600份和土地复垦规定500份张贴至各区、乡、村、集镇，复制土地管理法录音磁带15盒发至各区广播，出宣传专栏30期、载文120篇，书写大幅标语321条，一般标语256条。在雍阳区，有47所学校8000多名学生受到国土知识教育。

1990年8月1日，根据省长王朝文有关电视讲话精神，县政府成立县国土观念教育领导小组，副县长黎培柽任组长，土地管理局局长曾宪源任副组长，有关单位负责人任成员。至8月5日，县、区、乡镇共成立各级国土观念教育领导小组55个，成员246人。此次教育历时2个月，共写出固定性大幅标语150幅，办宣传专栏50期，发放土地管理资料4000余份，宣传画60套480张，放电影录像《土地》《大地之恋》4次，广播土地法知识及王朝文省长电视讲话60场次，县、乡镇召开国土观念教育会议119次，出动宣传车宣传25场次。本轮教育活动，主动上门交违法占地罚款8人768元，主动拆除房屋复耕3人143平方米，群众上门举报违法占地18件，清理非农业建设用地650件，占地15亩。

1991年，全县广泛宣传开矿必须依法办理采矿许可证，县矿产开发管理局花1700元从浙江订购《矿产资源法》标语牌分发至矿山企业。县土管局编辑制作《国土资源知识读本》1000份、《国土资源服务指南》5000份、《国土资源宣传手册》18000份送达干部群众手中。并组织土地管理知识抢答赛，草塘土管所夺取冠军。

1992年，全县中小学开展“土地在我心中”“爱我中华、珍惜土地”有奖征文活动，老坟嘴小学唐丽均荣获第一名。开展“爱我中华、珍惜土地”演讲比赛，瓮福磷矿团支部张宛丽荣获第一名。县土地管理局在县城南北二门、平定营磅房、松坪乡高粱坪、珠藏镇荣院、天文镇钵上、中坪镇柏香、永和镇公路口制作长4.5米、宽1.5米的钢筋混凝土预制板宣传大幅标语。6月，利用赶场天，土地管理局与各乡镇组织彩旗队、鼓乐队和30余辆宣传车游行宣传。上述一系列宣传措施，收到了较好的宣传效果。

1993年，全县开展国土观念和相关法律法规教育，共办各类培训班25期，书写标语245条，出专栏51期，出动宣传车4台，巡回宣传23次。

1994年，全县土地管理系统共出墙报101期，设宣传站、咨询站74次，利用各种会议宣传151次，开专题座谈会24次，结合土地纠纷调解进行土地法规宣传662次，大量制作固定性土地宣传标语，全县加上原制作固定性土地宣传标语累计达1100多幅。

1995年，围绕“土地与法制”主题，全县开展“但存方寸地，留与子孙耕”的包括少年儿童在内的宣传活动，开展了六月每晚一次的土地标语电视宣传，进行了生存与发展等四家班子参加的专题座谈会。年内，县土地管理局出土地管理专栏64期，书写大幅标语201幅，小标语1104幅，横布标15幅，发放土地管理宣传资料9000余份，出动宣传车巡回宣传40余次。通过设咨询服务宣传站，仅县城前来咨询就达6000余人（次）。是年，省土地管理局授予瓮安土地管理局宣传工作先进单位称号。

1996年，矿法宣传以矿业秩序整顿为突破口，年内，县委、县政府5次召开会议宣传矿产资源法，总参会达3000人（次）。土地宣传以“土地与发展——保护我们的生命线”为主题，全县集中利用6月，在中学生中开展“但存方寸地，留与子孙耕”作文竞赛。各教育辅导站、土管所初评后向县教育局和土地管理局推荐优秀作文56篇。是月23日，副县长黎培桎发表题为“保护耕地”的电视讲话。25日，县委宣传部、县土地管理局联合举办纪念《土地管理法》颁布10周年座谈会，县四大班子领导参加座谈会。各乡镇也召开相应座谈会，乡镇党委、政府领导和相关部门领导参加座谈。26日，雍阳、平定营、玉华、银盏四个乡镇分别在县城中街、南街、西街、北街设咨询服务点，接待咨询人员1万多人（次），发放资料1万多份。27日，县委宣传部、县土地管理局联合举办“土地与发展——保护我们的生命线”为主题的土地知识抢答赛，以乡镇为单位组队23个参加竞赛，玉华队、老坟嘴队、牛场坝队分获一、二、三名。

1997年，以“土地与国家——爱护我们的家园”为宣传主题，以中发〔1997〕11号文件为宣传重点，“6·25”土地日前后，县乡召开多场座谈会、报告会。6月26日县城和乡镇利用赶场天设咨询点，参加服务人员100多人，前来咨询人数2万余人，发放资料2万多份。是年在矿法宣传中，县地质矿产局悬挂横幅布标20多条，下发宣传书籍500多册，下发宣传张贴画300多张，请广播局摄制相关录像20余条。

1998年9月，县人大、县政府专门举办一期有160多人参加的《矿产资源法》培训班，请省州地矿部门领导到会讲课。此次培训参培160多人，参考矿山企业负责人108名，培训结束考试60分以上101人，80分以上63名，90分以上37名，不及格7名，及格率94%。为迎接修订通过的《土地管理法》1999年1月1日起施行，1998年12月28日至1999年1月3日，全县组织开展土地法宣传周活动。期间政府领导发表电视讲话3次，电台组织报道10次，国土局办宣传专栏15期，组织宣传车巡回宣传30次，利用电影下乡宣传24次，挂大幅标语32条，临时性标语150条，张贴土地法全文1000份，召开土地法培训会24次，县土地管理局与司法局联办普法培训，参会95人，有四大班子领导、县直属部门领导、省驻县单位、乡镇企业、引资企业及用地大户。

1999年，以“依法行政，合理用地”“保护测量标志，人人有责”为宣传主题，全县重点对《土地管理法》《测绘法》等进行宣传。国土局成立宣传工作领导小组，各乡镇政府也成立相应的领导小组。国土局统一订购下发“土地日”特刊1000份，印发土地宣传资料20000份，缩印发《土地管理法》5000份、《贵州省测绘管理条例》和《贵州省测量标志保护管理办法》500份。“6·25”期间，县乡政府领导发表电视讲话20次，全县进行广播法律宣传644小时，召开“土地日”座谈会24次，参会1000余人。国土局组织车辆巡回宣传20次，接受宣传面约12万人（次），书写大幅标语600幅，其中永久性标语200幅，办土地知识专栏64期，电影下乡宣传8次。6月26日，天文等乡镇开展以中小学生、机关干部为主的“从小做起，从我做起”1000米横幅签名活动，参加签名3000多人。平定营、银盏、鱼河、珠藏等乡镇，由当地党委、政府牵头，开展“珍惜土地，爱我家园”、“土地与未来”有奖征文活动，征收征文200余篇，选出优秀征文40篇，评出一、二、三等奖20篇，鼓励奖80篇。

2000年，以“十分珍惜、合理利用土地和切实保护耕地”等为宣传主题，全年召开座谈会、报告会25次，各级政府发表电视讲话20余次，发放资料2万余份，组织车辆巡回宣传28次，书写标语400余幅，出墙报、专刊115期。6月22日县政府召开第十个全国“土地日”座谈会，县四家班子领导及相关部门负责人参会，就“保护耕地”、“依法行政”等主题作了发言。

2001年，以“规划土地，利国利民”“进一步加强测绘法制建设”为宣传主题，各级政府发表电视讲话20余次，召开各种座谈会、报告会50余次。县土管局订《中国国土资源报》《瓮安报》2500余份下发基层；书写标语250余条，其中铁制标语40块；县城建成国土管理宣传标语一条街，出墙报、专刊115期。结合“土地执法模范县”创建活动，全县举办《土地管理法》培训23期，参培3000余人（次）。6月20－21日，州局在瓮安举办有县四大班子领导、县人武部、瓮安磷矿、瓮安煤矿、10个县市参加的“国土杯”游泳运动会，200多人参加，通过“国土杯”游泳运动会，寓教于乐宣传土地法律法规。

2002年，发放土地、矿产宣传资料5000份，召开座谈会20余次，设咨询点25次，领导发表讲话30余次，开展培训15场（次）。

2003年，以“规范土地市场，促进经济可持续发展”为主题，主要在“4·22”地球日、“6·25”土地日、“12·1”测绘日、“12·4”法制宣传日期间开展法律法规宣传。

2004年，围绕“十分珍惜，合理利用土地，切实保护耕地”这个中心，以“坚持科学发展观、珍惜每一寸土地”作为宣传的主题，把《地质灾害防治条例》和基本农田保护“五不准”作为宣传重点。是年，共悬挂横幅布标60余幅，修复永久性固定标牌8块，设立高标准固定标牌9块，张贴宣传标语80余条，出宣传专栏69期，发放宣传资料8500余份。

2005年，根据省、州国土资源部门开展六月国土资源宣传月活动的通知，县国土资源局组织开展了宣传月活动及6月20－26日的重点宣传周活动。宣传内容紧扣“4·22”“世界地球日”的宣传主题“善待地球—科学发展，构建和谐”和6.25的宣传主题“节约集约用地，促进科学发展”等。全年发放宣传资料13500份，书写宣传标语300余条，修复固定标语34条，开展图片展览2次，县领导发表电视讲话2次。

2006年，围绕“十分珍惜，合理开发利用和切实保护国土资源”中心宣传，全县设咨询点11个，发放宣传资料12000余份，发放“两法”颁布二十周年宣传纪念扇500余把，悬挂横幅布标20幅，书写张贴宣传标语57条，新闻媒体报道40余次，出动宣传车巡回宣传250次。

2007年，围绕“节约集约用地，坚守18亿亩耕地红线”主题，4月、5月、6月、12月份，全县开展“法律宣传月”“安全宣传月”“4·22”世界地球日、“6·25”土地日、“12·1”测绘日、“12·4”法制宣传日等活动。共设咨询台10个，接待咨询700余人次，发放宣传资料12000余份，宣传图册350余本，书写张贴标语137条，恢复固定标语49条，悬挂横幅布标17幅，召开座谈会8次，出动宣传车25台（次）。

2008年，围绕“十分珍惜、合理开发利用和切实保护国土资源”这个中心开展宣传活动，共设立咨询台62个，前往咨询2000多人次；发放宣传资料8000余份；恢复固定标语25条，悬挂布标6幅；利用场天上街设点，发放宣传资料800份。4月20日，组织部、国土资源局等6部门联合行文，通知开展全县247个行政村党支部书记和村委会主任的国土资源法律知识宣教培训，主要教材为《乡村干部国土资源知识读本》，至12月31日，培训结束。

2009年，以“深入开展学习实践科学发展观活动”“千名干部下基层，服务一线办实事”活动为载体开展宣传，印制国土资源法律法规宣传手册5000册发放到群众手中。

2010年，国土资源局制定宣传工作方案，成立由分管副局长任组长，各股、室、队、中心、所负责人为成员的宣传工作领导小组，在全县范围内开展富有特色、声势浩大、形式多样的宣传活动。共设咨询点12个，前往咨询5000人（次）；利用媒体、网络、手机短信等形式扩大宣传范围，宣传范围囊括上万人；发放宣传资料6000份；悬挂横幅标语30幅；对地质灾害防治的相关知识，专门制作展板进行宣传。

2011年，发放宣传资料3000余份，发放《国土资源知识读本》1000份、《国土资源服务指南》1000份、《国土资源宣传手册》8000份，在县城和乡镇街道悬挂宣传标语160余幅，接受群众咨询1500余次。

2012年，发放国土资源宣传资料15000余份，围绕“安全生产月”活动制作矿产资源法律法规宣传展板和地质灾害防治宣传展板各1块，发放《矿产资源保护与管理宣传手册》800余份。

2013年，通过发放《国土资源知识读本》及《国土资源法律法规宣传手册》、制作永久性标语和临时性横幅标语、发送手机短信、设咨询网点、出动流动宣传车、利用瓮安县国土资源网站及瓮安国土资源月刊等进行宣传。全年共发放国土资源宣传资料5000余份，发放《贵州省矿产资源监督检查条例》500余份。

2014年，共发放国土资源宣传资料10000余份，接待群众法律法规咨询200余次。8月，县国土资源局成立国家版图意识宣传教育和地图市场监管工作领导小组，印发《瓮安县2014年国家版图意识教育和测绘法宣传活动实施方案》，年内，全县广泛开展了国家版图意识宣传教育。

第二节　执法创优

一、“三无”乡镇创建

1992年春，根据省、州土地管理部门安排，瓮安县在全县范围内开始开展“无违法批地、无违法管地、无违法用地”的“三无”乡镇创建活动。4月3日，瓮政〔1992〕12号文件下发《瓮安县人民政府关于在全县范围内开展“三无”乡镇活动的通知》，要求“三无”乡镇创建年内2~3个乡镇达标，93年50%的乡镇达标，“八五”时期内全部达标。

是月，县政府成立“三无”乡镇活动领导小组，副县长黎培柽任组长，县人大常委会副主任田松茂任副组长，有关单位负责人任成员。县土地管理局制定开展“三无”乡镇活动实施方案，明确活动的方法、步骤，要求“三无”乡镇活动在宣传上要做到电视上有形象，广播里有声响，村寨街巷有标语，村村有专栏。全县23个乡镇在县“三无”乡镇活动领导小组建立后，也立即建立了由书记或乡镇长任组长的领导小组。有60%以上的乡镇签订了组、村、乡目标责任制书，并把开展活动列入乡镇村干部考核内容。

是年，县土地管理局及各乡镇建立健全《土地管理岗位责任制》《土地管理员准则》《建设用地审批制度》《土地监察信息网络工作制》《群众举报奖励制度》《村规民约》等各项规章制度。各乡镇政府分别行文明确土地监察员和土地监察信息员，使全县专职土地监察员达30人，兼职土地监察员达250人，土地监察信息员达2653人。“三无”乡镇活动开展当年，全县土地违法案件比1991年下降58%。天文、松坪、龙塘三乡镇，基本无违法批地和违法用地行为发生。

是年12月14－16日，由省、州、县三级组成的检查验收组，对松坪乡、天文镇、龙塘乡创建“三无”乡镇活动进行验收，松坪乡获99分，天文镇获98分，龙塘乡获97分。验收组评定，松坪乡、天文镇、龙塘乡开展的“三无”乡镇创建工作达到省级“三无”乡镇验收标准，验收合格，同意授予省级1992年度“三无”乡镇称号，并颁发证牌。

至1995年，经省、州、县三级验收并复查，银盏、玉华、平定营、白沙、珠藏、木引槽、高水、牛场坝、岚关、老坟嘴、金竹、木老坪、鱼河共13个乡镇“三无”活动达标。加上已达标的天文、松坪、龙塘3个乡镇，全县达标乡镇达16个，占乡镇数的69.6%。是年7月，瓮安县向国家土地管理局申报“三无”先进乡镇和“三无”先进县。8月19日，国家土地管理局和省州土地管理局组成检查组赴瓮复查核实，12月6日，国家土地管理局公布，天文镇被国家土地管理局评为全国“三无”先进乡镇，瓮安县被评为“三无”先进县。

1997年1月9日，州国土局下发通知，经检查验收，确认玉山镇、铜锣乡为“三无”乡镇合格单位。次年2月18日，州国土局通知，确认草塘镇、建中乡为“三无”乡镇合格单位。1998年经州国土局验收，确认小河山乡为“三无”乡镇合格单位。

1999年11月26日，州国土局对雍阳、中坪两镇进行验收，雍阳镇以97分，中坪镇以96分顺利通过验收。至此，1992年以来开展的“三无”乡镇活动，经过8年的努力，全县23个乡镇已全部达标验收。

2003年，根据州局《关于进一步巩固“三无”乡镇工作暨做好2003年创建“三无”活动验收准备的通知》，县内6个乡镇作为巩固“三无”验收乡镇。是年12月27－28日，州局对6个乡镇进行验收，均达巩固要求。

二、“土地执法模范县”创建

2000年2月28日，县人民政府向州人民政府提交《关于创建土地执法模范县的申请报告》，报告指出经过开展“三无”乡镇活动，瓮安创建土地执法模范县的条件已基本具备，申请州政府批准开展创建活动。6月28日，县政府向省国土资源厅提交《关于开展创建土地执法模范县试点活动工作方案的报告》。7月3日，省国土资源厅黔国土监检〔2000〕18号文件对瓮安县创建工作方案予以批复。是日，省国土厅还成立了瓮安县开展创建土地执法模范县试点活动指导小组，国土厅副厅长李在文任组长，副厅长伍成华任副组长，省国土厅相关处室领导及州国土局负责人任成员。7月4日，县政府成立以常务副县长况志华为组长，副县长何林海为副组长，国土局、公安局、监察局等有关单位主要负责人为成员的创建土地执法模范县工作领导小组。7月19日，县政府办印发开展创建土地执法模范县试点活动工作方案，全县创建活动正式启动。

2001年4月15－16日，省国土资源厅副厅长麻少玉一行10人到瓮安检查指导创建“土地执法模范县”工作。9月26日，县政府调整创建土地执法模范县工作领导小组，县长王勤任组长。

2001年11月，经过1年多土地执法模范县创建工作基本完成。期间除县成立领导小组，全县23个乡镇也分别成立了领导小组，县国土资源局还成立了土地执法监察大队，各乡镇土管所也成立了土地执法监察队。各乡镇行文，以村为单位，由村委会主任或支部书记负责该村的创建工作，还行文明确了各村土地监察员247人，制发了巡查证，明确了村民组信息员2000多人，形成了县、乡、村、组4级土地监察网络。县政府与各乡镇政府，各乡镇政府与各村委会，各村委会与各村民组，国土局与各乡镇土管所，均签订了目标责任状，形成了责任网络。县国土资源管理部门先后制定了《土地执法监察工作制度》《动态巡查责任制度》《跟踪监察制度》《会审制度》《土地行政处罚公示》《三审三严制度》《错案追究责任制度》等制度。全县采取“四个结合”和“七种形式”广泛宣传，书写标语460余条，其中铁制标语20余块。县城建成了国土宣传标语一条街，出墙报、专刊115期，设咨询点25个，发放资料2万余份，召开各种座谈会、报告会、培训会50余次。县政府先后拨款15万元，配置土地监察专用车1辆，摩托车25辆，举报电话24部，摄像机1台，照相机3台，执法监察服装97套，宣传器材2套，档案柜23个。创建活动中，全县划定基本农田保护区23个，保护片247个，保护图斑16833个，保护面积75万亩，保护率81.51%。实行“一支笔”签字的审批原则，审批国家建设用地60宗，占地面积33.3907公顷，没有突破州下达44.32公顷用地指标。拍卖存量国有土地1宗，面积1738.38平方米，拍卖金额80万元。完成珠藏、牛场坝、铜锣等乡镇坡改梯8000亩整治，草塘镇1000亩园田化整理，完成中坪、玉山、建中等乡镇39.41公顷的土地开发、整理及玉山镇火坡一带800亩荒山的开发。完成登记发证国有土地666宗，集体土地787宗，变更登记240宗，抵押登记10宗，同时完成了4008宗国有土地证书年检。完成了县城3.1平方公里的建城区地籍调查，编制了

1:1000的地籍图14幅，完成了22个乡镇所在地19.2平方公里的基准地价评估。全县加大执法力度，查出违法用地13宗，占地0.28公顷．立案2宗，面积0.24公顷，结案2宗，结案率100%。清查出房屋出租户879户，收缴税款126793.17元；房屋转让18户，收缴税款44431.7元；土地转让1宗，补交税款2424元；清理闲置土地26宗，面积16570平方米。调处土地纠纷66宗，县政府按规定直接进行了处理。

12月18－19日，受省政府委托，省国土资源厅、黔南州人民政府组成验收组，省国土资源厅副厅长麻少玉任组长，带队于对瓮安县创建“土地执法模范县”工作进行验收。验收组通过听取汇报、查阅资料、观看录像、走访群众，认为经过一年多努力，瓮安县创建“土地执法模范县”活动达到实施方案制定的目标和要求，符合验收标准，达到优秀等级，予以验收。

2002年，新组建后的县国土资源局继续开展国土资源执法模范乡镇创建活动。2005年，根据国土资源目标管理任务，玉山镇、建中镇、永和镇、草塘镇、中坪镇、松坪乡列为国土资源执法模范乡镇创建活动单位。是年11月18－20日，州国土资源局对上述乡镇创建活动进行验收，6个乡镇均以94以上的高分通过验收合格。2006年，继续有3个乡（镇）开展创建活动，并于年内完成创建工作。

三、“国土资源节约集约模范县”创建

2011年7月27日，县政府办印发《瓮安县矿产资源节约集约模范县创建活动实施方案》（瓮府办发〔2011〕115号），该实施方案具体明确了指导思想、目标任务、实施步骤、工作任务和工作要求。目的主要是通过创建，进一步调整、优化资源利用结构和布局，提高资源利用率，促进矿产资源有效保护和合理开发利用，促进矿山开采与生态环境保护的协调发展，建立矿产资源节约集约利用的长效机制。县政府专门成立瓮安县矿产资源节约集约模范县创建工作领导小组专抓此项工作，领导小组组长由副县长张仁德担任，副组长分别由县人民政府办主任宋纯绿、国土资源局局长刘晓勇担任。

2012年8月16日，县政府办印发《瓮安县国土资源节约集约模范县创建活动工作方案》（瓮府办发〔2012〕142号），县成立瓮安县国土资源节约集约模范县创建活动工作领导小组专抓此项工作。领导小组组长由县人民政府县长尹德俊担任，副组长分别由县人民政府副县长曾明康、犹永凯担任。创建活动工作方案工明确创建主要任务是：按照“政府主导，广泛发动，重点推进，整体提升”的总体要求，以各乡镇为单位开展创建活动，达到国土资源节约集约模范县评价指标体系规定的创优标准。具体任务主要是：建立健全国土资源节约集约利用体制机制；严格执行国土资源管理制度；节约集约利用土地；节约集约利用矿产资源。

是年8月20日，县国土资源节约集约模范县创建活动领导小组制定下发《瓮安县国土资源节约集约模范县创建活动宣传工作方案》《瓮安县国土资源节约集约模范县创建活动工作管理制度》和《瓮安县国土资源节约集约模范县创建活动工作制度》。是年9月12日，瓮安县国土资源局下发通知，将国土资源节约集约模范县创建活动指标标准

体系进行分解，并制定《瓮安县国土资源节约集约模范县创建活动土地资源指标任务落实责任分解表》《瓮安县国土资源节约集约模范县创建活动矿产资源指标任务落实责任分解表》《瓮安县国土资源节约集约模范县创建活动综合指标任务落实责任分解表》下发。

至2014年，全县国土资源节约集约模范县创建活动取得积极成果，通过创建，较好完成了国土资源规划调整、土地开发整治、耕地保护、地籍管理、建设用地管理、矿产资源保护、矿政管理、土地矿产招拍挂、违法用地非法采矿查处、土地矿产纠纷调整、地质灾害防治、机关建设等各项工作。是年底，创建活动完成资料上报，正等待验收。

第三节 土地监察

一、监察网络及制度

《土地管理法》颁布后，县设土地管理局管理土地，并在其内设机构中设法规股（科）、执法监察大队等机构专门负责土地监察。县土地管理局建立初的1987年，县、区有土地监察员15人。

1989年3月8日，省土地管理局法规监察处及州土地管理局经与县政府商定，将瓮安县作为贵州省土地管理局土地监察工作试点县。4月6－10日，县召开有各区分管领导和区、乡土管员65人参加的土地监察业务培训会，土地监察试点启动。县土地监察培训会结束后，各区相继举办乡村土地管理员、土地监察信息员以及区机关负责人参加的土地监察培训班，全县参加培训355人，其中区乡干部及土管人员116人，村土地监察信息员239人。10月26－27日，省州土地管理局组织全州12个县市土地管理局长和法规监察股长在瓮安召开会议，对瓮安土地监察试点工作进行检查验收，时瓮安通过4－9月的试点，规章制度得以建立健全，管理队伍形成了县、区、乡、村四级网络，七区一镇建立了土地管理所，48个乡配备了兼职或专职土管员，239个村配备了土地监察信息员。

1990年，各乡镇设土地监察员1～2人，村设土地监察员1人，村民组有土地监察信息员1～2人，监察队伍规模进一步扩大，形成以县土地监察股为核心的土地监察信息网络。时全县247个村全部配备土地监察信息员，县、乡、村监察队伍有300多人。

2000年，全县在创建土地执法模范县活动中，国土局成立土地执法监察大队，各土管所成立土地执法监察队，各乡镇明确村民组信息员2000多人，形成了县、乡、村、组四级土地监察网络。是年，县国土局制定《土地执法监察工作制度》《动态巡查责任制度》《跟踪监察制度》等，使监察制度进一步建立健全。

2002年8月5日，县国土资源局制定《瓮安县国土资源动态巡查责任制实施方案》及《瓮安县国土资源动态巡查量化考核指标》。动态巡查实施方案将基本农田保护区、城乡结合部、公路干线两侧、集镇和村庄周围、国家规划矿区、国有矿区及周边地区划为巡查一级区域，将一级区外的其他区域划为二级区域。次年，县国土资源局再完成16项、23个乡（镇）所完成19项执法监察制度。

2004年，县国土资源局在全县开展动态巡查2864次，其中乡镇执法队巡查2763次、县执法大队巡查101次。县执法大队开展的101次巡查中，一级巡查区域70次、二级巡查区域31次。

2005年12月30日，县国土资源局制定《瓮安县国土资源局动态巡查量化考核指标》，对各乡镇国土资源动态巡查执法监察队，乡、村、组三级监察网络实行量化考核。要求巡查区域责任到人，每周巡查不少于2次。对巡查登记、巡查台账、巡查成效等均制定了具体量化考核指标。2006年，全局开展动态巡查3000余次，其中县执法监察大队开展172余次，涉一级巡查区域138次，二级巡查区域34次。

2009年，县国土资源局以动态巡查为重点，开始实行动态巡查月报告制和互查制。县执法监察大队根据乡（镇）所上报的巡查情况，对违法违规行为进行重点打击，如果乡镇国土资源所报告后县执法大队查处不到位的，追究县执法大队责任；县执法大队发现违法行为查处后而乡镇国土资源所未报告的，追究乡镇国土资源所责任。是年，全县共开展巡查2619次，其中对重点区域巡查1608次，一般区域巡查1011次。

2011年，国土资源局将执法关口前移，保持与基层所、村级协管员的密切联系，及时掌握违法用地动态，做到早发现、早报告、早制止，尽量把违法行为处理解决在萌芽状态。同年，根据县政府办印发的《关于建立国土资源共同管理责任机制的实施意见》（瓮府办发〔2011〕114号），全县创建了联席会议、案件移送、联合办案、信息通报等执法联动机制，使国土资源“一家管大家用”变为“大家管大家用”。是年，县乡两级巡查3264次，通过巡查发现土地违法案件63件，占地面积199.51亩（耕地23.02亩），当即制止39件，立案24件。

2012年，国土资源局制定村级信息员管理制度和举报奖励制度，从有限的办公经费中挤出10万余元健全县、乡、村三级联动巡查网络及其奖励机制，拓宽动态巡查渠道和覆盖面。是年，全县开展动态巡查3197次，通过巡查发现土地违法案件47件，占地面积94.36亩（耕地30.31亩），当即制止39件，立案8件。

2013年，国土资源局修订完善动态巡查制度，重新划分巡查区域，组织动态巡查3000余次。通过巡查发现土地违法案件7件，占地面积25.096亩（耕地23.676亩），当即制止4件，立案3件。

2014年，县国土资源局开展动态巡查2062余次，通过巡查发现土地违法案件3件，占地面积3.22亩（耕地1.81亩），该3起案件均通过立案进行了处理。

二、违法用地查处

1986年，根据中发〔1986〕7号文件和省发〔1986〕13号文件，全县开始开展1982年5月以来的非农业用地专项清理。县明确一名县委副书记、一名副县长和农工部长专抓此项工作。各区乡明确一名副区、乡长（或党委副书记）专抓此项工作。3 月 15 日，针对天文区两岔河乡方园村村民刘科仁非法占用集体稻田 310 平方米建房多次制止无效情况，县委、县政府召开全县区乡干部参加的现场会，对刘科仁非法建房进行了强行拆除。其后，其弟刘文富又在其地重新建房一幢，10 月 23 日，在县委、县政府主要领导督促下，公、检、法、司等有关部门在其地进行了第二次强行拆除。

1987 年，县土地管理局组建后继续开展 1982 年 5 月以来的非农业用地专项清理，共清出各种非农业建设用地 1922.6 亩（田 259.3 亩，土 803.6 亩，其他土地 859.64 亩），其中：违法占地 9832 件，占地 1812.9 亩。违法占地中，国家建设占地 18.5 亩，乡镇企业占地 354.27 亩，个人建房占地 1052.61 亩，其他占地 387.52 亩。对违法占地，按政策进行认真处理，处理面 95.6%，其中补办手续 7834 件，补办面积 1075 亩，没收房屋面积 0.22 亩，拆房面积 6.24 亩，恢复耕地 3.2 亩，政纪处分 2 人。应收各种费用 246380.58 元，实收 233956.32 元，罚款 11894.47 元。

1988 年，县土地管理局在非农业用地专项清理中，共清出违法占地 75 件，面积 20.04 亩，其中耕地 8.38 亩。查处违法占地 68 件，查处率 90.7%。次年，在非农业用地专项清理中，共清理出原漏清和新发生的非农用地 1111 件，并对存在问题进行了处理，共处理 926 件，处理率 80%，恢复耕地 62.5 亩，拆除违法占地建筑 7 幢，对一意孤行的 7 人进行了严肃处理。

1989 年 8 月，根据省州有关文件，县委、县政府安排开展全县干部职工“违法、违章、违纪”三违建私房的专项清房工作。至 1991 年 8 月，历时两年的清房工作完成。全县共清理出干部职工建房 210 户（享受县级待遇 4 户、区局级 19 户），审定为“三违”建房户 131 户，经后期群众举报省纪委批转立案 1 户，合计 132 户，作出处理 132 户，占应处理户的 100%。其中县级干部 4 人，区局级干部 15 人，一般干部职工 113 人。属违反土地法建房 127 户，违反城镇规划 3 户，违反路政管理 2 户。根据有关法律法规及省发〔1989〕22 号文件规定，分别给予没收处理 22 户，没收建筑面积 1496 平方米；给予拆除处理 11 户，拆除面积 472.32 平方米；给予罚款处理 67 户，罚款金额 100977.4 元，兑现罚款 96460.8 元；收回土地使用权 49 户，面积 4064.33 平方米。1991 年 8 月 21 日至 22 日，州清房领导小组对瓮安清房工作进行验收，认定验收合格。

1991 年 5 月 13 日，根据《瓮安县人民政府关于清查处理乡镇企业非法用地的通知》（瓮政〔1991〕27 号），全县开始针对乡镇企业乱占滥用土地进行专项清查，此次清查在永和试点基础上全面铺开，至年底结束。清查中对乡镇企业用地的来源、用途、时间、类别、面积、有无批准手续等进行造册登记，全县共清查出乡镇企业占地 564 件，处理 551 件。

1992 年，县土地管理局强化对违法用地查处，年内，清理出违法占地 45 件，占地 3577.63 平方米，处理 41 件，面积 3481.55 平方米，其中完善手续 27 件，拆除 12 件，收回土地使用权 233 平方米，罚款 3700 元。1993 年，查处违法用地 82 件，占地 34650

平方米。其中，乡镇企业8件，占地23700平方米，其他非农业占地74宗，占地5720平方米。1994年，查处未经批准用地40宗，其中乡镇企业22宗，占地6395平方米（耕地5595.62平方米）；私人建房16宗，占地3565平方米（耕地1825平方米）；非法买卖2户，占地950平方米。1996年，县土地管理局通过清理发现违法占地16宗，面积0.18公顷，其中乡镇企业用地1宗，面积0.09公顷，个人建房用地15宗，面积0.09公顷。11宗通过教育，完善了用地手续；4宗当场督促，予以拆除；1宗立案查处，申请法院强制拆除。

1997年，根据中发〔1997〕11号文件和黔府发〔1997〕24号文件，全县对1991－1997年的各类建设用地进行全面清查处理。6月28日，县政府成立非农业建设用地大清查领导小组，副县长黎培柽任组长，县政府办主任李君林、县国土局局长吴洪明、县监察局局长杨安君任副组长，有关单位负责人任成员。此次大清查共清出各类违法用地803宗，面积66.7平8公顷（耕地32.83公顷）。其中：乡镇企业用地4宗，面积1.32公顷（耕地0.68公顷）；国家建设49宗，面积16.91公顷（耕地11.75公顷）；个人建房227宗，面积2.74公顷（耕地2.1公顷）；私营企业523宗，面积45.81公顷（耕地18.3公顷）。此次清查后，按照有关规定，依法补办用地手续756宗，面积57.72公顷（耕地28.95公顷）。其中：国家建设42宗，面积15.74公顷（耕地10.89公顷）；个人建房216宗，面积2.55公顷（耕地1.92公顷）；私营企业建设498宗，面积39.44公顷（耕地16.14公顷）。

1999年，县国土局查出违法占地13宗，面积1946.47平方米，其中耕地489.71平方米。拆除2宗，面积489.71平方米；补办用地手续10宗，面积1010.6平方米；立案查处1宗，面积440.7平方米。2000年，查出违法占地13宗，占地4.2亩，立案查处2宗，面积3.6亩，收缴罚款近7万元。

2001年，县国土局组织开展对农民宅基地、部分村办企业用地和县城区房屋出租转让的清查。2002年，县国土资源局按照黔府发〔2002〕7号文件要求，开展对国有建设用地的清理整顿，重点对1999年后审批的建设用地进行复查。两次清理完成后，均按有关规定进行了处理。

2003年，县国土资源局查处土地违法行为17宗，面积540.02平方米，其中责令拆除2宗，面积120平方米，立案查处1宗，面积108平方米。2004年，查处违法用地14宗，面积5.36公顷，涉及耕地2.06公顷，其中立案5件，面积5.28公顷，涉及耕地1.99公顷。2005年，制止土地违法行为7件，占用耕地面积1.49亩；立案查处9件，涉及耕地1.25亩，申请法院强制执行拆除非法占地建筑物230平方米，收缴罚款38500元。

2006年7－10月，根据省国土资源厅、省监察厅《关于联合开展土地违法违规问题检查及清查新增建设用地情况的紧急通知》，县国土资源局与监察局对建设用地违法违规问题及处理情况进行了联合检查，同时对2004年11月1日至2006年7月31日期间新增建设用地进行了全面清查，共清出新增建设用地总量1192宗，面积21.17公顷（其中：国有建设用地49宗，涉及面积5.99公顷；集体建设用地1143宗，涉及面积15.17公顷），均属合法建设用地；违法建设用地共111宗，涉及面积23.4公顷，其中矿山企业违法用地86宗，涉及面积18.4公顷，清出后按规定缴纳了土地复垦保证金和临时用地租金，办理了临时用地手续。

2007年，县国土资源局查处县城规划区内违法用地193宗，规划区外违法用地10宗，并立案查处土地违法案件4件，面积92.49亩，涉及耕地64.48亩，收缴罚款175.06万元。是年，县国土资源局集中开展2006年10月至2007年6月新增建设用地进行清理，清出实际用地772宗，面积11.35公顷（耕地4.85公顷），其中：合法用地611宗，面积9.07公顷（耕地3.21公顷）；违法用地161宗，面积2.27公顷（耕地1.64公顷），均为农村农民建房用地。对清理出的问题，区别情况按有关规定进行了处理。

2008年"6·28"事件发生后，瓮安开始县城规划区内非法经营房地产和违法建设的专项清理整治。8月7日，县人民政府印发《瓮安县县城规划区违法建设处理规定》，全县清理开始。2009年8月2日，县委办、县政府办印发《瓮安县专项整治县城规划区内非法经营房地产和违法建设清理处置活动实施方案》。3日，县政府印发《瓮安县整治非法经营房地产及违法建设暂行规定》，暂行规定对违法建设房屋拆除、没收违法建筑和违法所得、从宽从严处理违法建筑相关界线等均明确了具体规定。是月，为加强该项工作领导，县委、县政府成立专项整治活动领导小组，县委副书记、县长谢晓东任组长，尹德俊（县委常委、县政府常务副县长）、陈博（县委常委、县政府副县长）、毛全安（县委常委纪委书记）、吴智贤（县委常委、政法委书记、县公安局局长）、侯永发（县人大常委会副主任）、张仁德（县政府副县长）、张宽（县政府副县长）、邓中学（县政协副主席）、戴渊强（县人民法院院长）、杨嗣春（县人民检察院检察长）任副组长，有关单位主要负责人任成员。9月4日，州委常委、县委书记龙长春在县委常委会议室主持召开会议，对县城清理整治具体情况议定了10条意见。此次专项清理整治，"6·28"发生后仅1年多时间，县城拆迁房屋23万多平方米，涉及1636户；依法对25名犯罪分子嫌疑人公开执行逮捕和刑事拘留；受理各类申报违法建设共3463户，违法建筑总面积79.3万多平方米、7318套，非法交易金额2100多万元，涉及公职人员527户（人）。至2010年，立案查处重点违法占地案件319件，涉及面积28713平方米，收缴罚款416万元。此次清理整治，对符合土地利用总体规划、不影响或不严重影响县城区总体规划及近期建设规划、能满足相邻通风采光和符合建筑规范且建筑质量经检测合格的违法建筑，处罚完毕后进行了土地手续补办完善。

按县政府印发的《瓮安县县城规划区违法建设处理规定》，此次专项清理整治对县城规划区农村村民在宅基地和其他集体土地上违法新建、改建及扩建均按以下规定进行处理：（一）符合建房条件，且用地面积未超过170平方米的：1.土地管理部门对产生于2006年10月11日前的处以用地面积每平方米2元罚款；产生于2006年10月11日后的处以用地面积每平方米10元罚款。2.建设行政主管部门对产生于2006年10月11日前的建筑在2层以下（含2层）处以建设工程造价2%的罚款；建筑在4层以下（含4层）处以建设工程造价5%的罚款；建筑在5层以上（含5层）处以建设工程造价6%的罚款。建设行政主管部门对产生于2006年10月11日后的建筑在4层以下（含4层）处以建设工程造价6%的罚款；建筑在5层以上（含5层）处以建设工程造价9%的罚款。（二）符合建房条件，用地面积超过170平方米的：对未超过部分按相关规定处理，对超过170平方米部分处以每平方米20元罚款后，对超占修建的建筑物予以没收。经评估后违法建房人同意购回的，按扣除成本价后缴纳出让价款并办理相关房产手续。（三）在原合法建筑上擅自加层修建的，处以增加楼层建设工程造价6%的罚款，加层使整个楼层在4层及以上的，处以增加楼层建设工程造价9%的罚款。（四）不符合建房用地条件的，对非法占用的土地处以每平方米20元罚款后，对建筑物予以没收。经评估后违法建房人同意购回的，按扣除成本价后缴纳出让价款并办理相关房产手续。《瓮安县县城规划区违法建设处理规定》对国有土地上违法新建、改建及扩建也分别提出了具体处理方案。对买卖或以其他形式非法转让国有土地的，明确由土地管理部门没收非法转让土地所得和地上建筑物，并处以非法所得40%以上50%以下的罚款。

2009年，在开展县城规划区违法违章建筑治理整顿的同时，县国土资源局立案查处以矿山企业临时用地为主的土地违法案件182件，面积386347.04平方米，其中耕地176143.91平方米，收缴罚款113.74万元。

2010年，在上年清理矿山企业临时用地基础上，立案查处土地违法案件18宗，面积196005平方米，其中耕地147339平方米，收缴罚没款55.88万元。是年，为加强房地产用地供应和监管，根据国土资源部和省国土资源厅有关文件，县国土资源局组织开展房地产用地专项清理自查，查实2000年向房地产商开展供地以来，至2010年6月30日止，全县共向房地产开发企业供应国有土地89.11公顷，供应地块41个，其中24个地块竣工，17个地块在按合同约定开工建设，无囤地、炒地、闲置土地及违法违规转让土地情况。

2011年，县国土资源局下达停止违法行为通知书279份，立案查处国土资源违法案件26件，其中土地违法案件19件，结案18件，涉及面积147.55亩，收缴罚没款84.04万元。另在县城规划区违法违章建筑治理整顿工作中，立案查处土地违法案件59件，涉及63户150套住房，非法占地面积7162.72平方米，收缴罚没款37.49万元。

2012年，县国土资源局下达土地《责令停止违法行为通知书》337份，立案查处土地违法案件36宗，收缴罚款81.75万元。是年，根据上级部署开展新开工项目违法用地专项检查，查出违法用地共75宗，涉及17个乡镇，总面积3386.73亩，其中耕地2113.51亩，查出后及时进行了处理。

2013年，县国土资源局下达《责令停止违法行为通知书》258份，立案查处土地违法案件 3 宗，面积 37.08 亩，其中耕地 31.71 亩，收缴罚款 28.99 万元。县国土资源局与相关部门在对县城区违章建筑的联合执法中，共下发限期改正通知书 773 份，责令停工通知书 119 份，涉及违法建设 892 户，面积 88732 平方米。实施强制拆除违法建设 484 户，拆除面积 46862 平方米。是年，根据《省人民政府办公厅关于开展违法违规用地专项整治行动的通知》和瓮安县制定的《瓮安县违法违规用地专项整治工作实施方案》，全县在开展违法违规用地专项整治行动中，共查处 2012 年度违法违规用地 7 宗，涉及土地面积 133.78 亩（耕地面积 123.79 亩）。此外，在根据《贵州省国土资源厅关于开展供地以及闲置土地情况专项督查的通知》进行的专项督查清理中，国土资源局共清理出违法用地 69 宗，面积 4083.88 亩。

2014 年，县国土资源局发现国土资源违法行为 273 起，下达《责令停止违法行为通知书》268 份，下达《责令改正违法行为通知书》5 份，及时受理 12336 国土资源违法举报电话及信访案件 9 起，办结率 100%，立案查处国土资源违法案件 15 件，收缴罚没款 883.41 万元。是年，县国土资源局印发《瓮安县国土资源局开展整治非法占用耕地专项行动方案》，成立国土资源局整治非法占用耕地专项行动领导小组，于 2014 年 6 月中旬至 11 月开展了专项整治。本次专项行动发现并查处非法占用耕地 17 宗，立案查处 9 宗，下达处罚决定书 7 份，涉及耕地面积 73.6 亩，处以罚款 38.27 万元。

三、卫片检查

2010 年，全县开始首年度卫片检查。根据国土资源部、省国土资源厅以及州委、州政府有关通知，5 月 12 日，县委、县政府组织召开全县土地矿产卫片执法检查工作会，出台《瓮安县 2010 年土地矿产卫片执法检查工作实施方案》，成立以分管副县长为组长、县政府办副主任和国土资源局局长为副组长、有关单位负责人为成员的工作领导小组，全县开始开展 2009 年度卫片执法检查。国土资源部下发 2009 年度卫片核查监测图斑共 137 个，其中土地 135 个，矿产 2 个。135 个土地监测图斑中，涉及地块数 120 个，其中“本年批准本年建设”共有图斑 103 个，地块 97 个，面积 588.77 亩（耕地 246.34 亩）；“本年度未批先建”共有图斑 21 个，地块 12 个，面积 420.7 亩（耕地 280.13 亩）；“疑似新增建设用地”图斑 11 个，地块 11 个，面积 184.4 亩，涉及 21 个乡镇。经检查，在 120 个地块项目用地中，合法用地 55 宗，面积 556.33 亩（耕地 426.07 亩），其中临时用地 17 宗，面积 143.5 亩（耕地 76.2 亩）。违法用地 2 宗，面积 27.1 亩（耕地 24.2 亩）。实地伪变化 46 个地块，面积 377.69 亩。

2011 年，国土资源部下达瓮安县 2010 年度监测图斑 135 个，涉及土地 120 宗，面积 1104.6 亩。其中新增建设用地 55 宗，土地面积 563.73 亩（耕地 433.07 亩）；合法用地 53 宗，土地面积 536.63 亩（耕地 408.87 亩）；违法用地 2 宗，土地面积 27.1 亩（耕地面积 24.2 亩）。此次土地卫片执法检查中，国土资源局注意掌握卫片执法检查工作规范，把卫片执法检查作为国土资源工作的大事来完成，全面对 120 个土地监测图斑逐个进行实地核查，及时完成了土地卫片执法检查的核查汇总、数据统计、表格填写、信息录入、基础情况上报、卫片资料收集等工作。在认真检查、核实基础上，国土资源局加大案件查处力度，使全县违法用地远低于15%的问责比例。

2012年，国土资源部下发2011年度瓮安县土地卫片图斑64个，图斑面积793.8亩，其中耕地面积691.2亩。土地卫片执法检查中，全县66个图斑支撑材料收集整理、图斑核实、卷宗归档、台账建立和在线填报工作全面完成，并通过州级、省级、武汉督察局卫片工作领导小组检查验收。

2013年，国土资源部下发2012年度瓮安县卫片疑似违法图斑共155个。其中涉及土地疑似违法用地图斑142个，面积1765.81亩（耕地792.27亩）。根据部、省、州关于认真做好2012年度土地矿产卫片执法检查工作的要求，局及时对下发的图斑进行实地核实和合法性判定，并收集相关材料进行佐证，对核实后确属违法图斑的，依法进行立案查处。截止2013年12月，包括矿产在内的155个图斑已完成组卷装订和在线系统填报工作，并通过了武汉督察局、省、州的验收。

2014年，国土资源部下发2013年度瓮安县土地卫片疑似违法图斑共208个，合并地块191宗，面积2954.66亩（耕地1973.84亩）。经外业实地核查和内业数据分析，191宗土地卫片图斑中，合法图斑174宗，总面积2810.53亩（耕地1890.16亩）；违法图斑17宗，面积144.08亩（耕地83.8亩）；2014年新增建设用地3077.99亩，其中耕地2025.62亩，违法占用耕地面积占新增建设用地中耕地面积的比为4.13%。通过卫片核查，韦法图斑17宗中，属历史批文2宗，实地伪变化6宗，立案查处9宗，涉及土地面积120.52亩（耕地73.6亩），处理落实罚款38.27万元，移送监察机关追究责任2人。

第四节　矿业秩序整顿

一、常态化整顿

1978年后，境内采矿业特别是采煤业开始发展，但无绪私挖乱采严重，造成矿产资源破坏。期间，相关部门根据国家有关政策，采取“关、停、压、封、炸”等方式取缔无证小煤窑，但无证开采屡禁不止。

1986年，《矿产资源法》和《贵州省集体个体采矿暂行规定》颁布后，县政府多次召开全县性《矿产资源法》宣传及矿业秩序整顿大会，并组织专门力量清理小煤窑，布置小煤窑治理整顿，推行开采办理采矿许可证。

1991年，全县开展对无证煤厂的大清查、大整顿，并设立矿产品检查站，禁止无证煤厂的矿产品流通。是年6月、12月，全县两次集中开展取缔无证煤厂突击，使无证煤厂由头年的219个下降至90余个。

1992年5月18日，县政府下发《关于对乡镇煤厂、焦场进行清理整顿的通知》，全县开始对乡镇煤厂、焦场进行清理整顿。年底，整顿基本结束。此次整顿对已取得证照但办矿条件欠缺的煤厂，限期整改使其达到了办矿条件。对无证煤厂，具备办矿条件的，予以补办手续；不具备办矿条件，坚决予以了取缔。整顿改变了乡镇煤厂、焦场“一多二乱三差”的状况，达到了“数量减少、规模扩大、条件改善、生产安全、产量增加”的目标，并使煤厂、炼焦场开始走向依法办矿轨道。

1993年，境内对取缔无证矿山开始采取“五个不动摇”和“七不准”。“五个不动摇”即查封炸井不动摇、拆除厂房不动摇、没收设施不动摇、罚款没收矿产品不动摇、情节恶劣的提请司法机关追究责任不动摇。“七不准”即供电部门不准向无证矿山供电、土管部门不准对无证矿山供地、林业部门不准向无证矿山供应木材、工商部门不准向无采矿证矿山办照、公安部门不准向无证矿山供应雷管炸药、信贷部门不准向无证矿山贷款、机关及机关干部不准向无证矿山投资入股等。1993－1995年，县矿产资源管理办公室在矿业秩序整顿中依法行政，共下行政指令书170多个，下行政处罚书120多个，申请法院强制执行40多个，收缴罚没款10多万元。

根据黔矿管发〔1991〕21号和31号、黔南政〔1993〕21号、黔南矿字〔1993〕第14号等文件精神，1993年11月1日起，境内开始实行矿产品购销登记凭证制度，从事开采和经营矿产品企业凭“采矿许可证”“矿产品经营凭证”领取“贵州省黔南州矿产品购销登记凭证”并随车携带，无凭证运矿车辆一经查出，作为无证开采或经营的矿产品予以罚没处理。

1996年，随着矿业经济的发展，开矿利润日渐丰厚，矿业秩序混乱加重。4月5日，县政府成立瓮安县治理整顿矿业秩序领导小组，副县长周建琨任组长，县纪委、矿管办、乡镇企业局负责人任副组长，相关部门负责人任成员。领导小组下设办公室在县矿产资源管理办公室，从公安、法院、煤炭局抽人参与办公。4月7日，县政府下发《关于治理整顿矿业秩序的通知》，明确整顿重点为无证采矿、无证经营矿产品、擅自买卖采矿权、机关干部无证采矿等。通知下达后，县与各乡镇签订治理整顿责任状，各乡镇随即成立治理整顿领导小组，并抽人组成工作组投入整顿。4月8日，县委、县政府召开矿业秩序整顿大会布置整顿工作。4月14日，县委、县政府召开有200多人参加的当年第二次整顿大会。5月23日，县政府成立整顿煤炭生产秩序领导小组，专门组织对煤炭生产秩序整顿。6月27日，县委、县政府召开300多人参加的第三矿业秩序整顿会及安全生产会，对强化整顿和取缔无证采矿进行安排，会上当众宣布拘留了无证采矿的桂花树煤厂负责人周立松，对不准“先上车后补票”及机关不准办矿进行强调。8月20日，县委、县政府第四次召开有各矿山企业、乡镇领导、机关共1000多人参加的矿业秩序整顿大会，布置进一步整顿工作，法院在现场开庭审判了田弯弯无证煤厂导致7人死亡的负责人，并判刑6年。11月20日，县委、县政府召开有300多人参加的第五次整顿大会，继续布置整顿工作。

1997年，为继续加强对矿业秩序的整顿，县委〔1997〕1号、〔1997〕3号、〔1997〕4号、〔1997〕6号和县政府〔1997〕21号、〔1997〕29号、〔1997〕31号、

〔1997〕38号等文件，专题布置了矿业秩序整顿工作。从1996年开始至1997年的整顿中，县地质矿产局下行政指令书50多个，限期整改通知书110多个，行政处罚决定书120多个，烧毁、强令拆除厂房80余间，没收风机、柴油机等设备20多台，投入炸药20余箱，炸毁、封填矿井100余口，处理越界开采纠纷60余起。申请法院受理强制执行案件70多个，强制执行兑现罚款13万多元。全县无证矿山有的查封多达四、五次，使全县无证矿山通过整顿后从1996年初的180多个下降1997年底的不足50个。是年7月，省人民政府对瓮安县人民政府、瓮安县地质矿产局整顿矿业秩序予以了通报表彰。

1997年8月15日，省人民政府印发《贵州省实现矿业秩序根本好转三年规划》。10月9日，州人民政府印发《黔南州实现矿业秩序根本好转三年规划》。11月24日，瓮府发〔1997〕49号文件下发《瓮安县实现矿业秩序根本好转三年规划》（1997－1999）。根据省州规划原则，县规划明确：全面开展矿法宣传，取缔重点矿区重点矿种的无证采矿；采矿许可证持证率达到90%以上；探矿权、采矿权依法有偿取得；采矿权人合理开发利用和保护矿产资源，依法履行各种义务；维护正常的矿产品流通秩序，矿产品经营凭证持证率达80%以上；清除机关干部参与无证采矿和无证经营矿产品；开展以煤矿、磷矿、铁矿、硫铁矿为重点及瓮福磷矿（瓮安境内）和珠藏铁矿等国营矿区为重点的矿业秩序整顿。规划明确了乡镇政府、地质矿产局和相关部门各自职责。规划出台后，有煤、磷、铁、硫铁矿开采的乡镇相应制定本地区实现矿业秩序根本好转的规划，并成立实现规划领导小组组织开展工作。县政府对原整顿矿业秩序领导小组进行调整充实，并从公安、检察院、法院、监察局抽出专人组成工作组配合地矿行政主管部门开展实现矿业秩序根本好转三年规划实施。

1998年9月25日，县政府与有矿产开采的玉山、珠藏、龙塘、渔河、中坪、白沙、建中、松坪、木老坪、草塘、银盏、玉华、平定营、岚关、永和等15个乡镇政府签订《瓮安县维护矿业秩序目标责任书》（1998－1999年度），将采矿证持证率、采矿证年检率、矿产品经营凭证持证率、违反矿产资源法律法规案查处率列入政府考核指标。1999年4月，全省矿业秩序治理整顿经验交流现场会在福泉召开，瓮安地矿局在会上作题为《履行地矿管理职能，推进矿业秩序整顿》的经验交流发言。

1999年7月20日，县矿业秩序领导小组出台《瓮安县巩固矿业秩序方案》，明确各乡镇政府必须负责本辖区内矿业秩序治理整顿和整顿成果的巩固，继续推行乡镇负总责，有关部门积极配合的基本方针，要求乡镇和部门建交矿业秩序出现问题的报告制度和处理机制，推行1月1小查、1季1大查的督察制度。是年8月，瓮安县实现矿业秩序全面好转3年规划任务基本完成，县政府向州人民政府提交《实现矿业秩序全面好转三年规划完成情况的自查总结报告》。通过3年整顿，全县矿业秩序全面好转，矿法深入人心，探矿权人和采矿权人依法在规定范围内探采，国有矿区、重点矿种无证采矿基本取缔，热点矿区矿业秩序彻底根治。采矿证持证率从90年代初30%上升到98%，年检率基本达100%，违反矿法案件查处率结案率90%以上。越界开采基本制止，80余起矿界纠纷通过地矿部门下井测量被处理，无证矿产品被禁止通行。连续3年完成和超额完成资补费任务，入库金额100多万元。完成146个矿山企业的地质简测，200个企业的储量登记。撤销了与矿产资源法相抵触的文件，纠正了“先上车后补票”等地方错误政策，制止了机关及机关干部非法办矿，解决了大量开矿引发的纠纷。3年间，地矿局依法行政，针对违法行为下通知书133个，行政指令书78个，行政处罚书176个，其中涉及有证矿山39个，无证矿山137个，申请法院强制执行案件91件，炸毁厂房300余间，没收风机、柴油机、卷扬机等20余台，查封矿井600余个（次），处理矿界纠纷80余起，罚没收入近200万元。

2001年10月，全县根据省州安排，继续开始开展矿业秩序整顿工作。10月19日，县政府成立县矿产资源管理秩序治理整顿工作领导小组专抓此项工作。次年6月，整顿基本结束。7月1－2日，州矿业秩序治理整治工作验收小组对瓮安县矿业秩序治理整顿进行验收，通过听、查、看、评，验收小组按验收标准评分96分，瓮安县矿业秩序治理整顿通过州级验收。

2002年，县国土局与地质矿产局组建县国土资源局后，矿产资源保护责任制日趋完善，逐步形成了每年县政府与州政府、县政府与乡镇政府、国土资源局与基层国土资源所分别签订国土资源管理目标责任书的多项考核机制，并逐步建立健全动了县乡两级的态巡查机制，使全县矿产资源保护及矿业秩序整顿得到进一步强化。是年，县国土资源局依法行政，查处矿产违法案件6件，立案查处1件，收缴罚款3万元，炸毁无证矿洞9个洞（次）。

2003年，无证矿山死灰复燃。7月，县国土资源、安委、煤炭、环保、公安等部门组成矿山安全治理整顿小组，历时半个月，对无证矿山进行了炸毁查封取缔专项整治。共炸毁查封无证矿洞44个，其中无证小煤窑29个，非煤矿洞15个。县国土资源局下达行政指令书16份，当场处罚4宗，没收违法矿产品52吨，罚款4250元。

2004年，全县开展矿产资源市场秩序专项整顿，重点整顿不合理砂石矿、无证采矿及非法转让采矿权等。本着“发现一个，制止一个，查处并取缔一个”的原则，全年共下行政指令书121份，查处矿产资源违法案件42件。春节前，县国土资源局在永和、玉山、平定营炸毁查封取缔无证矿洞13个，其中无证小煤窑9个，无证非煤矿洞4个。3月，县国土资源局牵头，公安、环保、安委、城建等部门配合，组织开展对雍阳、银盏两个乡镇无证采石采砂进行清理整顿，期间下行政指令书6份，强行撤除柴油机2台，电动机2台。国庆前夕，开展取缔无证非煤矿山专项治理整顿，县国土资源局下行政指令书81份，关闭取缔无证非煤矿山81个，其中：砂（石）60个、铁矿14个、硫铁矿4个、磷矿1个、硅石1个、铝土矿1个。

2005年5月9日，县政府下发《瓮安县坚决整顿关闭不具备安全生产条件和非法煤矿的实施方案》，明确县国土资源局具体负责炸毁查封取缔非法私挖盗采小煤窑工作。5月20日，县政府办印发《瓮安县矿业秩序治理整顿实施方案》，县成立矿业秩序治理整顿工作领导小组，副县长郑毅任组长，副县长张仁德任副组长，相关单位领导任成员。县从相关职能部门抽人组成联合执法组，全县开始开展无证采矿、无证探矿、不按设计开采及勘查、乱挖乱采造成环境破坏等的治理整顿工作。是年，县国土资源局下达行政指令书260余份；炸毁查封取缔无证矿洞43个（次），其中，无证煤窑21个（次）、非煤矿洞22个（次）（硫铁矿洞17个次、铁矿洞5个次）；立案查处1件，收缴罚款17700元；没收违法矿产品90余吨；撤除无证采矿设备15台（电动机2台、打砂石8台、空压机1台、柴油机4台）。

2006年，全县先后开展全面整顿和规范矿产资源开发秩序、炸毁查封取缔非法采煤窝点两项专项行动。1月，县政府办印发《瓮安县全面整顿和规范矿产资源开发秩序的实施方案》，整顿和规范专项行动开始。整顿主要集中进行无证采矿、无证探矿、越界开采、非法转让矿权的清理查处；规范主要进行纠正行政干预设置矿权、整合矿山企业布局不合理、推进探采矿权招标拍卖挂牌出让等。整顿和规范专项行动用时10个月，期间，全县对构皮滩电站水库淹没区玉山镇小河口无证抢采磷矿的整顿，共清理查封23个无证磷矿采点。对玉华磷矿区私挖乱采整顿，共关闭取缔非法采矿点17个。对达不到安全生产条件矿山企业整顿，共对8个矿山企业进行关闭，并申报省厅吊销了其采矿证。对非法转让矿业权清理，共清理出15个矿山企业存在非法转让采矿权的行为。是年7月18日，县政府办印发《瓮安县炸毁查封取缔非法采煤窝点实施方案》，炸毁查封取缔非法采煤窝点专项行动开始。县成立炸毁查封取缔非法采煤窝点领导小组，县人民政府代县长王海平任组长，副县长张仁德任副组长，有关单位负责人任成员。领导小组邀请县人民法院副院长李家烈、县检察院副检察长宋勇参加领导小组进行工作指导督促。此次炸毁查封取缔非法采煤窝点专项行动至12月31日结束，期间县政府与各乡（镇）签订目标责任状，强化乡（镇）政府责任。县国土资源、公安、监察、安监、煤炭等十四个部门联动，各司其职。整顿半年，全县采取4次炸毁查封取缔行动，出动车辆29驾次，参加人员102人次，用炸药300余公斤，炸毁查封取缔非法采煤窝点11个次，填平井筒8个次，对5个采煤窝点设立了警示牌。是年开展的两项专项行动，县国土资源局共下停止矿产资源违法行为行政指令书110余份，立案查处19件，结案17件，收缴罚没款350900元，炸毁查封取缔无证小煤窑矿洞37个（次），没收违法矿产品90余吨，强制拆除设备13套。

2007年，根据省国土资源厅《关于规范煤炭开发秩序严厉打击非法采矿行为的通知》和县政府办印发的《瓮安县2007年整顿和规范矿产资源开发秩序工作方案》等文件精神，全县继续开展巩固和扩大治理整顿成果、推进矿山结构调整、规范矿产开发监管模式、进行煤矿越层越界破坏性开采治理等工作。是年，全县45家煤矿企业整合为20家；17家煤矿企业完成扩能扩界；3个探矿权人违法勘查受查处（边探边采2个、擅自改变勘查矿种1个），收缴罚款4.5万元；3个越界采矿企业受查处被责令退回本矿区内范围内开采。在打击非法采矿行动中，县国土资源局严格实行动态巡查责任制，对无证采矿采取“及时发现、及时制止、及时关闭取缔”的原则，按照“炸毁井筒、切断电源、拆除设施、遣散人员、填平场地、恢复植被”的要求依法处理，全年共查处无证采矿点132个，下停止违法探、采矿行政指令书126份，炸毁查封取缔非法矿洞33个（次）（非法采煤窝点30个洞次），花费炸药550公斤，出动车辆30驾次，参加100余人（次），强制拆除违法采矿设备40余台，遣散从业人员600余人，拆除供电线路15条。立案查处矿产资源违法案件18件，结案18件，结案率100%，收缴罚没款35.296万元。

2008年，全县继续保持高压态势整顿矿业秩序。3月20日，县政府办印发《瓮安县整顿和规范矿产资源开发秩序“回头看”行动实施方案》。4月，全县对无证矿山摸底排查，时无证采矿点多达163个，开采矿种主要是煤、磷、铁、硫铁矿、砂石、铝土矿、钼矿等。在排查基础上加大打击力度，共下达责令停止违法行为通知书或行政指令书150余份，撤除非法采矿设备25套，炸毁查封取缔非法矿洞127个洞次（非法采煤窝点77个洞次、无证钼矿洞50个洞次），花费炸药1388公斤，雷管432发，出动车辆47驾次。至10月再次排查，无证矿山从163个减少到20个。

是年12月1日，县政府办印发《瓮安县矿业秩序治理整顿专项行动实施方案》，方案分发动排查、集中整顿、检查验收三阶段，时间从2008年12月1日开始，至2009年3月6日结束，工作目标以查处无证开采、以采代探、越界开采、私挖滥采等违法违规行为和严厉打击矿产开发经营中的矿霸、乡霸、村霸、寨霸、路霸为重点。此项工作由县人民政府组织县国土、公安、检察、安监、供电等部门落实人员专门实施，通过采取地毯式清查，重点对煤、磷、铁、钼、镍、钒、铝土、硫铁矿等矿产资源比较富集的乡镇尤其是矿群矛盾比较突出的乡镇作为重中之重全面进行清查。本次治理整顿专项行动，共查违反矿法案件10件，收缴罚没款333.7万元，关闭公路沿线可视范围内采石场3处，取缔无证采石打砂场5处，炸毁查封非法小煤窑22个洞次，共用炸药242公斤、雷管190发。通过3个月工作，矿业秩序大为好转。

2010年，县政府成立县进一步加强无证非法矿山清理整顿工作领导小组，县政府县长谢晓东任组长，副县长陈博、夏清波、张仁德、刘华龙任副组长，有关单位有关乡镇负责人任成员。全县按照“政府主导、部门联动、社会参与、综合治理”的要求，加大整顿力度。年内，县国土资源局立案查处矿产资源违法案件20件，取缔无证砂石场12处，炸毁查封和填埋无证小煤窑、钼矿洞9个（次），收缴罚没款37万余元，协助公安机关治安行政拘留违法采矿4人。

2011年，县政府办印发《瓮安县关于建立国土资源共同管理责任机制的实施意见》，具体明确县监察局、县检察院、县公安局、县法院、县财政局、县国土资源局、县安监局、县住建局、县供电局、县工商局、县工信局等各成员单位共同管理的职责，形成了遏制国土资源违法行为齐抓共管的局面。是年6月20日，政府办印发《瓮安县集中开展炸毁查封取缔非法采煤窝点专项行动实施方案》（瓮府办发〔2011〕91号），明确关闭、取缔所有非法采煤窝点，确保关闭率达100%。县政府成立瓮安县集中开展炸毁查封取缔非法采煤窝点专项行动工作领导小组，并分别与23个乡（镇）签订严厉打击非法采矿违法行为工作包保责任状。年内，在开展炸毁查封取缔非法采煤窝点专项行动中，共炸毁查封取缔非法采煤窝点19个，用去炸药139公斤，雷管119枚，出动车辆140余驾（次）。县国土资源局立案查处矿产资源违法案件7宗，收缴罚没款16.29万元，报公安机关追究违法采矿刑事责任3人。

2012年，全县结合矿业秩序整顿开展“打非治违”和矿业权清理专项行动工作。县国土资源局对全县29个探矿权和143个采矿权进行全面清理，检查矿山企业287个次，其中煤矿企业69个（次），非煤矿企业218个（次）。清查出矿山企业未按规定时间年检12个，对其立案查处，收缴罚没款15.5万元；清查越界开采矿山企业6个，对其立案查处共收缴罚没款2.7万元；清查擅自转让采矿权矿山企业7个，立案查处3个，收缴罚没款20万元；清查未完成最低勘查投入探矿权5个，责令限期整改，立案查处1个，收缴罚没款1万元；清查采矿权过期矿山企业5个、无故停工一年以上采矿权企业8个，均一一进行了查处。在开展打非治违专项行动工作中，全县按照“炸毁井筒、切断电源、拆除设施、遣散人员、填平场地、恢复植被”的六条标准关闭取缔非法采矿点，其中年内共炸毁查封取缔非法小煤窑10口。

2013年，根据县统一部署，县国土资源局开展了“安全生产月”活动和持续开展“打非治违”专项行动。在“安全生产月”活动中，县国土资源局成立“安全生产月”活动领导小组，制定《瓮安县国土资源局开展2013年“安全生产月”活动实施方案》，开展国土资源领域安全生产大检查，共检查矿山企业137家，其中煤矿企业38家，非煤矿企业99家，出动检查人员1000余人次。在开展“打非治违”专项行动中，县国土资源局立案查处矿产违法案件12件，收缴罚没款27.69万元，没收矿产品1417.52吨，炸毁查封取缔非法采煤窝点5个洞次。是年11月28日至2014年2月28日，根据《瓮安县安全生产大检查“雷霆行动”工作方案》，县国土资源局在全县范围内开展为期三个月的违法采矿“雷霆行动”，期间组织动态巡查480余次，对2起持过期采矿证采矿进行了制止，对7起非法采矿下达了《责令停止违法行为通知书》，监督其停止了违法采矿行为。

2014年，县国土资源局组织非法采矿易发区域重点巡查200余次，依法查处两起无证开采，没收矿产品13吨，收缴罚款2.5万元；依法查处一起越界开采，收缴罚款0.5万元。

二、重点矿区整顿

（一）瓮福磷矿矿区整顿

1997年，根据省州安排，瓮福磷矿区开始着手矿业秩序整顿，内容涉及取缔无证开采、关闭布局不合理矿山、资源划分等。

瓮安县磷矿开采始于50年代，60年代正式建国营矿山企业进行规模开采。至1997

年，瓮福磷矿区瓮安境内除省监狱局所属国营瓮安磷矿开采处，县内其他磷矿持证开采企业为6个，其中1个县办国营矿山，5个乡镇企业矿山。县办国营矿山为瓮安县磷化公司，建成于60年代，其矿区70年代就延伸到穿岩洞矿段的南堡一带。公司在大塘、穿岩洞矿段的采区，是省政府责成有关部门多次处理确立、《矿产资源法》颁布后又由省州地矿部门进一步依法划定的。5个乡镇企业矿山分别是：平定营镇铅厂磷矿，镇办集体企业，1993年5月发证，该矿前身为雍阳区平定营车厂磷矿，80年代中期开始采矿，1992年一度与省扶贫办联办。平定营镇通和磷矿，镇办集体企业，1996年6月发证。平定营镇滴水岩磷矿，镇办集体企业，1995年10月发证。平定营镇平鹰磷矿，私营企业，1996年6月发证。大信南堡磷矿，属大信集团集体企业，1996年12月发证，瓮福磷矿区开始整顿时该矿基本未开始采矿活动。

1997年2月25日，县委、县政府向州委、州政府提交《关于穿岩洞矿段有关问题的报告》，报告对瓮福磷矿准备将境内穿岩洞矿段、王家院矿段、大塘矿段纳入瓮福磷矿规划区提出意见。4月5日，县委、县政府向省政府提交《关于保障瓮安磷化工企业生存保足瓮安磷矿石生产基地的报告》，报告提出对县磷化公司在穿岩洞矿段的南堡采场请充分考虑予以保留等五个方面的意见。6月12日，根据楼继伟副省长批示及省政府办公厅函告，针对省地矿厅（区1997）21号文件《关于从调整资源规划入手进一步整顿瓮福磷矿区矿业秩序的意见》，县四家班子研究后，县委、县政府向省人民政府提交《关于对〈关于从调整资源规划入手进一步整顿瓮福磷矿区矿业秩序的意见〉的报告》，报告提出两套方案，第一方案：关闭在穿岩洞矿段的5个乡镇矿山，保留县磷化公司在穿岩洞矿段的南堡采场、大塘矿段李子弯采场和大塘矿段8线以北采场，共约1亿吨磷矿储量。第二方案：关闭穿岩洞矿段5个乡镇矿山，磷化公司退出穿岩洞矿段南堡采场，将大塘矿段8线至11线+100M块段、王家院矿段共0.9亿吨储量划归瓮安，李子弯采场保留磷化公司采矿权。

1997年7月，瓮福磷矿区整顿力度加大。是月23日，县政府成立瓮安县瓮福磷矿区矿业秩序整顿工作组，副县长刘晓红任组长，地矿局等相关部门负责人任成员。8月11日，为保障重点项目瓮福磷矿的发展规划，县地矿局依法注销了平定营镇铅厂磷矿、通和磷矿、滴水岩磷矿、平鹰磷矿、大信南堡磷矿共5个乡镇集体矿山企业和私营矿山企业的采矿许可证。8月25日，5个乡镇矿山自行封闭了矿井和采面，撤出了井下设施。9月16日，县地矿局分别对5个矿山的矿井进行了高2米、厚1.5米的毛石混凝土填封并打上封条。9月20日，5个乡镇矿山企业按规定运完矿石并撤出场地。

瓮福磷矿区矿业秩序整顿期间，1997年8月12日，国务院副总理邹家华曾对《关于瓮福磷矿区矿业秩序的情况汇报》一文作出批示：请地矿部、贵州省组织力量，按照矿产资源法的要求，进一步整顿瓮福矿的秩序，要采取整顿小秦岭金矿的办法，建立长期的法制秩序。9月30日，吴亦侠省长对贯彻落实邹家华副总理批示也作出批示，要求黔南州政府落实副总理批示，坚决取缔无证开采、滥挖滥采，并明确省里由楼继伟同志组织地矿、公安、监察等执法单位参加整顿。为全面贯彻执行邹家华副总理和吴亦侠省长批示，瓮安积极抽调力量强化整顿力度，至1997年年底，瓮福磷矿区瓮安境内布局不合理矿山及无证开采矿点全部关闭取缔。

1998年8-9月，玉华乡境内被封闭的矿井死灰复燃，王家院、大塘、穿岩洞矿段擅自开采矿井达21个。10月，县政府办公会议专门研究玉华乡磷矿开采混乱情况，县政府以党组名义向县委提交关于整顿的报告，县委召开常委扩大会研究党组呈报方案并提出处理意见，随后，县政府〔1998〕37号文下发了《关于整顿玉华境内磷矿开采秩序的通知》，县地质矿产局、玉华乡集中10天开展整顿，坚决依法取缔了21个非法采点。

是年10月27日，省政府召开确定瓮福磷矿区资源规划调整方案会议，瓮安方面县委书记李国庆、副县长刘晓红、地矿局长李荣进及磷化公司经理陈荣华参加。会议在省政府1998年5月20日和8月14日两次专题会议研究基础上，根据8月29日省长办公会确定原则和地矿部复函意见，最终明确了调整方案：一、将英坪、磨坊、王家院3个完整矿段和穿岩洞矿段17.5~23勘探线之间，大塘矿段12勘探线以北，小坝矿段0勘探线以北划归宏福公司规划使用。二、由福泉市开采的5个块段，分布在英坪、磨坊矿段的4个块段重新划归宏福公司，小坝0勘探线以南约3794万吨磷矿石储量由福泉市规划使用。三、大塘矿段12勘探线以南至穿岩洞矿段17.5勘探线，瓮安磷矿规划使用：东翼12线至14线、TC65以东16线+100米至16线+260米和西翼16线至17线+150米，储量约5098万吨；瓮安县规划使用：东翼14线至16线+100米、西翼15线至16线和F15~TC63~TC65，储量约3638万吨；大信集团规划使用：TC63以东16线+260米至17线+150，储量约1224万吨。

经过1997至1998两年整顿，瓮福磷矿区瓮安境内矿业秩序根本好转。为保障瓮福磷矿（宏福公司）发展，其后出现的混乱苗头，均能得以及时制止。1999年春节过后，瓮福磷矿区王家院矿段、大塘矿段不时有人偷采，县政府与宏福公司配合召开村协调会，发布县政府（1999）1号通告，并组织宏福公司护矿队进驻，及时制止了乱采行为。2008年，包括宏福公司在内的玉华乡境内磷矿区私挖盗采钼矿泛滥，县国土资源局重拳出击，7-8月出动150多人次，花费炸约750公斤，雷管150发，两个月共炸毁查封私挖盗采钼矿矿洞47个，没收非法采出矿产品2.5吨，收缴罚没收入1.1万元。

（二）珠藏铁矿矿区整顿

珠藏铁矿位于珠藏镇西南5公里的高山，探明铁矿储量722万吨。矿区南部蕴藏有与铁矿共生的锌矿，探明储量14.73万吨。1991年前，珠藏铁矿为地方国营企业瓮安铁厂开采，后铁厂转产化肥，1992年初经省有关部门协调，瓮安县将矿山转让给水钢公司，由其筹建水钢珠藏铁矿。是年7月，水钢珠藏铁矿在省地矿局办理铁矿采矿登记手续。

1997年，由于水钢珠藏铁矿内部管理问题，导致其矿区方圆200米范围内，每天有大批农民上山挖伴生锌矿，多时1000多人，开挖矿洞300多个，导致安全隐患、资源破坏、森林乱砍、耕地强占、环境污染、争抢资源矛盾激化。是年10月22日，县地质矿产局向县委、县政府提交《关于水钢公司珠藏铁矿山矿业秩序混乱的紧急报告》，汇报水钢公司珠藏铁矿山矿业秩序混乱面临的主要问题：一是群众进入珠藏铁矿山开采伴生锌矿，干扰了水钢公司珠藏铁矿山的正常开采秩序，使该矿山处于停开境地。二是私挖乱采的300多个矿井设备简陋，所有矿井均是泥土矿井，松沙土矿井、独眼井，矿井与矿井互相重叠，纵横交错，存在着严重的安全隐患。三是矿井之间争抢资源矛盾激化，矿山上发生多起争矿矛盾，甚至发生争抢锌矿使用斧头砍人致残的情形。四是矿山附近松林被乱砍滥伐。五是挖洞采矿堆积了大量松沙松土，雨季来临，这些松沙松土将形成泥石流，发生地质灾害。

1998年2月13日，县委召开常委会，四大班子领导参加，听取县地质矿产局汇报水钢珠藏铁矿出现的乱挖乱采问题，会上并立即作出整顿布置，明确由一名副县长牵头，组织工作组进驻珠藏铁矿，抽调大批警力及有关部门人员配合地矿局依法行政。常委会后，工作组进驻珠藏铁矿。

2月18日，县地质矿产局按《矿产资源法》发布整顿通告，按程序对私挖乱采锌矿老板进行处罚，要求立即拆除井上井下设施，封闭矿井，停止生产，并没收采出的锌矿。19日，县地质矿产局组织车辆没收锌矿，因受煽动，数百挖矿民工对执法人员进行围攻，对装矿车辆进行阻拦，多数挖矿人员继续强行下井采矿。当天，珠藏镇派出所10多名警员参与维护执法但无法控制局面。20日，面对强大的整顿阻力和安全形势，县委、县政府从县紧急组织30多名警员包括部分武警上山保护地矿部门依法行政。当天通过扩音器喊话，要求立即拆除工棚，不拆予以烧毁，民工撤离采区。在强大整顿压力下，依法行政得以施行。

3月31日，省地质矿产厅下达《关于进一步加强水钢珠藏铁矿矿业秩序整顿工作的通知》，明确继续加大整顿力度，停止一切采锌活动，依法取缔矿区附近19个土法炼锌炉、防范地质灾害和安全事故等问题。4月6日，县委、县政府领导赴都匀，向州委、州政府汇报珠藏铁矿整顿情况，并播放珠藏铁矿整顿纪录片。4月9日，州人民政府向省人民政府提交《关于水钢公司珠藏铁矿矿业秩序整顿情况的报告》，请求省有关部门赴矿区调查及协调处理水钢公司珠藏铁矿存在的债务等问题。4月9日至4月10日，省地矿厅副厅长吴道生带队，由省地矿厅、冶金厅、劳动厅和省环保局组成的工作组到现场对水钢珠藏铁矿矿业秩序整顿进行检查和听取汇报，并召开会议，对有关问题进行协调处理。

珠藏铁矿矿区矿业秩序整顿从1998年2月开始至4月基本结束，3个月整顿共投入资金8万多元，拆除烧毁工棚200多个，查封矿井300多口，炸毁矿井100余口，没收锌矿4000多吨，县地质矿产局收缴上解县财政罚没款157万元。

5月19日，县委书记李国庆至珠藏铁矿调查，指示成立调查组调查珠藏铁矿遗留问题。6月中旬，调查组写出调查报告，调查发现水钢珠藏铁矿欠各种税费270多万元。11月21日，县委书记、县人大常委会主任、县长、县政协副主席带领有关部门负责人20多人赴珠藏现场办公解决珠藏铁矿各类遗留问题。当天，会议产生县委（1998）23号《关于水钢珠藏高山矿山恢复生产的会议纪要》，就遗留及恢复生产问题提出了具体意见，至此，水钢珠藏铁矿矿业秩序混乱得到了彻底根治。

（三）瓮安煤矿矿区整顿

1996年前，瓮安煤矿矿区有50多个非法矿井在其矿区范围内开采，1993年起，矿产资源管理部门配合瓮安煤矿反复炸封，数量大为减少。1996年，全县组织大整顿，各级各有关方面配合整顿，年内瓮安煤矿矿区内非法开采被基本取缔。

21世纪开始，瓮安煤矿矿区无证开采有所回潮，县国土资源局等管理部门通过建立健全动态巡查机制，及时发现及时取缔，有效保障了瓮安煤矿的正常生产。2012年，全县在开展“打非治违”专项行动中，其矿区内县联合执法工作组7月组织对永和镇白水河村大岩的非法小煤窑取缔，8月组织对平定营镇细沙村花竹山的非法小煤窑取缔，12月组织对永和镇白水河村牛角洞无证小煤窑和平定营镇细沙村花竹山无证小煤窑的取缔，其声势浩大，有效震慑了无证采矿的不法分子，恢复了矿区内的正常矿业秩序。

第五节　信访与纠纷调处

一、信　访

县土地管理局成立之初，多年历史原因造成问题较多。1987年，群众来访65次，来信163封，涉及土地纠纷案123起，调处108起。瓮安煤矿1961征地263亩弃荒农民前去耕种纠纷、玉山机制砖厂用地纠纷、瓮安磷矿与赵家院土地纠纷、县石油公司与高家坳村民组土地纠纷，经1987年县土地管理局成立当年调处，问题都得到较好解决。瓮安磷矿与赵家院土地纠纷一案，经依法裁决后，赵家院村民组获7000多元土地补偿费，村民为表示感谢，派代表携400元到土地管理局酬谢经办人，被婉言谢绝。

1988年，群众来信188件，来访76次，涉及土地纠纷91起，解决78起。其中县土地管理局解决12起，转区解决66起。1989年，设举报箱35个，收到群众来信67件，涉及案件60件，其中违法占地建房46件，土地纠纷14件。做出处理41件。

1993年6月－1995年，县矿产资源管理办公室处理矿界纠纷80起，有效化解了当时争抢矿产资源比较突出的矛盾。

1995－2001年，发生土地纠纷373起，县土地管理局调处土地纠纷319起，调处率85.5%。共接待来信来访126起。2000年，人大代表多次提出、群众多次上访的七星村110KV输电线路占地补偿问题，经县土地管理局处理，兑现占地补偿费84753.73元，解决了多年未解决的遗留问题。

2002－2007年，县国土资源局接待处理群众来信61件，基本做到件件落实，有登记、有处理、有结果。调处土地纠纷26起。

2008年，“6·28”事件后，省委书记石宗源到瓮安督促指导“6·28”事件处置工作，指出瓮安“6·28”事件深层次原因，是瓮安县在移民安置、矿产开发等过程中部分社会矛盾长期积累，多种纠纷相互交织，导致干群关系紧张等因素造成的。“6·28”事件后，全县开展大接访，解民情，化民怨，县委并成立矿群纠纷化解组等专门处理矿群纠纷矛盾。7月5日，县、乡工作组成功解决岚关乡谷才村大坪煤矿矿群纠纷。7月6日，在这起矿群纠纷中行凶打人的当事人受到拘留和罚款处罚，群众提出的生活用煤补助要求得到解决，有408户1684人领取生活用煤供应票，矿群双方均表示满意。是年，县国土资源局狠抓信访维稳，加派力量抓信访工作，对信访案件做到“件件有落实，事事有回音”，做到来局信访就地解决，尽量杜绝重复上访和越级上访。全年，接到信访案件137宗，办结答复117宗。

2009－2011年，县国土资源局继续狠抓信访维稳工作。2009年以“息诉息访”“案结事了”为重点，全年接到信访案件26件，通过宣传解释群众撤诉4件，当年办结答复群众11件。2010年，接到信访案件14件，其中省、州及相关部门转办案件10件。涉及土地8件；矿产资源6件；初信初访13件；重访1件。立案14件，办结12件，办结率85.7%。2011年，县局以“发现得早、化解得了、控制得住、处置得好”为目标，坚持“案结、事了、人和”原则，共接待群众来访38次，上级转办和收到信访案件18件，办结15件，办结率83.3%。

2012年6月15日，国土资源局下发关于开展国土资源重信重访专项治理活动通知。同日，印发《瓮安县国土资源局矛盾纠纷排查调处实施方案》。8月20日，根据县委办、县政府办关于做好信访维稳的有关通知，局制定《瓮安县国土资源局突出矛盾纠纷责任化解稳控工作任务分解表》，将银盏镇中堡村涉及40人土地补偿款纠纷、银盏镇牛塘湾涉及100人的土地纠纷、瓮水办事处富水桥3人反映征地费纠纷、猴场镇改兴槽组4人反映的征地费纠纷、猴场镇马路组涉及30人的占地纠纷、珠藏镇荒田坝组涉及64户的占地纠纷、平定营镇铅厂组涉及165人的拆迁安置纠纷、玉华乡大塘组涉及多人的地灾治理纠纷、岚关乡3户土地归属纠纷、牛场坝乡涉及89人的纠纷，通过分解均得到一定程度落实。是年，县局调整充实国土资源信访维稳工作领导小组，制定信访维稳工作计划和重信重访工作化解方案，全年接待群众来访50次，受理信访案件11件，其中涉及土地6件，矿产3件，违法建设2件。办结10件，办结率91%。

2013年，县国土资源局接待群众来访40余人（次），全部进行回复，回复率100%。受理信访案件16件办结16件，办结率100%。

2014年6月10日，根据黔南国土资发〔2014〕40号文件要求，县国土资源局成立“信访跟着项目走”工作领导小组，专门负责解决项目中的各种信访案件。同日，县局印发领导干部包案化解信访案件责任分解通知，将瓮党办〔2014〕31号文件明确的化解任务分解到相应责任人，其主要信访案件有永和镇柴花村污薅组12人反映的地灾搬迁、瓮水街道老兰寨9户和袁家湾75户反映的征地拆迁、猴场镇对门场20人反映的水事纠纷等。领导干部包案有效化解了矛盾纠纷，维持了社会稳定。是年，县国土资源局共接待来人来访20余人（次），并全部给予回复，回复率达100%。共办理来信来访案件10件，办理完结10件，办结率为100%。

二、纠纷调处

1986年后，全县土地、矿产信访及纠纷，县国土资源局组建前一般由土地主管部门和矿产主管部门调处，或与有关部门、当地乡镇政府配合调处；组建后一般由县国土资源局调处，或与有关部门、当地乡镇政府配合调处。对矛盾突出、问题复杂、解决棘手的信访案及纠纷案，相关主管部门均需通过向县甚至向省州汇报，由县委、县政府甚至省州人民政府及相关部门出面解决。

1986至2014年，由县委、县人民政府甚至省、州人民政府及相关部门出面调处了大量土地、矿产纠纷，部分案例有：

羊关、三星土地纠纷 瓮安县原羊关乡农林村与遵义县三星场乡隔河相望，解放前此地是通往遵义、开阳、瓮安的渡口，瓮、遵、开三县曾组织“三合义渡”置有土地山林供船夫营生，渡船为三县人民服务。解放后，渡口成为公渡，其财产按县属关系进行了土地改革。但63亩土地地处瓮安境内，未进行土改，一直荒芜，由羊关乡管理。60年代初，三星场农民渡江到此耕种，从此开始土地权属纠纷。1983年，省人民政府组织农经委、省民政厅、黔南州农经委、遵义地区及有关部门和瓮安县人民政府共同进行调解，提出“土地所有权属瓮安所有，由三星场乡继续耕种”，瓮安未签字同意。三星场乡农民将已种的柑橘移回对岸种植，至此双方均未耕种。1990年春，三星场乡农民又来继续耕种，导致纠纷再次发生。7月23日，农林村农民100余人拿着镰刀将三星场乡农民种植的玉米砍了10多亩，三星场乡也聚集100多人在对岸对峙。因江水相隔，未能发生斗殴。8月16日，县土地管理局向县人民政府汇报，并以瓮信案字〔1990〕23号文件将这一土地争议案报告省人民政府，同时抄报省、州各有关部门，建议上级有关部门及时解决。10月12日，省人民政府召集省级有关部门，遵义地区、遵义县有关部门，黔南州、瓮安县有关部门，在贵阳召开协调会议。通过协商，最后由省人民政府作出3条裁定：1. 土地所有权属瓮安县；2. 允许遵义三星场乡承包使用到2000年；3. 砍掉的玉米，双方不予追究。11月12日，省人民政府办公厅（90）黔府办函269号转发省民政厅、土地管理局关于遵义县三星乡与瓮安县羊关乡边界争议土地的处理意见的通知，该通知转发的处理意见对省政府协调处理的结果进行了进一步具体明确。

唐家湾煤厂矿群纠纷 1992年，永和镇袁山村唐家湾煤厂发生矿群纠纷，有关方面多次协调未果，其后出现附近部分村民阻路、阻车、封堵矿井不准开矿，甚至出现向执法公安人员夺枪事件。3月18日，针对永和镇袁山村垛梁坪、山冲、龙水、团坡等村民组提出唐家湾煤厂采矿影响农灌、人畜饮水水源问题，县政府召集有关单位领导和群众代表会议，就影响水源、土地占用等问题进行了切合实际的磋商，签订了解决协议：

1. 唐家湾煤厂补偿50000元给袁山村委会，作专项资金使用；2. 土地问题由唐家湾煤厂于1992年3月前向土地管理部门提出申请按规定办理用地手续；3. 矿界问题，提升主巷下座限250米，北巷从二平巷起每根平巷延伸不得超过70米，南巷不得打穿与沙溪煤厂相隔的夹。通过此次调处，唐家湾煤厂恢复生产，抢夺枪支人员也受到法律制裁。

瓮湄后水河煤矿资源纠纷　1993年9月23日，位于瓮安、湄潭两县交界处瓮安一侧的后水河煤矿因属湄潭县新南乡杨元礼开采，发生群众到厂哄抢原煤事件。是年12月11日，瓮安、湄潭两县就后水河煤矿公路、资源等纠纷召开会议进行解决。瓮安县政府副县长杨选华、湄潭县政府副县长陈起隆及双方相关单位负责人参加协调会议。会议达成湄潭县新南乡杨元礼不再开采位于牛场坝乡境内的后水河煤厂，由牛场坝乡政府组织开采，并由牛场坝乡政府补偿杨元礼开办煤厂费和群众哄抢原煤补偿费共计25000元。牛场坝乡组织开采期间发生在湄潭县境内的公路使用及土地纠纷，由新南乡协调解决。

瓮安煤矿土地权属纠纷　瓮安煤矿始建于50年代，1959年，该煤矿经瓮安县人委〔1959〕办字第051号、〔1960〕县办字第002号文件批准征用永和区梅家坪一带386亩土地，其中，车地乡悦来村18亩，车地村65亩，柴花村93亩；岚关乡大路村210亩。征地带居住有10多户农民，征地安置搬迁至大路村小谷才村民组居住。瓮安煤矿接管被征用土地后，除对已耕地种植外，并对非耕地进行了开垦。征地时由于处于人民公社搞大跃进时期，因而对被征土地没有进行补偿。1960年纠正一平二调，瓮安煤矿按照当时政策与大路生产队签订补偿4000元的非耕地让受协议。之后，瓮安煤矿逐年对非耕地开垦，耕地不断扩大，诱发了与周边农民的耕地争议。1975年4月24日，瓮安煤矿向县委和永和区委呈送《附近群众强占白水河煤矿土地问题情况的报告》，县有关职能部门当即与永和区、岚关乡、洗马乡共同出面进行调查调解。1979年3月4－5日，永和区、岚关公社、花桥大队等负责人与瓮安煤矿负责人进行座谈，达成相关协议草案。1981年5月29日，县农办、县民政局、永和区、洗马公社、车地大队等各级负责人及车地大队群众代表与瓮安煤矿座谈，再一次达成协议，明确将农民占用土地待庄稼收获后归还瓮安煤矿，但后未兑现。1987年2月15日，岚关乡大路村又以瓮安煤矿无偿占用为由重新提出要求收回土地。同年4月14日，县政府副县长王开余、县土地管理局局长李报忠、永和区区长任中心、岚关乡乡长梁大荣、大路村党支部书记郑应书、大路村村长刘凤祥及瓮安煤矿矿长刘德福等人，通过协商和查看《瓮安煤矿梅家坪工区征地图》，并在图上签名，确认该图所示界线为1961年4月25日大路生产队与瓮安煤矿所签协议界线相符；与1979年3月5日瓮安煤矿与永和区、大路村达成的协议在冷风口至杨柳井一带有较大出入。为此，根据调查的实际情况，1987年8月12日，县政府下达《瓮安县人民政府关于对岚关乡大路村与瓮安煤矿土地所有权争议的裁定通知》（瓮政字〔1987〕24号文件），决定：1. 瓮安煤矿梅家坪工区使用的土地经双方协商和政府批准使用的，已成历史，应予确认。所有权归国家，使用权属于瓮安煤矿。其地界按双方签字的图纸范围为准。2. 大路村在农村土地承包时将梅家坪工区部分土地划为农户承包地，因目前调整土地困难，大路村应将承包农户的土地登记造册，与瓮安煤矿签订临时用地协议，待农村全面调整土地时归还瓮安煤矿。

珠脑岩煤厂占地纠纷 1997 年 3 月 9 日，建中乡对门寨村民组因公路占地等原因，群众抬走珠脑岩煤厂矿车架 4 个、塑料水管 24 节和部分采出原煤，并向法院提起诉讼。3 月 20 日，副县长杨选华带领相关部门负责人前往处理，几经协调，最终形成一致意见：珠脑岩煤厂每年补偿对门寨村民组 1.1 万元；对门寨村民组放弃提起的民事诉讼；归还抬走的矿车架、塑料水管；公路占地无偿给煤厂使用；建中乡政府负责承担对门寨村民组向法院支付的诉讼费 4420 元。协议达成后，珠脑岩煤厂恢复生产。

瓮安磷矿械斗纠纷 1997 年 6 月 19 日，玉华乡牛宫村三个村民组部分村民因矿业、土地纠纷与省属瓮安磷矿参加劳动的服刑人员发生争吵、拉扯及械斗，群众和犯人各有受伤。事情发生后，县委、政府及时出面制止。为全面解决问题，7 月 8 日，县委副书记王振金、副县长刘晓红召集玉华乡、瓮安磷矿协商，决定由县地质矿产局牵头成立联合调查小组对瓮安磷矿占用土地、公路、山林、拖欠劳务报酬、环境破坏等情况进行调查。7 月 21 日，县委副书记王振金、副县长刘晓红召集相关各方领导在瓮安磷矿会议室听取调查小组汇报后，经充分协商，决定瓮安磷矿已依法办理手续的土地等问题，应当给予依法保护。对瓮安磷矿存在的其他问题，形成七条统一意见予以处理：1. 瓮安磷矿恢复雷打坡采场公路，同用此道的磷化公司补助 2 万元；2. 瓮安磷矿恢复中间山（54 号采场）小道；3. 瓮安磷矿赔偿 0.23 亩无法耕种的稻田经济损失，加高拦沙坝，防止荒渣排放造成灾害；4. 支付部分劳务报酬问题，瓮安磷矿以实际凭据作为支付原则给予支付；5. 雷打坡另一采场占地问题，组织相关方面实地丈量，由瓮安磷矿办清手续和补偿；6. 占用林地问题，由林业局牵头组织相关方面实地丈量，由瓮安磷矿办清手续和补偿；7. 村民务工问题，瓮安磷矿在保证监管工作前提下，调配部分采场安排村民务工。

棉花坳颈林地权属纠纷 1997 年 10 月，珠藏镇水田村马鞍山村民组与炭湾寨、小湾子两村民组因棉花坳颈的林地发生权属争议，1998 年 3 月 12 日，县政府以瓮府裁〔1998〕2 号文件作了处理决定，因采信证据不符，是年以瓮府发〔1998〕6 号通知撤销了处理决定。2001 年 1 月 5 日，经有关方面深入调查后，县政府以瓮府裁〔2001〕1 号文件作了处理决定：对水田村马鞍山村民组与炭湾寨、小湾子两村民组为棉花坳颈林地（东抵矿山公路，南至蒙占云的责任地，西至魏大明、蒙占云的责任地，北抵坳颈水钢矿山界桩）权属争议问题，因双方均提供不出法定有效的证据，则该林地属于水田村集体所有，由水田村委会经营管理。

吴家大田权属纠纷 1999 年 8 月 6 日，牛场坝乡和平村荒田沟村民组以吴家大田在“四固定”时固定给该组为由，提出要和平村民委员会归还吴家大田权属，请求县人民政府解决。县政府责成国土局等相关单位进行联合调查，查实吴家大田面积 6 亩，1971

年由荒田沟村民组经营管理，1971 年和平村（大队）集体修电站，征得村民同意后，用来堵水发电，征购任务由大队承担，同时在荒田沟队征购任务中减 1000 公斤大米作为占地补偿。1979 年电站设备拆除，此大田由和平大队耕种，所收粮食用于支付村干部提成和民办老师工资。1981 年 9 月，经原区、公社、大队研究，和平大队将和平学校地基及吴家大田等地以每年 3500 斤稻谷按“四六”分成（荒田沟队 4、大队 6）承包给荒田沟队，其间吴家大田征购任务由和平村 7 个队承担。2001 年 8 月 21 日，在查实基础上，县政府以瓮府裁〔2001〕3 号文件对牛场坝乡和平村民委员会和和平村荒田沟村民组为吴家大田权属争议作出处理决定，认为吴家大田 1971 年来一直由和平村民委员会经营管理，并在第一轮承包的基础上进行了承包，根据稳定土地承包关系的有关政策，县政府裁定：荒田沟吴家大田权属归和平村民委员会经营管理，有关征购纳税手续随田转移。

瓮安磷矿与磷化公司矿界纠纷　2002 年 7 月，瓮安磷矿与县磷化公司因矿界引发矿业纠纷，反映至省州县各级。7 月 28 日至 8 月 4 日，贵州黔美测绘工程院受县国土资源局委托，就两企业纠纷涉及的井上井下坑道进行测量。2002 年 8 月 21 日，省国土资源厅、州国土资源局在瓮安县政府三楼会议室召开瓮安磷矿与县磷化公司矿业纠纷协调处理会。会上，黔美测绘工程院报告测绘结果，争议双方同意测绘结果。在此基础上，省国土资源厅矿管处处长赵震海、州国土资源局总工程师袁先顺、瓮安县委副书记况志华等领导就矿界纠纷提出处理意见，决定：对双方越界采矿行为，由瓮安县国土资源局立案查处；责成双方立即停止越界开采，并由瓮安磷矿、县磷化公司、大信北斗山磷矿 3 方约定，每 10 天组织 1 次 3 方井下开采巡查；为保证井下安全，3 家矿山企业在矿区交界处留 5 米～10 米保安磷柱。

北斗山采矿区矿群纠纷　北斗山采矿区有 3 家企业开采磷矿，给当地村民生产生活造成影响，群众不断上访，强烈要求解决。2005 年 12 月 7 日，县政府召集国土资源局等有关部门就北斗山采矿区因采矿给当地群众生产生活造成困难有关问题进行专题研究，形成瓮府专议〔2006〕3 号会议纪要：2005 年因瓮安磷矿、瓮安大信北斗山磷矿、瓮安县磷化公司 3 家企业开采磷矿，给玉华乡牛宫村坡上寨、塘坝、赵家院 3 个村民组 59.7 亩稻田造成损失，经玉华乡政府、乡农业服务中心测产评估，经济损失 38356.8 元，该项损失由 3 家企业出资进行补偿，瓮安磷矿、瓮安大信北斗山磷矿、瓮安县磷化公司各承担 12785.6 元费用。今后因采矿造成稻田损失，由农业部门据实测算补偿由 3 家企业共同承担。蔡家院、得沟两村民组人畜饮水工程问题，水利局测算工程需资金 11.18 万元，由瓮安磷矿、瓮安大信北斗山磷矿、瓮安县磷化公司各承担 33933.33 元，项目实施由玉华乡政府统一安排。

岩边与水落坝林地权属纠纷　2006 年 2 月开始，草塘镇宋家寨村岩边组与木老坪乡天堂村水落坝组因林地权属发生纠纷，相关部门组织调查后，县人民政府作出处理决定：从北山王庙至张家湾至天堂的人行横路中一荒田处止，连接拦水沟直下槽土，直上马达岭梁岗为双方林地边界；从北山王庙至张家湾至天堂的人行横路中一荒田处止，直上大田湾的槽土的东南面，归草塘下司村老乡寨村民组管理；从北山王庙至张家湾至天堂的人行横路中一荒田处，直上大田湾槽土的西南面以及荒田处接拦水沟下槽土直上马达岭梁岗的西南面，归草塘镇宋家寨村岩边村民组管理。

瓮安煤矿矿群纠纷 2009年初，瓮安煤矿矿区周边发生规模较大的群众性堵厂、堵路、堵监区的不稳定因素，既影响企业的正常生产和监区安全，又影响群众的正常生产生活。事件发生后，县委、县政府高度重视，及时与省监狱管理局、瓮安煤矿采取一系列措施，成立瓮安煤矿矿群矛盾纠纷协调化解领导小组，由县委副书记孙志清亲自组织召集领导小组全体成员召开瓮安煤矿矿群纠纷调处会议，布置相关工作，使事态得以平息。其后，为构建和谐矿区，是年8月18日，针对瓮安煤矿夹山车间造成岩面村废水污染、地质灾害等问题，副县长陈博亲自组织召开国土资源局等有关部门参加的会议，就夹山车间造成岩面村废水污染、地质灾害等问题提出处理意见，形成瓮府专议〔2009〕69号纪要，从而使这一影响矿群关系的问题也得到合理解决。

运达煤矿矿群纠纷 2010年8月，岚关乡运达煤矿与岚关乡章阁村大章阁组发生阻路、打人的矿群纠纷。8月15日，县政府陈博副县长率调查工作组深入岚关乡章阁村大章阁组现场办公，协调处理岚关乡运达煤矿与岚关乡章阁村大章阁组矿群纠纷问题。工作组通过召开群众大会和群众代表协调会，逐项处理落实了群众的有关诉求。对矿区群众生活用煤问题，由运达煤矿按每人1000斤原煤配额，在成本价基础上下浮10%后供应群众。对开矿打落水影响农田灌溉需水改旱补差问题，由煤矿对农户每户每年补偿2吨原煤，农户按每吨100元支付厂方成本价。此外，工作组在协调后还就就近用工、当地群众运输、人畜饮水、村内道路建设等达成了一致意见。

第十八章　管理机构

第一节　机构设置

一、土地管理机构（2001 年前）

境内土地管理，从民国时期至中华人民共和国成立后的 1986 年，无常设独立机构，一直处于多头管理和兼管状态。

民国 11 年（1922 年）起，从中央到地方都有不同形式的土地管理机构，但都不属于常设独立机构。民国 31 年（1942 年）6 月，中央设地政署，民国 37 年（1948 年）改为地政部，省设地政局，下设一、二、三、四科和土地利用勘测队。

民国 26 年（1937 年），国民政府举办土地陈报，瓮安设土地陈报处及联保土地陈报处。陈报工作完毕，有关田赋征收事宜移交田赋征收办处理。瓮安县田赋征收管理处成立于民国 30 年（1941 年），时任处长傅启运，副处长张泽南。民国 36 年（1947 年），成立瓮安县地政科，科长欧天举。是年辖 4 镇 14 乡的土地。次年 8 月 30 日，县地政科与县田赋征收管理处共同审批了因公征用全县 230 户农民的土地。

民国后期，凡土地买卖、税契等工作由县政府统管。乡村发生土地争议，一律由当地乡镇调解处理，如有不服者，报经县政府裁决。

中华人民共和国成立后，1952－1983 年间，瓮安土地属县民政局兼管，主要负责承办国家建设征地和农村集体土地权属界线争议处理。但多数土地纠纷则由乡镇、村解决。除县民政部门管理外，期间县还根据省土地利用局建制要求，县成立了土地利用规划队，人员从农业部门抽调，隶属关系由县政府直管，业务范围负责全县土地测量和土地利用规划工作。

1984－1986 年，土地属县农业局兼管，由局的内设机构经营管理股具体承办，并明确 1～3 人成立土管组。不久，为与省、州土地管理建制接轨，该组从经营管理股分离，单独组建土地管理股，隶属县农业局领导。

1986 年 12 月，为落实中发〔1986〕7 号、省发〔1986〕14 号文件精神，贯彻执行国家有关土地管理的法律、法令和方针政策，根据县政府《关于成立瓮安县土地管理局的通知》，瓮安撤农牧局土地管理股，组建瓮安县土地管理局。该局作为县级土地管理的职能机构，由县人民政府直接领导。职能主要是贯彻执行土地管理的法律法令、方针政策，实施耕地保护、土地开发利用、地籍管理等工作。县土地管理局的成立，结束了土地多头管理和兼管状态。但县土地管理局成立之初，仅工作人员5名。

1987年2月27日，瓮编〔1987〕2号文件明确县土地管理局人员编制为18人。其中区镇8人，属事业编制。10月28日，县政府下发通知委派各乡（镇）兼职土地管理员。乡（镇）兼职土地管理员受同级政府领导，业务上受县土地管理局指导。

1988年6月，根据瓮编〔1988〕17号文件，县土地管理局在7区1镇建立土地管理所，为三级机构事业编制，每所定编2人。所需人员从国家机关、事业单位中调配。10月，根据瓮编〔1988〕30号文件，县土地管理局内部建立办公室、法规监察股、地籍管理股、建设用地管理股。是月，瓮编〔1988〕31号文件明确，县土地管理局编制数由瓮编〔1988〕18号文件核实的26人增为31人。年底，全县实有土地管理员72人，其中县局机关15人、区所10人、乡兼职土管员47人。

1989年8月，根据瓮编〔1989〕31号文件，县土地管理局建立土地勘查规划站，为股级事业编制。至1990年，全县有土管人员105人（专职41人、兼职64人），其中县局机关15人、区镇11人、乡79人，另有义务法规监察员247人。

1991年11月，瓮安建镇并乡撤区，全县行政区划变为8镇15乡。月底，全县23个乡镇分别组建土地管理所，配备专职人员，全县结束了各乡镇土管工作兼管局面。

1993年8月，根据县政府通知，县土地管理局成立文峰土地管理所，该所行政上受土管局和城建委的双重领导，业务上受土管局指导。职责主要负责办理文峰大道、北东路规划区域内的土地征用划拨等相关工作。文峰土地管理所所长由土地管理局副局长胡良才兼任。文峰大道建成后，文峰管理所撤销。

1994年2月，瓮安开始进行县级机构改革，改革方案决定撤销县土地管理局、县矿产资源管理办公室的独立建制，合并组建县国土资源管理局。但此次两机构合并未经实施。其后，瓮安县土地管理局在使用原名称原印章的同时，亦使用瓮安县国土资源管理局名称。1997年4月22日，瓮编〔1997〕14号文件通知，将瓮安县国土资源管理局更名为瓮安县国土局。

1996年8月，根据瓮编〔1996〕05号文件，县土地管理局增设测绘管理股。

1998年底，县国土局共有5股、1站，下辖23个乡镇土地管理所。100%的村有土地监察员、信息员。时全县有土地管理专职干部89人，其中县局26人，乡镇土地管理所63人。

二、矿产管理机构（2001年前）

1949年中华人民共和国成立至1986年，瓮安县矿产勘查、开发及矿产品销售等，由各级政府、相关部门或资源所在地集体经济组织等多头管理和兼管。

1971年12月13日，瓮安县成立县矿业管理公司，负责管理全县煤、铁、磷等矿产品的销售调拨。

1977年3月，县革委设县社队企业管理局，非国营矿山企业的矿产开发及矿产品销售等由该局进行指导性管理。其后至1981年前，该局对较大的非国营矿山企业实行产、供、销统一管理。1981年后，社队对集体矿山企业逐步推行经营承包责任制，县社队企业管理局按合同进行督促检查，帮助企业搞好协商服务。

1984年2月，县二级机构改革，县社队企业管理局改为县乡村工业公司，公司对非国营矿山企业的矿产开发及矿产品销售实行指导性管理。

1985年6月，县乡村工业公司改设为县乡镇企业管理局，下设供销、加工、矿产3个公司，区镇设企业管理站。非国营矿山企业的矿产开发及矿产品销售等由乡镇企业管理局兼管。

1987年，随着《矿产资源法》的实施，县政府设瓮安县矿产开发管理局，与县乡镇企业局实行两块牌子一套人马，以履行矿产资源管理的相关职能。1988年5月，矿产开发管理局下设办公室处理相关业务。至1989年8月31日，县矿产开发管理局先后对30个乡镇集体采矿企业和个体采矿进行了登记发证。至1990年12月，全县乡镇矿山发证80个，其中集体53个，个体27个，完成数占当时应发证数的81%。

1993年6月，县矿产开发管理局与县乡镇企业局分设，撤销县矿产开发管理局，改设县矿产资源管理办公室，履行矿产法律法规宣传、矿产资源开发利用登记和监督管理等职能。领导职数设主任1名。内设机构有综合股、矿管股、法规股，编制8人。

1997年5月，根据瓮编〔1997〕29号文件，撤县矿产资源管理办公室，改设县地质矿产局。主要职能是贯彻执行党和国家的有关方针政策法律法规，负责矿产资源开发利用登记和监督管理，实施全县地质矿产资料的收集、保管、统计、利用等。内设机构设综合股、矿产资源管理股、政策法规股。人员编制暂定10人，领导职数设局长1名、副局长1名，各股配备股长或副股长1名。至2001年，县地质矿产局实有正式职工11人。

三、县国土资源局

2001年11月1日，县委、县政府下达县级机构改革实施意见，明确将县国土局、县地质矿产局独立建制撤销，合并组建县国土资源局。12月12日，县委、县政府下达乡镇机构改革实施意见，明确23个乡镇设国土资源管理所，定编46名（每个乡镇2名），由财政全额预算管理，为股级事业单位，所设所长或副所长1名。12月20日，瓮府办发〔2001〕125号文件《瓮安县国土资源局职能配置、内设机构和人员编制方案》明确，县国土资源局主管全县土地资源、矿产资源等自然资源的规划、管理、保护与合理利用及测绘行政管理工作等。内设机构有综合股、用地管理股、地籍管理股、地质矿产管理股、法规监察股。机关行政编制18名，其中设局长1名、副局长2名，正副股长8名；核定机关工勤人员编制2名，由财政全额预算管理。此次机构改革分动员部署、制定报批“三定”方案、组织实施“三定”方案三步。年底，组建工作全面完成。

2003年7月1日，县机构编制委员会下文明确乡镇事业单位工作职责和业务范围，国土资源所的主要职责是负责辖区内国土资源法律法规的宣传贯彻、建设用地的审批呈报、建设用地征地、耕地保护、地质灾害防治、矿业权管理、土地利用调查及农村集体土地地籍管理等。

2004年，贵州省政府黔府发〔2004〕28号文件和省委组织部黔组通〔2004〕76号文件规定，全省国土资源管理主管部门干部实行双重领导，以上一级国土资源主管部门党组管理为主，地方党委协助管理。是年起，县国土资源局副局级及以上干部由黔南州国土资源局党组任免。

2005年11月24日，瓮编〔2005〕27号文件通知，对乡镇国土资源所机构编制事宜作出调整：乡镇国土资源所为县国土资源管理部门的派出机构，实行县国土资源局与乡镇人民政府双重领导，以县国土资源局为主的管理体制。主要工作职责，履行乡镇辖区内的土地、矿产资源和测绘行政管理职能。乡镇国土资源所共核定事业编制69名，在瓮委办字〔2001〕85号核定46名事业编制的基础上增加23名，其中雍阳镇6名、草塘镇5名、其他21个乡镇2～4名不等。雍阳镇、草塘镇国土资源所设正副所长各1名，其余乡镇设所长或副所长1名。

2005年11月，根据瓮编〔2005〕28号文件，撤销瓮安县国土资源局规划站，建立瓮安县国土资源技术信息服务中心，为县国土资源局局属股级事业单位，宗旨主要是为全县国土资源系统电子政务信息工作提供保障，业务范围主要为本局及辖区内国土资源系统电子政务信息网络平台的建设和指导。事业编制6名，所需编制在原规划站的6名事业编制中划转。设主任1名。

2005年11月28日，根据国务院、省、州有关国土资源管理体制改革的有关文件，县政府办印发《瓮安县国土资源局职能配置、内设机构和人员编制规定》（瓮府办发〔2005〕63号），该规定对县国土资源局职能进行部分调整，并加挂瓮安县测绘管理办公室牌子。根据调整后的职责，县国土资源局内设9个职能股（室）：办公室、人事教育股、规划股、耕地保护股、地籍管理股、矿权管理股、资源环境股、测绘管理股、执法监察股。机关行政编制18名，其中设局长1名，副局长3名，正副股长（或正副主任）10名；核定机关工勤人员编制2名，由财政全额预算管理。规定按黔府发〔2004〕28号文件，设置瓮安县国土资源执法监察大队，核定事业编制5名，设大队长1名，副大队长1名。经费列入财政全额预算管理。

2008年6月23日，县编委下发4个文件。瓮编〔2008〕14号文件《关于建立瓮安县国土资源交易中心的通知》，明确该中心为县国土资源局管理的股级事业单位。其宗旨是建立正常的国土资源交易秩序，促进国土资源有偿使用制度的全面执行。核定事业编制3名，设主任或副主任1名。瓮编〔2008〕15号文件《关于建立瓮安县国土资源储备中心的通知》，明确瓮安县国土资源储备中心为县人民政府国土资源储备委员会下设机构，隶属于县国土资源局管理的股级事业单位。其宗旨是保护和合理利用国土资源，依法收购、储备土地，收购探矿权、采矿权。国土资源储备中心核定事业编制8名，设主任1名（由县国土资源储备委员会成员兼任）、副主任1名。所需人员从县国土资源局事业单位人员中调剂，所需经费列入财政全额预算管理。瓮编〔2008〕16 号文件《关于县国土资源局调整内设机构及重新明确职责的通知》，明确撤销县国土资源局内设机构执法监察股，建立法规股，设股长或副股长 1 名。瓮编〔2008〕17 号文件《关于调整国土资源技术信息服务中心事业编制的通知》，明确信息服务中心划转 3 名事业编制到县国土资源交易中心，信息服务中心事业编制由 6 名减至 3 名。

2009 年 3 月 5 日，瓮编〔2009〕7 号文件《关于建立瓮安县土地开发整理中心的通知》明确，县土地开发整理中心为县国土资源局管理的股级事业单位。主要职责为建立、培育和完善耕地保护体系，合理开发利用土地资源，确保耕地占一补一。通知明确将县国土资源储备中心承担的土地开发整理职能划入县土地开发整理中心。核定事业编制 2 名，设主任或副主任 1 名。所需经费列入财政全额预算管理。同日，瓮编〔2009〕8 号文件《关于建立瓮安县国土资源局城区分局的通知》，明确撤销瓮安县雍阳镇国土资源所和瓮安县银盏乡国土资源所，建立瓮安县国土资源局城区分局，属县国土资源局派出机构，为股级事业单位，主要职责负责所辖区域内国土资源管理和服务工作。核定事业编制 9 名，设局长 1 名，副局长 2 名，所需编制和人员从原雍阳镇和银盏乡国土资源所在职在编人员中整体划转。

2009 年 10 月 12 日，根据省国土资源厅有关“建立副科级县执法监察大队”精神，瓮编〔2009〕60 号文件下发《关于瓮安县国土资源执法监察大队提高机构规格的通知》，明确瓮安县国土资源执法监察大队机构规格由股级升格为副科级。11 月 3 日，瓮编〔2009〕62 号文件通知增加执法监察大队事业编制 3 名，该机构事业编制由 5 名增至 8 名。

2010 年 6 月 13 日，县国土资源局党组研究决定县国土资源储备中心下设 5 个工作部：综合部、计划财务部、资源收购储备部、资产营运部、土地开发整理部。

12 月 31 日，县政府下发《瓮安县国土资源局主要职责内设机构和人员编制规定》（瓮府办发〔2010〕187 号），明确县国土资源局设 9 个内设机构：综合科、人事教育科、政策法规科、规划科、耕地保护科、地籍管理科、矿权管理科、资源环境科、测绘管理科。明确纪检监察机构为县纪委监察局派驻机构，监察室主任或副主任由同级干部兼任。核定局机关行政编制 18 名，其中局长 1 名，副局长 3 名（常务副局长 1 名，正科级），纪检组长 1 名。科长或副科长 9 名。机关工勤人员编制 3 名，由财政全额预算管理。明确：1.保留瓮安县国土资源执法监察大队，核定事业编制 12 名。设大队长 1 名（副科级），副大队长 1 名（股级）。工勤人员编制 1 人，由县财政全额预算管理。2.将瓮安县国土资源储备中心升格为县国土资源局管理的副科级事业单位，下设 4 个内设机构：综合科、计划财务科、资源收购储备科、资产运营科。核定事业编制 11 名，其中管理人员 2 名，专业技术人员 9 名。设主任 1 名（由县国土资源储备委员会成员兼任），专职副主任 1 名（副科级），科长 4 名，工勤人员编制 1 名，由县财政全额预算管理。3.保留瓮安县国土资源交易中心（股级事业单位），核定事业编制 3 名，其中管理人员

1名，专业技术人员2名。设主任或副主任1名，由县财政全额预算管理。4.保留瓮安县土地开发整理中心（股级事业单位），核定事业编制4名，其中管理人员1名，专业技术人员3名。设主任或副主任1名，由县财政全额预算管理。5.将瓮安县国土资源技术信息服务中心更名为瓮安县国土资源科学技术信息中心（股级事业单位），核定事业编制3名，其中管理人员1名，专业技术人员2名。设主任或副主任1名，由县财政全额预算管理。6.保留瓮安县国土资源局城区分局，为县国土资源局派出机构。保留21个乡镇国土资源所，为县国土资源局设在乡镇的机构。

2011年10月，县委办、县政府办印发《瓮安县乡（镇）主要职责机构设置和人员编制规定》，明确县国土资源局按区域设立瓮安县国土资源局城区分局和按乡镇（除雍阳镇和银盏乡）设立21个国土资源管理所，机构规格均为正股级，合计事业编制人员80名。城区分局设局长、副局长各1名，国土资源所设所长1名。是月15日，瓮编〔2011〕67号文件通知，增加乡镇国土资源管理所事业编制18名（事业编制由80名增加到98名），由财政全额预算管理。城区分局增设副局长1名，乡镇国土资源管理所编制6名及以上的各增设副所长1名。

2012年4月20日，瓮编〔2012〕91号文件通知，瓮安县猴场镇国土资源所更名为瓮安县国土资源局猴场分局，设局长1名（股级）、副局长2名。

是年9月27日，瓮编〔2012〕150号文件通知，增设瓮安县国土资源储备中心副主任1名（副科级），增设后储备中心设置为主任1名（由国土资源储备委员会成员兼任）、副主任2名（副科级）；增加储备中心事业编制2名（由11名增至13名）。

2013年8月14日，根据瓮安县行政区划调整情况，瓮编〔2013〕92号文件通知调整县国土资源局设在乡镇（街道）机构为：在县城设国土资源局城区分局（负责瓮水街道、雍阳街道国土资源工作）；在猴场镇设县国土资源局猴场分局；在银盏镇、平定营镇、中坪镇、建中镇、永和镇、珠藏镇、江界河镇、玉山镇、天文镇、岚关乡设国土资源所。撤销玉华、小河山、白沙、老坟嘴、高水、牛场坝、木引槽、鱼河等8个国土资源所。

2014年3月5日，瓮编〔2014〕9号文件通知，设立瓮安县公共资源交易中心，为瓮安县人民政府管理的正科级事业单位，核定事业编制15名。撤销县国土资源局管理的股级事业单位县国土资源交易中心，收回3名事业编制划转公共资源交易中心。主要职责贯彻执行有关法律法规及公共资源交易相关规定，依法办理工程建设项目招投标、政府采购、国有土地出让、采矿权出让、国有产权交易等业务及其他各项相关工作。

是年9月9日，按照“简政放权、扩权强镇、提升服务”要求，县政府下发《瓮安县人民政府关于公布赋予乡（镇）部分经济社会管理权限目录的决定》（瓮府发〔2014〕14号），共赋予乡（镇）县级经济社会管理权限202项，其中涉及县国土资源局委托的共6项。9月11日，根据贵州省关于开展乡镇行政管理体制改革试点工作的意见，县委、县人民政府下发《瓮安县关于开展乡镇行政管理体制改革工作的实施意见》

（瓮委〔2014〕24 号），明确 10 镇 1 乡（猴场镇、银盏镇、平定营镇、中坪镇、建中镇、永和镇、珠藏镇、江界河镇、玉山镇、天文镇、岚关乡）撤销国土资源所（分局），设置国土资源和规划建设环保办公室。是日，瓮编〔2014〕54 号文件下发《关于瓮安县乡镇机构设置和人员编制事宜的通知》，明确国土资源和规划建设环保办公室的 8 项职责。

根据县委、县政府关于赋予乡镇部分经济社会管理权限及开展乡镇行政管理体制改革试点的有关文件，2014 年 9 月，县国土资源局将临时使用非耕地审批、土地登记、临时使用耕地审批、对本区域内测绘资质丙级丁级进行初审、建设项目用地预审、农村村民住宅用地审批、国有土地使用权协议出让审批、国有建设用地使用权划拨审批、划拨国有土地使用权补办协议出让手续审批（含转让）等 9 项行政审批事项委托下放到乡镇。11 月，县国土资源局启动原乡镇国土资源所（分局）固定资产和档案资料的清查登记移交，及时完成了 11 个乡镇原国土资源所（分局）固定资产的清理登记，共向当地乡镇人民政府移交 20 栋办公楼、3 辆汽车、16 辆摩托车等一批价值 700 万元的固定资产。

2015 年 2 月 12 日，县政府办印发《瓮安县国土资源局主要职责内设机构和人员编制规定》（瓮府办发〔2015〕11 号），明确县国土资源局加挂瓮安县测绘地理信息局牌子，为县政府工作部门。主要履行保护与合理利用土地资源及矿产资源、优化配置国土资源、规范土地权属管理、保护耕地、节约集约利用土地、规范国土资源市场秩序、管理矿产资源开发、监督管理地质勘查及地质环境等职责。内设综合科、人事教育科、政策法规科、规划科、耕地保护科、地籍管理科、矿权管理科、资源环境科、测绘管理科 9 个机构。纪检监察机构为县纪委监察局派驻机构，监察室主任或副主任由同级干部兼任。机关党组织按有关规定设置。县国土资源局机关行政编制 18 名。其中局长 1 名、副局长 3 名（其中常务副局长 1 名，正科长级）、纪检组长 1 名，科长或副科长 9 名，机关工勤人员编制 3 名。保留瓮安县国土资源执法监察大队，为县国土资源局管理的副科级事业单位。核定事业编制 12 名（均为管理人员）、工勤编制 1 名。设大队长 1 名，副大队长 1 名。由财政全额预算管理。保留瓮安县国土资源储备中心，为县国土资源局管理的副科级事业单位。核定事业编制 13 名（其中：管理人员 12 名，专业技术人员 1 名）、工勤编制 1 名。设主任 1 名（由县国土资源储备委员会成员兼任），副主任 2 名（副科长级），科长 4 名。由财政全额预算管理。保留瓮安县土地开发整理中心，为县国土资源局管理的股级事业单位。核定事业编制 4 名，其中管理人员 3 名，专业技术人员 1 名。设主任 1 名。由财政全额预算管理。保留瓮安县国土资源科学技术信息中心，为县国土资源局管理的股级事业单位。核定事业编制 3 名，设主任 1 名。由财政全额预算管理。撤销瓮安县国土资源局城区分局，设立瓮安县国土资源局瓮水分局和瓮安县国土资源局雍阳分局，为县国土资源局派出的股级事业机构。由财政全额预算管理。瓮水分局核定事业编制 8 名，其中管理人员 7 名，专业技术人员 1 名。设局长 1 名。雍阳分局核定事业编制7名，其中管理人员6名，专业技术人员1名。设局长1名。设立瓮安县地质灾害防治应急指挥中心，为县国土资源局管理的股级事业单位。核定事业编制5名，其中管理人员2名，专业技术人员3名。设主任1名。由财政全额预算管理。

2015年9月17日，瓮编〔2015〕18号文件下发关于瓮安县不动产登记有关机构编制事宜的通知：县国土资源局加挂瓮安县不动产登记局牌子，将分散在县住房和城乡建设局、县林业局、县农村工作局的不动产登记职责整合到县国土资源局（县不动产登记局）。其职责主要为指导监督土地登记、房屋登记、林地登记、草原登记，建立不动产统一登记制度，制定不动产争议调处制度等。并设立瓮安县不动产登记事务中心，为县国土资源局（县不动产登记局）管理的公益一类股级事业单位。其职责主要是负责全县土地、房屋、林地、草原等各类不动产登记事务工作等。核定事业编制12名，其中管理人员8名，专业技术人员4名。由县财政全额预算管理。设主任1名，副主任1名。

第二节　党群组织

一、党　组

1994年4月，县土地管理局设党组，胡良才任党组书记。1997年3月，聂启文任党组副书记。1998年6月5日，县国土局（原名土地管理局）党组调整，旦光俊任党组书记，聂启文任党组副书记，任期至2001年11月。土地管理局党组建立至国土资源局党组建立前，吴洪明、江洪、田丰在不同时期任党组成员。

1998年6月5日，根据县委组织部县组干〔1998〕84号文件，设立县地质矿产局党组，李荣进任党组书记，李成银、吴进华为党组成员，任期至2001年11月。

2001年12月，设立县国土资源局党组，李荣进任党组书记，旦光俊、聂启文任党组副书记，李成银、田丰、吴进华任党组成员，任期至2003年3月。

2003年4月，旦光俊任县国土资源局党组书记，任期至2007年4月，期间田丰、吴进华任党组成员，2007年3月增补况祥为党组成员。

2007年11月，刘晓勇任县国土资源局党组书记，任期至2013年7月。期间，吴进华任党组成员，况祥、田丰、黄中奎、贺太忠、刘根友、黄碧勇、张勇、樊启和先后在不同时期任党组成员。

2013年7月，吴广文任县国土资源局党组书记，截止2014年底，期间黄中奎、樊启和任党组成员，吴进华、贺太忠、张勇、刘根友、黄碧勇、乔毅、江浩、唐学梅、邓安辉先后在不同时期任党组成员。

二、党　委

2014年1月14日，根据瓮编〔2014〕1号文件，县国土资源局设置机关党委。

11月12－13日，县国土资源局机关党委召开第一届第一次党员大会，会议应到党员48名，因事因病请假6名，实到党员42名。会议议程主要是对局机关党委第一届委员会进行选举。县国土资源局党组向大会主席团提交了第一届委员会候选人建议名单，大会通过了建议名单，并采取差额选举的办法，在8名候选人中选举产生了7名委员。唐学梅、黄中奎、樊启和、李伦喜、方艳、徐明珠、刘文当选为局机关党委第一届委员会委员。经局机关党委第一届委员会第一次会议选举，唐学梅当选为机关党委书记，黄中奎当选为机关党委副书记。

三、党支部

县土地管理局成立初期，仅5名党员，与县农工部合建党支部。第一届党支部书记由李报忠担任。其后，县土地管理局组建独立的党支部。1990年6月，党支部换届选举，曾宪源当选第二届党支部书记。1995年9月党支部换届选举，吴洪明当选第三届党支部书记，胡良才、何霖海为支部委员，时支部党员共12名。1998年2月，党支部换届选举，吴洪明连任党支部书记，聂启文当选副支部书记，田丰、张碧宽、莫朝忠当选支部委员，时土地管理局（国土局）支部共20名党员。

县矿产资源管理办公室成立时共3名党员，单独组建县矿产资源管理办公室党支部，李荣进当选党支部书记。1997年6月，县矿产资源管理办公室改设县地质矿产局，时有党员7名，李荣进当选县地质矿产局党支部书记。

县国土局、县地质矿产局组建县国土资源局后，初期党支部书记由吴洪明担任。2003年7月，国土资源局党支部换届选举，李荣进当选党支部书记，张碧宽、邓安辉当选为支部委员。2010年3月，党支部换届选举，黄中奎当选党支部书记，樊启和、张勇、张健、潘光凤、李佳佳当选为支部委员。2014年5月，全局有党员68名。2014年12月，国土资源局党支部换届选举，唐学梅当选党支部书记，黄中奎、樊启和、李伦喜、方艳、徐明珠当选为支部委员，时全局有44名党员。

四、纪检组织

1998年6月至2001年11月，聂启文任县国土局纪检组长。

2010年12月31日，县政府办印发《瓮安县国土资源局主要职责内设机构和人员编制规定》（瓮府办发〔2010〕187号），明确纪检监察机构为县纪委监察局派驻机构，监察室主任或副主任由同级干部兼任，设纪检组长1名。

2011年10月至2014年1月，张勇任中共瓮安县纪委派驻县国土资源局纪检组组长。

2014年3月3日后，乔毅任中共瓮安县纪委派驻瓮安县国土资源局纪检组组长。

五、群团组织

工会组织：1987年3月，土地管理局建立工会组织，初期入会人员24人，1988年3月何润碧当选第一届工会主席。1990年工会组织增加到63人。1993年12月工会换届选举，胡良才当选第二届工会主席，1998年工会会员增加到84人，占职工总人数89人的94%。2002年县国土资源局组建后，于年内4月建立瓮安县国土资源工会委员会，时有工会会员81人。至2014年上半年，工会会员增加至123人。县国土资源局工会建立后，共进行三届换届选举。前两届选举，张碧宽当选工会主席。2012 年 4 月进行的后一届选举，张碧宽当选为工会主席，刘汉兴当选为经审委员，赵仁端当选为女工委员，唐学梅当选为组织宣传委员，吴明忠当选为劳动调解委员。

妇女组织：县土地管理局成立及县国土资源局组建后，均设有妇女联合会，张碧宽、陈晓莉等先后任妇女联合会主任。1998 年县国土局有女职工 20 人，2014 年县国土资源局有女职工 30 多人。每年“三八”妇女节，妇女除放假休息外，单位妇女组织还积极组织妇女参加有关文体活动。

第三节　干部任用

一、科（局）级实职领导任用

2004 年前，科（局）级领导干部（含同级非领导职务）由县委、县人大常委、县人民政府及县组织人事部门分别按不同时期的有关规定任免。之后，根据中共贵州省委组织部、中共贵州省国土资源厅党组《关于调整省以下国土资源主管部门干部管理体制的通知》（黔组通〔2004〕76 号），县国土资源主管部门的领导干部实行双重管理体制，以上一级国土资源主管部门党组管理为主，地方党委协助管理。县国土资源主管部门党组（党委）正副书记、党组成员、正副局长及相当职务的干部（含同级非领导职务），由州国土资源主管部门党组征求地方党委意见后任免。

1986－2014 年，县委、县人大常委、县人民政府、州国土资源局党组及县组织人事部门，共任命县国土资源主管部门科局级实职领导干部共 32 名。

1986－2014 年县国土资源主管部门科（局）级实职领导任职名录

表 18－1　（按首任职务时间先后排序）

姓名	任职机构	职务	任职时间
李报忠	土地管理局	局　长	1986. 12－1990. 5
胡良才	土地管理局	副局长	1987. 12－1997. 12
	土地管理局	党组书记	1993. 1－1997. 12
向华忠	矿产开发管理局（乡镇企业局）	局长	1987. 11－1990. 5
何明发	矿产开发管理局（乡镇企业局）	副局长	1987. 3－1993. 5
周远明	矿产开发管理局（乡镇企业局）	副局长	1987. 11－1990. 6
李光玉	土地管理局	副局长	1987. 12－1990. 5
曾宪源	土地管理局	局长	1990. 6－1993. 6

续表 18－1

姓名	任职机构	职务	任职时间
李荣进	矿产开发管理局（乡镇企业局）	局　长	1990. 6－1993. 6
	矿产资源管理办公室	主　任	1993. 6－1997. 5
	地质矿产局	局　长	1997. 5－2001. 12
	地质矿产局	党组书记	1998. 6－2001. 12
	国土资源局	党组书记	2001. 12－2003. 4
何明发	矿产开发管理局（乡镇企业局）	副局长	1990. 6－1993. 6
冷应平	矿产开发管理局（乡镇企业局）	副局长	1990. 9－1993. 6
毕少明	土地管理局	副局长	1991. 4－1998. 12
吴洪明	土地管理局	局　长	1993. 6－1998. 5
田　丰	土地管理局	副局长	1993. 6－2001. 12
	国土资源局	副局长	2001. 12－2008. 6
李成银	地质矿产局	副局长	1997. 12－2001. 12
	国土资源局	副局长	2001. 12－2003. 4
旦光俊	国土局	党组书记、局　长	1998. 5－2001. 12
	国土资源局	局　长	2001. 12－2007. 4
	国土资源局	党组副书记	2001. 12－2003. 4
	国土资源局	党组书记	2003. 4－2007. 4
聂启文	国土局	党组副书记	1998. 5－2001. 12
	国土局	纪检组长（兼）	1998. 6－2001. 12
	国土资源局	党组副书记	2001. 12－2003. 4
吴进华	地质矿产局	副局长	1998. 5－2001. 12
	国土资源局	副局长（2007 年 5－10 月期间主持工作）	2001. 12－2010. 3
	国土资源局	常务副局长（正局级）	2010. 3－2014. 3
江　洪	国土局	副局长	1998. 5－2001. 2
刘晓勇	国土资源局	党组书记、局长	2007. 11－2013. 7
	中共瓮安县人民政府党组	党组成员	2011. 10－2013. 7
	国土资源储备中心	主任（兼）	2008. 11－2013. 7
黄中奎	国土资源局	副局长	2008. 7－2014. 9
	国土资源局	常务副局长（正局级）	2014. 9－
贺太忠	国土资源局	副局长	2008. 7－2013. 12
黄碧勇	国土资源储备中心	副主任（副科级）	2010. 4－2013. 3
刘根友	国土资源局	总工程师（副科级）	2010. 12－2014. 2

续表 18－1

姓名	任职机构	职务	任职时间
张　勇	县纪委派驻县国土资源局	纪检组长	2011.10－2014.1
樊启和	国土资源执法监察大队	大队长（副科级）	2011.12－2012.8
	国土资源局	副局长	2014.4－
吴广文	国土资源局	党组书记、局长	2013.7－
	国土资源储备中心	主任（兼）	2013.9－
江　浩	国土资源局	副局长	2014.3－2015.3
乔　毅	县纪委派驻县国土资源局	纪检组长	2014.3－
唐学梅	国土资源局机关党委	党委书记（副科级）	2014.4－
邓安辉	国土资源储备中心	副主任（副科级）	2014.4－
陈廷友	国土资源储备中心	副主任（副科级）	2014.4－
谭华东	国土资源执法监察大队	大队长（副科级）	2014.4－

二、股级干部任用

2004年之前，县国土资源主管部门（含前置土地、矿产管理机构）股级干部，由县国土资源主管部门（含前置土地、矿产管理机构）党组（未建党组的由本级行政机构）按规定向县组织人事部门上报，获批复后由县国土资源主管部门党组（未建党组的由本级行政机构）任命。之后，根据黔组通〔2004〕76号文件，县国土资源主管部门机关、直属单位、派出机构的干部，由县国土资源主管部门党组任免。1986至2014年间，先后任命90多名股级干部担任内设机构、直属单位、派出机构的领导。

县国土资源局组建后，开始实行股级干部交流制。2012年，局党组严格按照《干部选拔任用工作条例》的规定，建立完善相关人事管理制度和一般干部交流制度，公开选拔股级干部9名，轮岗交流乡镇所所长14名，调整机关中层干部工作岗位3名，一般干部26名。并大胆启用年轻大学生，为国土资源管理注入新的活力。至2014年，一批30岁左右年轻干部被提拔走上领导岗位。

1986－2014年县国土资源主管部门股级干部任职名录

表 18－2　　（按首任职务时间先后排序）

姓名	任职机构	职　务	任职时间
李福德	永和区土地管理所	副所长	1986.12－1988.10
	土地管理局综合股（办公室）	主任	1988.10－1993.7
余洪全	雍阳镇土管所（区级）	副所长	1988.4－1991.3
	银盏乡土地管理所	所长	1991.11－2001.12
吴进华	矿产开发管理局办公室	办公室副主任	1988.5－1993.5

续表 18－2

姓名	任职机构	职务	任职时间
何润碧	土地管理局地籍管理股	股长	1988. 10－1993. 1
田　坤	雍阳区土地管理所	所长	1988. 10－1991. 3
	雍阳镇土地管理所	所长	1991. 3－1993. 10
张培荣	草塘区土地管理所	所长	1988. 10－1991. 11
	松坪乡土地管理所	所长	1991. 11－1998. 12
柏明才	中坪区土地管理所	所长	1988. 10－1991. 3
	雍阳区土地管理所	所长	1991. 3－1991. 11
	建中乡土地管理所	所长	1991. 11－1995. 10
李志武	永和区土地管理所	所长	1988. 10－1991. 11
	岚关乡土地管理所	所长	1991. 11－1993. 10
	雍阳镇土地管理所	所长	1993. 10－1998. 12
谭永德	珠藏区土地管理所	所长	1988. 10－1991. 11
	珠藏镇土地管理所	所长	1991. 11－1999. 4
陈应书	玉山区土地管理所	副所长	1988. 10－1991. 11
	鱼河乡土地管理所	所长	1991. 11－1993. 10
	玉山镇土地管理所	所长	1993. 10－1999. 4
杨昌贵	天文区土地管理所	副所长	1988. 10－1991. 5
	土地管理局法规监察股	股长	1991. 11－1993. 3
毕少明	土地管理局法规监察股	股长	1988. 11－1991. 4
王兴才	中坪区土地管理所	副所长	1991. 4－1991. 11
	中坪镇土地管理所	副所长	1991. 11－1993. 1
	龙塘乡土地管理所	副所长	1993. 1－1998. 3
苏永禄	天文区土地管理所	副所长	1991. 5－1991. 11
	天文镇土地管理所	所长	1991. 11－1999. 4
	国土局法规股	副股长	1999. 4－2001. 12
何霖海	平定营镇土地管理所	副所长	1991. 11－1993. 1
	土地管理局地籍管理股	副股长	1993. 1－1993. 10
	土地管理局地籍管理股	股长	1993. 10－1994. 3
	土地管理局综合股	股长	1994. 3－1996. 3
莫承禄	玉华乡土地管理所	所长	1991. 11－1999. 4

续表 18－2

姓名	任职机构	职务	任职时间
何　俊	草塘镇土地管理所	副所长	1991.11－1993.1
	平定营镇土地管理所	副所长	1993.1－1993.10
	龙塘乡土地管理所	负责人	1998.3－1999.4
	龙塘乡土地管理所	副所长	1999.4－2001.12
方明学	小河山乡土地管理所	副所长	1991.11－1993.10
	金竹乡土地管理所	副所长	1993.10－1996.3
	金竹乡土地管理所	所长	1996.3－1996.4
	小河山乡土地管理所	所长	1996.4－1999.4
张开发	木老坪乡土地管理所	副所长	1991.11－1993.10
吕开元	玉山镇土地管理所	副所长	1991.11－1993.10
	国土局地籍管理股	副股长	1999.4－2001.12
	国土资源局地籍管理股	股长	2002.7－2012.11
	国土资源局政策法规科	科长	2012.11－
田光明	龙塘乡土地管理所	副所长	1991.11－1992.3
	草塘镇土地管理所	副所长	1993.1－1994.3
	永和镇国土资源所	所长	2003.4－2009.2
	草塘镇国土资源所	所长	2009.2－2012.4
	国土资源局猴场分局	局长	2012.4－2014.4
熊　兴	铜锣乡土地管理所	副所长	1991.11－1993.10
	木引槽乡土地管理所	副所长	1993.10－1999.4
	珠藏镇土地管理所	所长	1999.4－2001.12
	珠藏镇国土资源所	所长	2003.4－2009.2
胡坤林	高水乡土地管理所	副所长	1991.11－1993.10
	平定营镇土地管理所	所长	1993.10－1997.12
罗开富	木引槽乡土地管理所	负责人	1991.11－1993.10
杨永礼	白沙乡土地管理所	副所长	1991.11－1993.10
	中坪镇土地管理所	所长	1993.10－1999.4
莫朝忠	永和镇土地管理所	所长	1991.11－1993.10
	鱼河乡土地管理所	所长	1993.10－1996.3
杨胜明	老坟嘴乡土地管理所	负责人	1991.11－1992.12
杨昌友	老坟嘴乡土地管理所	副所长	1992.12－1993.10
	永和镇土地管理所	副所长	1993.10－1996.4
	永和镇土地管理所	所长	1996.4－2001.12

续表 18－2

姓名	任职机构	职务	任职时间
田仁富	土地管理局建设用地管理股	股长	1993. 10－1996. 2
况　祥	土地管理局法规监察股	副股长	1993. 10－1996. 3
	土地管理局法规监察股	股长	1996. 3－2001. 12
	国土资源局法规监察股	股长	2002. 7－2010. 9
	国土资源执法监察大队	大队长（兼）	2006. 4－2008. 6
孙国良	雍阳镇土地管理所	副所长	1993. 10－1998. 4
尹维华	铜锣乡土地管理所	副所长	1993. 10－1996. 3
	高水乡土地管理所	负责人	1996. 3－1998. 12
	高水乡土地管理所	所长	1999. 4－2001. 12
	高水乡国土资源所	所长	2003. 4－2009. 2
	牛场坝乡国土资源所	所长	2009. 2－2011. 3
	木引槽乡国土资源所	所长	2011. 3－2014. 10
石德芳	岚关乡土地管理所	负责人	1993. 10－1996. 4
	岚关乡土地管理所	副所长	1996. 4－1999. 4
	岚关乡土地管理所	所长	1999. 4－2001. 12
	岚关乡国土资源所	所长	2003. 4－2006. 4
李伦喜	牛场坝乡土地管理所	副所长	1993. 10－1996. 3
	牛场坝乡土地管理所	所长	1996. 3－2001. 12
	牛场坝乡国土资源所	所长	2003. 4－2009. 2
	珠藏镇国土资源所	所长	2009. 2－2012. 2
	国土资源局测绘科	科长	2013. 8－2015. 3
	国土资源局资源环境科	科长	2015. 3－2015. 8
聂奇伟	白沙乡土地管理所	副所长	1993. 10－1996. 3
	白沙乡土地管理所	所长	1996. 3－1999. 4
	中坪镇土地管理所	所长	1999. 4－2001. 12
	中坪镇国土资源所	所长	2003. 4－2009. 2
	玉山镇国土资源所	所长	2009. 2－2013. 10
	玉山镇国土资源所	所长	2009. 2－2013. 10
	国土资源局城区分局	负责人	2015. 1－2015. 3
	国土资源局瓮水分局	局长	2015. 3－

续表 18－2

姓名	任职机构	职务	任职时间
吴文松	老坟嘴乡土地管理所	负责人	1993. 10－1996. 3
	鱼河乡土地管理所	副所长	1996. 3－1999. 4
	玉山镇土地管理所	所长	1999. 4－2001. 12
	玉山镇国土资源所	所长	2003. 4－2009. 2
	玉华乡国土资源所	所长	2009. 2－2013. 10
	银盏镇国土资源所	所长	2013. 10－2014. 10
乔　毅	高水乡土地管理所	负责人	1993. 10－1996. 3
	铜锣乡土地管理所	副所长	1996. 3－1999. 4
	铜锣乡土地管理所	所长	1999. 4－2001. 12
	铜锣乡国土资源所	所长	2003. 4－2006. 4
	国土资源执法监察大队	副大队长	2008. 6－2010. 12
	国土资源局纪检监察室	主任（兼）	2009. 12－2010. 12
	国土资源局政策法规股（科）	股长（科长）	2010. 12－2012. 11
	县监察局派驻国土资源局监察室	主任（兼）	2012. 6－2014. 4
	国土资源执法监察大队	副大队长	2013. 8－2014. 3
蔡方学	土地管理局土地利用规划站	副站长	1993. 10－1994. 4
	土地管理局用地股	副股长	1996. 3－1997. 12
	国土局土地利用规划站	站长	1997. 12－2001. 12
	国土资源局用地股（耕地保护股）	股长	2002. 7－2008. 3
	国土资源储备中心综合部	负责人	2010. 6－2012. 4
	国土资源储备中心综合科	科长	2012. 4－2014. 7
唐学梅	草塘镇土地管理所	负责人	1994. 3－1995. 4
	国土资源局地籍管理股	副股长	2002. 7－2006. 4
	国土资源局人事教育股	股长	2006. 4－2014. 4
张成举	草塘镇土地管理所	负责人	1995. 10－1998. 3
	老坟嘴乡国土资源所	所长	2003. 4－2006. 4
	国土资源局耕地保护股	负责人	2008. 1－2008. 11
	国土资源局耕地保护股	股长	2008. 11－2009. 6
黄碧勇	建中乡土地管理所	负责人	1995. 10－1996. 4
	建中乡土地管理所	副所长	1996. 4－1998. 12
	玉华乡土地管理所	所长	1999. 4－2001. 12
	玉华乡国土资源所	所长	2003. 4－2009. 2
	雍阳镇国土资源所	所长	2009. 2－2009. 11

续表 18－2

姓名	任职机构	职务	任职时间
黄碧勇	国土资源局城区分局	副局长（正股）	2009. 11－2010. 4
张碧宽	土地管理局综合股	副股长（主持工作）	1996. 3－1999. 4
	国土局综合股	股长	1999. 4－2001. 12
	国土资源局综合股	股长	2002. 7－2006. 4
	国土资源局办公室	主任	2006. 4－2008. 11
	国土资源交易中心	主任	2008. 11－2013. 8
	国土资源局工会	主席	2013. 8－
邓安辉	木老坪乡土地管理所	负责人	1993. 10－1996. 3
	木老坪乡土地管理所	副所长	1996. 3－1999. 4
	国土局测绘股	股长	1999. 4－2001. 12
	国土资源局规划站	负责人	2003. 4－2004. 5
	国土资源局规划站	站长	2004. 5－2006. 4
	国土资源局规划科（规划股）	科长（股长）	2006. 4－2013. 8
	国土资源局资源环境科	科长	2013. 8－2014. 4
陈远黔	木老坪乡土地管理所	负责人	1996. 4－1999. 4
	老坟嘴乡土地管理所	所长	1999. 4－2001. 12
卢光金	地质矿产局综合股	股长	1997. 12－2001. 12
	国土资源局综合股	副股长	2002. 7－2006. 4
	国土资源局资源环境科（股）	科长（股长）	2006. 4－2013. 8
刘　翔	地质矿产局矿产资源管理股	股长	1997. 12－2001. 12
	国土资源局地质矿产管理股	股长	2002. 7－2009. 2
王朝明	草塘镇土地管理所	负责人	1998. 3－1998. 12
	草塘镇土地管理所	所长	1999. 4－2001. 12
陈廷友	木老坪乡土地管理所	负责人	1998. 3－1999. 4
	木老坪乡土地管理所	所长	1999. 4－2001. 12
	木老坪乡国土资源所	所长	2003. 4－2006. 4
	国土资源执法监察大队	副大队长（正股级）	2006. 4－2008. 5
	国土资源执法监察大队	大队长	2008. 6－2011. 9
	国土资源局城区分局	局长	2011. 9－2013. 7
	国土资源储备中心	负责人	2013. 7－2014. 4
王成林	珠藏镇土地管理所	负责人	1998. 7－1999. 4
	木引槽乡土地管理所	副所长	1999. 4－2001. 12

续表 18－2

姓名	任职机构	职务	任职时间
王成林	木引槽乡国土资源所	所长	2003. 4－2009. 2
	岚关乡国土资源所	所长	2009. 2－2012. 2
	平定营镇国土资源所	所长	2012. 2－2014. 4
	国土资源局猴场分局	局长	2014. 4－2014. 10
桂　琴	国土局地籍股	股长	1999. 4－2001. 12
张佑祥	国土局用地股	股长	1999. 4－2001. 12
黄中奎	天文镇土地管理所	所长	1999. 4－2001. 12
	草塘镇国土资源所	所长	2003. 4－2008. 7
贺太忠	雍阳镇土地管理所	副所长	1999. 4－2001. 12
	雍阳镇国土资源所	所长	2003. 4－2008. 7
钟小锋	白沙乡土地管理所	副所长	1999. 4－2001. 12
	白沙乡国土资源所	所长	2003. 4－2011. 3
	建中镇国土资源所	所长	2011. 3－2013. 10
	岚关乡国土资源所	所长	2013. 10－2014. 10
杨富强	建中镇土地管理所	副所长	1999. 4－2001. 12
	建中镇国土资源所	所长	2003. 4－2009. 2
	永和镇国土资源所	所长	2009. 2－2014. 10
蒋成学	小河山乡土地管理所	副所长	1999. 4－2001. 12
	松坪乡国土资源所	所长	2003. 4－2009. 2
	中坪镇国土资源所	所长	2009. 2－2014. 4
	平定营镇国土资源所	所长	2014. 4－2014. 10
付发菊	天文镇土地管理所	副所长	1999. 4－2001. 12
	天文镇国土资源所	负责人	2009. 2－2009. 11
	天文镇国土资源所	所长	2009. 11－2012. 2
童锦川	平定营镇土地管理所	副所长	1999. 4－2001. 12
	平定营镇国土资源所	所长	2003. 4－2009. 2
	松坪乡国土资源所	所长	2009. 2－2012. 2
兰成尧	鱼河乡土地管理所	所长	1999. 4－2001. 12
	鱼河乡国土资源所	所长	2003. 4－2009. 2
	龙塘乡国土资源所	所长	2009. 2－2012. 4
	江界河镇国土资源所	所长	2012. 4－2014. 10
李　班	国土资源局地质矿产管理股	副股长	2002. 7－

续表 18－2

姓名	任职机构	职务	任职时间
江　浩	银盏乡国土资源所	所长	2003. 4－2009. 11
	国土资源局城区分局	副局长（正股级）	2009. 11－2010. 12
	国土资源局城区分局	局长	2010. 12－2011. 8
李福泉	小河山乡国土资源所	所长	2003. 4－2012. 4
	国土资源局猴场分局	副局长（正股级）	2012. 4－2013. 10
	国土资源局猴场分局	局长	2013. 10－2014. 4
	中坪镇国土资源所	所长	2014. 4－2014. 10
谭华东	铜锣乡国土资源所	所长	2003. 4－2009. 2
	建中镇国土资源所	所长	2009. 2－2011. 3
	高水乡国土资源所	所长	2011. 3－2013. 10
	江界河镇国土资源所	所长	2013. 10－2014. 4
王太军	天文镇国土资源所	所长	2003. 4－2009. 2
	平定营镇国土资源所	所长	2009. 2－2012. 2
	木老坪乡国土资源所	所长	2012. 2－2012. 4
	鱼河乡国土资源所	所长	2012. 4－2013. 2
李继尧	龙塘乡国土资源所	所长	2003. 4－2006. 6
	岚关乡国土资源所	所长	2006. 6－2009. 2
	高水乡国土资源所	所长	2009. 2－2011. 3
	牛场坝乡国土资源所	所长	2011. 3－2014. 10
严志忠	木老坪乡国土资源所	所长	2006. 4－2012. 2
	天文镇国土资源所	所长	2012. 2－2014. 10
戴　忠	老坟嘴乡国土资源所	所长	2006. 4－2012. 2
	珠藏镇国土资源所	所长	2012. 2－2014. 10
谭国华	龙塘乡国土资源所	所长	2006. 4－2009. 2
	铜锣乡国土资源所	所长	2009. 2－2012. 4
	江界河镇国土资源所	副所长（正股级）	2012. 4－2014. 7
	玉山镇国土资源所	所长	2014. 7－2014. 10
卢　忠	国土资源局测绘管理股	副股长	2006. 4－2009. 2
张　勇	国土资源局办公室	主任	2008. 11－2011. 9
	国土资源局	局长助理	2009. 6－2011. 10
	国土资源局综合科	科长（兼）	2011. 9－2012. 2
	国土资源执法监察大队	大队长	2011. 9－2011. 10

续表 18－2

姓名	任职机构	职务	任职时间
樊启和	国土资源局矿权管理股	负责人	2009. 2－2009. 12
	国土资源局矿权管理股	股长	2009. 12－2011. 12
梁光辉	国土资源局测绘管理股	负责人	2009. 2－2009. 12
	国土资源局测绘管理股	股长	2009. 12－2011. 3
	国土资源执法监察大队	副大队长	2011. 3－2013. 8
顾中娥	鱼河乡国土资源所	负责人	2009. 2－2009. 11
	鱼河乡国土资源所	所长	2009. 11－2012. 4
	银盏镇国土资源所	所长	2012. 4－2013. 8
	国土资源局资源环境科	科长	2014. 5－2014. 10
涂永福	木引槽乡国土资源所	负责人	2009. 2－2009. 12
	木引槽乡国土资源所	所长	2009. 12－2011. 3
	白沙乡国土资源所	所长	2011. 3－2013. 10
	建中镇国土资源所	所长	2013. 10－2014. 10
谢绍先	国土资源局耕地保护股	负责人	2009. 6－2014. 5
	国土资源局耕地保护科	科长	2014. 5－
赵仁端	国土资源储备中心收购储备部	负责人	2010. 6－2012. 3
	国土资源储备中心收购储备科	科长	2012. 3－
潘光凤	国土资源储备中心资产营运部	负责人	2010. 6－2012. 3
	国土资源储备中心资产营运科	科长	2012. 3－2014. 4
鄢良坤	国土资源储备中心计划财务部	负责人	2010. 6－2012. 3
	国土资源储备中心计划财务科	科长	2012. 3－2014. 4
吴明忠	储备中心土地开发整理部	负责人	2010. 6－2012. 3
	岚关乡国土资源所	所长	2012. 3－2013. 10
	玉山镇国土资源所	所长	2013. 10－2014. 7
	国土资源储备中心综合科	科长	2014. 7－
方　艳	国土资源局测绘科	负责人	2011. 9－2012. 3
	国土资源局测绘科	科长	2012. 3－2013. 8
	国土资源交易中心	主任	2013. 8－2014. 4
	国土资源局人事教育科	科长	2014. 4－
李刚桥	科学技术信息中心	负责人	2011. 9－2012. 3
	科学技术信息中心	主任	2012. 3－2013. 8
	国土资源局地籍科	科长	2013. 8－

续表 18－2

姓名	任职机构	职务	任职时间
陈晓莉	国土资源局城区分局	副局长（正股级）	2012. 3－2013. 7
	国土资源局城区分局	局长	2013. 7－2015. 1
李继舜	老坟嘴乡国土资源所	所长	2012. 3－2013. 10
刘学达	国土资源局综合科	负责人	2012. 3－2012. 11
	国土资源局综合科	科长	2014. 2－2015. 3
	土地开发中心	主任	2015. 3－2015. 8
张　勇（小）	国土资源局地籍科	负责人	2012. 11－2013. 8
	国土资源局规划科	负责人	2013. 8－2014. 4
	国土资源局规划科	科长	2014. 5－
贺燕斌	国土资源局矿权管理科	负责人	2012. 8－2013. 2
	国土资源局矿权管理科	科长	2013. 2－2013. 8
	国土资源局矿权管理科	科长	2014. 5－
苏　琼	国土资源局综合科	科长	2013. 2－2014. 2
王定军	小河山乡国土资源所	所长	2013. 2－2014. 10
孟　勇	国土资源土地开发整理中心	主任	2013. 2－2014. 12
	国土资源局测绘科	科长	2015. 3－
冉茂坤	国土资源局科学技术信息中心	负责人	2013. 8－2014. 5
	国土资源局科学技术信息中心	主任	2014. 5－
杨小翠	县监察局派驻国土资源局监察室	主任	2014. 4－
张　键	国土资源执法监察大队	副大队长	2014. 5－2014. 10
	国土资源局综合科	负责人	2015. 3－
陈　斌	国土资源储备中心资产营运科	科长	2014. 5－
许强俊	江界河镇国土资源所	所长	2014. 5－2014. 10
丁忠祥	地质灾害防治应急指挥中心	负责人	2015. 3－
黄　尧	国土资源局雍阳分局	负责人	2015. 3－

注：县国土资源局组建初未新任股所长期间，国土资源所工作由原任土地管理所所长（副所长）负责，局内设机构工作由原国土局、地质矿产局相关股长（副股长）负责或共同负责

第四节　机关建设

一、行风制度建设

1987 年县土地管理局成立后，即着手行风与制度方面的建设，至 1995 年各项制度逐步建立健全，时主要制度有《考勤制度》《财务工作制度》《用地申报审批制度》《土地登记发证制度》《法规监察制度》及《工作目标责任制度》等。2000 年 8 月，县国土局制订《瓮安县国土局土地违法案件处理会审办法》，以加强土地监察，防止土地违法案件的不公正处理。2001 年，县国土局完善财务联签字、接待就餐标准制度，出台《关于农村个人建设用地的若干规定》《关于办理土地登记的有关规定》，23 个乡镇土管所将政务公开延伸到村级。是年 7－12 月，根据省国土资源厅党组《关于在全省国土资源系统开展行风整顿和民主评议行风的实施意见》，县国土局开展为期 6 个月的行风整顿和民主评议行风的工作。期间，县国土局召开行风整顿和民主评议行风动员大会，组织集中学习《三个代表读本》《土地管理法》等。局行风评议领导小组还针对行风到 23 个乡镇深入村组开展问卷调查，发出问卷 200 份，走访社会各界人士 250 余户 430 余人(次)，召开领导班子成员、党员、党外干部民主生活及评议会 26 次，召开村干部、群众座谈会 101 次，通过多种渠道，收集意见建议 10 多条。针对自查和征求到的意见，县国土局完善各项规章制度，制定整改方案并付诸实施，较好实现了行风转变。职工通过"自己找、出去听、集体查、领导帮"等方式进行民主评议，也较好纠正了"门难进、脸难看、事难办"等现象。

1993 年县矿管机构单独设立后，逐步建立学习制度、考勤制度、财务制度、办证制度、办案制度、考核制度、每日工作记事制度，并设立交办工作督察卡及职工政绩录入卡。1998 年，县地质矿产局制订《地矿局目标管理办法》，明确领导职责、股室职责和职工职责。编制《矿山企业管理卡》《矿山企业动态管理专栏》《易复合无证矿山监察专栏》《全县开采证持证率示意图》等将企业是否生产、是否年检、是否越界、是否缴费、是否有井上井下对照图等列为目标管理内容责任到人。使当年县委、县政府在对全县各单位考核中，地矿局获量化考核第三名。1999 年 4 月，县地质矿产局出台工作与工资挂钩量化考核办法，规定月考核不合格，扣相关人员每人工资 50 元；承包片区工作不合格，扣相关人员每人工资 60 元；交办工作不合格，扣相关人员每人工资 30 元；迟到早退每次扣工资 5 元；出私车 5 公里以远，每次扣驾驶员工资 100 元；工作成绩突出前三名，按季发给适当奖金。这些制度措施出台后，均得到有效实施。

2001 年 12 月县国土资源局组建后，2002 年即完善 11 项规章制度，推行办证、办案、收费、财务四公开。全县共设政务公开栏 247 个，收费项目公示牌 47 个，举报电话 29 台，举报箱 158 个。10 月出台的《关于开展政务公开工作的实施意见》，公开范围包括局机关及基层国土资源机构，内容包括用地审批、采矿权审查审批、案件查处、土地登记、收费操作、地价评估等。公开形式包括发放资料、设置公开专栏等，公开时间实行定期公开和事前事后公开等。

2004 年 4－6 月，根据县委、县政府关于在全县开展机关作风整顿的意见，县国土资源局成立机关作风整顿活动领导小组，制定整顿实施方案，分学习教育、对照检查、整改落实、完善制度 4 个阶段开展机关作风整顿，通过整顿认真贯彻国土资源系统行政为民十条措施和工作人员五条禁令，大力推进政务公开，实行窗口办文、电子政务，整顿结束经县行风评议小组综合评议，综合考核分为 93.55 分，获优秀单位称号。

2006 年，县国土资源局下发“文明诚信单位”活动实施方案，开展“文明诚信单位”“文明国土资源所”创建活动。2007 年，根据省、州、县的工作部署和要求，县国土资源局开展机关作风教育整顿活动。两年两项活动，均收到积极成果。

2008 年 7 月，根据县委、县人民政府关于开展干部职工作风教育整顿密切干群关系的决定，为汲取瓮安“6・28”事件的惨痛教训，县国土资源局党组制定开展干部职工作风教育整顿密切干群关系的意见，明确主要工作任务一是开展机关工作作风建设主题教育活动，二是重点整治工作作风中存在的突出问题，三是建立健全机关作风建设长效机制。此次教育整顿活动 7 月开始至 9 月底结束，经历阶段为学习提高、统一思想；听取意见、对照检查、查找问题、民主测评；强化措施，落实整改；巩固提高，回头检查。通过此次教育整顿，县国土资源局的党群干群关系得到改善，各项制度长效机制得到建立，机关服务质量和服务效率明显提高，干部工作作风根本转变。

2010 年，根据国土资源部部长徐绍史关于“力求作风建设常态化”的讲话要求及州委常委、县委书记龙长春对县国土资源局中层干部作风整顿的指示，4－7 月，全局在国土资源系统内开展中层以上干部作风整顿活动，着力解决政令不通畅、办事效力低、服务态度差、为政不廉洁、工作纪律松懈、政务不透明等 6 个方面的突出问题。是年，局制订下发了《瓮安县国土资源局服务承诺制度》《瓮安县国土资源局公文审批制度》《瓮安县国土资源局公务接待管理制度》《瓮安县国土资源局固定资产管理制度》《瓮安县国土资源局电子政务管理制度》《瓮安县国土资源局自学成才激励制度》等管理制度。

2012 年，国土资源局把服务群众、服务基层、服务企业的“三服”工作作为全局工作的首要任务，注重落实“两提、两加、一耐心、一换位”服务理念和“一站式服务”的工作格局，将所有审批办理事项累计办理时限从 244 个工作日缩短到 145 个工作日，整整缩短了 99 个工作日。窗口共受理各类业务 900 余件，办结率 100%，兑现了在全县承诺大会上“简、优、限”的承诺，让群众享受到“为民、便民、利民”的优质服务。同时，推行局领导班子成员对口服务重点企业工作制度，切实帮助麒龙置业等 20 余家企业解决“用地难”“征地难”“办证难”“资源配置难”“选址难”等实际问题 30 余件。是年 6 月 4 日，局印发 30 项规章制度全面施行，这些规章制度有：《考勤考核制度》《人事管理制度》《一般干部交流工作制度》《行政过错责任追究制度》《自学成才激励制度》《AB 岗工作制度》《服务承诺制度》《首问、首办责任制》《一次性告知制度》《限时办结制度》《督办工作制度》《保密制度》《公文审批制度》《印章管理制度》《财务管理制度》《办公楼管理规定》《固定资产管理制度》《公务接待管理制度》《公务车辆管理制度》《党组议事规则》《会议制度》《领导联系乡镇国土资源所制度》《乡镇所财务管理制度》《电子政务管理制度》《党组中心组学习制度》《网站管理制度》《计算机及网络安全管理制度》《信息公开制度》《电子政务工作流程》。

2013年2月，县国土资源局党组下发进一步规范内部管理的通知，对办公用品、公务车辆、公务接待、食堂等均明确了具体管理办法。3月，局党组根据有关“三重一大”事项集体决策制度的有关文件，制定印发《关于认真贯彻“三重一大”事项集体决策制度的实施意见》，规定重大决策、重要干部任免、重大项目安排和大额资金使用必须通过局党组会议集体研究决定。实施意见对集体决策的主要程序、监督检查、责任追究也作出了具体规定，明确集体决策出席人数必须有三分之二以上党组成员到会，作出的集体决策执行列入班子民主生活会和述职述廉的主要内容，对擅自改变和拒不执行集体决策造成严重影响的，坚决追究有关人员的责任。5月，根据瓮委办字〔2013〕33号文件精神，局党组制定《中共瓮安县国土资源局党组治庸治懒治散治赌治奢实施方案》，成立治庸治懒治散治赌治奢领导小组，全局从强化学习教育、强化制度建设、强化监督检查入手，有效治理了“庸、懒、散、赌、奢”问题。

2014年，全体干部职工签订《瓮安县机关作风效能承诺书》。9月，根据县党发〔2014〕15号文件，县国土资源局制定《关于深入实施“5531工程”扎实推进治理体系和治理能力现代化的实施意见》，对建立健全体制机制，维护人民群众权益，推进国土资源管理科学化、规范化、制度化明确了具体意见，并提出了突出经济发展、优先民生保障、守信生态底线、改进工作作风的具体任务。10月，县国土资源局制定《关于贯彻落实〈瓮安县机关单位工作作风和效能行为问责办法（试行）〉的实施意见》，严格规定上班签到、去向告知、服务群众等工作纪律及督查督办等措施，并明确凡被县作风和效能行为问责的直接责任人，除被县问责处理和扣发年度考核奖外，单位将从当月工资中扣罚同等金额，直接责任人要在干部职工会上公开检讨，并向局党组书面检讨。因连带责任被县扣罚的领导年度考核奖由直接责任人承担50%，所在科、室、队、中心负责人承担20%。

二、党风廉政建设

1988年，县土地管理局针对机构刚成立容易出现权钱交易情况，大力开展职业道德教育，年内，职工拒绝受贿40余次，包括物资折合现金3000多元。

1999年11月5日，《瓮安县国土局党风廉政建设责任制》经局党组讨论通过，印发各股室和各乡镇所，要求班子成员及各股、所把党风廉政建设各项任务纳入工作目标，作年终考核重要依据。

2000年，县国土局转发县纪委《关于禁止机关党员领导干部大操大办酒席的规定》。按照“勤政廉洁从政，清清白白做人”的指导思想，开展反腐倡廉“警示”教育，组织职工学习有关文件，观看胡长清受贿一案的纪录片和电影《生死抉择》，展开金钱与权力的讨论。将政务公开推行至乡镇，以促进勤政廉政建设，防止“暗箱操作”和“吃、拿、卡、要”。

2003年3月，根据中共中央关于加强党的作风建设的决定，局党组制定《中共瓮安县国土资源局党组党风廉政建设责任制》，明确研究重大问题，坚持集体讨论；党组书记、局长对全局党风廉政建设负总责；每年按时召开民主生活会，主要领导举行述廉报告会；严格办事制度，做到政策公开、程序公开、结果公开；对经营性土地使用权、矿业权取得，公平竞争，一律采取招标、拍卖、挂牌出让；严禁以权谋私、权钱交易、公车私用、公款吃喝。

2004年，县国土资源局成立党风廉政建设领导小组，完善《中共瓮安县国土资源局党组廉政建设责任制》，局党组与各股所签订责任书，把任务落实到股所，并明确到人。是年，党组主要领导开始在职工大会上作述廉工作报告。

2006年，县国土资源局开展人生观和社会荣辱观教育，通过学习英雄模范人物和胡锦涛总书记提出的“八荣八耻”，引导干部职工树立正确的人生价值观；开展法制教育和警示教育，通过学习省、州编写的《典型案例警示教育读本》及省国土资源厅编写的《廉政教育警示录》等，达到以案施教；开展职业道德教育及治理商业贿赂专项工作，局成立治理商业贿赂工作领导小组，制订实施方案和抵制商业贿赂的“八个严禁”，全局建立了治理商业贿赂的工作机制。是年，为推进党风廉政建设，县局出台了《关于国土资源管理政务公开工作实施方案》《治理商业贿赂工作领导责任制度》《国土资源局行政审批责任追究制度》《股所级干部述廉评廉制度》《举报制度》《诫勉谈话》等。

2007年11月26日至12月7日，根据省、州国土资源管理部门有关在乡镇国土资源所开展向监管服务对象述职述廉的通知，县国土资源局成立以主要领导为组长的述职述廉工作领导小组，制定《关于在全县乡镇国土资源所开展向监管服务对象述职述廉工作的实施方案》，各乡镇以发放征求意见表、召开座谈会、个别谈话、作述职述廉报告等形式开展述职述廉。全县23个乡镇共有920人参加述职述廉测评，其中房开商用地户代表2人、矿业主代表69人、地方党政领导62人、人大代表22人、用地户25人、农户代表136人、乡镇干部92人、协作单位代表162人、义务巡查员337人、纪检监察机关代表13人，收集批评、建议58条，参评代表对述职述廉满意率平均93.1%。

2008年起，县国土资源局每年召开党风廉政建设暨反腐倡廉工作会，布置相关工作，并层层签订年度党风廉政建设责任书，形成了主要领导亲自抓，分管领导具体抓，一级抓一级，一级对一级负责的党风廉政建设工作格局。2009年，县局在层层签订责任书分解落实年度党风廉政建设任务中，全局推行集体决策制和议事公示制，完善政务窗口建设，对条件成熟的业务均移送到县行政服务中心办理，不能移送的业务一律由县局电子政务窗口进件，避免了服务对象与业务股室的直接接触。2010年，在分解落实年度党风廉政建设工作任务中，5－10月全局开展廉政风险防范机制建设试点工作，该工作经历宣传发动、查找廉政风险点、制定岗位廉政风险防范机制、检查总结四个阶段，通过上下内外结合，广泛征求意见，共查找出廉政风险点32个，按风险等级分为3级，其中一级6个，二级11个，三级15个。

2011－2012年，两年中县国土资源局党组多次邀请县纪委、检察院领导开展预防职务犯罪专题讲座，多次观看拒腐防变警示教育专题片，多次组织干部职工到北斗山监狱开展现身说法警示教育。期间，根据省、州、县安排，县国土资源局制订实施方案，成立领导小组，召开动员会，紧紧围绕州国土资源局党组及县委、县政府关于反腐倡廉的重要部署开展土地出让及探矿权、采矿权出让执行情况的专项清理，并对清理出来的问题切实进行了整改。

2013年，局党组制定《中共瓮安县国土资源局党组2013年党风廉政建设和反腐败工作实施意见》，并根据《中共瓮安县委关于推进清廉瓮安建设的实施意见》等有关文件精神，制定《中共瓮安县国土资源局党组“树信心，倡清廉，促发展”主题教育活动实施方案》，成立主题教育活动领导小组。是年，县国土资源局通过强化思想教育、召开民主生活会、开展解放思想大讨论及到县检察院参观“正气厅”“警示厅”“预防厅”等教育活动，通过建立健全制度、强化反腐倡廉长效机制及加大惩治腐败力度，有效解决了“没本事作为”“不积极作为”“不合力作为”和“不敢作为”等问题。

2014年，县国土资源局强化《党风廉政建设责任制》的执行，并制订印发《集中整治“走读风、赌博风、衙门风、慵懒风、滥办酒席风、优亲厚友风”实施方案》，推行领导干部去向公示等6个制度，使国土资源局的教育、制度、监督并重的惩治和预防腐败体系更趋完善。

三、思想政治建设

1992年3月19至20日，县委、县政府在县委三楼会议室召开瓮安县土地管理政治思想工作会议，参加有县委、县人大、县政府、县政协、县纪委领导，县直机关有关部门、各乡镇、省属3个国营厂矿领导，土地管理局全体干部职工，到会共157人。

2000年，瓮安列入第三批“三讲”教育县，7月26日县委在县城召开“三讲”教育动员会后，县国土局、县地质矿产局分别开展“讲学习、讲政治、讲正气”的三讲教育活动。

2001年6月28日至2001年9月22日，县国土局、县地质矿产局根据中央及省、州委有关精神及县委的安排部署，分别开展“三个代表”（中国共产党必须始终代表中国先进生产力的发展要求，代表中国先进文化的前进方向，代表中国最广大人民的根本利益）重要思想学习教育活动。县委派原监察局局长王儒德任督查小组组长赴县国土局、派原县供销社主任犹林禄任督查小组组长赴县地质矿产局督察学教活动。学教期间，两局分别成立学习教育活动领导小组，制订《学习培训实施方案》《对照检查实施方案》《整改提高实施方案》。两局领导班子成员分别写出2万字以上读书笔记，一般干部写出1万字以上读书笔记。干部职工先后深入到乡镇走访发放问卷调查表，多方收集针对本部门和针对领导班子的意见，并通过对所提意见的梳理、对照检查，最终形成了整改方案。期间，县国土局共组织电视报道7次，编发简报11期，出专刊5期，干部职工深入乡镇走访达250余户、430余人次，发问卷调查表200余份。

2008年，根据中共瓮安县委关于开展“基层组织建设年”活动实施方案，县国土资源局党组制订《国土资源局党的基层组织建设年活动实施方案》，开展了党支部班子建设、党员培训、“四型机关”创建、党员发展、健全党建工作机制、严格党的组织生活等建设工作。是年，根据县委关于《瓮安县学习贯彻党的十七大精神实施方案》，县国土资源局成立干部职工学习工作领导小组，制定印发《瓮安县国土资源局关于十七大精神的学习方案》《瓮安县国土资源局普法依法治理工作计划》《全县村级干部国土资源法律知识宣传教育活动实施方案》《瓮安县国土资源局2008年干部职工培训工作实施意见》，全局广泛开展了对十七大精神的学习活动。

2009年，按照瓮安县深入学习实践科学发展观活动领导小组的安排部署，县国土资源局党组及时召开动员大会，制订工作方案，深入开展学习实践科学发展观活动，做到规定动作不走样，自选动作有创新。活动中全局积极开展“千名干部下基层，服务一线办实事”活动，解答群众法律咨询1000余次，为群众解决农用资金20000元、水泥5吨、化肥12包，组织干部职工为困难群众和留守儿童捐款2750元。是年，根据县委、县政府的安排部署，以创建“服务型党组织”为主题，全局筹集资金4万余元建立“便民为民服务中心”，实现了群众办事的“一站式”服务。

2010年12月，省委、省政府作出关于开展“三个建设年”和“四帮四促”活动的决定。6日，县“三个建设年”暨“四帮四促”活动动员大会后，县国土资源局立即行动，分别成立“三个建设年”活动领导小组和“四帮四促”活动领导小组，并于10日召开全县国土资源系统“三个建设年”暨“四帮四促”活动动员会。2011年，“三个建设年”和“四帮四促”活动在国土资源系统全面开展。

2012年，全局开展“学党章见行动，党在我心中”主题实践教育活动。6月12日，县国土资源局印发《瓮安县国土资源局开展“学党章见行动，党在我心中”主题实践教育活动实施方案》。6月13日，国土资源局党员到冷少农故居开展“重温入党誓词、缅怀革命先烈”活动。7月2日，全局开展学习党章、邓小平理论和“三个代表”重要思想活动。

2013年3月，县国土资源局党组根据瓮组通〔2013〕11号文件精神，制定印发《瓮安县国土资源局干部“晚八点”读书活动实施方案》。2013年3月至12月，全系统干部职工开展了“晚八点”读书活动，以强化全体干部职工“八小时工作二十四小时思考”的学习理念。期间，局利用晚上八点至十点，组织职工的学习，并进行两月一次的集中学习交流。

2014年1月，根据中央、省委、州委和县委有关文件精神，县国土资源局开始开展党的群众路线教育实践活动。局成立党的群众路线教育实践活动领导小组，局党组书记、局长吴广文担任组长。1月28日，局党组制定印发《开展党的群众路线教育实践活动的实施方案》。2月8日，召开党的群众路线教育实践活动动员大会。2月15日，制定印发《关于在党的群众路线教育实践活动中开展领导班子“带好头·作表率”活动的实施方案》《关于在党的群众路线教育实践活动中开展“三保三服”活动的实施方案》和《关于加强党的群众路线教育实践活动宣传工作的实施方案》。

教育实践活动主要分三个阶段：学习教育、听取意见为第一阶段，采取理论与实际相结合、集中学习与个人自学相结合，全局广泛学习了各级要求学习的文件资料，采取多种形式广泛征求了服务对象意见，其中发放“四风”征询意见表40余份，共征求意见11条，涉及班子及班子成员“四风”方面9条。查摆问题、开展批评为第二阶段，局党组主要负责同志与班子成员逐一谈心，领导与分管科室负责人进行谈心谈话。局班子成员按照“照镜子、正衣冠、洗洗澡、治治病”的总体要求和“为民、务实、清廉”的主题开展对照检查和自我剖析，形成对照检查材料。局党组的班子对照检查材料，局党组先后7次进行逐篇逐章讨论，逐字逐句斟酌，逐事逐例验证，并反复修改9次。班子成员的个人对照检查材料，普遍修改8稿以上。在国土资源局支部专题民主生活会及局党总支专题组织生活会上，班子成员聚焦“四风”，相互批评和自我批评不绕弯，不重复，没有“不够”“不足”“不多”等词语。整改落实、建章立制为第三阶段，县国土资源局制定整改方案和“四风”突出问题专项整治方案，并新建和完善包括党务工作、廉政工作、执法工作、行政管理等18项规章制度。根据有关安排，在此次教育实践活动期间，县国土资源局还开展了“领导作示范、三联聚民心”活动，领导班子采取“一帮一”方式对云星村6户困难户进行帮扶；开展“走基层、贺新春、学精神、话发展”实践活动，局领导走访群众38人次，召开宣讲会、群众会4场；开展警示教育活动，全局干部职工前往“瓮安事件”警示教育基地学习，从历史中吸取教训；开展走访企业活动，局班子成员走访企业21个；开展道德讲堂演讲，局党组组织全局职工听取了专门演讲。2015年初，县国土资源局党的群众路线教育实践活动基本结束，经组织验收达到要求。

四、基础设施、档案与信息化建设

（一）基础设施建设

1995年，松坪乡土管所办公楼率先建成。

1996－2001年，珠藏、铜锣、牛场坝、建中、中坪、永和、岚关等乡镇土管所办公楼相继建成。

2002－2007年，天文、木老坪、草塘、小河山、平定营、玉山、银盏、高水、建中、中坪、木引槽、龙塘、渔河、白沙、玉华、雍阳等乡镇国土资源所办公楼新建或改扩建完成。至此，全县23个乡镇所均有办公楼。

2010年，县国土资源局位于河西新区办公大楼落成，建筑面积4600多平方米。至此，全县国土资源系统共修建办公楼24栋，面积12262平方米，每个乡镇国土资源所均有独立的办公楼，全局拥有固定资产 1082.86 万元。

（二）档案建设

县土地管理局建立后，开始建立地籍档案。

1994 年，县土地管理局组织专人对 1988 年来的地籍资料 3434 卷进行清理组卷。

1996 年，县土地管理局对用地资料、地籍资料、土地详查资料进行整理和分类组卷。至 1997 年，已建立健全《档案分类方案》《档案归档范围和保管期限表》《档案室库房管理制度》《档案查阅制度》《档案保管制度》《档案管理人员岗位职责》《工作人员保密守则》等一系列档案管理规章制度，配备了档案管理器材电脑、摄像机、照相机、收录机、复印机、装订机及档案资料保管设备档案室、阅览室、档案柜、电风扇、吸尘器、温湿度计等。是年，经上级档案主管部门验收，瓮安县土地管理局档案获贵州省县一级档案管理合格证称号。10 月 27 日，经州档案评审领导小组检查验收，评分 94 分，经县保密领导小组检查，评分 94 分。

1998 年，县地质矿产局对 1990－1998 年的综合性档案资料及矿业秩序整顿档案资料进行清理组卷，共装卷综合性档案 41 卷、矿业秩序整顿专题档案 9 卷。

1999 年，县国土局帮助乡镇土地管理所建立完善档案制度，指导平定营、银盏等土管所完成地籍档案立卷归档 68672 宗。

2002 年，县国土资源局组建后，对文件档案明确专人管理。对涉密文件实行全过程兼管。对各种软盘、优盘和光盘等涉密磁介质实行保密管理，对涉密科室及档案室进行了防盗和防火措施处理，并加装了防盗门窗和配备灭火装置。

2011 年，县国土资源局对地籍档案进行规范化清理，共清理土地登记档案 1635 宗。

至 2014 年，县国土资源局机关及乡镇所档案普遍使用计算机管理，并建立健全了档案建、管、查、借、阅制度。局机关拥有标准档案库 200 多平方米，其保管档案主要有综合性档案和专业性档案两大类。综合性档案由县局配备专人专管，专业性档案由相关科室管理。截止 2014 年，局机关已移交县档案局保管 1984－1998 年综合性档案 110 卷，其中长期卷 55 卷、永久卷 55 卷。局机关已组卷未移交自存 1999－2010 年综合性档案长期卷 131 卷、永久卷 22 卷。由相关科室管理的专业性档案，涉及国有土地地籍档案共 15816 卷，其中商品房档案 9039 卷。乡镇国土资源所档案，各乡镇国土资源和规划建设环保办公室组建后移交其进行了管理。

（三）信息化建设

20 世纪 90 年代，县土地管理局、县地质矿产局开始使用微机，县国土资源局组建后信息化建设加快。2004 年，投资 18.4 万元给 23 个乡镇配备微机，投资 12.8 万元建成县局机关局域网。

2006 年，投资 10 万元完善信息化建设，建立公共网站和网页，实行网上建设用地审批和矿权登记公开，与州国土资源局实现专线联结。

2007 年，购置 8 台电脑、8 台扫描仪、3 台打印机等硬件设施，为 9 个国土资源所安装宽带、23 个乡镇所申请电子证书。县局机关局域网实现与省、州网络连接，机关电子政务系统开始试运行。

2008 年后，电子政务全面推行，网上收办文、矿权多级审批、图形数据入库等业务运行正常。电子政务建设中各种管理规定初步形成。2009 年，实现网上办理业务 3179 件，其中矿权 517 件、城乡建设用地管理 261 件、地籍登记 379 件、资源环境 11 件、规划 5 件，常规公文处理 2006 件。

2010 年，淘汰更换 21 个乡镇国土资源所电脑、打印机，建立 GPS 连续单参考站，全面启动电子政务办公自动化系统，推行无纸化办公。年内，涉及地籍、矿权、用地、规划等业务，通过网上业务审批 1923 件，办结 1853 件，待办 70 件。

2012－2014 年，县国土资源局进一步开展国土资源信息化建设，建立健全《计算机及网络安全管理制度》《网站管理制度》《网络信息发布、审核、登记制度》《涉密和非涉密计算机保密管理制度》《涉密计算机维修、变更、报废制度》等一系列制度，使信息化建设达到一个更高的程度：一、县国土资源局投入资金 50 余万元，购置办公用服务器 2 台，电脑终端 70 台，光纤接入 10 米，实现了国土资源政务内网省、州、县三级联通，并逐步向下延伸到乡镇。二、接通贵州省电子公文和政务信息传输系统和省州县三级视频会议系统，两套系统的接通并投入使用，使县局与省州的会务、公文、政务信息上传下达在节省行政成本的同时更加快捷高效。三、成功升级第二代电子政务平台，其投入使用使全县建设用地报批、矿权省州县三级联办、一般性公文处理等业务开展效率大大提高，实现了“前台受件、后台联办”的科学管理。四、顺利启动“一张图”工程，完成规划、耕保、地籍、执法、办公室等科室一张图工程的运用培训，为相关业务开展提供了有力的数据支撑。五、成功上线运行国土资源执法监察系统，并以永和镇为全省执法监察系统上线试点，通过对相关人员的培训，全县国土资源执法监察系统已顺利开通上线运行，实现了对违法地块的位置、坐标、面积、地类等数据的现场采集上报，使国土资源执法更加科学便利、更加利于监管。六、通过门户网站平台推进了政务信息公开和形象宣传，并通过强化保密工作，做到了“涉密不上网、上网不涉密”。

第五节　职工队伍

一、队伍发展

1986 年土地管理局成立时，仅 5 名工作人员。

1988 年底，全县实有土地管理员 72 人，其中县局 15 人、区所 10 人、乡兼职土管员 47 人。

县国土资源局2014年5月在册职工基本情况表

表18－3

姓　名	民族	政治面貌	学历学位	姓名	民族	政治面貌	学历学位
吴广文	汉族	党员	本科（学士）	罗飞	汉族		本科
吴进华	汉族	党员	大专	董维兴	汉族		本科
黄中奎	汉族	党员	本科	黄　尧	汉族		本科（学士）
江　浩	汉族	党员	本科	犹昌春	汉族	党员	本科（学士）
乔　毅	汉族	党员	本科	刘志涛	仡佬	党员	本科（学士）
樊启和	汉族	党员	大专	张乃先	汉族		本科
唐学梅（女）	汉族	党员	本科	吴文松	汉族	党员	大专
邓安辉	汉族	党员	本科	李伦喜	汉族	党员	大专
陈廷友	汉族		大专	兰成尧	汉族	党员	大专
谭华东	汉族	党员	本科	顾忠娥（女）	苗族		本科
张　勇	汉族	党员	大专	谭国华	汉族	党员	大专
田　丰	土家	党员	本科	王太军	苗族	党员	大专
颜勤志	汉族		大专	李继舜	汉族	党员	大专
况　祥	汉族	党员	大专	童锦川	汉族		大专
吕开元	汉族	党员	大专	兰中盛	畲族		本科
谢绍先（女）	汉族	党员	大专	李福泉	汉族	党员	大专
梁光辉	汉族		大专	张　惠（女）	汉族		大专
蔡方学	汉族	党员	大专	杨小翠（女）	汉族		本科
张碧宽（女）	汉族	党员	大专	刘成颐（女）	汉族		大专
卢光金	汉族	党员	本科	田光明	汉族	党员	大专
徐贯英（女）	汉族		大专	周　行	汉族		本科
刘　翔	汉族	党员	本科	邱德栋	汉族		大专
刘文元	汉族	党员	大专	戴　忠	汉族		大专
卢　忠	汉族		大专	李艳梅（女）	汉族	党员	大专
杨丛荣（女）	汉族	党员	大专	王兴才	汉族	党员	中专
余素巧（女）	汉族	党员	大专	杨昌友	汉族	党员	大专
高林玲（女）	苗族		本科	方　强	汉族	党员	本科（学士）
方能智	汉族	党员	大专	王成林	汉族	党员	大专
张祥云	汉族		大专	付发菊（女）	汉族		大专
冉茂坤	土家		本科（学士）	任雨菊（女）	汉族		大专
李刚桥	汉族		大学（学士）	陈泓妍（女）	汉族		本科
贺燕斌	汉族	党员	硕士研究生	王定军	汉族	党员	大专

续表 18－3

姓　名	民族	政治面貌	学历学位	姓名	民族	政治面貌	学历学位
张　勇	汉族	党员	本科（学士）	商益群	汉族	党员	大专
张　傲	布依		本科	李继尧	汉族	党员	本科
杨光雷	苗族		本科	刘建君	汉族		中专
贺　勇	汉族	党员	本科	涂永福	汉族		大专
刘　文	汉族	党员	硕士研究生	丁忠祥	汉族		本科
袁继坤	汉族	党员	大专	吴明忠	苗族	党员	本科（学士）
方　艳（女）	汉族	党员	大专	张家素（女）	汉族		大专
邱　静（女）	汉族	党员	本科	颜泽英（女）	汉族		大专
赵仁端（女）	汉族	党员	本科（学士）	胡坤林	汉族		高中
李跃琴（女）	汉族	党员	硕士研究生	何　俊	汉族		中专
陈　斌	汉族	党员	本科（学士）	杨富强	汉族	党员	大专
戴洪鹏	汉族		本科（学士）	潘才菊（女）	水族	党员	本科（学士）
刘进全	汉族	党员	大专	宋　萍（女）	苗族		中专
孟　勇	仡佬		本科（学士）	邱正洪	汉族	党员	本科
刘学达	汉族	党员	本科（学士）	陈乾坤	汉族		本科（学士）
李佳佳（女）	苗族	党员	大学	熊　兴	汉族	党员	大专
徐明朱（女）	汉族	党员	本科（学士）	张键	汉族	党员	大专
田　源	汉族		本科（学士）	江贤明	汉族	党员	大专
苏　琼（女）	汉族		本科	蒋成学	汉族	党员	大专
侯　叶	苗族		本科（学士）	毛水琴（女）	汉族		大专
曾俊霖	汉族		本科（学士）	王朝贵	苗族	党员	本科
陈晓莉（女）	汉族		大专	李元蛟	汉族		本科
张仕媛（女）	汉族		大专	严志忠	汉族		大专
陈　艳（女）	汉族		大专	刘汉兴	汉族		大专
张　莉（女）	汉族		本科	许强俊	汉族		中专
张　琼（女）	汉族	党员	大专	钟晓锋	汉族	党员	大专
刘文洁（女）	汉族		大学	尹维华	汉族	党员	大专
聂奇伟	汉族	党员	大专	陈远黔	汉族		大专
石德芳	汉族	党员	大专	宋　春	汉族		大学
周后成	汉族		大学				

1990 年，全县有土管人员 105 人（专职 41 人、兼职 64 人）；其中县局 15 人、区镇 11 人、乡 79 人，另有义务法规监察员 247 人。

1993 年，县矿产资源管理办公室单设时，有干部职工 5 名。

1998 年，县国土局有土地管理人员 89 人，其中县局 26 人、乡镇土地管理所 63 人，男 69 名、女 20 名，少数民族 5 名，中共党员 50 名，大学本科毕业 2 名、大专毕业 35 名、中专毕业 37 名、初中毕业 11 人、小学毕业 4 名，退休人员 3 名。

2000 年，县地质矿产局有干部职工 10 名，其中中共党员 6 名、大学本科毕业 4 名、大专毕业 6 名。

2002 年，县国土资源局组建时，共有在编干部职工 81 人，其中县局 33 人，乡镇国土资源所 48 人。男 61 名，女 20 名，少数民族 5 名，中共党员 54 名，大学本科毕业 15 名，大专毕业 59 名，中专、高中毕业 7 名.

2009 年，县国土资源局配合县人事部门完成 1995 - 1999 级定向合同分配的 7 名大中专毕业生的招聘，并面向社会公开招考了 5 名大学本科毕业生，面向院校直接招录了 2 名大学本科应届毕业生。2013 年，面向高校引进工作人员 10 名，其中：研究生 1 名、大学本科毕业生 9 名；面向社会招聘工作人员 2 名。2009 - 2013 年，国土资源局通过招聘等新增机关事业单位人员共 49 名，其中男 36 名、女 13 名；中专 4 名、大专 7 名、大学 28 名、本科 8 名、硕士研究生 2 名。

2014 年 5 月，县国土资源局共有在编在职干部职工 123 人。其中女 33 人，占总职工人数的 26.83%；少数民族 15 人，占总职工人数的 12.2%；中共党员 68 人，占总职工人数的 55.28%；大学本科 55 人（其中硕士 3 名、学士 10 名），大专 62 人，中专高中 6 人，分别占总职工人数的 44.72%、50.41%、4.88%。下半年，全县推进乡镇行政管理体制改革试点，县国土资源局划转 51 名干部职工至乡镇国土资源和规划建设环保办公室，加上其他变动，年底，县国土资源局共有在编在职干部职工 65 人。

2015 年，因设立瓮安县不动产登记事务中心增加编制等原因，10 月，县国土资源局共有在编在职干部职工 80 人。其中女 25 人；少数民族 8 人；中共党员 44 人；大学本科 48 人（其中硕士 3 名、学士 9 名）、大专 30 人、中专 2 人。

二、业务培训

县土地、矿产管理机构成立后，为适应新的工作任务，分别广泛组织了对干部职工的业务知识和业务技能的培训。20 世纪 90 年代，县土地、矿产管理部门在坚持业务培训基础上，鼓励干部自学成才，鼓励参加大学本科专科函授，单位并承担大部分书学费。1995 年，县土地管理局有 21 人参加函授学习。2000 年，县国土局 88 名职工中有 28 人攻读本科、大专。1993 至 1997 年间，县地质矿产局（矿管办）1 人脱产带薪至武汉地质学院参加学习，4 人参加函授学习。

1994 年 4 月 20 日至 11 月 18 日，根据国家土地管理局、人事部《关于适应建立公务员培训制度，推进土地管理人员培训的通知》，县土地管理局作为贵州省土地管理系统公务员培训试点单位，在省州人事部门和上级业务部门的领导下，历时 7 个月开展了相关培训。此次培训在保证日常工作正常运转原则下进行，其集中培训主要有 3 次：

7月28日至8月3日，按国家土地管理局、人事部公务员培训大纲授课，布置相应作业。10月16－18日，由人事局辅导公务员制度有关基础知识，并进行基础知识考试。考试结果47人优，7人良，3人及格。11月14－18日，集中辅导复习大纲，并进行土地知识和技能考试。县纪委、县人事局、县土地管理局领导参与监考，国家土地管理局宣传司教育处处长张婉丽、省土地管理局宣教处副处长汪福亚、省人事厅副处长任钊键等领导亲赴瓮安亲临考场巡视，并利用休息时间找乡镇土管员座谈。此次考试，除免考人员外，应考39人，因故缺考1人，实考38人。土地管理概论考试37人及格，1人不及格；土地经济学考试33人及格，5人不及格；土地法规考试38人全部及格，平均分80分以上。乡镇土管员综合科、建设用地科、领导综合科，参考分别为25人、7人、1人，三科及格率100%。

1995－1998年，县地质矿产管理部门通过组织职工自学、进修及现场练兵，职工自行和通过聘请技术人员合作，共为矿山企业绘制地形矿区图100多张，井上井下对照图50多张，坑道设计图30多张，有关地质资料及矿界纠纷鉴定报告100余份，编制了《瓮安县矿产资源分布图》《瓮安县煤炭开采现状图》《瓮安县地质矿产及开发利用图》《瓮安县地质矿产及开发利用规划》《瓮安县地质矿产及开发利用规划图》等一批重要图件和资料，完成了140多个矿山企业的地质简测和储量登记。

1999年6月10日，新修改的《土地管理法》实施第一年，县国土局下达关于做好土地管理法基本知识考试的通知，成立土地管理法基本知识考试领导小组，组织全体在职职工对《土地管理法》及土地管理实施条例等进行系统学习。7月16日，组织职工对土地管理法基本知识进行考试。考试设考场3个，统一编号，单人单桌，国土系统干部职工82人参加考试。副县长何林海及县监察局、人事局派人监考，省、州国土部门领导亲自到场巡查。考试结果，均获得较满意成绩。

2002－2004年，针对县国土资源机构重组后的新业务、新情况，2002年5月13－16日，州国土资源局派出专人，对瓮安县全体干部职工79人进行为期4天的封闭式集中培训。随后，全县分7大片区，分别对全体国土资源所的职工进行了培训。2003年11月10－11日，县国土资源局在全体干部职工中开展了《矿产资源法》《土地管理法》《测绘法》等业务知识技能培训。2004年，县局又3次组织职工培训，并邀请上级领导和专家参与授课。培训内容主要为土地招拍挂、建设用地报批、地质灾害防治、探矿权采矿权申报程序等。

2005年10月9－12日，根据州委组织部、州国土资源局《关于举办2005年全州县（乡）国土资源管理干部培训班的通知》，全县乡镇分管国土资源工作领导和县国土资源系统在岗人员在县集中参加培训。培训由州国土资源局组织师资赴县授课，内容涉及土地管理知识、测绘管理、地矿管理、行风执法等。12日，培训结束进行考试，及格率达100%。

2008年7月4日，县国土资源局组织全体职工开展了电子政务操作程序、耕地保护、土地利用变更调查、地灾防治等业务培训。

2011年，县国土资源局制定职工教育培训计划，通过走出去、请进来的方式组织政治业务培训，全年共组织职工例会学习50余次，组织专题学习35次，选派全系统中层干部300余人次参加县级举办的专题讲座。

2012年，根据国土资源工作政策性、专业性强的特点，县国土资源局在加强干部职工基础业务学习培训中成立7个基础业务学习组：法律法规政策学习组、土地开发利用及管理学习组、规划和地籍学习组、矿产勘探开发与地质环境保护学习组、文秘与新闻宣传学习组、测绘与管理学习组、“一张图”工程学习组，并将学习内容、考核方式进行具体明确，任务分解到人。通过学习培训，干部职工业务水平和工作积极性提高。是年，干部职工自己动手，独立编制了《瓮安县土地整治规划》《瓮安县低丘缓坡土地综合开发利用试点项目实施方案》《瓮安县土地储备贷款可行性研究报告》等，得到了相关单位及专家的一致好评。并独立开展涉及政府测绘项目47个，为县财政节约编制资金及测绘劳务支出260余万元。

2013年，根据《县国土资源局2013年专业技术人员继续教育培训实施方案》，全局采取培训与考核相结合，集中授课与自主学习相结合，法律法规与和业务知识相结合，岗位职能与业务知识相结合的培训方式，开展了测绘工程、一张图工程、CAD绘图等学习培训。

2014年，县国土资源局选派干部6人参加了部、省、州、县级主管部门组织的纪检监察业务能力提升、产业园区建设、党务工作、全省规范性文件制作和监督管理培训；组织开展了地灾防治业务和省国土资源厅组织的加快推进二代办公平台部署应用暨运维工作交流等培训；组织干部职工120余人次参加了县委、县政府组织的各类专题讲座和理论业务培训。

第六节　先进集体与先进个人

1988－2014年，县国土资源主管部门获县级及以上表彰先进集体共107个（次），其中获省部级表彰12个（次）、地厅级表彰21个（次）、县处级表彰74个（次）。

1992－2014年，县国土资源主管部门干部职工获县级及以上表彰先进个人共102人（次），其中获省部级表彰18人（次）、地厅级表彰39人（次）、县处级表彰45人（次）。

1988－2014年获县级及以上表彰先进集体

表18－4

获奖级别	获奖集体	获奖称号	颁奖单位	颁奖时间
省部级	县土地管理局	全国土地管理系统先进单位	国家土地管理局	1988年
	县土地管理局	土地管理工作先进县	国家土地管理局	1990年
	县土地管理局	土地管理工作先进集体	国家土地管理局人事部	1992年
	县土地管理局	土地利用规划三等奖	国家土地管理局	1992年
	县土地管理局	全国土地管理系统先进集体	国家土地管理局人事部	1993年2月
	县土地管理局	全国土地管理“三无”乡镇活动先进县	国家土地管理局	1995年1月
	县地质矿产局	整顿矿业秩序先进单位	省政府	1997年6月
	县国土资源局	土地执法模范县创建合格单位	省政府	2001年12月
	县国土资源局	国土资源管理系统先进集体	国土资源部人事部	2004年12月
	县国土资源局	全国矿产资源规划优秀成果二等奖	国土资源部	2005年6月
	县国土资源局	国土资源系统推进依法行政先进单位	国土资源部	2005年12月
	县国土资源局	国土资源管理系统推进依法行政中期检查先进单位	国土资源部	2013年11月
地厅级	县土地管理局	清理非农业建设用地和土地管理先进集体	省土地管理局	1988年
	县土地管理局	土地管理先进集体	省土地管理局	1990年
	县土地管理局	土地利用总体规划优秀成果二等奖	省土地管理局	1992年
	县土地管理局	基本农田保护区划优秀成果三等奖	省土地管理局	1992年
	县土地管理局	土地利用现状调查科技进步三等奖	州政府	1993年
	县土地管理局	土地利用总体规划科技进步四等奖	州政府	1993年
	县土地管理局	土地详查成果科技成果三等奖	州政府	1993年
	县土地管理局	土资源报告成果科技四等奖	州政府	1993年
	县土地管理局	农业区域开发后备资源调查综合报告科技进步四等奖	州政府	1993年
	县土地管理局	土地管理宣传先进集体	省土地管理局	1995年
	县土地管理局	综合农业后备资源调查评估科技成果二等奖	省农业区划委员会	1996年

续表 18－4

获奖级别	获奖集体	获奖称号	颁奖单位	颁奖时间
地厅级	县土地管理局	水利水电工程土地确权划界先进集体	省水电厅 省国土厅	1996 年
	县国土局	1998 年度全省国土宣传先进集体	省国土厅	1999 年 3 月
	县地质矿产局	资补费征收管理先进单位	省地质矿产厅	1999 年 4 月
	县地质矿产局	地矿行政管理工作成绩显著	省地质矿产厅	1999 年 4 月
	县国土局	1999 年度全省国土宣传工作先进集体	省国土厅	2000 年 3 月
	县测绘管理办	1997－1999 年度测绘管理先进集体	省国土厅	2000 年 3 月
	县国土局	国家高等级测量标志调查合格单位	省国土厅 省测绘局	2000 年 7 月
	县国土局	省国土系统“三五”普法先进集体	省国土厅	2000 年 8 月
	县国土局	1997－1999 年度土地利用总体规划修编工作先进集体	省国土厅	2000 年 8 月
	县国土资源局党支部	全州创先争优先进基层党支部	黔南州委	2012 年 7 月
	县国土资源局	推进依法行政工作	省国土资源厅	2013 年 11 月
县处级	县土地管理局	城镇土地登记发证达标县	州土地管理局	1991 年 4 月
	县土地管理局	土地管理先进集体	州土地管理局	1993 年 8 月
	县土地管理局	文书档案工作第二名	州土地管理局	1993 年
	县土地管理局	财务工作全州土管系统第二名奖	州土地管理局	1995 年
	县土地管理局	水利水电工程土地确权划界先进单位	州土地管理局	1995 年
	县土地管理局	“八五”期土地资源详查二等奖	州土地管理局	1996 年 2 月
	县土地管理局	“八五”期土地利用总体规划一等奖	州土地管理局	1996 年 2 月
	县土地管理局	“八五”城镇地籍调查二等奖	州土地管理局	1996 年 2 月
	县土地管理局	“八五”农村地调发证一等奖	州土地管理局	1996 年 2 月
	县土地管理局	“八五”建设用地管理一等奖	州土地管理局	1996 年 2 月
	县土地管理局	“八五”土地监察一等奖	州土地管理局	1996 年 2 月
	县土地管理局	“八五”文书财务二等奖	州土地管理局	1996 年 2 月
	县土地管理局	“八五”土地使用制度改革一等奖	州土地管理局	1996 年 2 月
	天文镇土管所	土地管理先进集体	州土地管理局	1996 年 6 月

续表 18-4

获奖级别	获奖集体	获奖称号	颁奖单位	颁奖时间
县处级	县土地管理局	土地利用现状变更调查先进单位	州国土局	1996 年
	县土地管理局	“三无”乡镇活动先进单位	州国土局	1996 年
	县国土局	土地利用现状变更调查先进单位	州国土局	1997 年
	县国土局	综合统计工作先进单位	州国土局	1997 年
	县国土局	土地管理工作目标完成一等奖	州国土局	1997 年
	县国土局	土地利用现状变更调查先进集体	州国土局	1998 年
	县国土局	土地管理工作目标完成一等奖	州国土局	1998 年
	县地质矿产局	九八年度量化目标管理第三名	县委、县政府	1999 年 3 月
	县地质矿产局	地矿行政管理先进单位	州地质矿产局	1999 年 3 月
	县国土局	1998 年全州国土资源管理工作一等奖	州国土局	1999 年 4 月
	县国土局	黔南州国土资源管理目标一等奖	州国土局	2000 年 4 月
	县地质矿产局	1999 年度地矿行政管理工作一等奖	州地质矿产局	2000 年 4 月
	县国土局	黔南州国土资源管理目标一等奖	州国土局	2001 年 3 月
	县国土局	县人民政府先进工作部门	县人大常委会	2001 年 3 月
	县国土资源局	黔南州国土资源管理目标一等奖	州国土资源局	2002 年 4 月
	县国土资源局	2002 年度“三结合”帮扶先进集体	县委、县政府	2002 年 12 月
	县国土资源局	黔南州国土资源管理目标一等奖面	州国土资源局	2003 年 1 月
	县国土资源局	2003 年度移民工作先进单位	县委、县政府	2003 年 12 月
	县国土资源局	黔南州档案工作先进集体	州档案局州人事局	2004 年 1 月
	县国土资源局	黔南州国土系统国土知识竞赛三等奖	州国土资源局	2004 年 1 月
	县国土资源局	黔南州国土资源管理目标一等奖	州国土资源局	2004 年 3 月
	县国土资源局	先进基层党组织	县委	2004 年 7 月
	县国土资源局	2004 年度移民工作先进集体	县政府	2004 年 12 月
	县国土资源局	黔南州国土资源系统首届职工运动会体育道德风尚奖	州国土资源局	2005 年 1 月

续表 18－4

获奖级别	获奖集体	获奖称号	颁奖单位	颁奖时间
县处级	县国土资源局	2004 年度文明单位	县委、县政府	2005 年 2 月
	县国土资源局	2004 年度人口与计划生育综合治理工作先进奖	县委、县政府	2005 年 4 月
	县国土资源局	黔南州国土资源管理目标一等奖	州国土资源局	2005 年 3 月
	县国土资源局	2005 年度移民工作先进单位	县委、县政府	2005 年 12 月
	县国土资源局	2005 年度黔南州土地开发整理工作三等奖	州土地开发中心	2006 年 1 月
	县国土资源局	黔南州国土资源管理目标一等奖	州国土资源局	2006 年 1 月
	县国土资源局	2005 年度文明单位	县委、县政府	2006 年 1 月
	县国土资源局	2005 年度社会治安综合治理先进集体	县委、县政府	2006 年 3 月
	县国土资源局	州“四五”普法依法治理先进单位	州依法治理领导小组	2006 年 4 月
	县国土资源局	2006 年度文明单位	县委、县政府	2007 年 2 月
	县国土资源局	黔南州国土资源管理目标完成一等奖	州国土资源局	2007 年 3 月
	县国土资源局	2007 年国土资源管理目标完成二等奖	州国土资源局	2008 年 3 月
	县国土资源局	2009 年目标管理考核先进单位三等奖	县委、县政府	2009 年 1 月
	县国土资源局	黔南州国土资源管理目标完成一等奖	州国土资源局	2010 年 4 月
	县国土资源局	瓮安县城镇建设先进集体一等奖	县委、县政府	2012 年 2 月
	县国土资源局	黔南州国土资源管理目标完成一等奖	州国土资源局	2012 年 2 月
	县国土资源局	2011 年度项目申报及实施单位一等奖	县委、县政府	2012 年 2 月
	县国土资源局	2011 年度招商引资先进集体一等奖	县委、县政府	2012 年 2 月
	县国土资源局	2011 年度安全工作先进集体一等奖	县委、县政府	2012 年 2 月

续表 18－4

获奖级别	获奖集体	获奖称号	颁奖单位	颁奖时间
县处级	县国土资源局	2012 年度招商引资工作二等奖	县委、县政府	2013 年 1 月
	县国土资源局	2012 年度目标管理考核一等奖	县委、县政府	2013 年 1 月
	县国土资源局	2012 年度安全生产工作二等奖	县委、县政府	2013 年 1 月
	县国土资源局	2012 年度政法、信访工作先进集体	县委、县政府	2013 年 2 月
	县国土资源局	2012 年黔南州全民健身先进单位	黔南州体育局	2013 年 3 月
	县国土资源局	2012 年度争项争资先进单位第一名	县委、县政府	2013 年 3 月
	县国土资源局	2013 年职工篮球比赛道德风尚奖	县委、县政府	2013 年 4 月
	县国土资源局	2013 年安全生产工作先进集体三等奖	县委、县政府	2014 年 1 月
	县国土资源局	2013 年度全县高速公路建设先进集体	县委、县政府	2014 年 1 月
	县国土资源局	2013 年度目标管理考核一等奖	县委、县政府	2014 年 1 月
	县国土资源局	2013 年度政法维稳信访工作先进集体	县委、县政府	2014 年 3 月
	县国土资源局	2013 年度小城镇建设工作先进集体	县委、县政府	2014 年 6 月
	县国土资源局	2013 年招商引资工作先进集体三等奖	县委、县政府	2014 年 6 月
	局党支部	“五好”基层党组织	县党建领导小组	2014 年 7 月
	县国土资源局	2012－2013 年度文明单位	县精神文明指导委员会	2014 年 8 月

1992－2014 年获县级及以上表彰先进个人

表 18－5

获奖级别	获奖姓名	所在单位	获奖称号	颁奖单位	颁奖时间
省部级	曾宪源	县土地管理局	瓮安县土地利用规划三等奖	国家土管局	1993 年 12 月
	江　洪	县土地管理局	瓮安县土地利用规划三等奖	国家土管局	1993 年 12 月
	蔡方学	县土地管理局	瓮安县土地利用规划三等奖	国家土管局	1993 年 12 月

续表 18－5

获奖级别	获奖姓名	所在单位	获奖称号	颁奖单位	颁奖时间
省部级	邓彩霞	县土地管理局	瓮安县土地利用规划三等奖	国家土管局	1993 年 12 月
	邓安辉	县土地管理局	瓮安县土地利用规划三等奖	国家土管局	1993 年 12 月
	石德方	县土地管理局	瓮安县土地利用规划三等奖	国家土管局	1993 年 12 月
	刘汉兴	县土地管理局	瓮安县土地利用规划三等奖	国家土管局	1993 年 12 月
	王太军	县土地管理局	瓮安县土地利用规划三等奖	国家土管局	1993 年 12 月
	李荣进	县地质矿产局	整顿矿业秩序工作先进个人	省政府	1997 年 6 月
	况　祥	县国土局	非农业建设用地大清查先进个人	省政府	1998 年 12 月
	况　祥	县国土资源局	全国国土资源执法监察先进个人	国土资源部	2001 年 12 月
	刘　翔	县国土资源局	全国矿产资源补偿费征管工作先进工作者	国土资源部	2003 年 12 月
	旦光俊	县国土资源局	瓮安县矿产资源规划二等奖	国土资源部	2005 年 6 月
	吴进华	县国土资源局	瓮安县矿产资源规划二等奖	国土资源部	2005 年 6 月
	刘　翔	县国土资源局	瓮安县矿产资源规划二等奖	国土资源部	2005 年 6 月
	卢光金	县国土资源局	全国“十有”县地质灾害优秀群测群防员	国土资源部	2009 年 12 月
	陈廷友	县国土资源局	国土资源执法先进个人	国土资源部	2010 年 5 月
	樊启和	县国土资源局	矿业权实地核查先进个人	国土资源部	2011 年 6 月
地厅级	曾宪源	县土地管理局	健全土地管理机制土地知识征文竞赛三等奖	省土地管理局 贵州日报	1992 年
	曾宪源	县土地管理局	清理干部职工“三违”建房先进工作者	州政府	1992 年
	毕少明	县土地管理局	清理干部职工“三违”建房先进工作者	州政府	1992 年
	田　丰	县土地管理局	清理干部职工“三违”建房先进工作者	州政府	1992 年
	田仁富	县土地管理局	土地管理工作先进工作者	省土地管理局	1992 年
	蔡方学	县土地管理局	瓮安县土地利用总体规划 1992 年度优秀成果二等奖	省土地管理局	1993 年 3 月
	曾宪源	县土地管理局	瓮安县土地利用总体规划 1992 年度优秀成果二等奖	省土地管理局	1993 年 3 月
	江　洪	县土地管理局	瓮安县土地利用总体规划 1992 年度优秀成果二等奖	省土地管理局	1993 年 3 月
	邓彩霞	县土地管理局	瓮安县土地利用总体规划 1992 年度优秀成果二等奖	省土地管理局	1993 年 3 月

续表18－5

获奖级别	获奖姓名	所在单位	获奖称号	颁奖单位	颁奖时间
地厅级	邓安辉	县土地管理局	瓮安县土地利用总体规划1992年度优秀成果二等奖	省土地管理局	1993年3月
	石德芳	县土地管理局	瓮安县土地利用总体规划1992年度优秀成果二等奖	省土地管理局	1993年3月
	刘汉兴	县土地管理局	瓮安县土地利用总体规划1992年度优秀成果二等奖	省土地管理局	1993年3月
	王太军	县土地管理局	瓮安县土地利用总体规划1992年度优秀成果二等奖	省土地管理局	1993年3月
	蔡方学	县土地管理局	瓮安县基本农田保护区规划1992年度优秀成果三等奖	省土地管理局	1993年3月
	曾宪源	县土地管理局	瓮安县基本农田保护区规划1992年度优秀成果三等奖	省土地管理局	1993年3月
	江　洪	县土地管理局	瓮安县基本农田保护区规划1992年度优秀成果三等奖	省土地管理局	1993年3月
	邓彩霞	县土地管理局	瓮安县基本农田保护区规划1992年度优秀成果三等奖	省土地管理局	1993年3月
	邓安辉	县土地管理局	瓮安县基本农田保护区规划1992年度优秀成果三等奖	省土地管理局	1993年3月
	刘汉兴	县土地管理局	瓮安县基本农田保护区规划1992年度优秀成果三等奖	省土地管理局	1993年3月
	石德芳	县土地管理局	瓮安县基本农田保护区规划1992年度优秀成果三等奖	省土地管理局	1993年3月
	王太军	县土地管理局	瓮安县基本农田保护区规划1992年度优秀成果三等奖	省土地管理局	1993年3月
	曾宪源	县土地管理局	瓮安县土地利用总体规划课题1992年度科技成果四等奖	州政府	1993年12月
	蔡方学	县土地管理局	瓮安县土地利用总体规划课题1992年度科技成果四等奖	州政府	1993年12月
	邓彩霞	县土地管理局	瓮安县土地利用总体规划课题1992年度科技成果四等奖	州政府	1993年12月
	邓安辉	县土地管理局	瓮安县土地利用总体规划课题1992年度科技成果四等奖	州政府	1993年12月
	李光玉	县土地管理局	土地利用现状调查成果科技进步三等奖	州政府	1993年12月
	何林海	县土地管理局	土地利用现状调查成果科技进步三等奖	州政府	1993年12月
	蔡方学	县土地管理局	土地利用现状调查成果科技进步三等奖	州政府	1993年12月

续表 18－5

获奖级别	获奖姓名	所在单位	获奖称号	颁奖单位	颁奖时间
地厅级	孙国权	县土地管理局	土地利用现状调查成果科技进步三等奖	州政府	1993 年 12 月
	田　丰	县土地管理局	全国土地系统推行公务员制度培训试点先进工作者	省土管局、人事厅	1994 年
	何林海	县土地管理局	全国土地系统推行公务员制度培训试点先进工作者	省土管局、人事厅	1994 年
	蔡方学	县土地管理局	瓮安县农业综合开发后备资源调查评价 1992 年度二等奖	省农业区划委	1993 年 10 月
	田　丰	县国土局	1997－1999 年度测绘管理先进个人	省国土厅	2000 年 3 月
	蔡方学	县国土局	1997－1999 年度土地利用总体规划修编先进个人	省国土厅	2000 年 8 月
	张碧宽	县国土局	全省国土系统宣传工作先进个人	省国土资源厅	2000 年 11 月
	邓安辉	县国土资源局	全省整顿和规范地图市场秩序工作先进个人	省国土资源厅	2003 年
	田　丰	县国土资源局	全州两基攻坚先进个人	州委、州政府	2006 年 12 月
	黄中奎	县国土资源局	第二次全国农业普查先进个人	省统计局	2008 年 4 月
	乔　毅	县国土资源局	推进依法行政（2006－2010）先进个人	省国土资源厅	2011 年 3 月
县处级	田光明	龙塘乡土管所	土地管理系统先进工作者	州土地管理局	1993 年 9 月
	田仁富	县土地管理局	土地管理工作先进工作者	州土地管理局	1996 年 6 月
	张碧宽	县国土局	1998 年度国土管理先进个人	州国土局	1999 年 4 月
	何　俊	县国土局	1998 年度国土管理先进个人	州国土局	1999 年 4 月
	黄中奎	县国土局	1998 年度国土管理先进个人	州国土局	1999 年 4 月
	吕开元	县国土局	2000 年度国土管理先进工作者	州国土局	2001 年 3 月
	王朝明	县国土局	2000 年度国土管理先进工作者	州国土局	2001 年 3 月
	蒋成学	县国土局	2000 年度国土管理先进工作者	州国土局	2001 年 3 月
	蔡方学	县国土资源局	2002 年度先进工作者	县委、县政府	2003 年 3 月
	田　丰	县国土资源局	勤政廉政模范人物	县委	2004 年 6 月
	樊启和	县国土资源局	优秀共产党员	县委	2005 年
	蔡方学	县国土资源局	2005 年度先进工作者	县委、县政府	2005 年 12 月

续表 18－5

获奖级别	获奖姓名	所在单位	获奖称号	颁奖单位	颁奖时间
县处级	田　丰	县国土资源局	2005 年度信访工作先进个人	县委、县政府	2006 年 4 月
	蔡方学	县国土资源局	优秀共产党员	县委	2006 年 7 月
	贺太忠	县国土资源局	优秀共产党员	县委	2006 年 7 月
	谭华东	县国土资源局	优秀共产党员	县委	2007 年 7 月
	樊启和	县国土资源局	优秀共产党员	县委	2009 年 7 月
	乔　毅	县国土资源局	全县信访维稳工作先进个人	县委	2010 年 4 月
	王成林	县国土资源局	2010 年服务民营经济先进个人	县委、县政府	2010 年 4 月
	乔　毅	县国土资源局	全县政法工作先进个人	县委	2011 年 4 月
	张　勇	县国土资源局	优秀共产党员	县委	2011 年 7 月
	蔡方学	县国土资源局	土地开发先进工作者	县政府	2011 年 12 月
	吴明忠	县国土资源局	土地开发先进工作者	县政府	2011 年 12 月
	黄碧勇	县国土资源局	城镇建设先进个人	县委、县政府	2012 年 2 月
	陈晓莉	县国土资源局	城镇建设先进个人	县委、县政府	2012 年 2 月
	刘晓勇	县国土资源局	服务招商引资先进个人	县委、县政府	2012 年 2 月
	张　键	县国土资源局	2011 年度安全生产工作先进个人	县委、县政府	2012 年 2 月
	黄中奎	县国土资源局	优秀党务工作者	县委	2012 年 6 月
	谭华东	县国土资源局	2012 年度安全生产工作先进个人	县委、县政府	2013 年 1 月
	樊启和	县国土资源局	2012 年度安全生产工作先进个人	县委、县政府	2013 年 1 月
	王成林	县国土资源局	2012 年度城镇建设先进个人	县委、县政府	2013 年 3 月
	谭华东	县国土资源局	2012 年度城镇建设先进个人	县委、县政府	2013 年 3 月
	吴明忠	县国土资源局	2012 年度城镇建设先进个人	县委、县政府	2013 年 3 月
	邱　静	县国土资源局	2013 年度安全生产工作先进个人	县委、县政府	2014 年 1 月
	黄中奎	县国土资源局	2013 年度依法行政工作先进个人	县政府	2014 年 4 月
	黄中奎	县国土资源局	2013 年度小城镇建设先进个人	县委、县政府	2014 年 6 月
	陈晓莉	县国土资源局	2013 年度小城镇建设先进个人	县委、县政府	2014 年 6 月

续表 18－5

获奖级别	获奖姓名	所在单位	获奖称号	颁奖单位	颁奖时间
县处级	石德芳	县国土资源局	2013 年度小城镇建设先进个人	县委、县政府	2014 年 6 月
	赵仁端	县国土资源局	2013 年度小城镇建设先进个人	县委、县政府	2014 年 6 月
	黄中奎	县国土资源局	2013 年招商引资工作先进个人	县委、县政府	2014 年 6 月
	邓安辉	县国土资源局	2014 年度招商引资工作先进个人	县委、县政府	2015 年 1 月
	刘进全	县国土资源局	2014 年度安全生产工作先进个人	县委、县政府	2015 年 1 月
	孟　勇	县国土资源局	2014 年度茶产业工作先进个人	县委、县政府	2015 年 1 月
	王成林	县国土资源局	2014 年度城镇建设先进个人	县委、县政府	2015 年 1 月
	赵仁端	县国土资源局	2014 年度城镇建设先进个人	县委、县政府	2015 年 1 月

附　录

瓮安县人民政府
关于加强基本农田保护区土地管理的暂行规定

为了进一步加强对基本农田保护区的土地管理，使保护区内土地不受侵犯，经研究，特作如下暂行规定。

第一条　根据《中华人民共和国土地管理法》第一章第三条，制定本规定。

第二条　对基本农田保护区的土地，采取“六不准”的规定：（一）不准在保护区内建房、修路；（二）不准在保护区内葬坟、挖沙、取土、烧窑；（三）不准在保护区内造林、建果园；（四）不准挖鱼塘；（五）掠夺经营和荒芜耕地；（六）不准擅自改变保护区范围。凡违背保护区本规定的，一律视为违法占地处理。

第三条　确需占用保护区土地的，必须严格按照《中华人民共和国土地管理法》和《贵州省实施土地管理办法》中有关审批权限的规定办理审批手续。

第四条　经批准使用保护区土地的，除按有关规定交纳各种税费外，另加收耕地地力补偿费，其标准是：占用一级保护区土地，每平方米征收地力补偿费 14 ~ 16 元；占用二级保护区土地，每平方米征收地力补偿费 11 ~ 13 元；占用三级保护区土地，每平方米征收地力补偿费 8 ~ 10 元。

第五条　耕地地力补偿费由土地管理部门统一收取，由政府统一安排使用，主要用于土地开发和中、低产田土改造。

第六条　非自然原因造成耕地荒芜的，由乡、镇土管所向承包者收取该地常年产值 1 ~ 3 倍的土地荒芜费，作为农业科技进步基金，用于推广农业实用技术和奖励本乡、镇种田能手或致力于中、低产田土改造的农户。

第七条　本规定从一九九二年九月一日起施行，由县土管局负责解释。

瓮安县征收土地补偿标准

（2009 年 5 月 7 日公布）

为加强对农村集体土地的征收管理，切实保护耕地，依法维护被征收土地权利人的合法权益，促进我县经济社会又好又快发展，根据《中华人民共和国土地管理法》、《中华人民共和国土地管理法实施条例》、《贵州省土地管理条例》等法律法规规定和《国务院关于深化改革严格土地管理的决定》（国发〔2004〕28 号）精神，结合我县实际，特制定本标准。

一、征收土地补偿标准

（一）土地补偿费和安置补助费补偿。

1.县城规划区内补偿标准：

稻田 27702 元/亩；

旱地 20520 元/亩；

园地 13338 元/亩；

建设用地 12312 元/亩；

林地 10260 元/亩；

牧草地及其他农用地 6156 元/亩；

未利用地 3078 元/亩。

2.雍阳镇（县城规划区外）、银盏乡（县城规划区外）、平定营镇、草塘镇、中坪镇、珠藏镇、玉山镇、永和镇、建中镇、天文镇、玉华乡以及其他乡集镇规划区范围（以批准的规划为准）的补偿标准：

稻田 25650 元/亩；

旱地 19494 元/亩；

园地 12312 元/亩；

建设用地 11286 元/亩；

林地 10260 元/亩；

牧草地及其他农用地 6156 元/亩；

未利用地 3078 元/亩。

3.龙塘乡、鱼河乡、白沙乡、铜锣乡、松坪乡、木老坪乡、岚关乡、高水乡、木引槽乡、牛场坝乡、小河山乡、老坟嘴乡等 12 个乡集镇规划区外的补偿标准：

稻田 23598 元/亩；

旱地 18468 元/亩；

园地11286元/亩；

建设用地10260元/亩；

林地10260元/亩；

牧草地及其他农用地6156元/亩；

未利用地3078元/亩。

（二）青苗补偿。补偿标准为1026元/亩。

二、适用范围及时间

（一）适用范围。凡在我县辖区内实施征收土地，适用本标准。

（二）施行时间。本标准自公布之日起施行。本标准公布施行后，《瓮安县人民政府关于印发全县范围内征地补偿标准的通知》（瓮府发〔2002〕25号）文件同时废止。

瓮安县被征地农民就业和社会保障实施办法（暂行）

（2012年7月31日公布）

为健全和完善覆盖城乡居民的社会保障体系，统筹城乡发展，依法维护被征地农民的合法权益，妥善解决被征地农民的就业和社会保障问题，根据《贵州省人民政府关于进一步做好被征地农民就业和社会保障工作的意见》（黔府发〔2011〕26号）和《黔南州人民政府关于进一步做好被征地农民就业和社会保障工作的通知》（黔南府发〔2012〕1号）文件精神，结合我县实际，特制定本实施办法。

一、指导思想

坚持以邓小平理论、“三个代表”重要思想和科学发展观为指导，深入贯彻党的十七大精神，妥善解决被征地农民的基本生活和长远生计，维护被征地农民的合法权益，保持社会稳定，实现好、维护好、发展好广大被征地农民的切身利益，促进被征地农民实现就业和融入城镇社会，确保被征地农民生活水平不因征地而降低，长远生计有保障。

二、基本原则

坚持低起点、广覆盖、多层次、可持续的原则；坚持促进充分就业与保障基本生活并重的原则；坚持政府、集体、个人共同负担，权利与义务相对应，保障水平与经济发展相适应的原则。

三、保障对象

县级以上人民政府依法征收承包耕地后，被征地家庭人均剩余耕地面积与2009年农业人口人均耕地面积0，9亩的比例（简称“人均剩余耕地比”）不足70%，且征地时年满16周岁以上的在册农业人口以及征地后农转非人员。

人员身份认定按照《贵州省被征地农民身份认定程序》办理。“剩余耕地”为土地承包经营权证确权的耕地。被征地家庭剩余耕地面积为被征地家庭土地承包经营权证记载的承包耕地面积，减去被征地地块在土地承包经营权证上所对应的面积。“家庭人口数”为家庭户籍登记的人口数。

2011年8月31日以前征地的，以2011年8月31日作为征地时。

四、保障办法

（一）促进就业

1. 被征地农民农转非后，在法定劳动年龄段内有劳动能力和就业意愿并处于失业状态的，可到公共就业服务机构进行失业登记，领取《就业失业登记证》，按规定优先享受国家和省的公益性岗位安置等就业扶持政策。

2. 用地项目业主单位要优先安置符合用工条件的被征地农民就业，招用项目所在地被征地农民就业的，可享受基本养老保险和基本医疗保险补贴。补贴资金从县就业专项资金中列支，具体补贴标准按照《贵州省人力资源和社会保障厅关于单位招用被征地农民就业享受社会保险补贴标准的通知》（黔人社厅通〔2011〕443号）文件规定执行。

3. 农村户籍进城务工的被征地农民参加职业技能培训，可享受相应的培训补贴；自主创业的，可优先享受小额担保贷款等优惠政策。

4. 建立被征地农民“征地一户、帮扶一户”的就业失业动态管理制度，为被征地农民转移就业和自主创业提供指导和就业服务。

（二）社会保障

1. 参保险种：首次以被征地农民身份参保时，保留农村户籍或被征地后农转非人员可按照《瓮安县城乡居民社会养老保险试点实施方案》（瓮府办发〔2011〕128号）参加城乡居民社会养老保险；被征地农民农转非后首次选择参保时，也可以根据自身经济条件选择参加城镇职工基本养老保险，但不得重复参保。再次被征地时，不再重新选择社会养老保险制度。

2. 参保缴费：首次以被征地农民身份参保时，可根据所选择的社会养老保险自愿进行补缴，从其年满16周岁起至征地时的实际年龄，按两年折算一年确定补缴年限。折算后的补缴年限最长为15年，补缴年限不足一年的按一年计算。折算补缴的年限不享受参保补助。

被征地农民选择参加城乡居民养老保险的补缴标准分别按照《瓮安县城乡居民社会养老保险试点实施方案》（瓮府办发〔2011〕128号）规定的收费档次，由个人选择其中一档乘以折算后的缴费年限计算的个人应缴费总额。被征地农民选择参加城镇职工基本养老保险的补缴标准是按照折算后的缴费年限，以征地时上年度起历年全省在岗职工平均工资作为缴费基数，乘以20%的费率计算的应缴费总额。

补缴的养老保险费原则上由个人承担。对本方案实施后新征地家庭人均剩余耕地比50%以下的人员，农转非后选择参加城镇职工基本养老保险，且在征地后2个月内申报办理完毕参保手续的，其补缴费用总额政府承担60%。

3. 参保补助：建立被征地农民参保补助制度，参保补助标准根据人均剩余耕地比确定。

征地时年满16周岁未满60周岁的，参保缴费后给予一定的缴费补助，累计补助15年。缴费补助标准根据人均剩余耕地比确定。人均剩余耕地比30%（含30%）以下的，每人每年900元；人均剩余耕地比30%—50%（含50%）的，每人每年600元；人均剩余耕也比50%—70%（含70%）的，每人每年300元。

征地时已年满60周岁，且未享受缴费补助的，根据人均剩余耕地比，增发新农保或城居保基础养老金。人均剩余耕地比（含30%）以下的，每人每月97元；人均剩余耕地比30%－50%（含50%）的，每人每月64元；人均剩余耕地比50%—70%（含70%）的，每人每月32元。已领取城镇取工基本养老金人员，不享受增发基础养老金。

参加城乡居民养老保险并按年缴费的，缴费补助按年划入个人账户，参加城镇职工基本养老保险的，以年度缴费凭证为依据领取缴费补助金。到待遇领取年龄时补助年限不足15年的，办理领取待遇手续时一次性补足。未办理参保缴费的，不享受参保补助。

已享受现金直补的大中型水库移民，补贴政策停止后，即可按本意见规定享受参保缴费补助或增发基础养老金。

鼓励有条件的村集体对被征地农民参保缴费给予帮助。

参保缴费补助和增发的基础养老金，从县被征地农民社会保障资金中列支。

4. 建立动态调整补助机制：本办法实施后多次征地的，人均剩余耕地比达到新的缴费补助标准的，在上次缴费补助标准基础上按已补助年限进行补差，并按新缴费补助标准按年补助，补助年限累积计算。已领取待遇的，人均剩余耕地比达到新的基础养老金增发标准的，从达到新标准的次月起按照待遇就高原则办理。

5. 最低生活保障政策：对生活困难的被征地农民，符合最低生活保障条件的，按规定评定纳入城乡困难群众最低生活保障范围。享受城乡低保的，作为困难城乡低保保障对象增发生活救助金。

五、资金筹集

（一）按照《国务院办公厅关于规范国有土地使用权出让收支管理的通知》（国办发〔2006〕100号），从2011年1月1日起，凡实施征地的，在国有土地使用权出让收入中，要按照土地出让收入总额的6%提取被征地农民社会保障资金。

（二）按照《贵州省人民政府关于贵州省征地统一产值标准和征地区片综合地价成果的批复》（黔府函〔2009〕255号）中明确的用地社会保障资金提取标准，用地项目业主单位要足额计提被征地农民社会保障资金。城镇建设批次用地应计提的被征地农民社会保障资金，由用地人民政府缴纳。

（三）县财政部门要从国有土地使用权出让收入提取的被征地农民社会保障资金中，划出5%的促进被征地农民就业资金到本级财政就业资金专户，专项用于落实被征地农民就业政策。

（四）县级财政部门应根据上年度被征地农民就业和社会保障资金使用结余、本年度被征地农民就业和社会保障资金提取和支出计划，编制本级财政被征地农民就业和社会保障资金支出预算，确保所需资金足额到位。

（五）县财政要安排一定的被征地农民就业和社会保障资金，列入年度财政支出预算，用于弥补被征地农民就业和社会保障资金的不足。

六、资金管理

（一）县财政部门要设立被征地农民社会保障资金财政专户，社会保障经办部门要设立被征地农民社会保障资金收入户和支出户。从国有土地使用权出让收入和用地项目业主单位计提的被征地农民社会保障资金、本级财政预算安排及上级下达的被征地农民社会保障资金等，均要纳入被征地农民社会保障资金财政专户管理，统筹使用。

（二）从国有土地使用权出让收入中计提的被征地农民社会保障资金，要在出让收入到位时同步缴入被征地农民社会保障资金财政专户。从项目业主单位计提的被征地农民社会保障资金，要在用地手续报批前缴入被征地农民社会保障资金收入户。征地项目未获批准的，予以返还。

（三）县就业服务机构按年编制被征地农民就业培训资金使用计划，报县财政部门审核，统筹使用。

（四）乡（镇）人民政府、街道办事处要于本年度12月20日前制定次年参保缴费补助，和增发基础养老金资金需求计划，经县社会保险经办机构汇总后，报同级财政部门审核。

（五）县财政部门要根据人社部门提供的参保缴费补助和增发基础养老金需求计划，按季提前将所需资金预拨至本级社会保险经办机构被征地农民社会保障资金支出户，由社会保险经办机构据实支付，年终结算。

七、实施步骤

（一）组织培训。县人力资源和社会保障局负责组织开展多形式、多层次的政策和业务培训，对本级经办机构工作人员、各乡（镇）人民政府、街道办事处的人力资源和社会保障服务中心工作人员及劳动保障协管员进行全面的新政策宣传培训。

（二）宣传发动。以乡（镇）人民政府、街道办事处为主体，全面开展宣传动员工作，进村入户向被征地农民宣传就业和社会养老保险政策。

（三）开展被征地农民身份认定工作。按照《贵州省人民政府关于进一步做好被征地农民就业和社会保障工作的意见》（黔府发〔2011〕26号）文件中被征地农民身份认定程序，开展被征地农民身份申报、初审、公示及确认工作。

（四）办理被征地农民参保手续。县、乡两级社保经办机构按照各自权限办理被征地农民参保缴费及待遇审核发放等相关工作。

（五）建立被征地农民就业失业动态管理台账。以乡（镇）人民政府、街道办事处为主体，在开展被征地农民身份认定工作的同时，将被征地农民的就业失业情况进行登记，建立被征地农民“征地一户、帮扶一户”的就业失业动态管理制度，为被征地农民转移就业和自主创业提供指导和就业服务。

八、保障措施

（一）加强组织领导、明确责任。

1. 切实加强组织领导，将被征地农民社会保障工作纳入经济社会发展规划和年度目标管理，充实乡（镇）人民政府、街道办事处社会保险、就业服务等办事机构力量，核拨工作经费，确保政策落实。

2. 建立由县人民政府办公室牵头，县人力资源和社会保障局、县发改局、县监察局、县财政局、县审计局、县国土资源局、县公安局、县民政民宗局、县农工局、县移民局、县新闻中心等部门参加的联席会议制度，对被征地农民身份进行认定，各部门各司其职、密切配合，形成合力，共同推动被征地农民就业和社会保障工作健康协调可持续发展。各乡（镇）人民政府、街道办事处也要建立相应的工作协调机制。

3. 职责分工。县人力资源社会保障部门负责被征地农民就业和社会保障工作的指导、监督、管理和征地社会保障手续报批审核等工作，就业服务机构负责促进就业政策落实、被征地农民就业情况动态管理、审核用人单位社会保险补贴申请等工作，社会保险经办机构负责被征地农民参保登记、基金征收、社保待遇发放等工作。

县财政部门负责社会保障资金的筹集、拨付与管理；县国土资源部门负责用地项目报批、征地面积确定；县农业部门负责耕地政策确定、被征地农民承包耕地面积和人均剩余耕地面积的认定、提供2009年各乡镇农业人口人均耕地面积；县民政民宗部门负责被征地农民按城乡低保条件评定纳入城乡低保范围审核、发放低保金；县公安部门负责提供当地人口基本情况；县审计、监察等部门按照职能共同做好相关工作；县新闻中心负责做好宣传和舆论引导工作。

各乡（镇）人民政府、街道办事处负责被征地农民身份申报、审核和管理，协调组织被征地农民的参保缴费，年度参保缴费补助资金需求计划的编制上报，享受参保缴费补助及增发基础养老金人员定期资格认证等工作。

4. 各级各部门务必认真履行职责，加强资金管理，对玩忽职守、滥用职权、徇私舞弊、弄虚作假的，将严肃追究负责人及相关人员的责任；对虚报瞒报征地数额、剩余耕地数额等信息享受参保缴费补助和基础养老金待遇的人员，停止待遇发放，限期收回已享受金额，并依法追究责任。

（二）加大投入，加强保障。

1. 县财政根据每年征地项目情况及被征地农民参保人数，按确保工作正常运转的原则，将该项工作经费列入年初财政预算，用于被征地农民就业和社会保障政策宣传、参保缴费、待遇核发、再次核算、补助和待遇调整等工作，切实做到“记录一生、保障一生、服务一生”。

2. 各乡（镇）人民政府、街道办事处要充分发挥人社中心的职能作用，确保被征地农民就业和社会保障工作顺利开展。

九、其他

（一）新的养老待遇标准的执行时间为2011年9月1日。60周岁以上并已享受新农保待遇的被征地农民，重新计算的补助大于原已享受的政府补助的，差额部分一次性补划入个人账户，并重新计算养老待遇。

（二）《瓮安县被征地农民社会保障暂行办法》（瓮府发〔2010〕4号）、《瓮安县被征地农民社会养老保险实施办法（试行）》（瓮府办发〔2011〕9号）文件自本实施办法施行之日起停止执行。

（三）本办法实施中，如国家、省和州有新的政策规定，从其规定。

（四）本办法自公布之日起施行。

瓮安县个人住宅建设用地管理办法

（2012年3月7日公布）

第一条　为切实加强我县个人住宅建设用地管理，加快我县新农村建设，按照“城乡统筹，三化同步”，推进“四个集中”（工业向园区集中、人口向城镇集中、农业向规模集中、生产要素向重点区域集中），根据《中华人民共和国土地管理法》《中华人民共和国城乡规划法》《中华人民共和国行政许可法》《贵州省土地管理条例》《贵州省城市规划条例》等有关法律法规的规定和黔南州人民政府《关于进一步加强农村宅基地管理的通知》（黔南府发〔2009〕13号），结合我县实际，特制定本办法。

第二条　本办法适用于全县个人住宅建设管理。

第三条　县住房和城乡建设局会同县国土资源局及各乡镇人民政府负责做好新的个人集中居住点（农居点）和规模较大旧村改造和选址工作，并共同组织编制居住点修建性详细规划和土地利用总体规划。

第四条　县国土资源部门在修编土地利用总体规划时，要为小城镇、中心村和农村居民点的用地留足空间。并负责指导全县个人住宅建设用地的监管工作；县住房和城乡建设局在已确定的村镇建设用地范围内制定村镇建设规划，应按照控制增量、合理布局、集约用地、保护耕地的总原则，合理确定小城镇、中心村和农村居民点的数量、布局、范围和用地规模，并负责指导全县个住宅建设用地的规划管理及建设监管工作。

个人住宅建设用地必须符合土地利用总体规划、村镇建设规划。

个人住宅建设用地必须按照统一规划、有序建设、集约用地的要求，经按程序审批后方能建设。

第五条 各乡镇人民政府要采取有效措施，引导农村村民住宅建设按规划、有计划地向小城镇、中心村和规划的农村居民点集中。对城镇规划区内的农村村民住宅建设，应集中兴建农民住宅小区，防止在城镇建设中形成新的“城中村”，避免“二次拆迁”。对城镇规划区范围外的农村村民住宅建设，按照城镇化和集约用地的要求，鼓励集中建设中心村，改造完善已有的农村居民点，并负责组织审查申请宗地情况和有关申报材料的真实性，是否符合乡（镇）发展规划，签署是否同意上报用地的意见。

村民组（街道）和村（居）委会（社区）负责审核对申请宗地进行现场踏勘，审查并签署是否符合建房条件，是否同意用地的初审意见。

个人集中居住点的选址必须符合土地利用总体规划和城乡规划，本着以人为本，方便生产和生活的原则，依托乡（镇）人民政府所在地以及自然条件较好、便于聚居的自然村落，要充分利用荒山、荒地，尽可能避免占用耕地，严禁占用基本农田和铁路、公路等基础设施的规划用地。合理扩展或整合成为个人集中居住点。

严格控制地质灾害易发区内和利用山体切坡建房，确实无法避让的，应治理达到安全要求后方可建造。

第六条 农村村民建造住宅应当与旧村改造、土地整理，宅基地复垦相结合，充分利用原有的宅基地、村内空闲地和村周边丘陵坡地，严格控制占用耕地建造往宅。

禁止在基本农田保护区、水源保护区、天然林区、旅游风景区建设农村居民建设。

第七条 农村村民建造住宅（包括新建、扩建、移建、拆建），应当依法办理用地审批手续。涉及占用农用地的应当依法办理农用地转用报批手续；涉及交通、林地、水利等用地的，还应分别取得有关部门的许可或同意。

第八条 农村村民宅基地的所有权属于集体，个人只有使用权，未经批准任何人不得擅自转让、出租。实现村镇规划进行旧村、旧城改造需要调整宅基地的，原宅基地使用人应当服从。

第九条 居住点修建性详细规划要按照新型社区建设要求，由住房和城乡建设局提供建房标准图，标准图必须对外观立面、房屋色彩、房屋层数、楼层标高及社区公共配套设施等提出明确要求。

第十条 县城规划区及周边重点控制区域内的居民小区的选址由县住房和城乡建设局、县国土资源局城区分局会同雍阳镇、银盏乡提出意见，报县政府审批。详细规划由雍阳镇、银盏乡负责编制，经县住房和城乡建设局、县规划委员会审查后，报县人民政府批准。

第十一条 城镇规划区内个人新建住房必须在新集中居住点内建设，采取政府统规统建（统一规划、统一建设）与统规自建（统一规划、按户划宅基地、个人自行建设）相结合的形式。.

（一）政府统建的，原则上按多层建设。

（二）个人自建的，按照修建性详细规划要求及建房标准图进行建设，建房层数县城原则上不超过四层。

县城规划区内个人建房严禁使用未经批准的图纸或不按提供的标准图要求进行建设，厨房、卫生间必须内设于住宅，严禁在主房外搭建厨房、卫生间等附属用房。

第十二条 整决贯彻“一户一宅”的法律规定，农村村民一户只能拥有一处宅基地。其宅基地面积标准（包括住房、附属用房和庭院等）为：县城规划区及乡镇规划区范围内每户不得超过130平方米；规划区外每户不得超过170平方米；对使用村内空闲地、老宅基地的和有条件利用荒地、荒坡的可适当放宽，但每户不得超过200平方米，使用耕地的每户不得超过170平方米。新农村建设鼓励集中建住宅楼。

（一）进一步规范农村宅基地审批“一户一宅”中“户”的认定。

1.“户”是指具有本村常往户口且享有集体资产分配的集体经济组织成员家庭。

2.申请户申请农村宅基地，应当指定家庭中满18周岁的一个成员作为申请人，其他成员作为共同申请人。

3.除无直系亲属的单身可以单独成一户申请外，其他申请户至少需要有两人及两人以上集体经济组织成员。

4.农村宅基地申请应当遵循以下原则：

（1）夫妻应当共同申请；

（2）成年子女除婚嫁外，不得分户申请；

（3）赡养对象应当与赡养人共同申请。

（二）坚持依法法规，从严把关，进一步加强宅基地审批管理。

农村宅基地审批管理应按照严格管理、提高效率、便民利民的原则，严格执行《贵州省土地管理条例》及《黔南州人民政府关于进一步加强农村宅基地管理的通知》（黔南府发〔2009〕13号）。各村（居）委会（社区）、乡（镇）国土资源所对“一户一宅”的认定要严格把关，从严掌握，确保宅基地分配更加公平、公正，提高农村宅基地管理水平。

农村宅基地使用对象：

1. 农村村民申请宅基地必须符合下列情况之一：

⑴ 现在住房影响乡（镇）村建设规划，需要搬迁重建的（城镇建设中已享受拆迁安置的除外）；

⑵ 农村村民户除身边留一子女外，其他子女确需另立门户而已有的宅基地低于分户标准的；

⑶ 国家建设、垦区移民、灾毁等需要擦迁的；

⑷ 实施村镇规划或旧村镇改造，必须调整搬迁的；

⑸ 经批准由外地迁入落户定居，成为本集体经济组织成员且承担村民义务，需要建住宅而无宅基地的；

⑹ 经批准回原籍落户定居，农村确无住房的。

2．城镇规划区内确需建房的个人，有下列情形之一的可向村（居）委会（社区）书面申请在政府统建的居民小区购买或在集中居住点自建房屋。

⑴ 经县房地产行政主管部指定的房屋鉴定机构鉴定属 D 类危房，且无其他居所的；

⑵ 当地农业户籍人口人均住房面积不足 30 平方米且农业户籍子女符合分户条件的；

⑶ 因自然灾害或规划建设需要搬迁的；

⑷ 原有宅基地被依法征用但未进行住房安置的。

3．有下列情况之一的，不得安排宅基地用地：

⑴ 一户只有 1 子（女）且有 1 处以上（含 1 处）宅基地的；

⑵ 原是本村居民，但户口已迁出的：

⑶ 不符合乡（镇）土地利用总体规划和村庄、集镇规划的；

⑷ 将原宅基地转让、出卖、出租、赠予或改作生产经营用途的；

⑸ 夫妻一方已经享受宅基地的；

⑹ 赡养人已经享有宅基地的，赡养对象不得再申请宅基地；

⑺ 原宅基地能够满足分户需要或一户多宅的；

⑻ 虽在农村居住而户口未迁来当地的。

第十三条 城镇规划区内个人因原有住宅破旧影响安全使用（鉴定属 D 类危房）需要进行翻建的，原则上按照“原场址、原面积、原层数”的原则进行翻建，但原房面积不足户籍人口人均住房面积 30m^2 的，如条件允许建设规模可达到人均住房面积 30m^2 或户均 80m^2，同时符合下列要求：

（一）不影响村庄综合整治和村庄的市政、公共设施建设的；

（二）不影响建筑消防、相邻采光、通风等要求的；

（三）不影响道路退让红线的；

（四）权属界线无纠纷的。

城镇规划区内非农业户籍居民因原住宅破旧影响安全使用（鉴定属 D 类危房）需要进行翻建的，按本条执行。

第十四条 城镇规划区内个人因住房面积较小，申请加层的，经有资质的检测机构检测加层不影响结构安全的，应提供检测报告，按人均 30m^2 或户均 80m^2（含原有建筑面积）报批。

第十五条 城镇规划区内已被征收挂牌出让满一年未拆迁的住房，如房屋确属破烂影响安全使用的（鉴定属D类危房），由土地竞得者提前对住房进行安置。

第十六条　为了建立统一的协调管理机制，宅基地必须按以下程序审查报批：

（一）符合申报条件的申请用地户应向村民组（街道）和村（居）委会（社区）提交用地书面申请，村、组审查后签署明确意见。

（二）申请用地户将村民组（街道）和村（居）委会（社区）签署意见的用地书面申请报乡（镇）国土资源所。

（三）乡（镇）国土资源所会同村镇建设服务中心和村（居）委会（社区）在十五个工作日内现场踏勘，审查申请用地户是否符合建房条件，拟用地是否符合土地利用总体规划、是否符合城乡建设规划。并将申请人的基本情况在本集体经济组织内进行公告，公告日期不应少于5曰，公告期满对不符合建房条件的予以退件，并将退件理由书面告知申请用地户；对符合建房条件的填写《瓮安县个人建房用地申报表》（申报表规划区外一式四份，申报表规划区内一式五份）。

（四）申报表经组、村（社区）、乡（镇）村镇建设服务中心和乡（镇）人民政府签署意见后，由乡镇国土资源所初审汇总后，报县国土资源局审核（城镇规划区内的还应报县住房和城乡建设局审核）。对审核不符合建房用地规定的退件到乡（镇）国土资源所，由乡（镇）国土资源所将退件理由书面告知用地户；对符合建房用地规定的，由县国土资源局上报县人民致府审批。

（五）批复下发后，乡（镇）国土资源所应将审批结果在申请人所在村组进行公示，公告期应不少于五天。

（六）公告期满无异议的，乡（镇）国土资源所和村镇建设服务中心应当在15个工作日内通知申请用地户领取乡村建设规划许可证和建设用地批准书。

（七）申请用地户应在开工前5曰内向乡（镇）国土资源所和村镇建设服务中心（县城规划区为县住建局）申请现场放线定界后，方可开工建设。

（八）申请用地户在建房竣工后一个月内，应向乡（镇）村镇建设服务中心及国土资源所（县城规划区为县住建局）申请竣工验收。对符合规划和施工图纸要求的，村镇建设服务中心（县城规划区为县住建局）应出具验收证明，乡（镇）国土资源所凭《建设用地规划许可证》、《建设工程规划许可证》或《乡村建设规划许可证》、建设用地批准书和竣工验收证明，填写地籍调查表，绘制宗地图进行土地登记，并发放土地使用权证。

第十七条　原宅基地的处理。

经批准异地新建住宅，原宅基地的《集体土地使用证》须交乡（镇）国土资源所，按程序办理注销登记手续。否则，新批宅基地不予定点放线。对于强行占用土地的，以非法占用土地进行处理。

确实需要在原住房暂住过渡的建房户，应向村民委员会写出限期拆除保证书，期限不得超过一年，并将保证书原件报乡（镇）国土资源所备案。逾期不拆除的，由县国土资源局按照有关规定，申请人民法院依法拆除，所需费用由当事人承担。

第十八条 有下列情况之一的，农村集体经济组织、村民委员会、村民小组可以申请收回土地使用权：

（一）为实施城乡建设规划，需要调整宅基地的；

（二）为公共设施和公益事业建设，需要调整宅基地的；

（三）不按照批准用途建设使用连续达两年以上的；

（四）因迁移等原因不再使用和已失去居住使用价值的房屋占用宅基地的。

宅基地依法批准并划定后，超过两年内未建房的，批准文件及建设用地批准书自行失效。

第十九条 集体土地使用权被依法收回的，当事人或本集体经济组织应当自收到通知之日起三十日内，向县国土资源局申请办理集体土地使用权注销登记，交回原宅基地使用权人的《集体土地建设用地使用证》。

第二十条 对已办理宅基地审批手续因特殊原因超过两年未建设的，宅基地使用人可重新提出延期申请，由县国土资源局复审并按本办法有关规定办理。

《乡镇建设规划许可证》或《建设工程规划许可证》有效期为二年，需延长的，须在期满前一个月向发证单位申请延续，延续的时间最多不得超过 6 个月。有效期、延续期期满或申请延续未经批准的，证书自行失效。

第二十一条 个人住宅建设用地除有关部门按现行有关法律、法规征收有关税费外，任何单位不得搭车收费。

第二十二条 个人住宅建设用地审批应当提交下列材料。

（一）用地申请书原件（须有村民组及村委会签署的意见）；

（二）户口册复印件（要符合“一户一宅”的条件，申请用地者必须是户主、户口册复印公安机关盖公章及户主常住人口卡页）；

（三）改扩建的需原土地使用证复印件及标注用地红线的宗地图；

（四）个人建房用地申报表和标注红线的用地地形及平面布置图（注：规划区外的一式四份、规划区内的一式五份，由所在地国土资源所提供）

（五）用地申请内容公示资料（由所在地国土资源所提供）；

（六）建房用地电子报表清册（由所在地国土资源所提供）。

第二十三条 已建成的不符合土地利用总体规划、乡村建设规划的住宅不得重建、扩建。

第二十四条 有下列行为之一的，均属违法用地和违章建筑，由县国土资源局、县住房和城乡建设局及乡（镇）人民政府根据相关法律法规，依法予以处理。

（一）未经批准，非法占用土地建住宅的；

（二）采取诈骗手段骗取批准，非法占用土地建住宅的；

（三）超过批准数量，多占土地的；

（四）买卖或者以其他形式非法转让宅基地的；

（五）擅自改变定点位置的；

（六）不符合土地利用总体规划或城乡建设规划的。

第二十五条 村（居）委会（社区）工作人员在建房申请、审查、审核和上报过程中弄虚作假、玩忽职守、滥用职权、徇私舞弊的，依法依纪从严处理。

第二十六条 个人建房未取得《建设用地规划许可证》、《建设工程规划许可证》或《乡村建设规划许可证》、《建设用地批准书》、未按照乡村建设规划许可证的规定或未按选用的标准施工图纸要求（城镇规划区内）进行建设均属于违法建设，并按下列规定予以处罚：

（一）未取得《建设用地规划许可证》《建设工程规划许可证》或《乡村建设规划许可证》，严重影响村庄规划建设的，由当地人民政府下发停工或限期拆除通知书，责令停止建设，限期拆除；不能拆除的，没收实物或者违法收入，并处建设工程造价的10%以下的罚款；当事人在收到通知书后不停止施工或不拆除的，行政机关依法强制拆除。

（二）未按照乡村建设规划许可证的规定或未按选用的标准施工图纸要求进行建设，超高、压占规划红线建设，影响村庄规划，尚可采取改正措施的，由乡镇人民政府责令限期改正，逾期不改正的，依法予以强制拆除。

第二十七条 制止和拆除违法建房的过程中妨碍、抗拒执法人员执行公务或殴打、辱骂执法人员的，违反治安管理规定的，由县公安部依据《中华人民共和国治安管理处罚法》予以处罚；构成犯罪的，依法追究其刑事责任。

第二十八条 当事人对当地人民政府作出的处罚决定不服的，可以依法申请行政复议或者提起行政诉讼。行政复议、诉讼期间不停止执行。

第二十九条 县人民政府各部门、各乡镇人民政府及各村（居）委会（社区）应各负其责，若因不作为、乱作为致使个人建房无序的，要严格问责。

第三十条 严禁城镇居民或不是本集体经济组织成员在农村购买宅基地建房，一经查实，所建房屋将视为违法建设，予以没收，并没收出卖人的全部非法所得，并追究参与买卖宅基地的乡（镇），村（居）委会（社区）有关人员的责任。

第三十一条 工作人员在个人住宅建设用地行政审批过程中有违纪行为的，由纪检、监察部门严肃追究纪律责任；构成犯罪的，依法追究刑事责任。

第三十二条 申请人隐瞒有关情况或提供虚假材料申请用地的，行政机关不予受理或不予批准；申请人经欺骗、贿赂等不正当手段获取批准的，国土资源行政主管部与瓮安县住房和城乡建设局依法处理。

第三十三条 本办法由县住房和城乡建设局、县国土资源局负责解释。

第三十四条 本办法自发布之日起施行。2009 年 5 月 31 日由瓮安县人民政府批准实施的《瓮安县个人建房用地管理规定》（瓮府办发〔2009〕94 号）同时废止。

瓮安县国土资源局
职能配置、内设机构和人员编制方案

（2001年12月26日印发）

根据中共黔南州委、黔南州人民政府《关于瓮安县党政机构改革方案的通知》（州发〔2001〕27号）和中共瓮安县委《关于瓮安县县级机构改革的实施意见》（瓮党发〔2001〕18号）文件精神，撤销瓮安县国土局、瓮安县地质矿产局独立建制，合并组建瓮安县国土资源局。国土资源局是主管全县土地资源、矿产资源等自然资源的规划、管理、保护与合理利用及测绘行政管理工作的县人民政府工作部门。

一、职能调整

（一）划出职能。

除地下水资源勘查、动态监测之外的地下水资源行政管理职能，交由县水利局承担。

（二）划入职能。

1.原县国土局（含测绘管理办公室）的行政管理职能。

2.原县地质矿产局的行政管理职能。

3.原县计划局制定全县区域的专项的国土开发整治规划和地质勘查、土地利用、地质灾害防治计划等有关职能。

4.原县有资产管理办公室承担的土地、矿产资源性资产管理职能。

5.农村集体土地使用权管理的有关职能。

6.涉及地质遗迹保护的行政管理职能。

（三）转变职能。

1.土地资源基础性信息和资源利用情况，变化趋势的动态数据收集，技术处理及预测分析等职能，交由有关事业单位承担。

2.土地、矿产资源中有关评估、鉴定等具体事务，交由有关事业单位或中介机构承担。

3.土地开发与整理，土地复垦等具体工作和征地中的有关技术性、服务性工作，交由局属事业单位承担。

4.土地和矿产登记中的有关技术性、事务性工作，交由局属事单位承担。

5.根据政企分开的原则，县国土资源局不再从事土地、测绘、矿产的经营活动，不再管理企业及企业生产经营开发活动。

二、主要职责

根据以上职能调整，县国土资源局的主要职责是：

（一）宣传和贯彻执行国家、省、州有关土地、矿产资源、测绘管理的法律法规和方针、政策，起草土地、矿产资源和测绘管理的规范性文件；根据有关法律规定，结合本县实际，拟定并组织实施土地、矿产、测绘管理的规范性文件，制定土地、矿产、测绘法律法规的宣传规划和实施。

（二）组织编制和实施全县国土规划、土地利用总体规划和年度计划，矿产资源规划，测绘规划和其他专项规划；参与重点建设项目的审核。

（三）监督检查乡级国土资源所行政执法和土地、矿产资源规划及测绘行业发展规划的执行情况；统筹协调本行政区域内土地整治和矿业秩序治理整顿工作；依法保护土地使用权人、矿业权人的合法权益；组织调处土地使用权、矿权权属和地质灾害责任纠纷。

（四）贯彻国家对耕地实行特殊保护和鼓励耕地开发的政策，组织实施土地用途管制和基本农田保护工作；加强对建设项目统一征地和“四荒”土地的管理；承办农用地转用、土地征用和土地开发整理的审查、报批工作；组织、指导未利用土地开发、土地整理、土地复垦和耕地开发工作。

（五）贯彻执行国家土籍管理的有关规定，组织土地资源土籍调查动态监测，变更调查及土地统计；组织实施土地确权、城乡地籍、土地定级、土地登记发证与土地证书查验等工作。

（六）贯彻执行国家土地使用权出让、租赁、评估、转让处置和政府收购等行为的有关规定；承担国有企业改制的土地资产处置工作；组织基准实施地价、标定地价评测；组织实施国有土地划拨使用目录指南和乡镇村用土管理办法，统一管理农村集体土地使用权的流转；组织实施国有土地使用权的招标拍卖工作，建立和监督管理土地交易市场。

（七）监督管理矿产资源开发利用和保护工作；依照有关规定负责采矿审批登记发证工作、报批工作；审查矿产资源开发利用方案；负责矿山地质环境的监督管理；对矿产品运销环节进行监督管理，负责矿山督查和矿业的统计工作；负责探矿权采矿权转让的审核工作、报批工作；参与矿山可行性研究和设计审查工作。

（八）负责地质勘查工作的监督管理，协调处理地质勘查纠纷，保护探矿权人的合法权益；培育和管理矿业权市场；指导编制和审查地方勘查项目申请书，并对勘查基金项目的实施进行监督管理；负责矿产资源储量的登记、统计工作。

（九）负责地质环境及其信息系统的监督管理工作，组织和协调本辖区地质灾害防治和地质环境监测工作，监督防止地下水的过量开采与污染，负责地质遗迹保护、监督管理工作。

（十）管理基础测绘、地籍测绘、行政区域界线测绘等工作，负责工程测量、房地产测绘及其他测绘的行政管理；负责对全行政区域内测绘单位资格初审和复核工作，管理测绘任务登记及测绘质量监督工作，负责本行政区域内测绘成果保密监督管理及测绘成果目录（副本）的收集整理上报工作；负责测量标志的保护；负责对本行政区域内地图的审核上报工作。

（十一）依法征收和收缴土地、矿产、测绘法律法规规定的各项规费、价款。

（十二）组织开展有关土地、矿产和测绘工作的宣传、教育、科技推广和对外合作与交流工作。

（十三）组织对本辖区土地、矿产、测绘违法违规案件的查处工作。

（十四）领导乡（镇）国土资源所的业务工作，管理乡（镇）国土资源所人事、财务等项工作，对乡（镇）国土资源所垂直管理。

（十五）承办县人民政府及上级业务主管部门交办的其他事项。

三、内设机构

根据上述职能，国土资源局设5个职能股：

（一）综合股。

组织协调机关日常工作；负责有关文件的起草、会议的组织、工作事项的督办、文件处理、秘书事务、信息综合、联络、档案、信访、保密、保卫、接待、后勤和政务信息系统等工作；负责办理县人民政府转办的人大、政协提案、议案和群众来信来访工作；负责局机关及直属事业单位和乡（镇）国土资源所干部、人事、劳动工资、社会保障、目标管理以及乡（镇）所的考核工作；组织本系统教育培训工作；负责本系统退休人员的管理和服务工作；负责有关法定规费、价款和行政事业性收费征收、使用的财务监督管理与核算；负责国土资源系统内部审计工作，管理县财政和上级国土资源主管部门划拨的各项资金及其他有关资金、基金；编制、审报土地、矿产和测绘工作的各项经费预算，并组织实施；承担局机关和乡（镇）国土资源所财务工作；监督管理局机关及局属事业单位和乡（镇）国土资源所的国有资产；拟定国土资源科技工作计划，推进科学技术进步，对科技项目的实施情况进行监督检查，负责国土资源科技项目的各项论证和成果的推荐工作。

（二）用地管理股。

贯彻执行耕地特殊保护的法律、法规和方针、政策；组织实施土地用途管制，基本农田保护；承办农用地转用、征用的审查、上报工作；组织协调重点建设项目征地事宜；贯彻实施国有土地划拨使用目录指南；负责土地使用权出让、租赁、作价出资、转让、处置、政府收购及农村集体土地使用权流转和乡（镇）村用地的管理工作；管理建设项目供地，组织实施基准地价，标定地价；组织编制国土规划、土地利用总体规划；参与审核县以上人民政府审批的城市总体规划及其他专项规划；组织编制用地年度计划，审核土地利用；组织建设项目用地预审；管理土地开发、复垦和整理工作；负责用地统计工作。

（三）地籍管理股。

拟定并组织实施地籍管理办法；依法管理城乡地籍、土地确权、土地登记发证等工作；组织开展土地资源调查、地籍调查、变更调查及统计和动态监测工作；组织实施基准地价、标定地价测评，调处土地权属纠纷；组织实施地籍信息系统的建设和管理。

（四）地质矿产管理股。

组织实施矿产资源的开发利用与保护工作；负责地质勘查工作的监督管理；调处矿业权属纠纷；编制和审查地方勘查项目申请书，并对勘查基金的使用进行监督管理；组织编制矿产资源总体规划和地质勘查与矿产开发、地质环境保护、地质灾害防治、地质遗迹保护等有关专项规划并监督实施；培育和管理矿业权属市场；依照有关规定负责采矿审批登记发证工作的报批工作；审查矿产资源开发利用方案；管理矿产品的运销；组织征收矿产资源补偿费；负责探矿权、采矿权转让的审核工作和报批工作；负责矿山督查和采矿业的统计工作；负责矿产资源储量的登记统计和建设项目压覆一般矿床的审查工作；参与审查开办矿山企业立项报告；组织矿产资源供需分析；负责地质环境及其信息系统的监督管理；组织实施和协调地质灾害防治与地质环境监测工作；调处地质灾害纠纷；负责全县区域、城市、矿山地质环境保护的监督管理；实施对地质灾害和地下水的动态监测，参与地下水开发利用和监督防止地下水的过量开采与污染；负责地质遗迹保护的监督管理。

（五）法规监察股。

研究和草拟综合性土地资源、矿产资源政策；负责宣传和法制教育工作；承担本局文件的涉法审核工作；参与有关规章和规范性文件的修改、论证工作，办理行政应诉事宜；监督检查土地、矿产和测绘管理法律、法规和规章的执行情况；组织开展对土地和矿产资源规划、农用地转用、土地征用、土地资产处置、土地市场交易以及地质勘查与采矿审批发证、矿业权转让、矿产品运销等行为的监督监察；组织查处违反土地、矿产资源和测绘管理法律、法规的违法违规案件，依据授权对违法行为直接作出行政处罚决定；受理对土地、矿产资源和测绘管理工作中违法行为的举报，负责本局违法案件和违法行为的统计工作。

四、人员编制及领导职数

瓮安县国土资源局机关行政编制18名。其中设局长1名，副局长2名，正副股长8名。非领导职务职数按规定配备。

核定机关工勤人员编制2名，由财政全额预算管理。

编后记

根据《瓮安县部门志乡镇志专业志编纂工作实施方案》（瓮委办字〔2012〕102号），2014年1月22日，县国土资源局成立《瓮安县国土资源志》编纂委员会，并召开会议专门研究志书编纂问题。次日，经与退休干部李荣进协商，明确由其承担《瓮安县国土资源志》的资料收集及撰稿。2月17日，县国土资源局召开领导及科室负责人参加的编志启动工作动员会，具体明确编志有关工作及各科室需整理提交的史料，编志工作全面启动。

2014年上半年，各科室完成了本科室史料的整理提交，撰稿人完成了大量相关国土资源的档案资料及专志、专著的查阅，摘录资料30余万字，收集电子档资料数百万字。下半年，撰稿人采取边撰稿边补充收集史料方式，开始进入志书编纂。

2015年5月，《瓮安县国土资源志》初稿完成。6月，县国土资源局召开会议，安排各科室对初稿进行初审。根据初审所提修改意见，撰稿人修改后于2015年12月形成复审稿。2016年1月，县国土资源局召开有局领导、编委成员及科室负责人参加的会议，安排对复审稿进行复审。根据复审所提修改意见，撰稿人再次进行修改后于3月形成终审稿。6月2日，瓮安县地方志编纂委员会办公室在县国土资源局召开评审会议，宣布《瓮安县国土资源志》通过终审的批复和对终审稿的综评意见。根据综审稿综评意见，县国土资源局组织撰稿人、编委会成员、各科室相关人员再次进行规范性修改后，于2016年8月形成《瓮安县国土资源志》审定稿，开始进入出版程序。

《瓮安县国土资源志》分18章70节，另有图片、大事记、附录等，计约56万字。在志书编纂过程中，县国土资源局领导高度重视，明确了编志进度一月一汇报制度。局长吴广文、常务副局长黄中奎，在繁忙的工作中抽出时间亲自过问编志进展。县局全体领导，亲自参加志稿审定。县局各科室，积极进行本科室资料整理提交，并三度参与志稿修改。除内部积极参与编志工作，志书编纂还得到了各级各有关方面的大力支持。部分相关企业，及时提供企业史料。县档案局、县统计局、县工信局等有关部门及时提供档案查阅。县地方志办公室及时关注指导编志，主任范祖贵、副主任谢兴贵及精于编志的刘德权、谢崇禄等，亲自通审全卷并提出具体修改意见。《瓮安县国土资源志》编纂能如期完成，其成就与县国土资源局全体干部职工的共同努力及社会各界各有关方面的积极支持密不可分。

国土资源内容广泛，历史久远，但因史料泯灭及查找困难，1986 年前史料入志记载较少。即便国土资源管理机构设置近 30 年来的历史，也因档案资料不全等原因，使志书内容仍有诸多缺失遗憾。另者，由于编者水平所限，志书遗漏、错误和不当之处更所难免，在此，谨恳请读者批评指正并谅解。

编　者

2016 年 8 月 15 日

图书在版编目（CIP）数据

瓮安县国土资源志／瓮安县国土资源志编纂委员会编．—北京：方志出版社，2016.11

ISBN 978-7-5144-2257-3

Ⅰ．①瓮… Ⅱ．①瓮… Ⅲ．①国土资源—概况—瓮安县 Ⅳ．①F129.973.4

中国版本图书馆 CIP 数据核字（2016）第 290186 号

瓮安县国土资源志

编　　者： 瓮安县国土资源志编纂委员会
责任编辑： 冯　松

出 版 人： 冀祥德
出 版 者： 方志出版社
地址　北京市朝阳区潘家园东里 9 号（国家方志馆 4 层）
邮编　100021
网址　http://www.fzph.org
发　　行： 方志出版社发行中心
电话（010）67110500
经　　销： 各地新华书店
印　　刷： 昆明鹰达印刷有限公司

开　　本： 889×1194mm　1/16
印　　张： 30.75
字　　数： 660 千字
版　　次： 2016 年 11 月第 1 版　2016 年 11 月第 1 次印刷
印　　数： 0001～1200 册

ISBN 978-7-5144-2257-3　　**定价：**168.00 元